太仓市域图（2018年）

江苏图博地理信息科技有限公司 编制

审图号：图苏E审（2019）021号

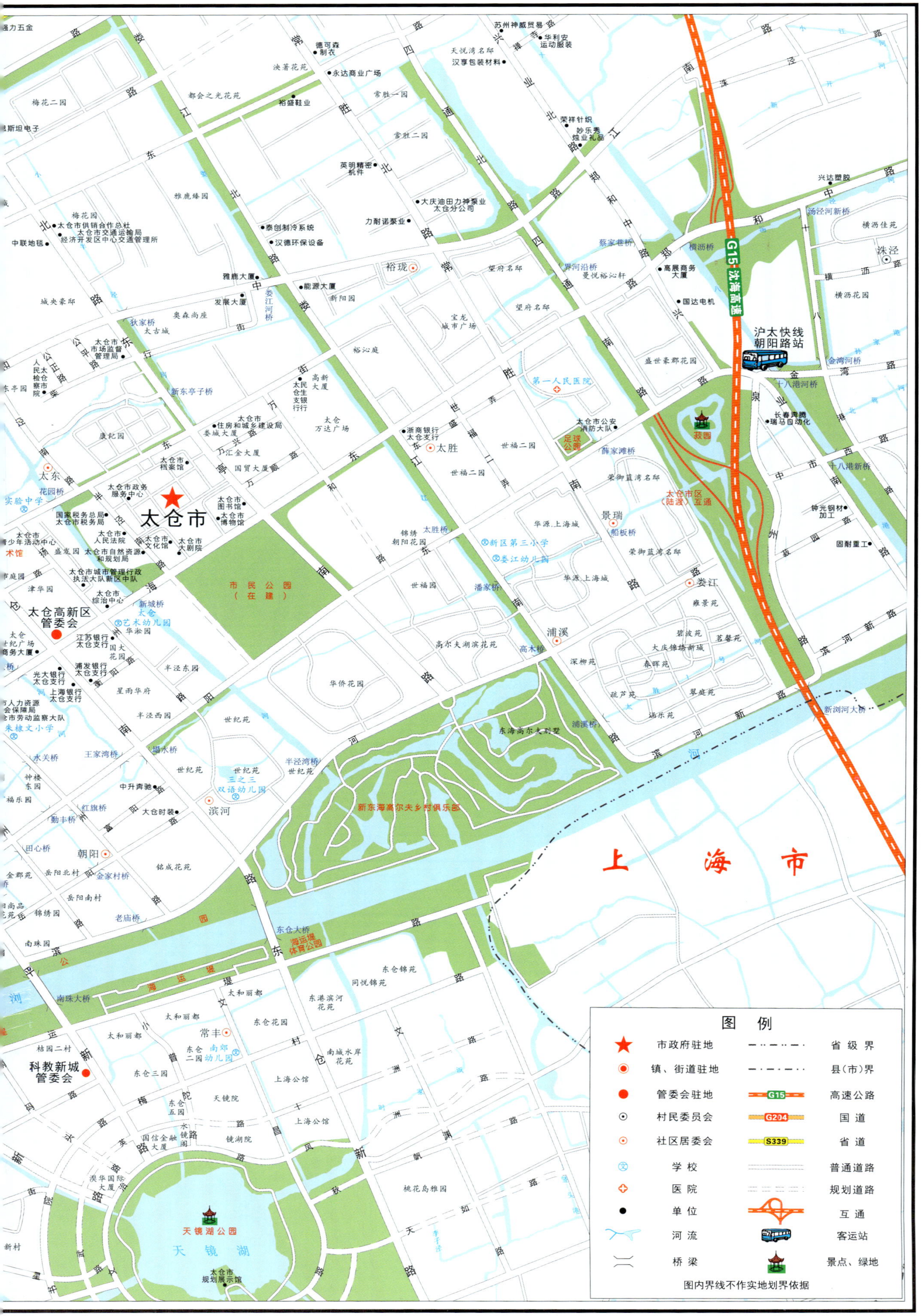

审图号：图苏E审（2019）020号

太仓年鉴

TAICANG ALMANAC

— 2019 —

(总第23卷)

方志出版社
Publishing House of Local Records

图书在版编目（CIP）数据

太仓年鉴. 2019 / 太仓市史志办公室编. --北京：方志出版社，2019.8
ISBN 978-7-5144-3835-2

Ⅰ. ①太… Ⅱ. ①太… Ⅲ. ①太仓—2019—年鉴
Ⅳ. ①Z525.34

中国版本图书馆CIP数据核字（2019）第211323号

太仓年鉴（2019）

编　　者：太仓市史志办公室
责任编辑：王　娜
出 版 人：冀祥德
出 版 者：方志出版社
地址　北京市朝阳区潘家园东里9号（国家方志馆4层）
邮编　100021
网址　http://www.fzph.org
发　　行：方志出版社图书经销中心
电话（010）67110500
经　　销：各地新华书店
印　　刷：南京凯德印刷有限公司
开　　本：889×1194　1/16
印　　张：24.75
字　　数：964千字
版　　次：2019年8月第1版　2019年8月第1次印刷
印　　数：0001~1000册
ISBN　978－7－5144－3835－2　定价：200.00元

太仓市年鉴编纂委员会

《太仓年鉴（2019）》编纂人员

编 辑 说 明

一、本年鉴以马克思列宁主义、毛泽东思想、邓小平理论、“三个代表”重要思想、科学发展观、习近平新时代中国特色社会主义思想为指导，坚持辩证唯物主义和历史唯物主义的立场、观点和方法，全面、系统、准确、客观地记载太仓自然、政治、经济、文化、社会和生态等方面现状，发挥年鉴为领导决策所用、为一线工作所用、为百姓知情所用、为学术研究所用、为宣传交流所用的功能，为社会各界了解太仓、建设太仓和续修志书提供地情资料。

二、《太仓年鉴（2019）》记述时间原则上为2018年1月1日至2018年12月31日，部分内容适当上溯或下延。本年鉴采用分类编辑法，基本结构分类目、分目（副分目）、条目三个层次，部分类目增设子目，以条目为基本单位，其中条目以黑体字加【】表示。全书设封面故事、年度便览、视觉太仓、特别报道、大事纪要、太仓概况、人居环境、太仓港、高新区及中德合作示范区、区域经济、公共服务、社会治理、地方组织机构、城镇街道、附录及索引等类目16个，共有分目74个、副分目167个、子目8个、条目1095个，图表107张，随文图片175幅，约96.4万字。

三、《太仓年鉴（2019》在保持编写框架相对稳定的基础上进行微调，在“特别报道”类目中增设有关“改革开放40周年”“太仓港集装箱吞吐量突破500万标箱”等专文，并将“媒体报道题录”归入“附录”。将“太仓概况”类目中“组织机构及负责人名录”归入“附录”。调整“大事纪要”类目，增加“十大新闻”“政府实事工程”等分目。将“人居环境”类目中“公共机构节能”并入“节能减排”副分目。将“太仓港”类目中“港口综述”改为“港口码头”和“口岸服务”，并调整各分目顺序。将“区域经济”类目中“高新技术产业”调整到“产业结构”分目中；“服务业”分目新增“招商引资”“专项经营”副分目，将“食盐专营”“烟草专卖”归入“专项经营”，并调整各副分目顺序；将“食品药品安全”归入“经济管理”分目，并调整各副分目顺序。将原“社会治理”类目中的“民政事务”“社会组织”等内容归入“公共服务”，并分别调整“公共服务”和“社会治理”中各分目顺序。

四、卷首图片专题中，“封面故事”主要介绍金仓湖公园概况，“年度便览”收录“数说太仓·2018”和“年度重要荣誉”，“视觉太仓”收录“年度掠影”“40年巨变”“十佳新人新事”等内容，共选用图片101幅。

五、“特别报道”主要刊载部分媒体宣传太仓的重要文章和2018年全市重点、亮点工作及“融入上海”等内容。“附录”中“荣誉”分目以有关表彰文件（证书）为准，并经编者筛选，一般收录省条线（含）以上表彰的先进集体和先进个人。

六、本年鉴中的资料、数据均由各部门、各镇（区、街道）和部分协会、企业提供，并经各单位领导审核确认，同类数据若有出入，则以统计资料为准。

七、查阅本年鉴电子版可扫描封底二维码或登录太仓史志地情网，网址：www.tcszdq.com。

（计海新　摄）

金仓湖公园

金仓湖公园位于城厢镇北部新港路和太沙路交界处，面积5.37平方公里。2007年年底，借助苏昆太高速取土形成的约67公顷水面，通过水系疏浚和整治，开始建设，至2010年年底建成，形成以森林、河流、湿地等多种自然景观于一体的生态片区。

金仓湖环境优美，绿化总面积约260万平方米，绿化覆盖率95%。80万平方米的环湖核心区设有疏朗草坪、赤足公园、游船码头、会所等设施，其中疏朗草坪总面积约10万平方米，赤足养生园是国内首家、也是唯一一家倡导赤足运动的体验式园区。园内环湖游主干道按国际自行车赛道标准建设，全长4.8公里。公园每年举办风筝节、龙舟赛、自行车嘉年华等特色旅游活动。2015年，公园进行整体提档升级，新改建游客中心、A级厕所、游步道、停车场、标识标牌等配套设施，增设百草园、风车、花海城堡、沙滩等景观。至2018年，金仓湖公园先后获得国家级水利风景区、省级湿地公园、长三角世博主题体验之旅示范点等荣誉称号。

数说太仓·2018

总面积:809.93平方公里

户籍人口:49.40万人

常住人口:71.92万人

地区生产总值:1330.72亿元

第一产业增加值:34.98亿元

第二产业增加值:675.47亿元

第三产业增加值:620.27亿元

人均(常住)地区生产总值:185466元

公共财政预算收入:155.06亿元

工业总产值:2728.29亿元

规模以上工业总产值:2317.37亿元

全社会固定资产投资:368.65亿元

工业投资:122.20亿元

服务业投资:246.45亿元

商品房新开工面积:311.53万平方米

商品房施工面积:712.34万平方米

商品房竣工面积:34.39万平方米

社会消费品零售总额:338.44亿元

注册外资:9.72亿美元

实际利用外资:4.85亿美元

进出口总额:145.70亿美元

出口总额:67.31亿美元

服务外包接包合同额:8.96亿美元

离岸执行额:3.59亿美元

引进内资实际到账资金:419.78亿元

旅客运输量:2658万人次

货物运输量:1796万吨

太仓港国际国内航线:200条

年度便览 | 数说太仓

太仓港集装箱吞吐量：507.1 万标箱

太仓港货物吞吐量：2.29 亿吨

接待境内外游客：613.68万人次

旅游业总收入：96.2 亿元

私人汽车保有量：20.1万辆

金融机构人民币存款余额：1528.11亿元

住户存款余额：593.31亿元

金融机构人民币贷款余额：1486.92亿元

小学：39所

民办小学：8所

普通初中：15所

普通高中：4 所

特殊教育学校：1 所

中等专业学校：1 所

高等职业技术学院：1 所

老年大学：1 所

授权专利：4182 件

各类医疗机构：268所

卫生机构拥有床位：4070 张

卫生技术人员：4789 人

人均期望寿命（户籍人口）：84.27 岁

甲乙类传染病报告发病率：124.21/10 万

儿童免疫规划建卡率（常住人口）：100%

居民健康档案建档率（常住人口）：85.69%

城镇居民人均可支配收入：63076元

城镇居民人均生活消费支出：37187元

农村居民人均可支配收入：32458元

农村居民人均生活消费支出：22216元

中国最具幸福感城市县级市榜单榜首

全国县域经济综合竞争力100强第五位

全国中小城市综合实力百强县市第七位

全国绿色发展百强县市第三位

全国科技创新百强县市第二位

工业百强县（市）第七位

全国『两山』发展百强县第四位

- 全国新型城镇化质量百强县市第六位
- 世界卫生组织健康城市最佳实践奖
- 中国城市公益慈善指数县级市第三位
- 福布斯『中国大陆最佳县级城市』第三位
- 世界『竞走之城』
- 2018年中欧绿色和智慧城市奖
- 国家卫生城市（复审达标）

■ 2018年1月16日，璜泾镇新海村村民在该村新建成的宣传回廊内观看中共十九大精神宣传图

（姚建平　摄）

■ 2018年1月27日，独溇小海冬捕节开幕

（姚建平　摄）

2018年1月30日，太仓市举行文化、科技、卫生“三下乡”活动。图为在浏河镇活动现场，群众领取春联和“福”字
（计海新　摄）

2018年2月5日，天顺风能海上风塔工厂吊装出口风塔设备。该公司年产生大型风塔1000多套，申请国家专利近百项，产品出口南美、欧洲、非洲等多个国家和地区
（计海新　摄）

■ 2018年2月6日，西北工业大学长三角研究院在太仓揭牌 （计海新 摄）

■ 2018年2月10日，太仓中集集装箱制造有限公司租赁15辆大巴车为767名外地员工提供接送服务，方便员工在春运期间返乡过年

（计海新 摄）

■ 2018年2月13日，工作人员在上海东路布置一座“进入新时代、谱写新篇章”大型主题花坛

（姚建平　摄）

■ 2018年2月23日，太仓市召开全市作风效能建设暨绩效管理工作会议。会上，一批先进集体和先进个人受到表彰

（姚建平　摄）

■ 2018年2月27日，太仓港举行泛亚航运太仓港—天津港集装箱班轮航线首航仪式。该航线是太仓港首次开通的天津、黄骅两港联挂航线

（计海新　摄）

■ 2018年3月5日，学雷锋志愿服务系列活动在太仓市中心广场举行，百余名志愿者为市民提供法律咨询、理发、义诊等志愿服务

（计海新　摄）

■ 2018年3月22日，璜泾镇杨漕村村民观看位于该村红色教育基地“梦之园”内的宣传牌，该组宣传牌主要介绍太仓第一个党支部的主要成员

（姚建平　摄）

■ 2018年3月23日，2018年中国·太仓旅游文化节暨江海河三鲜美食节在长江口旅游度假区启动

（计海新　摄）

■ 2018年4月13日，中德智能制造解决方案大会在太仓举行。会上，“太仓论坛”永久会址揭牌

（姚建平　摄）

■ 2018年4月17日，太仓市水上搜救中心在长江13号浮水域举行2018年长江太仓段水上搜救综合演习

（计海新　摄）

■ 2018年5月5—6日，2018年国际田联世界竞走团体锦标赛在太仓举行 （计海新 摄）

■ 2018年5月25日，“舞动的传统文化”太仓非遗项目特展在上海浦东国际机场“乡愁小栈”举行，受到中外旅客关注。图为沙溪镇阳光乐园舞蹈队表演滚灯舞 （徐 静 摄）

■ 2018年5月29日，2018年“走进德国—太仓日”活动在法兰克福举行 （太仓高新区供稿）

■ 2018年5月30日，全球吨位最大的40万吨级矿砂船“深圳号”从太仓港码头首航，驶往上海宝山交接出江 （计海新 摄）

■ 2018年6月7日，太仓市1603名学生参加高考。图为首日考试结束，考生面带笑容走出考场

（姚建平　摄）

■ 2018年6月25日，市委书记沈觅（右）走访慰问部分生活困难群众，向他们发放党员关爱金

（计海新　摄）

■ 2018年6月28日，在中国共产党成立97周年之际，位于璜泾镇杨漕村的太仓第一个党支部纪念馆完成升级改造，举行开馆仪式

（市纪委　供稿）

■ 2018年6月29日，太仓市与西北工业大学签订合作共建西北工业大学太仓校区协议书　（姚建平　摄）

■ 2018年8月2日，因12号台风“云雀”临近，大批船舶进入浏河渔港避风 （计海新 摄）

■ 2018年8月6日，航拍华灯初上的太仓城区。太仓在加快城市建设的同时，推进亮化工程，进一步美化娄城

（计海新 摄）

■ 2018年8月28日至9月2日，太仓市举办2018年啤酒节活动，这是太仓市连续13年举办该活动

（戴周华　摄）

■ 2018年9月2日，浮桥镇方桥村藕农采收莲藕。太仓莲藕除在当地销售外，还销往上海、苏州、无锡等城市

（姚建平　摄）

■ 2018年9月上旬，浮桥镇三市村猕猴桃种植基内的红心猕猴桃采摘上市 （计海新　摄）

■ 2018年9月10日，太仓市响应教育部和中国教师发展基金会“为教师亮灯”的倡议，在地标性建筑、各中小学校LED大屏幕上为教师“亮灯”，营造尊师重教氛围 （计海新　摄）

2018年9月15日晚，来自全世界25个国家、地区的37支艺术表演团队和25辆主题花车亮相上海市淮海中路，太仓市为全国首个参加上海旅游节花车巡游活动的县级市。图为巡游中太仓主题花车

（姚建平　摄）

2018年9月19日，城厢镇社区服务中心举行“中秋百家宴、和谐邻里情”联欢活动，丰富社区居民业余生活，拉近邻里间距离

（姚建平　摄）

■ 2018年9月27日清晨，东海伏季休渔后开捕的首批海鲜在浏河渔港海产品码头上岸

（计海新　摄）

■ 2018年9月30日，第五个烈士纪念日当天，太仓市在革命烈士陵园举行公祭活动，缅怀革命先烈

（计海新　摄）

■ 2018年10月10日，以“融入大上海、共促一体化”为主题的2018年沪太协同发展推介会在上海举行。图为合作项目签约现场

（姚建平　摄）

■ 2018年10月18日，由商务部投资促进局和太仓市共同主办的“2018年德国经济界访华团组太仓行活动”举行。图为“论道太仓”活动现场

（姚建平　摄）

■ 2018年 11月6日，由工信部、江苏省政府主办的“中德智造·共赢未来”2018 年智能科技与产业国际合作论坛太仓分论坛在太仓开幕，现场举行“中德企业合作基地”授牌十周年——“推进中德合作全方位高质量发展”启动仪式

（计海新　摄）

■ 2018年11月17日，航拍建设中的沪通铁路。图为施工人员装运列车电源钢结构支架　（姚建平　摄）

2018年11月22日，航拍位于城厢镇东林村的一处湿地。该湿地面积百余公顷，被列为苏州市级重要湿地

（姚建平　摄）

2018年12月17日，多台收割机在科教新城一片稻田内抢收晚稻，标志全市水稻秋收进入扫尾阶段

（计海新　摄）

■ 2018年12月24日，太仓港集装箱年吞吐量第500万标箱起吊暨太仓港口管委会与上港集团、宁波舟山港集团、省港口集团战略合作签约仪式在上港正和码头举行，标志太仓港发展跨上新起点

（计海新　摄）

■ 2018年12月28日，太仓市第二中学学生手举“你好，2019”等祝福语，迎接新年到来

（计海新　摄）

40巨变

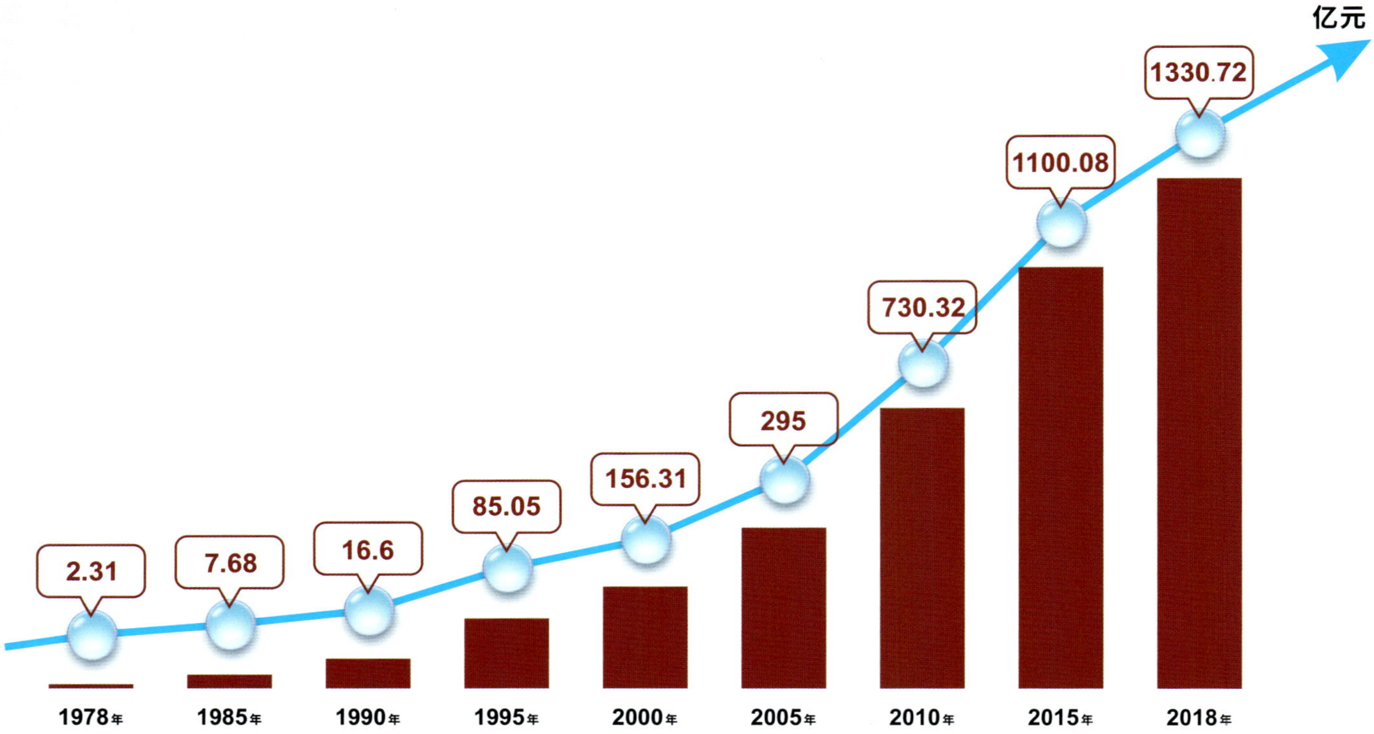
亿元
2.31
7.68
16.6
85.05
156.31
295
730.32
1100.08
1330.72
1978年
1985年
1990年
1995年
2000年
2005年
2010年
2015年
2018年

地区生产总值

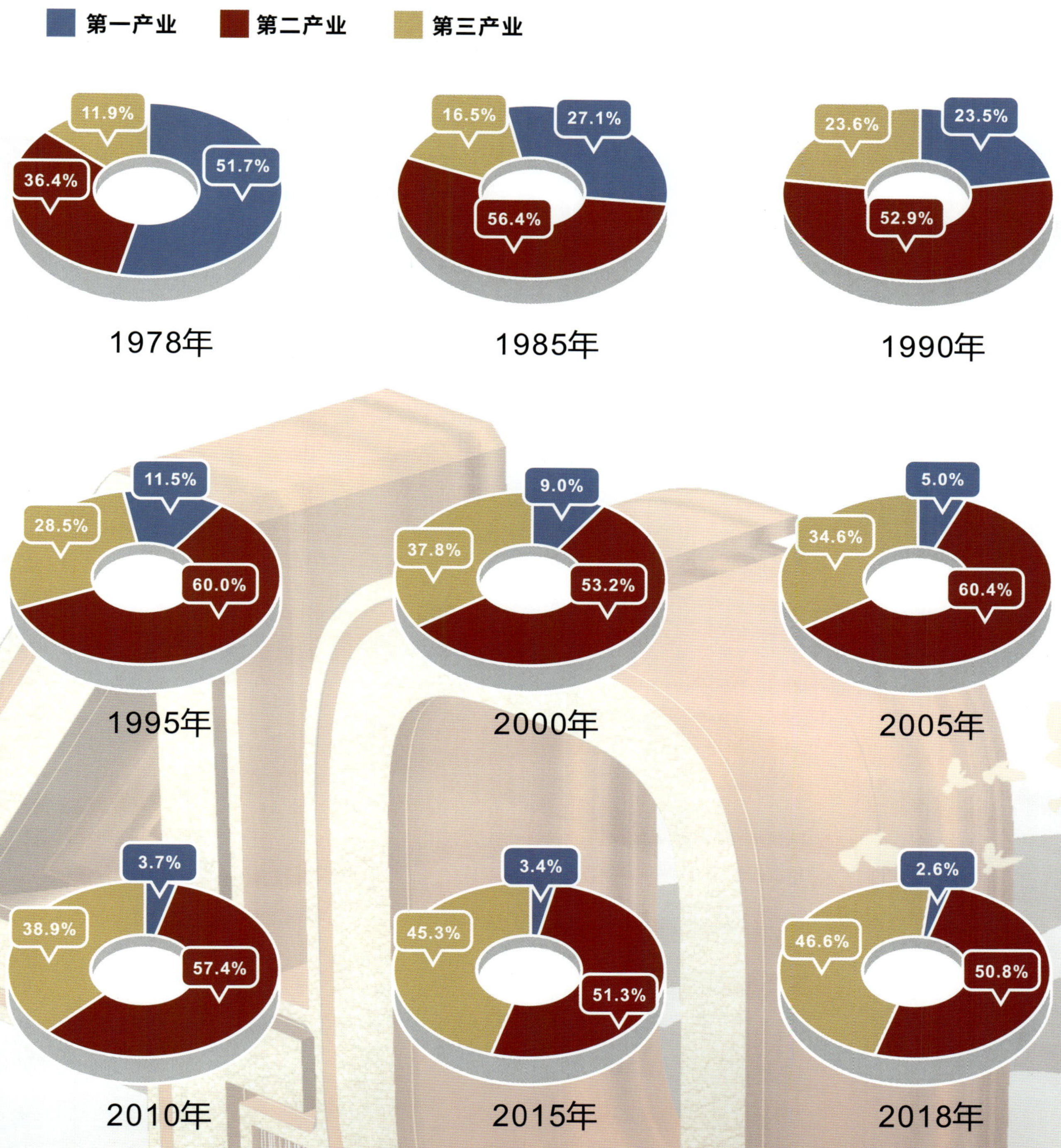
第一产业
第二产业
第三产业
11.9%
36.4%
51.7%
1978年
16.5%
27.1%
56.4%
1985年
23.6%
23.5%
52.9%
1990年
11.5%
28.5%
60.0%
1995年
9.0%
37.8%
53.2%
2000年
5.0%
34.6%
60.4%
2005年
3.7%
38.9%
57.4%
2010年
3.4%
45.3%
51.3%
2015年
2.6%
46.6%
50.8%
2018年

地区生产总值构成

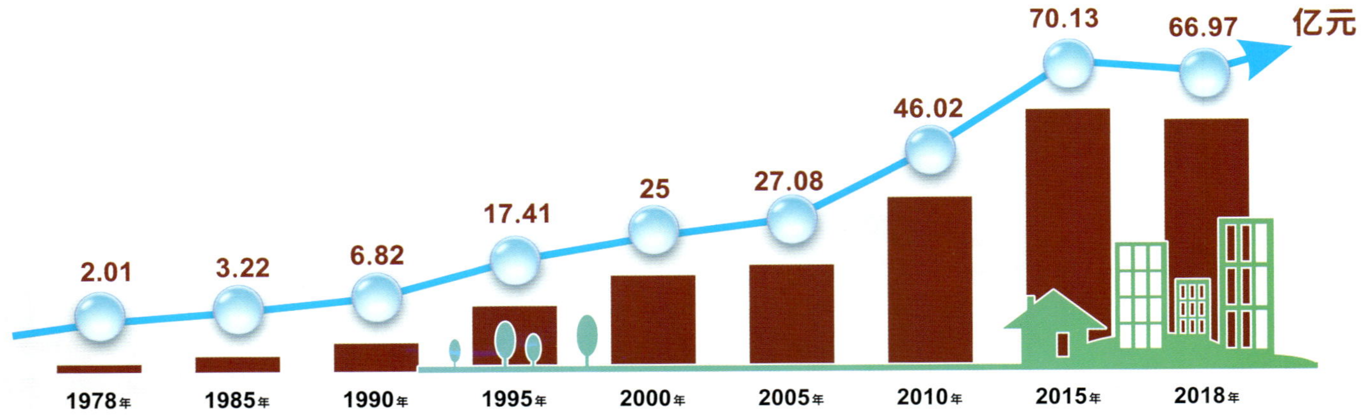

农业总产值

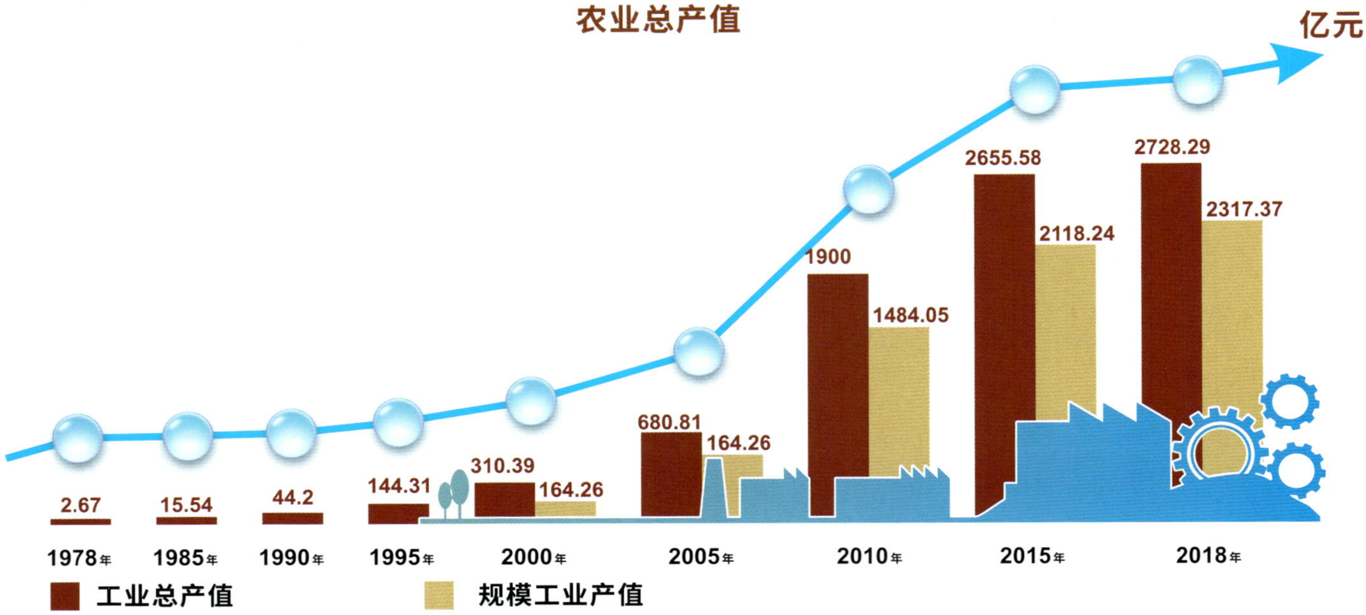

工业总产值

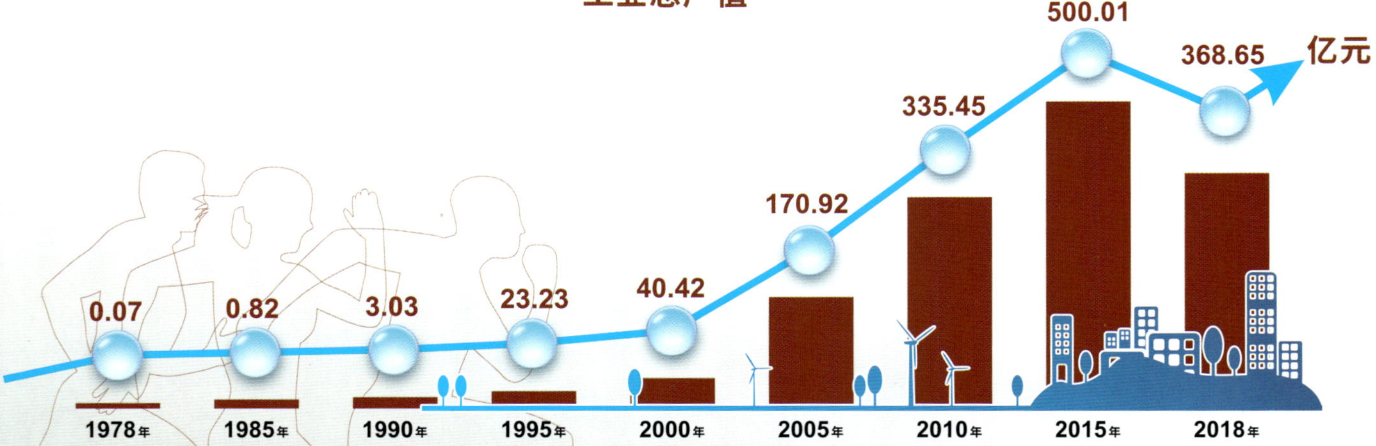

全社会固定资产投资

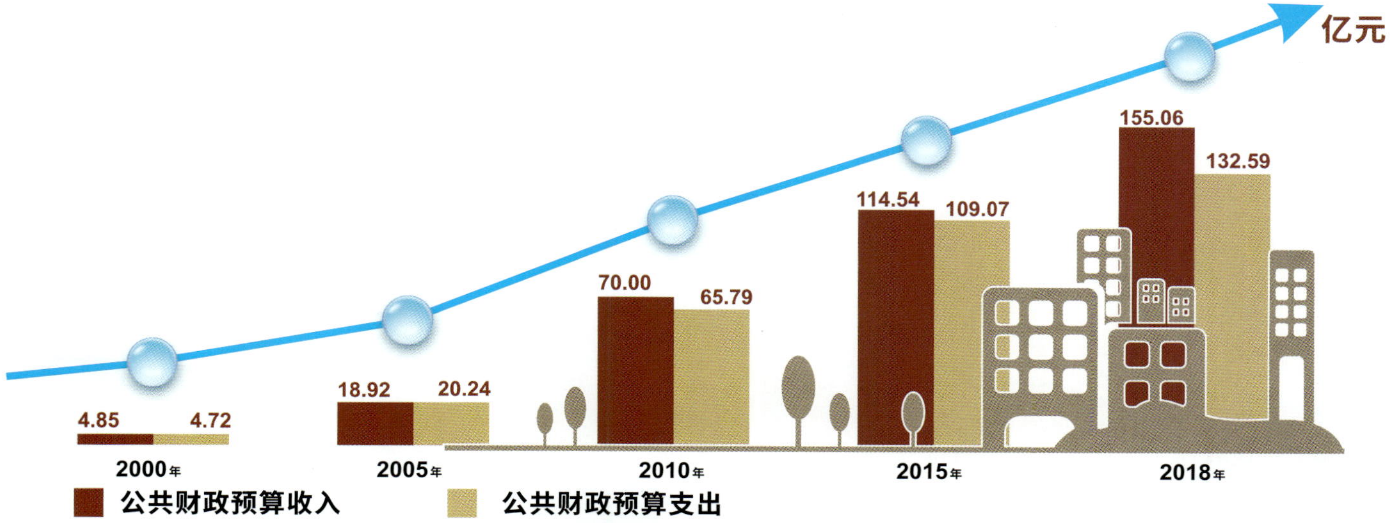

公共财政预算收支

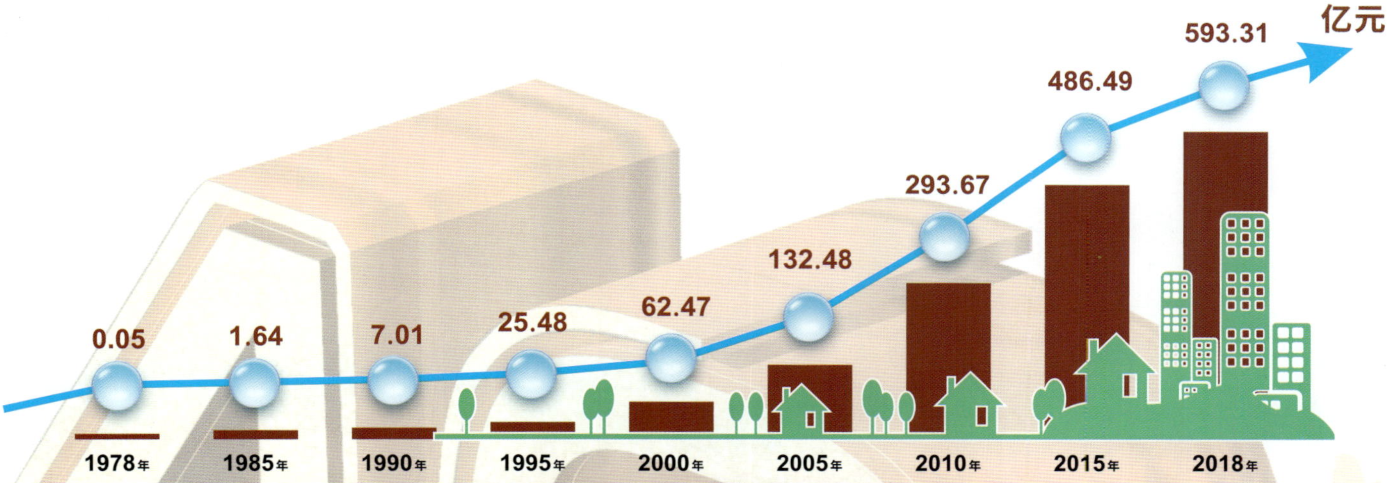

城乡居民年末储蓄存款余额

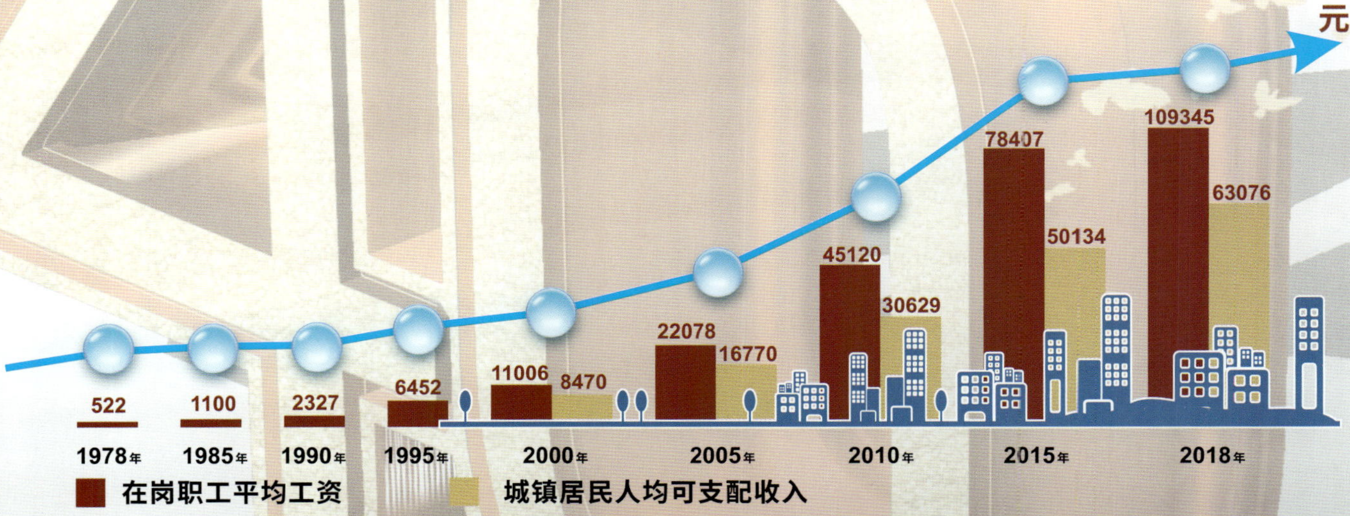

城镇居民收入水平

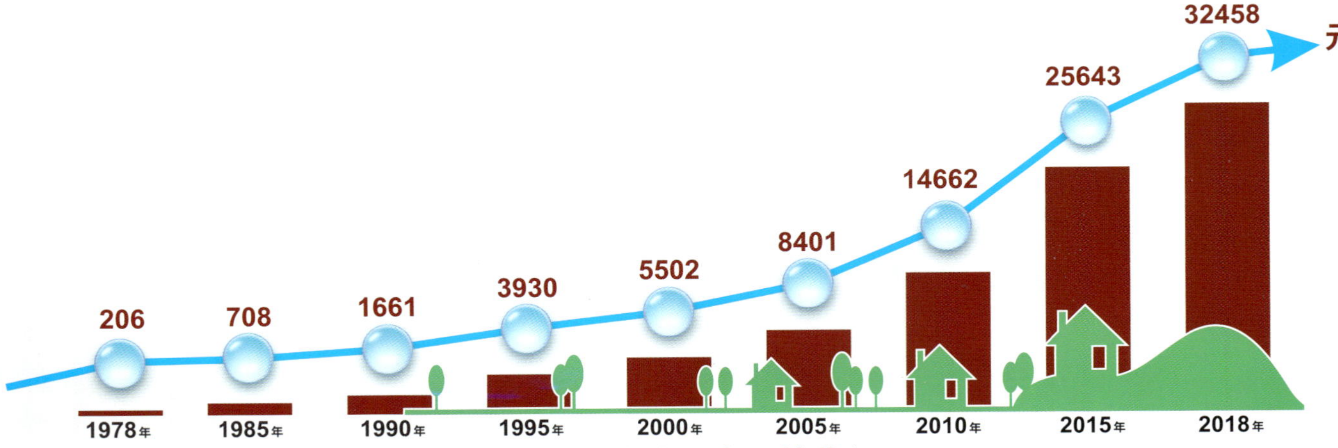

农村居民人均可支配纯收入

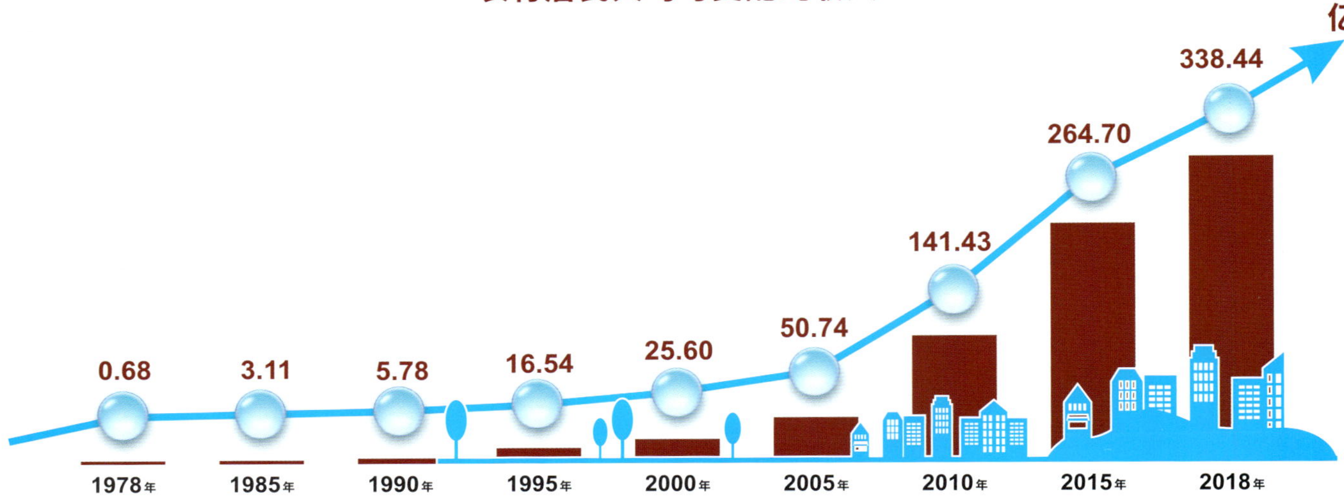

社会消费品零售总额

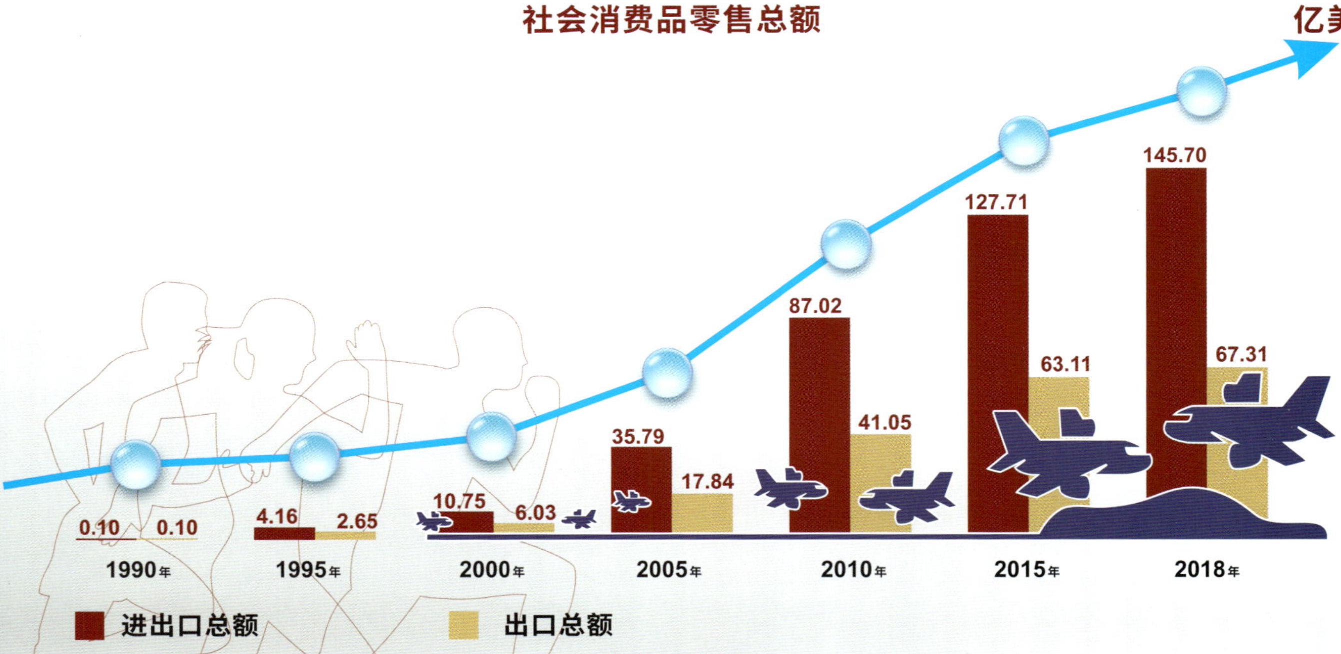

进出口总额

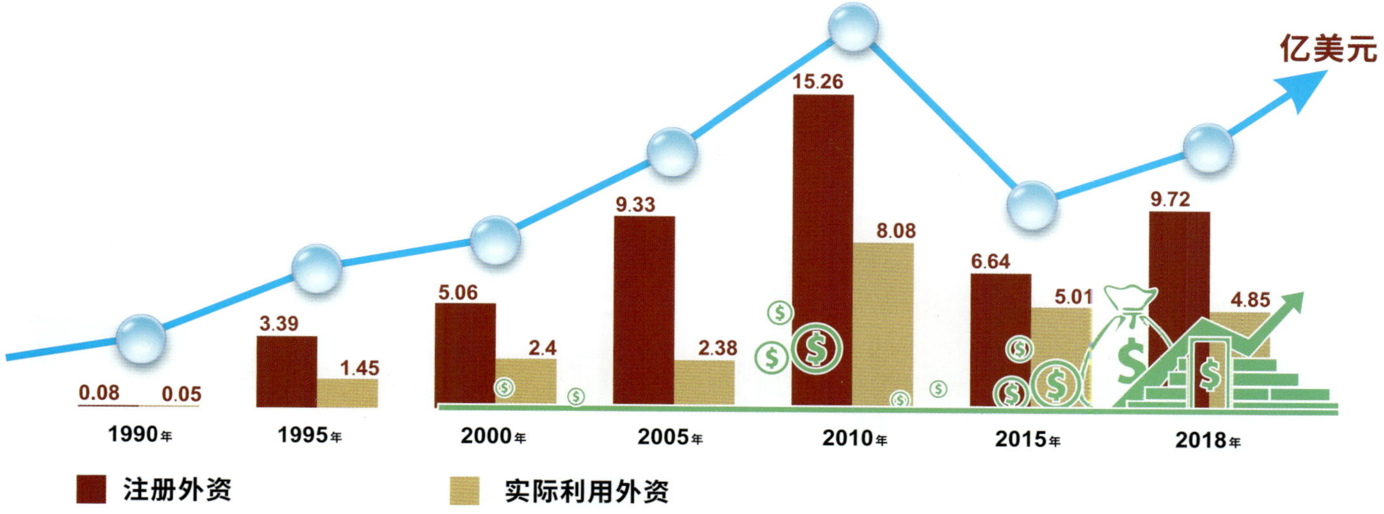

利用外资

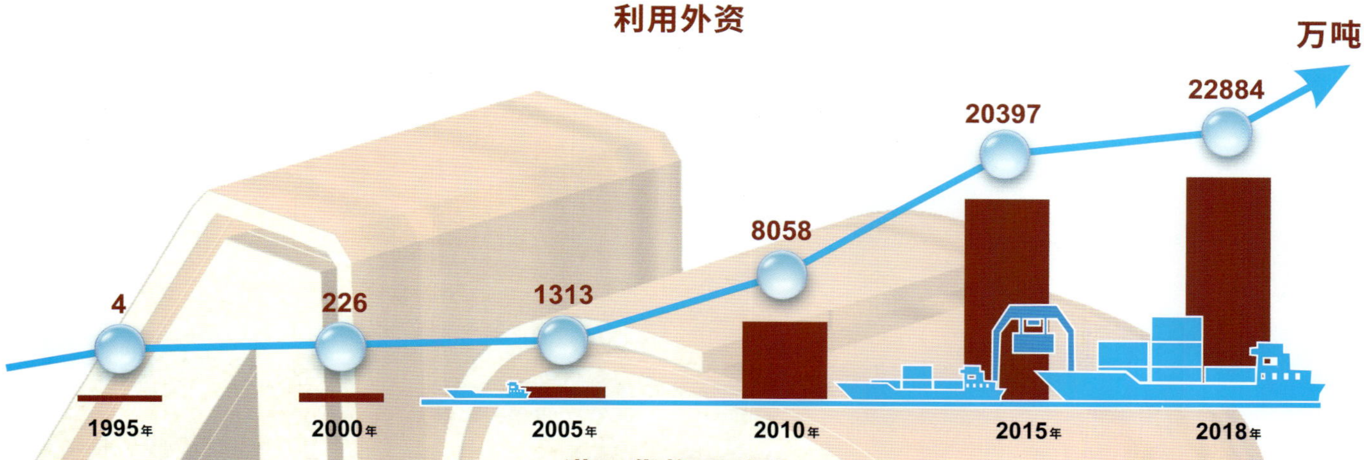

港口货物吞吐量

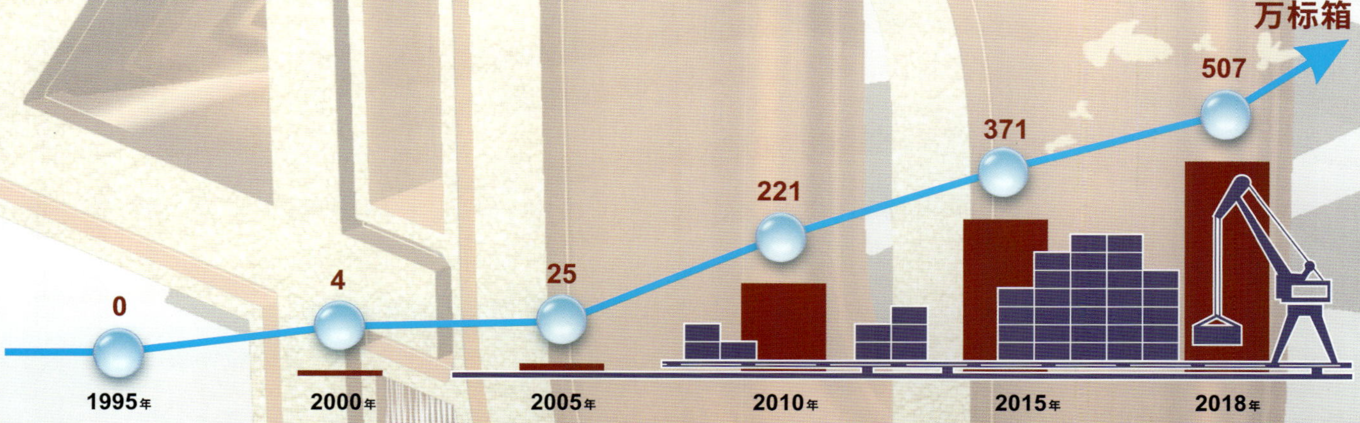

港口集装箱吞吐量

1975年，太仓插秧机厂调试新生产的插秧机

现代农机　　（2015年6月 初爱民 摄）

生产队集体交公粮

农田机械化作业　　（2015年7月 朱振新 摄）

粮食丰收　　（2015年12月 陆骏 摄）

20世纪70年代太仓布厂生产车间

太仓荣文合成纤维有限公司自动化生产设备　（2018年11月 姚建平 摄）

骏伟塑胶制品（太仓）有限公司自动化注塑流水线　（2018年9月 计海新 摄）

20世纪70年代，拓浚浏河塘

今日新浏河 （2015年9月 陆文忠 摄）

新浏河夜色 （2017年9月 陆怀鹏 摄）

20世纪70年代江苏省海洋渔业公司渔船

繁忙的浏河口　　(2014年9月 夏坤桃 摄)

今日浏河渔港　　(2014年9月 杨忠明 摄)

穿山旧貌　　（摄于20世纪50年代）

穿山寺现800余平方米穿山山基　　（2018年10月 姚建平 摄）

20世纪70年代太仓农民住宅

俯瞰浮桥农民集中居住小区　　（2012年5月 杨希 摄）

现代农民集中居住小区　　（2018年7月 姚建平 摄）

20世纪70年代太仓县第一人民医院

太仓市第一人民医院　（2018年3月 倪伟中 摄）

20世纪70年代新华街旧貌

新仓街旧貌

改造后的新东街　（摄于2003年8月）

娄城春色　（2016年4月 纪昌盛 摄）

20世纪70年代城厢中心菜场

繁忙的早市　　（2016年11月 任雪英 摄）

科教新城天镜湖菜场一角　　（2018年 王思诗 摄）

建设初期的上海路

今日上海路

（2017年7月 计海新 摄）

1992年10月28日，浏家港石化码头动工开建

远眺太仓港　　（2012年5月 杨希 摄）

壮阔太仓港　　（2018年8月 计海新 摄）

1991年11月12日，太仓县举行城东新区建设全面开工动员大会暨基础设施建设开工典礼

高新区一角 （2013年摄 高新区供稿）

今日高新区 （2013年摄 高新区供稿）

俯瞰天镜湖 （2017年9月 计海新 摄）

金色大地 （2018年10月 姚建平 摄）

现代交通路网　　（2018年9月 姚建平 摄）

金仓湖上赛龙舟　　（2015年6月 朱振新 摄）

（本栏目老照片选自《太仓县志》《太仓市志》《太仓记忆》《尘封的记忆——太仓老照片》等书）

太仓市第十六届(2018年度)精神文明建设十佳新人、十佳新事

十佳新人

(按姓氏笔画排序)

01 王瑞明 雪域高原的“光明使者”

2017年4月,国网江苏省太仓市供电公司运维站副经理王瑞明赴西藏拉萨林周县供电公司开展援藏帮扶工作,任期一年半。在结束援藏帮扶工作后,王瑞明以突出的工作业绩获中共林周县委、县政府颁发的“援藏工作先进个人”称号。援藏期间,王瑞明时刻保持政治上的坚定立场,发挥党员先锋模范引领作用,保证藏区电网持续安全运行。王瑞明认真践行“老西藏”精神,开展科技创新,独立研发出电费自助缴费系统,满足当地电力用户多样化的支付需求,并在当地和邻近市县得到推广。王瑞明立足本职,解放思想、敢于责任担当,恪尽职守将各项援藏帮扶工作做出实效,充分展现太仓人的当代风采。

02 王蕴秋 无悔付出15年,照顾瘫痪丈夫

出生于农民家庭的王蕴秋,拥有善良、勤劳、乐观的人生态度和积极向上的人生观。2003年9月,一向身体硬朗的王蕴秋丈夫突发脑溢血住院,给原本幸福和睦的家庭带来灾难。医院诊断认为病人病情严重,第一个赶到医院的她请求大夫进行手术救治。术后经过两个多月的治疗,中风的丈夫虽然醒转,但生活完全不能自理,口齿不清,双腿无法站立,行动不便。俗话说“夫妻本是同林鸟,大难临头各自飞”,而王蕴秋悉心照料丈夫,毫无怨言,无悔付出,为丈夫喂饭、梳头、端屎端尿……十五年如一日。与此同时,她还照顾九十多岁的婆婆。王蕴秋用无私的双手托起一个家,用善良的心照亮家里的每一个角落。

03 朱广兵 援疆医生万米高空紧急施救患病乘客

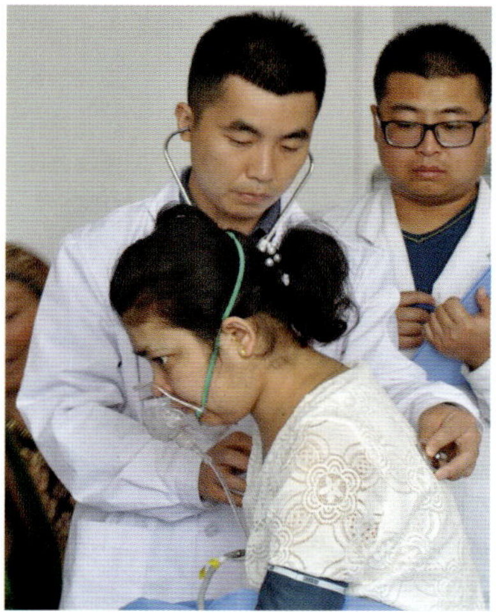

出生于1984年的朱广兵，是太仓市第一人民医院重症科主治医师。2018年3月，朱广兵赴新疆阿图什人民医院，进行为期7个月的援疆支医工作。4月26日下午，朱广兵乘坐飞机回家探亲，突然，机舱内响起空姐急切的求助声音。职业的本能反应让朱广兵立马从昏睡中惊醒，在空姐的带领下来到飞机座舱前排的一位维吾尔族女士身边。经初诊和反复询问病史后，朱广兵迅速而冷静地给患者做检查。在他的悉心照料和安慰下，患者症状基本趋向稳定。平安抵达乌鲁木齐机场后，患者被迅速送往当地急救中心。此事经"交汇点"、《苏州日报》等多家媒体报道，引来无数网友的点赞和好评。

04 邢向兰 担当写大爱，真情谱和声

作为浏河镇卫生计生科科长，2011年，邢向兰在全省率先建立一个失独家庭相互倾诉、相互帮扶的平台——连心家园。7年来，她和她的团队精心设计活动，通过定期上门访谈、组织外出旅游、开展联谊、提供心理咨询、指导再生育或收养等一系列活动，建立失独家庭精神家园。2014年起，她带领团队在全镇开展"母爱伴我健康成长——关注女孩行动"，通过招募志愿者，让"爱心妈妈"与女孩挂钩，使缺失多年的母爱再次回归到这些女孩身边。

05 张立新 群众信任的“老娘舅”

张立新，太仓市人民法院陪审员，曾任万丰村党委书记、城厢镇司法所副所长等职。从事司法行政工作十余年，凭借丰厚的法律底蕴、娴熟的业务技能、独特的调解技巧，累计调解各类纠纷近千件，妥善化解十几起备受群众关注、社会影响较大的群体性事件。他每年调处的矛盾纠纷达上百起，成功率、协议履约率100%，调解协议书规范，无群众有效投诉记录，群众认可度高，为维护社会和谐稳定作出积极贡献，被上级司法部门授予“苏州市百佳人民调解员”和“太仓市娄城老娘舅”称号。

06 沈惠萍 “中国好邻居”相“救”隔壁老李

沈惠萍是太仓市凤雅社区居民，她的邻居李宝林患有糖尿病、低血糖，10年前因车祸致大脑严重受伤后，又患有间歇性晕厥和癫痫。李宝林妻子因病去世后，为防止他病发危及生命，邻居沈惠萍一直帮衬、关照老李。有好几次，老李晕倒在菜地里，都是沈惠萍用三轮车把他拖回家。几年间，沈惠萍先后相“救”李宝林十几次。由于老李身体不好，儿媳的工作“三班倒”，老李9岁的孙女小雨（化名）基本没人照顾，沈惠萍和邻居也经常帮忙照看小雨。

07 陈颖　心系公益　无私奉献

陈颖是太仓市鹊桥社区邻里志愿团负责人，也是社会组织心援应急救护公益服务中心的发起人和理事。她长期活跃在各个志愿服务领域，带领着志愿者队伍热心于公益事业。配合社区开展各类为民服务活动，义务负责鹊桥社区图书馆的管理工作；关注青少年的健康成长，组织并参与未成年人“七彩的夏日”暑期活动；为社工机构提供各种建议并辅助社工们开展社区服务；参与策划各类应急救护志愿推广活动。她乐于奉献，不求回报，积极挖掘其他资源和优秀志愿者，用实际行动践行“志愿精神”，在文明社区创建中贡献自己的力量，为公益事业献出她的绵薄之力。2017年，陈颖被评为太仓市最美志愿者，其家庭也被评为太仓市幸福家庭、太仓市书香家庭。2018年，陈颖被评为太仓市科教新城志愿奉献好青年。

08 周浩明　六旬老人寒春冰河勇救落水老两口

出生于1956年的周浩明是璜泾镇杨漕村45组的普通村民。2018年2月13日，周浩明在自家田里干农活，突然听到一阵呼救声。不远处，一对年过七旬的老夫妻因驾驶三轮车不慎，连人带车一起落入南港塘，不会游泳的两位老人奋力挣扎。周浩明扔下农具，第一时间跳入水中，将两位老人一一救起。河水冰冷刺骨，加上周浩明又有关节炎，一下子救两位老人对他来说其实并不容易。救起老人后，周浩明顾不上自己的身体，急忙联系将老人送往就医。事后，老周的手机因进水无法使用，自己的关节因泡水一直隐隐作痛，但他没向其他人说，直到被救的老夫妻向他送去锦旗，周边邻里才知道老周见义勇为的感人行为。

09 洪晓龙 花甲夫妻10年照顾残障妹妹，不离不弃

桃园社区里，居住着一户特殊的家庭，户主洪佩华56岁，家中另一名成员是她94岁的老母亲。洪佩华自幼失明，青年时又罹患精神疾病，生活无法自理。幸运的是，佩华有一对好哥嫂。10年前，大哥洪晓龙和大嫂朱惠英主动承担起照顾残障妹妹的重担，3000多个日日夜夜，他们用爱和陪伴，给佩华一个干净又舒心的家。2018年，洪晓龙和朱惠英都已68岁，再过两年，两位老人也将进入古稀之年。洪晓龙说，自己和老伴也不图什么，照顾母亲和小妹健健康康，就是他们最大的责任。

10 顾庆锋 捐献造血干细胞 挽救年轻生命

顾庆锋，太仓市发展和改革委员会能源科副科长。工作上，他坚持以创新的思维谋划工作，以创业的精神推动工作，以创优的态度做好工作，尽心当参谋，尽职抓协调，尽力做保障。在平时生活中，他热心公益，积极参加公益志愿服务，每年都为城厢镇第四小学的特殊儿童、敬老院的老人、福利院的孤残儿童送温暖。2016年7月，顾庆锋在献血时加入中华骨髓库。2018年1月19日，他与一位急性白血病患者初次配型相合，他没有犹豫，当即决定捐献并签下同意书。经过再次血样采集、精确分析确认、全面体检后，他的HLA分型与患者完全吻合。5月8日，他为该名白血病患者成功捐献造血干细胞，成为太仓市第10例捐献造血干细胞的志愿者。

十佳新事

01

爱跨越千里
——太仓妈妈周至、玉屏帮困助学项目

为贯彻落实中央扶贫开发工作会议、东西部扶贫协作座谈会精神，推动精准扶贫工作深入开展，2018年年初，太仓市妇联启动“太仓妈妈”帮困助学项目，目标是帮助周至、玉屏地区九年制义务教育阶段的200名贫困学生完成学业，减轻家庭生活负担。全市、镇、村三级妇女组织、机关各部门热情参与，56家单位（妇女小组、文明岗）、200多名同志积极报名争当“太仓妈妈”。通过近一年的努力，150名玉屏贫困学生、100名周至贫困学生得到“太仓妈妈”的爱心资助与关怀，每名学生收到首年1000元的生活补助及“太仓妈妈”连心手册。市妇联制作印发两地连心手册600本、志愿服务证书2000份，并于8、9月间组织“太仓妈妈”代表前往玉屏和周至县对接帮困助学工作，实地走访慰问受助学生家庭，共计捐赠首年助学资金25万元，学习用品约1万元。

02

“1+X”多元化国家司法救助
为弱势群体送去温暖和阳光

“1+X”多元化司法救助机制是太仓市人民检察院联合市司法局、市卫计委、市民政局、团市委、市红十字会等部门建立的司法救助模式，以检察机关为救助主体、多方协调配合，以经济救助为主、其他方式为辅，以刑事被害人救助为主、强化涉案未成年人和民事侵权当事人等对象救助。申请人在获得经济救助外，还可获得心理健康服务、法律援助等帮扶，切实解决申请人的长期困难，增强救助效果。至2018年年底累计救助21人，发放救助金31万元，并开展全省首例国家司法救助案件公开审查，实现救助金额适当提高，切实保护弱势群体合法权益，传递检察机关的民生关怀，相关工作做法被苏州市检察院检察简报录用和推广，“正义网”、《现代快报》、《太仓日报》等多家媒体宣传报道。

03 “百姓舞台”百姓演

浏河镇“百姓舞台”栏目于2016年成立，得到浏河镇党委、各级部门的大力支持，形成相对稳定的演出组织，受到群众热烈欢迎，具有良好的社会效果，为浏河镇基层文化发展及精神文明建设奠定有力基础。该栏目成为浏河品牌化节目，是浏河镇文化宣传中宣传效果较好、群众参与度较高的群众活动。“百姓舞台”成立后，周边群众积极参与，活动不仅为群众搭建文化展示平台，也吸收优秀团队，为其提供专业的技术指导，组织公益汇演送温暖等活动，为构建和谐幸福社会添砖加瓦。

04 “蒲公英”公益课堂乐享文化大餐

2018年，城厢镇“蒲公英”公益课堂通过政府购买服务的形式，构建“三层次、两维度”课程体系，覆盖执行层（城厢镇）、连接层（村社区）、受众层（群众），贯穿时间与空间两个维度，根据各村、社区居民需求自选课程，在各文体阵地设置办班点，聘请专业老师面对面执教，面向村、社区居民、外来务工人员及子女免费开放报名。截至2018年10月，城厢镇“蒲公英”公益课堂春季、暑期、秋季班共开班26期，课程领域涉及瑜伽、广场舞、手机摄影、沪剧、烘焙、硬笔书法、太极拳、功夫扇等各项文体活动，惠及各年龄层次群众千余人，受到群众好评。

05 慕贝尔慈善基金助学活动

慕贝尔汽车部件（太仓）有限公司作为一家著名的德资企业，在太仓发展十余年，在企业稳步健康发展的同时，该公司以创新型的企业社会责任模式回报太仓。本着“共创前景，着眼未来”的理念，慕贝尔中国区慈善基金项目在太仓成立，是慕贝尔总部国际化慈善基金结构组织的重要组成部分，该慈善基金项目为太仓当地选定的学校或具体的教育项目提供资助，助学、助困、助残是该基金项目的主要方向。除“慕贝尔助学金”以外，慕贝尔慈善基金在中国还开展“慕贝尔接力计划”和“慕贝尔关爱计划”等核心项目，着力关怀贫困和残障学生的教育工作，通过“十年树木，百年树人”的教育公益项目为社会做出贡献。

06 “小微”执法文明行

为进一步深化太仓市全国文明城市创建工作，自2018年8月起，市城管局联合公安、交警等部门，围绕车窗抛物、随地吐痰、乱扔废弃物、沿街商铺乱倒污水、人行道不按规定停放非机动车等行为，全面启动小微违法查处工作。每日早晚高峰时段，在人车流量较大的区域定时开展查处，并通过网格化管理，加强各区域动态巡查，实现全市范围覆盖。累计查处小微违法行为528起，教育劝导各类不文明行为1240起。同时，广泛开展“七彩夏日”宣讲、“小手拉大手”“城管体验日”等活动，营造共管共治共享的良好氛围。相关工作被《姑苏晚报》、《苏州日报》、苏州新闻等媒体宣传报道，起到处罚一批、教育一批、影响一批的良好效果，不断提升市民的文明素质和城市的文明程度。

07 “汇爱港城，‘贵’在有你”公益助学行动

2018年，港区以“汇爱港城”志愿服务品牌为抓手，依托“港区企业社会责任联盟”，发起“汇爱港城，‘贵’在有你”贵州公益助学活动，将点滴小爱汇聚港城大爱。组织企业代表实地走访慰问贵州玉屏县大龙镇麻音塘小学，成立港区助学爱心基金，向区内企业募集爱心善款23万元，用于学校教学设施的完善及贫困学子学费资助，营造人人关注慈善、人人参与慈善的浓厚氛围。举办2018年“网聚你我、汇爱港城”网络文化节，弘扬网络爱心公益，向全市网友征集爱心书籍1300本，定向捐助给贵州贫困山区小学建设“爱心图书室”。太仓广播电视总台《娄城大爱》栏目组对该次活动进行全程跟踪报道，营造良好的社会道德风尚，产生广泛而积极的影响。

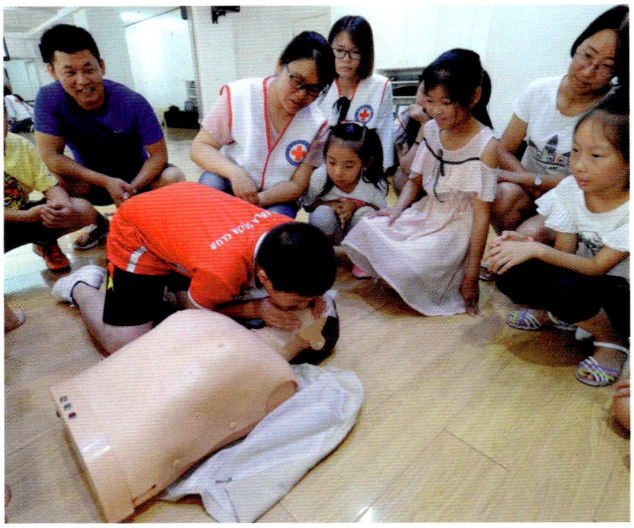

08 红十字“救”在身边

市红十字会是从事人道主义工作的社会救助团体，紧扣“救”字为出发点，狠抓“三救三献”(救护、救灾、救助，干细胞捐献、遗体器官捐献、献血)核心业务，2018年在公安、城管、舍弗勒、宝洁以及各社区、学校中开展应急救护317场，受训10105人次；通过开展博爱送万家品牌救助项目，对口四川隆昌、贵州玉屏帮困助学等人道救助捐赠支出50.26万元。随着太仓市文明程度的不断提升，越来越多的市民转变理念，太仓市造血干细胞成功捐献者达到两位数，器官捐献实现零突破。市红十字会在“人道、博爱、奉献”的理念引导下，求实创新，广泛动员社会力量，以“红十字‘救’在身边”为品牌，助力全市全国文明城市创建。

09 文明家庭“开心农场”构建文明田园风

浮桥镇牌楼社区以“全民争当牌头兵，文明理念入人心”为口号，以开展文明家庭评比为契机，建阵地、定规则、选典型，探索乡风文明助力社区治理新模式。制定《文明户评比标准和办法》《家庭积分制考核办法》，设置宅前屋后环境、和谐邻里关系、注重家庭教育、倡导移风易俗、参与志愿服务等积分板块，细化量化居规民约，开展文明家庭评选，提升社区居民文明程度。将闲置土地建成“文明家庭农场”，制定《农场种植积分条例》，发放文明积分卡，鼓励文明家庭以积分换奖品，提升参与积极性。社区利用多功能运动场等公共场地，打造乡风文明苑，设立文明宣传栏、文明红黑榜、“金乡邻”志愿服务岗等，让文明内涵入脑入心。该项目获评2018年度浮桥镇乡风文明建设“一村（居）一品”优秀项目，被“中国文明网”、《苏州日报》、《太仓日报》等媒体平台多次报道。

10 志愿四聚工程 打造“温暖多一度”

2018年，沙溪镇以“温暖多一度、沙溪在行动”为志愿服务品牌，推动志愿服务规范化、品牌化、规模化、常态化发展，形成“志愿四聚工程”。一是创建志愿者联盟扩容工程，截至10月，沙溪镇新增网络注册志愿者约1万人，全镇志愿服务团队共计48支。二是开展志愿者基地拓展行动，全镇新增村级文明旅游、礼贤和风志愿者驿站2处。三是规范志愿者活动发布机制，志愿服务助阵爱心暑托班，直接受益学生118人次，间接受益人群达350人次。四是举办志愿者积分兑换仪式，通过制定、执行志愿者积分奖励制度以及“吾德之星”社会公德之星、最美志愿者等评选活动，定期评选表彰优秀志愿者和优秀志愿者组织，维护志愿者的正当权益。

（本栏目图文由市委宣传部供稿）

要　目

目　录

封面故事

年度便览

视觉太仓

特别报道

大事纪要

太仓概况

人居环境

太仓港

高新区及中德合作示范区

高新区建设

中德合作示范区

综述

职教合作

经济文化交流

区域经济

融合创新

综述

科技项目

创新载体

科技人才

科技镇长团工作

气象科技

产业结构

综述

供给侧结构性改革

高新技术产业

工业经济

综述

制造业

地方组织机构

城镇街道

附录

索引

Main Contents

Cover Story

Handbook of Annual

Visual of Taicang

Special Reports

Summary of Major Events

Profiles of Taicang

Inhabitation Environment

Taicang Port

High-tech Zone and Demonstration Area of Sino-German Cooperation

Regional Economy

Public Services

Social Governance

Local Organizations

City, Towns and Communities

Appendix

Index

专　文

致敬 40 年——金太仓不负大时代

岁月不居，沧海桑田。

回首望，风云激荡改革路。

娄东虽小，不负时代。

40 年，经济大发展。智能制造勃发，科技引擎更强。服务之花灿烂，现代农业兴盛。

40 年，城乡大变迁。楼宇林立如峰，公园次第建起。道路四通八达，农村焕然一新。

40 年，民生大改善。收入节节攀升，人民生活丰裕。社保覆盖城乡，老弱皆有所依。

40 年，生态大担当。铁腕防治污染，天蓝水碧土净。打造绿色家园，擦亮城市名片。

40 年，社会大和谐。警情连年下降，阖城共享平安。实践政社互动，经验全国领先。

……

经济崛起，迈入“发达状态”

又到“2018 全国综合实力百强县市”榜单发布时，太仓继续位列第 7 位。这个榜单已发布 14 届，太仓始终位列前十强。

金灿灿的榜单，体现的是改革开放 40 年、特别是中共十八大以来太仓综合实力的增长，展现的是太仓与“现代田园城、幸福金太仓”目标渐行渐近。

改革开放 40 年，太仓这片陆域面积不大、资源短缺、基础较弱的土地上，创造出“经济奇迹”。资料显示，1978 年，太仓地区生产总值为 2.31 亿元，2017 年达 1240.96 亿元，40 年间增长 536 倍。以 2017 年人民币对美元平均汇率计算，太仓人均地区生产总值为 2.57 万美元。按照世界银行不同阶段的收入标准，人均地区生产总值达到 1 万美元后，即标志着一国或地区的经济社会发展开始进入“发达状态”。

在产业结构方面，改革开放之前，太仓产业层次很低，农业在国民经济中占较高份额，工业基础较为薄弱。3.5 亿元，这是 1979 年太仓工业产值的全部“家当”；2018 年，太仓工业总产值将跃上 2650 亿元的新高度，增幅达到 757 倍！数据飙升的背后，折射的是太仓工业发展的质量与高度。

1978 年起，太仓工业步入稳步、健康的发展轨道，社办工业、乡镇工业呈现出“村村点火、处处冒烟”之势，但资源利用效率不高等问题也逐步显现出来。针对这一情况，太仓走上了开发区建设之路，太仓港经济技术开发区晋升“国家队”，高新区被批准为省级高新区。

追逐时代大潮，务实创新的太仓人从未停下锐意进取的脚步，逐渐构建起精密机械、电力、造纸、金属加工、化工医药、石油加工等十大行业。踏准转型升级节拍，太仓改造提升纺织化纤服装等传统产业，突出发展高端装备制造、新材料、生物医药三大新兴产业。

40 年来，太仓工业实现了脱胎换骨的蜕变，实现了由农耕时代向后工业化时代的转变，实现了由封闭型向开放型的转变，实现了由单一所有制结构向民营、外资、国资等形式多样、多种经济成份共同发展的转变，实现了由“缺梁少柱”到撑起“四梁八柱”的转变，形成了沿江、沿沪产业带和中部产业带的格局。

时间回转到 40 年前。彼时，“服务业”一词尚未被广泛使用。那时，县城新辟了人民路，商业网点随着老大街与新街呈“十”字分布。商贸等服务性行业，远远没有如今商厦林立、市场繁荣的景象。但随着经济体制改革和市场供求关系的变化，太仓服务业在变革和竞争中更新迭代、转型升级。特别是太仓港跃居全球百强集装箱港口第31位，物贸产业呈现出蓬勃发展之势。插上“互联网+”双翼，平台经济又方兴未艾。据记载，1978年太仓实现第三产业增加值0.28亿元，占地区生产总值比重为12%；2017年为577亿元，占比达到46.5%。这意味着，太仓服务业与制造业已经构建起经济发展“双轮驱动”的生动格局。

土地没有增加，而农林牧渔总产值从1978年的1.89亿元飙升至2017年底的68.79亿元，40年间增长35.4倍。这背后恰恰是太仓以构建现代农业经营体系、生产体系和产业体系为重点，着力转变农业经营方式、生产方式，推动农业发展由数量增长为主，转到数量质量效益并重上来；由主要依靠物质要素投入，转到依靠科技创新和提高劳动者素质上来；由依赖资源消耗的粗放经营，转到可持续发展上来，而且取得了显著成效。

大时代推动了太仓经济发展，三次产业结构不断优化。站上新起点，太仓经济正创新转型，高质量前行，一定会拥抱更加灿烂的明天。

迭经变迁，现代田园城屹立

太仓，因春秋吴王置粮仓而得名，因海运、漕运而繁盛。到元代，已是“天下第一码头”；明代，更因郑和下西洋闻名天下，成为国际贸易大港。前有天妃宫，近有樊村泾瓷器仓储，史迹昭彰，斑斑可考。清代的太仓直隶州，经济富庶，物阜民丰，享“金太仓”之誉，更辖领四县，隐然东南一中心。

繁华数百载，但太仓城市变迁最快、变迁最大的时代，莫过于改革开放以来的40年。城区面积从4.48平方公里，拓展到147.97平方公里；建成区面积从1.88平方公里，拓展到51.3平方公里。数百载繁华后，仅仅40年间，城市规模扩大了数十倍，沧桑巨变，两组数据足以为证。

朝阳路北、东亭路西，中心公园正在建设。公园建设中融入了市民公园、城市绿肺、海绵湿地、智慧公园等理念，2019年，这里将成为太仓市民休闲游玩的又一选择。

中心公园取城市中心之意。追溯到10年前，这里是工业区的一部分，20多公顷土地上，分布着涂料、服装、钢结构、工业炉制造企业。追溯到30年前，这里是娄东乡朝阳村的一部分，阡陌纵横，农舍散列，是数百年鲜少改变的田园风光。

从农村，到工业园区，再到城市中心的公园。40年来，比变化快、变化大更让人振奋的，是这种变化背后的诉求和驱动力。从农村到工业园区，追求的是经济发展，从工业园区到市民公园，追求的是生态，也是民生。

人民北路上，花园酒店人来人往，这里依然是太仓最具知名度的宾馆之一，只是不再有当初弇山宾馆的“鹤立鸡群”之姿。弇山宾馆大楼是太仓第一幢真正意义上的高楼，20世纪80年代中期建成后，很长一段时期内都是太仓第一高楼，默默俯视着这座城市。如今，一幢幢高楼早已拔地而起，并且遍布城市与乡镇，天际线的变化为古城频添现代感。

2018年9月的一天，随着声声汽笛的鸣响，太仓市域内第一次有了火车，虽然这只是沪通铁路运输第一批长钢轨到太仓南长轨存放基地的火车，但也预示着太仓离铁路时代更近了。曾几何时，太仓各乡的居民坐趟汽车到县城被视为大事，如今公交线路已经四通八达，更有数以万计的私家车疾驰在条条宽阔的大道上。交通方式的变迁，方便了市民，为城市提速增动力。

与繁华的数百年相比，40年只如一瞬。但这40年却在这座城市建设史上留下了辉煌的一页，一座现代田园城已然屹立在娄东大地。

保障民生，百姓幸福指数节节高

城市发展日新月异，人民生活水平大幅提高，群众精神面貌焕然一新，幸福指数节节攀升，家家户户发生了翻天覆地的变化。

40年来，太仓迈着发展的脚步，在每一个家庭，每一个人身上留下了改革开放的印记。

“食”是天，“住”是地。过去，粮油糖肉凭票买，老百姓只求吃饱；现在餐桌丰富，讲究吃好吃健康。过去，祖孙几代人挤一间房；现在，越来越多的人住进了明亮宽敞的房子，温馨舒适环境优美的小别墅更是遍布城乡。城镇居民人均居住面积从1980年的14.4平方米上升到2017年的57.8平方米。公共租赁住房、经济适用房、购房补贴、租赁补贴等有关住房保障制度的实施，更是让困难群众圆了“安居梦”。

从拥有一辆自行车就能羡煞旁人到小轿车成为寻常百姓的“代步工具”，从缝缝补补又三年到每季都有新衣服穿……改革开放给太仓人的“衣食住行”带来的变化实实在在。

退休后，按时领养老金；失业后，政府帮扶上岗；遭遇变故时，社会有救济……养老、医疗、工伤、失业、生育“五险”在太仓已应保尽保。社保“安全网”，救助“保护伞”，让百姓的日子越过越有底，越过越有盼头。

随着经济快速发展，居民收入连续跨越式提升。2017年太仓全体居民人均可支配收入达4.76万元。随着钱袋子鼓起来，百姓物质生活不断提高，太仓人对教育、医疗等民生大事有了更强烈的期待，对文化、娱乐等精神方面也有更高层次的追求。

40年前，看一场电影是一件奢侈的事情；现在每周到电影院打卡的市民大有人在，更有热爱文艺的市民看起了演唱会、音乐剧。40年前，离开太仓要花上大半天时间；现在，国内旅游已经满足不了一些百姓的需求，国外游已经成为不少太仓人休闲放松的首选。40年前，因贫辍学时有发生，大部分人的学历停留在中小学；现在不仅普及了九年制义务教育，更注重教育优质均衡发展，越来越多的太仓学子在高等学府接受教育。40年前，看病难看病远是普遍现象；现在太仓30余万市民拥有签约家庭医生，群众在“家门口”就能看上名医专家，还能通过手机进行预约挂号、支付等，就医更加省时省事。40年前，养老只是家庭及家庭成员的责任；现在太仓的老年人不仅能享受到居家养老服务，还能在社区日间照料中心用餐、活动，更可以住进颐悦园、敬老院等养老机构，颐养天年。

改革开放40年来，尤其是中共十八大以来，伴随着一项项惠民政策先后出台，一个个实事工程接连完工，一笔笔民生支出相继落地，一件件民生实事得以实施，老百姓得到的实惠越来越多，城乡居民的生活质量也越来越高。

2018年11月，太仓第7次入选中国最具幸福感城市，也是第4次位列县级市榜单首位。这就是太仓——一座文化兴盛、学有优教、劳有所得、病有良医、老有颐养、住有宜居的幸福之城。

生态良好，增强城市竞争力

赵博，2013年从安徽省阜阳市来到太仓工作，现定居于科教新城。“原本打算干几年就回老家发展，但在太仓没待多久，我就爱上这里的环境，一点都不想走了。宜居，是我到太仓5年最大的感受。”

的确，太仓这颗长三角地区璀璨的明珠，近年来呈现出蓝天、碧水交相辉映，江南水乡风韵与城市现代化相得益彰的环境特质。

回眸改革开放以来，太仓先后抓住创建国家环保模范城市、国家级生态示范区、国家生态市三大环保发展机遇，环保工作从污染源末端治理发展为源头削减与末端治理并重，从单纯污染源防治发展为污染防治与生态保护建设相结合，实现了由具体污染治理到全面改善环境质量的转变，可持续发展能力不断增强。

这40年，是太仓环保基础设施快速推进的40年。全市持续加强环保投入，特别是近年来，直接用于环境改善和生态保护的投入占地区生产总值的比重始终保持在4%以上。全市建成了城乡“污水处理网”“集中供热网”“供水网”“垃圾处理网”“清洁能源网”和“生态绿网”，为生态环境持续向好夯实了根基。

这40年，是太仓环境污染得到有效控制的40年。全市环保机构从20世纪80年代中后期开始积极履行环保职能，强化污染治理，全市环境污染得到有效控制。编制的《2006—2020年太仓市主要污染物总量控制和减排规划》，成为全国县级市中第一个通过评审的“减排规划”。在全省率先实现市域发电企业脱硫工程的“全覆盖”。建成区污水处理率达93%。开展重大环保整治行动，对重点A类企业进行达标排放治理，对污染行业进行提标改造；关停各类污染企业，对重大环境问题实行挂牌督办。

这40年，是太仓城乡环境面貌日新月异的40年。全市大力开展“六清六建”“三清一绿”整治、“263”专项行动等，对主要道路、主要河道、农村村落、人居环境实施长效保洁管理；整治疏浚河道、清理垃圾杂物、取缔冒黑烟囱和废品收购站点；建立农村河道长效管理机制，加大畜禽养殖污染整治力度，彻底改变了广大农村，特别是镇村接合部和外来人口集中居住地“脏乱差”局面，城乡环境面貌焕然一新。

良好的生态环境是太仓实现科学发展、协调发展的必要条件。如今，生态宜居、绿色家园已经成为增强太仓综合竞争力的一张“名片”，越来越多的企业、越来越多的人才正选择落户太仓，干事创业。

平安和谐，铺就城市底色

如果只有一个理由去爱上一座城市，那必然是安全感。平安和谐，是百姓最基本的期盼；祥和稳定，是人心向往的乐土。多年来，太仓积极适应新时代新要求，深入推进“技防城”建设，全面营造以人民为中心的共建共治共享社会治理格局，违法犯罪警情连续10年保持下降，公众安全感持续领跑全省，“平安”已经成为幸福太仓的城市底色。

凌晨一起临时起意的抢劫案，2个小时即告破；“利刃”挥向虚拟世界，成功斩断多条买卖公民个人信息的地下黑色产业链；出租房管理引入“三联网+”思维，扫描二维码即可获得流动人员信息……平安太仓的背后，是防控和服务的“触角”不断延伸，全面构建起社会治安防控网络新体系，在倾听民声、回应诉求中不断提升人民群众的安全感、幸福感。

平安和谐是幸福的基础。太仓还深入探索社会治理创新，走出了一条契合时代特点、具有太仓特色的善治之路。2008年，太仓市在全国率先探索实践“政府行政管理与基层群众自治有效衔接和良性互动”即“政社互动”。10年来，太仓市共有2300多家社会组织活跃在社会治理各个领域，有效承接20多项平安法治方面的政府公共服务职能。

2013年，太仓平安建设实现全国社会治安综合治理“三连冠”，捧得“长安杯”，成为全省唯一获此殊荣的县级市；2014年开始，太仓市全面启动了为期三年的“平安太仓升级版工程”，推进“六张防控网”建设，平安太仓再上新台阶；2012年至2018年，夺取“江苏省法治建设示范县（市、区）”三连冠……一张张成绩单，是太仓平安法治建设和社会综合治理的最佳注脚。平安是一个城市的最美名片，40年的砥砺前行，太仓在创安探索实践中，为幸福太仓织就了一张平安网；也在社会治理创新领域形成了一批叫得响、立得住、推得开的特色亮点工作，为全省乃至全国提供了“太仓样板”。

中共十八大以来，与时俱进的太仓，在平安法治建设的征程中主动适应动态化、信息化条件下社会治安新形势，强势推进“四项建设”，全力构筑立体化信息化治安防控体系，实现了社会治安和公安工作的良性循环。社会发展迎来崭新局面，太仓瞄准打造全省一流的社会治理网格化联动机制目标，构建起了市镇村三级贯通的大网格大联动大平安工作体系，90%以上的社会问题和矛盾纠纷被化解在基层，极大地促进了社会治理观念理念的转变、体制机制的调整、布局格局的重构和方法手段的创新，走出了一条独具太仓特色的社会治理之路。

（摘自太仓日报社出版的《致敬40年——太仓改革开放发展实录》 记者：李孝忠　邢智丰　张立　张瑜　王俊）

太仓港集装箱年吞吐量突破500万标箱

2018年12月24日上午，太仓港集装箱年吞吐量第500万标箱起吊暨太仓港与上港集团、宁波舟山港集团、省港口集团战略合作签约仪式在太仓港上港正和码头举行。仪式上，太仓港分别与上港集团、宁波舟山港集团、省港口集团签署战略合作协议，错位发展、优势互补、合作共赢。随着苏州市委副书记、市长李亚平宣布"太仓港集装箱年吞吐量第500万标箱起吊"，11位嘉宾同时摁下按钮，一个挂有"太仓港2018年度第500万标箱"横幅的集装箱被缓缓吊起，稳稳地装上"海运远耀号"集装箱船，"远耀号"汽笛长鸣，庆祝这一历史性时刻。年吞吐量突破500万标箱是太仓港发展新的里程碑，标志着太仓港建设发展迈上新平台。

省委常委、苏州市委书记周乃翔发来贺信，并代表苏州市委市政府对太仓港2018年集装箱吞吐量突破500万标箱向太仓港口管委会、太仓市委市政府表示祝贺，对近年来太仓港建设发展所取得的成绩表示肯定，他希望太仓港口管委会、太仓市委市政府立足新起点、谋划新举措，不断做大做强太仓港，尽早全面建成江海联运枢纽、长江水运集散中心，更好地服务和支撑苏州高质量发展，为勇当"两个标杆"、建设"四个名城"作出更大贡献！苏州市委副书记朱民指出，集装箱年吞吐量突破500万标箱是太仓港发展史上具有里程碑意义的大事，是苏州市经济社会发展的喜事，也是长三角区域港航一体化发展的盛事。太仓港初步建成江海联运枢纽、长江水运集散中心，为苏州、江苏乃至长江沿线地区经济发展作出积极贡献。苏州市委市政府对太仓港加强与上海港、宁波舟山港、省港口集团的战略合作，推进长三角区域港航一体化发展的举措给予全力支持。希望太仓港以500万标箱为新的起点，更好地推动港口绿色发展和高质量发展，在新一轮改革开放大潮中实现新的跨越。江苏太仓港口管理委员会主任邵建林指出，太仓港能有今天的发展成绩，得益于国家的改革开放政策，得益于省委省政府、市委市政府的正确决策、坚强领导，得益于各级各有关部门和口岸各单位的鼎力支持，得益于兄弟港口、航运企业的厚爱。他表示，太仓港将积极服务"一带一路"、长江经济带发展和长三角区域一体化发展等国家战略，落实与上港集团、宁波舟山港集团、省港口集团签署的战略合作协议内容，与广大港口、航运企业开展广泛的合作，推动太仓港实现新跨越。

太仓港　（2018年12月　计海新　摄）

上海国际港务（集团）股份有限公司党委书记、董事长陈戌源在致辞中表示，太仓港开港仅26年就实现快速崛起，集装箱运输迈入全国十大港口之列，发展速度令人赞叹。自2014年起，上海港和太仓港携手开展战略合作，组建太仓港上港正和集装箱码头公司，共同经营太仓港集装箱三期码头下游两个泊位，并以此为平台，先后构建长江远洋货物经由太仓港中转洋山港的水水中转物流模式，和苏南远洋货物经由太仓港中转洋山港的"陆改水"物流模式，在沪、宁两地海关支持下实现沪太通关一体化。实践证明，两港分工协作、错位发展、优势互补，有利于推进上海国际航运中心的均衡发展，有利于形成层次分明、布局合理的长三角对外开放海运格局，有利于更好地支撑和带动上海、苏州乃至整个长江沿线地区的经济发展。两港签署新的战略合作协议，在合力做大江海中转平台、深化资本合作、加强口岸合作、加快对接上海自由贸易试验区、加强双向交流联动等方面深化战略合作，标志着两港合作进入新的阶段。这是推动两港高质量发展的重要举措，也是两港服务长江经济带和长三角区域一体化发展等国家战略的重要措施。上海港将认真落实战略合作协议内容，推动各项合作项目早日落地、开花结果。

1992年10月28日，太仓港第一个万吨级码头泊位动工建设。2005年，省委省政府作出重点开发建设太仓港的决策，太仓港进入快速发展阶段。2005年至2017年的12年间，太仓港码头通过能力提高5倍，航线航班数量增长10倍，集装箱吞吐量增长18倍，货物吞吐量增长16倍。

截至2018年年底，太仓港开发利用岸线13.5公里，建成投运各类码头泊位91个，其中集装箱泊位10个，形成集装箱、件杂货、干散货、液体化工、装备制造5大作业区。航线总数共200条（班），其中近洋直达航线25条（班），覆盖日本、韩国、台湾、越南、泰国等国家和地区23个港口；内贸干线52条（班），覆盖沿海21个港口；长江（内河）支线83条（班），覆盖长江经济带50个港口；洋山支线40条（班），实现公交化运营。

2017年，太仓港完成集装箱吞吐量451万标箱、货物吞吐量2.5亿吨。2018年，太仓港完成集装箱吞吐量突破500万标箱，平均每天有1.37万标箱从太仓港进出。全省每增加10标箱，有7标箱由太仓港贡献，排名升至全省第一、全国第十。年进出船舶达12万艘次、进出集卡车超100万车次、进出境人员超7万人次，拥有进口水果、肉类及食用水生动物等口岸资质，从太仓港走货的国内外贸企业超过4000家，遍布全国28个省（市、自治区、直辖市）。

作为全国第一个按沿海港口管理的内河港口，太仓港成为长江外贸第一大港、长江外贸航线最多的港口、全省进出港国际航行船舶艘次最多的港口。

站在新的历史起点上，太仓港围绕“全面建成江海联运枢纽、长江水运集散中心、为苏州乃至苏南经济转型发展提供重要支撑”目标，打造“江苏强港”，力争2020年集装箱吞吐量达到600万标箱；打造“航运大港”，力争2020年实现“三个基本覆盖”：近洋航线基本覆盖东亚及东南亚国家和地区主要港口，内贸干线基本覆盖沿海所有大港，长江（内河）支线基本覆盖长江经济带所有规模以上港口；打造“贸易港口”，尽快将太仓港由“物流通道”转变为“物贸街道”；打造“智慧港口”，运用信息化手段，实现作业高效化、物流便捷化、管理智能化、服务人性化、贸易便利化；全力打造“最美港口”，坚持“共抓大保护、不搞大开发”，坚持“生态优先、绿色发展”，以环境大整治环保大提升“百日攻坚”行动和“绿色港口三年建设”行动为抓手，加强长江太仓港段生态环境保护修复，实现天更蓝、水更绿、岸更青、土更净；打造“平安港口”，严格落实安全生产责任，健全完善安全生产制度，加强执法监管队伍建设，强化安全风险分级管控和隐患排查治理，提升安全生产信息化水平，打造港口安全文化品牌，不断夯实安全基石，为建设港航强省和“强富美高”新江苏作出更大的贡献。

（太仓港口管委会）

媒体眼中的太仓

太仓矢志打造“中德合作典范城市”

在德国第五大城市、欧洲重要的工商金融和交通中心城市法兰克福，一场关于江苏太仓的推介活动——2018年“德国太仓日”盛大举行。这是太仓连续11年举办“德国太仓日”活动，城市推介、产业项目和城市建设项目签约，德企在太仓发展经验报告发布，“隐形冠军之父”赫尔曼·西蒙演讲……一系列精彩内容，让太仓再次成为德国工商界人士关注焦点。

2018年正值中国改革开放40周年，德国是最早参与这一进程的西方发达国家之一。40年来，中德双边贸易额增长上百倍，中国也连续两年成为德国第一大贸易伙伴。德国总理默克尔结束她的第11次访华行程，进一步深化中德合作成为双方共识。在中德关系不断稳步向前推进过程中，太仓临沪沿江的区位优势和优质的营商环境，受到德国企业青睐。1993年第一家德资企业落户太仓，这座江南小城集聚300多家德企，年工业产值超500亿元，400多家本土企业与德国企业建立合作关系，形成中德企业融合创新发展的新局面。

“德国太仓日”连办11年　栉风沐雨成就“德企之乡”

位于江尾海头的太仓，是沿海和长江开放的双向节点，600多年前，航海家郑和正是从这里起锚下西洋。这座江南小城和万里之外的德国产生联系，还要追溯到1993年。当年克恩—里伯斯公司总裁、德国巴符州议员斯坦姆博士只是试探性地投资50万马克“试水”，但太仓优美宁静的环境和优质可靠的政府服务，让他印象深刻。随着业务迅猛发展，这家生产弹簧产品、具有百年历史的家族企业，不断滚雪球式发展。

从“试水”到“示范”，以“克恩—里伯斯”为发端，一批批德国企业纷纷到太仓“安营扎寨”：舍弗勒的汽车变速器、克朗斯的饮料灌装设备、通快的智能机床、阀安格工业阀门、慕贝尔的汽车弹簧等技术独步全球的“隐形冠军”扎根于此。更为可喜的是，其中有90%以上完成增资扩产，逐渐形成汽车核心零部件、高档数控机床、专用装备、医疗器械等高端装备制造产业集群。

为奥迪、大众等配套生产汽车零部件的舍弗勒（中国）有限公司1995年落户太仓，已建成5座工厂，2016年销售收入突破100亿元大关。2018年3月16日，舍弗勒全球首个P2混动模块在太仓投产，以满足新能源汽车浪潮下汽车行业动力总成电气化的变革趋势，这也是太仓在新能源汽车零部件领域的崭新布局。

像舍弗勒这样主动适应汽车电动化、轻量化、智能和网联发展方向的企业还有很多，例如，联合汽车电子电机和IGBT项目、法可赛电池管理系统、慕贝尔新能源汽车柔性板材项目即将建成，舍弗勒新能源汽车电桥项目、慕贝尔动力总成部件项目、克恩—里伯斯电驱电控组件项目、海瑞恩电轴项目即将开工建设。

在太仓高新区，形成“汽车零件—零部件—核心零部件（新能源汽车核心零部件）—智能和网联”产业链条，并建立检验检测、认证认可、标准质量、工业大数据服务等公共服务平台，及以“双元制”人才培养为基础的人才链，以高档数控机床、人工智能装备等高端制造业为支撑的产业生态圈。至2020年，全区汽车零部件产业规模可达800亿元，其中新能源汽车核心零部件产业规模200亿元。

筚路蓝缕启山林，栉风沐雨砥砺行！为进一步扩大对德合作优势，2008年太仓第一次走进德国举办“德国太仓日”，向德国工商界推介太仓的营商环境、对德合作成果，吸引德国企业进驻太仓。自2008年至2018年，“德国太仓日”连续举办11年，每年都会在德国不同城市推介，包括斯图加特、慕尼黑、杜塞尔多夫、弗赖堡、多特蒙德、图特林根等，提升太仓在德国的知名度，并由此成为太仓深化对德合作的一个重要窗口载体。

2017年5月11日，太仓市政府联合德国北威州杜塞尔多夫工商会，在北威州首府杜塞尔多夫市举办“德国太仓日”活动。和往年活动不同的是，当天太仓还与北威州于利希市缔结友好城市关系，太仓从此有了第一个德国友城。

诚心耐心恒心决心　工匠精神引领高质量发展

据统计，近5年销售收入超2000万元的在太仓德资工业企业，其产销、净资产、利润等指标，年均复合增长率保持在20%以上。2018年1—5月，太仓高新区新注册德资企业5家，另有6家德企办理注册手续，4家德企增资扩建，累计新增注册资本达6185万美元，近10家新建德企开业运行。

站在新的时代节点上，高质量发展成为当下的主旋律，而德国企业堪称高产出、高技术、低能耗的全球典范。20多年跟随“德国老师”贴身学习，通过产业配套、技术研发、人才和资本等多种形式的合作，太仓收获的除现代产业体系，还有脚踏实地的工匠精神。太仓自觉把提升自主创新能力作为实现新一轮发展的理性选择，夯实本土企业竞争力，推动制造业转型升级。

太仓对德产业合作和创新实践取得的丰硕成果，受到中德两国政府高度肯定。2008年以来，太仓被中德两国政府部门授予中德企业合作基地、中德智能制造合作创新园、国家先进制造技术国际创新园、国家新型工业化产业示范基地、中德中小企业合作示范区等称号，太仓对德合作模式作为样本写入科技部《科技创新共塑未来·德国战略》……

2017年6月1日，“中德论坛——共塑创新”在德国首都柏林举行，太仓作为国内唯一受邀地方政府在论坛上作交流发言，向中外嘉宾介绍太仓对德合作经验。有德国客商笑称，太仓在德国知名度已经大过在中国本土的知名度。

艰难困苦，玉汝于成！25年来，太仓的领导换了一届又一届，但对德合作理念始终未变，全市上下勠力同心，一步一个脚印沿着对德合作的既定方向阔步前行。太仓缘何能集聚如此众多德企，也成为不断被引用和解读成功案例，吸引各方关注。

从1993年第一家德企落户，到2007年德企满100家，太仓用14年；而从第100家到2013年第200家只用6年，到2018年第300家仅用5年。这背后，是太仓始终秉承诚心耐心恒心决心的“四心”原则，把对德合作列为全市发展的三大战略举措之一，瞄准“打造中德合作典范城市”目标，全面开展产业创新与合作，持续深化中德城市交流，着力通过高层次、高质量推进对德合作，打造新时期江苏对外开放的新窗口、中德两国合作的新典范。

中德创新园　　（2018年12月　计海新　摄）

从产业合作到全方位拓展　助力对德合作迈上新台阶

一进门是一面硕大的德国国旗，黑红黄三色元素布满整个建筑。美味的德式香肠、清爽的德国黑啤……这里不是德国小镇的某个酒馆，而是位于太仓海运堤的一家德国餐厅。“这里有这么多德国企业，德国人把太仓称作‘德国之外的德语区’，理应有一家正宗的德国餐厅。”申德勒加油站西餐厅负责人贺军棠表示，“餐饮也是两国交流的一部分。让德国人在中国吃到家乡味，让更多太仓人不出国门也能尝到德国味，通过德式餐厅去了解德国文化，更好地与德国人相处。”

随着改革转型进入“深水区”，近年全国各地纷纷出台专门政策强化对德合作。作为对德合作的“先行者”，如何保持领先优势？太仓注重系统化思维、高起点谋划，在进一步优化德企营商环境之外，积极把对德合作从单一的经济领域扩展到教育、文化、科技、环保等诸多方面，构筑无法复制的竞争优势。其中，堪称“德国制造”秘密武器的“双元制”教育，已经在太仓发展18年，培养1万多名“大国工匠”。

2018年4月13日，在太仓举行的中德智能制造解决方案大会上，工信部信息化和软件服务业司负责人“点赞”太仓，太仓对德合作成果显著，经验值得学习。当前新一轮技术变革带来产业发展的重大机遇，对德合作也要与时俱进，推动更深层次、更高水平和更加精准的对德合作。

2016年6月，全球第八个德国中心在太仓开业；2017年9月，全国首个“中德合作双元制本科项目”在太仓开班……太仓德国中心董事总经理马悌思深有感触地说：“太仓对德合作持续20多年，与太仓政府的沟通交流非常方便，就像个‘大家庭’，彼此遇上问题可以很方便地去寻求帮助，相互支持。”

此外，太仓的欧商会每年都会组织啤酒节，这一活动由德国企业自行主办，在太仓喝德国啤酒成为时尚。而太仓也经常组织德企、民企与机关事业单位一道开展“足球之约”活动，这只是太仓高新区“C&G沙龙”中的一个项目。“C&G沙龙”即“中德交流沙龙”，涵盖文化、艺术、体育、党建等诸多领域。

2017年7月30日，“中德故事——从太仓出发”主题摄影展在于利希市博物馆开幕。60幅摄影作品通过展现美丽的太仓和德国人在太仓的生活，以及德国人民和太仓人民生活的巧妙对比，吸引众多市民参观。中国驻德国大使史明德在贺信中说，摄影展生动展现中德在多个领域合作的历史状况和发展前景，让德国各界进一步了解太仓，也希望太仓成为中德合作的典范城市。

（摘自2018年5月31日《新华日报》）

江苏太仓：中国中小型城市高质量发展先行探索者

2018 年 9 月，根据国家发改委等六部委公告的《中国开发区审核公告目录（2018 年版）》相关内容，江苏省政府发文批复，同意设立江苏省太仓高新技术产业开发区等 19 家省级高新区。

记者在江苏省太仓采访时了解到，太仓市因资源禀赋、区位优势和历史发展轨迹等优势，经过 25 年自主探索，在“重质量”的发展道路上走在全国的前列。作为“德企之乡”，太仓通过推动高端装备制造业质量提升、国际标准化合作、“双元制”教育体系、营商环境优化系列工作，逐渐打造出国际合作、产城融合、人民美好生活的新局面，走出一条中小型城市高质量发展的特色道路。

据介绍，太仓为实现高质量发展，采取一系列举措。

发展先进制造业

太仓高新技术产业开发区的业务人员向记者介绍：“我们将引资重点放在细分领域具有核心国际竞争力的德国中小企业上”，按照细分门类，太仓打造核心基础零部件产业园区、增材制造产业园区，同时建设先进制造技术国际创新园、江苏—德国知识产权国际服务太仓平台等一系列“多元平台”，建成高端装备制造和汽车零部件制造两大主导产业。

开展中德企业合作

依托德企技术和质量优势，太仓抓住特色资源、围绕两大主导产业开展中德之间的全方位标准化合作。德资中小企业多着眼于高端“缝隙市场”，并且拥有全球领先技术，极大地提升经济效益和品牌效应，而本地民企依托运输成本和资源效率，共同开展协作配套和产需对接，建立起基于产业链上中下游配套需求的协作关系。与此同时，政府政策鼓励与企业长期对接、交流，提升本地中小企业经营管理水平，形成一批具有自主创新、自主品牌的科技创新型成长民营企业。

不仅如此，太仓将具有技术、管理优势的国际项目“请进来”，并且主动地“走出去”，通过与德国行业协会、组织机构合作，大力向海外推介太仓，设立德国招商驻点，提升双方的合作层次。如今，德国的产品技术与中国的国际管理人才还实现在合资企业中的结合，太仓对德合作正一步步走向深入。

优化营商环境

据介绍，全方位、深层次合作创新的实现得益于太仓在如何打造优质营商环境方面持续不断的探索和实践。对于入驻前企业，建立严苛的企业入驻评价标准，对入围评判的投资项目，市招商局会依据评判体系，对企业的环保优先级别、投入产出、产业导向、发展潜力进行全方位评估，并可实行一票否决制。对于已经入驻的企业，政府秉承“无事不扰、有求必应”，各政府部门通力合作，进行方案“打包”，为入驻企业提供一对一“一站式”精准服务、长期服务模式，在国际企业界赢得良好口碑，从而保障越来越多的优秀德资企业入驻太仓、与本土企业一同开展合作创新，同时吸聚更多高质量的协作配套企业参与到产业平台生态系统中，带动民营企业的成长。

实行“双元制”教育

记者了解到，为满足产业发展的人才支撑跟进，太仓自 2001 年引入德国“双元制”教育模式，形成从中职到高职、本科的系列化职业教育体系，在借鉴德国模式的基础上，太仓进行诸多创新：首先，创造性地将德国“行动导向”的教学模式转化为系统建构“目标、理论、程式、保障、考评”五要素行动教学模式。其次，建立“政府主导、校企合作、合同执行、成本分担”的校企合作教学操作机制，建立学生具有企业准员工身份的“定岗双元模式”。另外，在教学内容和形式上进行创新，设置模具机械工、机电一体化工等专业方向，分设“识岗、适岗、定岗”阶段性企业实操课程，提供德国专业资格证书定向考试渠道和专业学位阶段性测验考试。

推动产城融合发展

为依托特色产业基础带动城市建设，太仓高新区着力促进城区与产业之间实现融合发展，组化明确“一区四核”空间格局，即中部田园城市核心区、北部智能制造核心区、南部文旅创意核心区、东部科技生态核心区，全面深化科教新城“一带、两核、三片、多组团”空间结构，重点加快周边交通框架建设，完善交通组织体系和地下管廊建设，探索商旅文体融合的新型发展模式。

据了解，太仓实现一系列高质量发展的成就。太仓抓住缝隙市场另辟蹊径，引入德国中小企业基础，并从营商环境、多元平台、人才培育支撑和产城融合发展方面深耕对德合作，太仓高新区先后被中德两国政府授予“中德智能制造合作试点示范园区”“国家国际科技合作基地”等称号。

中德合作典范城市

自 1993 年第一家德资企业入驻太仓以来，太仓已集聚 300 多家德资企业，其中“隐形冠军”40 多家、总部企业 10 多家、研发中心 50 多家、智能制造企业 100 多家，如在汽车安全带卷簧领域拥有全球 60% 市场份额的克恩—里伯斯公司，智能化轴承系统[illegible]广舍弗勒公司，德国工业 4.0 联盟创始成员通快公司等。在中德国际合作方面具备合作开始时间早、合作企业数量多、合作领域内容丰富三大特点，且入驻的德资企业资质优异。建成一批具有浓郁德国风情特色的城市绿化、商业网点、花园式住宅区。通过每年在德国多地举办“走进德国——太仓日”活动，接待德国客商参观考察，承办高规格双边会议，举办德国啤酒节等活动，加大对德宣传太仓。推出面向德企的知识产权联席会议制度和绿色通道、审限跟踪、主动协商等“组合式”司法服务，涉德企商事案件连年下降，知识产权案件实现“零诉讼”。

精致田园幸福城市

太仓借鉴德国城市建设成功经验，建成“城乡融合、产城一体、城在田中、园在城中”的城市风貌，错落有致的建筑布局，安全高效的基础设施，“一心两湖三环四园”描绘出现代城市的田园之美，获“中国最具幸福感城市”称号。德式酒吧、餐厅、面包房与江南田园城市景观融合，高品质慢行系统的建设都体现出“太仓式精致”与“德国式严谨”的结合。

中国工匠培养新模式

太仓实现职业教育创新与区域发展相生相伴，产业发展与职业教育体系的有效接轨。有德企“双元制”教育培训中心、依托本土院校建立的中德培训中心，及中德企业合作共建的莱茵科斯特跨企业培训中心、提供资格认证的德国工程师行会、手工业行会考试认证基地，还有培养高端人才的中德“双元制”本科项目，累计培养1万多名“大国工匠”。面向社会所需的岗位群，实现职业教育与就业“零过渡”。以苏州健雄职业技术学院为代表，该校建有AHK中德“双元制”培训中心，全面开展“双元制”本土化职业教育，拥有机电系统装备区、模具装配区、机电综合实训区、博士力士乐气动实训区等23个实训区，累计培养德国双元制学徒1300多人，近3年承担各类高级工等培训1500多人次，承办包括2017年全国西门子智能制造挑战赛在内的多场重大赛事。

高端装备制造业创新高地

太仓形成高端装备制造、汽车零部件两大主导产业，及新材料、服务业两大衍生产业，智能制造普及率达50%。其中，汽车零部件产业覆盖“零部件—核心零部件—新能源汽车三电核心零部件—智能和网联”全产业链条，同时提升与之相联的“高档数控机床、专用装备、医疗器械”为主要构成的装备制造产业质量，加速构建起高端装备制造特色创新产业集群。太仓有300多家民营企业与德国企业形成配套协同，并催生出一批高成长性、拥有自主品牌的科技创新型民企。如3D打印、国际管材加工成套设备方面，成为领头羊，产品远销26个国家地区。有400多家本土企业在与德企的交流合作中步入高质量发展的轨道。

（摘自2018年10月9日　中国经济网　记者：付云鹏　韩璐）

不拘一格、不遗余力：“东方大港”渐成“人才金港”

西北工业大学长三角研究院、西交利物浦大学太仓校区、同济大学太仓高新技术研究院……有着“东方大港”美誉的江苏省太仓市近年以识才的慧眼、爱才的诚意、用才的胆识、容才的雅量、聚才的良方，激活人才“第一资源”，构建起符合时代要求的人才制度体系，“东方大港”渐成“人才金港”。

西北工业大学长三角研究院一些科研团队入驻太仓，科研工作渐入正轨。该研究院将围绕太仓战略新兴产业发展需求，吸引3D打印、航空宇航、无人机等20余支国家级人才团队入驻。

西北工业大学太仓长三角研究院常务副院长、太仓校区筹建领导小组办公室副主任郑曦说，“研究院从签约到启用，仅用几个月时间，这样的建设速度体现太仓对人才的渴求。”

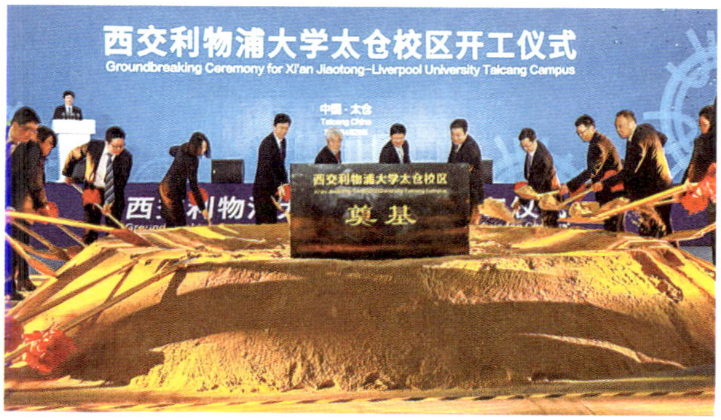

2018年4月29日，西交利物浦大学太仓校区开工奠基（戴周华　摄）

西北工业大学长三角研究院“闪嫁”太仓，是太仓爱才、引才的缩影。太仓还打破政府“一肩挑”式人才评价机制，将人才认定自主权交给企业，对企业推荐人选给予“人才特贴”。自2016年11月以来，太仓“人才特贴”安排1000万元，认定支持100名人才。

太仓市委组织部副部长、市人才办主任宋蔚说，党管人才，并不意味着党委包揽人才工作的一切具体事务，而是管宏观、管政策、管协调、管服务。

秉持这一理念，近5年，太仓立足城市产业特色，实施“522”人才工程、“娄东英才”工程，制定“1+X”产业政策，同步出台“人才新政20条”，对产业类人才引育持续加码升级，助推人才集聚太仓。

通过常态化举办沪上高校院所“太仓日”“创智杯”“郑和杯”创新创业大赛等主题引才活动，累计吸引超万名海内外高层次人才对接考察，招才引智渠道不断拓宽。

实施多年的“大院大所”战略，吸引一批高校和科研院所落户。2018年年初，西北工业大学、西交利物浦大学先后落户建立太仓校区，西工大还着手建设长三角研究院。未来，这两所大学将为太仓产业发展提供系统化、规模化、持续化人才科技支撑。

作为太仓生物医药产业类人才集聚发展平台，太仓市生物医药产业园自成立以来，引进培育大批国家级、省级顶尖和领军人才，生物医药企业加速落地。

包括生物医药产业园在内，近5年来，太仓陆续新建科技创业园、大学科技园、软件园、生物港等8家省级以上科技企业孵化器，孵化面积30万平方米，承接一半以上人才项目，在孵企业500多家。

政府惜才，企业爱才。太仓全市累计获批省级以上企业技术中心25家，企业工程中心5家，工程技术研究中心43家，博士后工作站29家，企业院士工作站5家，2017年太仓全社会研发经费支出占地区生产总值比重2.35%。

平台载体孵化扶持之外，精准化的对接服务体系也在持续为人才赋能

太仓在组建人才服务联盟基础上，通过向企业发放《服务需求调查问卷》，对调查结果进行梳理分析，分类推出人才企业“需求清单”368项、人才服务“资源清单”460项、“项目清单”282项，并围绕“三张清单”开展精准帮服。

切应创新创业资金需求，太仓通过“科才通”“苏科贷”等金融产品，支持人才企业发展。近期，太仓又成立总规模达50亿元的产业引导基金，引导各类社会资本投向战略性新兴产业，解除优质人才后顾之忧。

栽下梧桐树，引来金凤凰

创业两年来，姑苏领军人才张家奇带领浩科机器人公司，成功研发出业内领先的小负载机器人，拿到海瑞恩等多家德企订单，成为太仓发展汽车零部件产业、打造智能制造高地的一支生力军。

如今的太仓，越来越多领军人才企业向着行业龙头攻坚。昭衍新药、中美冠科等一批领军人才企业陆续挂牌上市，“幸福太仓、创业天堂”渐成城市新名片。

数据显示，2017年，太仓205家创业类领军人才企业累计销售额近32亿元，纳税首次突破亿元大关，达到1.6亿元，是2012年的10倍之多。销售收入超2000万元的企业达22家，较上年增长37.5%。

人才引领太仓产业结构向中高端迈进。太仓高新技术产业产值占规模以上工业产值比重46.5%，拥有研发机构企业占比30%，高新技术企业250家，万人发明专利拥有量41.31件，并获批国家知识产权强县工程示范县（区）。

以人才为支撑，太仓还强力承接上海智力资源。与上海交通大学等7家上海高校院所共建“国家技术转移联盟太仓工作站”，每年签订的产学研合作项目大约100项，累计引进20多位上海高校教授到太仓创业，注册资本超1亿元。

“人才工作的最终目的，是依托人才价值，推动产业结构持续进阶。特别是站在当前新的创新风口、高质量发展的全新时代，人才高地更是今日发展动能转换的主力支撑。”太仓市委书记沈觅说。

（摘自2018年11月12日　新华网　记者：刘巍巍）

融入上海

【概况】 2018年，太仓市抓住长三角区域一体化、“一带一路”倡议、长江经济带机遇，推进“融入上海”发展战略，探寻区域发展一体化利益连接点，推动上海太仓两地全方位、深层次合作共建，构建利益共存、资源共享、生态共建、协作共商、合作共赢的太仓对沪发展新格局。全年，太仓市共引进上海项目316个，总投资134.44亿元，新增注册资金46.6亿元。

2018年10月10日，以“融入大上海·共促一体化”为主题的沪太协同发展推介会在上海举行

（市发改委供稿）

【“沪太同城”规划引领】 2018年，太仓市以“沪太同城”发展为引领，重点突出与上海对接互动和协作共建机制建设，提升太仓城市发展能级。突出体制机制对接。坚持把融入上海作为全市发展的主导战略之一，先后成立长三角一体化工作领导小组、长三角地区合作与发展办公室，与上海开展高频次、宽领域交流互访，签订嘉昆太协同创新核心圈共建协议、太仓—宝山战略合作框架协议，启动沪太合作项目6个，合作签约项目35个。建立沪太口岸联系服务企业合作机制，与多家上海高校院所签订合作协议，与嘉定、宝山等地签署生态环境共管共治协议。突出规划交通对接。参与长三角一体化发展三年行动计划的调研与征询意见工作，研究对接上海城市总体规划与功能布局，提升太仓在长三角一体化进程中的站位，紧抓沪通铁路、南沿江城际铁路、苏锡常城际等轨道交通线路至太仓交汇的规建契机，致力打造长三角重要交通枢纽节点城市，服务长三角沿江、沿海发展廊道建设。把提升城市能级作为

2018年5月21日，太仓、嘉定、昆山签订嘉昆太协同创新核心圈合作项目备忘录　　（市发改委供稿）

融入一体化发展的重点，用好西北工业大学太仓校区、西交利物浦大学太仓校区落地及铁路站点建设等机遇，高标准、高质量规划建设娄江新城，打造科教创新区、临沪国际社区、高铁商务区和智能制造区，推进恒大、复星两大文旅项目建设，提升融入上海大都市圈的匹配度和承载力。

【交通路网对接】 2018年，太仓市抓住全省建设现代化综合交通运输体系机遇，加快构建以公、铁、水现代集疏运交通体系。加快轨道交通建设。沪通铁路、南沿江铁路太仓段建设进展顺利，场站配套基础设施建设稳步推进。把握沪通铁路、南沿江铁路、苏锡常城际等交通建设历史性机遇，全力争取上海嘉闵线（S9）延伸至太仓，构建“5+1”铁路网络，把太仓打造成为江苏进入上海的又一重要枢纽节点城市。加快公路网对接。推进城市间公路、高速路衔接，将打通与上海连接的7条“断头路”纳入长三角一体化发展三年行动计划，岳鹿路对接嘉定城北路，预计2019年年底建成通车。实现太仓镇级快速公交接驳上海轨道交通7号线、11号线，开通并加密太仓直达上海市铁路枢纽、机场的跨省城际快速公交线路，“同城效应”不断放大。加快港口联动发展。实施“以港强市”战略，强化市港联动，主动融入上海国际航运中心建设，加强与长江沿线重要港口对接。太仓快航班线高效运营，与上海港、宁波港签订深化合作协议。江海联运国际物流园加快建设，太仓港作为上海港北翼核心港的地位持续提升。

【临沪科创产业对接】 2018年，太仓市对接上海科创中心和苏南国家自主创新示范区建设，坚持产业协作、协同创新并举，构建竞争力强的现代产业体系。突出产业协同发展。紧扣“1115”（指到“十三五”末，实现高端装备制造产业产值1000亿元、新材料产业产值1000亿元、物贸总部经济营业收入1000亿元，用3~5年实现生物医药产业产值500亿元）发展目标，加大对上海招商引资力度。沪工智能、新大洲本田、梅克卡斯汽车、科曼车辆等高端制造业项目和复星冰雪世界、国本供应链、苏尔信网络科技、潘多拉文化创意等一批优质现代服务业项目落户太仓。参与上海打造世界级汽车产业中心，围绕新能源和智能化汽车等领域强化协作配套，加快建设汽车核心零部件产业园。以上海打造航空制造业集群为契机，发挥西北工业大学航空领域研发优势，依托舍弗勒等企业的制造业基础，推进民用无人机研发中心、航空增材制造等项目，规划建设航空产业园。突出科创协同发展。围绕建设嘉昆太协同创新核心圈，常态化举办上海各高校院所“太仓日”等活动，中科院硅酸盐研究所苏州研究院、同济大学高新研究院、中科院上海技物所等一批“大院大所”相继建成投用，整合创新资源要素，打造“研发＋制造”模式，加快成为上海科技成果转化重要基地。与嘉定区共同筹办首届长三角科技交易博览会。建成“7+1”国家技术转移联盟太仓工作站、国家技术转移东部中心太仓分中心，超70%产学研合作与上海各高校院所开展。提升对外开放水平。借助上海国际化窗口，以全球视野集聚高端要素资源，重点围绕打造中德合作城市典范，推进以经贸为主的多领域、深层次合作交流，使对德合作成为苏州对外合作新平台。至年底，太仓德资企业总数超300家，400多家本土企业与德资企业开展配套协作，太仓相继建成德国中心、中德先进制造技术国际创新园等载体平台。

【民生共建共享】 2018年，太仓市坚持全方位合作理念，推进与上海的社会事业资源共享、生态共建，以对标上海为起点，在集聚资源、交流互动中增强群众获得感。突出公共服务共享。引进和承接上海、苏州等地优质资源，加快推动公共设施和服务互联共享，加强与华东师范大学、上海世界外国语学校等学校和教育机构的联系合作，与上海多家三甲医院组建跨区域医联体，开展异地就医联网结算。突出生态环境共治。加强与上海及周边地区环保协作，共同推进沿江环境治理，建立区域污染联防联控、环境应急等机制，联合开展污染隐患排查与固体废物监管，共建清水通道维护区及“嘉太生态区”。打造沿江万亩绿廊，构建完善“一心两湖三环四园”城市生态体系，建设特色鲜明的现代田园城市。突出社会综合治理联动。建立完善跨区域社会治理联动机制，与嘉定、宝山共建互联互通信息服务平台、跨区域信用合作体系，常态化开展治安卡口共建、交界区域巡防联控等工作，区域协同治理体系持续完善。

（潘　坚）

2018年十大新闻

1. 解放思想吹响新一轮号角，系列活动庆祝改革开放40周年

2018年是改革开放40周年。5月7日，市委中心组召开专题学习会，动员全市广大党员干部以习近平新时代中国特色社会主义思想为指导，高标准、高质量开展好解放思想大讨论活动，以思想大解放之勇、争高质量发展之先，新一轮解放思想的号角在娄东大地吹响。同期，以"思想大解放、改革再出发"为主题的庆祝改革开放40周年系列活动在全市上下蓬勃开展。12月24日，市委召开常委会，专题学习贯彻习近平总书记在庆祝改革开放40周年大会上的重要讲话精神和省庆祝改革开放40周年座谈会精神。在随后的十三届市委深改组第11次会议上，明确提出在更高起点、更高层次、更高目标上推进太仓改革开放不断开辟新境界的目标。

2018年12月18日，庆祝改革开放40周年大会在北京召开，太仓各界组织收看实况转播。图为中区社区居民通过电脑实时收看大会 （姚建平 摄）

2. "1221"重大项目有序建设，城市发展能级迈上新台阶

2018年，从优化城市功能布局，推动城市建设高质量发展出发，市委、市政府提出全面推进"1221"重大项目建设的战略部署。"1221"即一区娄江新城，恒大和复星两个文旅项目，西北工业大学和西交利物浦大学两所大学太仓校区，一个西北工业大学太仓长三角研究院。随着12月末娄江新城规划基本完成，两大文旅项目相继开工建设，两所大学太仓校区先后落户，以及西工大长三角研究院的投运，"1221"重大项目成为提升太仓城市能级、推动高质量发展的强大引擎。

2018年12月12日，航拍沪通铁路太仓高架站站台建设现场 （姚建平 摄）

3. 沪通铁路、苏南沿江铁路加快建设，太仓将迈入"高铁时代"

2018年6月，沪通铁路一期太仓段作业轨开始铺设，9月底，第一批长轨运入太仓南站长轨存放基地。至年底，工作轨铺设基本收尾。沪通铁路一期太仓段加快建设，通车指日可待。同时，苏南沿江铁路太仓段、沪通铁路二期等前期工作扎实推进。除上述铁路外，规划中的北沿江铁路、苏锡常城际铁路将在太仓交汇，未来上海市域铁路嘉闵线延伸线有望与太仓连接，形成“5+1”的轨道交通网络。在长三角一体化上升为国家战略的背景下，太仓作为临沪最近城市的区位优势愈发凸显，全方位的互联互通，使太仓加速迈入“高铁时代”。

4. 太仓港集装箱年吞吐量突破 500 万标箱，跃居全球集装箱港口第 31 位

2018 年 12 月 24 日，太仓港完成集装箱年吞吐量突破 500 万标箱，成为全国第 10 强港口和全球第 31 强港口。截至 2018 年年底，太仓港拥有码头泊位 91 个，其中集装箱泊位 10 个，拥有集装箱班轮航线 200 条。货走太仓港的外贸企业超 4000 家，与全球 181 个国家和地区开展贸易往来。凭借“一带一路”交汇点、长江入海口“三区叠加”优势，太仓港近年来发生天翻地覆的变化：集长江集装箱运输第一大港、江苏省集装箱运输第一大港、长江铁矿石运输第一大港等多个“第一”于一身，成为服务苏南、服务江苏，乃至长江经济带的重要港口。

2018 年 12 月 24 日，太仓港集装箱年吞吐量第 500 万标箱起吊暨太仓港口管委会与上港集团、宁波舟山港集团、省港口集团战略合作签约仪式在上港正和码头举行
（计海新　摄）

5. 沪太协同发展进入加速期，主动融入长三角一体化发展大局

2018 年 6 月 1 日，长三角地区主要领导座谈会通过加快长三角地区一体化发展三年行动计划；11 月 5 日，长江三角洲区域一体化发展上升为国家战略。在长三角一体化发展加速推进的历史机遇下，太仓加快沪太协同发展步伐：主动与长三角区域合作办公室及上海各地各部门对接，列入长三角一体化工作要点项目 7 个，将南沿江高铁线路引进太仓；与嘉定区、昆山市共同签订《关于“嘉昆太协同创新核心圈”战略合作框架协议》；以“融入大上海·共促一体化”为主题的 2018 年沪太协同发展推介会举行，启动沪太合作项目 6 个，现场签约项目 35 个，全年引进沪上项目 316 个，总投资 134.44 亿元。

2018 年 10 月 10 日，太仓市在上海市国际会议中心举行“融入大上海·共促一体化”沪太协同发展推介会
（姚建平　摄）

6. 高新区正式获批为省级高新区，创新驱动发展综合评价居省级高新区前列

2018 年 9 月，根据国家发改委等六部委公告的《中国开发区审核公告目录（2018 年版）》相关内容，江苏省政府发文批复，同意设立江苏省太仓高新技术产业开发区等 19 家省级高新区，太仓高新区正式“去筹转正”。近年来，高新区创新发展持续深入。2018 年，获批高端装备制造业（智能制造）标准化试点，是苏州唯一入选的试点单位，也是智能制造领域全国 4 个试点之一；被评为江苏省大众创业万众创新示范基地、江苏省“苗圃—孵化器—加速器”科技创业孵化链条试点。连续两年位列江苏省级高新区创新驱动发展综合评价首位。

2018 年 9 月 12 日，位于高新区的骏伟塑胶制品（太仓）有限公司自动化流水线在 37 秒内一次性完成上料、捡料、放料、检测、组装等工序，生产效率大大提升　（计海新　摄）

7. 太仓综治联动中心运行，公共法律服务“太仓模式”向全国推广

2018 年 4 月 18 日，太仓市社会综合治理网格化联动中心启动大会召开，市联动指挥中心正式启用。该中心通过“一个平台高位协调、一个 APP 管理城市、一个号码服务社会”，构建市、镇、村三级贯通的大网格大联动大治理工作体系。网格化社会治理联动机制建设成效明显，“331”

专项行动、扫黑除恶专项斗争等工作扎实推进，公众安全感达98%，连续三年获评全省法治建设示范县（市）。7月29—30日，全国公共法律服务平台建设会议在太仓召开，公共法律服务“太仓模式”开始向全国推广。

2018年12月19日，浏河镇综合行政执法局揭牌。图为该局指挥中心一角　（计海新　摄）

8. 德资企业总数突破300家，对德合作在持续深化中取得实效

2018年，太仓市共引进德企23家，全市德资企业总数突破300家，总投资超45亿美元。太仓开展对德合作25年，德资企业历经从无到有、从小到大的发展过程。对德合作方式从经济合作扩大到以创新为主题的高水平、深层次、宽领域合作。4月13日，中德智能制造解决方案大会（太仓论坛2018年会）在太仓举行；5月29日，2018年“走进德国——太仓日”活动在法兰克福举办；9月24日，2018年“江苏·德国（北威州）开放创新合作论坛”在杜塞尔多夫举行，太仓市应邀出席并作对德合作成就与经验推介；11月6日，主题为“中德智造·共赢未来”的2018年智能科技与产业国际合作论坛太仓分论坛举行，对德合作成为太仓在国际上的一张亮丽名片。

2018年7月4日，一家高新技术企业的员工调试机器人装备　（姚建平　摄）

9. 长江环境大整治环保大提升拉开序幕，“百日攻坚”持续优化生态体系

2018年11月23日，太仓市召开长江环境大整治环保大提升“百日攻坚”行动动员会，拉开长江环境大整治环保大提升序幕。环境大整治行动包括清除岸线非法占用、构建绿色生态廊道、加快绿色港口建设、规范水上交通秩序、规范企业环境管理等；环保大提升行动包括提升长江水环境治理水平、提升大气污染防治水平、提升固体废物和生活垃圾处置水平、落实环保督查和环境审计问题整改、优化整治入江排污口等。通过大整治大提升行动，太仓市把生态保护红线区域扩大至130.1平方公里，全力解决突出生态环境问题，持续改善生态环境质量。

2018年5月14日，航拍长江口旅游度假区江滩湿地公园　（计海新　摄）

10. 高质量推进“两地两城”建设，一系列荣誉见证“太仓骄傲”

太仓市在高质量推进“两地两城”（临沪科创产业高地、临江现代物贸基地、现代田园城市样板、中德合作城市典范）建设过程中，斩获一系列荣誉。位列全国中小城市综合实力百强县市第七位、中国县级市全面小康指数第五位、全国绿色发展百强县第三位、全国科技创新百强县第二位；11月26日，第十二届中国最具幸福感城市榜单发布，太仓第7次入选中国最具幸福感城市，第4次位列县级市榜单首位；在福布斯中国发布的“中国大陆最佳县级城市30强”名单中，太仓位列第三位；太仓第三次获颁世界卫生组织健康城市最佳实践奖。

（市委宣传部）

2018年4月9日，航拍新浏河畔太仓城市景观　（计海新　摄）

2018 年政府实事工程

【概况】 2018 年，太仓市启动政府实事工程 24 项。其中，12 项全部完成，8 项跨年度工程项目完成年度建设任务，4 项工程项目推进顺利。

【城区教育资源扩建工程】 该工程由市教育局负责实施。主要任务包括太仓市第一中学扩建，建筑面积 4500 平方米，扩 8 轨 24 班，增加学位 1080 个；南郊小学原址翻建，建筑面积 19243 平方米，共 4 轨 24 班，学位 1080 个；实验幼儿园扩建教学楼，建筑面积 2600 平方米，扩 3 轨 9 班，增加学位 315 个；启动市中心公园小学建设（校名暂定），建筑面积 34350 平方米，共 6 轨 36 班，学位 1620 个。截至 2018 年年底，市一中扩建工程完成；南郊小学翻建工程土建基本完成；实验幼儿园扩建工程完成一二层主体浇筑；中心公园小学完成土地划拨手续，进入施工许可证办理阶段。

【全市校园消防安全提升工程】 该工程由市教育局负责实施。主要任务是对太仓市第二中学、太仓市朱棣文小学等 10 所中小学、幼儿园的消防隐患进行整改，达到基本合格标准。截至 2018 年年底，全部完成竣工验收。

【“爱心暑托班”服务提升工程】 该工程由团市委负责实施。主要任务是调整优化 2017 年爱心暑托班试点站点 10 个，新建站点 6 个，扩大暑托班覆盖面和服务范围，建立较为成熟的社区、社工、社会组织、社会公益项目“四社合一”的爱心暑托班运营模式。截至 2018 年年底，全部实施完成，直接受益学员 960 人，间接受益人群 2880 人。

【现代公共文化服务体系建设完善工程】 该工程由市文广新局负责实施。主要任务是建设城区公交换乘站 24 小时自助图书馆（空间）1 座；新建浮桥镇浮南社区、时思社区、丁泾村、茜泾村、浮桥村、浪港村、新邵村、七丫村露天舞台 8 座；新建娄东街道朝阳文化书场、沙溪镇岳王文化书场 2 座。截至 2018 年年底，工程全部竣工。

【太仓广播电视总台电视高清化改造建设工程】 该工程由市广电总台负责实施。主要任务是进行电视采编播设备高清化改造。截至 2018 年年底，高清摄录系统一期（硬件）完成验收子项目 4 个；高清制作融媒体系统一期“融媒体基础网络系统改造项目”（软硬件）完成终验，正式投运，“全媒体融合协同生产平台项目”（软硬件）完成建设和初验工作，进入试运行；高清演播室系统一期“全媒体高清演播室项目”（软硬件）完成设备施工和联调；“高清 4 讯道 EFP 系统项目”（软硬件）完成终验，正式投运。

【太仓市公共卫生中心建设工程】 该工程由市卫计委负责实施。主要任务是建设集疾病预防与控制、卫生监督、妇幼保健、卫生培训、健康教育与健康促进、医疗急救、婚姻登记等于一体的公共卫生与公共服务机构。截至 2018 年年底，裙楼二层主体结构完成。

【太仓市卫生应急与安防提升工程】 该工程由市卫计委负责实施。主要任务是建设卫生应急指挥中心、紧急医学救援基地、现场应急处置等项目；改造基层医疗卫生机构消防设施；进行医疗卫生单位技防改造与警务室建设。截至 2018 年年底，卫生应急项目中突发公共卫生事件应急指挥视频会议系统、决策软件系统及 5 处指挥分中心完成建设；采购现场快速检测设备，增配两家市级医院急救设备，签订应急药品保障合同；采购冷链运输车、冷链医用冰箱，建立冷链监控系统；市急救技能教育基地建成投用。安防提升项目中完成基层医疗卫生机构消防设施改造 8 家，完成安装高清摄像头基层医疗卫生机构 20 家，提档区域性中心医院警务室 5 家。

【困难群体就业援助工程】 该工程由市人社局负责实施。主要任务是针对困难群体，开展“就业指导、技能培训、岗位推荐、托底安置、自主创业”五大行动，加大困难群体帮扶力度，改善困难群体就业环境，建立更为完善的长效动态援助机制。2018 年，实现就业困难人员再就业 1654 人次，新开发公益性岗位 537 个，安置就业困难人员 403 人，为 57 名困难家庭高校毕业生发放求职创业补贴，为困难家庭高校毕业生提供公益性岗位 5 个；整顿和规范农村劳务合作社管理，拓展其转移富余劳动力特别是大龄就业困难人员能力。

2018 年 12 月 3 日，太仓市广播电视总台全媒体融合协同生产平台完成建设　（姚松　摄）

【优质就业推进工程】 该工程由市人社局负责实施。主要任务是建设更为完善的创业指导帮扶机制、培养和打造能够体现太仓市产业及行业发展区域特色的功能性人才市场，建成丰富的人力资源统计分析系统，完善更为多元的人力资源市场运行机制，更好地促进全市人力资源科学配置及合理流动，促进不同人群就业层次提升及收入增加。截至2018年年底，进一步完善就业创业配套政策，做好新系统操作培训；开展精英周落户项目统计摸底、大学生见实习补贴、人才乐居工程受理审核等工作；提供岗位实习机会293人次，发放实习补贴31万元；提供高校毕业生优质就业岗位1.36万个，大学生就业率98.6%；发放稳岗补贴874.51万元，惠及企业115家、职工2.42万人；组织员工技能培训6724人次，为146人发放参保职工技能提升补贴23.45万元，举办企业技能大赛，参赛人员246人；开展太仓市创业之星及优秀创业项目评选工作，申报苏州市级创业孵化基地，参加2018年中国海外人才交流大会暨第十三届"春晖杯"中国留学人员创新创业大赛。

【长期护理保险试点惠民工程】 该工程由市人社局负责实施。主要任务是针对因年老、疾病、伤残等导致长期失能，生活不能自理需要护理的参保人员，经专业机构失能评定和资格认定，可享受长期护理服务协议机构提供的服务。截至2018年年底，开展长护险服务机构申报备案管理工作，共签约服务机构15家，上报重度失能申报材料414份，向评估机构派单363份，拨付医保中心护理病床费116.43万元，完成长护险系统上线工作。

【养老服务提质增效工程】 该工程由市民政局负责实施。主要任务是完成璜泾镇、双凤镇养老机构建设，建设护理型床位220张，新增日间照料中心（助餐点）20家，提档升级日间照料中心10家，建设养老服务综合体4家，完成困难老人家庭无障碍设施改造20户。截至2018年年底，璜泾镇、双凤镇养老机构完成建设任务，颐悦护理院120张、浏河颐悦园100张护理型床位改造全部完成，20家日间照料中心（助餐点）全部建成投用，10家日间照料中心提档升级全部完成，4家养老服务综合体项目全部建成，困难老人家庭无障碍设施改造全部完成并通过验收。

【公共自行车城乡一体化建设工程（二期）】 该工程由市城管局负责实施。主要任务是主城区内增加公共自行车站点50个，投放公共自行车1100辆，增设无人售货机等配套服务设备；双凤镇新建公共自行车站点24个，投放公共自行车400辆；璜泾镇新建公共自行车站点26个，投放公共自行车450辆。截至2018年年底，工程全部完成并投入使用。

【公交线路优化调整工程】 该工程由市交运局负责实施。主要任务是优化调整公交线路20条。截至2018年年底，超额完成工程任务。

【沪通铁路太仓站和太仓南站站场及站前交通体系建设工程】 该工程由市交运局负责实施。主要任务是建设沪通铁路太仓站、太仓南站配套的公交调度用房、停车场、出租车停车区、广场及周边道路等。截至2018年年底，沪通铁路太仓南站东仓新路及江申大道部分完成素土填筑、软基处理、灰土填筑，桥梁板梁预制、钻孔灌注桩、桥梁承台和台身施工全部完成，进入路面底基层施工阶段。太仓站道路部分完成清表清淤和素土填筑，灰土回填完成11.9%，湿喷桩完成83%，桥梁灌注桩完成86.4%。

【城市道路交通文明管理升级优化工程】 该工程由市公安局负责实施。主要任务是升级加密部分路口电子警察系统，安装路口电子警察25个；升级改造城市应急中心，建设应急管理应用平台及应急视频系统。截至2018年年底，电子警察系统升级加密（包括路口电子警察、违法停车抓拍、远光灯抓拍、高空鹰眼、测速等）完成建设；应急管理应用平台完成设备安装和调试，4G执法记录仪完成安装调试，指挥通信车改装完成并交付使用。

【城区背街小巷提档改造工程】 该工程由市城管局负责实施。主要任务是改造主城区、城厢镇、科教新城、高新区背街小巷15条。截至2018年年底，洛阳路改造完成，古塘街改造基本完成，9条背街小巷市政工程全部完成，店招立面工程进入收尾阶段；完成改造城厢镇背街小巷1条、高新区背街小巷2条；科教新城1条背街小巷完成招标和污水管网施工。

【主城区智慧停车建设工程】 该工程由市城管局负责实施。主要任务是在主城区65家机关企事业单位、72家封闭式物业小区、15家商业广场内安装道闸、道口自动识别设备及收费系统、停车场监控系统，建设智能收费系统平台、停车管理服务平台、商业广场系统对接平台等。截至2018年年底，完成智慧停车软件平台建设及相关APP、微信公众号开发，完成34家企事业单位、4家商业广场停车场系统对接及改造。

【被撤并镇（管理区）改造提档和整治工程】 该工程由市住建局负责实施。主要任务是对13个被撤并镇（管理区）进行改造提档和整治工作。截至2018年年底，完成建设新毛、新塘、新湖、王秀、时思、九曲6个管理区整治提升跨年项目中的子项目85个；推进归庄、直塘、浏家港、牌楼4个管理区整治提升项目中的子项目55个；13个管理区整治提升规划全部完成编制及报批。

【城市"双修"试点区域改造工程】 该工程由市住建局负责实施。主要任务是在老城区率先实施海绵城市、绿色社区试点，对区域内老小区、学校、道路、公园绿地等全面实施相应改造，海绵城市试点区域为太平路西、县府街北、小北门街东、北城河南，占地约33公顷，绿色社区试点区域为人民路西、上海路北、盐铁塘东、新华路南，占地约8公顷。截至2018年年底，城市双修规划完成初步成果；绿色社区改造项目完成外立面改造90%，雨污水管道改造95%，道路、停车位、绿化改造65%。

【滨河公园东延工程】 该工程由太仓高新区负责实施。主要任务是对现新浏河风光带东侧（G15高速公路）至岳鹿路全长2.7公里的新浏河北岸沿线进行景观绿化生态建设；进行滨河路东延伸建设，即十八港至白云渡路全长1.8公里的路段。截至2018年年底，滨河新路完成十八港路至万金路路段建设，完成10千伏高压线入地及标志标线、信号灯工程，景观绿化工程完成招标，进入施工阶段。

【生活污水处理厂扩（改）建提标工程】 该工程由市水利（水务）局负责实施。主要任务是提标改造浏河污水处理厂1万立方米/天处理设施，新增2万立方米/天处理规模；提标改造南郊污水处理厂2万立方米/天处理设施，新增2万立方米/天处理规模；提标改造沙溪污水处理厂1万立方米/天处理设施，新增2万立方米/天处理规模；提标改造双凤污水处理厂0.5万立方米/天处理设施，新增1万立方米/天处理规模。截至2018年年底，浏河污水处理厂桩基工程和基础工程全部完成，主体工程进入施工阶段；南郊污水处理厂桩基工程和基础工程全部完成，主体工程基本完成；沙溪污水处理厂桩基工程和基础工程全部完成，主体工程进入施工阶段；双凤污水处理厂开工建设。

【工人文化宫建设工程（市民文体中心）】 该工程由市总工会负责实施。主要任务是建设职工培训中心、职工健身活动中心、职工文化交流中心、职工服务中心等，项目总占地面积约3.33公顷，规划建筑面积约5万平方米（包括地下停车库1万平方米）。截至2018年年底，完成主楼地下室顶板浇筑和一层结构排架搭设，地库垫层完成90%，底板浇筑完成40%。

【太仓市第二水厂深度处理工程】 该工程由市水利（水务）局负责实施。主要任务是增加第二水厂30万立方米/天常规工艺深度处理单元，其中25万立方米/天采用臭氧活性炭工艺、5万立方米/天采用膜处理工艺。截至2018年年底，桩基和基础工程全部完成，主体工程完成85%。

【邮政普遍服务基础设施提升工程】 该工程由市邮政管理局负责实施。主要任务是新建拆迁小区居民楼信报箱，提升邮政普遍服务水平。截至2018年年底，全部完成并通过验收。

（市政府办）

2018年大事记

1月

2—4日 中国人民政治协商会议太仓市第十四届委员会第二次会议在市行政中心召开。会议审议通过《中国人民政治协商会议太仓市第十四届委员会第二次会议决议》。

3—6日 太仓市第十六届人民代表大会第二次会议在市行政中心召开。会议选举邹洪凯为太仓市监察委员会主任、秦川为太仓市人民法院院长。会议通过《关于太仓市人民政府工作报告的决议》等7项决议。

8日 太仓市监察委员会转隶组建会议召开，市监察委员会正式挂牌，标志太仓市监察体制改革试点工作进入“新起点”，实现对全市所有行使公权力的公职人员监察全覆盖。

15日 太仓市人民政府与西北工业大学签署战略合作协议，双方合作共建西北工业大学长三角研究院与太仓校区（长三角智慧湾），推进校地合作发展。

2月

6日 西北工业大学党委书记张炜一行到太仓考察，省委常委、苏州市委书记周乃翔会见张炜。西北工业大学长三角研究院在太仓揭牌成立。

△ 太仓江南丝竹馆获评江苏省中华文化海外交流基地，是太仓首家获得该授牌的单位。

9日 人力资源和社会保障部副部长、党组成员，国家外国专家局局长、党组书记张建国到太仓调研外专人才工作。

13日 工信部公布第八批国家新型工业化产业示范基地名单，太仓汽车行业（关键核心零部件）作为优势产业位列其中。这是全市首家国家级新型工业化产业示范基地。

27日 泛亚航运太仓港—天津港集装箱班轮航线首航仪式在太仓港现代货箱码头5号泊位举行，标志长江沿线企业货物直达京津冀和雄安新区快速通道建成。

3月

10日 最后一块重900吨、长32.6米、宽11.6米的箱梁架设成功，沪通铁路（一期）全线贯通，为沪通铁路在2020年6月全线通车奠定基础。

12—13日 省政协副主席、党组副书记阎立率省政协经济界委员到太仓，调研经济高质量发展和现代绿色高效农业工作。

19日 省委常委、苏州市委书记周乃翔到其担任“河长”的七浦塘巡查水环境治理工作，周乃翔对七浦塘水体和沿线生态环境的治理成效予以肯定。

22日 尼日利亚联邦工业贸易与投资部门高级别代表团到太仓考察中德（太仓）产业合作创新试验区，学习了解特色产业园建设和运作模式。

23日 2018年中国 · 太仓旅游文化节暨江海河三鲜美食节在长江口旅游度假区开幕，美食节主题为“寻鲜之旅，乐享太仓”，活动持续至5月底，共17项旅游类分项节庆活动。

26日 太仓市人民政府与西交利物浦大学签署合作办学框架协议，共同打造西浦融合式教育太仓新模式，通过与企业和行业深度合作，培养面向未来的国际化高端应用型精英。

29日 港区、高新区举行重大项目开工现场会，集中开工开业重大项目47个，总投资255亿元，当年计划完成投资105亿元。

4月

12日 2018年江苏省农机化工作会议在南京召开，太仓“两大工程”（高效设施农业“机器换人”工程和绿色环保农机装备与技术示范应用工程）项目建设做法与成效在会上交流，成为全省样板。

13日 中德智能制造解决方案大会（太仓论坛2018年会）在太仓举行，会议主题“协同创新——推动中德智能制造合作，寻找先进制造‘中国方案’”。2018年太仓论坛包括3个主题论坛，分别是“加强中德合作，促进中国制造业迈向全球价值链中高端”“推动信息网络技术和制造业深度融合”“构建产学研深入融合的技术创新体系”，举行1个平行会议，即中德智能制造合作园区座谈会。

17日 儿童权利倡导和儿童保护项目交流培训会在太仓召开。国务院妇儿工委办公室副主任宋文珍，救助儿童会战略发展总监钱霄锋，省妇儿工委副主任、省妇联党组书记、提名主席张彤，太仓市委副书记、市长王建国出席会议。

△ 中国信息会信用专业委员会联合发布《中国城市全面建成小康社会监测报告（2017）》，太仓列中国县级市全面小康指数第五位。

18日 太仓市社会综合治理联动中心、太仓市社会综合治理网格管理中心揭牌。

24日 太仓市在深圳举行招商投资说明会，签约项目25个，总投资超130亿元，涉及产业、科技、人才等多个领域。

26日 全国首家法院派驻市场监管部门巡回审判点在太仓设立，并首次进行开庭审判。太仓市市场监管局成为全国首家实现公检法派驻机构全覆盖的市场监管部门。

28日 全球最大矿砂轮——“香港号”轮在太仓首航。“香港号”轮是中国自主设计建造的第二代40万吨矿砂船，在结构安全、性能指标等方面全面升级，是一款中国先进、世界领先的船舶产品。

△ 国务院办公厅发布通报，表扬2017年落实有关重大政策措施真抓实干、取得明显成效的省市县。太仓市因土地节约集约利用、土地利用率、土地利用计划执行好获通报表扬，是苏南地区唯一一个获此荣誉的县市，获新增建设用地计划指标66.67公顷。

5月

1日 省委常委、苏州市委书记周乃翔，苏州市委副书记、市长李亚平一行巡查长江太仓段工作。

5—6日 2018年国际田联世界竞走团体锦标赛在太仓举行。中国队表现出色，共获6金4银2铜的好成绩，其中包括4项团体冠军，中国选手梁瑞打破女子50公里竞走世界纪录。

6日 2018年国际田联世界竞走团体锦标赛闭幕式在陆渡宾馆举行。国际田联理事会理事阿蒂利 · 苏马里瓦代表国际田径协会联合会，授予太仓“竞走之城”奖牌。

7—8日 由国家体育总局田径运动管理中心主办、省体育局和太仓市承办的2018年全国竞走大奖赛暨亚运会竞走选拔赛在太仓开赛，近380名运动员参赛。

8—11日 德国于利希市议会副议长福格尔率友好代表团到太仓访问，于利希市3所学校与太仓市相关学校结成友好学校。

9日 太仓市举办第7届创新创业推进月活动开幕式暨“建设临沪科创产业高地”主题论坛。来自中科院上海高等研究院、中科院上海硅酸盐研究所、中科院上海技术物理研究所、中科院计算技术研究所、复旦大学、上海交通大学、同济大学、东南大学、南京理工大学等高校院所机构的100多位领导、专家和全市110家科技人才企业负责人出席活动。

14日 2018年度全国“最美家庭”榜单揭晓，苏州市4户家庭被评为全国五好家庭，太仓市沈明家庭上榜。

16日 江苏省副省长郭元强一行到太仓调研中德合作情况，先后实地考察中德（太仓）创新合作园、通快（中国）有限公司、耐克体育（中国）有限公司、博格华纳汽车零部件（江苏）有限公司、太仓德国中心等。

17—19日 市委书记沈觅率太仓市党政代表团赴贵州省铜仁市玉屏县考察扶贫协作工作。

21日 江苏省苏州市、上海市嘉定区共同打造嘉昆太协同创新核心圈战略合作签约仪式举行。太仓与嘉定、昆山共同打造嘉昆太协同创新核心圈，建设长三角更高质量一体化发展示范区。

23日 太仓市举行以“融合、创新、发展”为主题的首届养老服务业推介会。通过实地参观、集中签约、项目发布、政策解读、主题发言、现场推介等一系列活动，推动全市养老服务业向政策有保障、发展有市场、竞争有活力、人才队伍健全的高质量健康发展方向迈进。

29日　江苏省副省长缪瑞林一行到太仓，调研全市现代农业发展尤其是粮食生产全程机械化、“两大工程”实施情况。

△　太仓市政府联合德国黑森州法兰克福工商会，在法兰克福举办2018年“走进德国——太仓日”活动。该次活动主题“合作创新、共赢未来”。

30日　太仓市民魏晓云入选中央文明办发布的5月“中国好人榜”。

6月

1日　苏州市委、市政府在太仓召开被撤并镇整治提升工作现场推进会，总结前期工作经验，启动苏州第三批被撤并镇整治提升工作。

6—8日　第三届“郑和杯”中德青年创新创业大赛总决赛在太仓举行，36个创新创业项目在313个海内外参赛项目中脱颖而出，分获一、二、三等奖。

7—9日　江苏省2018年普通高校招生全国统一考试举行，太仓市报考人数1603人。

9日　2018年全国女子排球冠军赛在市体育馆落幕，浙江队夺得冠军，上海队和江苏队分获亚军和季军。该次比赛由国家体育总局排球运动管理中心主办，太仓市人民政府和江苏省体育局竞赛管理中心承办。江苏队、福建队及12名运动员、3名裁判员获评体育道德风尚奖。

10日　国家信息中心发布《中国城市信用状况监测评价报告2018》蓝皮书，公布2017年6月1日至2018年5月31日对全国县级及以上城市信用建设情况的检测。太仓市城市信用综合指数排名全国县级市第5名。

14日　市委书记沈觅，市委副书记、市长王建国率党政代表团赴上海市宝山区、嘉定区，学习上海市经济社会发展先进经验和成功做法，共同谋划做好长三角一体化发展大文章。

21日　2018年中国报业技术年会在太仓开幕。该次年会由中国报协电子技术工作委员会与太仓日报社主办，主题是“推进融合、引领发展”，来自全国近百家报社及行业技术和互联网媒体公司的200余名代表参加会议。会上，太仓日报“中央厨房”举行启动仪式。

29日　西北工业大学校长汪劲松、西北工业大学党委副书记张骏一行到太仓考察，与太仓市签订合作共建西北工业大学太仓校区协议书。

7月

4—8日　2018年中国青少年乒乓球公开赛暨国际乒联黄金系列青少年巡回赛（太仓站）在市体育馆举行，15个国家和地区的137名运动员参赛。这是太仓市第8年承办中国青少年乒乓球公开赛、第4次承办国际乒联黄金系列青少年巡回赛。

5日　太仓市电子竞技行业协会成立大会在太仓天镜湖电竞小镇举行，首批会员34家。会上选举太仓皮爱优竞技网络科技有限公司CEO徐强担任协会会长，苏州楚竹文化传媒有限公司CEO陈楚柱等6位企业负责人担任协会副会长。太仓天镜湖电子竞技小镇集聚众多电竞产业上下游的公司，截至上半年，电竞小镇集聚电竞企业56家；入驻电竞俱乐部7个，下属战队近30支，集聚从业人员约1700人；建成D级电竞馆1个、C级电竞馆1个。

6日　2018年中国江苏中小企业创新创业大赛暨创客中国江苏省区域赛公布江苏双创好项目名单。太仓企业苏州华益美生物科技有限公司和赛业（苏州）生物科技有限公司获评江苏双创好项目。

7日　太仓与德国莱茵—内卡尔区签订建立区域友好关系意向书。

9日　由国家发展和改革委员会与德国联邦经济和能源部共同主办的第九届中德经济技术合作论坛在德国柏林举行。太仓作为唯一一个中国城市代表受邀出席，市委副书记、市长王建国与欧商企业投资协会负责人签订“建立智能制造领域全方位合作关系”意向书。

12日　太仓秸秆饲料化产业研究院在城厢镇东林村挂牌成立。

13日　璜泾镇永乐村获评“全国民主法治示范村”，全市共有2家全国民主法治示范村，省级民主法治示范村（社区）创建率41%。

20日　根据《深化党和国家机构改革方案》要求，按照国家税务总局苏州市税务局统一部署，原江苏省太仓市国家税务局和苏州市太仓地方税务局正式合并成立国家税务总局太仓市税务局。

25日　太仓市人民政府—南通大学深化全面合作协议签约仪式举行，“南通大学技术转移中心太仓分中心”揭牌。

28日　市委十三届五次全体（扩大）会议在市行政中心举行。市委常委会主持会议，市委书记沈觅代表市委常委会作工作报告，市委副书记、市长王建国作会议总结并部署工作。

30日　全国公共法律服务平台建设现场推进会在太仓市召开，并与北京主会场视频连接，司法部部长傅政华在主会场讲话。会议总结交流各地公共法律服务平台建设情况，学习江苏太仓市公共法律服务工作经验，提升政治站位，践行司法为民，以平台建设为载体，加快推进公共法律服务体系建设。

△　省委、省政府、省军区命名太仓市为“江苏省双拥模范城”，这是太仓连续六届获该荣誉。

本月　国家标准委、工信部批准全国38家单位开展2018年国家高端装备制造业标准化试点工作。太仓高新区获批高端装备制造业（智能制造）标准化试点，是苏州唯一入选的试点单位，也是智能制造领域全国4个试点之一。

8月

1日 按照江苏省统一部署，太仓市调整最低工资标准，职工月最低工资标准由原1940元／月调整至2020元／月；非全日制用工小时最低工资标准，由原17元／小时调整至18.5元／小时。

2日 西交利物浦大学举办“西浦创业家学院（太仓校区）”启动暨合作企业签约仪式。

9日 省委副书记、省长吴政隆在太仓考察中德（太仓）创新合作园、通快、舍弗勒、耐克、联合汽车电子和中德双元制培训中心等，调研外经贸工作。

15日 “两山”发展指数研究成果及“两山”发展百强县名单发布，太仓市特色经济指数、生态环境指数、民生保障指数、保障体系指数、综合指数5项获A+，排名第4。“两山”即“绿水青山”和“金山银山”，“两山”发展指数体系以节约自然资源、合理的空间格局、优化的生产和生活方式为原则，以环境质量底线、生态环境红线、资源利用上线作为基本指标要素，包括生态环境、特色经济、民生发展和保障体系四大部分。

25—26日 民政部副部长高晓兵实地考察太仓市养老服务体系指导中心、太仓市颐悦园、浮桥镇建红新村老年人日间照料中心、浮桥镇区域性养老服务中心等单位，调研太仓市养老服务体系建设情况。

28日 第13届太仓啤酒节在太仓软件园开幕，啤酒节持续至9月2日，活动包括开幕式、中国德国商会之夜、博格华纳之夜、太仓欧商协会之夜、克恩—里伯斯之夜、舍弗勒之夜等。

29日 全国工商联发布2018年中国民营企业500强名单，太仓市香塘集团有限公司以95亿元营收总额入选，排名第427名。

30日 太仓市社会（中介）组织新阶层人士联谊会成立并揭牌，成员56人。

△ 太仓市浏河镇与上海市嘉定区华亭镇签订《推进华亭、浏河一体化发展战略框架协议》，签署《推进华亭浏河社会治理协同化发展合作协议》《华亭浏河区域化党建共建联建协议》《华亭浏河农业战略一体化合作框架协议》《华亭浏河协同创新核心圈战略合作框架协议》等专项协议。

△ 省委办公厅、省政府办公厅授予太仓市2016—2017年全省法治建设示范县（市、区）称号。

31日 《劳氏日报》发布2018年全球100大集装箱港口榜单，太仓港排名全球百强集装箱港口第31位，较上年上升4位；在全国集装箱港口排名中，太仓港名列第12位。

9月

7日 中国城市和小城镇改革发展中心、法国展望与创新基金会主办的2018年“中欧绿色和智慧城市奖”颁布，太仓市获“中欧绿色和智慧城市奖（先行奖）”。

18—23日 意大利马切拉塔市副市长斯坦芬妮率教育友好代表团到太仓访问，马切拉塔瓦拉诺学校与太仓市实验中学，马切拉塔圣朱塞佩学校与太仓市沙溪实验中学，马切拉塔费尔秘综合学校与太仓市第一中学、朱棣文小学签约缔结友好学校关系。

20日 复星旅文阿尔卑斯度假小镇项目开工仪式暨复星旅游文化集团与法国CDA集团合作协议签约仪式在太仓举行，计划在太仓打造一个工聚室内冰雪世界、水乐园、欧洲小镇商业街以及教育、体育等多项核心功能及配套资源的大型旅游目的地。

24日 2018年江苏德国（北威州）开放创新合作论坛在北威州首府杜塞尔多夫举行，太仓市应邀出席论坛并作对德合作成就与经验推介。太仓高新区与太仓欧商投资企业协会、慕贝尔集团分别签订中德（太仓）中小企业创新中心、慕贝尔新能源汽车动力总成等合作项目2个。

26—28日 由陕西省周至县与太仓市联合举办的“太仓·周至周”活动在太仓举行。活动主题“协作、创新、发展”，包括苏陕扶贫联席会、“东西协作，共谋发展”开幕式暨招商引资推介会、“终南山下，道地好果”农副产品太仓展销会、农产品太仓展示店揭牌仪式、“南腔北调，人文相融”文化交流、“问道楼观台·寻仙终南山”旅游推介会暨旅游年启动仪式、招商洽谈考察等主题活动10项。

本月 江苏省政府发文批复，同意设立江苏省太仓高新技术产业开发区，太仓高新区正式“去筹转正”。

10月

8日 中国中小城市科学发展指数研究课题组、中小城市发展战略研究院、中城国研智库等单位联合发布2018年中国中小城市科学发展指数研究成果，太仓市在“2018年度全国综合实力百强县市”榜单排名第七位，科技创新指数、绿色发展指数、新型城镇化质量指数等分项指数分别位列“2018年度全国绿色发展百强县”第三位、“2018年度全国科技创新百强县”第二位、“2018年度全国新型城镇化质量百强县”第六名。

10日 “融入大上海·共建一体化”2018年沪太协同发展推介会在上海举行，现场启动项目6个，签约项目35个，产业项目签约投资额162.5亿元。

12日 2018年全国乡镇棋牌团体邀请赛在璜泾镇举行，10个省市的40支代表队近300人参赛，市科教新城队和璜泾镇队分获冠亚军。

16日 2018年太仓金秋经贸月开幕，集中签约项目26个，涉及新能源汽车、医疗器械、物流等领域。项目投资总额210.8亿元，注册资本51.7亿元。其中外资及港澳台资项目16个，投资总额14.9亿美元，注册资本5亿美元；内资项目10个，投资总额109亿元，注册资本16.7亿元。

17日 太仓市凭借“空气质量与健康”项目成绩，获评世界卫生组织健康城市最佳实践奖。

18 日 由商务部投资促进局和太仓市共同主办的“2018 年德国经济界访华团组太仓行活动”举行，活动包括论道太仓、中德合作项目路演与德国萨安州投资推介等。

19 日 中国道路运输协会城市客运分会授予太仓市公共自行车项目“全国公共自行车行业卓越项目奖”。太仓市累计建成公共自行车站点 400 个，投入公共自行车 5000 辆，租还车总量 587 万次，日均租车量 4600 次。

25 日 太仓市入选第一批省级生态文明建设示范县（市、区）。

11 月

5 日 由中国慈善联合会研发、编制的“中国城市公益慈善指数”发布，太仓综合指数得分排名 35 位，位列县级市综合指数第三位。

6 日 由工信部、江苏省政府主办的“中德智造 · 共赢未来”2018 年智能科技与产业国际合作论坛太仓分论坛在太仓举行，分论坛现场举行“中德企业合作基地”授牌十周年——“推进中德合作全方位高质量发展”启动仪式。

△ 苏州市委副书记、市长李亚平到太仓开展“六个一”基层走访调研（收集一批社情民意、促进一批企业创新、推动一批项目建设、化解一批矛盾问题、总结一批基层典型、完善一批政策措施），实地察看秋收和秋粮入库、现代农业发展、农房建设管理等情况，强调要认真落实实施乡村振兴战略各项部署要求，推动乡村振兴在太仓取得更大成效。

14—21 日 2018 年全国桥牌 A 类俱乐部联赛（总决赛）在太仓举行，这是太仓连续第 9 年承办该项赛事。

15 日 省委常委、苏州市委书记周乃翔，苏州市委副书记、市长李亚平率沿长江三市及有关部门负责人，专题调研沿长江综合环境整治情况，并在太仓召开苏州全市长江环境大整治环保大提升“百日攻坚”行动动员会，部署苏州长江经济带发展工作，提升长江生态环境质量。

20 日 中国民主同盟苏州市委员会太仓支部召开成立大会，选举产生新一届领导班子，王雪春当选支部主委，袁新海当选副主委。

21 日 中国县域工业经济发展论坛发布 2018 年中国工业百强县（市）榜单，太仓市位居第 7 位。

26 日 由新华社《瞭望东方周刊》主办的“改革开放 · 成就幸福”中国幸福城市论坛发布第 12 届中国最具幸福感城市榜单，太仓市再登县级市榜首。该届推选共调查地级和地级以上城市 96 个、县级市 101 个，累计 1225 万人次参加公共调查、抽样调查和大数据采集。

27 日 福布斯发布“中国大陆最佳县级城市 30 强”，太仓市位列第三位。

28—30 日 市委书记沈觅率考察团赴宁夏回族自治区灵武市考察，太仓市和灵武市签署全面深化战略合作协议，正式开启两地互利共赢、共促发展的东西对口合作篇章。

12 月

3—5 日 意大利马切拉塔市友好代表团到太仓访问，太仓市委副书记、市长王建国与马切拉塔市长罗马诺 · 卡伦其尼签署友好城市深化合作备忘录。

4 日 中国社会科学院财经战略研究院成果发布《中国县域经济发展报告（2018）》，太仓市列“全国县域经济综合竞争力 100 强”第 5 位。

△ “红色引领、绿色发展”独溇小海党建联盟成立，城厢镇永丰村与市级机关、部门、村、社区及企业等 18 个党组织结成党建联盟，共同推动乡村振兴。

6 日 《太仓市自然人娄城信用积分管理办法（试行）》发布。该管理办法适用于在全市行政区域内连续居住满一年以上，参加民事活动、享有民事权利、承担民事义务的个人。

12 日 “娄东之夜——2018 年外商投资企业新年音乐会”在太仓大剧院举行。宝洁公司全球副总裁、亚太及大中华区高级副总裁仇中强等 4 人获“太仓市荣誉市民”称号，耐克集团副总裁、大中华区总经理董炜等 10 人获“太仓之友”称号。

24 日 太仓港集装箱年吞吐量第 500 万标箱起吊暨太仓港口管委会与上港集团、宁波舟山港集团、江苏省港口集团战略合作签约仪式在上港正和码头举行。

28 日 中国楹联学会授予太仓市“中国最佳楹联文化城市”称号，并举行授牌仪式。

（市史志办）

太仓概况

自然地理

【地理位置】 太仓位于江苏省东南部，长江口南岸。地处北纬 31° 20' ~31° 45'、东经 120° 58' ~121° 20'。东濒长江，与崇明岛隔江相望，西连昆山市，南临上海市宝山区、嘉定区，北接常熟市。总面积 809.93 平方公里，长江水域面积 143.97 平方公里，陆地面积 665.96 平方公里。

【地形地貌】 太仓属长江三角洲冲积平原。全境地势平坦，自东北向西南略呈倾斜。东部为沿江平原，西部为低洼圩区。

【水运口岸】 太仓港地处长江入海口南侧，太仓市东部。口岸位于长江白茆沙南水道，上至白茆河口，下至浏河口下游浏黑屋，中心位置在七丫口，即北纬 31° 37'、东经 121° 14'。拥有长江岸线 38.8 公里，其中深水岸线 25 公里，距吴淞口 13 海里，是距长江入海口最近的港口。港区范围内岸线基本平直且边滩稳定，终年不冻不淤，深水区开阔、稳定，能满足 10 万吨级船舶回转水域的要求，是长江下游地区最佳港址之一。2013 年 1 月 1 日起，太仓港作为沿海港口管理，执行相关行政事业性收费政策。太仓港为全国第一个获批享受海港待遇的内河港。

（市史志办）

【气候】 气候特点。太仓属北亚热带南部湿润气候区，四季分明。冬季受北方冷高压控制，以少雨寒冷天气为主；夏季受副热带高压控制，天气炎热；春秋季为季风交替时期，天气冷暖多变，干湿相间。2018 年，太仓市年平均气温偏高，降水量和降水日数偏多，日照正常。春季升温迅速，高温出现早，高温日数多而强度弱。强对流天气早发、频发。春、秋季和年末出现 6 段连续阴雨（雪），对越冬作物复苏生长、夏收和秋收秋种造成一定影响。入梅略迟，出梅正常，梅期偏短，梅雨量偏少，梅雨期内出现 3 天连续高温且是年极端最高点，为历史首次。1 月连续 2 场暴雪，12 月 2 场小到中雪，为近年少见。夏、秋季先后受台风影响 7 次，其中直接影响台风 4 次。秋末冬初连续 10 天出现区域性浓雾，对交通运输造成较大影响。年平均气温 17.1 ℃，较常年（1981—2010 年，下同）偏高 0.9℃，属正常范围，为历史第 5 位；年总降水量 1615.8 毫米，较常年偏多 38%，列历史第 6 位；年降水日数 134 天，较常年偏多 7.3 天；年日照时数 2068.0 小时，较常年偏多 9%；年内终霜日期 3 月 10 日，为历史第 6 早，初霜日期 12 月 13 日，为历史最晚，无霜期 277 天，创历史新高；年极端最高气温 38.0℃，出现在 5 月 16 日，年极端最低气温 -7.6℃，出现在 1 月 13 日；全年最长连续降水日数 12 天，出现在 12 月 2—11 日，累计雨量 82.1 毫米。连续最长无降水日数 17 天，出现在 1 月 29 日—2 月 14 日；6 月 20 日入梅、7 月 9 日出梅，梅长 19 天，梅雨量 134.0 毫米。

四季评述。冬季（2017 年 12 月—2018 年 2 月）气温偏低，雨雪量偏多，日照偏多。冬季平均气温 4.5℃，较常年同期偏低 0.6 ℃，入冬日期 12 月 6 日，较上年偏晚。12 月 13 日为初冻日，较上年偏晚。冬季降水量 185.4 毫米，比常年同期偏多 30.1 毫米。冬季日照时数 389.5 小时，较常年同期偏多 7.5 小时。冬季气温均偏低；降水量 1 月、2 月偏多，12 月偏少；日照 1 月偏少，2 月、12 月偏多。

春季（2018 年 3—5 月）气温异常偏高，雨量偏多，日照偏多。春季平均气温 16.9℃，较常年同期偏高 2.1℃，入春日期 3 月 23 日较上年偏早。春季降水量 3[illegible]0.7 毫米，较常年同期偏多 77.3 毫米。春季日照时数 542.5 小时，较常年同期偏多 67.6 小时。春季气温均偏高；降水量 3 月偏少，4 月、5 月异常偏多；日照 3 月、4 月偏多。

夏季（2018 年 6—8 月）气温偏高，降水量偏多，日照偏多。夏季平均气温 27.6℃，较常年同期偏高 0.9℃，入夏日期 5 月 12 日较上年偏早。夏季降水量 530.7 毫米，较常年同期偏多 36.4 毫米。夏季日照时数 708.2 小时，较常年同期偏多 146.7 小时。夏季气温均偏高；6 月、7 月降水量偏少，8 月降水量异常偏多；日照均偏多。

秋季（2018 年 9—11 月）气温偏高，雨量异常偏多，日照偏多。秋季平均气温 18.6℃，较常年同期偏高 0.5 ℃。入秋日期 10 月 1 日，较上年偏早。秋季降水量 402 毫米，较常年同期偏多 190.1 毫米。秋季日照时数

513.1 小时，较常年同期偏多 39.3 小时。秋季气温较为平稳；降水量 9 月异常偏多，10 月偏少，11 月偏多。

主要气象灾害及影响。2018 年，太仓市主要气象灾害有台风、连阴雨、暴雨、暴雪、高温、大雾、大风。

台风。全年影响太仓的台风共 7 次，较历年（1959—2010 年，下同）明显增多，直接影响有 4 次，分别是：第 10 号台风"安比"、第 12 号台风"云雀"、14 号台风"摩羯"、第 18 号台风"温比亚"，且登陆地点均在浙北和上海，历史罕见。市气象局加强监测、预报和服务，除"温比亚"造成一些灾情外，无其他严重损失。7 月 21—22 日，受 10 号台风"安比"影响，全市普降大雨局部暴雨，最大雨量 65.3 毫米（出现在璜泾农业园）；风力 6~9 级，最大风速 21.4 米 / 秒（出现在太海汽渡，该站为江面数据）。8 月 3 日，受第 12 号台风"云雀"影响，全市普降小到中雨，最大雨量 20.7 毫米（出现在太仓国家观测站）；风力 6~8 级，最大风速 17.4 米 / 秒（出现在浏家港站）。8 月 12—13 日，受第 14 号台风"摩羯"影响，全市普降暴雨局部大暴雨，最大雨量 121.4 毫米（出现在沙溪镇站）；风力 6~8 级，最大风速 18.7 米 / 秒（出现在浮桥镇站）。8 月 17 日，受第 18 号台风"温比亚"影响，全市普降暴雨局部大暴雨，最大雨量 148.6 毫米（出现在健雄学院）；风力 7~10 级，最大风速 29.3 米 / 秒（出现在太海汽渡）。"温比亚"影响期间造成全市 185 棵行道树倒伏，供电线路中断 26 条，多处道路积水，避风船只 572 艘，停工工地 114 处。

连阴雨。全年全市共出现 6 段连续阴、雨（雪）天气，分别出现在 3 月 14—21 日、5 月 18—22 日、5 月 25—31 日、11 月 5—8 日、11 月 15—19 日和 12 月 2—11 日，对粮食作物生长有较大影响。其中，12 月 2—11 日持续阴雨雪，累计雨雪量 82.1 毫米，对秋种和秋播作物苗期生长较为不利。

暴雨。全年全市共遭遇暴雨天气 1 次和大暴雨天气 4 次，分别出现在 9 月 19 日和 5 月 25 日、8 月 17 日、8 月 20 日、9 月 17 日。其中 5 月 24—25 日为区域性大暴雨天气，全市各站点日降水量均超过 100 毫米，最大降水量 160.4 毫米（出现在浏家港站）。

暴雪。受冷暖空气共同影响，全市 1 月 24 日至 28 日出现连续暴雪天气 2 次。第一轮强降雪时段出现在 25 日 0 时—26 日 12 时，累积积雪平均深度 9 厘米，最大雪深 10 厘米。第二轮强降雪时段出现在 27 日 10 时至 28 日 11 时，累积积雪平均深度 8 厘米，最大雪深 10 厘米。暴雪造成约 5.13 公顷农业大棚破膜除雪，损失 23 万元，总损失 30 万元。其间，全市共发生汽车擦碰事故 445 起，无人员伤亡。

高温。全年高温出现早，高温日数多但强度不强。首个高温段出现在 5 月梅雨期，其中 5 月 16 日最高气温达 38.0℃；为当年极端最高日，创 5 月历史新高。全年高温日数 10 天，与常年同期持平。7 月 25—29 日出现持续高温，其中 37℃以上高温日数仅 2 天，对市民生活略有影响。

大雾。全年出现大雾 44 天，较常年偏多 19 天，其中浓雾 18 天。11 月 25 日至 12 月 4 日出现持续大雾天气，11 月 25 日最小能见度仅 26 米，突破太仓历史纪录。秋末冬初的浓雾和强浓雾对交通和航运造成较大影响。

大风。全年共有 8 级以上大风 5 天，分别出现在 7 月 22 日、7 月 26 日、8 月 3 日、8 月 13 日、8 月 17 日。全年瞬时极大风速 21.5 米 / 秒（9 级），出现在 7 月 26 日。（市气象局）

自然资源

【土地资源】 2018 年，太仓市做好 2017 年度土地变更调查与遥感监测工作，准确摸清土地利用现状及变化情况，严肃查处变更图斑涉及违法用地，变更调查成果通过苏州市级"三类用地"图斑外业核查及省级内业检查。根据自然资源部下发的 2017 年度土地变更调查成果，截至 2017 年年底，太仓市土地总面积 80992.92 公顷。其中，耕地 25307.78 公顷，占总面积 31.25%；园地 1896.56 公顷，占总面积 2.34%；林地面积 29.64 公顷，占总面积 0.04%；城镇村及工矿用地 21003.68 公顷，占总面积 25.93%；交通运输用地 4669.43 公顷，占总面积 5.77%；水域及水利设施用地 27156.58 公顷，占总面积 33.53%；其他土地 929.25 公顷，占总面积的 1.15%。

（市资源规划局）

【水资源】 2018 年，太仓市水域面积 256 平方公里，其中内陆水域面积 112 平方公里。全市河道分六级，共 3368 条、总长 3140 公里，其中长江 36.2 公里；区域性河道 5 条，分别为东西向的浏河、杨林塘、七浦塘、新荡茜河通江河道，南北向的盐铁塘；太仓市级河道 20 条，总长 208.58 公里，镇级河道 214 条，总长 577.26 公里，村级河道 632 条，总长 935.02 公里，生产河道 2496 条，总长 1259.37 公里。境内有主要水利分区 4 个，即吴塘河以西的低洼圩区、吴塘河至盐铁塘之间的半高地、盐铁塘至沪浮璜公路一线的中部平原区以及沪浮璜公路以东的沿江高水片。年内，太仓市有效控制水资源消耗总量，全年取水量约 28.3 亿立方米。全年全市夏季高峰供水量 32.5 万吨 / 日，冬季枯水期日平均供水量 23.8 万吨。太仓市有水厂 2 座，总供水能力 70 万吨 / 日，备用水源地水库有效库容 1950 万吨。其中太仓市第三水厂位于浏河口上游，一期工程日供水能力 40 万吨，配套浏河水源地水库有效库容 1500 万吨。

（市水务局）

【森林湿地资源】 截至 2018 年年底，太仓市林木覆盖面积为 1.14 万公顷，林木覆盖率 17.73%。全市省级以上生态公益林面积 444.4 公顷，其中国家公益林面积 139.19 公顷、省级公益林面积 305.21 公顷。全市自然湿地面积 1.60 万公顷，受保护自然湿地 1.16 万公顷，保护率 72.4%。全市有省级湿地公园 1 个，即金仓湖湿地公园。

【动植物资源】 太仓市动物资源主要分为脊椎类 120 余种，分属 5 纲；节肢类 110 余种，分属 4 纲；软体类 11

种，分属2纲；环节类5种，分属2纲。植物资源主要分为树木类150余种，分属46科；花卉类140余种，分属49科；药材类百余种，分属45科；杂草类160余种，分属42科。

（市农业农村局）

历史沿革

【建置沿革】 太仓在4500年前已有原始人类生活。夏商时为滨海村落，商末至战国时先后属吴、越、楚国，秦汉时属会稽郡（吴郡）娄县惠安乡。春秋吴国等吴地政权曾多次于此建仓屯粮，太仓因而得名，亦渐次发展。元代于太仓刘家港开创海运漕粮，通商海外，遂日益繁盛，成为万家之邑，号称“六国码头”。元末筑太仓城。元至正二十七年（1367年）建太仓卫，明初置镇海卫，屯兵驻防。明永乐至宣德年间（1403—1435年），伟大航海家郑和率舟师在太仓扬帆起锚，七下西洋，太仓由此成为海上丝绸之路的主要港口之一。明弘治十年（1497年），割昆山、常熟、嘉定3个县地建太仓州。清雍正二年（1724年），升为江苏直隶州，并析地置镇洋县，辖镇洋、崇明、嘉定、宝山等4个县。民国元年（1912年），太仓州和镇洋县合并，定名太仓县。中华人民共和国成立后，始属苏南人民行政公署，后隶属江苏省苏州地区专员公署。1983年3月，改隶苏州市。1993年3月，撤县建太仓市。

（市史志办）

传统文化

【娄东文化】 娄东文化内容丰富，涵盖广泛，积淀深厚，涉及文坛艺苑、经史理学、建筑园林等各个领域，时间上则绵延千百年。娄东文化始于宋元，明清时期最为辉煌，经世代传承，延续至今。

文学上的辉煌是娄东文化的精粹之一。太仓历史上有成就地位的诗人、文学家极多。文学家徐祯卿是明代“吴中四才子”“前七子”之一，有《迪功集》《谈艺录》等著作。文学家王世贞为明代“后七子”代表人物，曾独主文坛二十年，著有《弇州山人四部稿》等数十部著作。张溥不仅是著名文学家，著有《七录斋诗文全集》等，而且他组织的“复社”，成员遍及全国，是中国史上规模最大、影响最广的文学社团。清代诗人吴伟业所创长篇叙事七言歌行，世称“梅村体”，名篇《圆圆曲》为历代传颂，他与钱谦益、龚鼎孳并称“江左三大家”，率“娄东十子”，形成“娄东诗派”。

经史学术上的成就是娄东文化的一个重要表现。从元、明开始，太仓即有学者从事经史学的研究著述，王世贞、张溥等人著有《读易纂》《弇山堂别集》《书经注疏大全》《通鉴纪事本末》等经史学著作数十种，在经史学上有较高评价。清代经史学家毕沅，造诣很深，他在幕宾的襄助下，编撰了许多有价值的著作，其中《续资治通鉴》是史学中的鸿篇巨制。陆世仪则是明末清初理学家，一生著作40余种，所著《思辨录》洋洋数百万字。他先后在太仓、无锡、武进、丹阳等地书院宣讲理学，至者数百人，被称为“江南大儒”。

绘画是娄东文化的重彩之笔。元明以来太仓即成为书画之乡，明代画家王履、夏昶等人为太仓书画创下基础。仇英工笔重彩，山水人物，无不精到，与沈周、文徵明、唐寅并称“明四家”。清代王时敏、王鉴首开娄东画风，誉为“画苑领袖”。王原祁在艺术上达到新的高度，是娄东画派的代表人物。娄东画派由此成为当时中国的主流画派，引领清代画坛三百年。之后，太仓又出现王昱、王宸、王愫、王撰等“小四王”和王三锡、王廷元、王廷周、王鸣韶等“后四王”。中华人民共和国成立后，又有朱屺瞻、宋文治两位国画大师，他们在传统基础上不断创新，成为海派和新金陵画派的代表人物。

戏曲是娄东文化的一朵艺术瑰宝。明代中期，太仓南郊的魏良辅改革昆山腔，创制了流丽悠远的昆曲，成为中国的“百戏之祖”，魏良辅被尊为“曲圣”“昆曲鼻祖”。王世贞、王衡、吴伟业等人撰写的《鸣凤记》《真傀儡》《秣陵春》等传奇、杂剧，在中国戏曲史上有相当地位。魏良辅撰写的《南词引正》、沈乘麐撰写的《韵学骊珠》是论述昆曲的经典著作。高步云、朱传茗、汪世喻在昆剧编曲、表演、演奏和培养昆剧人才上均有建树，名重一时。

江南丝竹也发源于太仓。是明代张野塘协助魏良辅改革创制昆曲过程中衍生出来的一种配置齐全的丝竹合奏乐种，尤美明快，委婉动听，具有独特的艺术魅力，古人赞为“仙乐霓裳”。历经400多年，经久不衰。

古琴家徐上瀛与常熟严澂共创著名的“虞山琴派”，其成员有多位太仓

江南丝竹表演 （市委宣传部供稿）

人，他积极钻研发展古琴技艺，誉为“虞山琴派的集大成者”，他所著《溪山琴况》一书，是中国古代重要的音乐美学著作之一。

明代汪关创立“娄东印派”；俞颂华被誉为民国时期“新闻界的释迦牟尼”；著名电影导演朱石麟，执导一批优秀电影，被誉为“香港电影的拓荒者”；吴晓邦高扬“为人生而舞”的旗帜，是中国新舞蹈艺术的奠基人。

【文化遗产】 太仓的文化具有开放性，多种特色文化丰富多彩，有全国“桥牌之乡”“武术之乡”“龙狮之乡”“民乐之乡”等称号，文学、舞蹈、戏曲、音乐、摄影、书法等文化艺术硕果累累。民间文学双凤民歌，传统音乐江南丝竹、古琴，传统舞蹈滚灯、利泰高跷、矛子舞，传统戏剧昆曲、堂名（昆曲的扩展项目），曲艺宣卷，太仓肉松制作技艺，太仓糟油制作技艺，双凤新湖龙狮制作技艺，民俗太仓七夕节（牛郎织女降生地）等52个项目被列入市政府非物质文化遗产名录。其中江南丝竹被列为国家级非物质文化遗产名录，滚灯、太仓七夕节、双凤山歌、太仓肉松制作技艺、糟油制作技艺、妈祖祭、唐调（苏州吟诵）被列为江苏省非物质文化遗产名录，堂名等17个项目被列为苏州市名录。袁光华被列入江苏省级非物质文化遗产代表性传承人，季卫东等14人（其中去世3人）被列入苏州市级非物质文化遗产代表性传承人。

【文化名人】 太仓自古为文化之乡，人文荟萃，积淀厚实，形成独具风格的娄东文化。是郑和下西洋的起锚地，江南丝竹的发源地，娄东画派的发祥地，又是神话传说牛郎织女的降生地。早在晋代，名士瞿硎等活动于境内传布文化知识。元代，漕运开通，刘家港发展成为“天下第一码头”。元代的桥梁建筑独具风格，境内至今保存着国内少有的元桥群。明初郑和七下西洋，在刘家港启航停泊，沟通太仓与东南亚各国文化交流。被誉为“百戏之祖”的昆曲和优美动听的江南丝竹源自太仓一带。明清园林之盛，有“太仓园林甲东南”之誉。太仓建州后学堂、书院盛极一时，民间读书成风，培养出众多杰出人才，使太仓文化得到全面发展。

丰厚的文化底蕴孕育了举不胜举的名人，明清犹盛。有“四代一品”的王锡爵家族，“后七子”代表人物王世贞，“江左三大家”之一吴伟业，“明四家”之一仇英，“娄东画派”代表人物王时敏、王鉴、王原祁等。近现代有画家朱屺瞻，电影艺术家朱石麟，舞蹈艺术家吴晓邦，教育家陆宝忠、唐文治、俞庆棠，著名记者俞颂华，物理学家“中国的居里夫人”吴健雄、诺贝尔物理学奖获得者朱棣文以及唐孝威、邹世昌、黄胜年、吴建屏、杨胜利、唐孝炎、顾懋祥、龚知本、陆佑楣等11位两院院士。（市文体广旅局）

行政区划

【概况】 太仓市隶属江苏省苏州市管辖，市人民政府驻地县府东街99号。2018年年底，全市有太仓港经济技术开发区、省级高新区、科教新城、城厢镇、沙溪镇、长江口旅游度假区（浏河镇）、浮桥镇、璜泾镇、双凤镇、娄东街道和73个村民委员会、82个居民委员会。

【村居变更情况】 2018年，太仓市乡镇、村居无变更。3月16日，江苏省民政厅和上海市民政局在太仓召开2018年“沪苏线”联检暨界桩更换工作联席会议。太仓市完成沪苏线界线联合检查及9颗省界界桩更换工作。“常太线”“昆太线”毗邻村（居）委会共同签订平安边界共建协议书。采取政府购买服务形式，委托第三方专业技术单位采用无人机航拍技术进行界线界桩检查和管理维护。

（市史志办、市民政局）

人口方言

【人口】 截至2018年年底，太仓市有户籍人口49.40万人，较上年增加7049人，其中男性23.84万人，女性25.55万人。人口出生率7.11‰，死亡率8.28‰，自然增长率–1.17‰。常住人口71.92万人，城镇化率67.40%。

（市统计局）

【方言】 太仓方言属吴语。吴语，又称江东话、江南话、吴越语，自商周春秋至今有三千多年的历史变迁，文化底蕴深厚。吴语主要分布于江苏南部、上海、浙江以及安徽、江西、福建等部分地区，是中国官方定义的八大方言之一，拥有国际语言代码。语言学上，将吴语使用地域划分为多个层次的若干区域，太仓话被划入“吴语太湖片苏沪嘉小片太仓大区”。“太仓大区”范围大致相当于清代太仓直隶州的辖境，即东北至海门、启东市，西北至太仓与昆山、常熟接壤处，南至今上海市吴淞江北岸。在“太仓大区”内，除太仓话之外，还有嘉定话、宝山话、崇明话、海门话、启东话等与太仓话的近缘方言。当代太仓方言根据语音特征，分为三个小片：一是北片，大致包括鹿河、王秀、归庄和璜泾、时思、沙溪等地区，语音带有较明显的常熟音，突出表现为有翘舌声母；二是南片，大致包括与上海嘉定接壤的浏河、陆渡、南郊等地区，语音近嘉定音；三是中片，即除北片、南片以外的中段地区，语音接近昆山。三片的词汇大部分相同，语法基本一致。

太仓方言与普通话词汇的差别主要有以下几点：一是同样的物体或概念，用词完全不一样。如普通话中的“小姑娘”“花生”“好久”等词在太仓方言中分别为“小细娘（小娘家）”“长生果”“长远”等。

二是词语的文字相同，但表达的意思不同。如普通话中的“壮”，在太仓方言中除了“强壮”的意思外，还有“肥胖”“肥沃”的意思。如“该只猪养得蛮壮”（这头猪养得很肥）、“该块田蛮壮”（这块地很肥沃）等。

三是有些复合词表达的意思相同，但排列次序颠倒。如普通话中的“螺蛳”“热闹”“力气”等词在太仓方言中分别为“蛳螺”“闹热”“气力”等。

太仓方言的语法特点主要有以下几点：一是重叠法。太仓方言词汇中重叠用法较为广泛。量词、名词的重叠形式及其作用与普通话基本相同，而动词、形容词的重叠则较有特色。动词重叠。单音节动词重叠，经常在后面加助词“看”或“好”。加“看”，使动作表尝试性。如“用用看”“看看看”。加“好”表示希望动作做得妥善一些，如“写写好”“坐坐好”。双音节重叠形式为 ABAB 式，表动作的短暂性，如“打听打听”“孛相孛相”。形容词重叠。单音节形容词重叠有自叠、附加成分重叠及嵌字重叠。附加成分重叠式一为 A×× 式，表示程度，如“辣蓬蓬”“硬绷绷”“干卜卜”“胖笃笃”；一为 ××A 式，表示的程度比前一种更高些，如“绷绷硬”“彻彻软”“雪雪白”。嵌字式为“A 过 A 验”，表示非常高的程度，如“好过好验”“香过香验”“闹过闹验”；还有“A 透 A 过”式，其作用与前一种相同，如“好透好过”“香透香过”。双音节形容词重叠有 AABB 式，如“太太平平”“服服帖帖”；以及“A 里 AB”式，此多带有贬义色彩，如“怪里怪气”“龌里龌龊”。

二是词缀。前缀“阿～”。加在称谓前，表示亲昵，如“阿婆”“阿伯”“阿弟”“阿大”“阿囡”“阿宝”“阿福”“阿张”。加在某些形容词、名词之前，产生贬义，如“阿憨”（傻乎乎的人）、“阿木林”（反应迟钝的人）；还有贬义而泛称的“阿猫阿狗”，以及称有流氓习气的人为“阿飞”。后缀“～头”。加在形容词之后，构成名词，如“老头”“滑头”“寿头”“老实头”。加在某些动词、形容词之后，表示“……价值”或“……值得”的意思，如“看头”“吃头”“花头”“噱头”。加在方位词和名词后，表示位置，如“东横头”“上底头”“灶前头”“水桥头”“河滩头”“角落头”“床横头”。后缀“～子”。太仓方言中有一些在普通话里没有的“子”尾的词，如“角子”（元以下货币单位）、“哑子”（哑巴）、“皮夹子”（票夹）、“石卵子”（鹅卵石、小石块）。

三是词语组合特点。数词的省略以“一”为首的多位数字，可以省略，甚至连带省去后一个单位数，如“一百六七十”可说成“百六七十”或“百六七”，“一千六百”可说成“千六”，“一万三千”可说成“万三”。量词的省略表度量衡单位和货币单位的量词，在与数词组成“数 + 量 + 数 + 量”的形式时，常省去后一个量词，如“二丈四（尺）”“五斤三（两）”“一角七（分）”。

（市文体广旅局）

民族宗教

【民族】 太仓为汉族聚居地区，少量少数民族散居。至 2018 年年底，全市有蒙古族、回族、藏族、维吾尔族、苗族、彝族、壮族、布依族、朝鲜族、满族、侗族、瑶族、白族、土家族、哈尼族、傣族、黎族、傈僳族、佤族、畲族、高山族、拉祜族、水族、东乡族、纳西族、景颇族、土族、达斡尔族、仫佬族、羌族、布朗族、撒拉族、毛南族、仡佬族、锡伯族、阿昌族、普米族、怒族、俄罗斯族、鄂温克族、赫哲族等常住少数民族 41 个，共有常住少数民族人口 1986 人，暂住少数民族人口 11160 人，以土家族为主。

【宗教】 太仓市是佛教、道教、伊斯兰教、天主教、基督教五教齐全的县级市之一。自 1980 年恢复开放第一个宗教活动场所（城厢基督教堂）以来，全市陆续批准开放活动场所 34 处，宗教教职人员 96 人。五教均成立宗教团体，分别为市佛教协会、市道教协会、市伊斯兰教协会、市天主教爱国会、市基督教三自爱国会，2018 年募集善款 45 万元，开展扶贫、赈灾、助残、助学等公益慈善活动。市佛教协会、市道教协会、市基督教三自爱国会等按期完成换届工作，各宗教团体在落实党和国家民族宗教政策、加强自身建设、促进民族团结、服务社会方面发挥积极作用。

（市民宗局）

名胜古迹

【南园】 南园（1998 年重建）为国家 AAA 级景区，位于太仓市南园东路 7 号，总面积 4.67 公顷，为明代万历年间（1573—1620 年）首辅王锡爵赏梅种菊处。清初，其孙大画家王时敏又加以拓建，邀请当时叠山大师张南垣主持营造，画师与匠师合作，使南园成为融造园与绘画于一体的历史名园，为清代以来太仓园林之首。南园景色可概括为“景域辽阔、空间宽敞、小桥流水、碧波荡漾”。园内设有门楼、绣雪堂、香涛阁、大还阁、鹤梅仙馆、寒碧舫、潭影轩、长廊等，水景约占全园面积 1/3。

【弇山园】 弇山园（2003 年改造扩建）为国家 AAA 级景区，位于太仓市县府西街 90 号，明朝时为太仓籍文学家王世贞园邸，历史悠久。园内主要景观有宋代花石纲遗物——望海峰、明洪武年开凿的通海泉、元代大型铁釜及墨妙亭等。扩建后，恢复弇山堂、嘉树亭、点头石、分胜亭、小飞虹、九曲桥等景点 20 多处，面积由原 4.4 公顷增至 7.67 公顷。

【沙溪古镇】 沙溪古镇于 2014 年 12 月获评国家 AAAA 级景区。沙溪旧名“沙头”，建于 1300 年前，自古有“东乡十八镇，沙头第一镇”之说。沙溪老街坐落在七浦塘两岸，塘北为主街，明清风格的建筑保留至今。古镇民居进深长，水弄堂密布；临水建筑参差起伏，纵横交错；市河上 3 座古桥俊秀挺拔。除沿河水乡民居外，还有乐荫园、橄榄岛、雕花厅、小白楼等景点。猛将堂内 300 年树龄的银杏树和清代古弄“一线天”广为观光者流连。沙溪老七浦有 1000 多年历史。古人为通舟、取水、洗涤或乘凉观景，临水民宅皆建有河棚间，棚下是水桥和船坞，各家河棚、水桥造型各异。河棚有吊脚楼式的、石头实砌的；河棚窗户有半窗、落地长窗，窗格花型多样，配有栏杆或美人靠；水桥石级有驳岸式和条石悬挑式。临水建筑形态纷呈、古朴苍老，是珍贵的历史文化遗产。

【浏河古镇】 浏河古镇位于长江口旅游度假区（浏河镇）漕漕塘两岸，左侧为中心街，右侧为河西街，总面积 16.9

沙溪古镇　　（2011 年摄　市委宣传部供稿）

公顷，核心范围 6.9 公顷。古镇历史可追溯到三国时期，历来为出海要津，素有“万里长江第一港”之称。元明两代，因海贸发达，商贾云集，又被誉为“六国码头”“天下第一码头”。近代，因战争破坏，大批古建筑被毁，古镇现存仅漕漕塘两岸近 80 栋木结构楼宇，均为明清时代古建筑。经过近几年整修，逐步形成较完整格局。保护区内老浏河、漕漕河与沿河民居形成“丁”字形走向，漕漕河上由北向南有桥梁 6 座，将中心北街与河西街两岸相连，纵横有序、脉络分明、双向通达，显现“小桥流水人家”特色。邢少兰艺术馆、老照片陈列室、浏河历史长廊等文化景观相继开馆。2018 年，“遇见人文客栈”“遇见江南丝竹客栈”建成开放。

【张溥故居】 位于太仓市新华西路 57 号，全国文物保护单位，始建于明代天启年间（1621—1627 年），距今约 400 年，为明代文学家、社会活动家、复社领袖张溥生活及活动的场所。故居包括古代建筑实体和张溥遗迹陈列，前者展示江南民居的建筑特色，后者系统介绍张溥的生平事迹。故居是一座保存比较完整的一落三进尚书府第，其中由官帽厅、堂楼和后楼组成的通转走马楼，俗称“迷宫”，建筑特色非常独特，具有很高建筑艺术价值和历史纪念价值。

【王锡爵故居】 位于太仓市新华东路 60 号，江苏省文物保护单位，始建于明代万历年间（1573—1620 年），故居主人为明代万历首辅王锡爵。现存门屋（俗称“太师第门楼”）与王氏宗祠三进，门楼面阔五间，门厅左右为上下二层，该类门楼式样在江浙一带绝无仅有。经修复后的王锡爵故居及其宗祠占地面积 1354 平方米，总建筑面积为 716 平方米。王氏一门英才辈出，王锡爵曾孙王掞在清康熙年间（1662—1722 年）官至大学士，人称“祖孙宰相”“两世鼎甲”；王锡爵之孙王时敏、王时敏之孙王原祁是娄东画派“四王”中的代表人物。该建筑具有较高的文化历史价值和建筑艺术价值。故居内设有“大明首相王锡爵陈列”和名家名寺碑廊，保存有元代赵孟頫书法石刻等在内的一批具有较高历史文化价值的历代碑刻。

【元代古桥】 在横穿太仓市区的致河塘上有周泾桥、州桥、皋桥 3 座保存完好的元代石拱桥，1982 年被江苏省人民政府列为省级文物保护单位。周泾桥和州桥为三孔石桥，皋桥为单孔石桥。其中周泾桥最负盛名，建于元至顺元年（1330 年），原名“海门第一桥”。州桥始建于元天历二年（1329 年），原名为“安福桥”。皋桥建于元元统二年（1334 年），原名兴福桥。

【西庐园】 西庐又名西田，位于城厢镇西门外约 3 公里处，为明末清初著名画家王时敏晚年回归故里所筑的田园式别墅。内有农庆堂、稻香庵、霞外阁、锦镜湖西田诸胜。王时敏曾与诸多画家在此聚会，赋诗作画，晚年自号为“西田老人”。2002 年，在原址重建西庐，2004 年 11 月竣工。新建成的西庐园占地面积 30 公顷，园内亭台错落，竹廊环绕，古木青波相映，芳草鲜花葱茏，是一座开放式生态公园，亦是游人感受古人“采菊东篱下”境界的休闲地。

【天妃宫】 位于长江口旅游度假区（浏河镇）新东街 90 号，是中国最具影响力的航海保护神妈姐的行宫，又称“天妃灵慈宫”，俗称“娘娘庙”。始建于北宋宣和五年（1123 年），由旅居娄江口的闽粤海商所建，原址在浏河北岸五杨池，元至正二年（1342 年）移建于现址。天妃宫历经元、明、清、民国诸代多次扩建修缮，主修者有郑和、林则徐等历史名人。郑和七下西洋时，曾多次前来朝拜，祈求天妃保佑赐福。现天妃宫恢复为道教活动场所，主建筑为后殿楼，上有元代木雕和楠木梁柱等古构件，建筑结构严谨规整，繁简适度，建筑风格古朴典雅，气势轩昂。2013 年，被列为全国重点文物保护单位。

【阅兵台】 位于长江浏河段南江堤内侧，由兵台、炮台、厅堂、碑刻四部分组成，是太仓境内珍贵的古代军事建筑设施。阅兵台为宋代名将韩世忠于建炎年间（1127—1130 年）所建，至今矗立在阅兵台的 4 块碑刻真实记载抗金抗倭的史实。后阅兵台在战火中屡经损毁，为弘扬爱国主义精神，浏河镇人民政府对阅兵台进行修复和保护，为太仓市文物保护单位。

【郑和公园】 位于太仓港经济技术开发区，占地面积 122 公顷，公园建筑风格以还原郑和船队远洋的历史文化为主，融入现代设计理念，再现郑和率领当时世界上规模最大、技术最先进的船队七下西洋的壮举。公园内设郑和纪念馆，以郑和精神为核心，从不同视角展示郑和航海文化，反映郑和七下西洋的起锚地——太仓海运业的特色，采用声光电技术，在展示效果与互动实用结合下，可身临其境感受中国600多年前的航海盛举。

【维新遗址】 位于太仓市双凤镇维新村，于2003年被苏州、太仓文博部门发现并建成遗址进行保护。考古人员在清理明代古墓时，发现厚达1米多的红烧土堆积和印纹陶罐碎片，经鉴定为距今约4500年的良渚文化及马桥文化遗址。后太仓市人民政府投资500多万元建成保护性建筑，进一步对遗址进行保护、开发及合理利用。

【三家市古村落】 位于浮桥镇三市村石头塘东侧。据《太仓州志》记载，古村落原为宋末元初时流亡丞相陈宜中所创建，最初由陈、王、周三家营建，故称为"三家市"，距今700多年历史。古村落占地1.2公顷，为太仓唯一现存的古村落。2012年12月，被列为太仓市文物保护单位，经近年整修，恢复修缮部分建筑物，三家市古村落格局得到较完整保存。

（市文体广旅局）

风俗习惯

【春节】 从农历十二月廿三至正月十五，历时二十多天，春节是最热闹、隆重的传统节日。农历十二月廿三、廿四各家都要祭灶神，俗称"送灶"，祈望灶神"上天言好话，下界保平安"，除夕时再把灶神接回，俗称"接灶"。廿四后，各家开始打扫卫生，掸灰尘、洗被褥、擦洗家具、打扫庭院、置办年货、蒸年糕、做米酒，还要炒豆子、玉米、花生，俗称"炒发禄"，这些习俗在农村仍有保留。除夕，俗称"过年"，斋家堂、祭祖宗。除夕夜，贴春联、挂红灯、贴年画，一家人团圆吃年夜饭，长辈给孩子送压岁钱。当夜守岁，看中央电视台春节联欢晚会，或打牌娱乐至深夜十二点钟，开始燃放烟花爆竹，俗称"关门炮仗"。年初一，早晨燃放"开门炮仗"，谓之"开门见喜"；还需斋灶、斋家堂、敬天地；大人小孩穿戴一新，依次向祖宗拜年，晚辈向长辈拜年，同辈互相恭贺新禧，说声新年好。此日要讲吉利话，禁忌吵嘴骂人。初二开始，亲戚朋友互相往来拜年。初五接财神，燃放烟花爆竹，商店开始营业。2000年后，国家规定春节放假7天，列为"黄金周"，外出旅游度假者增多。一些家庭或随旅游公司组团旅游，或自驾外出游玩。正月十五元宵节，家家户户吃元宵、馄饨，挂灯笼，小孩子牵兔子灯；有的单位或部门举办灯会、谜会；社区开展各项文体活动，有舞龙舞狮、唱歌跳舞、腰鼓秧歌、拳操舞剑，一片欢乐喜庆景象。

【清明节】 一般每年公历4月5日为清明节，如遇农历有闰年、闰月，公历日期略有变动。清明节要"过清明"祭祖，境内西南部农村还盛行吃青团子。人死后第一个清明节谓之"新清明"，要办酒祭奠亡者，有的在这一天将骨灰盒下葬或送往公墓。1986年后，清明扫墓风渐趋盛行，无论城乡，家家户户要到祖先坟前扫墓，插一束花，填一抔土，并焚化纸锭冥币，寄托哀思。很多旅居外地的人，回乡扫墓，借此兄弟姐妹团聚。机关、单位，特别是学校，组织人员、学生到烈士墓扫墓，敬献花圈，缅怀革命先烈。

【端午节】 农历五月初五为端午节，以往民间要挂菖蒲、艾草、野菊花、紫苏、荠菜花等，小孩要戴香包，以驱病辟邪。后此种习俗渐淡，但吃粽子的习俗依然盛行。农村多数家庭自己动手采摘芦叶包粽子，并在亲戚邻里间互相赠送；城镇居民多数到商店购买粽子。

【中秋节】 农历八月十五为中秋节，人们在节前准备好月饼等食物，互相赠送贺节。晚辈向长辈送月饼、水果，孝敬老人。家家户户吃馄饨。晚上，全家人围坐在一起边吃月饼、水果，边赏月。有的社区、单位还组织文体活动，演出节目，欢度中秋。

【重阳节】 农历九月初九为重阳节，登高望远的习俗已经不在，太仓人以吃重阳糕取代。重阳节被江苏省定为敬老日、苏州市定为老年节后，成为老年人的节日。每年重阳节，党政机关、企事业单位都要开展敬老活动，慰问老人，向老年人送慰问金、慰问品，并号召全社会发扬尊老爱老的光荣传统。涉老部门和社区组织老年人开展各项文体活动，庆祝老年人自己的节日。

【其他传统习俗】 除传统节日外，一些传统习俗较为流行，如立夏要"称人"（称体重），夏至要吃"夏至粥"（赤豆、麦粒、红枣、大米等掺在一起煮成的粥），七月初七"七夕"女孩子要染红指甲，农历七月十五"鬼日"要祭祖，十月初一"十月朝"要祭祀，冬至要"过冬至"祭祖，新丧人家要过"新冬至"等。

【婚嫁】 青年男女通过自由恋爱，或通过介绍人牵线，再经过一段"谈恋爱"时期，然后结婚。在农村，恋爱初期，男方请女方"吃馄饨"，谓之"走通"；恋爱成熟后，办酒席，请亲朋好友吃酒，谓之"定亲酒"；定亲以后，选定吉日，正式结婚。20世纪80——90年代初期，结婚一般双方都办酒，男方给女方彩礼，女方要备脚盆、马桶、箱柜、被褥、日用品、家用电器等嫁妆。在结婚当天由男方派人去女方家拿嫁妆，称为"扛嫁送"，有十八扛或二十四扛，越多越显得有气派。男方用汽车或摩托车迎娶新娘举行婚礼。90年代中后期起，随着居住和生活条件改善，大多数人家不需要脚盆、马桶、箱柜，日用品、家用电器大多自备，"扛嫁送"不复存在。结婚时用彩车迎亲，在家中或在酒楼宾馆举行婚礼。婚礼由司仪主持，主婚人、证婚人向新郎新娘表示祝贺，并提出希望；新婚夫妇向双方父母鞠躬行礼，新婚夫妇之间互送戒指等礼物，互表忠诚，还要接吻拥抱。亲朋好友送礼金以示喜庆。结婚仪式一般都拍摄录像，制成光盘，留做纪念。

【丧葬】 亲属为逝者设立灵堂，悬挂白布幛联，全家举哀，昼夜守灵，女眷哭灵或放哀乐。20 世纪 80 年代，农村普遍推行新式丧礼，开追悼会，由队里干部、家属代表讲话，亲友戴黑纱或白束腰，晚辈亲属穿白衣服向逝者鞠躬或唱喏致哀。90 年代，旧式葬礼复现，要请道士念经、做道场，还要扎库焚化，请乐队吹奏哀乐、唱哀歌。丧礼完毕后，由亲属护送灵柩至火葬场火化并将骨灰带回家中灵台供奉，至第二年清明或腊月进行土葬。在城镇，人死后一般直接送到殡仪馆，由殡仪馆进行沐浴、穿衣、整容，隔天请亲属和生前好友到殡仪馆举行追悼会，然后火化。骨灰安放于公墓或埋葬。2000 年后，部分村建造“安息堂”，骨灰不再土葬，统一放在安息堂。

【寿庆】 孩子一周岁时过“搭纪”（亦称“纪过”），办酒席宴请亲朋好友，吃生日蛋糕。亲朋好友送礼祝贺。孩子 10 岁时，要过“十搭纪”，也要办酒席宴请。平时无论大人、小孩过生日并不太看重，或一家人吃面、吃蛋糕以示纪念，或请至亲庆贺一番。老年人过 60 岁、70 岁、80 岁大寿，少数家庭举办庆寿酒。

【其他喜庆习俗】 生小孩要“送糖”，亦称“送舍姆羹”，并办“送糖酒”，宴请亲朋好友，亲朋好友送礼品或礼金恭贺；青年参军办“参军酒”；子女考上大学办“状元酒”；搬家办“乔迁酒”；农村修造新房要办“造房酒”（或称“上梁酒”）。20 世纪 90 年代后期，出现“谢师宴”，即初、高中毕业生为感谢老师的培育，宴请老师。此风流行一时。（市史志办）

太仓特产

【太仓肉松】 太仓肉松历史悠久。清光绪十二年（1886 年），太仓开设倪鸿顺肉松店，其肉松为官方礼品，驰誉四方。民国 4 年（1915 年），获巴拿马国际博览会甲级奖。太仓肉松挑选优质太湖瘦肉型猪宰杀，佐料讲究，炒制工艺先进，采用全封闭式机械化生产，洁净卫生，由于水与脂肪成分比例控制合理，因此肉松保质期得到有效延长。太仓肉松以其独特风味享誉四方。

【太仓糟油】 糟油创制人为清乾隆年间的李梧江。清代袁枚《随园食谱》写道：“糟油出太仓，愈陈愈佳。”《太仓州志》记载：“色味佳胜，他邑所无。”太仓糟油具酱色、糟香、鲜美等特点，能解腥除异味、提鲜增香、开胃增食。

【长江四鲜】 太仓地处长江入海口，江海交汇之处，鱼类品种甚多，较为著名的有合称为“长江四鲜”的银鱼（另有一说为河豚）、刀鱼、鮰鱼、鲥鱼。

银鱼，古称“脍残鱼”，鱼形细长，身透明，体光滑，长约一指。喜栖息于近海长江口，学名长江间银鱼，当地人称“面杖鱼”。因其明莹如银、细骨无鳞、肉质鲜美，深受食客青睐。

刀鱼，其状似刀形，故称刀鱼。刀鱼“狭薄而长头”，与凤鲚有相似之处，但比凤鲚个大，也称江鲚。个大者有一尺（约 33 厘米）来长。刀鱼肉质细腻鲜嫩，入口即化，但细骨较多。清明前上市；清明后，其细骨变硬，价格下跌。

鮰鱼，亦称鮠鱼，俗称“白戟”。其吻圆突，口腹部，体无鳞，个大者长达 1 米。现产量急剧减少，大鮰鱼不易捕捉。鮰鱼肉质肥美，可精炖可红烧。其鳔肥厚，可制鱼肚，历来为上等食用鱼类。

鲥鱼，古称“鯅”。形秀而扁，似鲂而长，长约 70 厘米，银白色，腹部具棱鳞。一般三四龄成熟，春夏之交，溯江而上，主要产于太仓长江入海口至南京燕子矶一带的下游地段。其味极为鲜美，宜不去鳞清炖，为长江鱼类中极品，可惜近年濒临绝迹。

【中华绒螯蟹】 国家著名特色水产品，具有味鲜美、营养价值高的特点。太仓市临濒长江口，繁育和养殖中华绒螯蟹有着得天独厚的优势，不但蟹种正宗，而且蟹的纯度高、生存力强、易养殖，成蟹只型大、产量高。太仓蟹养殖以浮桥镇为中心，分布浏家港、浏河、璜泾、沙溪等地。

【太仓梅山猪】 梅山猪是太仓市最具地方特色的优质种质资源之一，是太湖猪的主要品系之一，以肉质鲜美、繁殖量高而著称，曾多次被国家领导人作为国礼赠送友邦。2011 年 5 月，太仓市种猪场被授予“国家级太湖猪（梅山猪）保种场”称号。

【双凤爊鸡】 双凤爊鸡为太仓著名的传统食品。早年的双凤大户人家乃至普通农家几乎都有一只多代相传的锅，每当入冬腊月，过年过节，则活杀自养之鸡，煮至半熟，稍加冷却后，放入有老汤的锅中，然后按秘方放入茴香、花椒等多种佐料，以文火焖煮。制成后鸡皮色亮，丰腴肥实，香气沁人。

【双凤羊肉】 太仓双凤养羊、食羊的习俗有数百年历史，双凤羊肉专选品质上乘的山羊为原料，皮肥肉酥，味道鲜美。在昆山、嘉定、宝山等周边城市开有多家太仓双凤羊肉食品店。2007 年起，每年举办双凤福地文化羊肉美食节活动。2008 年 9 月，双凤镇被中国烹饪协会冠名为“中国羊肉美食之乡”。

【双凤肥羊面】 双凤肥羊面为太仓餐饮文化中的特色品种之一，以酥、浓、香、肥著称，为地方上的冬令特产名吃。专选品质优良的太仓本地上等山羊为原料，辅以 10 多种调味品、中草药，文火焖煮 2 小时以上而成红烧羊肉。味入骨肉，皮肥肉酥，汤汁鲜美而绝无膻味。面汤用烹羊原汤熬制，浓而不浊、油而不腻。面则以手工制之，经多次压滚，细、柔、滑、韧，入水便熟，口感极好。

【太仓白蒜】 始种于清代，于 20 世纪 60 年代在太仓大面积种植。太仓白蒜蒜头肥硕结实，蒜瓣大而匀称，色泽洁白，味道辛香，为蒜中精品。与上海嘉定白蒜、山东苍山白蒜、新疆白蒜齐名，并称为中国“四大名蒜”。2015 年 10 月，“太仓白蒜”获国家地理标志证明商标。

【新毛芋艿】 芋艿为太仓特色传统蔬菜品种之一，具有悠久的种植历史和优良独特的品种资源。新毛芋艿不但外形圆整，而且带有特别的香味，吃口糯滑，享誉苏、浙、沪。用其制作的“桂花糖芋艿”更是风味独特，是江南人家八月中秋必不可少的名点佳品。太仓常年种植芋艿约533公顷，年产颇丰。2014年6月，“新毛芋艿”成为太仓首件地理标志证明商标。

【珍蔬紫葛叶】 紫葛叶（又名紫果叶、紫角叶）是太仓民间一种不起眼的植物，其历史甚为悠久，因其质地肥嫩爽口、鲜美清香，被赞誉为“蔬菜皇后”。紫葛叶含有丰富的维生素、皂素以及胶质等多种营养成分，可清炒，可入汤，对人体有滋补作用，被视为保健蔬菜。紫葛叶不但能入菜，而且还能入药，具有清血凉血、消热解毒、润燥滑肠、解郁除积、接骨止痛等多种功效。

【板桥西瓜】 太仓板桥历来有种植西瓜的习惯，由于土壤肥沃，气候适宜，栽培技术先进，板桥西瓜以其皮薄、品质优、果型适中而闻名苏州、上海等地。主要品种有京欣一号、早佳（84—24）和小型礼品瓜（拿比特、万福来、红小玉、黄小玉、早春红玉等）。这些品种的共有特点是品质优良，皮花，果实圆形或椭圆形，中心糖分占12%以上，礼品瓜1~1.5公斤/个，常规瓜2.5~4公斤/个，商品性极佳。

【太仓毛板青蚕豆】 色青粒大、板子宽阔、尾有凹痕、肉色白净、味鲜而糯、易酥不腻，百粒重130~135克，比一般品种高20克左右，并含有多种营养成分，为蔬菜食品的佳品。毛板青蚕豆食用方法较多，除青食外，还有煮、氽、炒、蒸、拌、汤等食法，且其皮可入药，故深受群众欢迎。太仓毛板青蚕豆是江苏省名贵农特产品，为蚕豆品种中的上品。因产于毛家市（现太仓市城厢镇新毛管理区）周围，故名之，别称“宣公豆”。上海特产老城隍庙五香豆即以毛板青蚕豆为原料。2015年10月，“太仓毛板青蚕豆”获国家地理标志证明商标。

【太仓牛踏扁毛豆】 种植历史悠久，是百姓欢迎的传统青食良种。其荚形大，粒扁平，皮青色，味鲜洁，吃口糯，晚熟。产品以毛豆形式销售，主要销往上海、苏州等周边大中小城市，销路颇广。2015年10月，“太仓牛踏扁毛豆”获国家地理标志证明商标。

【太仓大米】 种植历史悠久，其糯性强，支链淀粉含量高。蒸煮后米饭晶莹剔透，口感柔软滑润，富有弹性，冷而不硬，食味品质极佳。太仓地区为沙壤土质，养分含量高，适宜大米种植，用本地区种植的特种稻加工的优质袋装米、粉以及制作精美的八宝饭、点心等，在上海、厦门、苏州等地销售良好。2015年10月，“太仓大米”获国家地理标志证明商标。

【太仓山药糕】 将山药蒸至酥烂，捣成山药泥，拌入糯米粉、糖，将果料在碗壁内摆放成图案形，再把拌好的山药泥放入碗中，将豆沙放在山药泥中间，上笼蒸熟。口味微甜，软糯滑爽。

【太仓长江蟹】 太仓长江蟹系长江水系中华绒螯蟹，产区天然，蟹种纯度高，是国内享有盛名的特色水产品。其壳青色有光泽，隆起明显且坚硬，脐腹呈乳白色，金爪黄毛，腿长爪尖，双螯强健，八足有力，反应敏捷，行动迅速。可食部分肉实体丰，品质白嫩，口味鲜甜，黄多膏厚，无土腥味或其他杂味。蟹苗与成蟹的外部特征相似，形似纽扣，又名“扣蟹”。太仓长江蟹养殖主要以浮桥镇为中心，辐射浏河、璜泾、沙溪等地，蟹苗除自养外，大部分销往全国各养蟹地区。

【新湖番茄】 太仓新湖地区种植番茄始于中华人民共和国成立初期。20世纪70年代末至80年代初，产业结构调整，番茄种植面积逐步扩大，栽培方式从露地栽培发展为小环棚双膜栽培，20世纪90年代探索成功大棚三膜栽培，一年三茬（番茄—丝瓜或苦瓜—莴苣或芹菜）高效套作模式，年产值2万多元。新湖地区土壤类型为脱潜型水稻土中的乌栅土，质地重壤，耕层黏粒含量20%左右，保肥性能好，土壤肥力高，有机质含量高达35.9克/公斤。2005年，新湖番茄成功申报无公害产品。新湖番茄果型适中，单果重250克左右，表皮薄、鲜红色、沙瓤、微酸、甜度适中，自然成熟，口感好，凉拌、炒菜及做水果食用皆宜。

【麦秸画】 精选麦秸为原料，经过除膜、切片、剪丝等加工处理，运用拼贴、镂刻、镶嵌等制作方法，按照平面、浮雕、立体等构图造型，利用麦秸原有的光泽、独有的纹理，巧妙设计，精工细作，通过麦秸的明暗、深浅、厚薄、疏密等搭配和点、线、面的合理布局来制作麦秸画工艺品。史仁杰经40多年研究，制作麦秸画的工艺日益成熟。品种包括山水风景、花鸟鱼虫、人物走兽、房屋建筑等，图案华而不媚、素而不俗。

（市文体广旅局、市农业农村局）

城乡规划

【城市规划定位】 2018年，太仓市规划定位为既有现代城市功能、发达工商业，又有优美的田园风光，并体现丰富历史文化内涵的"城乡一体、产城融合、城在田中、园在城中"的现代田园城市。

【城市总体规划】 2018年，太仓市总体规划共经历4轮编制。1983年，编制完成《太仓县县城总体规划（1980—2000）》，1985年12月获苏州市人民政府批准。1993年撤县建市后，太仓市开展第二轮城市总体规划编制，于1995年编制完成《太仓市城市总体规划（1994—2010）》，1995年7月经太仓市人民代表大会常务委员会通过，并于1995年12月获苏州市人民政府批准。2000年年底，太仓市启动第三轮总体规划修编，于2002年8月编制完成《太仓市城市总体规划（2001—2020）》，2002年7月经太仓市十二届人大常委会第37次会议通过，并于2004年5月获江苏省人民政府批准。2008年6月开始，太仓市启动新一轮城市总体规划修编工作，2010年12月经太仓市人民代表大会常务委员会通过，于2011年10月经省政府批准通过。2017年，修改《太仓市城市总体规划（2010—2030）》。2018年8月，《太仓市城市总体规划（2010—2030）》（2017年修改）获省住建厅批复。新一轮城市总体规划在"现代田园城·幸福金太仓"的城市总体发展目标定位下，明确"港口带动、对接上海、交通引导、生态保护和特色取胜"五大发展战略。

2018年8月24日，太仓市召开创建国家生态园林城市初审反馈交流会
（杨希　摄）

港口带动。通过码头建设、航线结构优化、完善疏港交通，加快港口发展，实施"区港联动"和"昆太联动"，增强港口对区域经济发展的服务能力；加快太仓临港工业、港口服务业发展，带动整体经济实力提升。

对接上海。依托上海国际航运中心建设和上海港口布局的战略性调整，承接上海北翼集装箱干线港功能，加强与上海综合交通体系全面对接以及重要基础设施共建共享；加快上海产业转移承接，加强上海和太仓的上下游相关产业配套，促进商务、休闲服务业发展及现代农业园区建设，争取成为上海先进制造业发展转移基地、上海自主创新创业的扩散基地。

交通引导。构建以区域性轨道、快速公交、常规公交为主体的现代化综合交通体系。利用区域轨道、快速公交引导市域空间集聚，形成合理市域空间结构；以疏港货运交通系统为主引导工业用地合理布局，形成高效产业空间体系；以城市快速交通、交通枢纽体系，引导城市用地布局及中心体系构建。

生态保护。保护市域内水体、湿地、基本农田等具有重要生态功能和价值的空间，提高土地开发强度，贯彻国家节能、节水、节材、节地要求；提高新技术应用能力，严格控制碳、硫等排放。

特色取胜。根据太仓"精致、细腻、和谐、宜居"的城市特色，以娄东文化资源为基础，以城市发展为依托，建设相关文化载体，将文化特色融入产业发展，利用文化底蕴塑造城乡空间。

新一轮城市总体规划范围为全市域。规划至2030年，全市城乡建设用地规模控制在205平方公里以内，规划人口135万人。确立“一市（太仓市）、双城（主城、港城）、三片区（沙溪、璜泾、浏河）”的城乡一体化市域空间布局结构。其中主城规划2030年建设用地规模64.8平方公里，规划人口60万人；港城建设用地规模30.88平方公里，人口20万人；沙溪镇建设用地规模19平方公里，人口16万人；浏河镇建设用地规模15平方公里，人口13万人；璜泾镇建设用地规模13平方公里，人口11万人。

【区域规划】 2018年，太仓市总体规划完成重大修改，浮桥镇、璜泾镇、浏河镇、沙溪镇和双凤镇总规、控规相继调整，明确发展目标、功能定位、发展规模和规划结构等。各镇开展中心镇区控规编制工作。

【专项规划】 2018年，太仓市完成13个被撤并镇整治提升规划、三家市传统村落保护发展规划、东仓村村庄规划、3个第二批特色田园乡村建设试点规划。

【乡村规划】 太仓市规划保留村庄103个（含特色村庄4个），以规划引领保留和传承农村江南水乡独具特色的历史、文化和田园风貌。

（曹俊锋　李　益）

城镇建设

【主城建设】 太仓市主城定位为最佳宜居城市、现代服务业中心和高新技术产业基地。其中城中综合组团（含高新区）规划形成融合行政办公、商务办公、文化、居住、商业、工业生产等多重功能的综合性组团。科教新城组团规划形成集科教文化、生态宜居、现代服务业等功能于一体的城市新区。陆渡组团依托沪通铁路太仓站枢纽，规划形成以高新技术产业、现代服务业为主导的休闲、生态、宜居的城市组团。金仓湖组团以金仓湖良好的自然生态景观为依托，规划形成集生态旅游、休闲度假、高品质居住于一体的特色组团。双凤组团以福地文化和水乡湿地为特色，规划形成具有明显特色的现代田园城市组团。

【港城建设】 港城组团由港口、港区、港城（含浮桥）三位一体构成，定位为国际化现代港口城市、沿沪滨江生态新城和临沪现代化新兴产业基地。其中核心区规划形成太仓沿江地区综合性的城市公共中心，太仓港的配套服务区，环境宜人、设施配套的现代化新城区。2018年，港区完成《太仓市浮桥镇总体规划（2017—2030）》编制。启动编制浮桥老镇区更新规划、港城南部概念性规划。建设北环路西段、东方路等道路工程。规划展示馆建成投用。管理区105个提档改造项目完成72个，推进牌楼、浏家港管理区、老镇区提档改造，九曲、时思管理区提档改造基本完成，形成管理区和老镇区“5+1”同步提升新格局。推进政府实事工程八大类共30项，改善城乡公共服务。完成“三优三保”（以优化建设用地空间布局保障发展，以优化农业用地结构布局保护耕地，以优化镇村居住用地布局保护权益）拆迁复垦41.47公顷，增减挂钩13.2公顷，占补平衡土地复垦64.07公顷。镇、村之间协调发展的城乡规划格局基本形成，城乡一体化发展格局更加巩固。

【新型小城市建设】 沙溪镇。沙溪镇通过挖掘和放大中国历史文化名镇效应，规划形成经济繁荣、生活富裕、环境优美、特色鲜明的集历史古镇、文化名镇、工业强镇、宜居新镇于一体的综合型、现代化小城市。其中南部新城规划为独具特色的“古今人文之城、生态宜居之城”。2018年，沙溪镇村稳定性收入753万元，其中5个村级平均收入超千万元，农民人均可支配收入3.93万元，较上年增长7.25%。三次产业协同发展，产城融合发展，全镇三产比例为5.8∶52∶42.2。工业方面，以生物医药产业园、新材料产业园、岳王科技创新产业园三大工业园区为依托，分别以生物医药、新材料、先进装备制造三大产业为主体。服务业方面，以古镇旅游业为引领，景区内民宿客栈、传统手工艺展示等业态配套项目顺利推出。农业方面，以“一村一品”为载体，打造一批农旅结合项目，增强村级经济发展后劲和活力。成功打造“田园半径”“秀水香塘”等“一村一品”乡村特色项目。完成粮食生产功能区和重要农产品生产保护区划定工作，建成高标准农田346.93公顷，实施半泾村、塘桥村“菜篮子”工程，新增流转土地736.07公顷，申报“绿色农产品”14个、“绿色基地”1666.67公顷。开创集中居住新局面，集中居住率提升至41.2%。完善农业布局规划，重点规划建设农民集中居住小区10个，规划保留自然村庄24个，建成三星级康居乡村13个。农民安置小区基础设施、绿化提档工程有序开展。启动新双线、项桥中心线、葛桥线等农路提档工程，全镇农路优良率86.46%。实施主要区域、主干道沿线绿色细胞创建工程，全镇绿化覆盖率36.5%。社会保障不断完善，公共服务持续拓展。东安幼儿园迁建工程A、B两栋楼屋面结构工程完成，归庄小学风雨操场及室外操场建设结构一层完成封顶，新沙溪人民医院运营，17个日间照料中心（站）先后运行，沙溪新客运站竣工使用，沙溪镇图书分馆启用，沙溪第一文化书场投入运营。

长江口旅游度假区（浏河镇）。浏河镇依托长江口旅游度假区和滨江新城的开发建设优势，规划形成现代化滨江临沪宜居休闲小城市。其中滨江新城打造集商业金融、文化娱乐、休闲旅游、生态居住等综合性公共服务功能于一体的现代化城市新区。2018年，《浏河镇总体规划》获批，核心片区控制性详细规划加快编制。恒大文旅城、太浏快速路和南沿江铁路等重点项目地块动迁工作有序开展，滨江花园一期安置房建设主体竣工。新塘管理区整治提升工程基本完成，迎福新村、闸北新村等老小区改造有序实施，“四好农村路”加快建设。郑和大街及郑和南北路整治成效明显，新增道板违停抓拍点16处，规范设置停车位388个。常青集贸市场整治完成，活禽交易区完成改造，违章搭建清除到位。持续推进“263”专项行动（“2”是“两减”，指减煤炭消费总量、减落后化工产能；“6”是“六治”，指治太湖、治垃圾、治黑臭河道、治畜禽养殖污染、治挥发性有机化合物、治环境隐患；“3”是“三提升”，指提升生态保护水平、提升执法监管水平、提升环境监测水平），关停取缔“散乱污”企业（作坊）189家。“六大整治”成效明显，清除人棚混居1155处，拆除各类违章建筑28万平方米。346国道、滨江大道等13条主要道路沿线环境面貌明显改善。长沟河、陆窑塘等158条市镇村三级河道治理完成，白淴河、钱泾河等26条黑臭河道水质明显改善，建成区黑臭水体基本消除。钱泾新村、南部工业区等3个片区截污纳管工程基本完成。“水十条”考核断面达标率提高27个百分点，新浏河国考断面水质保持Ⅲ类水标准。年内，通过国家卫生镇复审，成功创建省级生态文明建设示范镇。

璜泾镇。璜泾镇以“北强工业、东融港区、南建新镇、西兴三农、中心提档”为发展战略，规划形成具有民营经济产业特色的宜居宜业小城市。其中南部新城区重点发展商业、金融业，打造璜泾镇新的发展中心。2018年，璜泾镇持续深化“东融港区、南建新镇、西兴三农、北强工业、中心提档”的空间发展战略，根据全市“一市双城三片区”战略定位，结合全市大交通建设和新一轮总体规划的修改，坚持高起点定位、高标准建设，规划镇域空间形成“三个片区”布局结构，三片区分别为沿江的璜泾镇—港区临江产业联动发展片区、城镇综合发展片区及现代化农业发展片区。其中，璜泾镇—港区临江产业联动发展片区是为太仓港向北拓展预留的发展备用地，也是太仓港临江产业发展空间的重要组成部分；城镇综合发展片区是以璜泾镇区为中心，由346国道和通港高速及镇域南部边界围合构成的区域，是璜泾镇第三产业集中发展片区，也是城市化空间的集中区域；现代化农业发展片区以发展都市农业、高效农业、设施农业和观光农业为主。南部新城现一期开发核心区域约为1平方公里，核心区内部道路网基本建设完成，形成两纵三横的道路框架，对外交通便利，共计投资约1亿元，规划居住用地32.2公顷，规划人口7000人。出让商业住宅用地5块，总计面积17公顷。位于鹿河管理区的工业园区，一期用地全部出让，二期钱泾塘路延伸段、园三路开工建设，按照工业区控规落实各项目用地红线。农房翻建管控结合，累计审批农房翻建465户，危房70户，放样定桩537户，验收222户，放样整改违规建房户60户。集中安置小区建房2246户，7个农民集中小区的基础设施、绿化提档工程有序开展。

【其他镇村建设】 城厢镇。城厢镇位于太仓市域西南部，西接昆山，南临上海，镇域面积57.05平方公里，辖6个村、2个“村改居”社区、14个城镇社区。2018年，城厢镇持续加强载体建设，完成科技产业园控制性详规修编，园内道路、市政等基础设施建设加快推进，西环路、纵四路、纵七路等3公里道路建成通车，配套建设纵五路、纵六路等7公里道路照明设施，完成吴塘河景观修复项目绿化工程，园区吸引力、承载力增强。中科院硅酸盐所一期、中德科创联盟产业园等载体项目陆续入驻，全年竣工交付载体面积超20万平方米。独溇小海生态农业园开工建设，永丰中心路、园区路基等工程加快推进。完成西庐园郊野湿地公园整治提升工程。美丽乡村建设加快推进，新增三星级康居点10个。获评首批省生态文明建设示范乡镇。伟阳幼儿园扩建项目启用，南门街幼儿园竣工验收，新毛幼儿园主体结构封顶，市第二中学综合楼改造项目加快建设。落实公共卫生应急与安防提升建设任务，获评苏州市级卫生应急工作规范镇；完成府南街病媒生物防制示范街建设；建成省级健康社区（村）2个、健康单位1家。南园社区、新毛管理区新民路分别获评苏州市城市管理示范区、示范路。

双凤镇。双凤镇位于太仓市西部，紧邻城区，204国道、339省道、苏昆太高速贯穿全境。双凤镇总面积62.6平方公里，辖1个管理区、9个村、5个社区。2018年，《太仓市双凤镇总体规划（2013—2030）》完成重大修改编制，双凤镇启动主镇区控制性详细规划编制。管理区提档升级加快，新湖管委会挂牌成立，管理区综治中心正式运行。加快推进“三优三保”行动，盘活土地38.67公顷。挂牌上市土地19宗、面积29.73公顷。拆迁安置有序开展，完成拆迁114户，安置宅基地129户，安置公寓房19套。推进美丽乡村建设，完成创建三星级康居乡村15个，建成勤力村康居特色村并通过苏州市级验收。勤力村获评省级生态文明建设示范村，入选苏州特色田园乡村建设试点。

科教新城。科教新城位于太仓市西南部，东侧和南侧均至上海市边界，西至204国道，北至新浏河。辖区面积13.6平方公里，辖南郊、新丰、常丰、鹊桥、学苑、城南6个社区。2018年，科教新城统筹推进改革发展稳定各项工作，经济社会平稳健康发展。位于科教新城的西北工业大学太仓长三角研究院启用。大学科技园累计注册企业729家，获评江苏省“华侨华人创新创业服务中心”。全年新增高新技术企业4家、省民营科技企业8家。年内，科教新城完成文渊路两侧26.67公顷四季花海和高铁南侧近20公顷都市果园部分项目建设。盐铁塘沿线绿化景观带、海运堤路沿线建筑泛光照明工程竣工。南郊菜场整体拆除，临时菜场提档改造。桔园小区防洪闸站竣工投用。全年完成农户动迁50户，企业动迁15家。安置农户18户，安置房25套。加快安置房项目建设，群星四期主体封顶，城南二期完成主体施工90%。严格落实“河长制”，盐铁塘、天镜湖水质得到改善。

娄东街道。娄东街道与高新区实行“区街合一”管理体制，总面积87平方公里。2018年，娄东街道辖12个城市社区、9个涉农社区和6个村。年内，娄东街道推进城乡一体化建设，启动农民安置房办证工作。推进动迁工作，共签约总户数176户，拆除面积约10万平方米。持续改善城乡面貌，推进“263”专项行动等整治工作，完成浏泾工业园62家散乱污企业整治，腾退土地10公顷。强化村庄环境长效管理，拆除违建226处、1.7万平方米，种植及养护绿化31万平方米。完成兴业路3个河浜清淤整治，清淤土方6000立方米，对腰泾、庞家浜等河道开展生态治理，黑臭河道水质有所改善。逐步开展垃圾分类，主城区垃圾分类设施建设覆盖率60%。社会事业提档升级，完成"十三五"基层基本公共服务设施总体规划布局，朝阳文化书场、街道养老服务指导中心、残疾人服务中心、文化站、老年大学、陆渡社区卫生服务中心"卫生应急与安防提升"工程、高新区社区卫生服务中心中医馆等民生工程建成投用。

（曹俊锋　李　益　各区镇）

太浏快速路施工建设现场　（2018年11月摄　市交运局供稿）

公共建设

道　路

【概况】 2018年，太仓市公路总里程1340.52公里，公路桥梁1220座，公路密度216.21公里/百平方公里。其中高速公路57.54公里，一级公路272.13公里，二级公路491.86公里，三级公路105.26公里，四级公路413.73公里。航道总里程373.35公里，其中三级航道27.76公里，五级航道24.84公里，六级航道24.89公里，七级航道44.62公里，等外航道251.24公里。较上年，一级公路增加5.69公里，二级公路增加5.39公里，三级公路减少0.8公里，四级公路减少0.65公里，增加桥梁7座。全年地方基础设施建设计划投资5.51亿元，实际完成投资约4.7亿元。沪通铁路地方承担资本金等部分资金计划2.11亿元。太浏快速路（G346—陆新路）新建工程承担资本金等部分资金计划2.4亿元，实际完成2.2亿元。岳鹿公路（太浏线—新浏河大桥）新建工程计划投资1亿元，累计完成0.71亿元。沪通铁路建设一期拆迁任务全部完成，太仓站、太仓南站铁路场站配套设施项目建设进度稳步推进。太浏快速路（G346—陆新路）新建工程开工建设。涉铁通道立项、方案设计等前期工作完成。沪通铁路二期、苏南沿江铁路等前期工作有序展开。

2018年3月10日，沪通铁路最后一片箱梁在太仓架设成功，标志沪通铁路（一期）全线贯通　（市交运局供稿）

【快速路网建设】 2018年，太仓市推进两大场站配套道路基础设施建设。太仓站站前大道、古东大道开工建设。太仓南站东仓新路、江申大道路基建设全部完成。太浏快速路加速推进，高架桥梁立柱、承台建设建设有序。岳鹿公路对接嘉定城北路项目列入长三角一体化首批省际断头路贯通计划，工程拆迁遗留问题全部解决。沪通铁路涉铁通道一期、二期工程部分道路项目进场施工。

【农村公路发展】 2018年，太仓市通过省级"四好农村路"示范县验收。加快推进农路提档升级，开工建设农村公路提档升级项目25.2公里，乡村公路大中修工程39.2公里，农路危桥改造2座。推进沙溪镇葛桥路、枫泾桥、浏河镇石桥路、汤家宅路、吴家宅路、浮桥镇河童线等农村公路及桥梁改造项目（累计补助乡镇农路资金750万元），缓解农村公路建设"最后一公里"问题。

（刘金凤）

交　通

【概况】 2018年，太仓市共有公路客运场站9个，长江汽渡1个，城市公交线路44条，投放车辆203辆；城乡公交线路9条，投放车辆36辆；镇村公交线路15条，投放车辆30辆；长途客运班线 55 条，投放车辆 132 辆。全年完成公交客运量 1839 万人次，长途客运量 255 万人次，太海汽渡客运量 62.93 万人次。全年共安全运送旅客 2157万人次。

【公交发展】 2018 年，太仓市签署长三角地区首份省际公交对接战略协议，协同推进省际绿色交通发展。加快场站基础设施建设，科教新城客运站建成投运。全年累计优化调整公交线路 25 条，新增定制班线 3 条，提升市域偏远地区市民公交出行幸福感。扩容机场定制班线，上海浦东国际机场、上海虹桥国际机场线路增班增车，朝阳站、沙溪站、港区站等区镇开通机场定制班线。

【新能源公交车】 2018 年，太仓市加快新型能源车辆投入使用，截至年底，累计淘汰老旧柴油公交车 63 辆，购买清洁能源型 LNG 天然气车 64 辆、新能源型气电混合动力车 45 辆、新能源型纯电动车 5 辆。新型能源公交车覆盖公交线路 18 条，共 114 辆，占全市公交车总量 42.4%。

【运输市场监管】 2018 年，太仓市建立“嘉昆太”交通执法一体化监管模式，联合整治超限超载等违法行为，做好运输企业“两客一危”（从事旅游的包车、三类以上班线客车和运输危险化学品、烟花爆竹、民用爆炸物品的道路专用车辆）和网约车监管工作。累计立案查处“两客一危”等违法案件 786 起。开展绿化及环境专项整治暨交通干线沿线环境综合整治五项行动，改善交通生态环境。推进内河港口码头“三个一批”（依法取缔一批、有序纳归一批、优化提升一批）整治，全年累计拆除非法码头 75 个。全市五级以上干线航道绿化种植补植全面完成。绿化及环境专项整治年度综合考核位列苏州第一。

【交通行业管理】 2018 年，太仓市开展“路政许可巩固年”活动，提升交通行政许可窗口形象。建立分级法治建设责任制，逐级签订《交通运输系统法治建设责任书》。严格执行行政执法公示制度、行政执法全过程记录制度、重大行政执法决定法制审核制度。推进“双随机、一公开”监管机制。修改《随机抽查事项清单》，取消抽查事项 3 项、修改抽查事项 3 项、新增抽查事项 9 项。全年共受理行政许可 998 起，服务类办件 2078 起。年内，市交运局获评 2015—2017 年苏州市文明单位。

【交通信息管理】 2018 年，太仓公路路网中心建成运行。新增道路视频监控 22 处，杨林塘、吴塘河、苏浏线等干线航道高清视频监控 60 处。累计加装出租车、长运客车、公交车及校车视频监控系统 925 套，安装完成危货车辆、客运车辆“主动安防终端” 867 套。安装内河船舶 VITS（视频图像跟踪系统）船载终端，实现在线监控和动态跟踪船舶。

【交通应急保障】 2018 年，太仓市开展重点节假日和重要活动期间“保安全、保畅通、强服务”专项行动。推进春夏火灾防控、除隐患防事故保安全、交通领域突出隐患整治、“331”专项整治等安全隐患整治行动。常态化开展道路运输、在建工程、水上安全、公交安全等领域应急救援演练 11 次，提升交通应急反应能力。

（刘金凤）

供 水

【概况】 太仓市有水厂 2 家，取用长江水为水源，日供水能力 70 万吨，配套建设浏河水源地蓄淡避咸水库，全市 DN100（直径 100 毫米）以上供水主管道 1330 公里。有城区增压站 1 个、乡镇供水管理站 9 个，负责全市机关、企事业单位及居民的生产、经营和生活用水供应。全市设有供水压力监测点 82 个，实时监控全市供水管网压力，确保水压稳定。出厂水每 6 个月送无锡、南京国家水质监测站进行 106 项指标全分析，均达到或优于国家标准。

【供水保障】 2018 年，太仓市供水总量 1.06 亿吨，售水总量 9583 万吨，漏损率 8.44%。其中居民用水 3093 万吨，占比 32%；工业用水 5610 万吨，占比 59%；洗浴等特种用水 588 万吨，占比 6%；学校、福利院、社区等执行生活用水价格的非居民用水 292 万吨，占比 3%。新增 DN100 以上市政给水管道约 33.09 公里，新增消火栓 306 个，改造 DN100 以上市政给水管道 31.45 公里。市第二水厂取水改移工程完成，8 月 23 日起从浏河水源地向第二水厂供应原水。第二水厂深度处理工程主体基本完工，累计完成投资 1.55 亿元。

（陈婧雯）

2018 年 8 月 15 日，太仓市科教新城客运站投入试运营　（市交运局供稿）

供 电

【概况】 2018年，太仓市全社会用电量107.24亿千瓦时，较上年增长2.14%；售电量99.66亿千瓦时，较上年增长5.78%；全口径线损率累计1.41%，较上年下降1.37个百分点；电网统调负荷连续2次创历史新高，达183.91万千瓦，较上年增长3.88%；完成业扩报装容量59.25万千伏安，较上年增长16.93%。全市营业户数39.6万户。年内，市供电公司获评2018年度"安康杯"竞赛优胜企业、国网江苏省电力有限公司配农网工程规范化管理劳动竞赛先进单位。能源替代QC小组获评2018年全国优秀质量管理小组；市三新供电服务公司获评全国市场质量信用A等用户满意服务单位。

【供电安全生产】 2018年，太仓市供电工作贯彻落实安全生产领域改革发展意见，梳理制定安全责任清单，构建本质安全管理体系。推进季节性安全大检查，以"六查六防"（查安全责任落实、查安全基础保障、查消防隐患整治、查现场安全管控、查专业安全管理、查迎峰度夏工作，防范大面积停电事故、防范人身死亡事故、防范重特大设备事故、防范重大网络安全事件、防范重大火灾事故、防范重特大交通事故）为重点，确保公司安全生产局面。

2018年12月，市供电公司加快推进苏州1000千伏变电站主变扩建500千伏线路送出工程（太仓段） （李波 摄）

落实专项隐患治理专项行动9个，排查整改安全隐患3200余处。组织8个中压配电网应急抢修点开展标准化示范建设活动，落实业务外包单位"同质化"管理要求，促进提升外包队伍安全管理水平。推动电力设施保护纳入政府"网格化"社会综合治理工作。完成国际田联竞走赛、中国国际进口博览会等重要活动期间的保电任务，确保电网安全稳定运行。

【电网建设】 2018年，太仓市供电工作结合全市总体发展规划，合理布局电力资源，将电网规划与地方发展结合起来。完成2018—2023年220千伏、110千伏滚动规划修编，全面解决太仓地区110千伏单线单变问题。完成苏州500千伏太仓变电站扩建第二台主变220千伏送出、苏州昭文——新港220千伏线路改造工程（太仓段）前期工作。推进220千伏昭文——金桥单π入璜泾线路工程路径调整，初步设计获批复。配合完成苏州1000千伏变电站主变扩建配套500千伏线路送出工程建设。推进沪通铁路太仓牵引站配套220千伏输变电工程、110千伏城西输变电和高桥、广丰变扩建工程建设。110千伏板桥、三井、维新变3个扩建工程建成投运。新增和改造配网项目572项、农网低压项目586项。配网、农网绝缘化率分别提升至96%和100%。

【供电服务】 2018年，太仓市供电工作开展"优质服务提质转型年"活动，落实报装接电专项治理工作，高低压客户平均接电时间分别压至64.2和10个工作日。拓宽综合能源服务，签订"浏河绿色低碳小镇"建设三方战略合作协议。推进"两个替代"（以电代煤、以电代油），建成投运快充站7个和内部交流充电桩8个；推动并完成杨林塘水上服务区和玖龙纸业岸电设施建设；东林农场专业合作社空气源热泵粮食电烘干改造示范项目投运；落实电能替代项目75个，完成替代电量2.9亿千瓦时。加快"多表合一"信息采集，智能化的电表、水表、燃气表通过统一的数据采集终端和通信信道，自动采集至数据平台，年内新增2200余户。推行农村地区台区经理制及预约上门服务。推进供电服务提质转型，开展"三型一化"（智能型、市场型、体验型、线上线下一体化）营

2018年8月，太仓金仓湖快速充电站投运 （曹诗雨 摄）

2018年10月30日，“城管家”志愿服务队组织青少年群体参与垃圾分类实践体验活动——“跟着垃圾去旅行”项目（市城管局供稿）

业厅建设，全市首个“三型一化”供电营业厅建成投运。按照“三型一化”升级改造的城厢供电所营业厅，取消传统营业厅部分固定服务柜台，以智能化自助业务办理设备代替开展供电业务办理；取消原先营业厅人员的业务办理、电费缴纳等工作分工，使工作人员以综合柜员的身份开展厅堂服务工作。营业厅配置多个智能移动终端、电子屏幕和自助机器，设置人工服务区、24小时自助服务区、线上业务体验区、电能替代展示区、客户休息区等多功能服务区块。（邬大为）

燃　气

【概况】 2018年，太仓市供气格局以管道天然气为主、瓶装液化石油气为辅，有燃气经营企业8家，其中管道燃气经营企业2家，液化石油气经营企业4家，汽车加气经营企业2家。截至年底，建有太仓、浏河、疏港高速门站3座，市政燃气管道长度620公里，天然气供应量2.2亿立方米，液化石油气供应量4.2万吨，城市燃气普及率100%。全市拥有管道天然气用户约19万户，液化石油气用户约10万户，依法登记的企业自有气瓶约17万只；运营汽车加气站3座，拥有车用燃气用户500余户。

【燃气安全管理】 2018年，太仓市完成苏州市城镇燃气专项规划太仓分规划编制工作。全市加强燃气使用环节安全治理，联合市场监管部门开展气瓶产权置换和技改推广工作，完成产权置换2.43万户，处置报废气瓶1.46万只，推广智能气瓶2.07万只。实施《太仓市城镇燃气管线第三方破坏防控工作方案》，明确燃气管道保护各方责权。压实企业安全生产主体责任，开展各类安全生产检查149次。规范瓶装燃气经营市场，取缔非法供应站点16处，依法暂扣各类液化气瓶1500余只。（曹俊锋　李　益）

垃圾处理

【概况】 2018年，太仓市完成城乡垃圾整治项目218个，推进实施《太仓市城乡生活垃圾分类和治理三年（2018—2020）行动实施方案》和《生活垃圾强制分类制度实施方案》。在140个居民小区开展生活垃圾分类工作，主城区居民小区垃圾分类设施覆盖率60%，居民小区分类设施覆盖率40%，完成134家公共机构生活垃圾强制分类工作和22个村、涉农社区的生活垃圾分类就地处置工作。餐厨垃圾无害化处理厂投入运行，建筑装潢垃圾资源化利用、生活垃圾收运处置体系建设等项目有序推进。全年，完成主城核心区38平方公里范围内的保洁任务，转运全市域生活垃圾28万吨，收集处置建筑垃圾12万吨，处理有机物5100吨，拆解大件垃圾90余吨，无害化处置餐厨垃圾9692吨，数字环卫处理案件2.3万件。

【党政机关垃圾分类】 2018年，太仓市机关事务管理局依据《太仓市城乡生活垃圾分类和治理三年（2018—2020年）行动实施方案》等，加强行政中心全体入驻单位完善垃圾分类收集容器和相关设施设备配置等工作，推进全市党政机关垃圾分类工作。（王仕杰　贾　蕊）

路灯管理

【概况】 2018年，太仓市完成昆太路、南园西路、浏茜路路灯改造工程，完成太平路、西大门、城区出入口亮化改造和跨新浏河大桥景观亮化提升工程。智慧照明控制系统全面升级，更换灯泡1.02万只、镇流器917只、球罩704只、电缆9426米，补缺灯杆51根，亮灯率和完好率保持99%以上。（王仕杰）

【公路亮化工程】 2018年，太仓市岳王大桥路灯安装工程完工。新增250瓦路灯74套，150瓦路灯74套，6火中杆灯3套。

太仓公路夜景（2018年7月　王晓坤　摄）

2018 年太仓市公路亮化工程情况一览表

表 1

工程名称	亮化里程（公里）	总投资（万元）	路灯数量与规格
岳王大桥 路灯安装工程	1.30	90	新增 250 瓦路灯 74 套 新增 150 瓦路灯 74 套 新增 6 火中杆灯 3 套
累计	236.76	3075	150 瓦路灯 185 套 500 瓦路灯 222 套 400 瓦路灯 1548 套 250 瓦路灯 11959 套 4~6 火中杆灯 141 套 18 火以上高杆灯 8 套

（刘金凤）

城镇绿化

【概况】 2018 年，太仓市城市建成区绿化覆盖率 40.55%，绿地率 37.75%，人均公园绿地面积 12.72 平方米，新增公园绿地面积 20 公顷；建制镇建成区绿化覆盖率 40.4%，绿地率 32.1%，人均公园绿地面积 10.60 平方米，新增公园绿地面积 2.75 公顷。

【城镇绿化建设】 2018 年，太仓市推进“绿色水廊”“绿色通道”“高效林果”“城镇绿化”等系列建设，完成 G346 国道绿化提档改造工程和浏双公路绿化工程。抓好森林资源保护管理。完成太仓市森林督察自查、第二次林业碳汇计量监测及林地年度变更。严格执行林木限额采伐制度和凭证采伐制度，加强林木采伐管理。完成省级病虫害测报点实验室建设，加强林业病虫害预防工作。完成《太仓市湿地保护规划（2017—2030 年）》，加强湿地管理工作。 （曹俊锋 李 益）

污水处理

【概况】 2018 年，太仓市有污水处理厂 10 家，处理污水量 4314.69 万吨。其中市水务集团有限公司拥有城区、璜泾、双凤、沙溪、浏河、岳王、南郊、港城等污水处理有限公司 8 家，负责全市污水处理任务（不含港区、高新区），全年处理污水 3209 万吨；COD（化学需氧量）削减量 8[illegible]68 吨，BOD（生化需氧量）削减量 3[illegible]95 吨，氨氮削减量 736 吨。年内，推进南郊、浏河、沙溪、双凤污水处理厂扩建及提标改造工程。落实苏州市高质量推进生活污水治理三年行动计划和环保攻坚战各项工作。完成管网普查总里程约 3800 公里。完成污水主支管道 7.44 万米，完成农村接户 575 户。

2018 年 12 月，南郊污水处理厂扩建及提标改造工程项目现场

（市水务集团供稿）

【污水管网普查】 2018 年，太仓市完成全市城镇 3400 公里污水管网普查，范围包括建成区、乡镇集镇区（含撤并乡镇集镇区）已建居民小区、企事业单位及工业企业内部雨污分流情况，周边污水管道到位情况，污水管道功能状况及污水接纳现状。普查结果录入 GIS（地理信息系统），明确标注所有管网 GIS 信息（包括管道埋深、口径、材质、流向等），形成一张排水管网“蓝图”。根据普查结果，完成截污纳管三年整改计划编制，加快实施雨污分流改造及管网修复，确保污水收集系统运行完好。

【农村生活污水新三年（2018—2020 年）治理启动】 2018 年，太仓市结合镇村布局规划，重点对沿河、沿湖开展每年约 550 户的农村生活污水治理，确保重点河湖沿岸村庄实现全覆盖，计划至 2020 年农村生活污水治理率 90%。

【城镇污水处理厂提标扩建】 2018 年，太仓市在全省范围内率先实施城镇污水厂提标扩建，将城镇污水厂尾水排放标准提高到类四类水标准，进一步提高水环境质量。沙溪、浏河、南郊、双凤4座污水处理厂提标和扩建工程完成基础设施建设。

【供排水行业管理】 2018年，太仓市加强供水水质监管，在“中国太仓”网站上及时公开监测结果。应对年初极端冰冻天气影响，加大供水设施隐患排查力度，清仓查库，保障物资，形成联动机制，保障极端天气下供水安全。污水处理监管全面提升，每季度对9家城镇生活污水处理厂开展运行维护管理季度考核并委托第三方开展城镇生活污水处理厂进出水水质监测；加强污泥处置监管，全市污泥运输车（船）全部安装定位系统，对污泥运输情况进行全过程监控、实时查询运行轨迹。加强污水厂运行监管，全年完成污水处理费核拨1.69亿元。梳理排水许可机制，形成排水许可管理由城区向区镇延伸的全域管理格局；完成方案预审118件，受理现状单位排水许可申请180件，发证53件，对20户新建企业开展临时生活污水排水设施检查，对41户重点排水户进行水质采样监测。

【城镇黑臭水体治理】 2018年，太仓市确定黑臭水体108条，其中城镇建成区57条、农村51条。按照黑臭水体“控源截污、内源治理、疏浚活水、生态修复、长效管理”治理方针，综合考虑黑臭水体周边水系、污染来源及周边环境，“一河一策”治理黑臭水体。全年整治城镇建成区黑臭水体57条；整治农村黑臭水体23条。结合“河长制”，明确主体责任，做到每条黑臭水体建后管护有人抓，经费有保障。

（周　婷　陈婧雯）

水利设施

【概况】 2018年，太仓市共有水闸137座（单闸74座，闸站结合63座）、排涝泵站21座、涵洞28座，排涝流量245.93立方米/秒，配套动力1.06万千瓦。太仓境内长江堤防位于长江河口段南岸，北起白茆口，南与上海市宝山区接壤，涉及璜泾、浮桥和长江口旅游度假区（浏河）三镇（区），主江堤长38.38公里，闸外港堤12公里。沿江共有浏河、杨林、七浦、新荡茜等通江水闸12座和通江涵洞11座，构成长江防洪挡潮屏障。太仓市堤闸管理处承担境内长江防洪工程运行管理维护任务，开展长江防洪工程维修及养护项目，包括堤顶道路及排水沟维修、全线绿化更新、沿江水闸及管理房维修、管理处修缮及绿化建设、浏河节制闸闸门止水改造、浏河节制闸管理房改造等。

【圩区管理】 太仓市圩区总面积约49平方公里，涉及城厢、沙溪、双凤3个镇，共有联圩10个，圩堤总长76.56公里，排涝闸站结合工程32座、排涝泵站15座、圩口闸15座。2018年，太仓市完成张和泾联圩吴塘河圩堤55米险工修复加固，完成王千泾闸站、草子浅闸站等6座老化闸站检修加固。

【水利工程建设】 2018年，太仓市实施《太仓市城区水质提升三年行动实施方案》，以截污纳管为主、以活水畅流为辅原则，明确污水治理、河道整治、控导工程三大类24个项目，补齐城区生活污水治理短板，建立健全覆盖全面、运行规范的生活污水治理体系；实施河道清淤、连通和拓浚整治，建成活水控导工程，实行精准调度，增强内部河网水体容量和水动力。实施《太仓市高质量推进城乡生活污水治理三年行动计划实施方案》，包括“城镇污水厂扩建及提标改造，生活污水接纳和设施改造维修，农村新三年治污，污水设施运行管理，排水许可管理，污泥处置项目建设和监管体系建设，信息化管理，城镇污水厂管理，污水设施运维、监管和考核，组织管理”十大任务39项内容。完成十八港北枢纽建设，工程位于十八港北端与杨林塘交叉口南侧，是城区及调水排涝的重要组成部分，按“百年一遇防洪标准”设计，主要由节制闸和泵站两部分组成，节制闸闸室采用钢筋砼坞式结构，闸孔净宽20米；泵站为双向引排泵站，设计流量20立方米/秒。

【防汛工作】 2018年，太仓市沿江各闸（不含杨林塘、新荡茜枢纽）共排水929潮次，排水量16.14亿立方米，保证防汛安全。引水836潮次，引水量9.53亿立方米，有效改善内河水环境。市级防汛仓库储备草包3万只、土工布袋11万只、大型移动发电机组9台、小型发电机组20台、水泵307台套；在沿江储备防汛块石5200吨，各类水利工程和设施设备安全运行。新建改建水雨情测站40个，市防汛指挥中心新建LED高清显示屏，提升防汛信息化水平和防汛决策能力。加强专业抢险队伍建设，建成防汛应急专业抢险队伍31支（市级专业抢险队4支，每个镇区专业抢险队3支以上）。7月4日，开展2018年度防汛演练，启动49座闸站应急排涝，出动专业抢险队伍17支188人、车辆34辆、挖机5台、排涝泵26台、发电机组16台，演练包括圩区排涝、城区排水、闸站应急供电、在建工程抢险、易涝居民区排水等科目，通过演练增强防汛人员责任意识，检验防汛预案合理性、可操作性，锻炼抢险队伍应急响应能力和协调作战能力。汛期共启动Ⅲ级应急响应4次，Ⅳ级应急响应4次，年度印发防汛传真电报19个。全年无较大灾情发生，安全度汛。按照《江苏省长江河道崩岸险情监测预警工作方案》要求，市政府与江苏太仓港口管委会成立联席会议，加强长江水下地形和港口码头堤防监测预警及防护工作，建立组织体系和预警协调工作机制，明确职责分工。市水利局负责主江堤监测预警，组织实施政府层面监测工作。每年投入950万元通过政府采购委托专业监测单位开展水下地形和堤防稳定监测工作。长江水下地形及水文监测由长江委长江口水文水资源勘测局中标实施，分别于5月、8月开展汛前、汛中监测。

（周　婷）

智慧城市建设

【概况】 2018年，太仓市拥有固定电话总数18.5万台（数据来源市经信委）；移动电话总数106.9万台，有线电视用户总数25.1万户，通信3G、4G业务用户总数106.4万户，互联网宽带上网用户总数40.6万户，光纤总长度144.1万芯公里，互联网总带宽1946千兆。

2018年太仓市信息化基础设施情况统计表

表 2

通信网络设施	电信	移动	联通	广电	总和
固话用户数（万台）	14.3	3	1.2	无	18.5
移动电话用户数（万台）	33.4	60	13.5	无	106.9
有线电视用户数（万户）	14.2	无	无	10.9	25.1
有线电视双向改造覆盖用户数（万户）	全覆盖	无	无	18.4	18.4
宽带用户数（万户）	20.6	15	1.8	3.2	40.6
3G、4G业务用户数（万户）	33.4	60	13	无	106.4
基站数（4G）（个）	912	1015	720	无	2647
光纤总长度（万芯公里）	54.3	26.3	48.2	15.3	144.1
交换机数（万门）	软交换	—	5	—	5
互联网接入带宽（千兆）	1580	300	60	6	1946

【智慧城市资源整合利用】 2018年，太仓市梳理全市政务信息系统，形成《太仓市政务信息系统整体情况报告》，加快推动政府部门内部信息系统清理、整合、共享。建设“太仓市政务资源目录体系和共享交换平台”项目，推进太仓市政务大数据中心建设。编制《太仓市政务信息资源目录编制指南》《太仓市政务资源目录和政务信息系统白皮书》等，统一全市政务数据和目录编制标准。建设“太仓政务云服务”项目，提高政务信息资源共享与大数据资源开放水平。完成对接省政务服务一张网项目，提高网上政务服务能力。建设一窗式智能服务系统，实现重大项目的全程跟踪、监管。

【城市管理信息化建设】 9月7日，2018年中欧绿色和智慧城市峰会召开，太仓市获评“2018年中欧绿色和智慧城市奖”先行奖。峰会由欧盟委员会指导，由中国城市和小城镇改革发展中心、法国展望与创新基金会主办。作为中德合作与绿色制造的先行者，太仓市开展的中欧国际合作获中欧权威专家评审团认可。年内，太仓市建设一体化智慧共享停车资源管理平台，提高全市停车资源共享的效率。建设数字市政四期项目，增强全市防汛感知能力。建设智慧环保二期，为研究太仓市污染物排放扩散提供支持，提高应对突发环境污染应急处置能力。建设物业管理数字化平台三期，提升全市小区信息化管理水平。完成不动产集成服务平台升级建设，简化群众不动产交易流程。综合治理信息化管理，建立市镇村三级管理联动指挥平台，实现“网格全市域、党建全覆盖、信息全要素、巡查全科目”，提高全市社会治理和综合服务能力。

【社会公共服务信息化建设】 2018年，太仓市推进“太仓市民卡”项目应用，截至年底，全市累计发放各类市民卡65.2万张，实现与全国80多个城市公共交通互通并享受当地优惠政策，完成市民卡APP上线运行和刷码乘坐公交功能开发，推进市民卡虚拟化功能完善。加速健康太仓APP功能扩展和推广，提高全市二级三级医院移动医疗服务能力。完成卫生大数据平台建设第一阶段任务——建设太仓市第一人民医院、市中医医院2家三级医院的医用耗材智慧物流体系和管理系统，提升医院医用耗材精细化管理水平。建设太仓市智慧教育云服务平台，提升全市教育信息化水平。

（张文贝）

【电信助力智慧城市建设】 2018年，太仓电信围绕政府信息化、企业信息化、社会信息化三大领域，参与建设“智慧太仓”，推广民生信息化应用，推进物联网应用，助力智慧城市建设，签约建设城厢平安监控二期、中医院机房及数据中心建设初验、健雄智慧校园初验、太仓中专智慧校园阶段性验收、太仓考试院标准化考场建设、明厨亮灶、电梯黑匣子、智慧水务抄表、公安网络 Wi-Fi 探针等重点项目。完成娄东街道六小区、沙溪智能化小区、双凤新安苑小区等物联网改造项目。

【智慧校园建设】 2018年2月12日，太仓电信与市教育局签订智慧教育云平台项目建设协议，制定以电信云计算为主、教育城域网中心为辅的混合云建设方案，使“云”与“网”实现无缝衔接与融合，部署太仓市教育智慧OA（办公自动化）、太仓智慧教育云服务、太仓教育多元化评价系统等多个信息化应用系统虚拟机，面向全市教育部门和学校提供新闻咨询、学校空间、教师空间、学生空间、家长空间及资源中心为主要功能的教育综合服务平台。

（高金玉）

【有线智慧社区建设】 2018年，太仓广电网路结合市委、市政府“特色小镇”建设规划，推进“有线智慧社区”项目发展，打造沙溪镇有线智慧社区项目，4月27日，通过由省新闻出版广电局和省经信委组成的有线智慧镇专家组验收，沙溪镇成为太仓首个苏州市“有线智慧达标镇”。

（闵　靓）

【太仓移动服务智慧城市建设】 2018年，太仓移动实施市政府实事工程“太仓市智慧停车项目”，通过对全市事业单位、商圈、社区泊位整合和停车动态信息采集处理，实现对全市停车泊位资源信息统一管理，有效解决泊车位缺口大、车位空置率高、资源利用率低的矛盾，提高车位周转率和管理效率，达到全市停车资源共享目标。市民通过下载客户端，可享受企事业单位、社区等闲时停车共享、智慧停车诱导等服务，提高车位周转率，缓解市民停车难问题。

（杨丽燕）

生态环境

“两减六治三提升”专项行动

【概况】 2018年是太仓市全面开展“两减六治三提升”（“两减”指减煤炭消费总量、减落后化工产能，“六治”指治太湖、治垃圾、治黑臭河道、治畜禽养殖污染、治挥发性有机化合物、治环境隐患，“三提升”指提升生态保护水平、提升执法监管水平、提升环境监测水平）专项行动的第二年。3月22日，太仓市印发《太仓市“两减六治三提升”专项行动2018年度工作计划》。9月12日，太仓市召开全市生态环境保护大会暨污染防治攻坚战推进会，成立市“打好污染防治攻坚战”指挥部及办公室，与“263”办合署办公，为打好污染防治攻坚战做好统筹协调。12月20日，太仓市印发《关于全面加强生态环境保护，坚决打好污染防治攻坚战的实施方案》。年内，太仓市获苏州市2018年度“打好污染防治攻坚战”综合考核优秀等次，被省生态环境厅命名为首批省级生态文明建设示范市，获世界卫生组织空气质量改善最佳实践奖和2018年首批生态文明建设典范城市等荣誉。

【大气治理】 2018年，太仓市持续改善环境空气质量，空气质量优良率76.7%，较上年提高2.7个百分点，PM2.5平均浓度为38微克/立方米，较上年下降2.6%，空气质量PM2.5浓度排名全省第六、苏州第二。全年完成非电行业减煤18.76万吨，关停并转化工企业28家，淘汰低端低效产能企业152家，完成VOC（挥发性有机物）污染治理企业60家

【水体治理】 2018年，太仓市6个省考以上断面水质达标率100%，优Ⅲ比例66.7%；累计完成黑臭水体整治93条，新增污水管网50公里，开展4个城镇污水处理厂提标扩建，城镇建成区污水处理率98.2%。全市关停改造畜禽养殖场278家。

【土壤治理】 2018年，太仓市完成22个村生活垃圾分类就地处置工作，有机易腐垃圾处理设施正式投运。中蓝环保资源综合利用、华能污泥耦合处置发电项目建成。全市完成农用地土壤污染状况详查，开展375家企业用地土壤环境质量调查。

【“散乱污”企业（作坊）整治】 2018年，太仓市持续推进“散乱污”企业（作坊）整治，印发《太仓市关于深化“散乱污”企业（作坊）专项整治工作方案》，全市各区镇仔细排查辖区内“散乱污”企业（作坊），按照“关停取缔一批、治理改造一批”进行分类整治，全年完成“散乱污”企业（作坊）整治2218家，其中依法关停1764家。

（曹　简）

环境质量

【水环境】 饮用水水质。2018年，太仓市共有饮用水水源地2个，分别为太仓市第二水厂水源地、太仓市第三水厂水源地。9月，市第二水厂饮用水水源地因关闭而停止监测。全年太仓市集中式饮用水水源地取水总量1.13万吨；1—8月，市第二水厂饮用水水源地水质监测结果达Ⅱ类水标准；全年市第三水厂饮用水水源地水质监测结果达Ⅲ类水标准。推行饮用水在线监测工程，保障全市人民饮水安全。

省考断面水质。2018年，太仓市共有省级以上考核断面6个，浏河断面水质达到Ⅱ类水标准，浏河闸、仪桥、荡茜河桥3个断面水质为Ⅲ类水标准，振东渡口、新丰桥镇2个断面水质达到Ⅳ类水标准，6个省考以上断面水质均达2018年考核要求，优Ⅲ比例66.7%。

【环境空气】 2018年，太仓市加快推进大气污染防治年度各项工作。全年环境空气有效监测天数365天，其中优良天数280天，优良率76.7%；全年污染天数85天，占全年有效监测天数23.3%，其中轻度污染64天，中度污染17天，重度污染4天，未出现AQI指数300以上的严重污染天气。细颗粒物PM2.5年均浓度38微克/立方米。

降尘。2018年，太仓市区降尘月均值为3.08吨/平方公里。

酸雨。2018年，太仓市共采集降水样品93个，其中酸雨样品14个（pH＜5.6），降水酸度雨量加权平均值5.98，酸雨发生率15.1%，较上年下降3.2%。

【声环境】 区域环境噪声。2018年，太仓市昼间区域环境噪声等效声级52.9分贝，达《环境噪声监测技术规范城市环境常规监测》昼间二级水平，区域环境噪声质量等级为“较好”；夜间区域环境噪声等效声级44.9分贝，达《环境噪声监测技术规范城市环境常规监测》夜间二级水平，区域环境噪声质量等级为“较好”。

功能区噪声。2018年，太仓市昼间、夜间测量值均达相应功能区类别标准，达标率100%。

道路交通噪声。2018年，太仓市昼间道路交通等效声级（Leq）平均值65.6分贝，达《环境噪声监测技术规范城市声环境常规监测》昼间一级要求，道路交通噪声强度等级为“好”；夜间道路交通等效声级（Leq）平均值53.1分贝，达《环境噪声监测技术规范城市声环境常规监测》夜间一级要求，道路交通噪声强度等级为“好”。

2018 年太仓市水质监测年平均值统计表

表 3

断面名称		浏河闸	浏河	振东渡口	仪桥	荡茜河桥	新丰桥镇
所在河流		浏河塘	长江	浏河塘	杨林塘	荡茜河	盐铁塘
水质类别		Ⅲ	Ⅱ	Ⅴ	Ⅲ	Ⅲ	Ⅳ
pH 值	无量纲	7.70	7.90	7.70	7.90	8.10	7.70
溶解氧	毫克 / 升	6.58	8.39	5.40	7.80	8.80	6.60
高锰酸盐指数	毫克 / 升	2.90	1.90	4.80	3.00	2.60	4.50
生化需氧量	毫克 / 升	1.80	0.60	3.70	2.00	1.50	3.90
氨氮	毫克 / 升	0.42	0.08	1.12	0.19	0.07	0.88
化学需氧量	毫克 / 升	12.00	7.00	21.00	10.00	12.00	19.00
总氮	毫克 / 升	2.45	1.83	3.41	2.19	1.94	3.59
总磷	毫克 / 升	0.16	0.09	0.21	0.11	0.08	0.20

2018 年太仓市环境空气质量监测情况一览表

表 4

单位：天

月份	有效监测天数	优	良	轻度污染	中度污染	重度污染
1 月	31	7	11	8	2	3
2 月	28	4	20	3	1	0
3 月	31	6	21	4	0	0
4 月	30	4	17	6	3	0
5 月	31	4	15	10	2	0
6 月	30	5	15	6	4	0
7 月	31	13	11	4	2	1
8 月	31	16	9	6	0	0
9 月	30	6	17	5	2	0
10 月	31	4	23	4	0	0
11 月	30	9	18	3	0	0
12 月	31	10	15	5	1	0
合计	365	88	192	64	17	4

【工业污染源】 工业废气。2018 年，太仓市燃煤总量 1274 万吨，较上年上升 1.1%。电力、热力生产和供应业为煤炭消耗主要行业，耗煤量 1253.2 万吨，占全市总耗煤量 98.4%。全市工业废气排放总量 1135.8 亿立方米，较上年下降 7.0%。其中电力、热力生产和供应业为废气排放量最大行业，累计排放量 917.1 亿立方米，占全市总量 80.7%。全市工业废气中二氧化硫、氮氧化物排放量分别为 1.16 万吨、1.34 万吨，较上年分别下降 8.3%、4.5%，烟（粉）尘排放量 3837 吨，较上年下降 4.8%。其中电力、热力生产和供应业为废气污染物排放第一大行业，其中二氧化硫、氮氧化物、烟（粉）尘排放量分别为 1.04 万吨、1.21 万吨、3177 吨，均居全市首位，分别占全市总量 89.6%、90.1% 和 82.8%。

工业废水。2018 年，太仓市工业取水量 7453 万吨，工业废水排放总量 3580 万吨，较上年下降 9.4%。工业废水排放主要行业为造纸和纸制品业，排放量 1520 万吨，占比 42.5%。全市工业化学需氧量和氨氮排放量分别为 2733 吨和 222 吨，较上年分别下降 4.2% 和 4.3%。造纸和纸制品业为全市化学需氧量排放量最大行业，排放量为 1354 吨，占全市排放总量 49.5%。造纸和纸制品业仍是全市氨氮排放量最大行业，排放量 112 吨，占全市排放总量 50.5%。

工业固体废物。2018 年，太仓市一般工业固体废物产生量 232.57 万吨，综合利用量 218.91 万吨，综合利用率 94.13%。危废产生量 5782.07 吨，危废处置量（转移）5.79 万吨，危废贮存量 3580.89 吨。危险废物主要产生行业为电镀行业，危废类别 HW17，存量 3.39 万吨，占危险废物产生量 50.04%。全市共有城镇污水处理厂 9 家，年产污泥量 6818.76 吨，通过制肥、制砖、制造胶凝材料实现全市城镇水处理污泥安全处置率 100%。

（黄　凯）

土地资源

【概况】 2018 年，太仓市土地资源工作围绕“两聚一高”（聚力创新、聚焦富民，高水平全面建成小康社会）战略部署，按照“保护资源、节约集约、维护权益、改革创新”工作要求，贯彻落实最严格的耕地保护制度，推进“三优三保”行动，强化土地执法监管，做好建设用地保障服务工作，为全市经济社会发展提供土地支撑。年内，开展农村建设用地调查与不动产权籍调查和土地变更调查与遥感监测，抓好不动产统一登记和土地资源执法监察工作，推进法治国土建设，深化“放管服”改革，推进简政放权，加快土地征收安置，推进土地储备等工作。

【建设用地保障】 2018 年，太仓市围绕全市 100 个重点项目用地需求，统筹调配指标资源，分类制定用地保障方案。全年共完成 12 批次和 4 个独立选址用地报批，总面积 392.53 公顷，办理供地 193 宗、面积 580.78 公顷，保障全市重点项目建设需求。为西工大、西交利物浦太仓校区、恒大文旅、复星旅文等重大项目做好规划调整、指标保障、报批挂牌等工作。完成沪工机器人、昭衍生物硅谷等 4 个省重大产业项目用地计划追补，获农转用指标 26.93 公顷。争取沪通铁路站场新增建设用地计划 44.59 公顷。购买省内、省际增减挂钩节余指标 60 公顷，共计 7.38 亿元。

【耕地资源保护】 2018 年，太仓市全面推进“三优三保”行动，浮桥、璜泾、浏河、沙溪、双凤五镇完成“三优三保”专项规划。至规划期末（2024 年），预计异地盘活存量建设用地规模 1793 公顷。获上级下达“三优三保”专项流量指标 221.4 公顷，做好土地利用总体规划衔接性修改，合理布局流量指标，为项目建设提供规划保障。年内完成“三优三保”拆旧项目 166.67 公顷。推动完善“三优三保”配套政策，实施《太仓市土地指标有偿使用管理办法（暂行）》。入库实施耕地占补平衡项目 36 个，面积 102.23 公顷；实施耕地增减挂钩项目 19 个，面积 44.03 公顷。完成《太仓市土地整治规划（2016—2020 年）》编制和 2018 年耕地后备资源更新调查。

【节约集约用地】 2018 年，太仓市推进批而未供、闲置土地和低效用地“三块地”清理处置，对排查发现的涉嫌闲置地块开展逐宗调查、认定和处置，全年共消化批而未供土地 77.8 公顷。认定涉嫌闲置地块 49 宗、87.93 公顷，处置完善 32 宗、面积 65.93 公顷。完成低效用地再开发专项规划编制和工业用地更新调查，盘活低效闲置用地 37 宗、155.6 公顷。加强耕地激励性保护机制建设，占补平衡项目奖补标准由原先 5 万元 / 亩提升至水田 14 万元 / 亩、旱田 12 万元 / 亩（1 公顷≈ 15 亩）。

2018 年太仓市国有建设用地使用权公开出让分类情况一览表

表 5

土地类别	面积（公顷）	比例（%）
工业及仓储	294.46	63.68
住宅（含安置房用地）	48.78	10.55
商住	65.12	14.08
商服	33.06	7.15
公共服务	21.00	4.54
合计	462.42	100

2018 年太仓市经营性用地公开出让分类情况一览表

表 6

土地用途	成交面积（公顷）	成交总价（亿元）	成交均价（万元 / 公顷）	单宗最高成交价（万元 / 公顷）
住宅（含安置房用地）	48.78	44.63	9148	15840
商住	65.12	40.73	6255	22400
商服	33.06	3.67	1110	2475
公共服务	21	1.26	600.76	4232

【土地招标拍卖挂牌出让】 2018年，太仓市贯彻房地产市场调控政策，科学安排经营性用地上市规模和供应节奏，为促进房地产市场平稳发展提供保障支撑。全年共出让经营性用地38宗、面积167.96公顷，成交总价90.29亿元，出让工矿仓储用地70宗、面积294.46公顷，成交额10.99亿元，合计出让108宗、面积462.42公顷，成交额101.28亿元。

【不动产统一登记】 2018年，太仓市拓展不动产登记"一窗受理、集成服务"的广度和深度。提速办证效率，实体经济企业抵押登记实现3个工作日办结。提升办证便利度，加强与金融机构业务互联互通平台建设。升级便民服务，为办理继承登记的群众免费提供公证服务。在沙溪镇设立不动产登记分中心，缩短群众办事半径和时限。拓展信息共享，实现二手房登记与水、电、气联动过户，不动产登记信息"点对点"司法协助网络查询。全年发放不动产权证书2.98万本，不动产登记证明1.95万本。

【农村建设用地调查与不动产权籍调查】 2018年，太仓市完成农村建设用地调查及全域农村不动产权籍调查工作，共调查地块6.98万宗（签字率79.14%），测绘面积2646.51公顷，调查房屋9.66万幢，测绘建筑面积1707.27公顷。在农村不动产权籍调查中，探索完成的《太仓市农村土地承包经营权调查登记成果资料接收整合与管理应用研究报告》通过自然资源部验收。

【测绘管理】 2018年，太仓市规范测绘市场，新增测绘资质单位1家，全市11家测绘资质单位通过年度不动产测绘机构备案。开展全市测绘地理信息市场巡查暨质量监督检查，保障全市测绘地理信息成果质量。"数字太仓地理空间框架"建设项目获"全国优秀测绘工程银奖"。配合完成"2000国家大地坐标系"转换工作。

【土地变更调查与遥感监测】 2018年，太仓市做好2017年度土地变更调查与遥感监测工作，摸清土地利用现状及变化情况，严肃查处整改变更图斑涉及违法用地行为，变更调查成果通过苏州市级"三类用地"图斑外业核查及省级内业检查。根据自然资源部下发的2017年度土地变更调查成果，截至2017年年底，太仓市土地总面积80992.92公顷。其中，耕地25307.78公顷，占总面积31.25%；园地1896.56公顷，占总面积2.34%；林地面积29.64公顷，占总面积0.04%；城镇村及工矿用地21003.68公顷，占总面积25.93%；交通运输用地4669.43公顷，占总面积的5.77%；水域及水利设施用地27156.58公顷，占总面积33.53%；其他土地929.25公顷，占总面积1.15%。

【土地资源执法监察】 2018年，太仓市坚持土地执法高压态势，运用"慧眼守土"系统，加大日常执法巡查力度。对土地变更调查、土地例行督察以及违规违法用地专项整治行动中发现的违法违规用地问题，按要求严格查处整改到位，通过部省有关检查，维护土地管理秩序。年内，太仓市获评2017年度江苏省土地执法模范市。配合开展中央环保督查"回头看"、长江干流岸线利用项目清理整治等工作。

【法治国土建设】 2018年，太仓市深化国土领域"放管服"改革，推进简政放权，报送减证便民精简事项10项，保留事项4项。完成国家级开发区全链审批赋权工作，按要求下放相关审批权限。依法做好行政争议化解，全年处理行政复议案件29件、行政诉讼案件22件、民事诉讼案件2件。加强土地普法宣传，组织"4·22"世界地球日、"6·25"全国土地日宣传活动。"送法下乡·法润万家"普法品牌蝉联太仓市最受群众关注的普法特色品牌。提速国土资源信息化建设，推行"互联网+国土资源服务与监管"，完善"慧眼守土"视频监管系统，调整优化监控点位设置。做好4.2万卷799件档案归档工作。其中综合档案类10卷、计划财务类90卷、地籍管理类1559卷、利用规划类104卷、建设用地类225卷、土地监察类268卷、电子声像类6卷、不动产档案3.98万卷、文书档案739件、实物档案10件。全年查档5000多卷次。

（王　溢）

【土地储备管理】 2018年，太仓市加快土地征收安置，稳步推进收储工作。弇山西路和樊泾村两项目累计拨付安置房资金1.7亿元。编制2018年土地储备计划。加强拟储备地块片区规划研究、前期开发、成本测算、资金保障、土地推介、计划上市等工作。复垦盘活土地，通过对上争取，使土地指标纳入增减挂钩项目，盘活土地3.67公顷。加强地块看护管理，创新地块看护方法，建立土地巡查制度，跟踪、整改问题地块，通过法律途径解决违法侵占现象。加大储备土地去库存力度，加强经营性用地供应。缴纳往年土地耕占税，上缴金额7355万元。

（刘宗凡）

水资源

【河湖概况】 2018年，太仓市水域面积256平方公里，其中内陆水域面积112平方公里。全市河道分六级，共有3368条、3142公里，其中长江36.2公里；区域性河道5条，分别为东西向的浏河、杨林塘、七浦塘、新荡茜河通江河道，南北向的盐铁塘；太仓市级河道20条、208.58公里，镇级河道214条、577.26公里，村级河道632条、935.22公里，生产河道2496条、1259.37公里。境内有主要水利分区4个：吴塘河以西的低洼圩区、吴塘河—盐铁塘之间的半高地、盐铁塘—沪浮璜公路一线的中部平原区及沪浮璜公路以东的沿江高水片。

【水资源管理】 2018年，太仓市控制水资源消耗总量，全市年度取水量约28.3亿立方米。市水生态文明城市建设试点工作通过省水利厅专家组技术评估，综合得分93.1分。根据试点工作，太仓打造"一江两城、五湖六廊九横九纵"水生态文明建设整体布局，涉及水安全、水环境、水生态、水文化、水管理等评价指标，建设内容包括打造健康水网、建设生态城市、强化管理调控三个层次共10个方面主要任务，设置城北河综合整治、城区引清活水、港区七浦塘生态公园和玖龙纸业再生水利用、通江河流生态水量调度、盐铁塘滨河生态廊道建设、太仓港石化园区污水收集自动监控系统建设和新浏河海运堤休闲街区建设8项示范工程。通过建设，提升滨江平原水网体系生态健康程度，初步形成在苏南现代化城市群中具有特色"高生态空间和低环境影响"的生态型城市建设发展模式，打造"千河灵水百年港，乐水安居金太仓"水生态文明品牌。

【供水保障】 2018年，太仓市夏季高峰供水量32.5万吨/日，冬季枯水期日平均供水量约23.8万吨。两座水厂总供水能力70万吨/日，备用水源地水库有效库容1950万吨。其中市第三水厂位于浏河口上游，一期工程日供水能力40万吨，配套浏河水源地水库有效库容1500万吨。实施《太仓市饮用水水源地达标建设方案》，划定一级、二级和准保护区，严格控制污染源，禁止一切破坏水源地水质的活动；印发《太仓市饮用水水源地突发性水污染事件水利系统应急预案》，建立"水量保证、水质达标、管理规范、运行可靠、监控到位、应急保障"体系，具备最长25天应急供水能力，保障供水安全。开展市第二水厂深度处理工程建设，工程内容：对第二水厂30万立方米/天常规工艺增加深度处理工艺，其中25万立方米/天采用臭氧活性炭工艺，5万立方米/天采用膜处理工艺。强化供水安全生产考核，落实水源地保护相关措施，确保百姓饮用优质水、放心水。做好安全度夏、防冻保供工作，保障极端天气下供水安全。

【河道管护治理】 2018年，太仓市水利局继续以创建镇级标准河道、村级管护示范片区为抓手，提升河道长效管护水平。购置19条机动保洁船用于市级河道保洁，统一维修城区河道内船只。通过政府采购组建一支7人巡查队伍，巡查全市河道。开展水上垃圾上岸设施建设，完成88个河道视频监控建设工作。开发"太仓市河道巡检系统"巡查全市河道，主要功能有巡查反馈整改、巡查员保洁员考勤、船只轨迹记录等。开展樊泾河、海运堤小河、南中心河生态治理，城区多条河道种植水生植物约700平方米，改善城区水环境。

【节水型社会建设】 2018年，太仓市注重节水优先，落实最严格水资源管理的"三条红线"（加强水资源开发利用控制红线，到2030年全国用水总量控制在7000亿立方米以内；加强用水效率的控制红线，要使用水效率达到或者是接近世界先进水平；加强水功能限制纳污的红线管理，使主要污染物的入河湖的总量控制在水功能区的纳污能力范围内，水功能区水质达标率提高至95%以上），培育节水型生产模式和消费模式，推进"体系完整、制度完善、设施完备、利用高效、节水自律、监管有效"的节水型社会建设，在全市工业、农业用水领域开展"水效领跑者"引领行动。年内，太仓市通过省水利厅组织的"国家县域节水型社会达标县"评估验收。

【"河长制"改革】 2018年，太仓市"河长制"组织体系全面建立，670名市镇村三级河湖长覆盖全域河湖，各项制度得到有效落实。按照"一河一策"整治方案，细化形成2018年度任务（共9项任务495项内容）。开展专项整治，整治非法码头101家，清理人棚混居大棚741个，关停改造畜禽养殖场218家，落实网格化监管。清理网簖、地笼等非法私设渔具5500余口。落实57条建成区黑臭水体治理任务，完成全市3400余公里污水管网普查工作并开工截污纳管项目319个。创新科技支撑，建立"河长制"信息管理平台、覆盖全市河流的水质监测点，开发"太仓市河道巡检系统"，提升河湖治理管理智慧化水平。开设"河长制"微信公众号；在《太仓日报》开辟"河长在行动"专栏等，市镇两级设立河湖管护志愿者队伍12支，聘请"民间河长"88人，邀请社会力量参与河湖管护渐成常态。"河长制"工作通过苏州市河长办验收。（周　婷）

生态保护

【概况】 2018年，太仓市开展污染防治攻坚战，推动绿色转型发展，践行绿色发展理念，依法依规推动落后产能退出。继续建设循环低碳城市，推行清洁生产，实施强制性清洁生产审核。增强环保合力，加强环境保护组织保障。制定下发《太仓市2018年度生态文明建设目标任务书》《太仓市2018年度生态红线区域保护实施方案》《太仓市大气污染防治2018年度工作计划》《太仓市2018年度水污染防治工作计划》《太仓市2018年度断面治理专项工作计划》等。落实完成重点工程项目23项，累计投入资金12.55亿元，城乡面貌和环境质量有效改善。

2018年太仓市生态文明建设重点工程项目完成情况一览表

表7

序号	项目名称	完成情况
1	太仓市化工行业优化提升整治专项行动	完成两区外化工生产企业关停28家
2	河道整治（黑臭河道）	完成河道整治12条
3	城区水环境综合整治十八港北枢纽工程	新建闸站1座，泵站流量20立方米/秒，闸孔净宽20米
4	太仓市挥发性有机物整治项目	整治60家

续表 7

序号	项目名称	完成情况
5	畜禽养殖污染治理工程	市畜禽规模养殖场 27 家完成治理 23 家，治理率 85.19%
6	养殖池塘标准化改造工程	在沙溪、璜泾、双凤等镇开展养殖池塘标准化改造，完成标准化改造 22 公顷
7	污水处理设施建设工程	浏河污水处理厂桩基工程和基础工程全部完成； 南郊污水处理厂桩基工程和基础工程全部完成，主体工程完成 95%； 沙溪污水处理厂桩基工程和基础工程全部完成； 双凤污水处理厂开工建设，桩基工程完成 50%
8	城市配套污水管网工程	新建、改造污水管网 31 公里
9	建筑垃圾资源化利用设施工程	完成项目方案设计和项目建议书编制，开始项目环评工作，完成部分土地拍卖
10	新建工业污泥处置设施工程	华能电厂先期建设污泥处置设备，公用系统及生产车间建成，污泥处理处置工艺采用"干化＋焚烧"。主设备安装完成，卸料部分基础完成。工程项目建设期为 2018—2019 年
11	中化太仓环保服务有限公司危险废物集中焚烧设施项目	获批江苏省环保厅核发的危险废物经营许可证，可进行试生产
12	太仓关闭柯林固废有限公司	安全处置 4349.18 吨
13	太仓市生态湿地净水工程	完成港城组团污水处理厂生态湿地净水工程前期工作项目方案、可行性研究报告评审
14	太仓市重金属企业 IC 卡超标预警及总量监管系统	37 家重点企业完成"IC 卡超标预警及总量监管系统"现场安装并通过验收
15	G346（S338）两侧绿化提档改造工程	清除法青、夹竹桃；种植乔木 1.9 万棵；种植花灌木 5700 棵；草坪铺设 8.5 万平方米；边坡地被小苗种植 3.4 万平方米
16	城区周边生态湿地修复工程	实施 204 国道东侧、苏州路南侧地块，占地面积 6.67 万平方米
17	城市绿地提档改造工程	优化城市公园布局、完善基础设施、拓展绿色空间、提升景观面貌，对滨河公园、中心广场、朝阳路柳州路游园等城市重点公园广场和街头游园实施提档改造；对建成区内部分废弃地进行临时绿地提档改造；提升南园水质
18	西庐园生态修复提升工程	理顺园路、改善绿地，增加互动设施，完善停车位、厕所、路灯等相关配套设施
19	环城生态廊道（盐铁塘、娄江河）建设工程	盐铁塘北段：在苏州路至广州路段建设环城生态廊道盐铁塘段，构建立体生态绿廊； 娄江河段：建设 2 座桥梁和 200 米慢行绿道沟通娄江河与城北河慢行绿道，对奔山路以南原有绿道提档改造，增加透水绿道、公厕等配套设施、驳岸垂直绿化等； 内环盐铁塘段：在盐铁塘西侧（郑和路－城北河）新建绿道，以及跨越城北河、古塘河两座桥梁；盐铁塘东侧（郑和路北）新建绿道，沿线蒸汽管线入地
20	健雄西路提档改造工程	健雄西路（G204—昆山界），全长 3.8 公里，道路宽度为 40 米，项目改造内容包括绿化景观（道路两侧、机非隔离带）、路面、路灯等提档改造
21	滨河路公园东延工程	西至 G15 高速，东至白云渡路，全长 2.75 公里，面积 25.1 万平方米。主要内容：滨河路东延市政改造工程、绿化工程、滨水栈道、景观构筑物、服务用房、广场铺装、给排水工程以及电气工程等相关配套工程
22	七浦塘（常熟界—沿江高速、石头塘—江边枢纽）河道绿化	造林面积约 64 公顷，沿河两侧种植宽度 20 米的生态防护林地。工程设计采用是草坪护坡加林带式种植模式
23	城市中心湿地及地下车库建设	完成地下车库工程建设，3 个景观绿化施工单位进场施工

【生态治理】 2018年，太仓市完成减煤17.19万吨，关停化工企业68家，入园进区率62%。推广实施垃圾分类工作，完成14个村生活垃圾分类就地处置工作，有机易腐垃圾处理设施正式运行。配套完善垃圾中转站等生活垃圾处置收集设施建设，形成完善的生活垃圾收集、转运及无害化处置系统。扩大生活垃圾分类投放收集试点，提高垃圾分类收集水平。完成整治黑臭河道12条。完成关停畜禽养殖污染治理项目278个。完成挥发性有机物污染治理企业60家。完成内河港口码头综合整治111家，其中取缔57家。2018年，全市共完成"散乱污"企业（作坊）整治2218家，其中依法关停1764家，超额完成年度整治任务。完成清洁生产审核评估企业64家、清洁生产审核验收企业35家，落实清洁化改造方案企业42家。

【农村生态文明建设】 2018年，太仓市环保局配合市委巡察办对农村进行"三资"（农村集体经济中的资金、资产、资源）和生态文明巡察工作。配合市农委开展对各乡镇畜禽养殖整治季度巡察工作。会同市相关部门开展2013—2017年覆盖拉网式农村环境综合整治试点检查工作。开展2015年覆盖拉网式农村环境综合整治审计报告收集工作，完成苏州对太仓市2016—2017年覆盖拉网式农村环境综合整治复核工作。扩大农村生态文明建设载体，完成浏河、双凤、浮桥镇村省级生态文明建设示范镇、村创建工作。开展生态循环农业建设，推进生态循环农业示范创建，保障生态环境安全。构建生态调蓄沟渠塘等生物、工程措施，对农田排水、地表径流实行收集、净化处理，增加还田利用。

【生态红线区域保护】 2018年，太仓市完成全市生态红线的校核调整工作，经校核调整后，太仓市生态保护红线区域共4类4个，总面积由73.46平方公里扩大至128.73平方公里。生态红线是指对维护国家和区域生态安全及经济社会可持续发展具有重要战略意义，必须实行严格管理和维护的土地空间边界线。为加强全市生态红线区域保护，促进经济社会可持续发展，根据《江苏省生态红线区域保护监督管理考核暂行办法》《苏州市2018年生态红线区域保护实施方案》要求，制定实施《太仓市2018年生态红线区域保护实施方案》，2018年全市受保护地区面积占比9%以上，加快形成满足生产、生活和生态空间基本需求，符合太仓实际的生态红线区域空间分布格局，具有重要生态功能的区域、重要生态系统和主要物种得到有效保护。 （黄　凯）

【生态修复】 2018年，太仓市完成西庐园生态修复提升工程，公园位于太仓市城厢镇西郊，占地面积29.87公顷，项目总投资2000万元，公园融入"海绵城市建设"理念，通过透水铺装、雨水花园、下沉式绿地、植草沟、植被缓冲带、湿塘等措施，发挥公园净化水体、保护鸟类、蓄洪排涝等综合生态效益；滨河公园提档改造完成，环城廊道（盐铁塘、娄江河）、中心公园建设加快推进，滨河公园东延启动建设。初步构建"一心两湖三环四园"生态体系。 （曹俊锋　李　益）

污染防治

【概况】 2018年，太仓市加快推进全市大气污染防治年度各项工作，持续改善环境空气质量。市环保局加强大气污染防治日常协调督促，加强各区镇、各部门对接。强化执法督查，形成环境守法常态。开展重点涉气污染源专项执法督查和明察暗访，打击超标排污等恶意违法行为。强化城市扬尘污染治理，落实施工工地、码头堆场扬尘防控措施，严查渣土车"抛洒滴漏"行为，继续曝光扬尘污染"黑名单"。严控机动车污染，严查车辆超标排放、"冒黑烟"等行为。严查严管餐饮油烟、露天烧烤食品、露天垃圾焚烧等综合环境问题。推进204项大气污染防治重点工程，其中列入苏州市年度重点任务75项全部完成。化学需氧量、氨氮、二氧化硫、氮氧化物四项主要污染物分别削减2.98%、2.68%、4%、4%。

【水污染防治】 2018年，太仓市制定实施市2018年度水污染防治工作计划。组织实施产业结构调整、工业污染防治、城镇生活污染治理、农业农村污染治理、船舶港口污染防治、地下水污染防治、水生态保护和能力建设等重点工程项目。加强断面达标整治，加大治理全市2个国控断面、4个省控断面。6个省考以上断面水质达标率100%，优Ⅲ比例66.7%；考核断面中无劣Ⅴ类水体，全市水环境质量总体呈现趋好态势。编制完成城区4个苏州市级劣Ⅴ类断面水质提升方案，消除劣Ⅴ类断面1个。围绕国考、省考断面，在全市设立市级水质控制断面40个，加大监测力度，全市水环境质量明显改善。加强企业污染防治，重点行业工业废水实行"分类收集、分质处理"。化工园区实施"一企一管"，安装在线监控系统，实施24小时动态监控。全市57家印染、电镀企业排污口实现智能化管理，安装总量控制IC卡。全年安排4大类8个重点项目、子项目34项，完成污水管网建设30公里，完成化工企业关停项目。启动全市5个工业污水处理厂建设工作，完成前期规划工作。南郊、浏河、沙溪、双凤4个生活污水厂实施提标改造，其中南郊、浏河污水处理厂扩建提标工程纳入省太湖流域治理目标责任书重点项目，完成投资6736万元。

【大气污染防治】 2018年，太仓市加快推进大气污染防治年度各项工作，持续改善环境空气质量。整治燃煤锅炉，全面淘汰10蒸吨及以下燃煤锅炉，完成8台10~35蒸吨/小时燃煤锅炉淘汰或者清洁能源替代。完成玖龙纸业2台10万千瓦以下机组超低排放改造。对68家化工行业、27家家具制造业企业制定方案并开展提标改造治理，完成80家汽修单位挥发性有机物治理工程。印发《关于开展港区化工园区企业安装废气在线监测系统的通知》，完成化工园区20家企业废气安装在线连续监测系统，厂界安装VOCs环境监测设施。完成挥发性有机物污染源清单调查工作，通过审核企业711家，现场核查企业200家。划定市区禁止使用高排放非道路移动机械区域。排定38家工业企业、93家码头开展颗粒物无组织排放深度治理工作。排定火电、钢铁、水泥、燃煤锅炉、化工、合成革等行业37家企业实施强制减排，明确停限产措施和时间。将全市232家重点废气排放企业纳入重污染天气管控名单，根据上级统一部署实施管控。开展固废大排查，全面梳理辖区内一般水处理污泥及100吨以上的一般工业固体废物产生单位、一般工业固体废物利用处置单位、危险废物利用处置单位、危险废物产生单位、2017年度涉及固体废物行政处罚整改落实情况、一般工业固体废物和危险废物处置能力的建设情况。

【污染防治执法监察】 2018年，太仓市严厉打击污染环境违法行为，开展专项行动，打击通过暗管、渗坑等方式偷排，故意不正常运行治污设施，篡改伪造监测数据，未批先建拒不停止建设，未取得排污许可证拒不停止排污，阻挠环境监管检查等违法行为。对全市44家产酸企业开展为期4个月的废酸专项整治。处置非法转移、倾倒、填埋等固废违法案件86件。市环保局参与刑事案件调查2起，对5名犯罪嫌疑人提起刑事诉讼。与市公安局、市城管局、太仓海事局联合调查案件20起。对全市24家进口废物加工利用企业再次排查梳理整治。1.98万吨/年中化蓝天危废焚烧处置项目建成。华能太仓电厂燃煤耦合生物质发电7.5万吨/年项目主体设备完工。加强监督管理，公开全市500多家危险废物产生单位危险废物产生、利用、处置情况。通过危险废物专项整治排查问题清单企业160家，落实问题整改计划160家，对全市211家企业开展危废规范化达标建设。配合、指导供销总社建立规范的农药包装废弃物贮存场所，联系安全处置单位，回收农药包装废弃物598万只，焚烧处置42吨。加强土壤监管，确定全市土壤环境重点监管企业30家，完成农用地土壤污染状况检查。以化工、电镀、铅蓄电池、农药等行业企业用地为重点，调查全市375家企业用地土壤环境质量，建立疑似污染地地块名单28块，并上传污染地块信息系统。（黄　凯）

节能减排

【概况】 2018年，太仓市规模以上企业实现产值2317.37亿元，较上年增长6.9%。综合能源消费量633.54万吨标准煤，较上年下降4.55%；规模以上工业增加值能耗下降7.97%。规模以上企业万元产值能耗较上年下降10.72%。全年总体上呈现产值上升而综合能耗减少的发展态势，万元产值能耗、万元产值用电量、规模以上工业增加值能耗均明显下降。

【“能效对标”活动】 2018年，太仓市审核验收参加“能效对标”活动的企业5家，评选优秀奖1家、优良奖2家、优秀组织奖1家；开展绿色制造示范企业创建，太仓北新建材获工业和信息化部颁发“绿色工厂”称号；做好能源审计工作，江苏宝洁和中化蓝天霍尼韦尔两家新增5000吨以上重点用能企业完成能源审计工作。

【节能监管预警】 2018年，太仓市分解下达2018年节能工作目标并签订目标责任书，明确各镇（区）、相关部门、重点耗能企业责任，形成一级抓一级的分级制度。加强日常监管，建立重点用能企业能耗统计分析和快报制度，每季度公布节能目标完成进度表，将年度考核与日常跟踪相结合进行监督。定期组织相关成员单位召开节能协调会议，完善各镇（区）政府（管委会）节能目标责任评价考核办法，加强节能考核力度，强化目标责任和奖惩措施，引导各镇（区）引进高产出、低能耗项目。制定实行能源和水资源消耗、建设用地等总量和强度的“双控”应急预案，督促企业执行限产。

【节能项目培育实施】 2018年，太仓市持续督促企业进行节能技改项目。组织太仓华能电厂申报省级节能与绿色制造项目，项目总投资3052.38万元，年节能量1.78万吨标煤。

【节能政策扶持】 2018年，太仓市将节能与循环经济专项资金纳入全市《关于推动工业经济发展向中高端迈进的若干政策》，规范调整专项资金管理办法，严格项目审核流程，规定项目全部完成才能享受资金补贴，补贴金额不得超过企业对地方的税收贡献。新的资金管理办法的实施，推动资金管理办法与细则、项目专家评审、公示及监察室监督三方面联通，使决策权、执行权、监督权既相互制约又相互协调，保证资金管理规范透明。全年奖励鼓励企业绿色发展类项目38个，奖励资金190.29万元，其中节能技改项目2个，总投资780.14万元，年节能量4778.49吨标煤。专项

2018年3月24日，太仓市环保志愿者骑行10公里，响应“地球一小时”活动
（市环保局供稿）

2018年6月1日，公共机构节能知识宣传在太仓市各学校展开
（许传文　摄）

资金的使用和发放提高企业运用新技术新产品、节约能源提高生产效率的积极性。

【节能监察执法】 2018年，太仓市累计配合省、苏州市开展节能监察企业39家，对违法违规问题依法下达整改通知，督促企业限期完成整改。太仓市节能监察中心完成节能监察企业5家，对其中1家使用淘汰落后变压器的企业下达整改通知，并整改完成。

【公共机构节能】 2018年，太仓市制定《2018年公共机构节约能源资源工作要点》，召开市级机关节能工作推进会，开展节能宣传周活动、太仓市能源资源计量工作培训和计量检查工作。示范单位创建成果显著，市中医医院获"能效领跑者"称号，市机关事务管理局获评2017—2018年节约型公共机构节能示范单位、全省机关事务管理系统先进集体。重点做好市行政中心节能降耗工作，将部分照明灯具更换为低能耗LED灯具；推进地下管网改造工程，安装各楼栋二级水表，完善能耗监测平台；安装新能源汽车充电桩；建设太阳能屋顶光伏项目。

（张文贝　贯　蕊）

环保监管

【概况】 2018年，太仓市完成中央环保督察交办件46件，完成省环保督察交办件55件。完成中央环保督察"回头看"迎检工作。35件中央环保督察"回头看"交办件完成整改33件。全市共责令整改企业40家，立案处罚25起，处罚金额560.13万元，关停企业或生产工段12家，查封扣押案件8件，限产停产5件，立案侦查1件，刑事拘留7人，问责4人。

【环保执法监管】 2018年，太仓市严格环保执法查处，形成高压态势。开展专项整治，完成第三、第四批家具、印刷、服装、砖瓦陶瓷、橡胶塑料等20个行业企业现场调查及行业评估报告编制工作，涉及企业约500家。集中整治苏州市挂牌督办突出环境问题5个，完成4家，停产1家。开展集中式饮用水水源地环境保护专项行动，经排查全市水源地保护区存在问题2个，并完成整治。处置各类突发环境事件8起，现场执法166家、356人次，完成备案205家次，新增应急池1000立方米，雨水缓冲池150立方米，应急泵4台，截止阀8个。完成对全市40家重点企业"八查八改"（企业环境应急管理机构与人员、企业突发环境事件风险等级识别情况、企业突发环境事件隐患排查治理情况、企业监测预警机制建设情况、企业环境风险防控措施、企业环境应急预案备案工作、企业环境应急演练工作、企业环境应急保障体系建设情况）和达标建设工作。受理各类环境信访2897件，较上年增加68.2%，调处率100%，处结率95%。开展违法企业行政处罚督查24家，整改到位并结案19家。稽查2016年中央环保督查企业46家，确保企业整改到位。严格执行日常巡查和全过程监管，现场检查企业共计5822场次、1.5万人次，发放行政处理通知书873份。开展夜间、节假日执法检查企业125场次，出动执法人员301人次。行政处罚286件，罚款金额3113.45万元，限产企业8家，停产20家，移送市公安局案件9起，申请法院强制执行案件18起。

【环境影响评价】 2018年，太仓市审批建设项目694个，办理市区建筑工地夜间施工作业事项103个。严格项目环境准入，劝退、拒批影响环境项目8个，总投资约1.42亿元。建设单位自行在环境影响登记表备案系统完成备案项目843个。完成环保"三同时"（同时设计、同时施工、同时使用）竣工验收项目156个。完成屠宰及肉类加工、成材料制造等6个行业16家企业排污许可证发放。实行公开招标、政府采购购买环评技术评估服务的方式，委托2家中标单位对37个项目开展技术评估，建设单位不再承担评估产生的相关费用。全年开出退件单295个。

【世界环境日系列活动】 2018年，太仓市环保局与区镇联动开展世界环境日系列宣传咨询、"公众看环保"活动、环境教育优秀教案评选。举办"美丽太仓·共同守护"环保知识竞赛电视直播、太仓市环境保护主题征文及绘画比赛等活动。结合世界地球日、植树节、"地球一小时"和市民关注的热点话题，开展"地球一小时"环保志愿者骑行活动、环保植树造林活动、"保护自然生态——绿娃在行动"等系列群体环保宣传活动。

【企业环保信用评价】 2018年，太仓市倡导企业发展低碳经济和绿色经济，保障市民享有环境知情权、参与权、监督权。实施企业环保信用评价和企业环境信息公开，促进企业持续改进环境行为，增强企业社会责任意识，提高公众参与环保积极性，发挥社会监督作用。市环保局推动环境信息公开化，健全信息公开工作制度，完善信息公开基础数据，动员工业企业自觉加入环境信息公开行列，扩大信息公开覆盖面。全年对500家企业开展环保信用评价，其中绿色259家，蓝色172家，黄色38家，红色19家，黑色12家，评价结果向社会公开。

（黄　凯）

城市管理

【概况】 2018年，太仓市以建设“现代田园城、幸福金太仓”为目标，以城市管理和服务为重点，推进城市管理体制改革，提升市容环境面貌；根据全国文明城市创建主题，树立“以人民为中心”理念，依托“四个城管”（法治城管、民生城管、创新城管、廉洁城管）建设，实施“四化”（法治化、精细化、信息化、常态化）同步建设，持续改善人居环境质量，提升城市治理水平。

【文明城市创建】 2018年，太仓市启动新一轮全国文明城市创建工作，成立市容品质、环境卫生等6个专项工作组，全面推进文明城市创建工作。编制12条道路的“一路一策”工作方针，完成整治项目202个。开展“夏季百日提升”专项整治行动，严管小微违法行为。完成中南世纪停车场、菜场周边停车设施、洛阳西路立面改造等创建专项项目。协助文明城市创建路长单位，联动响应处置问题1000余个。做好省级测评考核迎检保障工作。

【城乡环境治理】 2018年，太仓市完成交通干线沿线环境整治项目216个、“散乱污”企业（作坊）整治项目1555个、违章搭建整治项目847个、人棚混居整治项目741个、畜禽养殖整治项目278个。实施“厕所革命”，在全市新建公厕18座，改建老旧公厕34座，“厕所开放联盟”成员单位60家。配合做好专项整治行动和撤并镇（管理区）相关工作，履行4条河道河长助理单位职责。

【市容秩序管控】 2018年，太仓市修编户外广告规划，制定城市品质提升导则。县府街、新民路获评苏州市城市管理示范路。完成南园西路、上海路、郑和路、中心菜场等路段店招立面改造工程。启动户外广告设施整治提升行动，整治未经许可、不符合设置技术标准、存在安全隐患等五类违法违规户外广告设施。全年共拆除各类违章广告7667处，面积2.84万平方米（其中高立柱广告13座，面积1667平方米；LED电子显示屏1692块；道闸广告209块；其他各类广告1340处，面积6535平方米）。完成原供销社外立面整治工作，拆除外立面装饰构件2500平方米和违章建筑600平方米。融入江苏省“政务一张网”，完善审批流程，全年政务服务中心窗口办结行政审批件1265件。建立主城核心区城警联动常态化整治工作机制，采取定岗定位、分片包干、机动巡查、错时执法、集中整治等方式，加强市容秩序管控力度，解决中心菜场走廊占道、兴业楼“马路市场”等问题。全年共查处各类小微违法行为2216件，规范占道经营及流动摊点2587处，查处车辆违规停放5.9万起，“城市牛皮癣”停机封号1090个，清理乱张贴乱涂写5.4万处、乱堆放5372处、乱晾挂1.42万处，取缔无证废品回收站点100处。推进违法建设专项治理工作五年行动，依法推进违章搭建查处工作。重点查处群租房、“三合一”（人员住宿与加工、生产、仓储、经营等场所混合在同一建筑内）场所违法建设。全年累计拆除各类违法建设994处，面积约70万平方米，其中城区违法建设403处，面积2.35万平方米；拆除违建门面820平方米。配合开展民人谷“大棚房”清理整治行动，完成17家承租户的合同解除签约工作，清理废品钢材1.37万吨。加强渣土管理行业监管，加大打击固废非法转移力度，建立嘉太固体废物非法转移联防联控合作机制，形成信息共享、定期交流、联合防治、共同查处工作思路。全年共查处固废非法转移处置案件104起。

【城市综合管理服务】 2018年，太仓市完成环卫体制改革，实现环卫工作“管作分离”。印发《环境卫生管理指导意见》《环境卫生作业考核办法》《环境卫生作业质量标准》等文件。探索“人机结合”环卫保洁作业新模式，实施生活垃圾外运处置工作。完成南园西路、古塘街、洛阳路、县府西街等项目改造工作。落实城市防汛工作，开展防汛演练，驰援常熟强降雨抢险。全年累计修复路面1.12万平方米，修

2018年11月6日，太仓市城管局开展辖区环境卫生品质提升行动

（市城管局供稿）

整齐有序的环卫车辆　　（2018年3月摄　市城管局供稿）

补人行道及盲道1.04万平方米，增设广场盲道450米，更换沿河护栏320米，疏通雨水管道210公里，清理雨水井1.26万个，更换、增加雨水井盖428套，新增雨水管道2100米，数字市政处理案件8237件。东亭路、文治路获苏州市“姑苏杯”优质养护片称号，全市苏州市优质养护片增至13个。开展物业项目专项检查，建设物业管理信息平台三期工程。推进主城区城管进社区规范化建设，管理范围覆盖住宅小区257个。城厢镇南园社区、沙溪镇东市社区、浏河镇河北社区获评苏州市城市管理示范社区。审核预售项目23个，完成项目交付34个，组织物业企业专项技能培训5期，处理物业信访案件640件。完成城厢镇和高新区111个小区微型消防站示范点建设，设置小区便民公告栏150个。推进主城区智慧停车建设工程，实施《关于主城区机关、企事业单位停车位对外开放的实施意见》，开放共享车位946个，公共停车位免费停放时间延长至30分钟。建设停车智能收费系统，新增城区停车场点46处、泊车位2102个，施划机动车位1781个，非机动车位线总长6.99万米，安装公共停车场监控系统81套、违停拖移标牌400块、护栏1153米、挡车石366个。完成公共自行车一体化建设工程（二期），城区、双凤镇、璜泾镇共新建站点100个，投放公共自行车1950辆，公共自行车维保基地建设工程有序推进。全年办理公共自行车卡3017张，刷卡租用量136万次，扫码租用量78万次。全市累计建成公共自行车站点437个，投入公共自行车5800辆，办卡4.64万张，租还车总量702万次，日均租车量4800次，免费租骑率98.4%以上。市公共自行车城乡一体化工程获全国公共自行车行业卓越项目奖。

【城市管理行政执法】 2018年，太仓市城管局审核行政处罚案件9199件，案件数较上年增加16.56%。其中：一般程序3203件、简易程序5996件。4月，市城管局、市司法局联合举行律师驻队工作签约仪式，17家基层城管中队和数字城管监督指挥中心与3家律师事务所签订《律师驻队工作目标责任书》，不同于以往“法律顾问”，城市管理律师驻队工作模式让专业律师驻队期间与城管队员一起工作、上街，为城管执法和被执法对象双方提供法律保障。“律师驻队”这一创新做法被《人民日报》《新华日报》《江苏法制报》等媒体刊载推广。8月23日，苏州市城市管理律师驻队工作现场会在太仓召开，明确太仓城市管理律师驻队工作模式在全苏州推广。落实行政执法信息公开制度，网上公示行政处罚、行政许可、行政强制等事项。执行重大行政执法决定法制审核制度，筹建执法大队案件审理室。制定行政执法全过程记录考核规则，落实行政执法全过程记录制度，实现全过程留痕和可回溯管理。推进环卫等重点领域的执法工作，探索“非现场执法”方式。加快构建城市管理诚信体系，实施《城市管理行政执法相对人失信行为管理办法（试行）》，推进法治信息化建设，优化执法全覆盖系统。

【数字城管运行】 2018年，太仓市城管局完成数字城管新系统建设，对接市大联动系统，实现数据资源共享、案件流转互通。数字城管监督指挥中心市级平台共受理案件8.35万件，处置8.33万件，处置率99.4%；受理市联动中心下派办件9980件。完成市数字环卫视频监控升级改造和数字市政四期项目，完成城乡环境综合整治三期、小微处罚、市政指挥中心大屏建设等系统扩展工作。深化第三方测评及无人机外包服务工作，组织开展盲道、道板、橱窗广告、违章接坡、卫生死角等专项检查。

（王仕杰）

太仓港

港口码头

【概况】 太仓港地处长江入海口南侧，太仓市东部。口岸位于长江白茆沙南水道，上至白茆河口，下至浏河口下游浏黑屋，中心位置在七丫口，即北纬 31° 37′、东经 121° 14′。拥有长江岸线 38.8 公里，其中深水岸线 25 公里，距吴淞口 13 海里，是距长江入海口最近的港口。港区范围内岸线基本平直且边滩稳定，终年不冻不淤，深水区开阔、稳定，能满足 10 万吨级船舶回转水域要求，是长江下游地区最佳港址之一。2013 年 1 月 1 日起，太仓港作为沿海港口管理，执行相关行政事业性收费政策。太仓港是全国第一个获批享受海港待遇的内河港。

2018 年，太仓港完成港口项目直接投资 10.5 亿元，新增通过能力 27 万吨。全港拥有各类码头泊位 91 个，其中万吨级以上泊位 37 个，集装箱泊位 10 个，设计通过能力 1.47 亿吨、435 万标箱。新辟和加密集装箱航线 10 条（班），全港航线总数增加至 200 条（班）。全年完成集装箱吞吐量 507.1 万标箱，较上年增长 12.4%，货物吞吐量 2.29 亿吨，同口径较上年增长 6.4%。

【港口航线】 2018 年，太仓港新增东南亚航线 2 条，日本航线增加运力并加挂仙台港，近洋航线总数增至 25 条（班），覆盖 21 世纪海上丝绸之路近洋国家和地区港口 23 个。加强与长江经济带港口合作，开辟南昌、富阳、泰州、大丰点对点支线 4 条，长江（内河）支线总数增至 83 条（班），覆盖长江经济带港口 50 个。加强与上海港和宁波港合作，提升洋山支线服务水平，“沪太通”模式走货量实现翻番，新辟宁波支线。加强与内贸船公司合作，新增内贸干线 4 条，泛亚航运、中谷物流在太仓港完成集装箱量超百万标箱，内贸干线总数增至 52 条（班），覆盖沿海港口 21 个。

【港口经济发展】 2018 年，进出太仓港船舶 11.9 万艘次，较上年增长 12.2%；进出境人员 7.4 万人次，较上年增长 1.8%；通过高速公路进出港集卡 49.7 万辆次，较上年增长 15.6%；海关监管货值 289.34 亿美元，较上年增长 21.4%。全年 10 家公用码头企业总营收较上年增长 7.5%，利润总额较上年增长 24.2%，利税总额较上年增长 25.2%。

【港口基础设施建设】 2018 年，太仓港集装箱四期工程开工建设；太仓港支线铁路项目前期工作启动；华能煤炭码头工程和华能太仓电厂大件码头修复工程通过竣工验收；海通汽车滚装码头后方陆域汽车物流园项目完成报批手续并开工建设。苏昆太东延、疏港快速路一期、339 省道东延等公路集疏运项目及石头塘和荡茜河航道三级升等内河集疏运项目规划研究列入《苏州市交通现代化建设三年行动计划》、《太仓港集疏运体系规划》和《太仓港支持保障系统规划》完成中间成果。

2018 年 2 月 27 日，泛亚航运太仓港—天津港集装箱班轮航线举行首航仪式

（港口管委会供稿）

2018 年太仓港码头生产性泊位一览表

表 8

码头公司名称	泊位名称	泊位数	主要用途	码头前沿水深（米）		码头长度（米）	靠泊能力（吨）	投产年份（年）	对外开放年份（年）	备注
				实际水深	设计水深					
江苏扬子江海洋油气装备有限公司	1 号泊位	1	舾装泊位	13	9.45	928	—	2016	—	舾装码头
	2 号泊位	1	件杂货泊位	13	9.45	140	2000			
太仓鑫海港口开发有限公司	1 号泊位	1	煤炭泊位	13.5	13.5	310	50000	2016	—	—
	2 号泊位	1		2.2	2.2	51	500		—	
	3 号泊位	1		2.2	2.2	51	500		—	
	4 号泊位	1		2.2	2.2	51	500		—	
	5 号泊位	1		2.2	2.2	51	500		—	
苏州美锦汇风能源投资有限公司	1 号泊位	1	通用件杂货泊位	14	15.5	251	50000	2012	2013	1 号、2 号、3 号泊位水工结构按靠泊 10 万吨级集装箱船设计建设
	2 号泊位	1		14	15.5	264	50000		2013	
	3 号泊位	1		14	15.5	260	50000		2013	
	4 号泊位	1		6.5	6.5	100	1000		—	
	5 号泊位	1		6.5	6.5	100	1000		—	
	6 号泊位	1		6.5	6.5	100	1000		—	
太仓万方国际码头有限公司	1 号泊位	1	通用件杂货泊位	12.8	12.8	253	40000	2010	2010	1–4 号泊位水工结构均按靠泊 7 万吨级船舶预留
	2 号泊位	1		12.8	12.8	186	20000		2010	
	3 号泊位	1		12.8	12.8	182	15000		2010	
	4 号泊位	1		12.8	12.8	170	10000		2010	
太仓润禾码头有限公司	1 号泊位	1	通用件杂货泊位	12.8	12.8	361	50000	2017	—	—
太仓武港码头有限公司	1 号泊位	1	金属矿石泊位	16.5	15.1	372	200000	2009	2009	1 号、2 号泊位水工结构均按 25 万吨级矿石船减载靠泊设计；3–6 号泊位水工结构均按 1.5 万吨级船舶设计
	2 号泊位	1		16.5	15.1	347	150000		2009	
	3 号泊位	1		5.5	9	94	5000		—	
	4 号泊位	1		5.5	9	94	5000		—	
	5 号泊位	1		5.5	9	94	5000		—	
	6 号泊位	1		5.5	9	94	5000		—	
	7 号泊位	1		5	5.7	100	2000	2012	—	
	8 号泊位	1		5	5.7	100	2000		—	
	9 号泊位	1		5	5.7	100	2000		—	
	10 号泊位	1		5	5.7	100	2000		—	

续表 8

码头公司名称	泊位名称	泊位数	主要用途	码头前沿水深（米）		码头长度（米）	靠泊能力（吨）	投产年份（年）	对外开放年份（年）	备注
				实际水深	设计水深					
华能太仓港务有限责任公司	1 号泊位	1	煤炭泊位	15.7	14	310	100000	2013	2015	1 号、2 号泊位水工结构均按靠泊 15 万吨级散货船设计
	2 号泊位	1		15.7	14	300	50000		2015	
	3 号泊位	1		5.2	5.2	142	5000		—	
	4 号泊位	1		5.2	5.2	142	5000		—	
	5 号泊位	1		5.2	5.2	142	5000		—	
	6 号泊位	1		5.2	5.2	144	5000		—	
	7 号泊位	1		3.8	3.8	80	1000		—	
	8 号泊位	1		3.8	3.8	80	1000		—	
	9 号泊位	1		3.8	3.8	80	1000		—	
	10 号泊位	1		3.8	3.8	80	1000		—	
	11 号泊位	1		3.8	3.8	80	1000		—	
	12 号泊位	1		3.8	3.8	80	1000		—	
华能太仓发电有限责任公司	1 号泊位	1	煤炭泊位	13	11.5	260	35000	1999	2011	—
	2 号泊位	1		13	11.5	271	35000	2006	2014	
	3 号泊位	1	件杂货泊位	5	5	52	100	2018	—	
	4 号泊位	1		6	5	135	3000	2009	—	
太仓国际集装箱码头有限公司	1 号泊位	1	多用途泊位	12	12.5	270	25000	1998	1998	—
	2 号泊位	1		12	12.5	270	25000	1999	2000	
	3 号泊位	1	集装箱泊位	12	12.5	195	50000	2003	2004	
	4 号泊位	1		12	12.5	195	50000		2004	
苏州现代货箱码头有限公司	5 号泊位	1	集装箱泊位	12.5	13.5	275	50000	2006	2006	14 年新换发港口工程竣工验收证书，5–8 号泊位码头水工结构均按靠泊 7 万吨级集装箱船设计
	6 号泊位	1		12.5	13.5	275	50000		2006	
	7 号泊位	1		12.5	13.5	275	20000		2006	
	8 号泊位	1		12.5	13.5	275	20000		2006	
太仓港正和兴港集装箱码头有限公司	9 号泊位	1	集装箱泊位	12.5	12.5	322.5	50000	2010	2010	9 号、10 号、13 号、14 号泊位均按靠泊 10 万吨级集装箱船舶建设
	10 号泊位	1		12.5	12.5	322.5	50000		2010	
太仓港上港正和集装箱码头有限公司	13 号泊位	1		12.5	12.5	332	50000		2010	
	14 号泊位	1		12.5	12.5	332	50000		2010	

续表 8

码头公司名称	泊位名称	泊位数	主要用途	码头前沿水深（米）		码头长度（米）	靠泊能力（吨）	投产年份（年）	对外开放年份（年）	备注
				实际水深	设计水深					
玖龙纸业（太仓）有限公司	1号泊位	1	煤炭泊位	13	12.5	210	35000	2005	2012	待取得新港口工程竣工验收证书后核定1号泊位靠泊等级
	2号泊位	1	通用件杂货泊位	9	9	157	3000	2008	—	
	3号泊位	1		9	9	157	3000		—	
	4号泊位	1		13	13	200	30000	2011	2012	
	5号泊位	1		13	13	154	5000		—	
港务集团	—	—	集装箱泊位	—	—	—	50000	—	—	在建
太仓港协鑫发电有限公司	1号泊位	1	煤炭泊位	11.8	11.4	250	35000	2003	2012	—
	2号泊位	1		11.8	11.4	280	35000	2004	—	
	3号泊位	1	件杂货	0	0	65	800	2003	—	
江苏长江石油化工有限公司	1号泊位	1	液体化工泊位	10.5	10	299	30000	1995	1996	—
	2号泊位	1		6	6	125	3000	1999	1999	
	3号泊位	1		6	6	125	3000		—	
	4号泊位	1		4.5	4.5	136	1000	2011	—	
	5号泊位	1		4.5	4.5	136	1000		—	
	6号泊位	1		12.6	10.5	290	50000	2003	2004	
	7号泊位	1		8	8	140	5000		2004	
	8号泊位	1		0	0	27	300	1999	—	
	9号泊位	1		0	0	27	300		—	
太仓阳鸿石化有限公司	1号泊位	1	液体化工泊位	12.5	14.8	270	30000	2009	2009	1号、2号泊位码头水工结构均按靠泊8万吨级船舶设计建造；5-8号泊位水工结构均按靠泊3000吨级船舶设计
	2号泊位	1		12.5	14.8	175	10000		—	
	3号泊位	1		8	8	125	3000		—	
	4号泊位	1		8	8	85	1000		—	
	5号泊位	1		6.5	6.5	167.5	1000	2016	—	
	6号泊位	1		6.5	6.5	167.5	1000		—	
	7号泊位	1		6.5	6.5	167.5	1000		—	
	8号泊位	1		6.5	6.5	167.5	1000		—	
美孚太仓石油有限公司	1号泊位	1	液体化工泊位	11	10	229	25000	1997	1997	—
	2号泊位	1		6.8	7.2	105	5000		—	
	3号泊位	1		4	4	38	300		—	
	4号泊位	1		4	4	38	500		—	
合计	—	85	—	—	—	—	—	—	—	—

太仓港航线、航班一览表

表 9

航线分类	航线明细	
近洋航线 25 条	日本航线 17 条	太仓—名古屋—东京—横滨—太仓 1 条
		太仓—东京—横滨—名古屋—太仓 1 条
		太仓—舟山—东京—横滨—川崎—名古屋 1 条
		太仓—横滨—东京—太仓 1 条
		太仓—东京—横滨—太仓 1 条
		太仓—名古屋—太仓 1 条
		太仓—东京—川崎—横滨—仙台 1 条
		太仓—上海—名古屋—东京—清水 1 条
		太仓—大阪—神户 5 条
		太仓—博多—门司 1 条
		太仓—博多—门司—响滩 1 条
		太仓—下关 2 条
	韩国航线 2 条	太仓—釜山 1 条
		太仓—仁川 1 条
	台湾航线 3 条	太仓—基隆—高雄—台中 3 条
	东南亚航线 3 条	太仓—厦门—胡志明—曼谷—林查班—胡志明—厦门—连云港 1 条
		太仓—厦门—海防—胡志明—连云港 1 条
		太仓—上海—那霸—基隆—香港—胡志明 1 条
内贸干线 52 条	南方航线 40 条	太仓—泉州 8 条
		太仓—虎门 6 条
		太仓—广州 4 条
		太仓—黄埔 3 条
		太仓—揭阳 4 条
		太仓—深圳 1 条
		太仓—珠海 3 条
		太仓—福清 1 条
		太仓—厦门 2 条
		太仓—汕头 2 条
		太仓—宁波 1 条
		太仓—温州 3 条
		太仓—海口 2 条
	北方航线 12 条	太仓—锦州 2 条
		太仓—营口 6 条
		太仓—盘锦 1 条
		太仓—天津 1 条
		太仓—连云港 1 条
		太仓—大丰 1 条
支线 123 条	外贸内支线	40 条
	长江支线	83 条

（任春艳）

港区建设

2018年3月29日，太仓港江海联运国家物流园举行开工仪式

（港区供稿）

【概况】 太仓港经济技术开发区位于太仓市东部，陆域规划控制面积261.8平方公里，沿长江入海口38.8公里黄金岸线呈带状分布，是上海国际航运中心重要组成部分、江海联运中转枢纽港、江苏第一外贸大港——太仓港直接经济腹地。1993年，太仓港经济技术开发区获批为省级开发区，2011年6月，获国务院批准晋级为国家级经济技术开发区。2018年，港区实现地方公共财政预算收入32.2亿元，较上年增长13%；规模以上工业产值772亿元，较上年增长5.8%；物贸主营收入468亿元，较上年增长41.8%；固定资产投资102亿元；进出口总额60.6亿美元，较上年增长13.7%；注册外资3.85亿美元，较上年增长44.7%；实际利用外资1.17亿美元，较上年增长56.3%。太仓港集装箱年吞吐量突破500万标箱。综合保税区完成业务票数13.2万票，入驻太境通平台企业30家。太仓港经济技术开发区在全省省级以上开发区综合考评中排名第24位，在全国国家级经济技术开发区综合发展水平考核中排名第58位，分别较上年上升2位和3位，入列省级服务业综合改革试点。

【港区项目建设】 2018年，太仓港区组织实施项目52个，总投资约403亿元，全部建成达产后将新增工业产值310亿元、物贸主营收入210亿元，税收超26亿元。其中，太仓市级及以上重点项目22个全部开工，大族激光设备、奕瑞探测器、似鸟国际贸易物流中心、欧美高新技术产业园、碧辟润滑油二期等建成投运项目21个。引进英国利洁时生产基地和全球研发中心、德国威尔茨医用设备、瑞典阿凯斯儿童安全座椅、百德医疗器械、瑞杰新材料、京东物流江苏总部、德曼特销售总部、华棉所和化塑汇等项目。加快企业上市步伐，旭泰化工完成股改，娄城新材料进入拟上市公司名单。

【港区发展动能】 2018年，太仓港区高新产业、新兴产业产值占比分别为40%、57.4%。新申报高新技术企业10家，复审19家。同高科技获评江苏省重大科技成果转化项目，中集冷箱获评省工程技术研究中心。国家“千人计划”申报有新突破，进入国家“千人计划”面试2人，通过国家“万人计划”公示1人；获评第8批高端外国专家项目1人。新引进锋范新能源、双至信息、登高科技等人才项目5个。生物港二期交付使用。承办2018年细胞治疗与生物药创新太仓峰会。启动太仓港科技创新园规划编制，签约上海交大慧谷太仓港科创中心。亿达“众创空间”项目签约入驻。推进港区全链赋权审批、证照分离等改革，落地赋权事项59项。完成政府投资项目审批64个，固定资产投资项目备案136个，技改项目备案25个，外商投资项目新设和变更备案64个。

【港区城乡建设】 2018年，太仓港区完成《太仓市浮桥镇总体规划（2017—2030）》编制。启动编制浮桥老镇区更新规划、港城南部概念性规划。建设北环路西段、东方路等道路工程。规划展示馆建成投用。管理区105个提档改造项目完成72个，推进牌楼、浏家港管理区、老镇区提档改造，九曲、时思管理区提档改造基本完成，形成管理区和老镇区“5+1”同步提升新格局。推进政府实事工程八大类共30项，改善城乡公共服务。浮桥中学迁建工程土建完成，浏家港幼儿园竣工。海韵花园（东区）主体封顶，牌楼小区（东扩）按期推进。开展非保留区域整组预拆迁和重点项目拆迁，完成评估393户、签约384户，完成整组签约村民小组17个。现代农业示范区和特色农业生产区初具规模，建成浪港等高标准农田区4个。新增向集体流转土地面积420公顷，流转率77%。完成“三优三保”拆迁复垦土地41.47公顷，增减挂钩13.2公顷，占补平衡土地复垦64.07公顷。启动建设方桥、新邵等“美丽村庄”5个。村级平均稳定性收入540万元。

【港区综合环境】 2018年，太仓港区做好生态环境治理工作，抓好重点入江支流整治，新七浦塘、杨林塘等7条入江支流断面水质平均值达标。完成生活污水接管2800户。全年各级河长及助理单位累计巡河6084次。新增绿化面积超50万平方米。城乡环境综合整治取得突破，环境攻坚整治任务10大类、3325项基本完成年度目标任务。综治联动中心运作有序，处置派件近2.3万件。基本完成中央环保督察“回头看”10件环保信访交办件。制定《太仓港区化工园区环保专项整治工作方案》。明确沿江环境大整治环保大提升工作任务11大类、51项。推行重点企业水平衡监测，大气污染物排放监控平台加快建设。中

2018 年 7 月 26 日，港区开展鹿鸣泾河道修复工程　　（港区供稿）

蓝环保项目、华能电厂燃煤耦合项目试运行。全区完成安全生产标准化达标创建企业 95% 以上。

【港区特色企业】 华棉所（太仓）棉纺有限公司。华棉所创建于 2014 年 11 月，是经湖北省政府审批设立的省级备案要素市场。公司致力于简化棉花传统交易模式中烦琐环节，减少买卖双方信息不对称产生的问题，完善线上交易平台各项功能，立足传统棉花行业，突破各项壁垒，推出 B2B 线上交易平台，以专业的服务和严格的标准助推棉花行业转型升级。公司布局资源与需求端，建立新疆、山东交易板块，打通中小用棉企业采购新疆棉渠道。建立专业"店小二"团队、技术团队等，为用棉企业提供售前、售中、售后全方位服务。全国布局仓储库区，建立多维度信用评价体系，传统监管方式融资与信用融资相结合，多层次、多种类满足涉棉企业融资需求。截至 2017 年 3 月，华棉所合作企业客户数量 600 多家，累计实现交易额突破 100 亿元，营业额超过 30 亿元。华棉所（太仓）棉纺有限公司成立于 2018 年 6 月 21 日，至年底，实现销售收入 3.6 亿元。

江苏京迅递供应链管理有限公司。京东集团 2004 年进入电商领域。2014 年在美国纳斯达克证券交易所挂牌上市，是中国第一个成功赴美上市的大型综合型电商平台，跻身全球前十大互联网公司排行榜。2017 年 4 月 25 日，京东集团宣布组建京东物流子集团，致力打造客户体验最优物流履约平台，提供仓配一体、快递、冷链、大件、物流云等多种服务，以其快捷的时效服务赢得客户和行业良好口碑。京东物流计划在全国布局区域性物流运营中心，远期目标为主营收入 1000 亿元。江苏京迅递供应链管理有限公司（京东物流江苏运营中心）成立于 2017 年 12 月 6 日，注册资本 1 亿元。公司于 2018 年 9 月 1 日正式营业，全年实现销售收入 12.65 亿元。

建滔积层板（太仓）有限公司。建滔集团成立于 1988 年，总部设在香港，是全球最大的覆铜面板生产商和中国最大的印刷线路板制造商。集团在中国和东南亚国家拥有 60 多家工厂和分支机构，业务范围由覆铜面板发展至印刷线路板、化工、房地产和地暖等五大板块。建滔集团生产的覆铜面板在全球拥有 15% 市场占有率，印刷线路板产销量位居世界第七。为扩大其全球覆铜面板市场占有率，建滔集团在太仓港区新建半导体新材料项目。建滔半导体新材料项目于 2017 年 10 月签约，2018 年 1 月成立建滔积层板（太仓）有限公司。项目总投资 3.6 亿美元，注册资本 1.2 亿美元，占地 8.67 公顷，年产覆铜面板 2400 万张，产品广泛用于电脑、电视机、计算机、移动通讯、汽车等领域。

2018 年港区世界 500 强企业基本情况一览表

表 10　　单位：万元

序号	公司名称	类别	投资总额	营业收入
1	埃克森美孚（太仓）石油有限公司	第二产业	138776	286159
2	碧辟（中国）工业油品有限公司	第二产业	47144	194696
3	中国石油天然气股份有限公司华东润滑油厂	第二产业	93000	179430
4	太仓中石油润滑油添加剂有限公司	第二产业	48000	18211
5	江苏宝洁有限公司	第二产业	183600	540106
6	太仓中化环保化工有限公司	第二产业	63195	197856
7	中化蓝天霍尼韦尔新材料有限公司	第二产业	69986	53777
8	华能（苏州工业园区）发电有限责任公司	第二产业	268600	—
9	华能太仓发电有限责任公司	第二产业	375000	304509
10	五矿邯钢（苏州）钢材加工有限公司	第二产业	6200	81831
11	国华太仓发电有限公司	第二产业	503000	208822

续表10

序号	公司名称	类别	投资总额	营业收入
12	太仓中集集装箱制造有限公司	第二产业	49468	250658
13	太仓中集特种物流装备有限公司	第二产业	6000	133189
14	太仓中集冷藏物流装备有限公司	第二产业	151000	168572
15	苏州华苏塑料有限公司	第二产业	82751	90782
16	艺康（太仓）科技有限公司	第二产业	74700	36165
17	瀚德（中国）汽车密封系统有限公司苏州分公司	第二产业	3500	2612
18	江苏长江石油化工有限公司	第三产业	41500	13169
19	华能太仓港务有限责任公司	第三产业	219300	21691
20	西本新干线电子商务有限公司	第三产业	199800	8618
21	太仓武港码头有限公司	第三产业	183600	50046
22	太仓国际集装箱码头有限公司	第三产业	137000	32137
23	希杰荣庆物流（太仓）有限公司	第三产业	30000	—
24	江苏京迅递供应链管理有限公司	第三产业	30000	166059
25	太仓市港城碧桂园房地产开发有限公司	第三产业	58100	62123
26	太仓平伊供应链管理有限公司	第三产业	67000	—

2018年港区美资企业基本情况一览表

表11　　单位：万元

序号	公司名称	类别	投资总额	营业收入
1	玖龙纸业（太仓）有限公司	第二产业	585787	1193851
2	玖龙智能包装（太仓）有限公司	第二产业	15273	60287
3	江苏宝洁有限公司	第二产业	191420	540106
4	苏州华苏塑料有限公司	第二产业	85985	90782
5	埃克森美孚（太仓）石油有限公司	第二产业	59926	286159
6	迪皮埃复材构件（太仓）有限公司	第二产业	25000	46726
7	太仓泛能拓颜料有限公司	第二产业	24734	23249
8	格瑞夫（太仓）包装有限公司	第二产业	10375	20029
9	岱纳包装（太仓）有限公司	第二产业	1800	22070
10	中化蓝天霍尼韦尔新材料有限公司	第二产业	69986	53777
11	艺康（太仓）科技有限公司	第二产业	63000	36165
12	太仓宇加纤维有限公司	第二产业	8277	1057
13	明达工业（太仓）有限公司	第二产业	133630	—
14	明达置业（太仓）有限公司	第三产业	24734	10701
15	明达仓储（太仓）有限公司	第三产业	49800	2222
16	明达码头（太仓）有限公司	第三产业	118860	2961
17	斯凯奇（太仓）商贸物流有限公司	第三产业	248000	206507
18	瀚德（中国）汽车密封系统有限公司苏州分公司	第二产业	3500	2612
19	依科赛生物科技（太仓）有限公司	第二产业	227（万美元）	4926
20	之宝（中国）户外产品有限公司	第三产业	700（万美元）	42799
21	马思特（太仓）液体新材料科技有限公司	第二产业	3600（万美元）	—

2018年港区中央企业基本情况一览表

表12

单位:万元

序号	公司名称	类别	投资总额	营业收入
1	中国石油天然气股份有限公司华东润滑油厂	第二产业	93000	179430
2	太仓北新建材有限公司	第二产业	45000	29751
3	太仓中化环保化工有限公司	第二产业	63195	197856
4	中化蓝天霍尼韦尔新材料有限公司	第二产业	69986	53777
5	华能太仓发电有限责任公司	第二产业	643600	304509
6	上海烟草集团太仓海烟烟草薄片有限公司	第二产业	108859	12802
7	国华太仓发电有限公司	第二产业	503000	208822
8	苏州首钢钢材加工配送有限公司	第二产业	24000	38768
9	五矿邯钢(苏州)钢材加工有限公司	第二产业	6200	81831
10	太仓中集集装箱制造有限公司	第二产业	49468	250658
11	太仓中集特种物流装备有限公司	第二产业	6000	133189
12	太仓中集冷藏物流装备有限公司	第二产业	150000	168572
13	中建材光电装备(太仓)有限公司	第二产业	40000	11626
14	太仓中石油润滑油添加剂有限公司	第二产业	48000	18211
15	中广核三角洲(苏州)高聚物有限公司	第二产业	200000	12004
16	江苏长江石油化工有限公司	第三产业	41500	13169
17	太仓国际集装箱码头有限公司	第三产业	137000	32137
18	太仓华商冷藏物流有限公司	第三产业	12000	760
19	太仓武港码头有限公司	第三产业	183600	50046
20	太仓港集装箱海运有限公司	第三产业	150000	80676
21	太仓万方国际码头有限公司	第三产业	72448	18610
22	太仓中理外轮理货有限公司	第三产业	720	2604
23	太仓中联理货有限公司	第三产业	300	1902
24	太仓港上港正和集装箱码头有限公司	第三产业	219000	21002
25	华能太仓港务有限责任公司	第三产业	6000	21691
26	招商局物流集团苏州有限公司	第三产业	3000	27429
27	太仓港正和兴港集装箱码头有限公司	第三产业	93410	12477
28	苏州国林华东商贸有限公司	第三产业	20000	—

(毛 俊)

口岸服务

【概况】 2018年,太仓港拓展港口服务功能,成为全省及长江流域进口废纸唯一指定口岸;拆拼箱场所建成投用,业务量快速放大,成为全省第一家采用“先查验、后装箱”模式开展进出口拆拼箱业务港口;落地自贸试验区政策措施23项。特色运输业务快速发展,进口食用水生动物、进口水果、进口奶粉等特色货种进口量较上年分别增长189%、193%和169%,成为华东地区进口食用水生动物第一大口岸、全省进口水果第一大口岸。电子口岸公司组建完成,“互联网+港口”形成一批创新成果,推进太仓港指挥中心建设,开发投运口岸智慧查验系统、码头联合操作海关监管系统、集卡优惠通行服务系统、集卡过闸无纸化系统。落实上级关于口岸提速降费工作要求,进口整体通关时间压缩幅度超1/3,全港实行收费公示单位70家。太仓港口岸第9次获评江苏省文明口岸。

【港口环境完善】 2018年,太仓港岸线调整优化方案编制完成,协调配合完成长江湿地和生态红线范围划定,未新增危化品码头项目使用岸线,整治违规使用岸线,整体推进码头前沿水下河床冲刷防护工作。船舶污染物接收转运处置形成闭环监管,生活垃圾实行分类收集，危险废物处置做到“四清”（转运手续清、台账记录清、货物明细清、货物去向清），未发生环境污染事件。13家码头企业建成岸电装置74套，集装箱、件杂货和散货码头岸电覆盖率100%，港作船舶、公务船舶全部使用岸电。全港补植树木约1万株，新增绿化面积1.2万平方米。

【港口安全管控能力提升】 2018年，太仓港开展安全培训6000多人次，累计投入安全保障资金超5000万元。安全生产标准化实现全覆盖，17家码头企业全部通过安全生产标准化二级达标考评，其中通过一级达标考评企业2家；制定《太仓港液体化工码头生产作业流程指南》、太仓港安全风险管理和应急处置综合信息系统建设方案，完成安全风险分级管控和隐患排查治理双重预防机制建设，加强七大重点领域专项整治，推进“平安港口百日行动”，全年排查整改安全隐患513项，整改率100%。抵御“安比”“云雀”等台风侵袭4次。全年安全生产形势总体平稳，未发生较大以上安全生产责任事故，成为全省唯一指定“平安港口”建设标准制订示范区。

（任春艳）

海　关

2018年1月25日，太仓海关工作人员查验进境集装箱　（太仓海关供稿）

【概况】 2018年3月13日，国务院机构改革方案公布，出入境检验检疫管理职责和队伍划入海关。4月14日，太仓检验检疫转隶太仓海关；4月20日，太仓市完成“一个窗口”对外；6月1日，取消通关单；7月，制定“查检合一”现场联合作业实施方案；8月1日，协同推进关检整合申报，12月，太仓海关领导班子调整到位。年内，同时注册报关报检企业249家，联合登临检查船舶167艘次，共同推进整合申报和联合查验作业，实施整合申报10.2万票，实施联合查验作业5698票。全年太仓海关征收税款168.3亿元，较上年增长8.8%；监管进出口货物3911.7万吨，较上年下降10.7%；监管货值289.3亿美元，较上年增长21.4%；监管集装箱80.2万箱次，较上年增长13.7%；监管国际货运船舶6070艘次，较上年下降2.1%；加工贸易备案手册1274份，较上年增长25.4%；受理办结报关单30.8万份，较上年增长19.9%；检验检疫出入境货物3.75万批、81.47亿美元，较上年分别下降5.19%、6.04%；出入境人员体检477人次、艾滋病监测476人次、预防接种75人次，分别下降2.3%、2.5%、增长23%；检疫出入境船舶3823万艘次、集装箱52.57万标箱，分别下降1%、5.81%；签发各类优惠原产地证书1.99万份、10.64亿美元，分别下降5.19%、6.04%。检出不合格货物1598批，涉及货值10.3亿美元，不合格率分别为4.25%、12.64%；饥饿或有害生物484种、11435种次，其中检疫性有害生物50种、全国首次截获25种；检出梅毒感染4例、病毒性肝炎2例。

【严禁“洋垃圾”进境专项行动】 2018年，太仓海关从“凝聚关检合力、抓实一线监管、加强风险防控、严格事后稽查、规范场所管理、保持打私力度”等方面，开展检验和监管工作，对辖区内2家固废企业实施专项稽查。5月，完成监管作业场所新证换发工作；开展打击“洋垃圾”走私“蓝天2018”专项行动。年内，办理固废案件18起，退运禁、限固废989吨。

【防控非洲猪瘟疫情】 2018年8月初，非洲猪瘟疫情暴发，太仓海关检疫从太仓口岸入境、来自非洲猪瘟疫区船舶70艘次，发现并封存猪肉及其制品61批、2950公斤；监督船舶废弃物、泔水等实施无害化处理。立案查处1艘巴哈马货轮私自拆毁封存的来自非洲猪瘟疫区猪肉违法行为，属全省首例。

【技术创新项目推进】 2018年，太仓海关“江港版”无人机智能水尺计重系统投入运行，该系统实现智能观察、智能识别和智能处理，为企业节省交通艇费用数百万元，缩短现场工作时间150小时；有害生物智能识别系统通过原国家质量监督检验检疫总局验收，运用人工智能技术实现智能识别有害生物70多种，准确率超90%；太仓海关智慧查验预约信息化平台进入实际运行阶段，提升查验效能约15%。

【口岸通关时长压缩】 2018年，太仓海关成立压缩通关时长工作小组，制定《影响流程时长问题点工作方案》，重点解决影响口岸整体通关时长重点环节、重点货物和通关模式等问题。截至年底，太仓口岸进口整体通关时间压缩47.8%，出口整体通关时间压缩超70%。

【服务企业发展】 2018年，太仓海关加强高资信企业培育，太仓外代报关行通过南京海关高级认证；苏州天顺新能源通过新申请一般认证企业认证，一般认证企业优质比率提升至93.94%，高级认证企业优质比率83.33%；继续为耐克体育（中国）有限公司定做“区域通关＋免担保验放”通关模式，进口物流缩短时间5~6天。7月，太仓海关帮助吉利鼎公司打破欧盟贸易壁垒，通过对欧注册，成为全国首家恢复向欧盟出口胶原蛋白的生产企业。

【全国通关一体化对接和税收征管模式改革】 2018年，太仓海关完成事中验估3544票，事后验估280条；汇总征税报关单1.96万票，征税21.84亿元，较上年分别增长1.9倍、3.3倍，舍弗勒等59家企业平均通关时间节约60%以上，节约财务成本数百万元。

【跨境电商产业发展】 2018年，太仓海关推进太仓港跨境电商保税监管新模式。1月18日，太仓港综合保税区网购保税进口业务首票测试成功；4月下旬，启动跨境电商保税监管新模式；全年累计验放跨境电商网购保税清单11.32万票，累计二线出区货值2218万元，征税259.92万元。

（武　超）

4月17日，长江太仓段举行2018年水上搜救综合演习　　（许文华　摄）

长江引航

【概况】 2018年，太仓引航站服务港口发展，服务长江经济带建设。年内，太仓引航站引领进出太仓港船舶8212艘次（含移泊），其中国际航线船舶7900艘次，与上年同期基本持平；国内航线船舶312艘次，较上年增长2.3%。引领受限船舶1698艘次，船长250米及以上船舶914艘次，吃水11.5米及以上船舶775艘次。

【引航服务】 2018年，太仓引航站开辟绿色通道，对装载煤炭、粮油等重点物资和鲜活农产品船舶实施优先引领。全年引领进江电煤船舶230艘次，共装载电煤约1052万吨。保障集装箱班轮航行。太仓港集装箱班轮继续保持两位数增长，全年引领集装箱船2077艘次，较上年增长11.01%。太仓引航站开辟第一时间接受引航夜航船舶申请，第一时间安排引航计划，第一时间安排引航员登船，优化生产组织，提供24小时不间断引航服务。提高服务质量，提升太仓港运行效率。推进“阳光引航”，实行引航计划信息公开，安排引航计划公平、公正。引航申请受理率100%，确保不因引航原因导致压船压港。对特殊船舶提供一对一个性化服务。优化提升引航队伍结构，提高人员素质。利用深水航道，帮助提高港航单位效益，促进港口吞吐量提升，助推港口发展。探索引航安全管理规律，制定安全管理措施。加大引航员技术培养力度，确保船舶引航安全，避免对人民生命财产造成损失。为港口码头、代理单位免费提供引航安全知识、各类船舶知识、码头安全管理等培训，营造港口安全环境。

（刘　源）

2018年2月24日，太仓海关工作人员查验进口机械　　（太仓海关供稿）

海　事

【概况】 2018年，太仓海事保障进出港船舶11.88万艘次，较上年增长12.2%。组织水上搜救行动205起，救助遇险人员880人，成功率99.8%，救助遇险船舶212艘，成功率97.7%。全年巡航9900小时、17.6万公里。开展船旗国检查671艘次、港口国检查104艘次。查处违法行为1220起，办理处罚692件，处罚金额352.2万元。征收港口建设费3.16亿元，较上年下降13%。

【海事安全监管】 2018年，太仓海事对客汽渡、船舶横越等九大风险实施分类分级管理，绘制辖区船舶航行风险一张图，编发白北水道安全航行告知书。针对辖区事故特点，开展规范船舶横越百日攻坚行动。完成上合峰会、进博会等重点时段水上管控任务。开展水上过驳区专项整治，与南通海事局、常熟海事局及过驳管理单位开展“军管”共建。强化非法营运船舶治理，推动清理长期盘踞浏河口非法锚泊船近300艘。开展打击内河船舶非法从事海上运输等专项行动。与宝山海事局、上海水务局合作，加强苏沪交界水域巡航检查。联合交通、安监等9家单位开展渡运安全专项检查。

【水域环保】 2018年，太仓海事开展船舶污染防治百日攻坚行动，保障安全进出港液货船7945艘次、散装液体危化品1091万吨、危险货物5591万吨。海事艇趸实现零排放。查获船舶燃油含硫量超标案件14起。查获非法排污案5起，最高处罚20万元。阻止船载剧毒危险货物进港2次。率先在省内建立危化品码头联防体，浏河片区4家危化品码头实现污染防治措施、设备和器材共享。指导玖龙码头等加快岸电建设，辖区安装岸电系统73套。配合做好太仓港沿江环境整治。

【海事服务发展】 2018年，太仓海事保障集装箱四期工程顺利施工。指导扬子江海工码头、润禾码头对外开放。开辟绿色通道放行电煤1191万吨、电煤船274艘次，保障苏南地区电煤供应。建成船员远程考场，为“幸福船员”打造“太仓驿站”。维护40万吨级矿砂轮、2万标箱集装箱轮等船舶出江试航31艘次，保障受限船安全航行2200余艘次。建设美丽政务窗口，实现不见面办理审批业务20项。开发港口建设费智慧管理平台，实现规费征稽全程电子化。

【长江首例外轮非法入境案件】 2018年7月30日，太仓海事检查发现，塞拉利昂籍“SHENGJIA（晟嘉）”轮由公海开航至太仓港，未按规定办理进口岸申请手续，也未按规定申请引航。太仓海事连夜组织PSC检查（港口国检查），对其依法实施滞留。经检查处理，太仓海事局依法对非法入境的“SHENGJIA”轮罚款10万元。对其其他违法行为移交海关、边检等口岸部门进一步调查。

【长江太仓段水上搜救综合演习】 4月17日，2018年长江太仓段水上搜救综合演习在江苏扬子江海工码头前沿水域举行。太仓市水上搜救中心相关成员单位、交通部东海救助局、长江上海航道处、太仓市水上搜救志愿者总队等单位及团队参加演习。参演单位超20家、演习人数超150人，参加演习船艇21艘、无人机3架、120救护车2辆、移动通讯车2辆、环保监测车1辆、消防车1辆。（许文华）

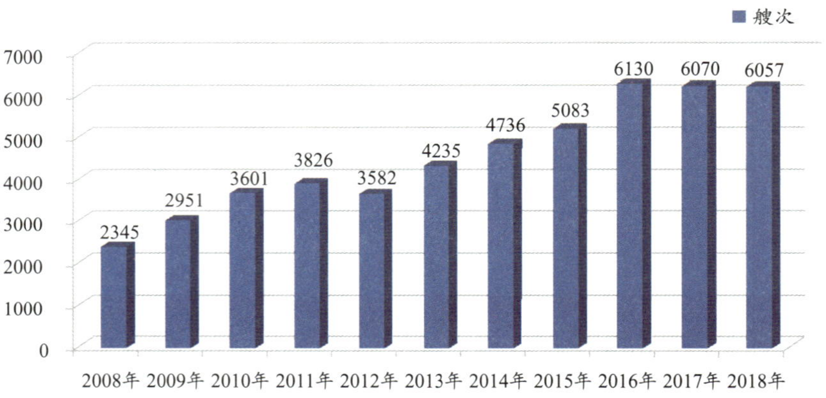

图1　2008—2018年太仓港国际航行船舶进出港统计图

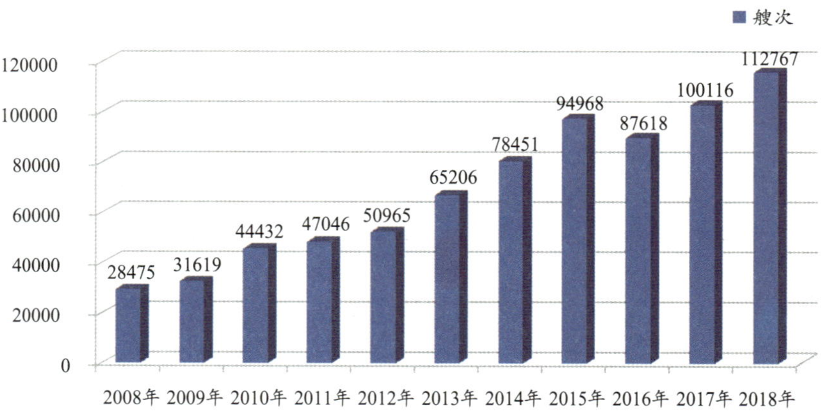

图2　2008—2018年太仓港国内航行船舶进出港统计图

高新区及中德合作示范区

高新区建设

【概况】 太仓高新区地处太仓市主城区，核心面积3.46平方公里，管理面积116.74平方公里。2012年6月经省政府批复筹建。2013年11月和2017年5月，高新区经历“区街合一”与“区城合一”两次管理体制改革，现与科教新城和娄东街道实施区城（街）合一管理，共涵盖村（社区）33个，常住人口近30万人。2018年9月21日，根据国家发展和改革委员会等六部委公告的《中国开发区审核公告目录》（2018年版）相关内容，江苏省政府发文批复，同意设立江苏省太仓高新技术产业开发区为省级高新区。年内，太仓高新区完成地区生产总值360亿元，较上年增长8.3%；公共财政预算税收收入65.23亿元，较上年增长10.4%；工业总产值1003亿元，成为太仓市首个突破千亿的板块；进出口总额60.4亿美元。年内，太仓高新区获批“国家新型工业化产业示范基地”“国家高端装备制造业标准化试点”“江苏省大众创业万众创新示范基地”等称号；连年居全省高新区创新驱动发展综合评价前列。

【产业发展】 太仓高新区坚持产业立区，集聚耐克、舍弗勒、博泽、通快等外资企业800多家，形成以汽车核心零部件、高端装备制造、总部物贸为主，新能源智能网联汽车、生物医药、航空等先导产业孕育发展的现代产业体系，高新产业和新兴产业分别占比63%和57.7%。其中，舍弗勒、卓能电子、法可赛等企业布局新能源汽车领域，初步形成以“汽车零件—部件—零部件—核心零部件—新能源汽车核心零部件—智能和网联”为链条的汽车零部件产业，及高档数控机床、专用装备和医疗器械为主要构成的高端装备制造特色创新集群。2018年，太仓高新区继续引进高科技项目、产业链项目、带动型项目，新注册外资项目27个，其中引进超亿美元项目1个。32个外资项目增资，其中增资超千万美元项目5个，全年注册外资3.09亿美元，到账外资2.13亿美元。沪工机器人、复星阿尔卑斯度假小镇等22个省市重点项目开工建设，开工率100%。耐克三期、新大洲本田、联合汽车电子、博泽一期等15个新项目竣工投用。

【科技创新】 2018年，太仓市制定高新区高质量发展“1+X”政策体系，推动项目落地建设、企业创新发展、产业转型升级和创新资源集聚。年内，高新区首次认定高新技术企业24家，有效高新技术企业总计126家，占全市36.1%，入选省民营科技企业名单66家；入选苏南国家自主创新示范区瞪羚企业9家；新增总部企业5家、总数19家，占全市66%。新增苏州市级以上示范智能车间10个，累计18个，占全市55%。获批省、苏州工程技术中心8家，规模以上企业研发机构建有率升至37%。全社会研发费用投入占地区生产总值比重3.7%。有效发明专利拥有量1144件，万人有效发明专利拥有量60件。引进人才项目21个，获评省市人才计划占全市50%以上。率先设立产业投资引导基金和天使投资基金并实质性运作。建设中德智能制造联合创新中心、新能源汽车检验检测平台、中德智造质量标准服务平台等公共服务平台，西北工业大学太仓长三角研究院建成投用。

【城乡建设】 2018年，太仓高新区聚焦“1221”（1座娄江新城；2所高校：西北工业大学、西交利物浦大学太仓校区；2个文旅项目：恒大、复星文旅项目；1个研究院：西北工业大学太仓长三角研究院）城市重大项目建设，全面启动、整体推进位于高新区的5个城市重大项目。统筹推进城市规划建设管理，完成高新区控制性详规编制，优化区域空间布局。实施包括十大实事工程、十大基础设施、十大民生设施、十大生态环境等4个十大工程在内的45个基础设施和69个民生社会事业项目建设。加强城市精细化、智能化、人性化管理。开工建设娄江新城滨河公园，完成江南路和岳鹿路等绿化工程，新增绿化面积150万平方米，持续改善生态环境，城市功能品质和环境面貌有新提升。

【社会贡献】 2018年，太仓高新区民生和社会事业支出22.98亿元，占公共财政预算支出87.63%。加快民生项目建设，朝阳幼儿园和朱棣文小学扩建项目竣工交付，完成洋沙村、东城小区等32万平方米小区改造，完成世福菜场改造及娄东街道社会组织服务中心、文体中心、综合养老服务中心、15家老年人日照中心、朝阳文化书场、浦溪社区卫生服务站等建设。提供就业岗位近10万个，达成就业意向1.36万人次。加强和创新社会治理，社会综合治理网格化联动中心建成投运。

【高新区企业选介】 联合汽车电子太仓公司。联合汽车电子有限公司成立于1995年，是中联汽车电子有限公司和德国罗伯特·博世有限公司在中国的合资企业。公司主要从事汽油发动机管理系统、变速箱控制系统、车身电子、混合动力和电力驱动控制系统的开发、生产和销售。联合汽车电子太仓公司主要为新能源汽车生产电机、电轴、IGBT控制模块等核心零部件，工厂按照工业4.0标准布置产线，是联电在国内最大的新能源汽车部件生产基地和首个智能制造示范工厂。联电太仓项目用地7.73公顷，一期建筑面积3.4万平方米，于2018年6月竣工。

太仓博泽汽车部件有限公司。博泽集团成立于1908年，总部位于德国科堡市。太仓博泽汽车部件有限公司成立于2014年9月，主要生产车门系统、升降系统、座椅电机等汽车部件。太仓博泽占地12公顷，项目总投资9.7亿元，是博泽在亚洲地区最大、全球第三大的工厂。2018年11月，博泽太仓新生产基地开业。新工厂生产车门系统、玻璃升降器、门锁模块、座椅系统、座椅导轨、座椅电机等系列产品。

2018年高新区获评江苏省高新技术企业一览表

表13

序号	企业名称	序号	企业名称
1	齐泰兴精工科技（苏州）有限公司	13	江苏必领能源科技有限公司
2	苏州振瑞昌材料科技有限公司	14	苏州华秀网络科技有限公司
3	苏州中太动力弹簧有限公司	15	苏州泰铎电气有限公司
4	太仓迪科力科技有限公司	16	太仓比泰科自动化设备有限公司
5	合兴集团汽车电子（太仓）有限公司	17	太仓博宏机械有限公司
6	苏州九尚久电磁设备有限公司	18	太仓富莱克斯模具科技有限公司
7	苏州列治埃盟新材料技术转移有限公司	19	太仓濂辉液压器材有限公司
8	苏州龙行洲实业有限公司	20	威尔斯新材料（太仓）有限公司
9	研茂智能装备（苏州）有限公司	21	苏州天众印刷有限公司
10	勃乐氏密封系统（太仓）有限公司	22	浩科机器人（苏州）有限公司
11	迪百仕电机科技（苏州）有限公司	23	苏州迈创信息技术有限公司
12	广濑精密机械（太仓）有限公司	24	苏州脉吉医疗技术有限公司

2018年高新区规模工业企业（不含德企）一览表

表14

序号	单位名称	行业大类名称	投资来源地
1	三全食品（苏州）有限公司	食品制造业	中　国
2	太仓肉松食品有限公司	食品制造业	中　国
3	太仓海润食品有限公司	食品制造业	中　国
4	佳格食品（中国）有限公司	食品制造业	中国台湾
5	横滨丝带（太仓）有限公司	纺织业	日　本
6	苏州锦园旅游用品有限公司	纺织业	中国台湾
7	苏州虹盛印染有限公司	纺织业	中　国
8	新丽纤维制品（苏州）有限公司	纺织业	中国台湾

续表 14

序号	单位名称	行业大类名称	投资来源地
9	拉夏贝尔服饰（太仓）有限公司	纺织服装、服饰业	中　国
10	华利安（太仓）运动服装有限公司	纺织服装、服饰业	美　国
11	江苏大仓集团有限公司	纺织服装、服饰业	中　国
12	太仓祺美时装有限公司	纺织服装、服饰业	中　国
13	太仓泰坦体育用品有限公司	纺织服装、服饰业	中国香港
14	太仓衣稻服装有限公司	纺织服装、服饰业	中　国
15	苏州华钟针织有限公司	纺织服装、服饰业	日　本
16	苏州新明阳鞋业有限公司	皮革、毛皮、羽毛及其制品和制鞋业	日　本
17	太仓海华家具有限公司	家具制造业	中国香港
18	太仓市岭南纸业包装有限公司	造纸和纸制品业	中国香港
19	政伸印刷（太仓）有限公司	印刷和记录媒介复制业	中国台湾
20	太仓兴宇印刷包装股份有限公司	印刷和记录媒介复制业	中　国
21	苏州华南印务有限公司	印刷和记录媒介复制业	中　国
22	实耐格（太仓）包装有限公司	印刷和记录媒介复制业	新加坡
23	英特飞模块地毯（中国）有限公司	文教、工美、体育和娱乐用品制造业	中国香港
24	江苏中联地毯有限公司	文教、工美、体育和娱乐用品制造业	中　国
25	台新纤维制品（苏州）有限公司	文教、工美、体育和娱乐用品制造业	中国台湾
26	和承特种橡胶（太仓）有限公司	化学原料和化学制品制造业	韩　国
27	苏州盛万达塑胶包装材料有限公司	化学原料和化学制品制造业	中　国
28	江苏爱粤建筑粉末涂料有限公司	化学原料和化学制品制造业	中国香港
29	老虎粉末涂料制造（太仓）有限公司	化学原料和化学制品制造业	奥地利
30	苏州新波生物技术有限公司	医药制造业	中　国
31	挪亚圣诺（太仓）生物科技有限公司	医药制造业	荷　兰
32	太仓环球化纤有限公司	化学纤维制造业	美　国
33	科纺勒特种纺织品（太仓）有限公司	化学纤维制造业	中国香港
34	江苏东泰聚合材料有限公司	橡胶和塑料制品业	中　国
35	展诚（苏州）塑料制品有限公司	橡胶和塑料制品业	日　本
36	太仓傲奔矽品科技有限公司	橡胶和塑料制品业	美　国
37	苏州福共包装材料有限公司	橡胶和塑料制品业	中　国
38	太仓艾格鲁塑料制品有限公司	橡胶和塑料制品业	奥地利
39	苏州裕丰塑胶科技有限公司	橡胶和塑料制品业	中　国
40	太仓展新胶粘材料股份有限公司	橡胶和塑料制品业	中　国
41	太仓斯迪克新材料科技有限公司	橡胶和塑料制品业	中　国
42	太仓冠联高分子材料有限公司	橡胶和塑料制品业	中　国
43	白特荣塑胶（太仓）有限公司	橡胶和塑料制品业	新加坡
44	太仓海螺水泥有限责任公司	非金属矿物制品业	中　国
45	苏州三和管桩有限公司	非金属矿物制品业	中国香港
46	华忠金属材料（太仓）有限公司	非金属矿物制品业	中国台湾
47	卡莱司卓奥斯曼（太仓）建筑材料有限公司	非金属矿物制品业	韩　国
48	江兴（太仓）金属制品有限公司	黑色金属冶炼和压延加工业	中国台湾
49	长富不锈钢中心（苏州）有限公司	黑色金属冶炼和压延加工业	日　本

续表14

序号	单位名称	行业大类名称	投资来源地
50	丰田通商（太仓）特钢加工有限公司	黑色金属冶炼和压延加工业	日　本
51	太仓沪北特种铝材有限公司	有色金属冶炼和压延加工业	中　国
52	太仓市金鑫铜管有限公司	有色金属冶炼和压延加工业	中　国
53	苏州撼力合金股份有限公司	有色金属冶炼和压延加工业	中　国
54	江苏仓环铜业股份有限公司	有色金属冶炼和压延加工业	中　国
55	明达铝业科技（太仓）有限公司	有色金属冶炼和压延加工业	中国台湾
56	苏州金仓合金新材料有限公司	有色金属冶炼和压延加工业	中　国
57	太仓市凯斯汀精密压铸有限公司	有色金属冶炼和压延加工业	中　国
58	源文兴车料（太仓）有限公司	金属制品业	美　国
59	苏州静冈刀具有限公司	金属制品业	日　本
60	太仓市国达金属制品有限公司	金属制品业	中　国
61	美固龙金属制品（中国）有限公司	金属制品业	中国香港
62	高盟机械（太仓）有限公司	金属制品业	中国台湾
63	太仓夏鑫电镀有限公司	金属制品业	中　国
64	太仓市合泰机械有限公司	金属制品业	中　国
65	苏州强力五金有限公司	金属制品业	日　本
66	太仓托普斯特金属制品有限公司	金属制品业	中　国
67	太仓世珍集装箱部件股份有限公司	金属制品业	韩　国
68	太仓申立金属制品有限公司	金属制品业	中国香港
69	苏州冠景彩涂板有限公司	金属制品业	中　国
70	太仓锦捷机械有限公司	金属制品业	中　国
71	太仓志霖液压机械有限公司	通用设备制造业	中　国
72	太仓濂辉液压器材有限公司	通用设备制造业	中国台湾
73	金益成（太仓）轴承有限公司	通用设备制造业	中国台湾
74	椿中岛机械（太仓）有限公司	通用设备制造业	日　本
75	广濑精密机械（太仓）有限公司	通用设备制造业	日　本
76	西螺（苏州）精密紧固件有限公司	通用设备制造业	西班牙
77	艾伯纳工业炉（太仓）有限公司	通用设备制造业	奥地利
78	太仓荣南密封件科技有限公司	通用设备制造业	中　国
79	固耐重工（苏州）有限公司	通用设备制造业	意大利
80	太仓旭莱自动化机械有限公司	通用设备制造业	中　国
81	佳兴紧固件工业（苏州）有限公司	通用设备制造业	中国台湾
82	苏州东金机械金属有限公司	通用设备制造业	日　本
83	苏州优尼昂精密金属制造有限公司	通用设备制造业	日　本
84	大庆油田力神泵业（太仓）有限公司	通用设备制造业	中　国
85	太仓翱鏗梯锻压有限公司	通用设备制造业	日　本
86	桂盟链条（太仓）有限公司	通用设备制造业	中国台湾
87	太仓置田锻压有限公司	通用设备制造业	日　本
88	苏州新太铜高效管有限公司	通用设备制造业	中国台湾
89	实用动力（中国）工业有限公司	通用设备制造业	美　国
90	苏州欣科导轨有限公司	通用设备制造业	中国香港

续表 14

序号	单位名称	行业大类名称	投资来源地
91	得泰医疗卫生用品(苏州)有限公司	专用设备制造业	中国台湾
92	日精塑料机械(太仓)有限公司	专用设备制造业	日　本
93	固瑞特模具(太仓)有限公司	专用设备制造业	加拿大
94	协扬机械(江苏)有限公司	专用设备制造业	中国香港
95	太仓创造电子有限公司	专用设备制造业	中　国
96	雅高机械(太仓)有限公司	专用设备制造业	菲律宾
97	太仓久信精密模具股份有限公司	专用设备制造业	中　国
98	太仓宙辉五金制品有限公司	专用设备制造业	中　国
99	奥胜制造(太仓)有限公司	专用设备制造业	奥地利
100	太仓市南丰汽车附件有限公司	汽车制造业	中　国
101	法可赛(太仓)汽车配件有限公司	汽车制造业	西班牙
102	太仓泷田金属制品有限公司	汽车制造业	中国香港
103	苏州温橡特种橡胶有限公司	汽车制造业	中　国
104	太仓世钟汽车配件有限公司	汽车制造业	韩　国
105	苏州世珍橡塑有限公司	汽车制造业	韩　国
106	新井精密部件(太仓)有限公司	汽车制造业	日　本
107	苏州新沣复合纤维制品有限公司	汽车制造业	中国台湾
108	伟速达(中国)汽车安全系统有限公司	汽车制造业	美　国
109	合兴集团汽车电子(太仓)有限公司	汽车制造业	中　国
110	苏州鑫睿达精密机械有限公司	汽车制造业	中国香港
111	和承汽车配件(太仓)有限公司	汽车制造业	韩　国
112	太仓市联宏电塑有限公司	汽车制造业	中　国
113	平和精工汽车配件(太仓)有限公司	汽车制造业	韩　国
114	法因图尔精密部件(太仓)有限公司	汽车制造业	瑞　士
115	驶驰耐精密汽车零部件(太仓)有限公司	汽车制造业	法　国
116	太仓市刘行五金机械制造有限公司	汽车制造业	中　国
117	苏州旭鸿金属制品有限公司	汽车制造业	毛里求斯
118	太仓奥托立夫申达汽车安全系统有限公司	汽车制造业	瑞　典
119	英明精密机件(苏州)有限公司	汽车制造业	中国台湾
120	博格华纳汽车零部件(江苏)有限公司	汽车制造业	美　国
121	太仓安笙精密金属制品有限公司	铁路、船舶、航空航天和其他运输设备制造业	中国台湾
122	元毅车料(太仓)有限公司	铁路、船舶、航空航天和其他运输设备制造业	中国台湾
123	瑞振车料(太仓)有限公司	铁路、船舶、航空航天和其他运输设备制造业	中国台湾
124	翔宇实业(太仓)有限公司	铁路、船舶、航空航天和其他运输设备制造业	中国台湾
125	超汇桂盟传动(苏州)有限公司	铁路、船舶、航空航天和其他运输设备制造业	中国台湾
126	欧亚马自行车(太仓)有限公司	铁路、船舶、航空航天和其他运输设备制造业	中国台湾
127	太仓信隆车料有限公司	铁路、船舶、航空航天和其他运输设备制造业	中国台湾
128	苏州龙跃锂动车辆有限公司	铁路、船舶、航空航天和其他运输设备制造业	中　国
129	祥力自行车配件(太仓)有限公司	铁路、船舶、航空航天和其他运输设备制造业	中国台湾
130	见诚自行车(太仓)有限公司	铁路、船舶、航空航天和其他运输设备制造业	中国台湾
131	陇亿车料(太仓)有限公司	铁路、船舶、航空航天和其他运输设备制造业	中国台湾

续表 14

序号	单位名称	行业大类名称	投资来源地
132	天迅金属制品（太仓）有限公司	铁路、船舶、航空航天和其他运输设备制造业	中国台湾
133	凯得爱依安全运动器材（太仓）有限公司	铁路、船舶、航空航天和其他运输设备制造业	日　本
134	苏州富士端子有限公司	电气机械和器材制造业	日　本
135	苏州矽美仕绿色新能源有限公司	电气机械和器材制造业	中　国
136	太仓年益科技电子有限公司	电气机械和器材制造业	中国台湾
137	天顺风能（苏州）股份有限公司	电气机械和器材制造业	中　国
138	雷勃电气（苏州）有限公司	电气机械和器材制造业	美　国
139	洋保电子（太仓）有限公司	电气机械和器材制造业	日　本
140	德特威勒（苏州）电缆系统有限公司	电气机械和器材制造业	瑞　士
141	麦格纳（太仓）汽车科技有限公司	电气机械和器材制造业	中国香港
142	欧威尔空调科技（中国）有限公司	电气机械和器材制造业	中国香港
143	苏州红壹佰照明有限公司	电气机械和器材制造业	中　国
144	多摩川精密电机（苏州）有限公司	电气机械和器材制造业	日　本
145	苏州悦贸金属制品有限公司	电气机械和器材制造业	日　本
146	特灵空调系统（中国）有限公司	电气机械和器材制造业	美　国
147	昊诚光电（太仓）有限公司	电气机械和器材制造业	中　国
148	江苏通领科技有限公司	电气机械和器材制造业	中　国
149	太仓市同维电子有限公司	计算机、通信和其他电子设备制造业	中　国
150	日立数据系统制造有限公司	计算机、通信和其他电子设备制造业	中　国
151	众华电子科技（太仓）有限公司	计算机、通信和其他电子设备制造业	中国香港
152	兴和电子（太仓）有限公司	计算机、通信和其他电子设备制造业	日　本
153	苏州天积维尔光电科技有限公司	计算机、通信和其他电子设备制造业	中　国
154	苏州宏夏电讯科技有限公司	计算机、通信和其他电子设备制造业	中国台湾
155	苏州蔡伦格蒂电子材料有限公司	计算机、通信和其他电子设备制造业	中　国
156	太仓神明电子有限公司	计算机、通信和其他电子设备制造业	日　本
157	科思泰半导体配件（苏州）有限公司	计算机、通信和其他电子设备制造业	韩　国
158	太仓阿尔派电子有限公司	计算机、通信和其他电子设备制造业	日　本
159	苏州希恩碧电子有限公司	计算机、通信和其他电子设备制造业	日　本
160	普曼普传动系统（太仓）有限公司	仪器仪表制造业	意大利
161	苏州笠亿冲压自动化有限公司	仪器仪表制造业	中　国
162	史太林格塑胶机械（太仓）有限公司	仪器仪表制造业	奥地利
163	太仓市派恩海洋装备科技有限公司	仪器仪表制造业	中　国
164	太仓源凯汽车配件有限公司	仪器仪表制造业	中　国
165	苏州奥智智能设备股份有限公司	仪器仪表制造业	中　国
166	苏州一和儿童礼品有限公司	其他制造业	中国香港
167	太仓苏创液化气有限公司	燃气生产和供应业	中　国
168	太仓市天然气有限公司	燃气生产和供应业	中　国
169	太仓市水处理有限责任公司	水的生产和供应业	中　国

（陆佳斌）

中德合作示范区

综　述

【概况】 1991年，太仓创办经济开发区；1993年，经省人民政府批准升级为省级开发区；同年，生产高科技弹簧、冲压件等产品的德国公司克恩—里伯斯落户太仓，太仓逐步开创出一条源自民间、扎根基层、自下而上的对德合作之路，双方在经贸、科教、文化、体育、环保、公益等各领域开展长期深入交流合作，太仓高新区成为国内德企集聚度高、发展质效好、与本土企业融合发展佳的地区，太仓市获誉为中国“德企之乡”。2008年，德国经济部和中国商务部授予太仓“中德企业合作基地”；2012年，工业和信息化部授予太仓“中德中小企业合作示范区”；2016年11月，科技部发布《科技创新共塑未来·德国战略》（简称“德国战略”），太仓对德合作模式作为样本写入“德国战略”，鼓励太仓先行先试，探索中德创新聚集区发展模式经验。2017年9月，太仓市高新区获批中德（太仓）智能制造合作创新园。截至2018年年底，全市德资企业累计300多家（高新区德企总量占全市90%以上），其中40多家企业成为行业“隐形冠军”，年工业总产值500多亿元，400多家本土企业在与德资企业的合作中步入高质量发展轨道。

【德企发展】 2018年，太仓高新区持续深化对德合作，围绕建设中德合作典范城市目标要求，与德国开展长期交流合作，走出一条市场主导、自下而上的对德合作之路。全区400多家本土企业与德资企业的合作交流中步入高质量发展轨道。持续推进以科技合作为重点的对德合作，探索开放创新、跨区域创业、产业协同、要素互通的深层次合作机制和路径，将合作成果惠及产业发展、经济繁荣和民生福祉，建设国际知名的中德深层次开放合作高地。嫁接德国先进制造技术，加强制造业与互联网跨界融合创新，推动制造业有序向自动化量变与智造质变进阶，培育新产业、新业态。在太仓聚集的德资企业以先进制造业企业为主，形成汽车核心零部件制造、高端装备制造两大创新产业集群。年内，新增阅美、德福埃斯等德企14家，克恩—里伯斯、海瑞恩等11家德资企业增资，德企注册外资9060万美元。规模以上德企保持增速14%。5家德企入选苏州工业企业资源集约利用综合评价亩产英雄百强榜。

【中德合作平台】 太仓市围绕中德合作交流需求，陆续建立中德中小企业合作创新园、德国留学生创业园、德国中心、太仓驻德国办事处、德国商会驻太仓办事处等合作载体平台，提供产业嫁接、科技创业、技术转移、人才交流等多元服务。截至2018年年底，德国中心进驻项目增至40个，中德二期竣工并入驻项目17个，中德三期基本竣工。德国弗劳恩霍夫协会硅酸盐研究所太仓中心、德国（太仓）工程师协会投入运作。

德国弗劳恩霍夫协会硅酸盐研究所太仓中心。弗劳恩霍夫协会是德国也是欧洲最大的从事应用研究方向的科研机构，硅酸盐研究所是弗劳恩霍夫协会下属的规模较大的机构，具有世界领先技术，与中国科技、企业、教育界合作多年，是中德两国科技合作的重要组成部分。2017年9月，德国弗劳恩霍夫协会硅酸盐研究所与太仓高新区管委会签署技术转移共建协议，成立太仓费恩科材料技术有限公司，全权代表弗劳恩霍夫硅酸盐研究所在太仓进行技术转移和相关研发工作。2018年11月，德国弗劳恩霍夫协会硅酸盐研究所江苏（太仓）国际技术研发转移中心揭牌。

德国（太仓）工程师协会。2018年11月，太仓市工程师协会在高新区成立。协会致力对接德国和国内工程师行业协会、职业教育机构、政府机构，为太仓外商企业及本地民营企业的工程技术人员提供专业技术咨询、交流服务及继续教育服务，并推动工程师资格认证等工作。

2018年太仓市规模德企一览表

表15

序号	单位名称	行业大类名称
1	艾森文具用品（太仓）有限公司	文教、工美、体育和娱乐用品制造业
2	欧皮特传动系统（太仓）有限公司	橡胶和塑料制品业
3	宝丽菲姆保护膜（苏州）有限公司	橡胶和塑料制品业
4	慕贝尔汽车部件（太仓）有限公司	橡胶和塑料制品业
5	迪美斯（太仓）窗型材有限公司	橡胶和塑料制品业
6	蓝浦树脂应用技术（太仓）有限公司	橡胶和塑料制品业
7	瑞好聚合物（苏州）有限公司	橡胶和塑料制品业
8	麦克—恩福流体技术（太仓）有限责任公司	橡胶和塑料制品业
9	裕克施乐塑料制品（太仓）有限公司	橡胶和塑料制品业
10	林德纳新型建筑材料（太仓）有限公司	非金属矿物制品业

续表 15

序号	单位名称	行业大类名称
11	爱慕莎居家用品（太仓）有限公司	非金属矿物制品业
12	威尔斯新材料（太仓）有限公司	有色金属冶炼和压延加工业
13	太仓威尔斯—克恩·里伯斯新材料有限公司	有色金属冶炼和压延加工业
14	世泰科特种材料（太仓）有限公司	有色金属冶炼和压延加工业
15	通快金属薄板制品（太仓）有限公司	金属制品业
16	萨普精密金属（太仓）有限公司	金属制品业
17	高迈特精密刀具（太仓）有限公司	金属制品业
18	汉亨（苏州）包装材料有限公司	金属制品业
19	必特克刀具（太仓）有限公司	金属制品业
20	翰备机械部件（太仓）有限公司	通用设备制造业
21	爱克奇换热技术（太仓）有限公司	通用设备制造业
22	毅结特紧固件系统（太仓）有限公司	通用设备制造业
23	安策阀门（太仓）有限公司	通用设备制造业
24	美名格—艾罗（太仓）纺织机械有限公司	通用设备制造业
25	毕克礼斯精密部件（太仓）有限公司	通用设备制造业
26	泰创制冷系统（太仓）有限公司	通用设备制造业
27	克朗斯机械（太仓）有限公司	通用设备制造业
28	汉德环保设备（太仓）有限公司	通用设备制造业
29	舍弗勒（中国）有限公司	通用设备制造业
30	史杰克西热能设备（太仓）有限公司	通用设备制造业
31	苏州沃特节水产品有限公司	通用设备制造业
32	克恩—里伯斯（太仓）有限公司	通用设备制造业
33	太仓威格玛机械设备有限公司	专用设备制造业
34	温特图尔磨削技术（太仓）有限公司	专用设备制造业
35	瑞好环境科技（太仓）有限公司	专用设备制造业
36	太仓摩丹卡勒多尼塑料机械有限公司	专用设备制造业
37	勃乐氏密封系统（太仓）有限公司	专用设备制造业
38	阀安格水处理系统（太仓）有限公司	专用设备制造业
39	通快医疗设备（太仓）有限公司	专用设备制造业
40	欧亚瑟水艺（太仓）有限公司	专用设备制造业
41	乐客精密工具（太仓）有限公司	专用设备制造业
42	海尔曼超声波技术（太仓）有限公司	专用设备制造业
43	太仓克恩—里伯斯纺织元件有限公司	专用设备制造业
44	贺利氏电测骑士（太仓）有限公司	专用设备制造业
45	来达隔热隔音汽车部件（太仓）有限公司	汽车制造业
46	科络普线束技术（太仓）有限公司	汽车制造业
47	福立希塑料精密制造（太仓）有限公司	汽车制造业
48	格堡汽车配件（太仓）有限公司	汽车制造业
49	佩尔哲汽车内饰系统（太仓）有限公司	汽车制造业
50	福缔汽车（太仓）有限公司	汽车制造业
51	宝适汽车部件（太仓）有限公司	汽车制造业

续表 15

序号	单位名称	行业大类名称
52	慧鱼汽车系统(太仓)有限公司	汽车制造业
53	凯乐金霸紧固件(太仓)有限公司	汽车制造业
54	太仓卡兰平汽车零部件有限公司	汽车制造业
55	慧鱼(太仓)建筑锚栓有限公司	铁路、船舶、航空航天和其他运输设备制造业
56	威赛家用电器(太仓)有限公司	电气机械和器材制造业
57	太仓博泽汽车部件有限公司	电气机械和器材制造业
58	博恩斯坦电子(太仓)有限公司	电气机械和器材制造业
59	利里达尔线材(太仓)有限公司	电气机械和器材制造业
60	飞势管道技术(太仓)有限公司	电气机械和器材制造业
61	和柔电缆制造(太仓)有限公司	电气机械和器材制造业
62	欧托凯勃汽车线束(太仓)有限公司	电气机械和器材制造业
63	爱科空气处理技术(苏州)有限公司	电气机械和器材制造业
64	康唯特空调(太仓)有限公司	电气机械和器材制造业
65	富科－思邦太阳能技术(太仓)有限公司	计算机、通信和其他电子设备制造业
66	海瑞恩精密技术(太仓)有限公司	计算机、通信和其他电子设备制造业
67	德恩科电机(太仓)有限公司	计算机、通信和其他电子设备制造业
68	太仓阿托斯电气部件有限公司	计算机、通信和其他电子设备制造业
69	益技欧电子器件(中国)有限公司	计算机、通信和其他电子设备制造业
70	卓能电子(太仓)有限公司	计算机、通信和其他电子设备制造业
71	斯德拉马机械(太仓)有限公司	仪器仪表制造业
72	通快(中国)有限公司	仪器仪表制造业
73	欧玛执行器(中国)有限公司	仪器仪表制造业
74	爱固机电(太仓)有限公司	仪器仪表制造业
75	苏州托克斯冲压设备有限公司	仪器仪表制造业
76	巨浪凯龙机床(太仓)有限公司	仪器仪表制造业
77	伟思富奇环境试验仪器(太仓)有限公司	仪器仪表制造业
78	乎尔默(太仓)机械有限公司	仪器仪表制造业
79	博纳环境设备(太仓)有限公司	仪器仪表制造业
80	英诺太科测试设备(太仓)有限公司	仪器仪表制造业

2018 年太仓市新批德企项目明细表

表 16

序号	企业名称	主要产品
1	欧星创优(太仓)教育科技有限公司	从事教育科技领域内的技术服务、技术开发、技术转让、技术咨询;软件开发;信息系统集成服务;信息技术咨询服务;企业管理咨询服务;商务咨询服务;会议及展览服务 物业管理。(依法须经批准的项目,经相关部门批准后方可开展经营活动)
2	柏林亚太(太仓)企业孵化管理有限公司	企业孵化管理服务,企业管理咨询服务。(依法须经批准的项目,经相关部门批准后方可开展经营活动)(外资比例低于 25%)
3	阅美测量系统(太仓)有限公司	检测设备、电子光学仪器及配件,过滤网、印刷筛网用纺织品的研发、设计、生产、加工、安装、销售、维护、维修、租赁业务;从事本公司生产产品及同类商品的批发、佣金代理业务(拍卖除外)和进出口业务(不涉及国有贸易管理商品,涉及配额、许可证管理产品的,按国家有关规定办理申请);产品特征、特性检验服务;以及上述领域的技术开发、技术转让、技术服务和技术咨询

续表 16

序号	企业名称	主要产品
4	太仓德尼欧食品科技有限公司	从事食品领域内的技术开发、技术咨询、技术推广。食品，机械设备、食品包装设备、食品加工设备及其零部件，包装材料的批发、零售、佣金代理（拍卖除外）和进出口业务（不涉及国有贸易管理商品、涉及配额、许可证管理商品的，按国家有关规定办理申请），并提供相关的技术开发、技术咨询、技术转让、技术服务；商务咨询服务、企业管理咨询服务、企业形象策划服务、市场营销策划服务。（依法须经批准的项目，经相关部门批准后方可开展经营活动）
5	威施通机电（太仓）有限公司	开发、生产工业风机，销售公司自产产品。从事本公司生产的同类商品及相关产品的批发、佣金代理（拍卖除外）、进出口业务（不涉及国有贸易管理商品，涉及配额，许可证管理商品的，按国家有关规定办理申请），并提供售后服务。（依法须经批准的项目，经相关部门批准后方可开展经营活动）
6	苏州塞姆金属陶瓷有限公司	生产加工特种陶瓷制品、耐火陶瓷制品、轴承、齿轮和传动部件、机床附件、体育器材及配件、汽车零部件及配件、通用零部件、五金制品；设计与制作模具；从事上述产品及陶瓷原料（不含危险品）的批发和进出口业务（以上商品进出口不涉及国有贸易管理商品，涉及配额、许可证管理商品的，按国家有关规定办理申请）；并提供公司产品的技术咨询及售后维修服务。（依法须经批准的项目，经相关部门批准后方可展开经营活动）
7	太仓罗德克机械设备有限公司	生产、加工、销售印刷专用设备及其零部件、模具；从事公司生产的同类产品的批发、佣金代理（拍卖除外）、进出口业务（不涉及国有贸易管理商品，涉及配额、许可证管理商品的，按国家有关规定办理申请），提供相关技术咨询服务和售后安装、维修服务。（依法须经批准的项目，经相关部门批准后方可开展经营活动）
8	立达（太仓）金属制造有限公司	生产、加工、销售训练健身器材、汽车零部件及配件、结构性金属制品、五金制品。（依法须经批准的项目，经相关部门批准后方可开展经营活动）
9	睿普聚氨酯材料科技（太仓）有限公司	从事聚氨酯材料（不含危险品）领域内的技术开发、技术咨询、技术转让、技术推广，相关化工原料及产品（不含危险品）的批发、佣金代理（拍卖除外）和进出口业务（不涉及国有贸易管理商品，涉及配额、许可证管理商品的，按照国家有关规定办理申请）并提供上述产品的售后服务、技术咨询服务和相关配套服务。（依法须经批准的项目，经相关部门批准后方可开展经营活动）
10	都锐（太仓）焊接设备有限公司	组装、租赁、修理、维护焊接设备及其零部件、工业机械设备及其零部件；从事焊接设备及其零部件、工业机械设备及其零部件的批发、佣金代理（拍卖除外）和进出口业务（不涉及国有贸易管理商品，涉及配额，许可证管理商品的，按国家有关规定办理申请），并提供相关的技术开发、技术咨询、技术转让、技术服务。（依法须经批准的项目，经相关部门批准后方可开展经营活动）
11	胜思科科技（太仓）有限公司	从事集成电路、传感器科技领域内的技术开发、技术咨询、技术服务、技术转让；从事集成电路、传感器、计算机、软件及辅助设备的批发、进出口业务（不涉及国有贸易管理商品，涉及配额、许可证管理商品的，按国家有关规定办理申请）。（依法须经批准的项目，经相关部门批准后方可开展经营活动）
12	泛音贸易（太仓）有限公司	从事电动工具及其零配件、机械设备、电气设备的批发、佣金代理（拍卖除外）和进出口业务（不涉及国有贸易管理商品，涉及配额、许可证管理商品的，按国家有关规定办理申请），并提供上述产品的技术咨询及售后服务。（依法须经批准的项目，经相关部门批准后方可开展经营活动）
13	德福埃斯精密零部件（太仓）有限公司	开发和生产精密汽车零部件，切割工具以及相关组件、零部件，销售自产产品；从事上述产品及其附件的批发、佣金代理（拍卖）除外、进出口业务（不涉及国有贸易管理商品，设涉及额、许可证管理商品的按国家有关规定办理申请），并提供相关的技术咨询及配套服务；企业管理咨询服务；商务咨询服务

2018年太仓市增资德企项目明细表

表 17

序号	企业名称	主要产品
1	克恩—里伯斯（太仓）有限公司	生产汽车安全带弹簧及其系列产品、活塞环配件、各类精密模具、夹具及冲压件、电器组件、各类针织元件，园林机械，柴油机燃油泵及五金件；剪切钢带；生产加工真空淬火件、渗碳件、氮化件、普通淬火件、特种钢材；汽车关键零部件制造：双离合器变速器（DCT）、汽油发动机涡轮增压器以及自动变速器执行器（电磁阀）的关键零件、部件；汽车电子装置制造：发动机和底盘电子控制系统及关键零部件；新能源汽车关键零部件制造：电动汽车电控集成；销售公司自产产品；自有房屋租赁

续表 17

序号	企业名称	主要产品
2	普安华信息技术咨询（太仓）有限公司	信息技术咨询，技术支持服务，计算机软件的开发，销售公司自产产品；从事计算机软件及其他相关商品的批发、进出口业务（不涉及国有贸易管理商品，涉及配额、许可证管理商品的，按国家有关规定办理申请），并提供相关的配套服务
3	泛音电动工具（太仓）有限公司	设计、开发、生产加工电动工具及相关备件、配件，销售公司自产产品；从事上述产品及同类产品的进出口、批发和佣金代理（拍卖除外）业务（不涉及国有贸易管理商品，涉及配额、许可证管理商品的，按国家有关规定办理申请），并提供电动工具相关的技术咨询及售后配套服务
4	海瑞恩精密技术（太仓）有限公司	设计、生产电子控制燃油喷射系统，电子控制制动防抱死系统以及其零件，双离合器变速器（DCT）的关键零件、部件，达到中国第五阶段污染物排放标准的发动机排放控制装置的关键零件、部件，电动汽车驱动电机（峰值功率密度≥2.5k千瓦/公斤，高效区：65%工作区效率≥80%），垂直多关节工业机器人，销售公司自产产品并提供相应的售后服务。从事本公司生产的同类商品及相关产品、五金产品、金属合金制品、自动化设备、智能设备、电子产品、电子元器件、建材、塑料制品、纸制品、纺织品、家具、办公用品、日用品的批发、佣金代理（拍卖除外）、进出口业务（不涉及国有贸易管理商品，涉及配额、许可证管理商品的，按国家有关规定办理申请）
5	瑞贝奥（太仓）机械有限公司	生产、加工水过滤、净化机械及装置，销售公司自产产品。从事紫外线消毒设备、矿化滤器、银离子消毒设备、滤芯过滤设备、软化设备、采水设备、水加热器等机械设备和机械零部件的批发、进出口、佣金代理（拍卖除外）业务（不涉及国有贸易管理商品，涉及配额、许可证管理商品的，按国家有关规定办理申请），并提供相关的配套服务。（依法须经批准的项目，经相关部门批准后方可开展经营活动）
6	裕克施乐塑料制品（太仓）有限公司	非金属制品的模具设计、制造；生产塑料制品、电子产品、陶瓷制品、汽摩配件，销售公司自产产品并从事上述相关技术开发、技术转让及技术咨询等服务；从事本企业生产的同类、相关商品及上述相关生产设备的批发、进出口业务（不涉及国有贸易管理商品，涉及配额、许可证管理商品的，按国家有关规定办理申请）。（依法须经批准的项目，经相关部门批准后方可开展经营活动）
7	高奇工业炉（苏州）有限公司	设计、生产、加工铝工业用无压工业炉、铸造机及相关辅助设备、配套部件；提供相关的技术咨询、技术转让、技术服务，销售自产产品；从事本公司生产产品的同类商品的进出口、批发和佣金代理（拍卖除外）业务（不涉及国有贸易管理商品，涉及配额、许可证管理商品的，按国家有关规定办理申请），并提供相关的售后配套服务
8	欧玛执行器（中国）有限公司	生产、加工执行器、齿轮箱及相关产品，销售公司自产产品并提供相关技术服务（以上涉及许可经营的凭许可证经营）
9	卓能电子（太仓）有限公司	开发、制造、装配各类电路板、模块（机柜组装）及系统（机械元件组装，电子机械元件组装，电子电器元件组装），销售公司自产产品，并提供相关技术、咨询和售后服务。从事本公司生产的同类商品的批发、佣金代理（拍卖除外）和进出口业务（不涉及国有贸易管理商品，涉及配额，许可证管理的，按国家有关规定办理申请）
10	罗特液压（太仓）有限公司	生产蓄能系统和单元、气囊式蓄能器、活塞式蓄能器、膜片式蓄能器、压力阀及相关元件和备件，销售公司自产产品。从事公司同类、相关产品的进出口、批发和佣金代理业务（拍卖除外），提供相关技术支持和配套服务。（不涉及国有贸易管理商品，涉及配额、许可证管理商品的，按国家有关规定办理申请）
11	密泰克传动系统（太仓）有限公司	开发及生产传动模块系统（输送系统），销售公司自产产品以及提供相关售后服务。从事本公司生产的同类及相关产品的批发、佣金代理（拍卖除外）和进出口业务（不涉及国有贸易管理商品，涉及配额、许可证管理商品的，按国家有关规定办理申请），并提供售后服务。（依法须经批准的项目，经相关部门批准后方可开展经营活动）
12	福驰特精密零部件（太仓）有限公司	设计、生产汽车关键零部件及配件：涡轮增压器精密零部件［涡轮轴和涡轮及其组装件、压叶轮、喷嘴板（零件和组件）、可变几何截面喷嘴环（零件和组件）］，机电设备精密零部件；销售公司自产产品；从事本公司生产的同类及相关产品的批发、进出口业务（不涉及国有贸易管理商品，涉及配额、许可证管理商品的，按国家有关规定办理申请），并提供相关的技术咨询和售后服务

（陆圭斌）

职教合作

【概况】 中德职业教育合作是太仓对德合作最为重要构成部分之一，跨企业培训中心是德国学校和企业充分合作的产物。2001年，太仓在全国率先引进德国“双元制”教育模式，逐步构建起从中专、到大专、到本科的多层次技术人才培养体系，累计培养高级管理人才和专业技术人才1万人。2018年，太仓市继续加强“双元制”人才培养，推进产教融合发展，深化“双元制”教育本土化实践，放大太仓“双元制”教育品牌优势，推进教育链、人才链与产业链、创新链衔接，实现人才培养供给侧与产业发展需求侧结构要素全方位融合。年内，“双元制”本科人才培养项目完成第2届招生，启动克恩—里伯斯“大国工匠”项目和克恩—里伯斯（中国）企业大学建设。

【“双元制”本土化创新发展】 6月4日，2018年“双元制”本土化创新发展论坛暨AHK德国双元制职业教育联盟年会在苏州健雄职业技术学院举行。来自上海、浙江、山东、河北、重庆、江苏等省市的76所职业学校、高等院校和教育机构负责人，17家在太仓的德资企业代表和健雄学院师生代表参加活动。论坛旨在探索适应中国技术技能人才持续发展的新路径，提高“双元制”本土化创新力和创造力，提高“双元制”本土化模式影响力和实践意义，逐步将“双元制”本土化职业教育发展成为中国职业教育的创新品牌。会上，揭牌成立“双元制”培训学院、德中经济联合会在健雄学院设立江苏代表处、AHK上海揭牌成立德国Meister太仓培训基地，联盟设立中德师资能力提升研究中心，太仓德资企业联合健雄学院成立现场管理培训中心。太仓创新实践“双元制”本土化，校企在教学中共订方案、共建课程、共建基地、共建师资、共施教育、共同考评。

（陆佳斌）

5月29日，2018年“走进德国——太仓日”活动德国法兰克福举行。图为“德国高科技企业在华发展机会和挑战”主题讨论（高新区供稿）

经济文化交流

【概况】 伴随德资企业在太仓的集聚和对德经贸合作的深入，太仓与德国形成常态化学习交流机制，每年承办国家、省级各类重大对德合作交流活动，形成“走进德国——太仓日”、太仓啤酒节、乒乓球友谊赛等特有的经贸文化交流品牌。2018年，太仓市举办太仓中德合作“新征程·再出发”启动仪式、第11届德国太仓日、第13届太仓啤酒节等活动，参加第9届中德经济技术合作论坛、江苏·北威州开放创新合作论坛和第二次中德智能制造及生产过程网络化合作副部长级会议等，对德合作影响力显著提升。

【“走进德国——太仓日”活动】 2018年5月29日（德国当地时间），太仓市政府联合德国黑森州法兰克福工商会，在法兰克福市举办2018年“走进德国——太仓日”活动。这是太仓连续11年举办“德国太仓日”活动，该届活动主题为“合作创新，共赢未来”。黑森州工商会主席弗拉默，黑森州投资促进署署长瓦尔德施密特，法兰克福市议会议长西格勒，德国经济学专家赫尔曼西蒙等到会发表演讲。与会嘉宾探讨德企在华发展机会，交流太仓投资环境。太仓以良好投资政策配合高效便捷的行政服务，重视对知识产权保护，引进德国“双元制”教育体系，产教融合培养技能型人才，优良的投资环境获得德国工商业者的肯定。现场达成一批合作意向，德国中心签署扩建项目签约。法兰克福DVS集团签约落户高新区，主要从事高精密汽车零部件（齿轮传动轴）的生产和销售。德国工程师协会节能建筑培训及认证项目签约，为在华企业提供工程人员继续教育，尤其是节能建筑领域工程师的教育培育服务。

2018年8月28日，第13届太仓啤酒节开幕，来自德国巴伐利亚的乐队进行现场演出（高新区供稿）

【太仓啤酒节】 2018年8月28日，第13届太仓啤酒节在太仓软件园开幕。啤酒节由太仓高新区欧商企业投资协会（TRT）主办，活动持续至9月2日，历时6天。活动包括开幕式、中国德国商会之夜、博格华纳之夜、太仓欧商协会之夜、克恩—里伯斯之夜、舍弗勒之夜等，累计参加人员7000余人次。德国驻沪总领馆副总领事Claudia Spahl、德国工商会上海代表处副首席代表Jan Jovy，上海德国中心董事长夏建安等出席活动，太仓及周边地区的德企、德国机构工作人员和市民共享啤酒美食，以啤酒为媒，深化中德友谊。

（陆佳斌）

区域经济

融合创新

综　述

【概况】 2018年，太仓市加快推进科技创新“五百工程”和“三年行动计划”，从人才、资金、载体等科技创新供给侧改革发力，推动科技创新与产业发展融合、补齐短板与扩大优势并举、自主创新与开放合作联动、要素集聚和浓度提升互促，巩固全市创新发展成果。全年全市地方财政科技经费10.11亿元，较上年增长35.04%。年内，太仓市通过江苏省实施知识产权战略示范市验收。

【双创服务】 2018年，太仓市双创综合服务平台、“科创通”APP及太仓本级项目申报系统，注册用户785人次，入驻江苏各类服务机构22家，技术供应1325个，政策资讯2.1万条，平台总浏览量2.84万次。平台固定合作金融投资机构超20家，发布银行科技金融产品28个。年内，29家企业申请备案，信贷资金1.03亿元，其中，“苏科贷”备案8568万元，“科贷通”备案1237万元，“科才通”备案470万元。太仓市“苏科贷”业务获评省“优秀”。平台与“科学家在线平台”和“迈科技”签订科技服务协议，举办沪上高校院所“太仓日”——走进上海交通大学等企业技术需求问诊对接活动4场，全年登记技术合同160多项，合同总额15亿元。 （陆剑峰）

科技项目

【概况】 2018年，太仓市共争取省级以上项目23个，落实经费4014.63万元；争取苏州市级科技项目51个，落实经费793.43万元。

2018年太仓市重点科技项目立项情况一览表

表18

项目类别	项目名称	承担单位
省科技成果转化专项	宇航级NCC增强复合橡胶材料关键技术研发及产业化	太仓荣南密封件科技有限公司
	新能源汽车用大功率激光柔性智能制造装备研发及产业化	同高先进制造科技（太仓）有限公司
	时速350公里高速列车受电弓碳滑板研发及产业化	苏州东南佳新材料股份有限公司
省重点研发计划	基于石墨烯电极的高温无线温度传感器	中国科学院上海硅酸盐研究所苏州研究院
	面向冷链物流的电力载波及自组网关智能终端关键技术研发	苏州迪芬德物联网科技有限公司
	高强度长丝碳纤维复合材料研制及在磁力泵方面的关键技术研发	太仓市磁力驱动泵有限公司
省政策引导类计划	太仓设施蔬菜产业分店	太仓市绿润农副产品有限公司
省知识产权战略推进计划项目	—	苏州宏久航空防热材料科技有限公司
		雅本化学股份有限公司

续表 18

项目类别	项目名称	承担单位
苏州—清华创新引领行动专项	铜管无损检测方法研究	仓信无损检测设备苏州有限公司
苏州重点产业技术创新项目	机车环保专用减振降噪铝基复合材料的研发及产业化	苏州撼力合金股份有限公司
	高洁净多规格 OCA 光学胶高效精密生产技术	太仓展新胶粘材料股份有限公司
	航空轮胎用超耐磨抗冲击关键橡胶材料的研发及产业化	太仓冠联高分子材料有限公司
	光伏用新型高阻隔透明导电材料的研究开发	太仓斯迪克新材料科技有限公司
苏州农业科技创新	规模化养猪场液态智能饲喂系统的开发及示范	安佑生物科技集团股份有限公司
	土壤生态功能退化条件下设施蔬菜高效生态栽培关键技术研究与集成示范	太仓市农业技术推广中心
苏州农业产业关键技术创新工程后补助	农业研发投入后补助	安佑生物科技集团股份有限公司
		苏州华泰昌农业科技有限公司
		太仓市飞凤食品有限公司
		太仓市汇丰农业设施有限公司
苏州医疗器械与新医药后补助	CBP—307 胶囊	苏州康乃德生物医药有限公司
	实验动物许可证	苏州莱奥生物技术有限公司
		苏州拓维生物技术有限公司
苏州专利导航计划项目	—	苏州宝骅密封科技股份有限公司
		太仓冠联高分子材料有限公司
		太仓市同维电子有限公司
		苏州宏久航空防热材料科技有限公司

【知识产权保护】 2018 年，太仓市共申请专利 8399 件，其中发明专利申请 4060 件。授权专利 4182 件，其中发明专利授权 748 件，分别较上年增长 32%、13%；PCT 国际专利申请 70 件；万人有效发明专利拥有量 51.92 件，较上年增加 7 件，全市有效发明专利拥有量 3734 件，较上年增长 18%。江苏保捷锻压有限公司、太仓沪试试剂有限公司、太仓冠联高分子材料有限公司、苏州德能电机股份有限公司等 4 家企业获认定为国家知识产权优势企业。年内，立项省企业知识产权战略推进计划项目企业 2 家，苏州专利导航计划项目 4 个。

【科技惠民惠农】 2018 年，太仓市内立项省政策引导类计划（农业科技社会化服务奖补资金）项目 1 项，争取经费 13 万元。苏州医疗器械与新医药后补助项目立项 3 项，苏州市农业科技创新项目 2 项，苏州市农业产业关键技术创新工程后补助项目立项 4 项，合计争取经费 149 万元。年内，举办“科技走近百姓”等系列活动，提升全民科学素质。认定太仓市级科技社区 8 家，新增省级科普教育基地 1 家、苏州市级科普教育基地 2 家。

（陆剑峰）

创新载体

【概况】 2018 年，太仓市新增省级科技创业孵化链条试点 1 家，省级众创空间 2 家，省级星创天地 2 家，苏州市级众创空间 1 家。新增省级工程技术研究中心 5 家、省研究生工作站 4 家、苏州市级工程技术研究中心 23 家，中广核三角洲（江苏）塑化有限公司、华伦皮塑（苏州）有限公司、江苏德威新材料股份有限公司获省工程技术研究中心（企业类）绩效考评优秀企业。

【创新主体集聚】 2018 年，太仓市新增高新技术企业 159 家、省民营科技企业 161 家。147 家高新技术企业享受税收减免政策，合计减免所得税 6.39 亿元，较上年增长 17.03%。357 家企业研发费用加计扣除减免所得税 2.25 亿元，较上年增长 48%。兑现《关于进一步推进科技创新高地建设的若干政策》奖补资金 2064.3 万元。新增省级工程技术研究中心 5 家、省研究生工作站 4 家、省农业科技型企业 1 家、苏州市级工程技术研究中心 23 家。太仓市同维电子有限公司获省企业研发管理体系认证，中广核三角洲（江苏）塑化有限公司、太仓斯迪克新材料科技有限公司、华伦皮塑（苏州）有限公司、江苏德威新材料股份有限公司在省工程技术研究中心（企业类）绩效考评中获优秀评价，大中型工业企业和规模以上高新技术企业研发机构建有率 90.91%。

2018 年太仓市新增各类科技创新载体情况一览表

表 19

类别	载体名称
省级科技创业孵化链条试点	太仓市科技创业园有限公司
省级“众创空间”	太仓华普天健投资咨询有限公司——“汽车零部件众创空间”
	苏州冠君科技咨询有限公司——“创智谷众创空间”
省级“星创天地”	苏州田园优贡电子商务有限公司——“造梦星创天地”
	太仓市城厢镇电站村生态园——“太仓之仓生态园星创天地”
苏州市级“众创空间”	苏州倾爱娱乐传媒有限公司——“倾爱电竞众创空间”

2018 年太仓市新增苏州市级以上研发机构情况一览表

表 20

类别	机构名称
省级工程技术研究中心	苏州荣文库柏照明系统股份有限公司
	太仓中集冷藏物流装备有限公司
	伟速达（中国）汽车安全系统有限公司
	固瑞特模具（太仓）有限公司
	太仓市康辉科技发展有限公司
省研究生工作站	苏州亿禾永利新能源有限公司
	苏州韦德韦诺电气科技有限公司
	康峰（苏州）纸品有限公司
	江苏保捷精锻有限公司
苏州市级工程技术研究中心	合兴集团汽车电子（太仓）有限公司
	苏州鸿安机械有限公司
	欧托凯勃汽车线束（太仓）有限公司
	克恩—里伯斯（太仓）有限公司
	太仓久信精密模具股份有限公司
	太仓旭莱自动化机械有限公司
	太仓德宝玩具制品有限公司
	苏州天顺新能源科技有限公司
	太仓越华精密机械配件有限公司
	太仓意欣智能科技有限公司
	瑞铁机床（苏州）股份有限公司
	苏州佳电飞球电机有限公司
	太仓昂泽威建筑工程材料有限公司
	苏州市桑林汽车配件有限公司
	苏州华盈塑化有限公司
	苏州仓松金属制品有限公司
	华亚工业塑胶（太仓）有限公司
	优缔新材料科技（苏州）有限公司
	太仓诚联塑料有限公司
	瑞宏精密电子（太仓）有限公司
	数恒（苏州）新材料科技有限公司
	苏州剑派实业有限公司
	苏州健能新材料科技有限公司

（陆剑峰）

科技人才

【概况】2018年，太仓市新增省“双创人才”4人、省“双创博士”（创新类）2人、省“科技副总”4人、省“科技企业家”16人、姑苏创新创业领军人才8人、姑苏科技创业天使计划人才15人、太仓科技领军人才29人。同高先进制造科技（太仓）有限公司汤旭东入选国家“万人计划”人员名单，太仓市自主培养的国家“万人计划”实现零突破。

7月25日，太仓市人民政府与南通大学深化全面合作签约仪式举行，双方签订《太仓市人民政府——南通大学深化全面合作协议》，协议内容包括人才引进、成果转化、技术转移等。双方计划加强政产学研深度融合，引导南通大学的创新资源在太仓落地转化，提升太仓科技创新能力。南通大学选派4名教师到太仓市担任科技镇长，第十批科技镇长团赵育获太仓市“引智伯乐”奖。

2018年7月25日，太仓市人民政府和南通大学深化全面合作协议签约
（金春雁　摄）

2018年太仓市新增苏州市级以上高层次人才情况一览表

表21

类别	姓名	单位名称
省“双创人才”	张家奇	浩科机器人（苏州）有限公司
	罗　金	苏州赫尔拜斯泵业有限公司
	程卫民	太仓长臂猿机器人科技有限公司
	南振鸿	昭衍（苏州）新药研究中心有限公司
省“双创博士”	蒋晓欧	苏州新波生物技术有限公司
	王　伟	奕瑞新材料科技（太仓）有限公司
省“科技副总”	朱戴博	苏州金江铜业有限公司
	曹青日	苏州弘森药业股份有限公司
	杨　勇	苏州亿禾永利新能源有限公司
	卢立新	苏州宜安诺包装科技有限公司
省“科技企业家”	管伟国	苏州荣文库柏照明系统股份有限公司
	韩兰青	赛业（苏州）生物科技有限公司
	李振勇	苏州华益美生物科技有限公司
	柳红毅	旭川化学（苏州）有限公司
	麦启波	皇冠（太仓）胶粘制品有限公司
	全　潇	太仓荣文合成纤维有限公司
	汤旭东	同高先进制造科技（太仓）有限公司
	王泱洲	中美冠科生物技术（太仓）有限公司
	杨维廷	太仓中集冷藏物流装备有限公司
	杨文奎	联禾厚普（太仓）精密机械有限公司
	叶　森	海瑞恩精密技术（太仓）有限公司
	曾荣源	太仓科益精密模塑股份有限公司
	张臻伟	克恩—里伯斯（太仓）有限公司

续表 21

类别	姓 名	单位名称
省科技企业家	周雪芳	江苏申久化纤有限公司
	左丛林	昭衍（苏州）新药研究中心有限公司
	丁建宏	中广核三角洲（江苏）塑化有限公司
姑苏创新创业领军人才	徐 雷	衍全生物科技（太仓）有限公司
	储 昕	苏州摩星真空科技有限公司
	程卫民	太仓长臂猿机器人科技有限公司
	朱承平	齐泰兴精工科技（苏州）有限公司
	张 岚	奕瑞新材料科技（太仓）有限公司
	白国超	知行机器人科技（苏州）有限公司
	王书宗	中美冠科生物技术（太仓）有限公司
	南振鸿	昭衍（苏州）新药研究中心有限公司
姑苏科技创业天使计划	陈 舟	苏州亿禾永利新能源有限公司
	李剑峰	苏州水木康桥环境工程技术有限公司
	向彦昕	苏州桃格思信息科技有限公司
	余 凤	太仓恩康医药科技有限公司（更名为苏州冠研生物医药有限公司）
	王东强	江苏立元三维铸造科技有限公司
	刘文才	苏州轻金三维科技有限公司
	宋绍兴	苏州蘅盛生物医药科技有限公司
	葛 军	苏州麟丰生物科技发展有限公司
	张留学	苏州泥娃软件科技有限公司
	雷和朝	牧星航空传感器技术（太仓）有限公司
	李琳菲	苏州骏烜网络科技有限公司
	刘阿勇	江苏艾森瑟传感科技有限公司
	韩 斌	苏州凝昕轨道装备有限公司
	邵元海团队	慧师云说教育科技（苏州）有限公司
	顾卫钢团队	太仓永瑞检测装备科技有限公司

（陆剑峰）

科技镇长团工作

【概况】 2018年，太仓市第十批科技镇长团联系上级机关、高校院所和基层企业，发挥桥梁纽带作用和自身专业优势。聚焦高端装备制造、新材料、生物医药3个新兴产业，实施政产学研合作、先进技术推广、创新平台建设、大院大所引育、人才引进培养、产业规划服务等6大助力计划，促成一批高新技术、高端人才和政策资源落地，为提升企业自主创新能力、产业核心竞争优势和区域发展综合实力做贡献。科技镇长团成为推动太仓科技创新和产业转型的重要力量。2月8日，太仓市召开第十批科技镇长团工作座谈会。第十批科技镇长团深入基层一线，开展"拉网式"走访调研，实地走访企业260家次，摸清太仓市重点产业细分领域、骨干企业、创新载体、高端人才情况，形成《太仓市重点产业发展研究报告》。深入各区镇摸企业情况、问技术需求，累计梳理近100条技术需求在省市、高校平台及有关会议上发布。年内。太仓市与清华大学、东南大学、南京理工大学、上海交通大学、中科院上海硅酸盐研究所、中国科学院苏州生物医学工程技术研究所、江苏省生产力促进中心、江苏省产业技术研究院等院校、科研机构交流对接，组织上海交通大学与太仓高新技术产业开发区、上海理工大学与长江口旅游度假区、南京理工大学与太仓港经济技术开发区、南通大学与沙溪镇等开展专场对接活动20多场次。年内，太仓市科技镇长团帮助企业申报省级以上科技项目26项，获得立项22项，财政资金3320万元。推动太仓市汽车产业（关键核心零部件）获批国家级新型工业化产业示范基地、港区先进基础材料省级新型工业化产业示范基地。

【技术合作】 2018年，太仓市科技镇长团促成上海理工大学与章臣重工（苏州）有限公司，南京理工大学与太仓中集冷箱物流设备有限公司、同高先进制造科技（太仓）有限公司，上海硅酸盐研究所与苏州华辰净化股份有限公司、苏州正乙丙纳米环保科技有限公司，江苏省产业技术研究院智能制造技术研究所与太仓金马智能装备有限公司等各类产学研合作协议30多项，合同金额近500万元。上海理工大学汽车零部件设计研发团队与江苏保捷锻压有限公司、上海海嘉车辆配件有限公司等达成前期合作意向。新能源平台建设项目入选国家发改委“十三五”科教基础设施建设项目库，拟立项资金1亿元；获批省新型研发机构建设项目资金1000万元。

【人才引进】 2018年，太仓市科技镇长团参加2018年苏州国际精英创业周及太仓会场活动、协助举办各区镇分会场活动，洽谈对接海内外精英人才，共谋创新创业发展。全团配合区镇引进国家“千人计划”人才2人、省“双创计划”人才3人、省“双创计划”博士3人、省“双创计划”科技副总4人、太仓本级人才15人。江南大学生物工程学院蔡宇杰“高纯丹参素生物制备的产业化开发”项目、瑞士日内瓦大学陈勇“全身透皮给药制剂的研发和产业化”项目、上海药物所朱志远“抗老年痴呆症一类新药的开发”项目在市生物医药产业园落地。年内，太仓市拓展海外引智渠道，公开招募、增选一批“引才直通站”，对接6个、促成2个上海人才项目在太仓高新技术产业开发区落户。参与国家“千人计划”、省“双创计划”“姑苏人才计划”“太仓科技领军人才计划”等人才项目申报动员、材料把关、面试辅导和现场答辩陪同，提高项目申报质量。苏州金盟生物技术有限公司李月华获评省“双创”人才。牵头完成20项太仓市本级科技与人才项目结题评审，为西北工业大学拟落地科技人才项目提供论证建议；建立高校学生实习基地，推动南通大学与3家生物医药企业联合建立省企业研究生工作站3家。

【政策参谋助手】 2018年，太仓科技镇长团与市经信委赴重点企业调研，研究产业发展布局问题，参加重点企业经济形势分析座谈会。参与研究制订科学发展观考核体系、太仓市三大重点新兴产业发展行动计划、扶优扶强重点民营企业“1123”行动计划三年行动方案、科技创新“五百工程”实施意见及三年行动方案、苏南国家科技成果转移转化示范区建设太仓落实举措、太仓市生物医药产业政策、度假区促进经济发展若干政策意见等政策文件10多份，就板块开展科技人才项目招商、建设科创载体及加速器、打造众创空间、改造场地厂房等提出意见建议。

（陆剑峰）

气象科技

【概况】 2018年，太仓市按照国家统一标准，实施太仓国家观测站标准化气象观测场改造工作并竣工投用。推进国家气象站智能气象探测设施建设，台站智能供电系统完成并投用，台站实时监控系统和动环监控系统基本建成，气象观测站整体安全防控和气象设备防雷安全得到完善。完成太仓市温室气体自动监测站建设，实施二氧化碳、一氧化碳、甲烷与氧化亚氮等4项主要贡献要素的监测分析，开展气象环境观测要素为温、压、湿、风梯度监测。酸雨监测和大气负氧离子监测项目完成并投用。突发公共事件预警信息发布平台和太仓气象业务一体化平台建设有序建设。观测设备安全高效，国家站、区域站的及时率、到报率、数据可用率分别为99.77%、100%、100%，大气成分和颗粒物数据捕获率99.91%以上。Micaps4.0–GFE平台精细化预报投用，全年暴雪预报准确率100%、暴雨预报准确率60%、高温预报准确率100%，热带风暴预报准确率93.27%，台风预报准确率95.1%。全年气象业务无责任事故。

【气象服务】 2018年，太仓市按照“一年四季不放松、每个过程不放过”服务理念，加强气象服务工作，服务经济社会建设。全年发布各类气象服务116期，预警信号71次，发送预警短信244条。继续拓宽发布渠道，扩大信息传播范围，延长预报时效，丰富预报内容。7月1日起，实施气象预报120小时服务模式，增加24小时空气污染气象条件预报。保障专项活动时期气象服务，2018年国际田联世界竞走锦标赛期间，提供赛前天气预测、赛中短临天气监测和竞赛记录气象条件确认等系列气象服务，共报送专题服务材料6题，发送预报服务短信18条，提供科学气象信息。加强为农气象服务，发布春耕春播服务材料2期、小麦赤霉病防治服务材料5期、夏收夏种服务材料8期、秋收秋种服务材料15期，为农户提供针对性气象服务。加强部门合作，新增桃梨和葡萄等果树的气象指数保险3种，发布《太仓气象指数保险服务材料》3期，保障保险理赔及时，减轻农户损失。

【气象防灾减灾】 2018年，太仓市推进气象灾害防御体系建设。加大全市239块气象预警显示终端的巡查维护，确保气象信息全覆盖；更新气象预警信息预警终端10个。利用网站、微博、显示屏等新媒体加强气象防灾减灾宣传，提升市民应对气象灾害的防灾减灾意识和救灾技能。规范气象预警服务，按照提前预警、提前服务、提前应对的原则，实施全网发布2次，启动重大气象灾害应急响应3次。深化“放管服”改革，融入政务服务“一张网”体系，新增“气象灾害性质等级确认”事项，所有审批服务事项全部执行“不见面审批”，全年办结许可事项25件。规范气象行政执法，对172家重点监管行业及企业实施防雷安全专项执法检查全覆盖，开展施放气球安全生产检查进博会专项行动，全年气象安全无事故。12月，召开气象协理员信息员会议，推进基层气象配置标准建设，落实“有职责、有设施、有制度、有名库”配置标准，实施气象灾害防御体系完备率考核，区镇平均完备率86.9%。

（杨小丽）

产业结构

综　述

【概况】 2018年，太仓市坚持稳中求进工作总基调，按照高质量发展要求，推进“两地两城”建设，全市经济社会实现平稳健康发展。全年实现地区生产总值1330.72亿元（按可比价格计算），较上年增长6.8%。其中，第一产业增加值34.98亿元，较上年下降3.6%；第二产业增加值675.47亿元，较上年增长6.4%；第三产业增加值620.27亿元，较上年增长7.7%。按常住人口计算，人均地区生产总值18.55万元，较上年增长6.2%。第一产业增加值占地区生产总值比重2.6%，第二产业增加值比重50.8%，第三产业增加值比重46.6%。全年完成农林牧渔业总产值66.97亿元，较上年下降2.65%。实现规模以上工业总产值2317.37亿元，较上年增长6.9%。完成全社会固定资产投资368.65亿元，较上年增长4.8%。实现社会消费品零售总额338.44亿元，较上年增长9.1%。实现进出口总额145.70亿美元，较上年增长12.3%。

（沈敏亚）

供给侧结构性改革

【概况】 2018年，太仓市经济社会发展成绩显著，经济运行保持在合理区间，新旧动能加快转换，质量效益改善提升，经济社会发展协调性可持续性增强。全年全市深化供给侧结构性改革，深化市场化改革，扩大高水平开放，加快建设现代化经济体系，释放实体经济活力，以稳就业、稳金融、稳外贸、稳外资、稳投资、稳预期等目标，确保全市经济平稳增长。

【“三去一降一补”工作】 2018年，太仓市巩固“三去一降一补”（去产能、去库存、去杠杆，降成本，补短板）成果，抓住供给侧结构性矛盾要害。推进供给侧结构性改革，加大“破、立、降”力度，更多采取改革办法，更多运用市场化、法治化手段，推动更多产能过剩行业加快市场出清，释放大量沉淀资源；实施更大规模的减税降费，降低全社会各类营商成本，继续减轻企业负担；加大基础设施等领域补短板力度。

“去产能”。加快关停淘汰低产能、高能耗企业，去除低效无效供给，关停并转化工企业28家，淘汰低端低效产能企业152家。规模以上工业企业万元能耗下降10.7%。

“去库存”。坚决执行楼市新政，稳控房价水平。12月，商品房价格10566元/平方米，较上年下降2.9%；其中住宅价格12240元/平方米，较上年下降3.1%。

“去杠杆”。截至年底，太仓市银行业金融机构不良贷款余额13.62亿元，较年初下降6.83亿元，较年初减少33.41%；不良贷款率0.91%，较年初下降0.58个百分点。旭泰（太仓）精细化工股份有限公司获准“新三板”挂牌，太仓世珍集装箱部件股份有限公司入选2018年创新层挂牌公司名单，苏州荣文库柏光电科技有限公司等3家企业完成股改，太仓冠联高分子材料有限公司等9家企业完成苏州市上市后备企业备案。高新技术产业园非公开发行公司债券6.5亿元，太仓港协鑫发电有限公司、太仓市水务集团有限公司分别获批非公开发行公司债券8亿元、10亿元。

“降成本”。截至年底，太仓市1278家企业接入苏州综合金融服务平台，555家企业在苏州综合金融服务平台获得授信2392笔，授信金额321.38亿元，其中“信保贷”产品442笔，授信金额10.08亿元；“苏微贷”产品48笔，放款金额3688万元；“小微e贷”产品72笔，放款金额1.37亿元。

“补短板”。2018年，全市实事工程累计完成投资17.66亿元，24项政府实事工程全部启动，年内完成12项。8项跨年度工程完成年度建设任务，4项工程项目持续推进。

（倪香萍）

高新技术产业

【概况】 2018年，太仓市新增国家知识产权优势企业4家，新认定高新技术企业159家、省民营科技企业161家、省科技企业上市培育计划入库企业1家，新增苏州市“瞪羚计划”入库企业5家。

【科技载体能力提升】 2018年，太仓高新区在全省高新区评价中列省级高新区第三，再获1000万奖励资金。年内，全市共7家省级科技企业孵化器参加省孵化器绩效评价，太仓大学科技园有限公司获评“优秀”（A类）等次，太仓市科技创业园有限公司、太仓生物医药创业投资有限公司、太仓市国际服务外包园发展有限公司获评“良好”（B类）等次，共获省奖补资金59.73万元。江苏省苏州新药研发外包技术服务中心获省科技公共服务平台绩效后补助支持50万元。造梦星创天地、太仓之仓生态园星创天地获省级“星创天地”备案。年内新增苏州市级以上众创空间3家，其中汽车零部件众创空间、创智谷众创空间获评省级众创空间，顿爱电竞众创空间获评苏州市级众创空间。

2018年太仓市新增各类科技企业一览表

表22

类别	企业名称	
国家知识产权优势企业	太仓冠联高分子材料有限公司	江苏保捷锻压有限公司
	苏州德能电机股份有限公司	太仓沪试试剂有限公司

续表 22

类别	企业名称	
	艾克森（苏州）传热技术有限公司	奕瑞影像科技（太仓）有限公司
	苏州灵均暖通科技有限公司	太仓格瑞斯金属制品有限公司
	太仓巨洲塑料科技有限公司	太仓市晨启电子精密机械有限公司
	齐泰兴精工科技（苏州）有限公司	苏州龙行洲实业有限公司
	勃乐氏密封系统（太仓）有限公司	迪百仕电机科技（苏州）有限公司
	广濑精密机械（太仓）有限公司	苏州泰铎电气有限公司
	太仓比泰科自动化设备有限公司	太仓富莱克斯模具科技有限公司
	太仓濂辉液压器材有限公司	威尔斯新材料（太仓）有限公司
	苏州天众印刷有限公司	帝悦精密科技（苏州）有限公司
	江苏保捷精锻有限公司	太仓越华精密机械配件有限公司
	苏州福柯思电气有限公司	苏州诺迅汽车零部件有限公司
	苏州万润绝缘材料有限公司	坂田种苗（苏州）有限公司
	苏州市桑林汽车配件有限公司	太仓久本机械科技有限公司
	瑞宏精密电子（太仓）有限公司	苏州艾迈实业有限公司
	苏州仓松金属制品有限公司	太仓昂泽威建筑工程材料有限公司
	太仓市丰亿环保科技有限公司	优缔新材料科技（苏州）有限公司
	太仓市鑫海纸业有限公司	太仓优捷特机械有限公司
	赛肯电子（苏州）有限公司	苏州市万雄机械制造有限公司
	太仓新蓬环保设备有限公司	苏州华盈塑化有限公司
	太仓优上展示器具有限公司	苏州健能新材料科技有限公司
	太仓市意欣塑胶有限公司	苏州中太动力弹簧有限公司
高新技术企业	苏州钧锦机械制造有限公司	太仓恒阳金属制品有限公司
	苏州列治埃盟新材料技术转移有限公司	苏州晓齐信息科技有限公司
	苏州振瑞昌材料科技有限公司	涵开电子科技（太仓）有限公司
	上海阿美泰克工业设备苏州股份有限公司	苏州脉吉医疗技术有限公司
	浩科机器人（苏州）有限公司	太仓市众翔精密五金有限公司
	赛纳（苏州）安防用品有限公司	瑞铁机床（苏州）股份有限公司
	江苏学泰印务有限公司	太仓爱森思电子电器有限公司
	太仓迪科力科技有限公司	研茂智能装备（苏州）有限公司
	苏州迈创信息技术有限公司	中润海精密科技有限公司
	苏州永丰装饰材料有限公司	太仓中集特种物流装备有限公司
	太仓博宏机械有限公司	苏州施必牢精密紧固件有限公司
	太仓鸿恩电子科技有限公司	章臣重工（苏州）有限公司
	苏州华秀网络科技有限公司	太仓市凯福士机械有限公司
	苏州安岢栎热能科技有限公司	苏州九尚久电磁设备有限公司
	江苏必领能源科技有限公司	苏州易诺贝新材料科技有限公司
	固瑞特模具（太仓）有限公司	江苏宝泽高分子材料股份有限公司
	江苏仓环铜业股份有限公司	玖龙纸业（太仓）有限公司
	康峰（苏州）纸品有限公司	克恩—里伯斯（太仓）有限公司
	赛埃孚汽车保修设备（太仓）有限公司	苏州多凯复合材料有限公司
	苏州好博医疗器械有限公司	苏州华一新能源科技有限公司
	苏州金纬化纤工程技术有限公司	苏州天兼新材料科技有限公司
	苏州天顺新能源科技有限公司	苏州新亚科技有限公司

续表 22

类别	企业名称	
高新技术企业	苏州宜安诺包装科技有限公司	太仓阿托斯电气部件有限公司
	太仓戴尔塔精密模具有限公司	太仓高德升降机有限公司
	太仓市锦立得粉末冶金有限公司	太仓市兴港金属材料有限公司
	太仓塑料助剂厂有限公司	太仓陶氏电气有限公司
	太仓中化环保化工有限公司	洋保电子（太仓）有限公司
	亿鸿环保机械（苏州）有限公司	优涂扣紧固件（苏州）有限公司
	中广核三角洲（苏州）高聚物有限公司	中建材光电装备（太仓）有限公司
	众华电子科技（太仓）有限公司	爱克（苏州）机械有限公司
	宝适汽车部件（太仓）有限公司	江苏德威新材料股份有限公司
	江苏恩纳斯重工机械有限公司	金普诺安生物科技（苏州）有限公司
	明达铝业科技（太仓）有限公司	佩尔哲汽车内饰系统（太仓）有限公司
	润邦卡哥特科工业有限公司	苏州杰威尔精密机械有限公司
	苏州捷赛机械股份有限公司	苏州顺革智能科技有限公司
	苏州新波生物技术有限公司	苏州悠远环境科技有限公司
	太仓安路驰汽车部件有限公司	太仓安佑无纺科技有限公司
	太仓宏达俊盟新材料有限公司	太仓金溪粉碎设备有限公司
	太仓市茜泾化工有限公司	太仓顺达磁力泵科技有限公司
	太仓威格玛机械设备有限公司	太仓协鑫光伏科技有限公司
	太仓优尼泰克精密机械有限公司	伟速达（中国）汽车安全系统有限公司
	星光印刷（苏州）有限公司	雅本化学股份有限公司
	中广核三角洲（江苏）塑化有限公司	昊诚光电（太仓）有限公司
	爱克奇换热技术（太仓）有限公司	安佑生物科技集团股份有限公司
	见诚自行车（太仓）有限公司	江苏申久化纤有限公司
	苏州安软信息科技有限公司	苏州椿盟智能科技有限公司
	苏州东南佳新材料股份有限公司	苏州鸿安机械有限公司
	苏州美源达环保科技股份有限公司	苏州矽美仕绿色新能源有限公司
	苏州袭麟光电科技产业有限公司	苏州育龙科教设备有限公司
	太仓海嘉车辆配件有限公司	太仓惠群精密机械有限公司
	太仓丽盛制版有限公司	太仓荣南密封件科技有限公司
	太仓思比科微电子技术有限公司	太仓新宝谊钢管制造有限公司
	太仓正信干燥设备科技有限公司	太仓中博铁路紧固件有限公司
	伍享汽车配件（太仓）有限公司	苏州金纬机械制造有限公司
	苏州睿昕汽车配件有限公司	太仓林飞铸造有限公司
	安策阀门（太仓）有限公司	奥胜制造（太仓）有限公司
	合兴集团汽车电子（太仓）有限公司	太仓成铭液压机械有限公司
	凡甲电子（苏州）有限公司	固耐重工（苏州）有限公司
	太仓市磁力驱动泵有限公司	—
省科技企业上市培育计划入库企业	羽田电子科技（太仓）有限公司	—
苏州市“瞪羚计划”入库企业	太仓市宝马油脂设备有限公司	苏州瑞高新材料有限公司
	苏州好博医疗器械有限公司	太仓旭莱自动化机械有限公司
	龙钜超洁净科技（苏州）有限公司	—

（陆剑峰）

工业经济

综　述

【概况】 2018年，太仓市坚持稳中求进总基调，围绕“1115”（到“十三五”末，实现高端装备制造产业产值1000亿元、新材料产业产值1000亿元、物贸总部经济营业收入1000亿元，用3~5年实现生物医药产业产值500亿元）产业发展目标，实施“1123”（到“十三五”末，扶优扶强100家现有骨干民营企业，引进培育100家以上优势民营科技企业，形成20家以上的民营IPO上市后备企业，培育30家民营“小巨人”企业）行动计划，持续推进供给侧结构性改革，做好稳增长促转型各项工作，推动全市工业经济良性运行。全年全市累计完成工业总产值2728.29亿元，较上年增长3.1%，其中规模工业完成产值2317.37亿元，较上年增长6.9%。完成工业销售收入2631.2亿元，较上年增长6.2%，其中规模以上销售收入2248亿元，较上年增长6.2%；实现利润总额162.11亿元，较上年增长1.4%，其中规模以上利润总额150.26亿元，较上年下降3.7%；规模工业增加值累计增速5.3%。

【工业企业资源集约利用】 2018年，太仓市持续开展工业企业资源集约利用工作，修订综合评价实施细则。综合评价工作从按企业评价调整为按地块评价，同一宗地上企业，实行资源共用、荣誉共享、数据累加、整体评价。制定差别化价格政策实施方案。明确D类企业污水处理费、管道天然气和电价加价标准。建立差别化用电、用气要素保供机制。执行差别化城镇土地使用税，A、B类企业享受优惠2700多万元。年内，完成2017年度综合评价工作。2017年度全市参评地块1769个，参评单位3422个，亩均税收19.04万元（1公顷≈15亩，下同），较上年增长22.9%；亩均销售325.4万元，较上年增长31.2%。

（龚锦芳　张文贝）

2018年太仓市各区镇工业总产值情况一览表

表23

区镇	工业总产值（亿元）	较上年（±%）	区镇	工业总产值（亿元）	较上年（±%）
全市合计	2728.29	3.1	城厢镇	138.11	10.3
港区（含浮桥镇）	852.58	6.3	沙溪镇	281.45	2.2
高新区	1003.00	6.6	璜泾镇	214.72	−9.7
长江口旅游度假区	124.20	−7.8	双凤镇	114.23	−13.5

2018年太仓市各区镇规模以上工业总产值情况一览表

表24

区镇	工业总产值（亿元）	区镇	工业总产值（亿元）
全市合计	2317.37	城厢镇	108.14
港区（含浮桥镇）	768.37	沙溪镇	213.12
高新区	867.11	璜泾镇	166.90
长江口旅游度假区	97.99	双凤镇	95.74

2018年太仓市重点工业企业主要经济指标情况一览表

表25

序号	企业名称	产值（万元）	较上年（±%）	销售收入（万元）	较上年（±%）	利润（万元）	较上年（±%）	利税（万元）	较上年（±%）
		11246458	7.26	10958403	6.61	964466	−3.27	1279893	−2.29
占全市		41.22%	1.62	41.65%	0.17	59.50%	−2.86	54.03%	−1.74
占规模企业		49.25%	1.64	48.75%	0.07	64.19%	−0.52	60.93%	0.32
一、高端装备制造产业									
1	舍弗勒（中国）有限公司	1455106	4.19	1460110	5.06	143759	−16.93	157801	−13.65
2	太仓中集集装箱制造有限公司	258720	−18.86	250658	−28.17	10192	−56.16	11394	−51.85

续表 25

序号	企业名称	产值（万元）	较上年（±%）	销售收入（万元）	较上年（±%）	利润（万元）	较上年（±%）	利税（万元）	较上年（±%）
3	太仓中集冷藏物流装备有限公司	168451	33.34	168572	49.47	7568	58.53	9590	125.35
4	太仓中集特种物流装备有限公司	136603	34.12	133189	2.83	4009	−27.61	4249	−5[illegible].31
5	特灵空调系统（中国）有限公司	475327	14.93	405535	0.72	15192	−3.78	25997	7.59
6	江苏扬子江海洋油气装备有限公司	312864	70.41	278341	65.14	−2971	—	−3192	—
7	博格华纳汽车零部件（江苏）有限公司	138887	−14.06	141734	−11.43	32476	−20.73	40006	−1[illegible].98
8	通快（中国）有限公司	138311	5.11	133791	2.36	3500	−75.68	7[illegible]38	−6[illegible].21
9	苏州天顺新能源科技有限公司	198251	26.94	170283	16.70	28244	66.72	29[illegible]13	77.64
10	天顺风能（苏州）股份有限公司	2021	−97.82	10339	−89.50	−13052	—	−11539	—
11	伟速达（中国）汽车安全系统有限公司	122645	16.41	117497	11.70	10193	27.01	13[illegible]94	17.11
12	太仓博泽汽车部件有限公司	119777	71.14	103019	39.28	−3549	−196.16	−4[illegible]40	—
13	江苏保捷锻压有限公司	105752	−11.93	90398	−16.75	6301	52.47	8[illegible]23	4[illegible].18
14	法可赛（太仓）汽车配件有限公司	104548	7.23	104500	7.97	1474	−35.22	3704	−2.68
15	苏州托克斯冲压设备有限公司	73129	37.79	66506	28.79	13485	18.08	17701	3.23
16	润邦卡哥特科工业有限公司	52934	−16.10	57139	−23.80	790	−88.79	1[illegible]76	−81.78
17	迪皮埃复材构件（太仓）有限公司	42817	−50.73	46726	−35.39	7998	8.62	9358	−51.40
二、新材料产业									
18	太仓东华能源燃气有限公司	835419	22.86	838761	24.50	2741	−8.62	6065	15[illegible].05
19	江苏申久化纤有限公司	356863	19.75	350315	16.08	13058	112.63	18542	4.82
20	香塘集团有限公司	299473	−26.92	304154	−22.88	9803	−49.63	14[illegible]62	−42.87
21	埃克森美孚（太仓）石油有限公司	296975	−1.90	296219	−2.09	35492	−24.28	56308	−9.29
22	太仓中化环保化工有限公司	234615	28.26	197856	27.95	32269	16.34	41957	−40.49
23	中国石油天然气股份有限公司华东润滑油厂	218427	34.05	179430	−2.03	8568	−11.23	10829	−40.09
24	太仓逸枫化纤有限公司	204441	277.19	215082	320.36	16393	569.88	18[illegible]17	—
25	碧辟（中国）工业油品有限公司	191781	44.26	194696	43.52	25249	18.44	48328	56.77
26	旭川化学（苏州）有限公司	146421	23.29	146743	23.18	9296	25.34	7795	−24.72
27	怡球金属资源再生（中国）股份有限公司	134377	−14.60	138219	−11.69	1103	−91.89	1530	−[illegible]0.31
28	慕贝尔汽车部件（太仓）有限公司	141262	14.26	138506	13.86	24684	6.02	31353	4.30
29	江苏德威新材料股份有限公司	106908	−55.38	82705	−44.01	−2140	—	−1076	−117.07
30	长富不锈钢中心（苏州）有限公司	97644	−1.32	97295	0.21	953	−65.04	845	−[illegible]1.48
31	太仓斯迪克新材料科技有限公司	68408	−26.01	65812	−13.23	735	—	2425	—
32	太仓冠联高分子材料有限公司	62261	8.66	61289	6.24	7456	10.09	9796	5.80
三、生物医药产业									
33	江苏宝洁有限公司	532537	16.04	548155	15.85	223163	26.81	276223	[illegible].47
34	苏州市宏达集团有限公司	114758	−3.26	111130	−4.68	3979	−25.31	4947	−2[illegible].50
35	雅本化学股份有限公司	22717	−7.07	19251	−5.14	1702	—	2282	—
36	太仓安佑生物科技有限公司	23245	−0.69	23442	2.31	5217	19.93	5266	9.20

续表 25

序号	企业名称	产值（万元）	较上年（±%）	销售收入（万元）	较上年（±%）	利润（万元）	较上年（±%）	利税（万元）	较上年（±%）
四、纺织化纤服装产业									
37	拉夏贝尔服饰（太仓）有限公司	202277	−7.58	211939	−3.17	93	—	6914	44.81
38	太仓利泰纺织厂有限公司	137928	−8.99	136333	−19.10	−3930	—	−3678	—
五、电力造纸产业									
39	玖龙纸业（太仓）有限公司	1200798	14.35	1193851	21.81	177541	3.20	225923	5.26
40	华能太仓发电有限责任公司	310070	−1.45	304509	−4.58	28760	−34.12	42868	−23.76
41	太仓港协鑫发电有限公司	267188	−6.83	251863	−8.47	24982	15.25	42133	19.03
42	国华太仓发电有限公司	210873	1.90	208822	1.40	18500	−13.53	30997	−8.38
六、电子信息产业									
43	太仓市同维电子有限公司	423735	15.64	404375	11.52	7731	202.43	17031	82.77
44	太仓阿尔派电子有限公司	148977	14.67	148655	17.35	7602	34.30	10214	41.17
45	苏州隆祥电子有限公司	104616	−4.00	104850	−1.48	2111	−36.72	3472	−28.29
46	日立数据系统制造有限公司	87949	17.98	88699	11.41	11329	78.76	19256	40.03
七、其他产业									
47	佳格食品（中国）有限公司	106638	0.71	106745	0.84	3654	2192.03	4082	—
48	苏州口水娃食品有限公司	50740	−6.53	50366	−5.81	768	−52.31	3918	−15.34

（张文贝）

制造业

【概况】 2018年，太仓市重点发展高端装备制造、新材料、生物医药三大战略性新兴产业，规模工业产值、新兴产业占规模工业比重等多项主要指标有所提升。264家新兴产业企业产值占规模工业产值比重55.8%，较上年提高1.3个百分点。全市六大产业产值均呈增长态势，其中电力造纸、电子信息两大产业增幅均超10个百分点。

【高端装备制造产业】 2018年，太仓市336家规模以上高端装备制造产业企业实现产值824.29亿元，较上年增长5.83%，拉动全市规模工业产值增长2.1个百分点。118家规模以上汽车核心零部件制造企业实现产值467.41亿元，较上年增长8.7%。逐渐形成富有竞争力的高端装备产业集群舍弗勒（中国）有限公司全年实现产值145.51亿元，较上年增长4.2%。特灵空调系统（中国）有限公司实现产值47.53亿元，较上年增长14.9%。

【新材料产业】 2018年，太仓市291家规模以上新材料产业企业实现产值732.61亿元，较上年增长8.59%，拉动全市规模工业产值增长2.7个百分点。太仓中化环保化工有限公司实现产值23.46亿元，较上年增长28.3%。旭川化学（苏州）有限公司实现产值14.64亿元，较上年增长23.3%。

【生物医药产业】 2018年，太仓市31家规模以上生物医药产业企业实现产值103.05亿元，较上年增长9.92%。其中，医药制造板块实现产值29.57亿元，较上年增长5.9%；医疗仪器设备及器械制造板块实现产值4.15亿元。

【纺织化纤服装产业】 2018年，太仓市219家规模以上纺织化纤服装产业企业实现产值176.08亿元，较上年增长5.98%。其中，纺织板块实现产值44.65亿元，较上年下降3.9%；化纤制造板块实现产值89.36亿元，较上年增长19%；服装板块实现产值42.07亿元，较上年下降5.6%。

【电力造纸产业】 2018年，太仓市31家规模以上电力造纸产业企业实现产值256.33亿元，较上年增长11.01%。华能太仓发电有限责任公司、太仓港协鑫发电有限公司、国华太仓发电有限公司三大电厂产值合计78.81亿元，较上年下降2.5%。造纸产业实现产值136.55亿元，较上年增长14.3%。玖龙纸业（太仓）有限公司实现产值120.08亿元，较上年增长14.4%。

【电子信息产业】 2018年，太仓市29家规模以上电子信息产业企业实现产值118.27亿元，较上年增长13.15%。太仓市同维电子有限公司实现产值42.37亿元，较上年增长15.6%。太仓阿尔派电子有限公司实现产值14.9亿元，较上年增长14.7%。

2018年太仓市工业主要行业情况一览表

表26

产业	企业数（家）	产值（亿元）	较上年（±%）	主营业务收入（亿元）	较上年（±%）	利润（亿元）	较上年（±%）	利税（亿元）	较上年（±%）	资产（亿元）	较上年（±%）	出口产品交货值（亿元）	较上年（±%）
高端装备制造	336	824.29	5.83	797.80	2.44	52.81	−18.92	69.55	−16.72	875.03	6.96	150.08	4.11
新材料	291	732.61	8.59	722.83	10.14	34.96	3.38	53.17	0.95	636.35	4.30	90.28	6.19
生物医药	31	103.05	9.92	104.34	10.42	26.33	23.60	33.11	21.45	134.05	8.06	14.75	2.23
纺织化纤服装	219	176.08	5.98	177.46	5.18	−0.40	—	2.04	−45.04	101.27	1.17	15.34	9.05
电力造纸	31	256.33	11.01	253.40	13.83	27.16	−4.25	37.28	−0.48	356.70	−2.02	3.64	−3.87
电子信息	29	118.27	13.15	115.21	11.59	5.94	52.25	8.52	30.43	87.15	14.45	32.36	3.06

（张文贝）

工业园区

【太仓市生物医药产业园】 太仓市生物医药产业园位于沙溪镇东北部，毗邻太仓港和建设中的沪通铁路。该园成立于2012年2月，是统筹全市生物医药产业发展而成立的高科技产业园区，是太仓市高新技术体系核心之一。2015年，市生物医药产业园管委会调整由沙溪镇运作，开启园镇一体化管理模式。园区重点发展新药研发生产、医疗器械和CRO服务三大产业，完善研发孵化、中试生产、交易展示、物流配送、生活配套等多元化功能，打造产业集聚发展、跨越发展、创新发展的综合性园区。2018年，太仓市生物医药产业园对照全年工作计划，运行园镇一体化管理模式，集中资源要素，推动生物医药产业园各项事业发展。跟进各项规划。依托创建苏州市级特色小镇——沙溪生物制药小镇契机，推进各项规划编制工作。完成产业园控规修编和产业规划；区域环评编制进入最终专家评审环节。完善基础配套。完成南部规划区拆迁评估工作；纬七、纬九、纬十一3条道路完成招投标，提升产业园整体环境。加大宣传推介力度。完成特色小镇招商宣传片拍摄、景观墙制作及高速公路出口宣传布置等，“小镇客厅”完成装修并启用。核心配套区投入运营。东大生物、海特比奥等研发企业入驻研发楼。管委会及华益美、星药港等企业入驻办公楼。人才公寓、商务酒店、公共食堂完成装修。10月，省重点项目七溪生物硅谷开工建设，项目2号、5号地块主体建筑完成桩基工程，8号地块提交规划设计方案，第一工园星药港项目（计划申报2019年省重点项目）进入公司注册、营业执照办理阶段，并启动土地预审等准备工作。金溪公司投资的创业园二期3幢、8090平方米厂房抓紧建设，2号、3号厂房完成封顶。华益美项目和赛业模式生物产业化项目完成土拍。昭衍新药于2017年8月在沪市主板上市，2018年销售额突破3亿元，获评苏州平台经济示范企业。信立泰（苏州）药业有限公司研发的“注射用特立帕肽”生产批件国家局受理审批。欧米尼公司完成C轮融资2.6亿元。赛业模式生物快速发展，全年销售额5000万元。截至年底，园区共有医药企业50余家，实现销售收入25亿元。全年新增注册企业8家，新增注册资本近10亿元。新增各类人才6人，其中省“双创”计划人才1人，“姑苏创新创业领军人才”计划1人，“太仓科技领军人才”计划4人。年内，生物医药产业园获评江苏省侨联新侨创新创业基地和苏州市平台经济特色基地。

（张俞佳）

2018年10月16日，苏州七溪生物硅谷项目奠基仪式在沙溪镇举行

（生物医药产业园供稿）

【太仓市岳王科技创新产业园】 太仓市岳王科技创新产业园位于沙溪镇南部，前身为江苏太仓合资科技创新产业园，成立于2005年。2018年，岳

王科技创新产业园整体提档升级，完善规划编制、节约集约用地、彰显个性特色等三方面重点工作。其中园区内建设项目为岳杨路翻建工程，投资约500万元，年内完成通车。新修建台南支路总长200米，完工通车。园区以高端装备制造、精密机械制造为主导产业，拥有布莱史塔粉末冶金、瑞宏精密电子、丰武光电、英利汽配、丽婴房、安佑生物科技、贺利氏、花仙子、妙管家等研发创新能力强、科技含量高、发展潜力巨大的规模企业24家。园区经济运行整体良好，较上年增长近20%。苏州悠远环境被上海上市公司收购，产值较上年增长100%。久本机械、太仓安佑、桑林汽配及安伏兹电气等4家企业产值增幅较大。瑞宏精密电子、丰武光电、龙锯超洁、妙管家、益昌铝制品、诚达橡胶、韩纸房、塑宝环保机械等企业运行状况良好，保持一定增长。（陈　健）

【太仓市沙溪镇新材料产业园】 太仓市沙溪镇新材料产业园位于沙溪镇东侧，前身为太仓市沙溪工业开发区，成立于2001年3月，2011年经市政府批准，更名为太仓市沙溪镇新材料产业园。至2018年年底，园区入驻企业106家，其中外资企业30家，内资企业76家。园区内规模以上企业27家，全年实现规模以上工业总产值47.96亿元。年内，园区企业科技创新成果显著，太仓市康辉科技发展有限公司获评江苏省和苏州市工业设计中心、江苏省制造业服务示范企业、苏州市“专精特新”示范企业，企业的自动楼梯升降椅获评苏州市名牌产品；太仓中博铁路紧固件有限公司获评苏州市“专精特新”培育企业；太仓沪试试剂有限公司发布参与修订国家标准1项、行业标准1项。（陈　健）

【苏州机电（浏河）优质产品生产示范区】 苏州机电（浏河）优质产品生产示范区位于太仓长江口旅游度假区，机电产业是长江口旅游度假区工业主导产业。示范区依托机电特色产业基地平台，发展以机电产业为主、精密机械制造为辅的机电特色产业。围绕电气机械、器材、节能电机、特种电机等相关产品生产加工、检测等环节，通过引进高性能、高精度、高效能成套设备生产线和相应检测设备，形成机电特色产业链，带动零部件生产的规模扩张和产质提升。2018年，示范区内机电类生产企业33家，规模以上企业实现工业产值43.91亿元，占长江口旅游度假区规模工业总产值46.06%。（林岑晔）

【璜泾镇纤维新材料产业园】 璜泾镇纤维新材料产业园位于璜泾镇鹿河管理区，处于太仓港与常熟港2个国家级经济技术开发区之间，占地面积3.02平方公里。园区以纤维新材料产业、临江产业和设备制造业作为主要发展方向，以“整合传统工业、接纳外迁企业、催生新兴产业”思路，分2期打造“百亿级企业、千亿级生态产业园区”。截至2018年年底，园区入驻企业34家，实现产值55.31亿元，被列为市发改委重点项目7个（济丰包装属苏州市重点项目），总投资20.34亿元。（王俊龙）

服务业

综　述

【概况】 2018年，太仓市实现服务业增加值620.27亿元，较上年增长7.7%，服务业增加值占地区生产总值比重46.6%，较上年提升0.1个百分点，服务业发展稳中提质。全市把握“做亮特色、提升能级、补齐短板”三个关键，培育壮大服务业发展新动能，推进服务业高质量发展，总体呈现生产性服务业、生活性服务业、生态性服务业协同发展局面。全市服务业集聚态势日益明显，以现代物流、电子竞技、研发设计、商务服务、生物医药为主要业态的服务业产业集聚发展，形成太仓物流园、天镜湖文化科技产业园等8家形态新、发展快、成长性好、示范引领作用强的苏州市级以上现代服务业集聚区。

重点项目服务。年初，太仓市调整市服务业发展工作领导小组和市总部经济工作领导小组，制定《2018年太仓市服务业创新发展工作要点》。推进工作联动联络机制，提升集聚区载体能级。总部企业后备库入库企业21家。300家列统物贸企业（批发零售146家＋物流154家）实现营收940.7亿元，较上年小幅增长，实现利润总额69.8亿元，较上年增长40%。50强物贸企业实现营业收入815亿元，较上年增长9.5%，利润总额64.6亿元，较上年增长45.6%。

产业升级加快。太仓市认定兑现《关于推进总部经济加快发展的若干政策意见》《关于推动现代服务业转型升级创新发展若干政策》新政策。克朗斯等3家企业获总部奖励资金313万元。伟速达、固瑞特、博格华纳等企业获评太仓市第六批总部企业。截至年底，全市累计培育和引进总部企业27家，年营业收入总额924亿元，较上年增长12.8%。其中耐克等9家企业主营业务以物贸为主，耐克、佳格等企业贸易业务发展迅速，营业收入增幅超20%。苏州安软信息科技有限公司等9家企业获服务业政策奖励161.2万元。

发展短板补齐。全市创新示范、集聚发展效应持续凸显。太仓港经济技术开发区列入省新一轮服务业综合改革试点区域。大宝赢、昭衍等企业获评苏州市平台示范企业，沙溪生物医药产业园获评苏州市平台特色基地。高新区总部企业集聚区获评苏州市第九批现代服务业集聚区。天镜湖文化科技产业园获“苏州市优秀集聚区”称号。苏南石油入选中国服务业企业500强名单。讯唐、安软、大加利等企业获评苏州市服务业创新示范企业。太仓物流园列入省级示范物流园重点培育储备库，建设发展规划通过省发改委评审。

合作成果丰硕。太仓市加强与上海服务业联合会对接，与和梦（上海）企业管理中心建立长期合作机制，进一步对接上海市工业经济联合会、上海养老专委会，邀请嘉宾参加2018年沪太协同发展推介会。国内最大的冷链物流企业之一郑明冷链物流落户沙溪。组织天镜湖电竞小镇、康辉科技参会布展2018年第八届上海创意产业博览会，展示太仓特色、太仓形象。

【服务业项目建设】 2018年，太仓市共有斯凯奇中国物流销售中心、日本似鸟华东采购物流中心、昭衍生物硅谷、中科院上海硅酸盐研究所等10个苏州市级服务业重点项目，年计划完成投资额76.5亿元，累计完成投资77.2亿元，投资完成进度100.9%。其中耐克二期等3个项目为重点推进项目，累计完成投资27.8亿元，年计划完成率均在100%以上。

【物贸行业】 2018年，位于高新区总建筑面积约20万平方米的耐克中国物流中心一期项目是耐克在亚洲最大的物流中心，年纳税超30亿元。拉夏贝尔服饰实现营业收入超23亿元。位于港区的全球首个大宗化工品线上交易平台“大宝赢”自2017年7月上线以来，累计交易额突破300亿元。在集装箱、矿建材料、液体化工和木材带动下，太仓港港口货物吞吐量稳定增长，全年实现港口货物吞吐量2.29亿吨，较上年增长6.4%，港口集装箱吞吐量507.1万标箱，较上年增长12.4%。泛亚内贸航线与运力的增加使集装箱吞吐量创历史新高。全年全市完成交通运输、仓储和邮政业增加值119.06亿元，较上年增长3.9%。全社会货物运输量1796万吨，货物周转量32.11亿吨公里，较上年分别增长7.8%和7%。

【金融行业】 截至2018年年底，全市共有银行业金融机构28家，保险机构32家，证券机构4家，期货机构1家，小额贷款公司8家，融资性担保公司5家，备案创投公司8家，融资租赁公司2家，形成以银行为主，担保公司、小额贷款公司、创投公司股权投资为补充，政府贷款风险补偿机制共同参与的融资体系。

【旅游市场】 2018年，太仓市加大旅游投资力度，优化产业发展思路，举办首届太仓国际草坪音乐节、太仓旅游文化节暨江海河三鲜美食节等多项活动，旅游业呈现良好平稳发展态势。全年旅游业总收入96.2亿元，较上年增长13.9%。景区接待人数440.19万人次，较上年增长1.1%。景区营业收入3862万元，较上年增长9.8%。平均客房出租率54.9%，较上年减少2个百分点。

【城乡消费品市场】 2018年，太仓市实现社会消费品零售总额338.44亿元，较上年增长9.1%，其中城镇零售总额219.43亿元，较上年增长9%；农村零售总额119.01亿元，较上年增长9.3%。实现批发和零售业增加值290.51亿元，较上年增长9%。住宿和餐饮业增加值47.93亿元，较上年增长9.6%。

【房地产市场】 2018年，太仓市房地产投资完成额160.72亿元，较上年增长24.9%，占全市服务业投资比重65.2%。商品房销售面积127.9万平方米，其中住宅109.8万平方米，较上年分别上涨11.3%、11.7%。房价水平日益趋稳。 （龚　岚）

【太仓大学科技园】 太仓大学科技园隶属太仓市科教新城区，位于太仓市最南端，东南方与上海嘉定接壤，北依太仓市区和经济开发区，距太仓市中心约5公里，距上海市中心约45公里，距虹桥机场35公里。园区以上海第二工业大学和苏州健雄职业技术学院为依托，开放式吸引国内外各类高校和科研院所的优质资源，形成“多校一园、一园多区”建园模式。重点发展电子商务、电子竞技、“互联网+”、节能环保、文化创意、科技研发、服务外包等产业。截至2018年年底，大学科技园累计注册企业729家，新增高新技术企业4家、省民营科技企业8家。迪芬德获省重点研发项目立项。西北工业大学长三角研究院等3家科研院所19个项目获太仓大院大所创新引领专项计划项目立项。完成有效发明专利拥有量159件。年内，大学科技园获评江苏省“华侨华人创新创业服务中心”。 （陈　雯）

招商引资

【概况】 2018年，太仓市招商局共引进项目39个（已签约或已注册），合计注册资本4.52亿美元。引进外资项目12个，其中德国项目10个，日本项目1个，泰国项目1个；引进港澳台资项目6个，其中，香港项目5个，台湾项目1个。引进注册资金超1000万美元或1亿元人民币的项目15个。截至年底，市招商局洽谈项目总计299个（制造业218个、服务业52个、科技人才29个），其中重点项目135个（制造业98个、服务业16个、科技人才21个），其他项目164个（制造业120个、服务业36个、科技人才8个）。在谈外资项目共计197个，其中德国项目90个，其他欧美项目67个，其他外资项目40个。

【招商活动】 2018年4月24日，太仓市在深圳举行招商投资说明会。深圳市跨境电子商务协会与太仓市政府签订战略合作协议，会上分5批签约项目25个，总投资134.53亿元。签约的前四批项目涵盖智能装备、光学

2018年4月24日，太仓（深圳）招商投资说明会在深圳举行
（市招商局供稿）

10月18日，2018年德国经济界访华团组太仓行活动在太仓举行，探寻中德合作发展新方向（市招商局供稿）

材料、机器人、精密制造、新能源、商贸物流等领域，第五批签署引才引智、科技服务、跨境电商、游戏产业、招商引资5项合作协议。7月13日，2018年中德生物医药（太仓）对接会在太仓举行，活动由德国亚洲经济圈协会协办，15名德国生物医药领域的博士及博士后现场路演14个项目，包括即时血液检测技术、纳米药物、跨境医疗平台等，涵盖医疗设备软硬件、互联网+医疗、生物检测设备、医疗数字化、AI医疗等领域。9月27日，太仓市招商局主办"2018欧美高科技项目对接会"，包括美国、俄罗斯、以色列、中国台湾等国家和地区的13个科技创新项目在太仓寻求合作，项目主要涉及能源、汽车、区块链、软件、医疗、云平台等领域。10月18日，商务部投资促进局与太仓市共同主办的2018年德国经济界访华团组太仓行活动在太仓举行。与会人员围绕"新时代'绿色环保智能制造'产业发展路径""多元德国元素在城市建设中的实践与思考"展开讨论。（黄　强）

商贸流通

【概况】 2018年，太仓市实现社会消费品零售额338.44亿元，较上年增长9.1%，增幅列苏州各县市第一。全市商贸市场运行活跃健康。举办2018年太仓旅游文化节暨长江口江海河三鲜美食节，开展"美食太仓"厨艺赛、"寻味太仓·品鲜之美"摄影比赛、餐饮行业质量提升行动培训等一系列子活动。年内，全市新评定"苏州老字号"5家，万达广场成为太仓首家获江苏省商务厅评定的绿色商场。签订《嘉昆太商贸会展联动发展的合作框架协议》，推进"嘉昆太"商贸领域共建合作。加强商贸领域安全生产，开展重点商贸企业、餐饮燃气等各类安全执法检查30次。应对"非洲猪瘟"疫情，开展防控检查、猪肉保供等工作。

【旅游文化节暨江海河三鲜美食节系列活动】 3月23日，2018年中国·太仓旅游文化节暨江海河三鲜美食节在长江口旅游度假区启动，活动持续至5月底结束。该次节庆以"寻鲜之旅·乐享太仓"为主题，开展"美食太仓"厨艺赛餐饮行业质量提升行动专题活动、三鲜美食进企业进社区进军营系列活动、第五届"名酒百姓喝，最受欢迎品牌"评选活动、"名厨联盟"专业厨艺展示活动和特色产品展销与对接活动、同觉寺素食节活动、"寻味太仓·品鲜之美"摄影比赛与"我最喜爱的一道江海河三鲜美食"评选等系列活动。在美食节期间，累计有超过50万人次海内外人士到太仓品美食、赏美景，拉动全市餐饮行业上半年销售额较上年同期增长10%。

2018年太仓市重点商贸企业零售额情况一览表

表27

序号	企业名称	累计（万元）	较上年增减（±%）
1	太仓森茂国际汽车城	388666	-6.47
2	太仓五洋商城	93303	-9.36
3	太仓万达广场	84727	13.44
4	大润发太仓店	45423	-2.49
5	太仓华联商厦有限公司	23819	0.48
6	太仓市仓建超市有限公司	16597	-7.40
7	江苏五星电器有限公司太仓大卖场	15309	-3.20
8	苏州苏宁电器有限公司太仓店	10854	10.37
9	太仓市新城商厦	6394	-6.40
10	太仓新世界百货有限公司	4969	-39.52

（冷浩杰）

2018年11月10日，太仓市首届电商节开幕　　（市商务局供稿）

电子商务

【概况】 2018年，太仓市电子商务产业发展呈现良好态势，全年实现网络零售额60亿元，跨境电商B2B（企业与企业之间通过专用网络或互联网，进行数据信息的交换、传递，开展交易活动的商业模式）出口额0.44亿元。重点电商企业发展快速，中小型电商企业不断萌发。全年共有8个村上榜阿里研究院公布的"淘宝村"名单，沙溪镇获"淘宝镇"称号，双凤镇维新村入选第八批江苏省农村电子商务示范村。开展2018年太仓电商节系列活动，举行"电商达人"评选、电子商务职业技能大赛、电子商务专场招聘会等活动，构建产、学、研结合的人才共育体系，提升电子商务产业活力。年内，太仓跨境电商产业快速起步。1月18日，在全省首批启动网购保税进口业务，4月，通过验收并投入运营，业务量呈几何增长。全年太仓港综合保税区完成跨境电商货物入区129批次、货值4262万元，出区包裹11.3万单、货值2202万元。全市在苏州市单一窗口备案从事保税进口业务企业10家，累计交易数11.38万笔，交易金额3053万元。

【2018年太仓电商节系列活动】 2018年11月10日，太仓市举行首届电商节启动仪式。活动为期两天，同步开展线下社区体验活动，电商企业、"O2O社区店"、线下商家等多家单位参与。电商节前期，先后举行"电商达人"评选、电子商务职业技能大赛、电子商务专场招聘会、网络探店直播、市民互动探店等预热活动，吸引参与人数超15万人次，粉丝转化总数超1.5万人次。

（冷浩杰）

金　融

银　行

【概况】 截至2018年年底，太仓市金融机构本外币各项存款余额1570.67亿元（数据来源人行太仓市支行，下同），较上年增加50.78亿元，增长3.34%；各项贷款余额1502.01亿元，较上年增加126.25亿元，增长9.18%。社会融资规模存量2186.36亿元，社会融资规模增量227.53亿元，较上年增加106.43亿元。全市银行业金融机构实现利润31.91亿元，较上年增加4.33亿元，增长15.7%。

2018年太仓市金融机构本外币信贷收支表

表28

项　目	年末余额（亿元）	较上年增减数（亿元）	较上年增减（±%）
各项存款	1570.67	50.78	3.34
其中：1. 住户存款	598.79	47.96	8.71
2. 非金融企业存款	610.95	−20.93	−3.31
各项贷款	1502.01	126.25	9.18
其中：1. 住户贷款	463.48	65.39	16.43
2. 非金融企业及机关团体贷款	1036.1	58.87	6.02

说明：1. 该表统计机构包括中国人民银行、政策性银行、国有商业银行、其他商业银行、城市商业银行、农村商业银行、邮政储蓄银行
2. 该表来源于信贷统计资料

（杨子轩）

【银行机构】 截至2018年年底，太仓市共有银行机构28家，其中法人机构2家，分别是农村商业银行和村镇银行；非法人机构26家，非法人机构中，政策性银行1家，大型商业银行5家，股份制商业银行11家，城市商业银行7家，港资银行1家，邮政储蓄银行1家。全市营业网点196个（不含异地机构），较上年减少5个，其中新设平安银行太仓支行1家，终止营业6家，分别是邮政储蓄银行营业所2家和支行1家、建设银行分理处1家、苏州银行社区支行1家、招商银行社区支行1家。全市银行业从业人员3002人（不含异地机构）。

2018 年太仓市银行业金融机构网点、人员一览表

表 29

机构名称	小计（家）	总行（家）	分行（家）	支行（家）		社区支行（家）	小微支行（家）	分理处（家）	营业所（家）	从业人员（人）	备注
				一级支行	二级支行						
人民银行	—	—	—	—	—	—	—	—	—	33	—
银监会	—	—	—	—	—	—	—	—	—	2	—
农业发展银行	1	—	—	1	—	—	—	—	—	17	政策性银行
工商银行	13	—	—	1	12	—	—	—	—	234	
农业银行	27	—	1	21	—	—	—	5	—	403	
中国银行	17	—	1	16	—	—	—	—	—	351	大型商业银行
建设银行	17	—	1	15	—	—	—	1	—	284	
交通银行	2	—	1	1	—	—	—	—	—	43	
中信银行	2	—	—	1	1	—	—	—	—	37	
光大银行	1	—	—	1	—	—	—	—	—	23	
华夏银行	1	—	—	1	—	—	—	—	—	33	
招商银行	1	—	—	1	—	—	—	—	—	33	
浦发银行	3	—	—	1	—	—	2	—	—	43	
民生银行	2	—	—	1	—	—	1	—	—	48	股份制商业银行
兴业银行	3	—	—	1	—	2	—	—	—	22	
广发银行	1	—	—	1	—	—	—	—	—	14	
恒丰银行	1	—	—	1	—	—	—	—	—	25	
浙商银行	1	—	—	1	—	—	—	—	—	34	
平安银行	1	—	—	1	—	—	—	—	—	18	
江苏银行	2	—	—	1	1	—	—	—	—	44	
宁波银行	1	—	—	1	—	—	—	—	—	43	
上海银行	1	—	—	1	—	—	—	—	—	23	
南京银行	1	—	—	1	—	—	—	—	—	22	城市商业银行
苏州银行	5	—	—	1	4	—	—	—	—	58	
浙江泰隆银行	2	—	—	1	1	—	—	—	—	34	
江西银行	1	—	—	1	—	—	—	—	—	20	
太仓农商行	59	1	—	31	—	—	—	27	—	827	农村商业银行
民生村镇银行	5	1	—	4	—	—	—	—	—	76	村镇银行
汇丰银行	1	—	—	1	—	—	—	—	—	6	港资银行
邮政储蓄银行	33	—	—	1	3	—	—	—	29	241	邮政储蓄
合计	205	2	4	110	22	2	3	33	29	3091	—

说明：农村商业银行含 9 家异地机构（6 家支行、3 家分理处），人员 89 人

2018 年太仓市银行业金融机构不良贷款分类情况一览表

表 30

金融机构	年末贷款余额（亿元）	年末不良贷款余额（亿元）	年末不良贷款率（%）
政策性银行	10.04	0.26	2.54
大型商业银行	798.12	6.03	0.76
股份制商业银行	252.56	3.13	1.24
城市商业银行	183.74	0.50	0.27
农村商业银行	203.02	3.55	1.75
村镇银行	9.59	0.08	0.84
邮政储蓄	43.30	0.07	0.16
港资银行	2.66	0	0
合计	1503.01	13.62	0.91

说明：1. 农村商业银行贷款余额及不良贷款余额中不包括异地支行的数据

2. 因四舍五入导致分项数与合计数不一致

（杨　玲）

【货币政策执行】 2018 年，人行太仓市支行通过窗口指导，引导银行机构维护流动性基本稳定，保持货币信贷增量和社会融资总量合理增长。增强为实体经济服务可持续性，督促和引导金融机构围绕供给侧结构性改革和高质量发展战略，优化信贷资金配置。加强窗口指导，改善和优化融资结构和信贷结构。做好涉农信贷政策导向效果评估和通报。截至年底，全市涉农贷款余额 993.85 亿元，较上年增加 21.79 亿元，增长 2.24%；小微企业贷款余额 408.48 亿元，较上年下降 1.74%。

【农村金融改革】 2018 年，人行太仓市支行持续推动全市“两权”（农村承包土地经营权和农民住房财产权）抵押贷款试点工作开展，农村土地经营权抵押贷款增量扩面。试点市场价格机制逐步发挥作用。截至年底，全市累计发放农村土地承包经营权抵押贷款 6.37 亿元，抵押土地总面积 6053.33 公顷，惠及农场专业合作社 17 家，未出现不良贷款情况。

【创业担保贷款政策】 2018 年，人行太仓市支行落实普惠金融要求，服务经济发展薄弱环节，助推金融支持制造业企业提质增效。联合市人社局、市财政局制定《太仓市创业担保贷款实施细则》（修订版），引入担保公司，接入苏州“创 e 贷”服务平台，发挥创新创业担保贷款对普惠金融领域作用。

【金融风险防范】 2018 年，人行太仓市支行发挥金融稳定工作领导小组协调机制作用，加强对重点领域金融风险监测和排查，高度关注重点行业、重点领域生产经营情况，关注地方法人金融机构资产质量变化情况和流动性风险状况，提高金融风险早期预警识别能力。截至年底，全市不良贷款余额 13.62 亿元，较上年下降 6.83 亿元；不良贷款率 0.91%，较上年下降 0.58 个百分点。做好存款保险制度建设，完成辖内法人机构保费收缴、运行监测和评级工作。推进金融生态创建长效机制，构建和保持优良区域金融生态环境。持续做好金融生态环境综合评估和金融生态优秀县创建工作，年内，太仓市被江苏省金融稳定工作协调小组评为“2015—2017 年省金融生态优秀县”。

【国库经理】 2018 年，人行太仓市支行经理国库业务量 272 万笔，较上年增长 25.30%；金额 1363.71 亿元，较上年增长 10.29%。其中浏河直接支付业务 1.44 万笔，金额 21.47 亿元。全年开销户总计 1.36 万户，其中新增核准银行账户 9296 户。

【反洗钱评级工作】 2018 年，人行太仓市支行发挥基层反洗钱基础作用，细化和规范评分标准，完成辖内非法人机构反洗钱评级工作；组织反洗钱业务培训，对辖内银行机构进行反洗钱指导，提示辖内银行重视合规操作，将“客户身份识别”落到实处。

【人民币满意工程建设】 2018 年，人行太仓市支行以假币“零容忍”为目标，加大反假货币工作力度，开展反假货币专项宣传，维护社会公众货币信心。对辖内银行机构开展人民币鉴别仪专项检查，现场测试银行网点鉴别仪 94 台。截至年底，全市收缴假币 6555 张，金额 46.56 万元。

【征信管理】 2018 年，人行太仓市支行加强信息主体权益保护，拓宽个人信用报告查询渠道，提供优质征信服务。开展征信信息安全管理工作，加强对银行机构征信管理和督查。拓宽个人信用报告查询渠道，5 月 2 日，征信服务窗口入驻太仓市政务服务中心，减少公众办事时间。全年辖区个人信用报告查询量 6.63 万份，较上年增长 55%；企业信用报告查询 1551

2018年6月14日，人行太仓市支行与市信用办联合开展“诚信点亮太仓·‘中行杯’‘6·14’信用记录关爱日”主题活动（张文豪　摄）

份，较上年增长71%。利用“3·15”国际消费者权益保护日等宣传时点，发动和组织金融机构开展各类宣传活动。与市信用办联合开展“诚信点亮太仓·‘中行杯’‘6·14’信用记录关爱日”专场主题活动，在全社会营造诚信氛围。

【外汇管理】 2018年，人行太仓市支行推进全口径跨境融资宏观审慎管理，支持企业拓宽跨境融资渠道，降低融资成本。全年办理全口径跨境融资业务企业31家、45笔，合同登记金额29.13亿元，较上年增长65.22%。助推企业境外投融资返程投资。推进复星集团境外投融资返程投资项目，协调解决复星集团境内员工参与非上市特殊目的公司股权激励方案，为其太仓投资提供外汇管理政策支持。支持外贸新业态发展。落实太仓港跨境电商综合保税区建设要求，为打造太仓B2B2C业务模式下提供收付汇便利，创新解决企业货物流与资金流偏离问题，支持“太境通”电商平台业务发展。关注中美贸易摩擦对太仓涉美企业影响。建立对美贸易样本库，动态跟踪辖内涉美企业外汇收支情况，掌握企业预期，持续监测和评估中美贸易摩擦影响，防范跨境收支异常流动风险。全年全市结售汇总额61.84亿美元，较上年减少4.05%，其中结汇41亿美元，较上年增长8.55%；售汇20.84亿美元，较上年减少21.87%。结售汇顺差20.16亿美元，上年顺差11.1亿美元。全年全市跨境人民币收支总额304.4亿元，较上年增长21.37%。其中跨境收入69.2亿元，较上年增长40.08%；跨境支出235.2亿元，较上年增长16.78%。全年全市进出口总额145.7亿美元，较上年增长12.3%，其中出口额67.31亿美元，较上年增长10.6%；进口额78.39亿美元，较上年增长13.87%，进出口逆差11.08亿美元，较上年扩大38%。

（杨子轩）

【苏州银监分局太仓监管办事处】 2018年，银监太仓办围绕分局监管工作重点，开展风险监测与协调，落实属地监管责任，引导银行提升金融服务实体经济质效，促进地方经济平稳健康发展。年初，组织排查辖内银行，分析预判辖内不良贷款转化数据，对上市公司因股票质押产生的风险，向苏州银监分局报告，做好与银行债委会和地方政府协调工作。截至年底，全市不良贷款余额13.62亿元，不良贷款率0.91%。盯紧法人机构流动性风险。通过非现场月度监管，盯紧法人机构流动性风险2家，督促银行制定补充流动性预案，保持流动性指标相对稳定。督促太仓农商行做好票据业务风险排查，查找管理漏洞，采取应对措施。发展惠普金融。推动太仓农商行继续开展农村土地承包经营权贷款试点，截至年底，该行土地承包经营权贷款余额3.02亿元。通过列席董事会、高管任职谈话等途径，督促法人机构增强小微金融服务。督促银行机构利用“三大平台”（苏州综合金融服务平台、地方企业征信平台、企业自主创新金融支持中心）破解信用困局。截至年底，全市获授信企业555家、金额321.38亿元，其中“信保贷”产品授信金额10.08亿元。

银监太仓办落实苏州银监分局工作部署，做好现场检查和督查，参加各类检查、督查、核查8项。派员参加太仓农商行整治乱象现场检查、组织联合检查组开展专项安全检查辖内大型银行、股份制银行网点24个。完成行政许可初审5项。开业验收平安银行太仓支行，任职资格初审和谈话太仓农商行董事5人、独立董事3人、村镇银行董事4人。配合地方政府，引导银行增强服务实体经济能力。以“项目建设深化年”活动为抓手，加强银企政对接，引导银行机构做好金融服务工作，增强服务实体经济能力。防范社会金融风险。组织银行机构开展春节期间防范非法集资宣传教育活动、太仓市涉嫌非法集资风险专项排查活动和涉嫌非法集资广告资讯信息排查清理活动。支持供给侧改革。通过会议传达、走访等形式，引导属地银行机构推动去杠杆去产能，降低企业负债率，降低服务收费，减少服务收费机构28家、金额2.3亿元。协调银行加入太仓市社会治理联动中心，实现网格化管理。协调银行接入太仓市社会治理联动中心信息平台，受理平台投诉。全年直接处理6件，阳光信访平台处理1件，回复市委宣传部转办网络舆情1件。日常接受消保类到访5件。（杨　玲）

【中国农业发展银行太仓市支行】 截至2018年年底，农发行太仓市支行各项贷款余额10.04亿元，按行业分类划分，制造业贷款1218.03万元，建筑业贷款3.8亿元，批发和零售业贷款1.82亿元，房地产业贷款4.3亿元；按贷款形态划分，正常类贷款9.78亿元，不良类贷款2553.03万元。企业存款余额4.31亿元，其中企业存款1.3亿元，财政存款余额3.01亿元。存款日均4.32亿元，其中企业存款日均余额1.22亿元，财政存款日均3.1亿元。年末不良贷款余额2553.03万元，占贷款总额2.54%。全年实现总收入4752.21万元，总支出3742.81万元，账面利润1009.4万元，全年代理保费收入4335.35万元。年内，农发行太仓市支行发挥职能作用，支持夏粮收购。全年发放储备贷款8070万元，完成太仓市地储粮收储任务3200万公斤。做好市场化收购贷款审批，确保收购资金供应充足。2018年两季粮食收购中支持基础粮棉油信贷工作，适时发放小麦收购贷款4600万元，收购本地产小麦1843.48万公斤；发放稻谷收购贷款8000万元，收购本地产稻谷2578万公斤。支持“三优三保”项目业务，首笔城厢镇“三优三保”项目6亿元资金获批复。

（张媛媛）

【中国工商银行股份有限公司太仓支行】 截至2018年年底，工行太仓支行本外币各项存款余额121.46亿元，本外币各项贷款余额157.78亿元。全市设有营业网点13个、自助银行（点）33个。年内，港区支行重装开业，新设新大洲、天镜湖离行式自助银行2个，全辖13个营业网点实现智能化改造全覆盖。加强信贷管理，做好不良清收处置和潜在风险贷款压降，实现不良贷款余额和不良贷款率双降。堵截电信诈骗4起，为客户挽回经济损失5.15万元，堵截假银行承兑汇票1张、金额50万元。1名员工防堵电信诈骗贡献突出，受到苏州市公安局防范电信诈骗见义勇为表彰。年内，工行太仓支行获评“江苏省分行精品县（市）分支行”“苏州市2016—2018年平安金融创建先进单位”“2015—2017年苏州市文明单位”等称号。

【中国工商银行股份有限公司太仓支行金融服务】 2018年，工行太仓支行做好重点项目信贷支持，投放项目贷款17.38亿元。支持小微企业发展，投放普惠金融（小微企业）贷款171笔、金额17.28亿元。做好住房、消费等个人信贷支持，全年个人信贷累计投放2229笔、金额19.74亿元，其中个人住房贷款累计投放2195笔、金额19.55亿元。全年投放车位分期1750万元、“e分期” 3474万元。继续做好工会会员服务卡推广工作，让全市广大工会会员享受各项工会服务及金融专属特惠，截至年底，工会卡发卡总量约7万张。发展互联网金融业务，将“融e联”代收费与银校通收费相结合，全年代收学费3.3万笔，累计金额4000万元。依托“工银e支付”，缴费改造多家单位，将“工银e支付”嵌入收费环节，提高缴费效率，提升金融服务水平。年内，为客户办理首笔“苏贸贷”“e抵快贷”和境内企业境外放款业务及苏州分行首笔“e贴现”业务。全年“融e行”移动端客户数净增2.12万户，“融e联”净增客户数2.71万户，企网证书客户动户数新增781户，实现电子银行交易额3917.01亿元。

（钱　健）

【中国农业银行股份有限公司太仓分行】 截至2018年年底，农行太仓分行本外币存款余额246.05亿元，本外币贷款余额195.87亿元。年内，农行太仓分行加强信贷风险防控，做好不良贷款清收处置和潜在风险退出工作，全年处置不良贷款2.56亿元，不良贷款余额1.66亿元。防范电信诈骗案件2起，减少客户损失49.78万元；防范假身份证、假印鉴、可擦笔支票、异常个体工商户开户等各类案件24起。全年未发生重大案件、安全生产事故和负面舆情。持续推进经营转型工作，全年轻型化改造网点6个、智能化改造网点2个。截至年底，全行设有营业网点26个，离行式自助银行16个，自助设备43台，“惠农通”服务站点86处，金融服务覆盖全市。

【中国农业银行股份有限公司太仓分行金融服务】 2018年，农行太仓分行服务全市重点领域、重大项目，支持全市经济转型升级，全年投放项目12个，金额13.73亿元。服务实体经济，加大满足高端装备制造、新材料、生物医药等主导产业集群中的法人客户流动资金需求，全年发放法人流动资金贷款60.35亿元。支持普惠金融发展，推广“一项目一方案一授权”模式，以批量、专业、高效方式为小微企业提供融资服务，全年完成项目3个，投放24户、金额5505万元；加强与综合金融服务平台等外部信息平台对接，加大“苏微贷”“信保贷”“科贷通”“小微创业贷”等产品推广力度，加强“微捷贷”“税e贷”等小额互联网融资业务推广，全年发放小微企业贷款8.75亿元。服务乡村振兴战略，支持“三农”发展，运用农行苏州分行单独核定2亿元“金农贷”贷款规模，采取“免担保、低利率”优惠政策，支持星

2018年3月18日，农行太仓分行与太仓市璜泾镇加弹行业签署战略合作协议

（农行太仓分行供稿）

级农民合作社发展，全年发放“金农贷”2290万元；新增农户贷款、农村个人经营性贷款、金穗快农贷、惠农便捷贷、烟商贷等互联网贷款1.06亿元，支持村级经济、农业龙头企业及专业合作社等新型农业经营主体、农业农村各领域发展。服务民生领域和幸福产业，全年发放贷款12.29亿元，满足居民购房、改善农民住房条件的信贷需求；办理汽车、家装信用卡分期业务等业务3亿元，满足居民消费升级需求。推进农行“互联网一号工程”，加快线上银行建设，打造“智慧”项目、银客链接系统，优化大众金融支付环境，推广与市卫计委、市人社局等共同建设的“健康太仓”APP掌上支付服务，为市民办理医保移动支付开通业务，实现掌上预约挂号、社会保障卡医保账户掌上支付等功能；完成“警银通”系统试点工作；为11所中小学校和7所幼儿园搭建线上学杂费缴纳通道。

（朱　奕）

【中国银行股份有限公司太仓分行】 截至2018年年底，中行太仓分行本外币各项存款时点余额222.70亿元，较上年新增8.52亿元。本外币各项贷款余额164.40亿元，较上年新增7.60亿元。中行太仓分行打造“智慧型”银行，截至年底，中行太仓分行辖内17家网点共铺设智能柜台51台，实现业务场景41大类186个子类，柜面业务迁移率94.07%，投产移动版智能柜台，让中行服务走进社区、走进学校、走进企业。推广中国银行手机银行APP，手机银行活跃客户数突破3万户。年内，中行太仓分行被评为“2016—2018年苏州市平安金融创建活动示范单位”和“2015—2017年苏州市文明单位”。

【中国银行股份有限公司太仓分行金融服务】 2018年，中行太仓分行支持市重点项目建设，围绕太仓市经济发展规划，调整信贷结构，加速信贷资金投入，支持太仓市重点工程、重点项目，全年累计发放各项对公人民币贷款79亿元。支持民营企业、小微企业发展，推出专门适用中小企业融资的“中银信贷工厂”服务模式，贴合小微企业“短、小、频、急”资金需求特点，全年民营企业贷款余额占全部贷款余额55.23%。年内新增贷款4.61亿元，支农贷款余额5.66亿元。加快跨境业务创新。中行太仓分行以“非融资性保函”“内保外贷”等特色业务支持外向型企业涉外项目，提升服务质效。助力太仓港本地电商企业，首次试水跨境电商贸易国际支付业务；为股权转让企业开立首个股权转让款托管账户，保障企业资金安全；宣传针对境外投资者以分配利润直接投资暂不征收预提所得税政策，为各外企公司办理人民币利润转增资业务。利用海内外联行资源，推进业务模式创新，年内实现对公国际结算业务量42.36亿美元、跨境人民币结算量99.05亿元、结售汇交易量23.02亿美元。加强双拥共建，参与2018年太仓市新兵入伍欢送仪式，为新兵开立拥军卡，特殊优惠和优质金融服务。助力居民消费升级，发展消费信贷业务，投放信用卡分期4.37亿元，投放个人住房贷款15.54亿元。关爱中老年客户群，发放常青树借记卡4300张，为中老年客户提供优质金融服务。支持智能校园建设。3月，中国银行总行与腾讯共同签署《微校项目合作协议》，携手打造校园服务新生态。秉持“打造阳光、便捷、安全、快乐的校园平台”宗旨，4月，中行太仓分行与苏州健雄职业技术学院签署微校项目战略合作协议，该项目是信息化时代下互联网、校园、金融三者结合创新，通过微校项目的投入支持太仓高校智能化管理建设。

（郑珊珊）

2018年4月11日，中行太仓分行与苏州健雄职业技术学院签约微校项目

（张夏红　摄）

【中国建设银行股份有限公司太仓分行】 截至2018年年底，建行太仓分行本外币一般性日均存款184.23亿元，本外币贷款余额231亿元，较上年新增42亿元；不良贷款率0.17%，较上年下降1.86%。防范金融诈骗案件4起，减少客户损失62万元。年内，建行太仓分行获“2015—2017年苏州市文明单位”称号。

【中国建设银行股份有限公司太仓分行金融服务】 2018年，建行太仓分行争取信贷资源，服务实体经济发展。全年大中型企业纯新增投放17亿元，涉及企业21家，资产池转表投放32.8亿元，通过债券承销、表外理财等渠道满足客户多元化融资需求，综合投融资规模38.75亿元。助力经济转型升级，支持各级重大项目建设，绿色贷款较上年增长1700%，产能过剩行业信贷余额持续下降，适应资管新规优化资产结构。持续保持个人贷款、住房贷款优势，个人贷款全年新增17.41亿元，信用卡分期交易额完成5.35亿元。发展普惠金融，减费让利，通过资源倾斜、贷款规模优先供应等政策向小微企业提供用于经营周转的信用贷款。深化版块经营、平台经营、链式经营、数据经营四轮驱动模式，抓好重点客户网络供应链业务，推广“小微快贷”“云税贷”等大数据创新信贷产品，普惠金融贷款新增 1.62 亿元，对公贷款投放新增占比 8.7%，累计支持小微企业 300 余家。增强金融科技驱动力，布局智慧城市、教育、宗教等领域，满足医院、法院、寺庙等定制化需求。上线党群服务平台 182 家、安心养老平台 80 家、公益教育平台 19 家。完成太仓市行政服务审批中心上线，构建“互联网 + 政务 + 金融”新业态，实现网点与政务服务管理平台间新设企业开户信息共享。为宗教活动场所开通电子功德箱，拓宽宗教信众面对面捐助渠道，实现区域内四星宗教活动场所账户开立全覆盖。上线财政“实拨无纸化”系统，升级财政拨款资金支付流程。优化金融支付环境，重点推进企事业单位、机关、学校等云平台建设，实现线上收缴学费、悦生活平台一卡通充值、就医结算扫码支付等服务，全年新增智慧场景 34 个。与海军军医大学附属东方肝胆外科医院共建“医疗保障绿色通道”，推进“沪太银医”合作，打造惠民健康工程。发布“工匠宝”综合服务方案，为农民工群体定制金融借记卡，提供聚财产品、薪享通等多项增值服务。启动“金智惠民”工程，开展惠民课程培训班。

（邹雨婷）

【交通银行股份有限公司太仓分行】 截至 2018 年年底，交行太仓分行人民币各项存款时点余额 26.42，较上年增长 2.74 亿元，日均存款 25.32 亿元，日均增量 1.4 亿元；人民币贷款时点 48.79 亿元，其中个贷 11.89 亿元，对公贷款 36.9 亿元，资产结构逐步优化，资产质量保持稳定。年内，交行太仓分行坚持服务实体经济，促进资产结构优化和效益提升。服务重点工程、重点项目和重点客户，为客户提供全面、高效金融服务，加强客户走访和营销对接，加大项目落地，结合线上线下产品，多渠道为民营企业提供融资便利。坚持夯实客户基础，激发网点营销活力。提升风险管理能力，守住合规底线。保持风险管控高压态势，严控新增逾期、不良贷款发生。加强信贷过程管理，提高贷后管理水平。

（徐莉莉）

【中国邮政储蓄银行股份有限公司太仓市支行】 截至 2018 年年底，邮储银行太仓市支行本外币存款余额 58.92 亿元，较上年增长 2.43 亿元；各项贷款余额 46.68 亿元，较上年增长 7.73 亿元，资产不良率 0.15%。全市设有自营网点 4 个，其中主城区 2 个，浏河镇 1 个，沙溪镇 1 个；邮政代理网点 29 个。年内，邮储银行太仓市支行以科技创新提升“小微”扶持效率，“生意贷”实现客户线上申请，“创业担保贷款”聚焦创业人士、再就业人群，为小微企业、“三农”投放经营类贷款 6.4 亿元，净增 2.09 亿元。贯彻精准扶贫措施，将省级扶贫专业合作社西藏自治区朗县朗墩辣椒专业合作社的辣椒粉和核桃油等产品纳入“邮储食堂”。开展市场乱象整治排查工作，开展反洗钱、反非法集资、防诈骗等宣传；在信贷管理中运用触发式主动推送技术，精准锁定风险变化客户，贷后检查针对性强，提高风控和案防能力。

（包丽诗）

【中国光大银行股份有限公司太仓支行】 截至 2018 年年底，光大银行太仓支行本外币余额 9.92 亿元，较年初增加 5 亿元，其中对公存款 8.12 亿元，较年初增加 3.92 亿元，储蓄存款 1.8 亿元，较年初增加 1.04 亿元；本外币贷款余额 15.31 亿元，较年初减少 2.25 亿元，其中对公贷款 13.18 亿元，较年初 2.62 亿元，个人贷款 2.13 亿元，较年初增加 0.36 亿元。年内，光大银行太仓支行服务实体经济发展，打造具有“敏捷、科技、生态”特色的综合金融服务体系，通过金融创新支持地方实体经济发展。承销债权融资 3 亿元，投放无追租赁保理 1.2 亿元，获批恒大开发贷 4 亿元。零售业务围绕“衣食住行游、学乐康儿美”等民生消费类行业，推行顺应“金融 + 生活”发展趋势，加大网点转型，助力网点从“交易结算中心”向“综合化销售中心”转变。小微业务发挥“小微企业信贷工厂”和“企业自主创新金融支持中心”平台优势，发展科技金融和绿色信贷，助推太仓科技金融和绿色金融事业发展。参照总行“综合化、轻型化、智能化、特色化”转型方向，加快网点智能化转型，深化“阳光理财”品牌内涵，围绕居民消费升级和财富增值需求，以自营理财与代理理财作为双引擎，融合传统渠道和电子渠道功能，为客户打造个性化、全周期、多渠道个人金融服务解决方案，树立阳光财富管理银行品牌。

（熊晓峰）

【招商银行股份有限公司太仓支行】 截至 2018 年年底，招商银行太仓支行人民币存款余额 18.6 亿元，其中储蓄存款余额 2.36 亿元；人民币贷款余额 39.32 亿元，较上年增长 7 亿元，其中对公贷款 34.15 亿元，小微企业、按揭等个贷余额 5.17 亿元。年内，招商银行太仓支行支持地方经济发展，以推进中小企业发展为重点，实行专业化经营模式，优化业务操作流程，提高审批效率，加大中小企业贷款投放力度。依托招行海外优势，通过海外代付、境外融资等渠道，强化境内外联动业务，降低企业融资成本；发挥招行零售品牌优势，打造以“金葵花”理财、“易贷通”房贷产品、个人综合理财产品为主线的金融理财体系，满足社会居民金融需求。创新服务方式，实践创新业务品种，发展票据业务、同业业务、股票质押业务，推进轻资本占用业务。通过产品创新和组合，满足多样化客户需求，运用新兴融资工具盘活表内外资产，通过资产转让、零售代销、融资租赁等腾出贷款规模。

（王　欢）

【中信银行股份有限公司太仓支行】 截至 2018 年年底，中信银行太仓支行本外币存款余额 33.18 亿元，较上年减少 11.3%；本外币贷款余额 39.93 亿元，较上年减少 0.99%。全年利息收入占总营业收入 63.16%，较上年增加 2.85 个百分点；中间业务收入占总营业务收入 2.8%，较上年下降 0.9 个百分点。对公中长期贷款占比 31.1%，较上年下降 7.88 个百分点；个人贷款占比 16.15%，较上年下降 3.24 个百分点；表外融资总量占比 16.93%，较上年下降 5.35 个百分点。年内，中信银行太仓支行完成上级和外部监管机构要求的各类规定动作，各项自查及整改到位；强调员工行为管控，从制度和意识上确保不发生操作风险和道德风险；常态化加强授信业务风险管理，落实贷款“三查”（贷前调查、贷时审查和贷后检查）制度，确保信贷资产质量。推进重点客户及项目，复星集团、恒大集团在太仓项目营销取得实质性突破，获资产经营集团 5 亿元超短融承销资格及港区投资公司 10 亿元短融独家主承销商资格。零售中间业务收入稳步上升。

（张　超）

【华夏银行股份有限公司太仓支行】 截至 2018 年年底，华夏银行太仓支行本外币存款余额 22.57 亿元，贷款余额 22.28 亿元，为个人、小微、公司三条线合计 1340 家客户提供融资服务 31 亿元。年内，华夏银行太仓支行落实“创新、协调、绿色、开放、共享”五大发展理念，立足“中小企业金融服务商”发展战略，服务实体经济。开发小企业平台金融网络贷项目，支持小微企业 19 家，金额 1.39 亿元。新上线“房贷通”产品，贷款期限最长 30 年，为缓解小微企业“融资难、融资贵”问题，在防控信贷风险前提下满足客户需求，加快贷款投放效率，针对办妥房屋抵押登记前有放款业务需求的，增加阶段性担保业务模式，提升业务办理效率。（孙丽芳）

【恒丰银行股份有限公司太仓支行】 截至 2018 年年底，恒丰银行太仓支行资产总计 6.06 亿元，其中贷款 5.64 亿元；负债总计 5.95 亿元，其中存款 5.1 亿元；实现账面利润 1045 万元。受理业务部门各类授信项目 26 个，金额 66.42 亿元，其中新增项目 19 个，金额 62.76 亿元，续作项目 7 个，金额 3.66 亿元；实际获批项目 21 个，金额 34.95 亿元。截至年底，授信余额 36.6 亿元。年内，恒丰银行太仓支行支持小微企业发展，完成普惠金融业务余额指标。利用总行普惠金融业务在贷款额度及 FTP（内部资金转移定价）价格方面有利政策，服务小微企业，服务普惠金融，全年小微业务余额增长 2570 万元。加强内部合规管理建设工作，开展银行业市场乱象专项治理和案防重点领域合规专项检查，重点对押品风险、授信合同使用规范、理财合规销售、印章使用管理、员工异常行为等开展自查活动。全年无金融案件发生。（王　怀）

【兴业银行股份有限公司太仓支行】 截至 2018 年年底，兴业银行太仓支行本外币一般性存款时点余额 19.32 亿元，较年初增加 1.7 亿元；本外币一般性存款日均余额 15.27 亿元，较年初减少 0.77 亿元；各项贷款余额 18.52 亿元，较年初增加 4.8 亿元。年内，兴业银行太仓支行秉承“服务源自真诚”经营理念，强化内部管理，创新金融服务，加强与国有企业合作力度。梳理已有客户，在符合总分行授信政策前提下，参与市级、区镇国有企业业务，增加授信额度。截至年底，累计新增授信敞口额度 1.5 亿元，改变过去和客户单一流贷合作模式，提供整体合作方案，落地赢利低风险内保直贷业务 800 万欧元和敞口内保直贷业务 2030 万欧元、内保外贷业务 2950 万美元。坚持业务“重心”下沉，加快中小、小微企业和零售业务发展步伐，做好重大项目储备工作，在提升支行发展水平同时支持地方经济发展。

（奚艳萍）

【中国民生银行股份有限公司太仓支行】 截至 2018 年年底，民生银行太仓支行本外币存款余额 38.57 亿元，较年初增加 8.5 亿元，其中对公存款余额 35.18 亿元，较年初增加 9.88 亿元；金融资产年日均 13.65 亿元，较上年增加 2.23 亿元，其中非储金融资产年日均 8.49 亿元，较上年增加 1.08 亿元。小微贷款余额 5.3 亿元，不良率 1.9%；消贷余额 2.01 亿元，无不良、逾期余额。年内，民生银行太仓支行加大服务和支持地方经济力度，突出理性发展，把控风险，进行风险化解与处置，提高信贷资产质量，确保支行各项业务健康平稳发展。加大中小及实体企业授信审批和投放力度，实体授信客户数占总体授信客户数 77%，实体实际提用客户数占总体提用客户数 72%。开立苏州交通工程集团有限公司农民工工资专户。成为商品房预售资金监管承办银行。开发“银校通”项目，为学校代收学费 2 次；市财政非税账户用于代收各类城市费用。

（张芸芳）

【江苏银行股份有限公司太仓支行】 截至 2018 年年底，江苏银行太仓支行人民币各项存款余额 59.95 亿元，较年初增加 4.93 亿元，其中对公存款 52.88 亿元，较年初增加 3.87 亿元，储蓄存款 7.07 亿元，较年初增加 1.06 亿元；人民币各项贷款余额 66.87 亿元，较年初增加 10.56 亿元，其中对公贷款余额 55.64 亿元，较年初增加 9.25 亿元，零售贷款 11.23 亿元，较年初增加 1.31 亿元。年内，江苏银行太仓支行做好项目储备，加快信贷投放，确保完成全年利润。对公重点以平台存量授信挖潜、日均留存、结算归行为抓手，最大程度维持存、贷款规模稳定。优化客户结构、推广新产品。挖掘实体中小企业客户，提高综合收益。调整授信品种，提高授信实际使用额。通过产品带动，加结算资金沉淀，提高实体类存款份额。加大授信业务综合立体营销，联动推进网银、代发工资、结算归行等指标完成。小微部门推行“税 E 融”“苏科贷”“农发通”等产品，公司部推行债权融资计划。

（姚秋红）

【苏州银行股份有限公司太仓支行】 截至 2018 年年底，苏州银行太仓支行本外币存款余额 31.28 亿元，较上年增加 5.25 亿元，贷款余额 34.3 亿元，较上年增加 1.31 亿元。全年实现净利润 9062 万元。年内，苏州银行太仓支行坚持总行发展战略，坚守“以小为美、以民唯美”战略定位，立足做特色做中小，支持民营企业和小微企业，践行普惠金融使命，提升服务效能，降低小微企业融资成本，稳增长、控风险、严管理，加强风险管控，通过优化信贷投向，确保有限信贷资源投入实体经济，提高服务实体企业能力。

（范晓冰）

【江苏太仓农村商业银行股份有限公司】 截至2018年年底，太仓农商行各项存款余额320.95亿元，较年初增加20.93亿元，增长6.97%。全行资产规模415.53亿元，各项贷款余额229.06亿元，较年初增加18.24亿元，增长8.65%，其中小微贷款余额147.75亿元，涉农贷款余额170.79亿元，较年初增加5.93亿元。年末五级不良率1.59%，较年初下降0.37个百分点。太仓农商行人民币存款市场份额19.04%，较上年增长0.73个百分点，居全市第一位；全行贷款市场份额较上年提升一位，居全市第二。

【江苏太仓农村商业银行股份有限公司金融服务】 2018年，太仓农商行坚持服务“三农”、支持小微，促进地方经济发展，落实战略转型举措，做好防风险、稳增长、提效益、调结构等工作。提升支农支小力度，全行企业名单制客户走访覆盖率93%，授信获得率88%，年末支农再贷款余额7亿元，支小再贷款余额2亿元。创新推出“小微e贷”“农发通”等专项产品，优化调整“科才通”“创业担保贷”及“信保贷”等存量产品，推进“土地承包经营权抵押贷款”工作，缓解“三农”及小微企业融资难、融资贵问题。全辖农户建档共4.44万家，建档面100%，城乡居民家庭授信面48.83%，全行信用村农户贷款余额1.67亿元，共1027家，较年初增加252家。组建普惠金融中心，推动“科技+金融”融合发展，构建线上线下一体化全渠道服务体系。推出“笃定盈”“幸福存”“建房贷”“超级大额存单”等新业务，优化“幸福存”“笃定存”传统业务功能，突出个性化、提升体验感，推进产品向多元化转型。加强电子渠道建设，手机银行客户数突破10万人次，微信银行关注用户突破20万人次。加快聚合收单平台、缴费平台、贷记卡、第三方支付等电子渠道建设。全行有效借记卡总量63.69万张，较上年新增7.93万张；贷记卡共计发卡967张；电子渠道柜面替代率90.69%，较年初上升6.09个百分点；电子银行产品（客户）覆盖率81.71%，较年初上升26.31个百分点。（谭华舟）

【太仓民生村镇银行股份有限公司】 截至2018年年底，太仓民生村镇银行各项存款余额7.04亿元，较上年减少2.91亿元，降幅29.23%；各项贷款余额9.59亿元，较上年减少0.53亿元，降幅5.28%。全年实现净利润708.09万元。不良贷款803.22万元，较上年减少44.91万元，不良率0.84%，累计清收处置问题贷款619.14万元。全行资产质量较好，全年未发生重大风险事件。年内，太仓民生村镇银行坚持以服务“三农”、小微为宗旨。涉农贷款余额7.77亿元，累计发放支农再贷款1亿元，支持太仓新农村建设和企业转型升级。坚持以客户为中心，探索授信新模式，推出“抵押加成贷”“创业贷”等新产品。“抵押加成贷”主要针对存量优质小微客户及存量住房按揭客户，在原有授信基础上，新增一笔信用授信，手续简便，满足借款人增信需求；“创业贷”是与市人社局及市财政局共同签订完成的新型产品，主要针对太仓下岗失业人员、企业登记失业人员和复原转业退役军人，旨在鼓励和扶持自谋职业、自主创业。

（程依依）

证　券

【概况】 截至2018年年底，太仓市共有证券公司分支机构6家。全市证券机构新增证券资金账户数5749户，累计成交1102.47亿元，较上年减少33.84%，托管市值99.85亿元，较上年减少19.44%。

（狄　明）

【东吴证券股份有限公司太仓分公司】 2018年，东吴证券太仓分公司实现业务收入598万元，下属6家营业部累计完成（A股+基金）成交量830亿元，较上年下降26.57%；市场占有率0.42‰，较上年下降8.7%；实现利润2745万元，较上年下降35.1%。年内，东吴证券太仓分公司保持与政府部门、地方国资和企业跟踪服务，推进股权融资、债权融资、新三板挂牌及IPO等综合金融业务。全年与公司投行、固收等部门合作，共计承揽综合金融项目7单，其中债权融资计划4单、非公开发行公司债2单，IPO财务顾问1单。发行太仓娄城高新债权融资计划（首期）2亿元，发行太仓水务集团非公开公司债（一期）发行5亿元，完成荣文库柏IPO股改，太仓自来水公司IPO财务顾问进场，完成太仓金远胜新三板挂牌材料申报。

（曾　英）

保　险

【概况】 2018年，太仓市共有保险机构32家，其中财险公司14家，寿险公司16家，保险中介2家，多家保险公司增设分支机构。全市保险业形成保险公司、保险代理公司和兼业代理机构共同发展的市场格局，初步形成遍布城乡的保险服务网络。全年全市实现保费收入27.99亿元，较上年增长8.28%。其中财产险11.7亿元，较上年增长4.46%；寿险16.29亿元，较上年增长11.2%。

年内，保险行业加强自律管理，维护保险市场经营秩序。建立会员之间多层次沟通机制，定期组织召开碰头会议，就业内共同问题开展协调、沟通。处理各类投诉案件，保险协会本着“积极、慎重、稳妥”态度，化解矛盾，维护消费者权利和行业信誉。加强宣传工作，扩大保险业影响。3月15日，保险协会组织三大财险公司参加“3·15”国际消费者权益日现场咨询服务活动和保险宣传日活动。加强与政府及相关部门的联系，扩大行业知名度。与市交警大队交流、沟通，为消费者解决理赔难问题。参加全市保险金融工作会议，汇报保险业每年发展情况，加强与市政府各部门交流沟通，提高行业知名度。

（张　觅）

【中国人民财产保险股份有限公司太仓中心支公司】 2018年，人保财险太仓中心支公司实现保费收入4.81亿元，为全市承担风险保障3212亿元，支出赔款3.14亿元，上缴地方税款1464.38万元，代收税款3830.81万元。年内，人保财险太仓中心支公司配套政府相关服务，配合政府实事项目与民生工程。按照上级公司工作部署，成立"政府渠道"工作委员会，推动政府相关各类非车险业务开展。太仓"两会"期间，在政协会议上提出提案《关于在太仓实施"食品安全责任保险制度"建议》，被市市场监管局准入食品安全责任险合作机构之一。强化五级机构调整。强化乡镇营业网点，迁址及重新装修直塘营销服务部，提升网点服务形象。打造港区产寿一体化销售模式，促进互动业务发展。在深化农村保险基础上，持续推进民生重疾险区域延伸。

（王慧敏）

【中国人寿保险股份有限公司太仓支公司】 2018年，中国人寿太仓支公司总保费累计完成5.8亿元，较上年增长9.31%，其中首年期交业务完成1.19亿元，趸交业务完成5171.7万元，短险业务完成3415.74万元，续收保费完成3.98亿元。全年未发生重大刑事案件和安全运营责任事故，及影响社会稳定的突发事件。年内，中国人寿太仓支公司按照上级金融机构和上级公司部署，管控公司业务流程各个环节，抓好风险教育培训工作。规范反洗钱工作，将职能部门工作人员运用系统和人工相结合，开展可疑交易识别和报告工作，提高公司反洗钱工作质量；加强业务销售人员诚信管理，杜绝销售误导等容易产生不稳定因素行为，专设销售督察岗，具体监督销售人员销售过程，实行销售预警制度，提前化解不稳定因素；客服部门专设服务人员，对客户进行咨询解答、回访等服务。

（杨香珍）

【中国太平洋财产保险股份有限公司太仓中心支公司】 2018年，中国太平洋财产保险股份有限公司太仓支公司升格为中国太平洋财产保险股份有限公司太仓中心支公司。全年实现入账保费2.69亿元，较上年增长9.9%，市场占有率22.52%，提升0.63个百分点。全年承办各类保险27.89万件，为全市承担风险保障2934亿元，理赔2.61万件，为客户提供免费风险查勘服务660余次。累计缴纳税款1070万元，代收车船税1427万元。年内，太平洋财险太仓中心支公司参与政府项目合作，做好全市政策性农业保险和民生保险服务，全年承保种植业农业保险9320公顷，养殖业保险470.1万羽/头，农业保险总保额6.79亿元。民生保险保障全市15.37万户百姓家庭、61.72万市民居家安全。推出"娄东惠民宝"、粮食烘干机综合保险、水果气象指数保险等多个"三农"创新险种。

（孙　晔）

【中国太平洋人寿保险股份有限公司太仓支公司】 2018年，太平洋人寿保险太仓支公司规模保费2.29亿元，较上年增长6.28%；理赔案件2100笔，赔款870万元。年内，太平洋人寿保险太仓支公司关注社会弱势群体保障和高危行业风险保障，先后与市教育局、市卫计委、市残联、汽车客运站、天然气公司等部门、单位合作，推出"学生平安保险""优生优育疾病保险"和"残疾人人身意外伤害保险""司乘人意险""燃气险"等保险产品。全年未发生重大投诉，客户满意度进一步提升。

（吴　静）

【中国平安财产保险股份有限公司太仓支公司】 2018年，平安财险太仓支公司实现保费收入2.75亿元，较上年增长6.6%，市场占有率25%，其中车险保费2.41亿元，财产险保费2887万元，意健险保费882万元。经营区域覆盖全市，先后在璜泾、沙溪、浏河、森茂汽车城开设营销服务部，辐射各乡镇区域。年内，公司推出极速、极暖、极爽"三极"服务，围绕客户出险10分钟到达现场、仅车辆受损案件一日结案、客户出险优先关怀问候三项核心服务，平安产险给客户带来理赔新体验，全年赔款合计1.3亿元。

（王薇一）

旅　游

【概况】 2018年，太仓市旅游接待总人数613.68万人次，较上年增长8.5%；旅游总收入96.2亿元，较上年增长13.9%。其中，接待外国游客5.06万人次，较上年下降13.8%；接待中国香港、澳门和台湾地区游客2330人次，较上年下降50%。旅游景区接待人数440.19万人次，较上年增长1.1%。平均客房出租率54.9%，较上年下降2%。全市共有省级旅游度假区1家，A级旅游景区5家，其中AAAA级2家，AAA级2家，AA级1家；星级乡村旅游区8家，其中四星级2家、三星级6家；旅行社17家，其中三星级旅行社5家，二星级旅行社2家，持证导游72人；旅游饭店17家，其中五星级2家，四星级3家，三星级5家，二星级2家，国际品牌酒店3家、主题酒店2家。"太仓假日"品牌签约工厂店17家。

【旅游发展规划】 2018年，太仓市旅游局牵头编制《太仓市全域旅游发展三年行动计划（2018—2020）》，提出把太仓市打造成为融入上海的生态休闲区、融入长三角都市圈的知名休闲度假旅游目的地，宜居、宜业、宜购、宜游的现代田园城市。年内，长江口旅游度假区按照省级旅游度假区标准完善配套，整体提档升级，涌现浏河古镇文旅新业态，丰富江滩湿地公园活动；科教新城紧扣"科创+文旅"主线和"产城融合"特色，做精做美海运堤、天镜湖公园等公共空间，探索商旅文体融合发展模式；沙溪古镇加强民宿、特色美食等方面配套，创新提出黄酒小村概念，庄西村举办首届田园特色乡村民俗节暨黄酒小村评酒大赛；城厢镇夯实乡村旅游基础，升级电站村生态园各项服务设施配备，永丰、万丰、东林立足村情，走上特色乡村旅游发展之路；璜泾镇孟河村吴家湾成乡村旅游后起之秀，承办第二届夏季乡村旅游节开幕式和"一村一品"农产品品鉴会，"幸福花海"成网红打卡景点；双凤镇串联休闲农业、福地文化和生态旅游资源，打造精品旅游景区，多年来连续举办的羊肉美食旅游文化节成为双凤旅游金字招牌。

【"太仓假日"旅游品牌效应】 2018年，"太仓假日"成员单位扩大至54家。4月24日，《中国旅游报》首次

2018 年 5 月 19—20 日，首届太仓国际草坪音乐节在金仓湖公园举行
（市文体广旅局供稿）

整版刊登文章《解析旅游阳光购物的“太仓模式”》，宣传报道“太仓假日”引领旅游购物新模式。“太仓假日”17家工厂店实现营业收入超5000万元，春竹羊绒工厂店实现营业收入翻一番，盛达工厂店销售额增长30%以上，雅鹿工厂店增长20%，威利世家工厂店增长10%，锦超、安德露、都市星期天等保持稳定增长。全年“太仓假日”微信公众号推送图文消息128条。“太仓假日”品牌实现旅游创新产品、新型旅游消费引导和旅游形象宣传多位融合。

【系列节庆活动扩宽旅游市场】 3月23日，2018年中国 · 太仓旅游文化节暨江海河三鲜美食节开幕，整个活动历时3个月，包含现代农业园花朝节赏花大会、电站村生态旅游文化节等子活动17个。5月19—20日，首届太仓国际草坪音乐节在金仓湖公园举行，参加活动2万多人。6月28日，第二届乡村旅游节在孟河村举办，7个乡村旅游区推出不同消夏活动，乡村旅游节逐步成为展示太仓乡村旅游风貌、丰富乡村人文内涵的重要窗口。11月，市旅游局与双凤镇联合主办羊肉美食节活动。12月31日，在沙溪古镇举办太仓旅游迎新年货会，销售内容以“太仓假日”产品和各区镇特色农副产品为主，满足游客冬季旅游需求。市旅游局策划苏州小记者萌娃太仓寻鲜、长三角友城卡市民“寻鲜太仓”一日游、江苏广电太仓体验活动、南京大学生看太仓活动等互动营销活动，以及美食节优秀节庆网络评选、太仓旅游官微发布等网络营销活动，开拓旅游客源市场。

【文旅融合】 2018年，太仓市发布新版旅游宣传片和人文风光片，宣传片以电影拍摄手法，由中德混血家庭和太仓籍大学生两条故事线构成，传递不同人群在太仓工作生活的休闲时光，突出太仓中德合作典范城市的人文关怀。人文风光片则重点体现太仓怡人风景，把太仓文化底蕴、城市景观和多样化的活动呈现在观众面前；以文化旅游胜地南园为阵地，推出“文旅之行 · 南园雅集”品牌，先后举办国际意象画派春季书画展、沪太昆曲、越剧及书画展演，弇山园盆景艺术展等活动，丰富传统园林内涵，拓展文旅融合新空间。持续挖掘郑和文化、娄东文化，7月11日，以中国航海日为契机举办专家论坛、郑和画展等“文旅融合 · 续写丝路传奇”主题活动。

【旅游行业监管】 2018年，太仓市加大旅游行业执法力度，全年出动行政执法人员78人次，检查旅游业务经营单位38家。接到投诉45件，受理率和办结率100%。办结全市首起旅游行政处罚案件，关于苏州青旅组织游客前往非旅游目的地案件，开出罚单12.7万元，案件由法院强制执行；开展专项整治，结合双随机执法检查，先后开展春节、清明、五一、暑期、秋冬、一日游等旅游市场秩序整顿工作，处置不合理低价游、强迫消费和非法经营旅行社业务等突出问题。运用微信平台、纸媒报刊、现场教学等多种途径，采取法律解读、以案释法、案件通报等形式，开展普法宣传教育6次。与全市旅游企业签订旅游生产安全责任书，围绕大雪、台风、高温等极端天气，“黄金周”、小长假等游客激增时

2018 年 7—8 月，“风雅南园”沪太昆曲文艺及书画展演活动在南园举行
（市文体广旅局供稿）

2018年6月26日，太仓市举办旅游饭店服务技能大赛

（市文体广旅局供稿）

段，“两会”、中国国际进口博览会等重大活动，做好旅游安全保障工作。安全检查常态化，全年出动检查人员84人次，检查旅行社及门市部49家、宾馆饭店21家、景区点9家，排查隐患69处；开展安全教育，先后赴常州新北区、苏州吴江区、苏州吴中区等地开展考察学习、业务培训和实战演练。弇山园管理处、娄东宾馆等7家单位开展消防演习，整治火灾隐患；向群众普及旅游安全知识，发放宣传资料近千份，接受群众咨询100余人次，全年未发生旅游安全事故。

【旅游行业管理水平提升】 2018年，太仓市新增旅行社1家、分社2家、门市部11家，完成备案工作。顺达国际旅行社、国贸国际旅行社、红太阳国际旅行社3家旅行社通过三星级复评验收。新增外资品牌旅游饭店1家，世代大酒店通过四星级复核；开展行业培训，举办2018年太仓市旅游饭店服务技能大赛，该次比赛参加单位16家、选手80人。根据旅游饭店经营需要，推出应用英语培训，首次推出德语培训，提升酒店前台外宾接待能力，并采取定制化、上门培训的方式授课，全市饭店行业接受培训200多人次；为迎接首届中国国际进口博览会作准备，带领饭店行业代表赴青岛交流学习。进博会前期，市旅游局向上海市旅游局推荐备选接待饭店12家，展会期间，全市共计接待进口博览会住宿人数约1200人。组织旅游饭店分会考察上海小南国餐饮有限公司，提升整体餐饮水平。组织景区分会赴南京栖霞区学习，开拓经营管理思路。组织工厂店分会赴吴江实地参观，引导工业旅游开发。组织旅游协会内蒙古坝上考察，促进“太仓假日”成员交流合作。

【旅游融入上海】 2018年2—5月，由市委宣传部、市旅游局、沙溪镇、浏河镇联合布置的“乡愁小栈”主题展厅在上海浦东国际机场开放，现场开展太仓旅游宣传和暑期旅游产品推介，推出非遗项目和传统文化展演；太仓市与上海《旅游时报》全年合作版面20期，并合作举行沪上文艺创作者太仓采风活动。在上海中心城区公交巴士、上海电台《上海旅游交通图》等进行广告投放。9月15日，太仓花车首次参加2018年上海旅游节开幕式暨花车巡游全球直播活动，与来自全球25个国家和地区的主题花车一同亮相，太仓是全国唯一一个参与花车巡游的县级市。太仓花车进入上海旅游节是太仓旅游对沪营销、融入上海的重要成果之一。在4万民网友投票评选中，太仓花车获得“最具动感效果”奖。太仓市把握嘉昆太协同创新发展机遇，建立三地旅游交流合作机制。与上海市嘉定区合作开展七夕牵手自驾活动，先后参与上海CAS改装车展、嘉定旅游节、中秋雅集等系列活动。三地共同制作《嘉昆太旅游指南》手册，挖掘各地特色，推出特色主题线路4条，从深层次推动旅游文化交流，强化市场联合。

【旅游公共服务体系建设】 2018年，太仓市加快旅游惠民便民服务体系建设，开展旅游惠民活动，继续推出太仓旅游年卡和长三角友城卡，联合常熟市、江阴市共同组织线下体验活动3次；推进旅游厕所建设，全年新建和改建旅游厕所10座，现代农业园、沙溪古镇、东林村、电站村旅游厕所获评“AAA+”级。联合市城管局创新推出旅游厕所开放联盟，首批加入旅游厕所开放联盟的沿街单位和商家近60家。旅游厕所建设纳入年度区镇绩效考核。完善旅游便捷交通服务体系，Evcard电动汽车自驾成更多中青年选择，乡村道路交通网络更加畅通，各个区镇板块结合全市美丽乡村、特色田园乡村建设和全域旅游创建，加强农村道路建设和改造工作，围绕“四好”（建好、管好、护好、运营好）农村路建设要求，推进道路硬化，实现交通脉络无障碍，打造串联农业旅游要素、方便人民出行的农村旅游公路，促进沿线地区旅游业发展。谋划旅游信息咨询服务体系建设，加快旅游集散服务中心建设，配合国家全域旅游示范区创建，太仓市旅游集散服务中心更名为太仓市全域旅游服务中心。在沪通铁路太仓站预留游客服务中心空间；推进智慧旅游发展，在旅游大数据平台上切入太仓旅游官方微信公共服务功能、增加游客满意度和景区舒适度分析等实用功能，搭建二期大数据平台。全市增设微信扫码讲解景点96处。提升乡镇服务设施配套，全年市级旅游业引导资金补助下发支持项目13个，其中乡镇公共基础配套项目6个，补助资金127.9万元。

2018年太仓市主要旅游节庆活动一览表

表31

时间	节庆活动名称	主办单位
3月23日至5月31日	2018年中国·太仓旅游文化节暨江海河三鲜美食节	市旅游局、浏河镇
4月21日	“文旅之行·南园雅集”系列活动	市旅游局
4月21日	苏州小记者萌娃太仓寻鲜活动	市旅游局
5月12日	长三角友城卡市民“寻鲜太仓”一日游活动	太仓市、常熟市、张家港市、江阴市旅游局
5月19—20日	太仓国际草坪音乐节	市旅游局、城厢镇
6月28日	太仓乡村旅游节	市旅游局、各区镇
7月11日	“文旅融合·续写丝路传奇”系列活动	市旅游局
7—8月	南园荷展、“风雅南园”沪太昆曲文艺及书画展演活动	市旅游局、南园管理处
11月	弇山园菊展、太仓新版旅游宣传片发布活动暨南园雅集·嘉昆太戏曲文艺交流展演活动	市旅游局、弇山园管理处
11月	太仓双凤羊肉美食节	市旅游局、双凤镇
12月31日	太仓旅游迎新年货会	市旅游局、沙溪镇

太仓市重要旅游景点一览表

表32

类别	名称	级别	颁布时间	地址
度假区	长江口旅游度假区	江苏省级	2012年	太仓市浏河镇东部
A级景区	现代农业园	AAAA	2012年	太仓市新港路与协星公路交叉口
	沙溪古镇	AAAA	2014年	太仓市沙溪镇白云路170号
	南园	AAA	2005年	太仓市南园东路7号
	弇山园	AAA	2005年	太仓市城厢镇县府西街40号
	张溥故居	AA	2008年	太仓市新华西路57号
水利风景区	金仓湖公园	国家级	2009年	太仓市新毛区新兴东路100号
	双凤生态园	江苏省级	2014年	太仓市双凤双浮线与中心路交叉口
省级乡村旅游区	现代农业园	★★★★	2011年	太仓市新港路与协星公路交叉口
	电站村生态园	★★★★	2017年	太仓市城厢镇电站村
	双凤生态园	★★★	2014年	太仓市双凤双浮线与中心路交叉口
	永丰独溇小海	★★★	2017年	太仓市城厢镇永丰村
	半泾田园生活馆	★★★	2017年	太仓市沙溪镇半泾村
	幸运花海吴家湾	★★★	2018年	太仓市璜泾镇孟河村
	东林梦幻农场	★★★	2018年	太仓市城厢镇东林村
	万丰三水一宅休闲农庄	★★★	2018年	太仓市城厢镇万丰村
农业旅游示范点	艳阳农庄	国家级	2006年	太仓市新港路现代农业园内
	电站村生态园	国家级	2008年	太仓市城厢镇电站村
其他景区	郑和公园	—	—	太仓市港区滨江大道与南环路交叉口
	天镜湖公园	—	—	太仓市太平新路与文治路交叉口
	西庐园	—	—	太仓市城厢镇西部昆太路附近

“太仓假日”签约工厂店一览表

表 33

名称	签约时间	地址
太仓雅鹿工厂店	2015 年	太仓市郑和中路 318 号
苏州星期天鞋业有限公司	2015 年	太仓市陆渡北工业区区中路 39 号
苏州春竹羊绒制衣有限公司	2015 年	太仓市浏家港飞马西路 28 号
苏州群鸿服饰	2015 年	太仓市浏河镇闸南工业园区
太仓市中宸服饰有限公司（锦典）	2015 年	太仓市浏家港镇石化路 8 号
苏州安德露服装有限公司	2015 年	太仓市浏河镇南海路 2 号
苏州祺美服装有限公司	2015 年	太仓市新区青岛东路 19 号华信工业园
苏州马氏皮革制品公司	2015 年	太仓市浏河镇闸南工业区
苏州托菲尼工厂店	2015 年	太仓市沙溪镇直塘直任路 79 号
太仓盛达服饰工厂店	2016 年	太仓市常胜北路 66 号
太仓港进口商品展示交易中心	2016 年	太仓市浮桥镇龙江路 290-2 号
太仓威利世家服饰工厂店	2016 年	太仓市双凤镇凤林路 16 号
苏州锦超服饰	2016 年	太仓市浮桥镇老闸区通港路 188 号
太仓玛雅家纺工厂店	2016 年	太仓市板桥无锡路 15 号
太仓康乐家居	2017 年	太仓市板桥发达路 100 号
小毛头家居	2017 年	太仓市郑和西路 33-2 号
拉夏贝尔服饰（太仓）有限公司	2018 年	太仓市经济开发区广州东路 116 号

太仓市主要旅游饭店一览表

表 34

类别	名称	级别	颁布时间	地址
星级酒店	金陵花园酒店	★★★★★	2005 年	太仓市城厢镇人民北路 11 号
	中谷国际大酒店	★★★★★	2008 年	太仓市上海东路 89 号
	陆渡宾馆	★★★★	2008 年	太仓市郑和中路 78 号
	娄东宾馆	★★★★	2009 年	太仓市县府街 6 号
	世代大酒店	★★★★	2009 年	太仓市县府东街 30 号
	青草湖度假村	★★★	2004 年	太仓市浏家港飞马路 88 号
	港湾假日酒店	★★★	2005 年	太仓市浏河镇郑和路 888 号
	鎏渊大酒店	★★★	2006 年	太仓市长春路 166 号
	香江假日酒店	★★★	2010 年	太仓市太仓港华苏路 18 号
	新小地方大酒店	★★★	2013 年	太仓市浏河镇郑和北路 188 号
	星晨大酒店	★★	2001 年	太仓市太平南路 78 号
	森林大酒店	★★	2006 年	太仓市璜泾镇园林路 8 号
国际品牌酒店	宝龙福朋喜来登酒店	—	2010 年	太仓市上海东路 288 号
	华旭假日酒店	—	2012 年	太仓市新华西路 9 号
	珀丽酒店	—	2018 年	太仓市上海东路 106 号
主题酒店	郑和国际酒店	—	2010 年	太仓市太仓港北环路 18 号
	玫瑰庄园	—	2010 年	太仓市新港路现代农业园内

太仓市主要旅行社一览表

表 35

类别	名称	级别	颁布时间	地址
国际旅行社	红太阳国际旅行社	★★★	2013 年	太仓市县府东街 28-3 号
	顺达国际旅行社	★★★	2013 年	太仓市长春南路金色江南会所商铺 01 号
	国贸国际旅行社	★★★	2013 年	太仓市长春南路金色江南商铺 03 号
	金色阳光国际旅行社	★★★	2014 年	太仓市上海东路 1 号上海国际广场 1-409 室
	新世纪国际旅行社	★★★	2014 年	太仓市郑和西路 31 号
	华夏国际旅行社	★★	2013 年	太仓市人民南路 30-1 号
	春秋国际旅行社	—	—	太仓市惠阳路 247 号
	山水国际旅行社	—	—	太仓市太平南路 18 号上城国际 430 室
国内旅行社	春之旅旅行社	★★	2013 年	太仓市上海西路 44-5 号
	天马旅行社	—	—	太仓市城厢镇人民南路 96 号 B-2-11 室
	苏州雄狮旅行社	—	—	太仓市县府东街 12-1 号
	青新假日旅行社	—	—	太仓市城厢镇东港路 7-6 号
	天竹园旅行社	—	—	太仓市沙溪镇半泾村 8 组
	交运国际旅行社	—	—	太仓市经济开发区太平北路 107 号 4 幢
	莱太旅行社	—	—	太仓市城厢镇郑和西路 33-2 室
	爱特旅行社	—	—	太仓市城厢镇郑和西路 280 号 3-501 室
	博狮文化旅行社	—	—	太仓市健雄路 20 号太仓大学科技园 11-809 室

（张　琦）

房地产

【概括】 2018 年，太仓市完成房地产投资额 160.72 亿元（数据来源市住建局，下同），较上年增长 24.91%；商品房累计施工面积 1025.86 万平方米，较上年增长 50.34%；新开工面积 504.23 万平方米，较上年增长 149.637%；竣工面积 163.58 万平方米，较上年增长 2.56%。商品房销售面积 164.36 万平方米，较上年增长 7.36%；销售均价 1.06 万元，较上年下降 2.94%。（曹俊锋　李　益）

【太仓市建筑行业协会】 太仓市建筑业协会是太仓地区从事土木工程建筑、线路、管道、设备安装、建筑装修装饰、咨询监理、工程监督和建筑科学研究、勘察设计及建筑院校等企事业单位自愿组成的非营利性社会团体。截至 2018 年年底，协会拥有会员单位 202 家。年内，协会协助市住建局举办装配式建筑技术培训班，邀请专家为设计、勘察、检测、施工企业、开发商及行业管理部门负责人授课，为实施装配式建筑做准备。与市燃气办联合举办专项业务培训 2 期；举办村镇建筑工匠上岗培训及施工安全继续教育；中岗网上申报流程梳理及组织工作；A、B、C 三类人员集中和网上安全教育，探索线上、线下培训工作。全年累计培训 6973 人次。协助市住建局组织钢筋工技能比赛，参赛单位 14 家。协助市住建局开展“评先创优”活动，改进“娄江杯”优质工程奖评审程序，采取施工前预申报，加强对申报项目施工过程中的技术指导和检查，公布 2018 年度太仓市“娄江杯”优质工程 66 项。在“娄江杯”基础上甄选优质项目报送苏州市和江苏省。获苏州市“姑苏杯”优质工程奖，其中房建类 12 项，市政类 7 项，装饰装修类 5 项；省“扬子杯”装饰装修类 3 项，房建类 1 项。扩大行业覆盖面，新加入协会 PC 构配件企业 3 家，预拌砂浆企业 4 家，天然气管道、瓶装企业 6 家。开展对外技术交流活动，5 家设计单位提供设计文案与意大利马切拉塔省建造师协会进行技术文化交流。年内，太仓市建筑行业协会分别被苏州市工商联、太仓市工商联评为“四好”商会。（王浮燕）

【太仓市房地产业协会】 太仓市房地产业协会成立于 2006 年，是由太仓从事房地产开发、房产测绘、中介服务等企事业单位自愿组成，并根据国务院《社会团体登记管理条例》规定，经太仓市民政局批准建立的非营利性社会团体，系江苏省房地产业协会、苏州市房地产业协会团体会员单位。协会以服务为宗旨，反映企业意愿，为企业提供信息和人才培训等方面服务，协调行业内部企业之间竞争与服务关系，指导房地产企业健康发展。2018 年，协会新入会单位 33 家，会员单位增至 80 家。年内，协会组织考察团考察“中民筑友”项目。“中民筑友”相关项目负责人介绍装配式企业生产、安装，及研制开发新产品、新材料、新工艺等，与会代表参观前村安置小区项目、富阳场口产业园等现场。市住建局和市房地产业协会联合组织考察团，赴吉林省长春市、黑龙江省绥化市考察保障住房建设、万科翡翠滨江房地产开发项目等情况，结合太仓房地产市场开发和保障性住房管理现状，撰写专题考察报告。执行调控政策，促进房地产市场稳定健康发展。4月，太仓市制定《关于进一步加强太仓房地产市场管理工作的通知》，涉及完善商品房预售资金监管、调整企业信用评分评级标准、建立信用考评奖惩机制、加强商品房预售管理、加强商品住宅退房管理等内容，加强房地产市场监管。协会做好宣传解释工作，协助有关职能科室先后到港区片、沙溪片，听取部分开发商企业诉求，传递企业声音。做好经纪专业人员水平评价培训和考试，从源头抓起把好行业准入资格关。配合主管部门开展苏州房地产经纪业协会评优工作，实地考察中介企业8家，获评优秀房地产经纪企业企业2家，获评最具创新力房地产经纪企业1家，获评最具成长性房地产经纪企业2家，获评最具社会责任房地产经纪企业2家，获评优秀经纪人6人。引导中介企业自觉维护市场秩序，建立行业自律机制，促进房地产经纪行业健康发展，协会市场专业委会发出倡议，制定《太仓市房地产经纪行业自律公约》，要求全市具备网签资格经纪机构自愿加入《太仓市房地产业协会市场专业委员会自律规范公约》。规范房地产市场交易，提升从业人员业务素质，协会组织全市房地产经纪业人员参加相关培训，参训人员300人次。（罗文达）

物　流

【概况】 2018年，太仓市物流业（交通运输、仓储和邮政业）增加值119.06亿元（按可比价格计算，下同），较上年增长3.9%。物流业（交通运输、仓储和邮政业）增加值占全市地区生产总值比重8.9%，占全市服务业增加值比重19.2%。

全年全市货物运输量1796万吨，较上年增长7.8%；货物运输周转量32.11亿吨公里，较上年增长7%；港口吞吐量2.29亿吨，较上年增长6.4%，其中煤炭5973万吨，较上年增长17.9%；木材870万吨，较上年减少1%；集装箱吞吐量507.1万标箱，较上年增长12.4%。年内，太仓物流园区申报省级示范物流园，并通过专家评审。

【物流企业】 截至2018年年底，太仓市规模以上物流企业154家，从业人员8262人，营业收入总额84.7亿元，较上年减少2.4%。其中，太仓港经济技术开发区118家，占规模以上物流企业总数76.7%；营业收入总额76.4亿元，较上年减少5.4%，占规模以上物流企业营业收入总额90.2%。全市年营业收入超5000万元物流企业37家；苏州隆兴物流有限责任公司、招商局物流集团苏州有限公司入选省重点物流企业；全市被评为AAA级及以上物流企业6家。

【港口物流】 2018年，太仓港拥有集装箱班轮航线200条，基本覆盖近洋、沿海与长江主要港口，满足企业绝大多数进出口需求。其中，近洋直达航线25条，覆盖日本、韩国、越南、泰国等国家和地区港口23个；内贸干线52条，覆盖沿海港口21个；长江（内河）支线83条，覆盖长江经济带港口50个；洋山支线40条，实现公交化运营。太仓港全年进出货物超过2亿吨，进出船舶12万艘次，进出集卡车超100万车次，进出境人员超7万人次，从太仓港走货的国内外贸企业超4000家，遍布全国28个省（市、自治区）。集装箱吞吐量完成507.1万标箱，较上年增长12.4%，排名居全省第一位、全国第十位，增量约占全省规模以上港口总增量70%，增幅列全国十强港口第一位。根据《劳氏日报》发布的2018年全球100大集装箱港口榜单，太仓港居全球百强集装箱港口第31位，较上年上升4位。完成港口建设投资10.5亿元；成为全省及长江流域进口废纸唯一指定口岸，全省第一家采用“先查验、后装箱”模式开展进出口拆拼箱业务港口，华东地区进口食用水生动物第一大口岸、全省进口水果第一大口岸；10家公用码头企业总营收较上年增长7.5%，利润总额较上年增长24.2%，利税总额较上年增长25.2%。港口全年保持平安稳定态势，成为全省唯一指定“平安港口”建设标准制订示范区。

【物流载体建设】 截至2018年年底，太仓物流园区建成物流载体面积78.97万平方米，其中包括保税仓库10万平方米。年内，建成似鸟华东商贸物流中心、明达物流园二期、永德信物流二期、华东电子商务产业园一期、国信物流等项目；建设斯凯奇中国物流销售中心、综保区江海联运一期项目、永德信三期等项目；华东电子商务产业园二期项目开展报建手续。太仓港综合保税区功能进一步显现。全年综合保税区完成业务票数13.7万票，完成进出口业务总额6.08亿美元，较上年增长71.6%，完成全年目标任务203%；引进各类商贸物流企业41家，注册资本2.02亿元，完成全年目标任务101%；重点跟踪企业全年完成营业收入85亿元，较上年增长20%。全年实现物贸主营收入499亿元，实现物贸税收9.94亿元。

【跨境电商新业态】 太仓港综合保税区是江苏省首批开展跨境电商网购保税进口业务的特殊监管区。2018年1月18日，完成首批28单网购保税进口货物出区；4月20日，通过南京海关组织现场验收；5月，单月单量突破1万单。全年入驻太境通平台企业30家，累计完成跨境电商网购保税进口包裹11.3万单，货值2202万元；入区货物129票，货值4262万元。太仓港综合保税区跨境电商进口业务量占全省总量80%。综合保税区进口商品直销中心和太境通跨境电商产业园为开展跨境电商业务提供展示窗口和载体平台，为园区融合发展国际物流和跨境电商打通渠道。

【税源型物贸项目】 2018年，太仓物流园区引进一批优质、不占土地资源的税源型项目，如艾利蒙商业、德曼特装饰材料、环嘉环保项目等。斯凯奇电商总部全部转移至太仓开票销售，实现销售收入17.27亿元，缴纳税收

1.58亿元；9月，京东物流江苏区域总部全面开展业务，开票销售12.69亿元；10月，似鸟华东商贸物流建成投运；CJ荣庆中国物流总部项目加快报建手续。园区以斯凯奇中国物流销售中心、似鸟华东国际物流商贸中心、京东物流江苏区域总部和CJ荣庆中国总部项目为基础，依托太仓港通江达海、内联外通区位优势，集聚全球快消品知名品牌，推进"买全球、卖全球"模式，为知名品牌提供国际采购、集中仓储、商品展示、集散分拨、城市配送等一体化供应链物流服务功能，构建一站式、综合性中国供应链基地。

2018年太仓市营业收入超5000万元物流企业一览表

表36

序号	企业名称	序号	企业名称
1	太仓港集装箱海运有限公司	20	苏州华航物流有限公司
2	太仓武港码头有限公司	21	中国邮政集团公司江苏省太仓市分公司
3	江苏耀华物流有限公司	22	中国外运长江有限公司太仓分公司
4	中国太仓外轮代理有限公司	23	太仓港福人林产品开发有限公司
5	太仓国际集装箱码头有限公司	24	太仓港长海船务有限公司
6	苏州丽婴房物流有限公司	25	苏州依厂物流有限公司
7	苏州现代货箱码头有限公司	26	太仓港宏港物流有限公司
8	招商局物流集团苏州有限公司	27	南通明洋船务代理有限公司太仓分公司
9	华能太仓港务有限责任公司	28	太仓玖龙运输有限公司
10	太仓港上港正和集装箱码头有限公司	29	太仓港德润物流有限公司
11	苏州龙达国际货运代理有限公司	30	太仓市鑫龙运输有限公司
12	太仓万方国际码头有限公司	31	太仓中远海运船务代理有限公司
13	弗玛仓储（太仓）有限公司	32	太仓港国际货运有限公司
14	太仓阳鸿石化有限公司	33	太仓瑞泰国际物流有限公司
15	江苏中远海运国际货运有限公司太仓分公司	34	太仓港正和物流有限公司
16	苏州美锦汇风能源投资有限公司	35	苏州市捷特物流有限公司
17	中国太仓船务代理有限公司	36	太仓新海丰国际船舶代理有限公司
18	苏州娄旺国际贸易有限公司	37	太仓港德润物流有限公司
19	太仓港正和兴港集装箱码头有限公司	—	—

2018年太仓市AAA级及以上物流企业一览表

表37

序号	企业名称	评价指标	评定时间
1	江苏长江石油化工有限公司	AAAA	2010年
2	苏州依厂物流有限公司	AAAA	2011年
3	太仓武港码头有限公司	AAAA	2012年
4	太仓阳鸿石化有限公司	AAAA	2013年
5	中国太仓外轮代理有限公司	AAA	2010年
6	太仓万方国际码头有限公司	AAA	2012年

（王　晶）

邮政通信

【邮政概况】 2018年，太仓邮政实现业务总收入1.07亿元，完成收支差额611万元。截至年底，全市设有邮政服务网点29个，其中农村21个；设有邮政信筒信箱127个、邮政报刊亭31处；邮运线路5条，投递邮路86条，投递总里程4030公里。全年妥投快递包裹301.58万件，其中城市投递段道35条，总里程1214公里；农村投递段道51条，总里程2816公里。函件业务量138.18万件，包裹3.6万件；报纸累计份数1989.18万份，流转额

2018年7月13日，《江尾海头第一镇——浏河》邮册展示

（太仓邮政供稿）

1911.37万元；杂志累计份数51.18万份，流转额422.81万元。汇票收汇1.99万张，邮政代理速递业务量2.23万件，邮政国内小包113.05万件。年内，邮政综合服务平台运营取得新进展。依托线下实体网点和“邮掌柜”、邮乐网等线上平台，参与农村电商建设运营，累计发展“邮乐购”加盟店355家，布放“邮掌柜”系统215个，“邮乐购”加盟店农村覆盖率80%；建成村邮站73家、社会自提点187个。

【《家庭医生》直邮通项目开发】 2018年1月，太仓邮政开发《家庭医生》直邮通项目。该项目以“家庭医生·健康守门人”为主题，以如何签约、便民服务为主要宣传内容，通过邮路投送到居民家中，全年寄递《家庭医生》直邮通12万件。

【邮政“一镇一册”项目】 2018年3月5日，《江尾海头第一镇——浏河》邮册通过审批，印制1000册。邮册由以往发行（含个性化）的6套邮票组成，内容包括江尾海头第一镇、郑和七下西洋起锚地、娄东画派发祥地、中国江海河三鲜美食之乡等具有地方特色的文化主题和历史素材。

【“安全生产月”系列活动】 2018年5月29日，太仓邮政开展“生命至上、安全发展”主题系列活动。活动分专题培训和应急演练两部分，通过梳理典型生产安全事故案例，剖析事故原因，警示员工杜绝安全事故发生。分公司在直塘支局组织防抢防暴预案演练，通过有针对性安全活动，增强网点员工防范意识，提高从业人员防灾、避灾和自救、互救能力。

【邮政家校通业务定制】 2018年10月，太仓邮政为沙溪镇“331专班”定制家校通业务。该业务是“331专班”为防治火灾开展的公益宣传，将防灾小知识插入学生练习本中普及宣传，该业务覆盖沙溪镇所有学校，共计印制2万册。

【禁毒知识竞赛】 2018年12月10日，太仓邮政联合市禁毒办、市教育局举办中学生毒品预防知识竞赛活动。该活动面向全市中学生，以“璀璨青春，无毒无悔”为主题，采取知识问答、现场抢答、书画等多种形式开展测评，太仓市第一中学等17所学校派出代表队参加比赛。太仓邮政全程负责策划安排、布置现场和准备物料。

（李　睿）

【电信概况】 2018年，中国电信太仓分公司坚持基础业务和新兴业务并重，提升运营能力。截至年底，全市电信天翼用户33.32万户，宽带用户20.6万户。年内，太仓电信响应建设“网络强国”战略，推进光网改造，完成局用AG（接入网关）退网、铜缆语音迁改、软交换迁移，太仓语音交换机步入历史。响应“提速降费”号召，开展“宽带提速不加价”活动，户均带宽达103兆，较上年提升33兆。优化4G网络，累计建成宏站990个，实现太仓区域全覆盖，室分227套；保障党政机关、楼宇、商圈深度覆盖，覆盖率99.12%；建成NB-IoT站点260个，与CDMA网络同覆盖，覆盖率99%。全年太仓电信继续做好全市各类重大活动的通信保障工作。

【企业“上云”发布会】 2018年9月29日，在太仓市经济信息化委员会指

2018年9月29日，太仓电信举办企业“上云”暨电信“天翼云·云网通”产品发布会

（太仓电信供稿）

导下，太仓电信举办企业“上云”暨电信“天翼云·云网通”产品发布会，各大中小企业、医疗行业、教育行业等单位约50人参会，见证“天翼云·云网通”发布。太仓共有“上云”企业350家，在制造、金融、教育、旅游、服务等行业打造“上云”标杆企业。

（高金玉）

【广电网络概况】 2018年，太仓广电网络融入全市经济社会发展与文化建设，加快广电网络双向化改造和家庭信息化建设。截至年底，共有有线数字电视用户10.88万户，高清互动用户7.28万户，广电宽带用户3.21万户。网内传输有线数字电视频道187套，其中标清电视节目130套，高清电视节目57套，并实现45套标清、25套高清频道电视节目7天回看。

【广电网络建设】 2018年4月，太仓广电网络启动光纤到户覆盖工程，实现光纤宽带快速覆盖，实施光纤到户网络改造和新网建设，提升网络承载能力，开通50兆、100兆宽带业务，落实“宽带提速”工程，提高用户体验度。截至年底，光纤到户覆盖用户4.56万户，光纤宽带用户3540户。

【广电网略多元化服务】 2018年，太仓广电网络顺应互联网个性化消费习惯，整体升级与优化智能机顶盒8万台。丰富点播内容，改善体验形式，推出“孝乐神州”“电影院线”“炫力动漫”“地方新闻”“爱艺在线”等个性化点播专区，适合不同人群消费需求，实现看电视向用电视转变。坚持从用户立场出发，从用户角度思考，优化产品套餐内容，开展进社区便民服务，开通支付宝、微信等电子渠道缴费功能，上线积分商城平台，策划世界杯竞猜、少儿才艺秀等各类活动，把优质服务送到用户身边。

【广电监控】 2018年，太仓广电网络以政府实事工程为抓手，参与“雪亮工程”项目建设，打造全市视频资源互联共享平台，为太仓市社会综合治理提供服务和技术支撑。8月，承接太仓市公安局卡口人像识别租赁项目，建成人像识别摄像点位69个，全局人像抓拍点位1个。项目对接苏州公安人像识别平台，依托公安人像数据库，记录人员行程轨迹，警示标记敏感人群，是太仓市首个对接公安系统人像库人脸识别的监控项目。太仓广电网络建有覆盖全市视频监控图像1.3万路，涉及公安、城管、水务、镇、村、社区等各个领域。

（闵　靓）

【联合通信概况】 2018年，中国联通太仓分公司推进移动网建设深度，提升用户满意度。完成基站建设28个；制定深度覆盖方案小区50个，安装BOOK设备104台，优化信号覆盖小区2[illegible]个，提高小区网络下载速度，提升用户体验。落实宽带网络调整优化，增强网络稳定可靠性。完成上海路、瑞德工业园、沙溪、港区汇聚机房等100G波峰设备施工安装。配合完成IPv6部署，完成上海路机房“7750”业务测试工作；完成港区“7750”部署工作，为下一步小区提速做准备。年内，太仓联通公司加快公司互联网化转型步伐，重点围绕物联网开展创新业务，推广“云+网+X”和ICT业务，全年双线收入较上年增长39.19%。6月28日，太仓联通公司联合太仓市经济和信息化委员会主办“企业上云·沃云启航”推进会。从“企业上云”网络、技术、服务等方面结合德亚交通上云案例，分享“企业上云”优势和联通“云网一体”解决方案，了解云计算和与之相关的物联网、大数据等信息化新技术，推动“企业上云”。

（王晓晨）

【移动通信概况】 2018年，太仓移动完成无线建设4G站点近千个，开通NB-IoT站点超300个。截至年底，全市移动用户70万户，家庭宽带用户16万户。太仓移动打造信息惠民工程，推进提速降费工作，扩容宽带光纤小区容量，优化网络，具备光纤千兆接入能力，为客户带来快速、稳定宽带质量。释放流量需求，4G用户人均流量9.2GB。视频内容成为主流，视频流量占比70%，视频会员订购用户超10万户。

（杨丽燕）

2018年11月3日，太仓市广电网络有限公司在璜泾镇知青时代家园小区开展服务进社区活动（孙耀芳　摄）

供销合作

【概况】 2018年，太仓市深化供销改革工作，提升为农服务水平。年内，加强农资体系建设，春、秋两季农药招标会参与竞标农药259件，中标农药255件，农药零差率配送95.32%，为农户节约种植成本980万元，实现“安全+降本+生态”三重效益；规范农药废弃包装物回收工作，全年回收废弃物598万件，无害化处理率100%。

【新型农业服务主体培育】 2018年，太仓市投资搭建现代农业综合服务中心，在全市各镇区设立基层服务站6个，补足供销合作社为农服务体系短板，构建为农服务组织网络。服务中心形成农资保供、植保喷防、仓储物流、农机作业、良种供应等贯穿农产品生产与经营全过程的服务保障体系。

【农资产业融合发展】 2018年，太仓市供销合作总社以市农副产品配送中心为平台，组织汇聚全市优质农产品资源，挖掘引进外地特色农产品，丰富市民菜篮子；对接上海等周边大型农贸市场，搭建联结田间地头和市场间桥梁纽带；发展机关、企事业单位食堂传统配送业务，推出家宴直销一站式便捷服务，保障餐桌安全，形成农产品购销体系，对提升农产品附加值、延伸农产品产业链，助力农业增效、带动农民增收起到促进作用。

【生活服务新模式探索】 2018年，太仓市构建以基层社为服务主体，"基层社＋集体企业＋区／镇／村"三方合作模式会所服务项目建设，在农村集中居住会所服务上取得突破。浏河殡仪白事会所投入运营，运营情况较好，受到当地居民好评。引领物业管理行业加快步入规范发展道路，成立太仓供销合作总社发展史上首家物业公司——太仓市天鸿宝地物业服务有限公司，在便民服务上实现新突破、新作为。

【供销基层组织体系建设】 2018年，太仓市健全供销基层组织体系："硬件"上通过强化对社有资产规范管理，改造提升办公阵地，全面恢复"三会"（社员代表大会、理事会、监事会）制度等措施让基层社融入各地"三农"服务工作大局中，提升基层社为农服务精准度；"软件"上通过强化基层考核，做好人才储备，开展为农服务社、专业合作社（联合社）建设等提升基层社自身实力，增强为农服务能力。年内，城区供销社"三体两强"（自主经营实体、农民社员主体、合作经济组织联合体，综合实力强、为农服务能力强）基层社建设、双凤供销合作社综合性农民专业合作社试点建设与璜泾供销合作社薄弱社改造完成。

2018年3月16日，太仓市供销合作总社与农资企业在浏河镇新塘村开展"放心农资下乡"活动
（市供销合作总社供稿）

【基层供销社经营服务体系建设】 2018年，太仓市供销合作总社支持下属基层社发展特色项目，各基层供销社恢复经营功能，构建经营服务体系。加强农副产品生产经营与流通，成立太仓市农副产品配送中心、太仓市金满仓粮食专业合作联合社、太仓市鲜之源农副产品产销专业合作联合社、太仓市千家惠果蔬专业合作社与新闸特种水产专业合作社，促进本地优质农副产品品牌化发展，带动农民增收。加强新型服务项目建设，探索搭建现代农业综合服务中心、太仓天鸿宝地物业服务有限公司、浏河殡仪会所与九曲喜事会所，探索发展农业生产性服务与城乡新型生活服务，构建新产业、新业态。（方云青）

粮油购销

【概况】 2018年，太仓市粮食局重点推进"三项改革"（粮食收储制度改革、库点管理制度改革、国资产权改革），实施"三项工程"（法治理念能力建设工程、依法行政制度建设工程、实施粮食质量安全行动工程），推进粮食事业高质量发展。年内，市粮食局被评为全省粮食安全工作先进集体和全省粮食系统先进集体。在国家粮食和物资储备局庆祝改革开放40周年改革发展理论研讨活动中，市粮食局优质粮食工程探索实践以全省第一的成绩被授予二等奖。

*粮食收储制度改革。*2018年，太仓市针对粮食收购价大幅下调和不合格粮食大幅增加问题，研究并细化优化粮食收购方案和应急预案，创新采取"优质优价""定价收购，溢价返还""第三方核定种粮大户面积"等粮食收储新模式。重点做好镇村两级全覆盖政策宣传解释工作。重点优化"五个一"（一张卡、一杯茶水、一间休息室、一份泡面和一张凳子）、"苏粮APP""一卡通"等粮食收储新服务。全年签订价外补贴订单合同306份，核定面积16.17万公顷，全市国有粮企收购量7.5万吨。价外补贴、优质优价、溢价返还等助农增收超1300万元。加强粮食收储监督检查力度，全年粮食购销平稳有序。做好地方储备粮管理，根据上级政策调整成品储备粮规模，储备原粮网上竞价拍卖100%，地方储备粮数量安全、质量可靠、管理规范、轮换有序。夯实粮食应急保供体系，粮食应急保供点实现区镇城乡全覆盖。建设军民融合保障网点，执行军粮管理各项制度，全年未发生军粮投诉事件。

*库点管理制度改革。*太仓市对照省环保督查、苏州"331"整治和市撤并镇管理区整治提升工作要求，对散落在全市各地环境脏乱污、安全隐患多、群众反映大的粮食系统老旧资产，强化资产管理力度，改革清理收回岳王、鹿河、双凤、璜泾、浏河出租经营老旧资产5处，处理历史遗留问题，优

2018 年 8 月 31 日，太仓市召开粮食系统国企改革交接工作会议

（市粮食局供稿）

化粮食经营管理体制。年内，落实安全生产责任制和安全生产专员，开展私搭乱建、粮食收储、库存粮食等安全生产隐患排查整治 18 次。

国资产权改革。太仓市做好粮食系统资产盘点清理、评估审计、人员安排和历史遗留问题处理等改革重难点工作，优化明确改革后粮食行政管理部门和国有粮企权责关系，平稳推进改革各项工作。9 月 1 日，市粮食集团有限公司、市粮食购销有限公司、市粮食资产经营发展有限公司等 5 家原市粮食局下属国有粮企成建制移交市产投集团公司管理，完成市委市政府国企改革交办重点工作，优化粮食管理体制。

【粮食安全工程】 2018 年，太仓市严守粮食安全底线，落实“米袋子”市长负责制，对照苏州市粮食安全责任制目标任务，将六大类 52 项指标分解落实到全市 13 家单位，推动粮食安全责任落实。年内，市粮油批发交易市场粮油交易量 25 万吨，在满足全市粮食消费需求方面发挥主力军作用，粮食价格监测点按制度规定采集和上传价格信息，全年粮食市场供应充足、价格平稳。制定太仓市超标粮食处置实施细则规范性文件，明确超标粮食监测、收购、处置、监督检查等各项措施。加快粮食仓储流通设施建设和信息化建设，璜泾粮库信息化工程完工，新增现代仓容 1.6 万吨。加大粮食流通监督检查力度，组织开展粮食收购督查、跨区域联合检查、政策性粮食质量数量清查、成品粮油抽查等 24 次。加快智慧粮库建设，全市 8 个粮食收储库点采用自动化、信息化技术，粮情检测、环流熏蒸及机械通风等“四合一”储粮新技术运用率 100%，时思、九曲等粮库使用蒸汽烘干清洁能源技术，与南京财经大学联合开展高抗性储粮害虫防治技术开发专项研究。增配雨棚等便民服务设施，初步解决雨天收粮问题，提高粮食收储效率，提升为农服务水平。

【优质粮食工程】 2018 年，太仓市深化“粮食企业 + 村（合作社）+ 订单收购”社企合作模式，与省农科院联合育选南粳 46 优质稻米原种，选取生态环境好的村建立优质粮源基地 666.67 公顷，实行“优质优价”政策，对签订“优质优价”收购协议的南粳 46 等优质稻米品种，在国家最低收购价基础上加价 0.4 元 / 公斤进行收购，引导粮食生产升级，助农增收成效明显。推进国家优质粮食工程粮油质检能力子项目建设，市粮油质量监测所米饭食味仪、连续注射流动仪等 8 个中央财政项目竣工投用，优质粮食研究中心建成，优质粮食营养口味影响因子定量分析迈上新台阶。实施中国好粮油计划，佳格食品等 3 家企业获“省放心粮油示范企业”称号，指导镇村粮食产后服务体系建设，开展粮食政策、爱粮节粮等宣传活动 28 次，发放各类宣传资料 2.3 万份。深化地产粮食品牌建设，加强与省粮食集团等合作，麦东大米手机微商平台建成投用。扩大销量和品牌知名度，金仓湖大米等 2 个产品被新认定为苏州市级名牌产品。

（曹前程）

专项经营

【食盐专营】 2018 年 6 月，江苏省苏盐连锁有限公司太仓分公司（太仓市盐务管理局）将行政职能移交太仓市市场监督管理局，实现政企分离。太仓市盐务管理局退出历史舞台。随后五年新盐政过渡期，原盐政人员协助和指导市场监督管理局相关部门对食盐市场开展检查和走访。江苏省苏盐连锁有限公司太仓分公司为适应新的盐业市场，2017 年 4 月，注册成立太仓市盐业有限公司，原江苏省苏盐连锁有限公司太仓分公司资产全部无偿转移到太仓市盐业有限公司，持续经营。2018 年，太仓市盐业有限公司取得江苏省工业和信息化厅颁发的食盐定点批发企业证书。全年实现销售食盐 8277.63 吨，其中小包装食用盐 4426.83 吨，食品加工大包装食盐 3850.8 吨。销售小工业盐 7581.03 吨，农牧渔盐 245 吨。 （徐　洁）

【烟草专卖】 2018 年，太仓市销售卷烟 3.71 万箱，较上年增长 3.65%；实现销售收入 14.99 亿元，较上年增长 9.06%；单箱销售结构 4.04 万元，较上年增长 5.22%；实现税利 4.3 亿元，较上年增长 8.8%。全市查获各类涉烟案件 64 起，查获违法卷烟 505.7 万支，案值 445.23 万元，5 万元以上大要案件 24 起，上报网络案件 1 起。

【烟草专卖管理】 2018 年，太仓市烟草专卖局落实“市场监管要守土尽责”基本要求，加强对无证户、违规户查处力度，营造健康有序市场环境。推进 APCD[将零售市场检查工作划分为分析 (Analysis)、计划 (Plan)、检查 (Check) 和处理 (Dealwith)4 个环节] 检查和“双随机、一公开”检查有机结合，助推市场监管取得新成效。全面评价辖区卷

2018 年 11 月 30 日，太仓市烟草专卖局查获一起案值 110 万元的假烟案件。图为涉案假烟　　（顾霆　摄）

烟市场状况，提高市场监管效力和控制力。按照"制定方案、建立名单、一户一档、每月跟踪、常态监管"总体要求，常态化监管辖区内中石化加油站便利店 25 家。通过组织内部培训、邀请行业内外专家授课，提升执法队伍建设水平，组织人员参加第二届苏州烟草专卖人员技能大赛，提升队伍素质。落实"双公示"制度，将行政许可和行政处罚等信息向社会公开，通过日常公示及社会信用体系建设，形成守信激励和失信惩戒制度框架。

【烟草营销网建】 2018 年，太仓烟草卷烟营销工作围绕"三面向两升级"（面向消费、面向品牌、面向客户，客户经理职能转型升级、信息化管理水平升级），开展卷烟消费者调查 4 次，并分析新形势下经济运行情况及卷烟消费发展趋势，为品牌培育提供消费数据支撑。做好智能终端 POS 客户与国家烟草专卖局样本户信息采集点维护和分析工作，每月撰写市场分析与经营分析报告，在培育营销队伍把握市场能力和提供精准市场信息方面下功夫。全年共新增新品卷烟品种 55 个，主要围绕苏烟东渡、江苏中烟韵系列新品、贵州中烟产品、广西真龙卷烟进行品牌培育活动。按照"互联网＋卷烟营销"建设要求，推广苏州烟草和江苏中烟、广西中烟微信公众号，开展体验营销、扫码有奖等活动。全年重点推动零售客户自律互助小组建设，建成自律互助小组 56 个，覆盖客户数量 1036 户，占总客户数 31.13%。运行过程中，分公司结合实际情况分析问题和难点，制定并下发《关于零售客户自律互助小组运行阶段的指导意见》，从"稳定市场价格、保持品牌良好状态，协助管理市场、共同维护市场秩序，共同培育品牌、提高客户经营能力，组员良性互动、突出小组互助成效"四个方面指导自律互助小组开展活动，遵循"自律"和"互助"两大核心，形成良好市场示范效应。

（朱雪斐）

都市农业

综　述

【概况】 2018 年，太仓市现代农业以"现代田园城·幸福金太仓"为发展目标，聚焦实施乡村振兴战略，以促进农民持续增收为中心任务，以农业供给侧改革为主线，以园区化建设为载体，以高效设施农业规模化、生态休闲农业集聚化、科技创新农业载体化为重点，在发展中彰显苏南特色、太仓特点。"双 10"园区（指 10 个水稻园区和 1 个蔬菜园区、2 个水产园区、3 个休闲园区、4 个综合性园区）体系规划全覆盖不断推进，"菜篮子"工程蔬菜基地建设项目全面推进，省级农产品质量安全市创建高分通过，农业机械化"一项行动、两大工程"（粮食生产全程机械化示范省建设行动，高效设施农业"机器换人"工程和绿色环保农机装备与技术示范应用工程）示范全省，太仓市入选农业农村部第三批全国基本实现主要农作物生产全程机械化示范县，秸秆综合利用"太仓模式"进一步完善，农村绿化造林有序推进，畜禽养殖污染治理深入开展，非洲猪瘟有力防控。全年全市实现农林牧渔业总产值 66.9 亿元，较上年下降 2.65%；其中：种植业产值 29.55 亿元，较上年下降 1.26%；畜牧业产值 8.86 亿元，较上年下降 22.06%；渔业产值 16.75 亿元，较上年增长 2.67%；林业产值 3.86 亿元，较上年增长 5.27%；农林牧渔服务业产值 7.96 亿元，较上年增长 5.72%；粮食、棉花、油料种植面积分别为 1.89 万公顷、40 公顷和 510 公顷；粮食、棉花、油料的产量分别为 13.19 万吨、50 吨、1320 吨。农村居民人均可支配收入 32458 元。

【农业产业结构优化】 2018 年，太仓市围绕"十三五"期间全市规划形成 20 个现代农业产业片区目标，加快推进"双 10"园区体系实现规划全覆盖。完成《农业综合开发扶持农业优势特色产业规划》，规划粮食和蔬菜两大产业区域布局。制定《太仓休闲农业与乡村旅游发展规划（2018—2030 年）》，为农旅深度融合提供发展路径。制定《太仓市湿地保护规划（2017—2030 年）》，保障湿地资源利用科学化、规范化。制定《太仓市养殖水域滩涂规划》，科学划定养殖区域，推动水产养殖业可持续发展。

【农业主导产业提质增效】 2018 年，太仓市以优质稻米、高效园艺、特色水产、健康养殖等四大主导产业为依托，落实产业结构调整措施，调优、调高、调精现代农业特色产业。全年农作物总播总面积 3.73 万公顷，其中水稻种植面积 9410 公顷，单产 623 公斤／亩（1 公顷≈ 15 亩，下同），总产量 8.79

万吨；小麦种植面积 7850 公顷，单产 313.1 公斤 / 亩，总产量 3.69 万吨。蔬菜面积 1.57 万公顷，单产 2173.3 公斤 / 亩，总产量 51.18 万吨；油菜面积 380 公顷，单产 158.8 公斤 / 亩，总产量 905 吨；水产养殖面积 1846.67 公顷，水产品总产量 1.19 万吨；生猪存栏 5.54 万头，出栏 9.38 万头，生猪规模养殖比重 85%；羊存栏 1.06 万头，出栏 1.45 万头；家禽存栏 42.63 万羽，出栏 666.93 万羽。

【农业产业基础夯实】 2018 年，太仓市加快机械化、智能化、信息化“三化”融合，推动农业基础设施提档升级。开展粮食生产全程机械化示范县创建，粮食生产全程机械化水平 92%。全市农机总动力 21.12 万千瓦。落实农机购置补贴政策，全年共购置各类补贴农机具 361 台，机具总投入 3830 万元，其中财政奖补资金 2118 万元。打造秸秆综合利用“太仓模式”，完善秸秆收储运体系，拓宽多种形式利用途径，新增秸秆收储主体 5 个，全市秸秆收储能力 5.5 万吨，全市秸秆综合利用率 98.44%。持续推进高标准农田建设，新增高标准农田 1400 公顷；完成两区划定任务 1.77 万公顷次。

【农业生态功能增强】 2018 年，太仓市加快形成产业发展与资源环境承载力相匹配、生产生活生态相协调的绿色农业发展新格局。全市新增林地绿地面积 212.73 公顷，完成森林抚育面积 366.67 公顷，胜泾村、永丰村被评为省级“三化”（珍贵化、彩色化、效益化）示范村。加强湿地管理，自然湿地保护率 72.4%，拥有省级重要湿地 2 块。农业面源污染综合治理试点项目成效显著，项目区化肥农药用量减少 20% 以上，畜禽粪污和生活污水处理利用率 90% 以上，农业废弃物处理率 95% 以上。

【农产品质量安全建设】 2018 年，太仓市树立质量兴农、品牌强农理念，以提高农产品质量为主攻方向，以江苏省农产品质量安全市创建为抓手，苏州市级以上农产品质量安全风险监测合格率 99.4%。突出发展绿色、有机农产品及农产品地理标志，逐步建立绿色、有机农产品产业带，新申报绿色食品 42 个，绿色有机农产品种植面积 7636 公顷，产量 5636 吨。

【现代农业科技创新】 2018 年，太仓市推进农业信息进村入户，建成益农信息社示范型标准站 90 个，基本实现信息进村入户全覆盖，全市农业信息化覆盖率 61%。加强智慧动监信息化建设，启动省级移动出具便携式动物 B 证试点，实现动物检疫合格证明电脑端出证与移动出证双轨制。现代农业科技服务中心建成运营。高标准开展现代农业（稻麦）产业技术体系基地建设，展示示范稻、麦新品种 14 个，小麦机械化条播等新技术 6 项，打造太仓现代农业粮食生产田间样板。

【农业环境综合治理】 2018 年，太仓市深入开展畜禽养殖污染治理，整治规模化畜禽养殖场 278 家；完善畜禽养殖网格化监管机制，明确全市畜禽养殖场网格化巡查点 1334 处；落实各项综合防控措施，防控非洲猪瘟。推进人棚混居专项整治，制定《太仓市人棚混居专项整治工作的实施方案》，整治人棚混居 741 户，清理人棚混居面积 4.6 万平方米。开展违规渔具清理整治，拆除市、镇、村三级河道内杠网 51 口、鱼簖 238 条、地笼网 5700 扣。

【为农服务】 2018 年，太仓市强化新型职业农民培育与管理，市农委联合市委组织部、市委农工办、市人社局等部门制定《关于在农业委培生中加快选拔培养“定制村干”的意见（试行）》，进一步建立健全农业委培生培养、管理、保障和考核机制。全年举办各类培训 26 期，累计培训 1800 人次，认定新型职业农民 205 人。完成项目公示管理系统升级，加强分析统计功能，为基层配置用于项目资料录入的专用设备，提高系统可用率。益农信息社“12316”语音咨询累计人数 260 人次，累计发送短信 11.92 万条。

【农业综合执法】 2018 年，太仓市围绕“农业质量年”工作要求，启动农业综合执法“绿剑”行动，对农业投入品领域、农产品质量安全领域、农业生态资源环境领域、农业生产安全四大领域开展专项执法检查 16 项，出动执法人员 881 人次，检查生产经营企业 320 家次，查处违法案件 19 起，保障全市农业生产和农产品质量安全，维护农民合法权益。（高　威）

农村改革

【概况】 2018 年，太仓农村改革工作按照“产业兴旺、生态宜居、乡风文明、治理有效、生活富裕”总要求，坚持农业农村优先发展，推动乡村振兴战略实施，农业新产业新业态加快发展，农村改革持续深化，美丽乡村建设扎实推进，全市“三农”工作继续保持稳定发展良好态势，乡村振兴实现良好开局。

【农村各项改革】 2018 年，太仓市全面推进农村集体资产清产核资。成立市农村集体资产清产核资工作领导小组，研究制定《太仓市农村集体资产清产核资实施方案》《太仓市农村集体资产清产核资实施细则》，明确清产核资对象范围、操作步骤、工作要求等。完成 92 个村（涉农社区）、6 个镇的农村集体资产资源清产核资工作。抓好农村土地承包经营权确权登记颁证后续工作。组织开展确权登记颁证工作证书变更及新申请农户的颁证工作。全市应开展确权登记颁证的 67 个村、1831 个小组、3.82 万户农户全部完成，确权登记颁证面积 1.28 万公顷，发证率 99.7%。创新村级集体经济发展模式。推进区镇层面村级集体经济抱团发展平台建设，依托“三优三保”优化资源配置，支持以村级资产入股镇级抱团发展载体，入园入区共同建造标准厂房、物业用房，或异地购买优质资产，构建村级经济长效发展机制。全市 7 个镇级平台，建设运作发展项目 15 个，共 29 万平方米。

【乡村振兴工作】 2018 年，太仓市制定乡村振兴三年行动计划，明确以“八大工程”（生态农业工程、生态水利工程、生态林业工程、生态园林县城工程、生态工业工程、生态旅游工程、生态畜牧工程、生态文明村建设工程）为抓手，推动城乡全方位融合发展。细化任务指标49项，分解落实各相关责任部门，推动乡村振兴三年行动计划见效。开展乡村振兴试点工作，在2018—2020年内重点培育一批乡村振兴示范村。计划至2020年，50%以上的村列入试点，其中30%达到示范标准。制订试点工作考核细则，对符合工作要求、达到考核标准的年终予以认定命名。2018年，列入首批乡村振兴试点村12个，项目化管理试点村，12个村推进重点发展项目47项。开展新一轮集体经济薄弱村帮扶工作，按照苏州市标准，沙溪镇泥桥村、虹桥村、项桥村，璜泾镇荡茜村，双凤镇凤中村等5个村列为2018—2020年新一轮集体经济薄弱村。实施精准帮扶，督促指导各区镇选好选准帮扶项目，优先投入联合抱团发展项目载体。5个薄弱村开建经济发展项目3个，计划总投资5269万元。

【农村"三资"管理】 2018年，太仓市实施《太仓市农村集体产权流转交易管理实施细则（试行）》，明确分级交易额度，完善交易规则。规范有序运作"三个平台"，推行村务公开。"e阳光"平台累计发布信息4874条，农户累计登录5万人次。"三资"监管平台监管农村集体经济组织账套578本，监管村集体货币资金10.9亿元；按规履行大项审批功能，全年平台支出审核近10万条；平台录入固定资产、资源信息1万条，监管合同1.15万宗，合同金额22亿元。产权交易平台全年累计组织交易998宗，合同总标的金额1.7亿元。组织开展农村集体资产收益清缴，成立清缴欠租专项行动领导小组，明确工作范围目标、步骤及要求，全市镇、村集体资产收益欠款总金额7331万元，年内清缴4150万元。强化集体资产监督管理，加强农村集体内部审计监督，继续开展年度市级内部抽查审计工作，扩大监管范围，抽审5个区镇各1个村及5个村所属的20个集体合作社。建立"三资"监管平台预警情况定期通报制度，对警报数量较多的镇出具整改意见，指导督促区镇及时整改，防控集体资产监管风险。

苏州市三星级康居乡村——浏河镇何家村（何家湾）
（2018年12月摄　市农业农村局供稿）

【农村经营体制机制完善】 2018年，太仓市引导农村土地规范流转，加大土地规范流转宣传，全年新增农村土地承包经营权向村集体流转面积633.33公顷，累计1.89万公顷，占农户承包土地83%。壮大新型农业经营主体，引导合作农场、专业合作社、家庭农场等新型农业经营主体多元融合发展、多途径提升规模经营水平、多模式完善利益分享机制、多形式提高发展质量，更好发挥带动农民增收致富、推动现代农业转型升级的引领作用。全年新增专业合作社5家，累计335家；新增家庭农场10家，累计37家；新增专业合作联社4家，累计26家。规范合作社发展，完善合作社优先扶持机制，全市159家合作社列入2018年政府优先扶持名录；开展2017年度农民专业合作社年报公示，公示率92.3%；组织开展农民合作社星级评定，获评苏州市三星级合作社10家、二星级20家、一星级21家；获评省级示范家庭农场2家、苏州市级3家。开展农民合作社规范化管理专项整治行动。对全市镇、村集体牵头组建的各类农民合作社和合作联社开展规范化管理专项行动，清理注销不符合设立条件或实际已不参与运作经营的合作社；分类整改正在经营但运作不规范、不到位的合作社。专项整治全市520家镇、村领办的农民合作社，其中计划清理157家，年内完成清理138家。

【美丽村庄建设】 2018年，太仓市扩大美丽宜居村庄建设范围，梳理全市镇村布局规划外的村庄情况，合理确定一般村庄规划范围，调整原美丽村庄建设计划。计划至2020年三星级康居乡村建设点位比原计划增加100多个，并在点位确定时同步考虑重点村、特色村以外的一般村的村落，扩大美丽村庄建设覆盖面，通过"三级联动、党员挂村、重心下移"服务标准，整体提升农村人居环境水平。推进三星级康居乡村建设，全年建成康居特色村2个（双凤镇勤力村、浏河镇新塘村）、三星级康居乡村建设61个，涉及农户约4145户。落实长效管理措施，对2012—2017年建成的三星级康居乡村、美丽村庄示范点和康居特色村组织开展"回头看"，在苏州市级"回头看"督查中，璜泾镇杨漕村草庙、双凤镇黄桥村沿门泾两个三星级康居点入选苏州市十佳名单。（王丽琴）

种植业

【概况】 2018年，太仓市种植业围绕"四个十万亩"主导产业，进一步调整优化种植业结构。全年水稻生产面积9400公顷，较上年下降5.71%；小麦生产面积7850公顷，较上年下降3.8%；油菜生产面积380公顷，较上年下降59.14%；蔬菜生产面积1.57万公顷，较上年下降3.15%。年内，开展部省级粮食绿色高质高效创建工作，全市建成水稻绿色高质高效创建示范片6个，创建面积708.62公顷。建设现代农业（稻麦）产业技术体系示范基地1个，全年展示稻、麦新品种14个，其中"宁粳8号"等水稻品种8个，"镇麦10号"等小麦品种6个，展示水稻精确定量栽培、小麦机械化条播、叶面硅肥等新技术（产品）6项，熟化形成稻、麦绿色高产技术规范各1套。在璜泾镇、浏河镇建设2个百亩示范点，取得良好示范推广效果。加大稻田综合种养技术示范推广力度，全年扶持规模3.33公顷以上的新建稻田综合种养示范基地5个，面积合计27.97公顷。组织落实耕地轮作休耕试点，全年开展耕地轮作休耕1883.67公顷。加快推进"菜篮子"蔬菜基地建设，编制完成10个保供基地和4个社会化服务基地实施方案，启动部分基地工程建设。依托农业部、省市蔬菜信息监测网络平台，建立生产信息监测点12个，其中部级监测点10个，市级监测点2个。推广设施茄果类蔬菜优质绿色轻简化栽培等主推技术3项，"东圣一号"番茄、"超华1号"青菜主推品种2个。建设江苏特粮特经产业技术体系太仓（芋艿）推广示范基地1个，试验示范早熟高产高效技术等新技术2项，引进广西荔浦芋、长兴岛香芋等新品种4个。加强小麦赤霉病防控，赤霉病病穗率0.11%，病指0.05，总体防效90.9%，有效控制蚜虫、赤霉病等穗期病虫害。农药使用量零增长行动有序展开。全年全市推广高效低毒低残留农药占比94%，全年农药使用量430.54吨，较2015年的535.37吨减少19.58%。开展耕地安全利用与修复治理，试验区土壤镉有效性降低30%以上，集成基于"钝化—低积累品种—农艺调控"的重金属污染土壤安全利用技术1套。年内，太仓市农业技术推广中心"水稻育秧温室周年高效利用模式与技术集成推广"技术成果获2016—2018年江苏省农业丰收奖二等奖。该技术成果提出水稻工厂化育秧、基质育秧、毯苗早发等稻作关键技术，挖掘机插水稻的增产潜力，为水稻育秧专用温室的推广应用提供设施、装置、产品、模式、技术等方面的物质支撑和社会化服务。"太仓大米"获评"江苏好大米"十大品牌之一。

2018年太仓市种植业主要指标表

表38

类别	面积（公顷）	较上年增减（±%）	总产（万公斤）	较上年增减（±%）	单产（公斤/公顷）	较上年增减（±%）
水稻	9400	−5.71	8793.6	−5.56	9345	0.16
三麦	7850	−3.80	3686.8	−0.25	4696.5	3.68
棉花	40	−60.00	5	−58.33	1249.5	4.13
油菜	380	−59.14	90.5	−60.65	2332	−3.76
蔬菜	15700	−3.15	51182	−2.78	32599.5	0.38

【江苏省水稻绿色高效全产业链新技术现场观摩研讨会】 2018年5月26日，由江苏省农业委员会和南京农业大学主办，江苏水稻产业体系、太仓农技推广中心和太仓农学会承办的水稻绿色高效全产业链新技术现场观摩研讨会在太仓举行，旨在推动水稻生产绿色高质高效全产业链技术模式的推广应用，提升水稻绿色高质高效生产水平。农业农村部水稻专家组专家、江苏水稻产业技术体系岗位专家和基地主任、江苏省13个大市农技推广站代表及"十三五"重点研发计划"江淮东部稻麦周年省工节本丰产增效关键技术研究与模式构建"项目组成员、企业和大户代表等200多人参会。现场会展示太仓市东林村稻麦秸秆综合利用、水稻智能化育秧新技术、激光平地、北斗导航、机插施肥除草一体化以及稻米绿色加工等全产业链关键技术。

【水稻绿色高效生产全产业链新技术模式】 2018年，太仓市示范推广水稻绿色高效生产全产业链新技术模式，该技术由南京农业大学与江苏省农业技术推广总站等单位联合技术攻关并集成创新，该模式涵盖秸秆还田、整地、土壤培肥、育秧、移栽、大田管理以及产品加工等整个水稻生产过程。包括小麦秸秆绿色高效利用技术，水田高产高效激光平田技术，有机肥培肥和轮作休耕培肥等稻田土壤绿色培肥技术，硬地微喷、工厂化育秧和水卷苗等机插秧苗绿色培育技术，秧肥药一体化机插技术，水稻大田绿色管理技术，水稻秸秆绿色饲料化综合技术以及稻米低温烘焙与绿色加工技术。技术模式应用达到省工、节本、减肥、减药目的，促进水稻绿色、高产、高效和优质生产。

【璜泾镇、城厢镇获评江苏"味道小镇"】 2018年9月23日，江苏省首届"中国农民丰收节"主场庆祝活动在江阴市华西村举行。其间，召开中国·华西优良食味稻米高端品牌发展大会。会上，20家单位被评为"江苏稻米产业强村富农典型"，太仓市东林农场专业合作社作为苏州地区仅有的2家合作社入选。同时举行"味稻小镇"授牌仪式，30个乡镇被评为2018年度江苏"味稻小镇"，太仓市璜泾镇、城厢镇入选。

（高　威）

畜牧水产业

【概况】 2018年，太仓市畜牧水产业坚持“高效养殖、科技创新、产业融合、生态健康”工作思路，开展规模畜禽养殖污染治理专项行动，推进畜牧业向绿色生态布局转型。实施国家动物疫病强制免疫计划，强化基础免疫。实施督查监测与流行病学调查计划，强化监测预警，统筹做好人畜共患病防控。推进智慧动监信息化建设，实现全市智慧动监覆盖。继续落实梅山猪保种工作。做好渔业生产安全，加强监督检查、气象预警和平台追踪。严格执行长江禁渔制度和伏季休渔制度，涵养长江渔业生态。严格例行增殖放流，促进太仓内河流域渔业资源多样化发展。编制《太仓市养殖水域滩涂规划》，推动水产养殖业绿色发展。推进渔业科技入户工程，加强水产新品种新技术新模式试验示范。开展水生动物疫病防控与监测和农业部健康养殖示范场创建。推进养殖池塘标准化改造。配合做好“河长制”工作。全年，水产养殖（池塘）面积1846.67公顷，其中常规鱼养殖246.67公顷，特种水产品养殖1600公顷。生猪、家禽、羊规模养殖出栏分别为9.38万头、666.93万羽、1.45万头，奶牛存栏0.3万头。全年畜牧业产值8.86亿元，较上年下降22.06%；渔业产值16.75亿元，较上年增长2.67%。

2018年太仓市畜牧业主要指标表

表39

项目	单位	指标	较上年（±%）
生猪出栏	万头	9.38	−42.91
生猪存栏	万头	5.54	−26.38
能繁母猪存栏	万头	0.37	−16.47
家禽出栏	万羽	666.93	−21.46
奶牛存栏	万头	0.3	−41.15
羊出栏	万头	1.45	−41.06
羊存栏	万头	1.06	−29.80
兔出栏	万只	0.19	—
兔存栏	万只	0.14	—

【《太仓市养殖水域滩涂规划》编制完成】 2018年，太仓市践行“绿水青山就是金山银山”的思想，围绕“产业转型、环境优美、品质提升、渔民增收”的现代生态渔业发展目标，从优化空间布局、保护水域环境、提升生态贡献、促进渔业增效、保障合法权益等方面，编制完成《太仓市养殖水域滩涂规划》（以下简称“规划”）。“规划”科学划定禁止养殖区、限制养殖区和养殖区，建立并逐步完善禁止养殖区、限制养殖区和养殖区管理制度，保障各功能区的功效；加强过程管理，提升水产品质量，并以此为前提，打造特色名品，实现提质增效；改善生产环境，创建生态健康养殖示范场（区），发展休闲渔业，提高渔业综合效益；推广循环水养殖、多品种混养等环境友好型养殖模式，助力环境治理目标实现；加强开放型水域增殖放流，提升渔业生态贡献。

【移动出具便携式动物B证省级试点取得实效】 2018年，江苏省启动移动出具便携式动物B证试点，太仓市作为全省5个试点（苏州地区唯一一个试点）之一，在全市范围内推广并实现动物检疫合格证明电脑端出证与移动出证双轨制。11月底，面向全国31个省（直辖市、自治区）、新疆生产建设兵团等50多个动物卫生监督机构现场演示快速通关系统。该系统可快速读取动物运输车辆的车牌信息，自动连接农业农村部检疫数据库，获取检疫证关联信息，并将检查信息传送到动物或动物产品目的地，实现动物运输车辆便捷快速通过、基础信息共享，极大提升动检站工作效率。11月26—30日，中国动物疫病预防控制中心在太仓举办全国动物疫病区域化监管工作培训班。会议介绍江苏省动物产地检疫便携式移动出证和动物卫生监督检查站工作情况，并现场演示便携式移动出证和检查站快速通关系统流程。

【2018年长江禁渔执法行动】 2018年3月1日上午9时，2018年长江禁渔执法行动启动，太仓渔政联合长航公安、长江海事等有关部门，出动中国渔政执法船艇4艘，从浏河一级渔港码头鸣笛起航，对辖区长江段进行执法巡航。2018年长江段禁渔时间为3月1日0时至6月30日24时，太仓对禁渔期内的重点水域、交界水域和违法违规渔业案件高发水域开展联合检查、交叉检查、驻守检查等检查行动，打击长江非法捕捞行为，保护长江渔业资源，促进长江生态环境保护。

（高　威）

林果园艺业

【概况】 2018年，太仓市推进“绿色水廊”“绿色通道”“高效林果”“城镇绿化”等系列建设，全市新增林地、绿地212.73公顷，其中绿色水廊16.67公顷、绿色通道156公顷、高效林果13.93公顷、城镇绿化26.13公顷。建设完成胜泾村、永丰村2个省级“三化”示范村。培育珍贵用材树种20万株，建设凡山村“三化”试验园项目6.67公顷，引进娜塔莉、南方红豆杉等新品“三化”树种约1万株，完成森林抚育面积366.67公顷。完成G346国道绿化提档改造工程和浏双公路绿化工程。抓好森林资源保护管理。完成太仓市森林督察自查、第二次林业碳汇计量监测及林地年度变更。严格执行林木限额采伐制度和凭证采伐制度，加强林木采伐管理。完成省级病虫害测报点实验室建设，加强林业病虫害预防工作。完成《太仓市湿地保护规划（2017—2030年）》，加强湿地管理工作。开展“送苗下乡”活动，共计发放果苗3.89万株。

【《太仓市湿地保护规划》编制完成】 2018年，太仓市以全面保护湿地为核心，以扩大湿地面积、增强湿地生态功能为目标，完成《太仓市湿地保护规划（2017—2030）》编制工作，以生态修复和生态利用为抓手，完善湿地保护体系，健全湿地管理体系，落实管控湿地面积总量，维护全市湿地生态系统健康和安全，为促进全市经济社会可持续发展提供更好生态条件。

【“果王”评比活动】 2018年7月，太仓市林业站举办“果王梨”评比活动，全市各区镇9家规模以上种植基地挑选翠冠、清香、翠玉、初夏等4个品种、14个样品的精品梨参加比赛。由江苏省农科院等机构的专家组成评委组，从单果重、可溶性固形物含量、外观、口感等方面进行打分。最终，电站村电站生态园农产品产销专业合作社选送的翠玉梨获评“果王”称号。8月，太仓市林业站举办2018年度“果王桃·葡萄”评比活动。全市15个果园选送12个黄桃样品、14个葡萄样品参赛。黄桃以“锦绣”为主，葡萄以“夏黑”“巨峰”“醉金香”等种植面积较大的品种为主。最终，太仓市吴泾道观生态园选送的黄桃、太仓市宏业生态园艺有限公司选送的“巨峰”葡萄获金奖。

【“以虫治虫”生物防治】 2018年8月2日，太仓市引入天牛寄生性天敌管氏肿腿蜂20万头、花绒寄甲60万头，分别释放在境内高速公路、市级主要道路两侧、公园绿地、各果园基地等31个地段。与常规方法相比，“以虫治虫”生物防治方法杀虫目标明确，不污染环境，不伤害其他天敌，可大幅度降低成本，且具备长效性，在生物天敌种群达到一定数量时，可逐步达到生态平衡，多年受益。 （高　威）

休闲观光农业

【概况】 2018年，太仓市休闲观光农业蓬勃发展，农旅融合发展步伐加快推进，编制完成《太仓休闲农业与乡村旅游发展规划（2018–2030）》。璜泾镇孟河村通过全国休闲农业与乡村旅游三星级园区验收，杨漕村休闲农业项目、电站村创意休闲农业配套设施建设项目、独溇小海户外体验项目、万丰村创意林果基地项目通过省级休闲农业项目验收。太仓农业企业参加第四届江苏优质农产品（南京）展销会、第20届（2018年）江苏农业国际合作洽谈会、第16届中国国际农产品交易会、第16届江苏名特优农产品（上海）交易会等部、省级农展。高标准设施园艺基地完成建设并开始运行。四季花海项目开门迎客，盛花期吸引游客约2万人次。百竹园廉洁文化提档并被苏州市纪委列为“廉石观览线”参观点。“一村一品一店”示范创建成效显著，城厢镇电站村（翠冠梨）被认定为全国“一村一品”示范镇村，璜泾镇雅鹿村等4个村被认定为全省“一村一品一店”示范村。

【现代农业园区】 2018年，太仓国家现代农业示范区建设聚焦实施乡村振兴战略，以促进农民持续增收为中心任务，以农业供给侧结构性改革为主线，围绕产业发展、结构优化、效益提升等方面加快现代农业园区建设步伐，创新形成“以太仓市国家现代农业园区为引领、镇现代农业园区为支撑，若干个村级基地、合作社为带动面”的现代农业园区网络架构，逐步推动“双10”园区规划全覆盖，全市拥有国家级农业产业化示范基地1个、省现代农业产业园区1个、苏州市级园区6个（太仓市现代水稻产业园、璜泾现代农业产业园、双凤现代渔业产业园、独溇小海现代生态园、太仓市双凤镇新湖现代农业产业园、太仓市璜泾镇雁月湖生态农业园）。农业产业布局不断优化完善，逐步形成东部休闲观光农事体验、西部生态湿地水产养殖、中部设施园艺优质稻麦生产示范格局。年内，全市新增园区面积860公顷。农业部发布《2017年国家现代农业示范区建设水平监测评价报告》，太仓市国家现代农业示范区建设综合得分86.09分。

【“绿色风”活动走进太仓社区】 2018年10月13日，由苏州市农业委员会主办的‘绿色风”活动、“菜篮子’产品走进太仓社区。活动以“绿色风”服务品牌为载体，以惠民、便民、富民为目标，联合优质农业企业进社区集中展示展销。该活动为太仓市首届“中国农民丰收节”系列活动之一，集中展示太仓肉松、东林大米、华泰蘑菇茸菇等本地名、特、优农产品30多种。农产品便民活动作为市民和农业企业间的桥梁，有力拓宽农产品销售渠道，满足市民对地产优质农产品的需求。

【四季花海项目运营】 2018年5月底，四季花海项目整体完工并对外试营业。项目规划用地面积13.33公顷，计划总投资1500万元，分为迎宾、童趣、台地、水田等花海功能区。试营业期间主要探索土壤改良和草花新品种试种等，引进种植百日草、紫色鼠尾草、香水百合、彩叶草等多个品种草花，其中郁金香、彩色向日葵、粉黛乱子草取得较好效果，盛花期吸引游客约2万人次。 （高　威）

生物科技农业

【概况】 2018年，太仓市现代农业发展以农业高新技术产业为主攻方向，着力健全农业科技创新体系，提高农业科技创新供给质量，加快农业科技创新与成果转化应用，提升农业区域创新能力和科技服务水平。搭建农业科技服务平台，现代农业科技服务中心投运。加快农业信息化建设，信息进村入户整市推进，建成益农信息社示范型标准站90个，基本实现信息进村入户全覆盖，全市农业信息化覆盖率61%。加快"智慧农业"布局，涵盖畜禽养殖、设施园艺、水产养殖、大田种植等方面，形成智能农业发展新态势，引领推动现代农业转型升级、绿色发展。年内，安佑生物科技集团股份有限公司被评为苏州市农业物联网技术应用型"智慧农业"示范基地（企业），太仓市绿阳蔬果专业合作社被评为苏州市农产品电子商务型"智慧农业"示范基地（企业）。全市重点培育太仓市好么么农业科技有限公司气雾栽培生产示范基地，推进物联网技术在农业领域规模化、标准化、产业化应用。打造网络服务平台，拓宽产销对接渠道。通过"田园风"网络服务平台，建立地产名、特、优农产品数据库，构建农产品产销对接服务平台。

【"智慧田园"探索实践】 2018年，太仓市加快智能农业布局，涵盖四大主导产业。种植业方面，将基于物联网技术的智能远程监控系统与常规监测相结合，实现对土壤墒情的全天候监测。畜禽养殖方面，通过畜禽养殖规划"一张图"系统，实现全市畜禽规模养殖场动态直观显现。设施园艺方面，建成物联网远程监控示范区26.67公顷，实现作物生长实时监测、管理、溯源、监视等。水产养殖方面，运用物联网技术，实施水质监控、信息采集及自动投饵等，为信息化水产养殖推广提供示范。

【农业创意项目获评苏州市一等奖】 2018年9月5日，太仓绿丰农业资源开发有限公司的创意项目"点废成金"获苏州市首届农村创业创新项目创意大赛成长组一等奖。该创意旨在通过农业废弃物综合处理，使其转化为有机肥、蔬菜育苗基质，在提升附加值的同时改善农村生态环境，年处理农业废弃物15万吨，供应种植面积600多公顷，生产粮食、蔬菜作物5000余吨。

【病虫害智能化测报】 2018年5月，亚太植保委员会（APPPC）举办的植物健康监测调查信息管理系统培训班将太仓市物联网智能化测报系统作为其田间考察项目之一。来自世界18个国家从事植物保护的专家在太仓考察病虫害智能化测报系统，专家表示该技术为提高亚太区域成员国植物疫情监测和防控能力起到积极作用。

（高　威）

农业机械化

【概况】 2018年，太仓市农业机械化工作围绕全面推进"一项行动"（粮食生产全程机械化示范省建设行动），加快实施"两大工程"（高效设施农业"机器换人"工程、绿色环保农机装备与技术示范应用工程）作为建设现代农业、实施乡村振兴战略的重要内容，按照"促整体、补短板、提水平"要求狠抓落实。年内，制定2018年太仓市农机化重点工作，以围绕开展粮食生产全程机械化整体推进示范县建设为主线，以加快实施"两大工程"、提高政府购买农机维修服务水平、开展农机教育培训、强化农机安全和质量监管、落实农机购置补贴政策、开展秸秆试点项目多途径推进秸秆综合利用为工作重点。制定《2018年太仓市农机化发展项目实施方案》，明确各类农机作业补贴办法。全年共购置各类补贴农机具361台，其中主要机具有：乘坐式插秧机76台、大马力拖拉机32台、高地隙植保机27台、高性能收割机22台、粮食烘干机98台。获批2018年中央农作物秸秆试点项目，总投资1575万元，中央财政投资936万元，省级财政配套100万元，地方配套539万元，添置更新秸秆收储运机械装备。获批2018年"两大工程"示范县项目，主要围绕种植、中耕除草、施肥、植保、修剪、采收、田间转运、粉碎还田等环节开展机械化生产示范推广。年内，太仓市被认定为全国第三批基本实现主要农作物生产全程机械化示范县。

【"两大工程"建设实践】 2018年4月13日，太仓市"两大工程"暨苏州市蔬菜生产机械化现场会在璜泾镇现代农业产业园举行，会议邀请农业部南京农机化研究所农业资源开发与设施农业工程技术中心和省农机具开发应用中心专家围绕蔬菜生产机械化技术开展专题技术培训。5月29日，省农业机械化局在太仓召开全省农机化高质量发展现场推进会。与会代表分别观摩太仓市城厢镇东林村粮食生产全程机械化作业现场、粮食烘干中心及秸秆综合利用演示现场和璜泾现代农业园区设施农业"机器换人"展演示现场。推进会展演示一系列新型智能化农机装备，吸引周边农机合作社、农机大户和群众500余人观看，取得较好示范效果。10月，农业农村部在湖北省宜昌市召开全国果菜茶生产机械化现场推进会，太仓市"两大工程"建设的探索与实践作为江苏省两个典型案例之一，面向全国作推介交流。

【秸秆综合利用"太仓模式"再升级】 2018年，太仓市推进"社企联动"模式，完善秸秆收储体系建设，优化农作物秸秆综合利用模式与机制。强化政策扶持，加快配套机具推广，全市累计新增75马力以上拖拉机380台、高性能收割机395台、秸秆还田机超400台。对接科研院所，强化技术措施，对接省农科院、农业部南京农机所等科研院所，加强技术体系和系统解决方案研究。推进多种形式利用，形成可持续、可复制推广的秸秆饲料化、秸秆肥料化、秸秆基料化三套技术模式。

（高　威）

农田水利

【概况】 2018年，太仓市改善农业生产条件，提高灌排工程运行可靠性及运行效率，建立良性运行机制。第8批小农水重点县项目分三年（2016—2018）实施，年内，新建渠道11.03公里、灌溉泵站35座，建成高效节水低压管道灌溉面积153.33公顷。基本形成一个能挡、能灌、能排、能降、能控的灌排体系，提升农业综合生产能力，促进农业增产和农民增收。

【农村水环境】 2018年，太仓市基本完成中小河流治理重点县、农村拆坝建桥畅流工程，结合冬春水利建设，整

2018 年 10 月 16 日，太仓市举办金秋经贸月开幕式　　（计海新　摄）

治农村河道 366 公里、沟塘 55 公里，拆除坝埂 61 处，拆坝建桥涵 61 座，畅通水系。全市建设农桥 87 座。娄东街道横沥村、城厢镇胜泾村、璜泾镇荣文村入选江苏省“水美乡村”。

【农业水价综合改革】 2018 年，太仓市完成农业水价综合改革任务 1.17 万公顷，水稻管道灌溉面积全部纳入水价改革范围；全市安装用水计量设施 581 套，促进精准补贴、节水奖励等举措落地生效。完成全市农村水利服务队建设，实现全市固定灌溉泵站计量设施全覆盖。

【农田水利设施管护】 2018 年，太仓市在通过全国农田水利设施产权制度改革和创新运行管护机制改革试点验收基础上，完成全市农田水利工程确权颁证，明晰所有权，明确使用权，界定管护权，落实管护主体和管护责任。创新管理机制，确立村集体经济组织管理、物业公司管理、劳务合作社水利服务队管理和社会专业组织管理 4 种管护模式，建立市、镇、村三级管理网络和分级管理模式。针对市土地流转率高、村合作农场经营管理程度高的特点，依托劳务合作社成立水利服务队 70 支，推行标准化管理，开展一年两次的市——镇——管护主体三级联动考核，促进全市农田水利工程管护水平提升。

（周　婷）

对外及对港澳台经贸

综　述

【概况】 2018 年，太仓市对外及对港澳台经贸总体保持稳中向好态势。全市完成注册外资及港澳台资 9.72 亿美元，较上年增长 6.02%；实际利用外资及港澳台资 4.85 亿美元，较上年增长 1.03%。完成进出口总额 145.7 亿美元，较上年增长 12.3%，其中出口 67.31 亿美元，较上年增长 10.6%。太仓方境外投资协议额 8[illegible]0 万美元。完成服务外包接包合同额 8.96 亿美元，较上年下降 0.1%；离岸执行额 3.59 亿美元，较上年增长 13.33%。

【2018 年太仓金秋经贸月】 2018 年 10 月 16 日，太仓市举办金秋经贸月开幕式。现场签约项目 26 个，涉及新能源汽车、医疗器械、物流等多个领域。项目投资总额 210.8 亿元，注册资本 51.7 亿元。其中外资及港澳台资项目 16 个，投资总额 14.9 亿美元，注册资本 5 亿美元；内资项目 10 个，投资总额 109 亿元，注册资本 16.7 亿元。

【智能科技与产业国际合作论坛太仓分论坛】 11 月 6 日，2018 年智能科技与产业国际合作论坛太仓分论坛在太仓市举行。该次论坛以“中德智造 · 共赢未来”为主题，邀请业内专家和企业代表，围绕并聚焦智能科技创新与产业变革进行主旨演讲和高峰对话。2018 年是太仓被商务部和德国经济部共同授予中国首个“中德企业合作基地”十周年，论坛上举行“中德企业合作基地”授牌十周年——“推进中德合作全方位高质量发展”启动仪式。集聚太仓的德企带动 400 多家民营企业为德企提供配套生产服务，一大批企业实现生产过程智能化、自动化、信息化和数字化。　　（冷浩杰）

11 月 6 日，2018 年智能科技与产业国际合作论坛太仓分论坛举行

（市商务局供稿）

对外及对港澳台贸易

【概况】 2018年，太仓市进出口继续保持快速增长，全年完成进出口总额145.7亿美元，较上年增长12.3%。其中，完成出口67.31亿美元，较上年增长10.6%；进口78.39亿美元，较上年增长13.87%。年内，有进出口实绩企业1575家，其中外资及港澳台资企业的贸易往来实现102.44亿美元，较上年增长10.91%，占全市进出口总额70.3%。龙头企业外贸发展势头良好，如耐克体育（中国）有限公司实现进出口12.58亿美元，较上年增长28.58%；江苏长江石油化工有限公司实现进出口8.7亿美元，较上年增长65.84%；中集冷藏实现进出口6.3亿美元，较上年增长29.88%。

太仓市对“一带一路”沿线国家进出口持续增长，全年实现进出口总额46.69亿美元，较上年增长27.93%，占全市进出口总额32.05%。对日本、欧洲传统市场进出口分别为17.61亿美元、38.97亿美元，较上年分别增长17.16%、7.38%。新兴经济体市场外贸发展良好，全市对拉丁美洲外贸进出口5.71亿美元，较上年增长46.92%。

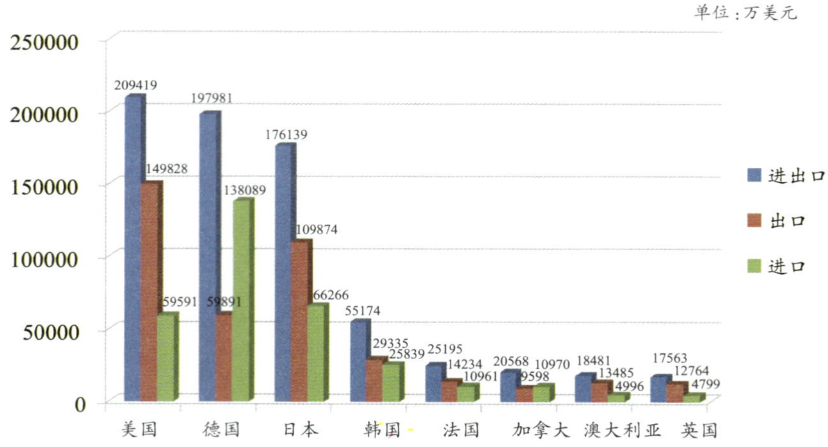

图3　2018年太仓市主要贸易伙伴进出口情况图

全市一般贸易进出口96.45亿美元，较上年增长13.16%，占全市进出口总额66.2%。加工贸易进出口30.12亿美元，较上年增长3.35%，占全市进出口总额20.7%。一般贸易进出口远高于加工贸易，占行业主导地位，外贸行业转型升级特征明显。

【服务外包】 2018年，太仓市累计完成服务外包接包合同额8.96亿美元，较上年减少0.09%；累计完成离岸执行额3.60亿美元，较上年增长13.83%。服务外包企业发展势态良好，年接包合同额超千万美元企业19家，年离岸执行额超千万美元企业11家。其中，中美冠科生物技术（太仓）有限公司等收入超亿元企业发展良好。中美冠科生物技术（太仓）有限公司获“2018年度中国服务外包医药健康行业领军企业”“中国服务外包百强企业”等称号。全市服务外包产业形成供应链管理服务、研发设计、生物医药等三大优势行业，并逐步推动软件开发、信息技术服务等行业发展，服务外包产业结构日益优化。

2018年太仓市进出口情况一览表

表40

地区	进出口		出口		进口	
	累计（万美元）	较上年增减（±%）	累计（万美元）	较上年增减（±%）	累计（万美元）	较上年增减（±%）
全市	1456974	12.3	673087	10.6	783887	13.87
港区（含浮桥镇）	605993	13.69	253328	21.06	352665	8.92
高新区（含娄东街道、科教新城）	603975	12.21	240398	4.07	363577	18.34
长江口旅游度假区	41990	12.76	32286	14.87	9704	6.26
城厢镇	78743	18.26	53278	15.73	25465	23.93
沙溪镇	57602	1.94	41262	−3.4	16341	18.52
璜泾镇	14041	1.98	12223	−6.62	1818	168.47
双凤镇	25653	9.69	21794	8.56	3859	16.53
其他	28977	2.72	18518	1.41	10459	5.13

2018年太仓市进出口主要商品情况一览表

表41

商品类别	进出口		出口		进口	
	累计（万美元）	较上年增减（±%）	累计（万美元）	较上年增减（±%）	累计（万美元）	较上年增减（±%）
机电产品	646829	13.48	409005	10.47	237824	19.05
光学、检验及医疗设备	23712	38.12	5966	1.81	17747	56.93
纺织原料及纺织制品	119516	13.9	85619	13.4	33897	15.19
贱金属及其制品	142221	12.46	63288	18.88	78933	7.79
化工产品	201752	30.45	68230	8.46	133521	45.52
塑料、橡胶及其制品	82189	4.92	39405	12.99	42785	−1.55
杂项制品	45331	1.59	39137	2.68	6194	−4.78
纸浆、纸、纸板及其制品	49598	−5.32	3889	−12.88	45709	−4.61

2018年太仓市对外及对港澳台贸易情况一览表

（按贸易方式分）

表42

贸易类别	进出口（输入输出）		出口（输出）		进口（输入）	
	累计（万美元）	较上年增减（±%）	累计（万美元）	较上年增减（±%）	累计（万美元）	较上年增减（±%）
全市	1456974	12.3	673087	10.6	783887	13.87
一般贸易	964536	13.16	440751	11.78	523785	14.36
加工贸易	301188	3.35	206296	4.12	94892	1.71
其中：来料加工	52201	−4.23	29308	−1.98	22893	−6.96
进料加工	248988	5.09	176989	5.21	71999	4.82
其他贸易	191250	24.84	26039	61.7	165210	20.51

2018年太仓市对外及对港澳台贸易情况一览表

（按企业性质分）

表43

类别	进出口（输入输出）		出口（输出）		进口（输入）	
	累计（万美元）	较上年增减（±%）	累计（万美元）	较上年增减（±%）	累计（万美元）	较上年增减（±%）
内资企业	432673	15.87	241232	31.59	191441	0.71
外资及港澳台资企业	1024432	10.91	431986	1.56	592447	18.83

2018 年太仓市出口前 10 家民营企业一览表

表 44

序号	企业名称	累计（万美元）	较上年增减（±%）
1	太仓中集冷藏物流装备有限公司	63030	29.88
2	太仓阳鸿石化有限公司	32197	-45.86
3	苏州国信集团有限公司	28977	2.72
4	苏州天顺新能源科技有限公司	22093	113.7
5	苏州国林华东商贸有限公司	16392	4.34
6	太仓市同维电子有限公司	15839	5.9
7	太仓爱立时供应链管理有限公司	15789	116.71
8	江苏宝洁有限公司	10621	18.89
9	太仓永昌物流管理有限公司	10614	100.96
10	太仓东华能源燃气有限公司	9562	-10.05

2018 年太仓市出口前 10 家外资及港澳台资企业一览表

表 45

序号	企业名称	累计（万美元）	较上年增减（±%）
1	耐克体育（中国）有限公司	125750	28.58
2	江苏长江石油化工有限公司	87000	65.84
3	舍弗勒（中国）有限公司	77373	2.83
4	玖龙纸业（太仓）有限公司	45600	-5.06
5	太仓中集集装箱制造有限公司	36550	-15.78
6	怡球金属资源再生（中国）股份有限公司	30559	1.56
7	埃克森美孚（太仓）石油有限公司	18941	-6.29
8	太仓中化环保化工有限公司	18086	40.33
9	太仓中集特种物流装备有限公司	14706	88.69
10	琪优势化工（太仓）有限公司	14100	3.66

（冷浩杰）

利用外资及港澳台资

【概况】 2018 年，太仓市利用外资及港澳台资呈现高质量发展。全年完成注册外资及港澳台资 9.72 亿美元，较上年增长 6.02%；实际利用外资及港澳台资 4.85 亿美元，较上年增长 1.03%。新设外资及港澳台资项目 66 个，新项目注册外资及港澳台资 7.31 亿美元，其中，投资总额超千万美元项目 24 个，超亿美元项目 4 个。增资扩股项目 53 个，新增注册外资及港澳台资 2.62 亿美元，其中，增资超千万美元项目 14 个。实现单笔到账外资及港澳台资超千万美元项目 10 个，合计到账外资及港澳台资 2.95 亿美元。总部经济不断壮大，克恩—里伯斯、瑞好、裕克施乐等 3 家企业被认定为省级地区总部企业。

太仓市 1500 家外资及港澳台资企业销售、入库税收等指标保持快速增长，全年完成销售 1776.7 亿元，较上年增长 4.72%。实现入库税收 124.1 亿元，较上年增长 14.92%，对全市税收贡献度 52.14%。全市 376 家规模以上外资及港澳台资工业企业是经济发展中坚力量，占规模以上工业企业总数 38.8%。规模以上工业外资及港澳台资企业完成工业总产值 1259.41 亿元，占规模以上工业企业总量 55.16%，较上年增长 5.2%；实现营业收入 1270.23 亿元，较上年增长 5.04%，占总量 54.61%；吸纳就业 9.5 万人，实现利润总额 97.42 亿元、利税 130.06 亿元，分别占总量 63.1%、64.8%、61.92%。全市龙头型外资及港澳台资项目入库税收超亿元企业 11 家，纳税额占外资及港澳台资企业总量 59.4%；工业总产值超 20 亿元企业

8家，占规模以上外资及港澳台资企业总量35.7%。

太仓市进一步调整产业结构，企业转型升级特征显著，总体呈现高质量发展特点。134家规模以上高新技术外资及港澳台资企业实现产值565.8亿元，较上年增长7.2%，超过规模以上外资及港澳台资企业平均增速2个百分点。战略性新兴产业项目发展加速，108家战略性新兴产业规模以上外资及港澳台资企业实现产值396.8亿元，较上年增长4.6%。

2018年太仓市注册外资及港澳台资情况一览表

表46

地区	新设项目（个）	注册资金（万美元）	较上年增减（±%）
全市	66	97154.17	6.02
港区（含浮桥镇）	11	38452.72	44.66
高新区（含娄东街道、科教新城）	26	30922.77	19.59
长江口旅游度假区	4	7008.30	−21.42
城厢镇	14	6314.22	−18.09
沙溪镇	7	7226.70	−18.76
璜泾镇	2	3136.56	−13.90
双凤镇	2	4092.89	32.73

2018年太仓市到账外资及港澳台资情况一览表

表47

地区	到账资金（万美元）	较上年增减（±%）	开业投产企业（家）
全市	48531.45	1.03	23
港区（含浮桥镇）	11749.49	56.34	4
高新区（含娄东街道、科教新城）	21257.25	0.04	5
长江口旅游度假区	2502.08	−1.04	—
城厢镇	3034.30	−1.48	3
沙溪镇	3696.58	2.99	9
璜泾镇	1572.28	−9.97	1
双凤镇	509.80	50.64	1
其他	4209.67	—	—

2018年太仓市入库税收超亿元外资及港澳台资企业情况一览表

表48

序号	企业名称	入库税收合计（亿元）
1	耐克体育（中国）有限公司	43.43
2	舍弗勒（中国）有限公司	8.49
3	玖龙纸业（太仓）有限公司	5.75
4	埃克森美孚（太仓）石油有限公司	3.65
5	特灵空调系统（中国）有限公司	3.33
6	太仓港协鑫发电有限公司	1.98
7	碧辟（中国）工业油品有限公司	1.69
8	斯凯奇（太仓）商贸物流有限公司	1.58
9	博格华纳汽车零部件（江苏）有限公司	1.48
10	慕贝尔汽车部件（太仓）有限公司	1.15
11	苏州三和管桩有限公司	1.11

2018年太仓市工业总产值超20亿元外资及港澳台资企业一览表

表49

序号	企业名称	工业总产值（亿元）
1	舍弗勒（中国）有限公司	146
2	玖龙纸业（太仓）有限公司	120
3	特灵空调系统（中国）有限公司	48
4	江苏扬子江海洋油气装备有限公司	31
5	埃克森美孚（太仓）石油有限公司	30
6	太仓港协鑫发电有限公司	27
7	太仓中集集装箱制造有限公司	26
8	太仓中化环保化工有限公司	23

（冷浩杰）

经济管理

发展和改革

【概况】 2018年，太仓市强化目标管理，聚焦高质量发展，规划实施实现高水平。发挥统筹服务作用，科学编制、分解下达全市年度主要经济指标，完成《关于太仓市2018年上半年国民经济和社会发展计划执行情况报告》，编发《2018年太仓市国民经济和社会发展工作目标白皮书》。完成“十三五”规划中期评估，形成《太仓市“十三五”规划中期评估报告》；创新修订区镇绩效考核办法，将“1115”“1123”“五百工程”［用4年时间（2017—2020年）培育百家重点科技企业、建设百个创新载体平台、引进百位科技领军人才、实施百项重点科技项目、引育百家科技服务机构］等重点工作纳入区镇绩效考核体系。制定《太仓市产业升级三年行动计划》和《太仓市城市功能、品质、特色提升三年行动计划》，制定《太仓市2018年富民增收工作要点》《太仓市推进基本公共服务均等化2018年重点任务》等全市性专项工作计划（意见）15个，为全市经济社会发展提供政策支撑和工作保障。年内，太仓市申报中小城市发展指数，获2018年度全国综合实力百强县市第七位、全国科技创新百强县市第二位、全国绿色发展百强县市第三位。开展中欧绿色智慧城市申报，获2018年中欧绿色和智慧城市先行奖。争取国家层面重大活动，太仓市受邀参加第九届中德经济技术合作论坛。重大项目争取成效显著。沪通铁路太仓站和太仓南站及配套基础设施等7个项目列入省级重大项目，联合汽车电子等30个项目列入苏州市级重点项目。太仓港经济技术开发区、太仓港综合保税区、太仓高新技术产业开发区列入《中国开发区审核公告目录》（2018年版），太仓高新区双创示范基地获批省级双创示范基地、苏州宝骅密封科技股份有限公司“VOCs抗逸散密封工程研究中心”获批江苏省工程研究中心。

【固定资产投资】 2018年，太仓市完成全社会固定资产投资368.65亿元。全年推进计划总投资1194.9亿元、年度计划投资262亿元的101个重点项目建设。组织开展2018年金秋经贸月重点项目集中开工开业、全市项目投资及招商选资工作推进会等活动。坚持“一线检查指导、一线督促鼓劲、一线协商协调”等工作方法，掌握项目建设实际需求，明确对策措施。开展“项目推进实地大走访”活动，注重土地要素落实、施工许可证、结构封顶和竣工投产四个关键节点，协调解决项目建设中遇到的问题。推进信息化管理。完善“互联网+政务”项目管理新模式。政府投资信息化管理平台形成“规划、备建、建设、竣工”四大

10月16日，2018年金秋经贸月重点项目集中开工开业活动在港区举行
（市发改委供稿）

项目数据库，对应设立“动议、建设、代建、回购”四大主体，明确项目建设主体责任。加强与相关部门项目管理系统对接，实现与市政管办、市招标办等管理系统连接联通。优化审批服务流程，做好“放管服”改革，配合做好“一窗式审批”，让信息多跑路、项目业主少跑路，做到“全流程”服务，提升项目审批效率。

【多层次资本市场】 2018年，太仓市强化上市资源培育，聚焦梯队建设，资本市场发展实现新推进。组织开展“资本服务进区镇”专题活动，体验式学习考察上海证券交易所。召开全市企业上市工作推进会，发布长三角县域资本活力指数，太仓3个项目进入前十位。按照“择优培育一批、改制辅导一批、申报上市一批”工作思路，梳理和筛选全市各类企业，将有上市意愿、成长性突出的企业，纳入全市上市后备企业管理资源库，并进行重点培育、持续跟踪、动态管理调整。推进“资本市场发展大走访”活动，实地走访上市后备企业。每月对全市上市后备企业进行一次挂牌进度、存在问题等方面的跟踪分析，有针对性地做好服务工作。宏马科技由省证监局辅导，金远胜上报新三板材料，世珍股份进入新三板创新层，完成股改企业5家，完成苏州市上市后备企业备案9家。科文公司、高新技术产业园、水务集团等3家企业非公开发行公司债券13.5亿元。香塘创投获评省科技金融特色创投机构，新增备案创投企业2家、规模4.38亿元。

【综合协调】 2018年，太仓市强化整体推进，聚焦全局发展，牵头组织开展“长江环境大整治环保大提升‘百日攻坚’行动”，苏州市政府督查组和长江办对全市长江整治提升工作给予肯定。抓好实事工程建设，责任分解落实8大类24项工程的建设内容、任务目标等，督促各责任部门倒排工作计划和进度，基本完成各项实事工程年度建设任务。抓好资源环境保护，完成太湖治理项目库修编工作，组织重点单位参加碳能力建设培训，完成苏州市对太仓能源消费总量和强度“双控”（能耗增量控制目标和能耗强度降低目标）目标责任评价考核工作，做好碳交易业务等工作。做好有序用电和“减煤”工作，全市电力保障工作实现平稳运行，完成全年“减煤”目标。做好内资引进和对口扶贫工作，引进内资项目超额完成任务，加大对贵州玉屏县、陕西周至县的扶贫工作力度，加强对江苏灌南、宁夏灵武、重庆云阳、新疆、西藏等地的扶贫协作，推进扶贫工作。

【课题调研】 2018年，太仓市发改委强化“智库”作用，聚焦重大事项，提高调查研究工作水平。围绕市委、市政府重大决策部署和中心工作，开展事关太仓经济和社会全局发展重大课题调研工作，探索高质量发展新思路新举措。注重在“谋大、谋高、谋远、谋深”上下功夫，发挥调查研究在推进发展改革工作中的基础性作用。建立完善调研制度，落实调研课题一管领导牵头负责和职能科室具体负责“双重责任制”，明确限时完成、汇报交流等8项调研工作制度，撰写形成一批高质量调研成果。完成《太仓建设临沪科创产业高地战略研究》《太仓建设临江现代物贸基地战略研究报告》《以长三角一体化视野谋划太仓高质量发展》等调研报告20篇，近18万字，为市委、市政府科学决策提供依据，多篇调研成果被内、外部刊物及报纸录用刊发。举办以“融入上海·协同发展”为主题的长三角一体化背景下太仓建设临沪科创产业高地课题发布会，《新华日报》《解放日报》等众多长三角知名媒体给予关注和报道。

太仓市上市、挂牌企业情况一览表

表50

企业名称	股票代码	上市时间	上市、挂牌地
苏州锦凯纺织有限公司	MTXS.OB	2010年12月17日	美国纳斯达克OTCBB市场借壳上市
天顺风能（苏州）股份有限公司	002531	2010年12月31日	深圳证券交易所中小板上市
苏州雅本化学股份有限公司	300261	2011年9月6日	深圳证券交易所创业板上市
怡球金属资源再生（中国）股份有限公司	601388	2012年4月23日	上海证券交易所主板上市
苏州德威新材料股份有限公司	300325	2012年6月1日	深圳证券交易所创业板上市
中润科技股份有限公司	100073	2013年7月8日	上海股权托管交易中心挂牌
苏州市富尔达科技股份有限公司	100180	2014年2月18日	上海股权托管交易中心挂牌
苏州维艾普新材料股份有限公司	831612	2015年1月21日	全国中小企业股份转让系统挂牌
苏州香塘担保股份有限公司	831959	2015年2月11日	全国中小企业股份转让系统挂牌
太仓市天然气有限公司	1430	2015年3月11日	香港联合交易所有限公司主板上市
太仓兴宇印刷包装股份有限公司	832364	2015年4月23日	全国中小企业股份转让系统挂牌
苏州富瑞合金科技股份有限公司	100468	2015年5月15日	上海股权托管交易中心挂牌

续表 50

企业名称	股票代码	上市时间	上市、挂牌地
苏州金三元照明电器有限公司	207075	2015 年 8 月 13 日	上海股权托管交易中心 Q 板挂牌
苏州华辰净化股份有限公司	833923	2015 年 10 月 27 日	全国中小企业股份转让系统挂牌
苏州宫德升降设备有限公司	208245	2015 年 11 月 20 日	上海股权托管交易中心 Q 板挂牌
苏州信拓物流股份有限公司	834590	2015 年 12 月 4 日	全国中小企业股份转让系统挂牌
江苏挺卫实业有限公司	364478	2016 年 3 月 23 日	深圳前海股权交易中心挂牌
苏州奥智智能设备股份有限公司	836362	2016 年 3 月 24 日	全国中小企业股份转让系统挂牌
苏州撼力合金股份有限公司	836820	2016 年 4 月 20 日	全国中小企业股份转让系统挂牌
苏州创扬医药科技股份有限公司	836810	2016 年 5 月 3 日	全国中小企业股份转让系统挂牌
苏州德能电机股份有限公司	837646	2016 年 6 月 3 日	全国中小企业股份转让系统挂牌
江苏雅鹿品牌运营股份有限公司	838976	2016 年 8 月 11 日	全国中小企业股份转让系统挂牌
苏州捷赛机械股份有限公司	838880	2016 年 8 月 12 日	全国中小企业股份转让系统挂牌
苏州东南佳新材料股份有限公司	839566	2016 年 11 月 9 日	全国中小企业股份转让系统挂牌
太仓世珍集装箱部件股份有限公司	838659	2016 年 12 月 15 日	全国中小企业股份转让系统挂牌
苏州美源达环保科技股份有限公司	870295	2016 年 12 月 15 日	全国中小企业股份转让系统挂牌
太仓久信精密模具股份有限公司	870553	2017 年 1 月 23 日	全国中小企业股份转让系统挂牌
苏州弘森药业股份有限公司	870569	2017 年 2 月 14 日	全国中小企业股份转让系统挂牌
太仓展新胶粘材料股份有限公司	871054	2017 年 3 月 8 日	全国中小企业股份转让系统挂牌
太仓科益精密模塑股份有限公司	870871	2017 年 3 月 21 日	全国中小企业股份转让系统挂牌
苏州宝骅密封科技股份有限公司	871751	2017 年 7 月 31 日	全国中小企业股份转让系统挂牌

（郁　珽）

政府采购

【概况】 2018年，太仓市政府采购工作贯彻落实上级政府采购有关法律法规，通过强化采购预算编制、加强招投标监管、依法处理采购质疑投诉等工作，促进政府采购规范化，增强政府采购政策功能，政府采购服务经济发展成效更加明显。全年全市政府采购预算额17.71亿元，采购实际支付额17.18亿元，节约资金5272.72万元，节约率2.98%（扣除卫生系统药品及医用耗材零差价采购后节约率4.3%）；采购实际支付额较上年增长15.8%，占全市2017年度一般预算支出9.7%；服务采购额1.77亿元，占政府采购实际支付额10.33%。年内，整理和扩充《太仓市2019年政府集中采购目录》中服务类品目，将更多事关国计民生和公共利益的公共服务项目纳入政府集中采购范围。

【政府采购业务制度化建设】 2018年，太仓市共梳理制定各类采购文件20个，其中业务政策指导类11个、评审专家管理类3个、代理机构管理类3个、采购投诉管理类1个、其他业务通知类2个。

【政府采购网上商城建设】 2018年5月1日，太仓市网上商城、网上竞价政府采购系统上线，实现与全市财政综合业务系统数据对接。太仓市制定相关文件，明确网上商城采购范围、操作流程及相关管理要求，形成对网上商城采购全过程、全痕迹管理。

【政府采购流程优化】 2018年，太仓市政府采购计划由审批制改为备案制，采购方式、代理机构由采购人依法自主选择；取消招标、中标公告等财政审批备案环节，政府采购信息公告、评审专家抽取依法由采购人或代理机构自行处理；明确公开招标数额以上采购项目变更采购方式的财政审批流程、公开招标数额以下项目采用"单一来源"方式处理流程、政府采购信息公开有关要求，规范全市政府采购处理规程。（李　娜）

财政收支

【概况】 2018年，太仓市加强财政管理，服务经济发展，为实现"现代田园城、幸福金太仓"总目标，高质量建设"两地两城"提供财力保障。全年全市完成一般公共预算收入155.06亿元，较上年增长10.1%；税收收入完成139.52亿元；税收占比90%，较上年提高3.6个百分点。各区镇增收明显，沙溪镇、长江口旅游度假区、双凤镇增幅居前三，高新区（含科教新城）、太仓港经济技术开发区（含浮桥镇）成为全市收入"主力军"。年内，太仓市财政管理绩效评价工作获财政部通报表扬，列江苏省第3名；太仓市获全省财政重点工作考核先进市县一等奖。

【财政服务经济】 2018年，太仓市推进供给侧改革落地生效，落实降费减负政策，全年完成6项行政事业性收费项目取消、停征、减免工作，每年为企业和个人减负3500万元。落实稳增长促转型各类扶持政策，全年兑现科技创新、节能环保、企业发展等奖励补助资金3.58亿元，惠及上千家企业。利用金融服务平台，构建银企合作新局面。截至年底，全市接入苏州综合金融服务平台企业1189家，526家企业在苏州综合金融服务平台获得授信2064笔，授信金额300.8亿元，其中“信保贷”产品413笔，授信金额9.4亿元；“苏微贷”产品44笔，放款金额7808万元；“小微e贷”产品11笔，放款金额1120万元。应急转贷资金运作42笔，转贷金额12.8亿元，涉及企业7家。

【财政保障民生】 2018年，太仓市优化公共服务供给，优先发展教育事业，推动文化体育事业发展，加快基层医疗卫生运行机制改革，加大对社会保险补助、环境整治等民生类项目资金保障力度。全年全市与民生相关支出占一般公共预算支出比例近80%。建成校舍6.2万平方米，校舍维修、校园消防安全提升三期工程完工；沙溪人民医院启用，“健康太仓”APP上线运行；完成综合性文化服务中心标准化建设村（社区）36个；日间照料中心城乡覆盖率92%；公园绿地10分钟服务半径覆盖率90%。

【财政改革举措】 2018年，太仓市规范非编人员管理，针对部分非编人员管理存在人员性质未经市人社局认定或市政府同意、发放标准由部门自行制定等问题，市财政局、市编办、市人社局、市国资办、市审计局、市发改委等部门商讨，对涉及的25个市级部门、1101人采取分类处置政策，规范部门非编人员管理。完善部门预算编制，针对预算编制过程中部分单位存在项目设置不合理、项目名称不规范、项目数量碎片化、纳入预算依据不充分等问题，组织开展2018年部门预算回头看，规范部门项目管理。推进国库集中支付制度改革，完成建行太仓分行、工行太仓分行实拨业务电子化管理，上线双凤国库集中支付电子化管理系统，电子化管理全覆盖，提升资金安全与运行效率。开展不动产清查，针对市级行政事业单位和市属国有企业占有的土地、房屋及其构筑物等不动产在管理中存在底数不清、权属不明、账实不符等问题，开展市级行政事业单位和市属国有企业不动产清查工作，夯实不动产管理工作基础，强化监督管理，加强和规范全市不动产管理工作。政府采购“网上商城”启用，全年累计办理网上直购、竞价业务588笔、672.2万元。有效防控债务风险，守住不发生系统性风险底线，摸清政府债务特别是隐性债务底数，完善和落实债务管理各项制度，理顺政府与融资平台关系，推进融资平台公司转型。

【财政管理机制创新】 2018年，太仓市制定实施新预算执行动态监控内容和规则，优化市级预算项目库分级分类设置，启用财政投资管理系统，实现项目评审全过程在线管理。实施分类分档的市级重大项目奖补机制；发挥考核“指挥棒”“风向标”作用，制定《2018年度市级机关部门财政管理综合考核细则》，优化区（镇）财政百分考核制度，合理设置考核指标，推进财政管理提质增效。非税收入征管工作考核、收费年检和票据年检“三检合一”巡访工作完成，在苏州大市范围内首创罚没物资分类处置监督模式。

2018年太仓市财政收入分项目执行情况一览表

表51

项目	累计收入（万元）	上年同期（万元）	增减（±%）
一、一般公共预算收入	1550558	1408616	10.1
（一）税收收入	1395235	1220382	14.3
1. 增值税	645350	590461	9.3
其中：改征增值税	147951	110838	33.5
2. 营业税	693	850	-18.5
3. 企业所得税	303325	250051	21.3
4. 个人所得税	64059	51125	25.3
5. 城市维护建设税	90399	80542	12.2
6. 房产税	61323	53100	15.5
7. 印花税	18719	14964	25.1
8. 城镇土地使用税	41371	35918	15.2
9. 土地增值税	59418	43667	36.1

续表 51

项目	累计收入（万元）	上年同期（万元）	增减（±%）
10. 车船税	8021	6958	15.3
11. 耕占税	12486	22978	-45.7
12. 契税	87965	69768	26.1
13. 环境保护税	2106	—	—
（二）非税收入	155323	188234	-17.5
1. 行政事业性收费	19877	27751	-28.4
2. 罚没收入	9940	9863	0.8
3. 专项收入	77635	71878	8.0
4. 国有资源（资产）有偿使用收入	39483	68754	-42.6
5. 捐赠收入	10	92	-89.1
6. 政府住房基金收入	—	14	-100.0
7. 其他收入	8378	9882	-15.2
二、政府性基金预算收入	1444103	944154	53.0
1. 港口建设费收入	6390	7400	-13.6
2. 新型墙体材料专项基金收入	—	5000	-100.0
3. 城市公用事业附加收入	—	9948	-100.0
4. 国有土地收益基金收入	70121	45069	55.6
5. 农业土地开发资金收入	3187	1886	69.0
6. 国有土地使用权出让收入	1323130	838709	57.8
7. 城市基础设施配套费收入	26275	22518	16.7
8. 污水处理费收入	15000	13624	10.1
9. 彩票发行机构和彩票销售机构的业务费用	—	—	—
三、国有资本经营预算收入	5406	4138	30.6

2018 年太仓市一般公共预算税收收入分地区执行情况一览表

表 52

地区	累计收入（万元）	上年同期（万元）	增减（±%）
全市合计	1395235	1220382	14.3
港区（含浮桥镇）	323496	285600	13.3
高新区（含科教新城）	652260	590800	10.4
长江口旅游度假区	67099	56800	18.1
城厢镇	113116	96596	17.1
沙溪镇	79034	68200	15.9
璜泾镇	34831	30100	15.7
双凤镇	39036	32383	20.5
其他	86363	59903	—

2018年太仓市财政支出预算执行情况一览表

表53

预算科目	调整预算（万元）	实绩（万元）	上年同期（万元）	较上年同期	
				增减额（万元）	增减（±%）
地方财政支出总计	2836645	2770555	2237587	532968	23.8
一般公共预算支出合计	1384928	1325917	1265111	60806	4.8
一般公共服务支出	141229	127518	108691	18827	17.3
国防支出	9	9	5	4	80.0
公共安全支出	98192	97233	85090	12143	14.3
教育支出	231997	225958	217174	8784	4.0
科学技术支出	103286	101140	74895	26245	35.0
文化体育与传媒支出	22443	22221	19283	2938	15.2
社会保障和就业支出	123048	123009	114156	8853	7.8
医疗卫生与计划生育支出	68172	68159	57548	10611	18.4
节能环保支出	52319	39917	16554	23363	141.1
城乡社区支出	231629	229855	254053	−24198	−9.5
农林水支出	121430	103682	103493	189	0.2
交通运输支出	29510	27954	88968	−61014	−68.6
资源勘探信息等支出	36409	35363	33396	1967	5.9
商业服务业等支出	15964	14707	9865	4842	49.1
金融支出	154	154	712	−558	−78.4
援助其他地区支出	10314	10314	8230	2084	25.3
国土海洋气象等支出	7158	7158	10982	−3824	−34.8
住房保障支出	55643	55643	40209	15434	38.4
粮油物资储备支出	3675	3670	3662	8	0.2
预备费	—	—	—	—	—
其他支出	305	211	176	35	19.9
债务付息支出	31964	31964	17552	14412	82.1
债务发行费支出	78	78	417	−339	−81.3
政府性基金预算支出合计	1449487	1442408	969301	473107	48.8
科技支出	—	—	—	—	—
文化体育与传媒支出	209	126	—	126	—
社会保障和就业支出	1	1	1	—	—
城乡社区支出	1424350	1420257	949545	470712	49.6
农林水支出	—	—	—	—	—
交通运输支出	7828	5938	6447	−509	−7.9
资源勘探信息等支出	—	—	190	−190	−100.0
商业服务业等支出	—	—	—	—	—
其他支出	5017	4004	3748	256	6.8
债务付息支出	12077	12077	9306	2771	29.8
债务发行费支出	5	5	64	−59	−92.2
国有资本经营预算支出合计	2230	2230	3175	−945	−29.8
社会保障和就业支出	—	—	—	—	—
国有资本经营预算支出	2230	2230	3175	−945	−29.8

（李　翀）

税　务

【概况】 2018年7月20日，原江苏省太仓市国家税务局和苏州市太仓地方税务局合并成立国家税务总局太仓市税务局。10月25日，"三定"（定部门职责、定内设机构、定人员编制）方案落地，全系统共设立机构22个。年内，太仓市累计组织各项收入323.4亿元，较上年增收38.7亿元、增长13.6%，其中入库税收收入268.5亿元，较上年增长13.1%；社保和非税收入54.9亿元，较上年增长14.5%。完成地方公共预算收入139.6亿元，较上年增长14.3%，税收占全市公共预算收入比重首次突破90%。全年兑现税收优惠77.4亿元，占直接收入比重30.1%。其中，落实增值税三项改革，惠及全市增值税一般纳税人超1.8万户，为214户符合条件企业退还增值税留抵税款1.4亿元。加强即征即退优惠管理，全年共退还增值税3.3亿元。落实各项企业所得税优惠13.2亿元，较上年增长21.1%，其中小微企业减免税额8500万元，高新技术企业减免税额6.3亿元，研发费用加计扣除额8.6亿元。推进环保税开征，落实环保税优惠2107万元。落实城镇土地使用税税额调整及差别化政策，1898家A类（优先发展类）、B类（支持发展类）企业减负2600万元。

【税费管理】 2018年，太仓市确保社保和非税职责划转。该项工作覆盖全市参保单位1.8万户，灵活就业人员4.8万人和社保缴费城乡居民12.5万人，市税务局会同市财政局、市人社局等部门，召开联席会议20余次，交接缴费人信息1616万条，采集数据400多项，在全市范围内摸底调研社保费相关政策及征管情况，形成调研数据22组、报表43份、专项调研报告20份，协调解决社保矛盾纠纷30余件。确保个人所得税新政落地。全系统在10个工作日内，完成全市所有6249户有税扣缴单位和13万人次纳税人面对面培训，开展培训367场，印发宣传品28万份。推广个人所得税APP，通过APP采集扣缴单位专项附加扣除信息3430户次，占全部有税扣缴单位54.88%，采集专项附加扣除信息6.05万人次。确保业务整合衔接。编写《分局内设机构设置及职能配置方案（试行）》，为日常工作开展提供指导。制定业务整合衔接方案，明确各派出机构工作职责及工作序列，共确定业务大类31项、业务明细312项，确保新旧机构业务衔接。完成"金税三期"系统配置，组织开展业务操作系统测试，确保各业务流程流转顺畅，为"金三并库"做准备。

【纳税服务优化】 2018年，太仓市持续优化纳税服务，深化税务领域"放管服"改革，公开发布全程网上办清单110项和"最多跑一次"清单16项，压缩行政审批事项60%以上，减少纳税人办税成本近45%，实行办税审批一条龙服务，出口退税无纸化，企业所得税55项优惠事项全部采取备案方式，所需备案资料较往年减少70.1%，办税服务厅完成业务6.26万单，满意率100%。设置新办企业"一次办"专窗5个，首次领用发票所需时间缩减至40分钟左右，免费为全市纳税人配送发票651万份。优化不动产交易集成服务平台，实现税务全程不见面、办税全程无纸化，共计办理不动产交易2.42万笔，该平台在苏州全市范围内推广运用。打造"仓宝微校"纳税人培训线上直播平台，为纳税人提供远程政策辅导，提升纳税人获得感和满意度。

【全税种管理】 2018年，太仓市持续加强全税种管理，探索机构改革后全税种管理体制机制，推进增值税发票管理新举措，深化重点行业和高风险事项企业所得税管理。开展自然人数据清理工作，自然人数据准确率提升至99.8%。做好环保税开征工作，实现"费改税"平稳过渡。做好房地产项目土地增值税管理工作，完善"四级审核"（引入高资质税务师事务所进行"初始鉴证"，再通过各风险应对分局"二次复核"，市税务局土地增值税清算小组"三度审核"，最后由清算领导小组综合各方汇报做出"最终决议"）模式，城厢分局《地形复杂难理头绪，巧用技术窥得真容》案例获苏州市税务局土地增值税清算案例交流和评比活动三等奖。

【税收服务经济】 2018年，太仓市持续做强税收分析精品。将税收工作融入地方经济社会发展大局，完成《从税收"大数据"看在太德企运行情况及相关对策建议》《江苏百强县经济税收运行状况分析》等专题分析，其中德资企业分析获市委市政府主要领导批示。针对中美贸易摩擦，做好全市美资企业分析调研工作，先后3次选取12家美资企业进行返美投资

2018年6月21日，太仓市首个纳税人远程在线培训直播平台"仓宝微校"开讲
（徐志强　摄）

可能性问卷调查，每月监控分析特灵空调系统（中国）有限公司等6家美资企业变动事项，形成特灵空调系统（中国）有限公司美资典型企业年度分户报告。

【税收风险防控】 2018年，太仓市持续强化税收风险防控，抓好风险快速防控指标体系建设、实名办税、发票分类分级管理、发票调增智能审批"四条防线"。重点对5132家次三类企业开展专票核量调整，验旧缴销长期零申报仍结存发票企业291家，防范虚开风险。加强省市两级风险任务统筹，全年推送风险任务1158家次，纳税评估取得入库总成效4亿元。强化"以票控税"，控制新欠。强化院税合作，清理陈欠，共受理法院协助执行税款案件15件，实际入库交易税款5653.2万元，向法院提请清欠企业11家，保证税款足额及时入库。璜泾分局按月制定欠税企业清单，分级分类处置，做到当月税款当月入库。

【大数据治税能力提升】 2018年，太仓市持续提升大数据治税能力。完善税收共治体系，加强第三方信息采集，参与市政府开发的工业企业资源集约利用平台建设，强化以地控税。完善指挥运营中心功能，实现全市所有办税服务场所监控"全覆盖"，税收风险管理业务"全方位"指挥，税收执法行为"全过程"记录，提升"智慧税务"建设水平。 （张孝东）

国有资产监督管理

【概况】 2018年，太仓市加快实施市属国企改革整合转型，推进国资监管转职能、转方式，推动全市国资国企稳步运行发展。至年底，全市有直接管理型企业86家，产权管理型企业5家，委托管理型企业3家。

【国企改革】 2018年，太仓市国资办继续贯彻落实《太仓市推进国资国企改革实施工作方案》要求，推动各项工作有序开展。按照资源相近、业务相关、优势互补、管理协同原则，将市属国有企业按照"五大板块"重组，形成"五大集团"格局，即资产管理板块、城乡建设板块、产业发展板块、水利水务板块、城市经营板块。将公司制改制与清理空壳企业和"僵尸企业"有机结合，清理行政事业单位名下企业，保证国资监管全覆盖，将市委党校、市教育局、市科技局、市公安局、市交运局、市卫计委、市市场监管局、市检验检测中心、市妇联、苏州健雄职业技术学院等10家市级行政事业单位名下的19家企业清算注销或脱钩改制后纳入国资系统监管。推进市属国有企业历年工程项目竣工决算，督促相关单位完成工程财务决算审计、资产移交等工作。开展国有资源资产清查，检查国有企业不动产、国有系统出资与往来及或有事项。合理配置企业参股股权，退出无效、低效及与主营业务无关的股权。

【国资监管】 2018年，太仓市建立健全国资监管政策法规体系，制定国资监管权力和责任"正面清单"，界定国有资产出资人监管边界。梳理更新现行规范性文件，新发布或修订《市属国有企业负责人综合考核评价办法》等规章制度17项，清理废止规范性文件22个；围绕出资人职责清单整理中央、江苏省、苏州市和太仓市相关文件60个。借助信息化手段提升国资监管能力，创新监管方式。加强外派监事管理，建立监事会工作前置机制、季会季报制度，细化监事会考核内容，保证行使监事会各项职权。开展企业负责人薪酬制度改革，完善相关配套文件，建立综合考评制度，将企业负责人及员工薪酬与考核结果挂钩；制定市属国有企业人力资源管理办法，实行国企人员定岗定编，员工人数与工资实行总额控制。 （刘祎晨）

审　计

【概况】 2018年，太仓市审计工作以履行审计监督为职责，以监督促规范，以服务促发展，推进全市社会经济平稳健康发展。全年完成审计项目24个，审计发现非金额计量问题99个，各类问题金额19.68亿元，向纪检监察及有关部门移送案件线索7件，提出审计建议213条，促使有关部门出台规章制度5项。年内，市审计局配合条线项目助推资源整合，按照上级审计机关安排部署，抽调10人参加全省重大扶贫政策措施落实情况跟踪审计。

【预算执行审计】 2018年，太仓市加强预算执行审计，促进财政预算规范管理。全年开展财政"同级审"[审计机关对本级政府及其部门（含直属单位）的预算执行情况和决算草案及其他财政收支情况进行的审计监督]项目11个，反映问题45个。重点审计财政部门本级财政预算执行和地税部门税收征管情况，围绕财政预算执行开展港区、高新区预算执行和其他财政收支审计，对社保基金收支情况、环保专项资金、文化发展专项资金开展专项审计，按照条线项目要求将2017年保障性安居工程跟踪审计、"四好农村路"建设专项审计及省级商务发展和战略性新兴产业专项资金审计纳入"同级审"项目。7月，市审计局受市政府委托，向市十六届人大常委会第12次会议作《关于2017年度太仓市本级预算执行和其他财政收支的审计工作报告》。

【经济责任审计】 2018年，太仓市推进经济责任审计，实现第一轮经济责任审计项目全覆盖。全年完成经济责任审计项目12个（包括上年结转项目5个），完成项目中离任经济责任审计11个，任中经济责任审计1个，其中实施"三责联审"（用人责任审查、经济责任审计、编制责任审核）领导干部5人，地方党政领导干部2人，部门领导干部7人，国有企业领导干部3人，查处违纪违规金额和管理不规范金额1.38亿元，被审计单位采纳审计建议80余条。截至年底，根据2015年相继实施的《太仓市经济责任审计对象分类管理办法》《太仓市经济责任审计项目中长期计划库》，完成经济责任审计项目71个，实现第一轮经济责任审计对象审计监督全覆盖。

【政府投资审计】 2018年，太仓市深化投资监管，推进政府投资审计。围绕加强和改进政府投资建设项目管理，促进政府资金安全使用目标，加强与相关部门沟通协调，按照年度审计计划推进投资审计项目。累计完成工程结算审核报告196个，送审资金22.22亿元，审定20.2亿元，核减2.02亿元，核减率9.07%。完成复审工程项目6个，核减资金376.48万元，核减率9.2%。落实审计署和省审计厅关于结算审计工作要求，开展结构化调整，将结算审计实施主体由太仓市审计局调整为太仓市固定资产投资评审中心，结算审计费用由太仓市固定资产投资评审中心统一支付。为适应新形势下造价审计需求，根据市政府投资项目数量及规模实际情况，采用政府公开招投标形式，完成协审中介机构换库工作。

【国有企业审计】 2018年，太仓市审计工作服务国企改革，深化国有企业和国有资本监督。市审计局根据《太仓市推进国资国企改革实施工作方案》要求，做细做实审前调查，审计调研5家集团公司国企改革过程中有关事项，完成股权划转审计国企27家，核实资产负债净资产情况，分析企业经营现状，为国资国企改革提供依据，推进国有企业优化整合和功能重组。

【自然资源审计】 2018年，太仓市探索同步推进自然资源资产离任审计管理模式。在璜泾镇党政主要领导干部离任审计中同步开展自然资源资产审计，主要侧重土地资源利用情况和水资源使用、污水处理等情况；以经济责任审计联席会议为平台，建立自然资源资产离任审计联席会议工作机制，建立与市环保局、市水利局、市国土局等部门的联络沟通机制。

【内部审计】 2018年，太仓市审计局加强内部审计监督指导，提高内部审计工作质量和水平。加强日常业务指导，部署各镇区、国有公司内审机构和重点部门审计室。全年完成内审项目237个，审计总金额505.67亿元，增收节支1.48亿元，提出建议意见173条。调研全市2014年至2018年9月内审情况、内审机构设置及人员情况等，为开展内部审计工作管理、指导和监督提供依据。组织28名镇区、部门及国企内审人员赴南京审计大学开展审计人员综合能力培训；组织17名内审人员参加苏州市内审工作培训会，听取《审计署关于内部审计工作的规定》解读，提升内审人员审计理论知识和专业技能。

【审计质量管理】 2018年，太仓市审计局建章立制，规范管理。制定《太仓市审计局审计业务会议制度》，对重点审计项目、重大违规违纪问题等实行集体会商制度，介入实施方案制定、调查取证、延伸审计、问题分析定性等关键环节，提高审计质量；制定《太仓市审计局关于建立容错纠错机制的实施意见（试行）》，明确运用“容错纠错”的情形、流程、结果运用及保障措施；制定《太仓市审计局电子数据管理办法》，明确数据归集、使用、管理、监督等责任分工及工作流程，规范电子审计数据长效管理机制，保障电子数据安全。加强平台建设，完成社保联网审计平台建设，包括养老、医疗、失业、工伤、生育五大险种，涉及审计方法139种；建立健全数据收集与共享机制，加强数据库管理，做好部门数据报送收集工作，整体审计分析66家一级预算单位的预算执行率情况，实现所有部门预算执行情况审计全覆盖；以审计管理系统为抓手，启用工程项目审计管理新系统，推进数字化技术应用，简化操作流程，提高审计工作便捷性和及时性，通过系统智能化管理，降低审计人员管理风险。改进方式，整合资源。在经济责任审计过程中注重资源整合，借助多方力量，发挥专业力量优势，弥补审计人员不足的矛盾。明确扎口管理。明确经济责任审计项目由经责科扎口管理，通过统一制定经济责任审计工作计划和方案、统一经责审计问题定性处理标准、统一经责审计报告格式，提高经责审计项目质量及规范化水平；建立“巡审联动”管理模式，在乡镇、国企等单位探索“巡审结合”，通过建立“巡审联动”机制，制定《关于进一步增强巡察与审计工作合力，着力提升监督效能的意见》，建立健全沟通协调机制，突出计划安排统筹性，强化信息反馈互通，突出重要事项保密等；建立“三支力量”（审计机关内部科研人员、审计业务人员特别是审计业务骨干中具有一定研究能力人员、社会研究力量）协同参与模式，在国企、事业单位领导干部经济责任审计中，聘请中介机构人员和邀请内审人员参与审计组；建立党政同步审计模式，同步推进领导干部自然资源资产离任审计。加强监督，提升质量。项目审理靠前，根据《太仓市审计局审计现场管理办法（试行）》要求，继续加大提前审理力度，对所有审计项目推行提前审理，并量化审理内容，通过中期监控、后期处置原则，规范审计组和审计人员的审计行为，提高审计质量，防范审计风险；强化管理，全程视频监控政府投资工程协调会，促进结算工作公平公正公开；定期开展质量检查，组织全局业务人员对审计项目业务档案开展交叉检查，梳理、总结检查中发现的问题，落实整改，强化审计规范化建设。强化整改，落实成果。用好“整改销号制”，建立审计发现问题整改销号清单及审计整改销号标准，实行统一“清单式”管理；用好行政指导机制，通过发函、现场指导等形式向被审计对象提供加强会计管理核算、完善内控制度、防范管理风险等方面行政指导，帮助被审计单位健全制度5项；用好会议通报机制，以经济责任审计联席会议平台为基础，加大问题分类及通报力度；用好联合督查机制，坚持与市纪委监委、市委组织部开展联合督查，形成督查合力，保障整改效果。

（杜静花）

统　计

【概况】 2018年，太仓市统计工作深化管理体制改革，启动第四次全国经济普查，完成各项年定报，落实专项调查，加强统计法治建设，数据质量稳步提升。年内，完成各项统计调查任务。年定报任务保质保量。执行统计报表制度，审核和评估农业、工业、能源、投资、贸易、城乡住户、劳动工资等统计数据质量，各项统计年定报数据按时上报、如期公布，客观反映全市经济社会发展状况。重点专业统计有条不紊。规范城乡住户一体化调查工作，坚持季度例会、月度访户、台账记录、制定规范四项制度。强化夏、秋粮测产实割实测培训和操作规程现场指导，完成春夏和秋冬两季农作物面积遥感测量调查。继续完善服务业、贸易业网报库，督促镇（区）将满足条件的单位纳入联网直报，全市限额以上其他服务业网报单位146家，限额以上贸易业网报企业166家。维护基本单位名录库，年度入库单位142家，更名单位7家，退库单位149家。落实专项调查任务。开展2017年度投入产出调查，完成调查任务企业23家。做好人口变动抽样调查。完成规模以下服务业企业创新情况调查、文化产业限额以下单位抽样调查、文化产业调研问卷调查、交通运输能源消费调查、四众平台专项统计和采购经理、工业生产者价格、总部经济等统计调查工作。受苏州专项处委托完成农村基层党建情况调查、2017年苏州市实事工程满意度调查、2018年苏州市全面从严治党民意调查等专项调查任务4项，发放调查问卷344份。受太仓市绩效办委托完成2018年度太仓市“作风效能大家评”民意调查，发放问卷1000份。做好高质量发展监测工作。研究省、市高质量发展监测评价考核文件和细则，分析解读考核指标。联合相关部门搜集整理周边经济总量和全市相当的区县数据10项，做好对比参阅，为全市落实高质量监测奠定基础。

【第四次全国经济普查】 2018年9月，太仓市启动第四次全国经济普查，组建市镇两级普查机构，选聘1041名普查员和普查指导员开展业务培训。在市镇两级建立登记网络，市统计局联合市市场监管局、市税务局、市人社局等部门，开展清查登记和正式登记。在报纸、电视、电台等媒体发布登记公告，利用电子屏、横幅、海报等方式开展宣传，营造普查氛围。截至11月30日，全市共核查法人单位和产业活动单位2.9万户（其中法人单位2.68万户），个体经营户4.54万户。

【统计服务】 2018年，太仓市统计局继续发扬“诚信永远、服务无限”品牌精神，为市委市政府和社会各界提供优质高效统计服务。统计产品量多质优。发布《2017年太仓市国民经济和社会发展统计公报》，出版发行《太仓市情市力（2018）》《太仓统计年鉴（2018）》，总结分析2017年度全市经济社会发展情况。定期发布当年度主要统计数据。将统计月报半月刊改版为月刊，全年发布统计月报21期，服务业季报3期，反映经济运行情况。全年撰写政务信息153篇、统计快讯81篇、统计分析35篇、调研文章4篇。创新统计宣传方式。改版太仓统计信息内网，优化网站后台管理，整合原有栏目，新增“普查之窗”等栏目。规范管理“数据太仓”微信公众号，发布内容及时精准。走进太仓电视台“相逢问策”栏目，制作《‘数’说国与家》专题访谈宣传统计工作，拍摄《百姓账本里看幸福生活》微视频，获“我们的幸福生活”创作比赛三等奖。开设“统计论坛”，讲授分析经济运行情况，为社会公众答疑解惑。做好“12345”“寒山闻钟”“市长信箱”等信息平台的咨询工作，回应社会公众有关统计咨询7次。在市民广场举办统计开放日、法治宣传等活动，回复广大市民疑问。经济普查登记阶段，在市行政服务中心开设临时窗口，为企业负责人提供咨询服务。

【统计法治】 2018年，太仓市统计局突出统计法治宣传教育，彰显法治力量，提升教育效果。举办“严惩数字上的腐败，坚守法律纪律底线”“宪法修正案解读”等专题讲座2个。组织市、镇两级统计人员参加统计法治业务骨干培训班、苏州市统计干部业务综合能力提升培训班。征订《领导干部统计法律读本》，发送全市各级领导干部。开展深化统计改革、防范和惩治统计造假等系列统计法治文件的学习。开展统计人员继续教育，余玲加入苏州市统计教育培训师资库。扩大宣传范围。利用广场宣传、展板展示、政策咨询、“每月一法”宣传、微信公众号发布等手段，扩大统计法治宣传覆盖面。与太仓市沙溪实验中学开展“大手拉小手”普法进校园活动，举办住户统计调查知识和统计法知识竞赛。严格执法流程。制定《2018年太仓市统计行政执法工作计划》，按照“双随机”原则抽取2个区镇、12家统计调查单位开展统计执法检查工作，首次启用统计移动执法系统、现场执法记录设备等技术手段，记录统计行政执法全过程。开展专项整治。按照省统计局统一部署开展“代填代报”“以数谋私、数字腐败”全面排查和专项整治工作。与市、镇两级统计人员签订《统计人员诚信统计承诺书》，做好《统计领导干部违规干预统计工

2018年9月5日，太仓市第四次全国经济普查清查启动仪式暨“第九届中国统计开放日”在市中心广场举行 （陈兵　摄）

作记录台账》填报。深化统计管理体制改革。贯彻执行中央《关于深化统计管理体制改革，提高统计数据真实性的意见》《统计违纪违法责任人处分处理建议办法》《防范和惩治统计造假弄虚作假督察工作规定》，制定《太仓市统计局关于落实领导干部和统计人员防范和惩治统计造假弄虚作假责任制的实施办法（试行）》，防范和惩治统计违纪违法行为。

（席雅琴）

价　格

【概况】 2018年，太仓市价格工作坚持稳中求进总基调，坚持新发展理念，做好稳控市场物价水平、深化价格机制改革、规范价格收费秩序、优化价格公共服务等工作，推动全市经济健康发展、社会和谐进步。

【价格调控】 2018年，太仓市围绕年度价格调控目标，协调调控领导小组各成员单位落实各项综合调控措施，发挥价格调节基金稳价安民、平抑重要商品价格异常波动作用。与太仓市粮油批发交易有限公司等4家综合性批发、供应专业市场签订《太仓市2018年价格调控目标协议书》，制定《太仓市2018年价格调控目标责任制实施意见》，使用价格调节基金128.57万元，用于扶持生产，调控市场，稳定价格，确保全市价格总水平涨幅保持在合理区间内。

【资源价格改革】 2018年，太仓市依据蒸汽价格与煤炭价格联动政策，并参照周边地区价格水平，5月1日起，全市蒸汽价格每立方米上调8元。贯彻落实中央关于降低一般工商业电价要求，年内降低一般工商业电价4次，累计每千瓦时下调0.08元。根据《太仓市今冬明春非居民用天然气价格疏导方案》，11月1日至2019年3月31日，非居民用天然气价格每立方米上调0.55元。

【服务价格改革】 2018年，太仓市完善教育收费审核定价制度，将教育部门考评意见和家校代表座谈意见纳入规定程序；建立综合交通运输价格形成机制，对汽车客运行业实行灵活的价格政策；规范差别化停车收费政策，合理引导停车资源配置；调整旅游景区门票价格形成机制，降低重点国有景区门票价格；健全养老机构服务收费政策，加强殡葬延伸服务收费监管。调整民办学校教育收费8所，道路班车客运和农村道路客运票价审核8件，审批或变更停车场（点）收费标准14个，调整社会福利机构服务收费标准2家。10月1日起，全市公共停车场（点）免费停放时限统一延长至30分钟，市现代农业园和沙溪古镇2个AAAA级重点旅游景区门票价格下调，降幅20%以上。

【医疗服务价格改革】 2018年，太仓市制定《太仓市基层公立医疗卫生机构医疗服务价格改革实施方案》，5月1日起，全市各乡镇卫生院、社区卫生服务中心执行苏州市基层公立医疗卫生机构服务价格。对实施医改的沙溪镇、浏河镇、璜泾镇、港区、双凤镇等5家乡镇中心卫生院，其诊察费按二类公立医院90%执行，其他医疗服务项目价格按医改方案规定执行。完善医改配套政策，联合市卫计委、市人社局，调整全市1家中心卫生院、7家乡镇卫生院、4家社区卫生服务中心床位费。

【房地产价格调控】 2018年，太仓市继续贯彻执行苏州市政府《关于进一步加强全市房地产市场调控意见》，严格成本核算，按照同一批次分批销售不得提高售价、下一批次备案不得高于上一批次成交价原则，控制全市商品房价格上涨过快势头。全年受理商品房住宅价格备案49批次，较上年增加22.5%；备案面积207.94万平方米，其中普通住宅97.09万平方米、非普通住宅110.86万平方米，较上年分别增加82.61%、122.94%、57.65%；商品住宅备案均价1.19万元/平方米，其中普通住宅均价7702.63元/平方米，非普通住宅均价1.55万元/平方米，较上年分别下降14.58%、26.6%、3.01%。

【平价商店建设】 2018年，太仓市通过优化建设布局、建立管理制度、实施网络监控、强化监管督查、健全考核制度等手段，优化平价商店建设质量。淘汰考核不达标和建设标准不合格平价商店2家，实际运行13家平价商店在实施“五个统一”（统一店名标志、统一商品标价签、统一价格公示栏、统一平价品种、统一集中配送）基础上，重点强化平价商店档案建设，各类经营数据等信息资料每日整理、每月收集，作为年终考评重要依据。全年全市各平价直销店（点）累计销售平价蔬菜266.5万公斤、平价大米131.84万公斤、平价猪肉26.08万公斤、平价食用油20.3万公斤、平价鸡蛋42.68万公斤，受益人群158.66万人次，为市民节省开支307.39万元。

2018年1月25日，太仓市物价局对农副产品市场及平价商店开展价格监督检查

（鲁云　摄）

【清费降本减负】 2018年，太仓市执行国家清理规范行政事业性收费政策，落实收费减免政策4项，涉及部门9个、收费项目18个，年减负约4370万元。清理规范经营服务收费，清理涉企收费项目4项，年减负约400万元。配合上级部门开展集装箱吊装移位费、港口收费等降本减负工作调研，联合口岸部门协调口岸收费单位规范收费公示、集装箱查验成本补贴等问题，捋顺操作规程，降低进出口环节合规成本。开展清理规范电网和转供电环节加价行为，联合供电、城管等部门排查全市疑似转供电企业85家，通过召开会议、实地走访、调查问卷等形式，确认涉及转供电行为企业69家。根据《苏州市清理规范转供电环节加价工作方案》要求，10月，完成对转供电主体企业调查，并在《太仓日报》发布公告和向转供电业主（企业）发放告知书等形式，将相关政策和收取电价标准等向社会和公众公布。通过清理，转供电业主（企业）电费平均降幅10%以上。

【教育收费监管】 2018年，太仓市物价局联合市教育局督查全市所有民办学校、部分公办幼儿园及中小学教育收费，综合考评学校规范收费、依规公示等内容。通报部分民办幼儿园擅自提高保教费和部分民办学校违规收取插班生学费、违规开办特色班（双语班）并收取费用等行为，并发放《整改通知书》，责令相关学校退还多收费用，进行自查自纠和全面整改。

【公平竞争审查机制建立】 2018年，太仓市建立公平竞争审查工作机制，成立由市政府办公室、市物价局等24家单位组成的联席会议制度，各成员单位分别制定公平竞争审查工作规程。加强宣传引导，制定《关于在市场体系建设中建立公平竞争审查制度的实施意见》。开展公平竞争审查，审查2017年前存量文件121件，其中涉及市场主体经济活动5件，审查通过2件、过期失效1件、建议废止2件；审查2017年后新增文件146件，其中涉及市场主体经济活动11件，全部通过审查。

【价格诚信建设】 2018年，按照全市社会信用体系建设工作要求，太仓市制定《太仓市物价局价格信用信息管理办法》。围绕开展价格诚信街区创建活动，推进浏河镇古镇北牌坊至明德桥段价格诚信街区创建工作，通过悬挂“价格诚信一条街”标牌、张贴价格诚信宣传画、为商铺免费发放价格标签和价格诚信标识、与商户签署价格诚信承诺书等方式，打造“诚信经营星级示范街区”。培树价格诚信先进典型，经行业推荐、检查考核、网上公示等程序，被评为苏州市价格诚信单位企业6家，其中新华书店、阳光海鲜城2家企业获评江苏省价格诚信单位。

【价格违法整治】 2018年，太仓市规范市场价格秩序，加强节日市场价格巡查，对公交客运、家政服务、餐饮、车辆救援等市场开展拉网式巡查，重点检查农贸市场、医疗卫生等与群众密切相关的商品与服务价格。加强行业监管，开展多领域价格专项检查，对城市供水供气、电信收费、社会化培训机构、烟酒市场、医疗服务机构、汽车销售及维修服务、殡葬服务、涉企收费、旅游服务、转供电企业等10个领域30余家单位开展专项执法检查，立案查处3件，罚款50万元，没收违法所得14.04万元。

【价格投诉举报】 2018年，太仓市依托“12345”便民服务热线、“12358”价格监管平台和社会价格监督服务网络，发现苗头性、倾向性、趋势性和群体性价格问题，扩大社会监督参与度，将民生价格问题发现在基层、解决在基层。全年受理各类咨询、投诉、举报538件，其中“寒山闻钟”49件、“市长信箱”33件、“12358”价格服务热线63件，其余来自“12345”便民服务热线。主要涉及物业、药品、停车收费、教育收费、网络购物等领域，办结532件，不予受理2件，继续调查处理4件。

【成本调查和监审】 2018年，太仓市落实国家发改委《政府制定价格成本监审办法》，完成集装箱查验吊装移位仓储成本、重点国有（国家级）景区成本调查2项，华顿外国语学校教育收费定价成本、苏创集团和苏创昆仑管道燃气定价成本、浏河套闸过闸费定价成本、三港小学等7所民办小学教育收费定价成本等成本监审项目11项。提升农产品成本调查科学化、规范化和信息化水平，在常规调查基础上，增设“规模调查户”“规模种养基地”“生产经营龙头企业”等特色调查样本点，通过手机AFP系统完成小麦、水稻、蔬菜成本收益和存售粮、农资购买、种植意向等调查。

【价格信息服务】 2018年，太仓市物价局准确掌握市场价格行情，综合运用网络、媒体等渠道平台，公开各类价格政策、法规，为企业生产、居民消费、社会公众提供价格信息服务。丰富民生价格信息发布内容，每日公布全市13家农贸市场120余种农副产品价格信息，每周发布包括食品、药品、电器、日用品、节日商品在内的“价比三家”价格信息，在太仓扬帆网和“太仓新闻”“菜价天天有”微信公众号等平台实时公布。宣传物价，服务民生，走进《相逢》栏目直播间，让百姓了解物价、学会维权、体验服务。

【价格认定服务】 2018年，太仓市物价局履行价格认定职能，做好涉案、涉纪、涉税、涉政府事务等各类价格认定服务。全年完成涉案价格认定672件，认定标的1615.61万元；涉纪价格认定3件，认定标的333.39万元；涉政府事务价格认定22件，认定标的2180万元；完成监测维护涉税平台为住宅标准房基准价1354个，调整涨幅超过10%住宅标准房基准价401个，出具认定报告。（鲁　云）

市场监督管理

【概况】 2018年，太仓市持续深化“放管服”改革，优化营商环境，扶持民营经济发展，市场监管各项工作取得新成绩。继续推行以简政放权、降低市场准入门槛为目的的商事制度改革，推行实施注册资本登记制度改革、先照后证改革、企业三证合一及个体工商户两证合一、全程电子化登记、简易注销改革、名称登记改革等举措，深化“不见面审批”制度，构建“互联网＋政务服务”体系，推进“3550”（开办企业3个工作日内完成、不动产登记5个工作日内完成、工业建设项目施工许可50个工作日内完成）审批制度改革，释放改革红利，激发市场发展活力。全市新发展私营企业4743户，较上年下降7.47%，新增注册资本214.8亿元，较上年下降23.78%。新发展内资企业288户，较上年上升4.73%，新增注册资本85.49亿元，较上年下降4.41%。新发展个体工商户1.05万户，较上年上升23.4%，新增资金9.91亿元，较上年上升16.73%。截至年底，全市共有各类市场主体9.83万户，资金总额3599.82亿元。

【农贸市场管理】 2018年，太仓市制定农贸市场创建实施工作方案、考评细则、市场主办方规范指南，实施建立“一人一场”驻场责任制，责任到人，落实综合管理、整治、创建等工作，强化检查、考核、评比、通报、奖惩等措施，每月开展督查打分排名，跟踪督查问题整改到位。加大农贸市场整治力度，规范中心市场、伟阳市场、兴业楼、板桥等市场内乱堆放、摊外摊、占道经营等违规行为，拆除场外违建130处、2100平方米，立案查处管理问题严重、责令整改不佳的市场7家，立案查处场内外经营户违法行为33件，开展农残快检4.6万批次。制定《太仓市农贸市场标准化建设规范》《太仓市农贸市场管理规范与考核办法》，按照“提档改造一批、异地迁建一批、整治转型一批”原则，提档升级改造农贸市场19家。

【“三大战略”实施】 2018年，太仓市持续推进“商标发展、名牌发展和标准化”三大战略，制定《太仓市商标注册奖励资金管理办法》，推进新材料、高端装备、生物医药、新能源等新兴产业创立自主品牌，组织企业参加首席质量官、卓越绩效自评师、新版质量管理体系标准宣传贯彻培训班、质量微提升竞赛、苏州市长质量奖反馈会等培训，帮助企业提高质量管理水平，全市商标有效注册量1.22万件。全市新增发布实施23家单位参与制订（修订）国家级标准35项（国家标准22项、行业标准13项）。国际标准取得重大进展，舍弗勒（中国）有限公司参与ISO 492:2014修订，江苏通领科技有限公司参与IEC60884—1和IEC63172修订。中国标准创新贡献奖实现零突破，特灵空调系统（中国）有限公司张维加参与起草的GB/T19409—2013水（地）源热泵机组等4项标准获中国标准创新贡献奖（标准项目奖）二等奖，太仓市新星轻工助剂厂起草的GB/T31060—2014《水处理剂硫酸铝》等4项国家标准获中国标准创新贡献奖（标准项目奖）三等奖。高新区国家高端装备制造业（智能制造）标准化试点项目获国家标准化管理委员会和工信部批准立项，是全国智能制造领域4个项目之一。

【质量监管职能】 2018年，太仓市加强流通领域商品质量抽检力度，落实重点产品质量安全责任，开展电动自行车“331”专项整治、学生校服和床上用品、生产许可证获证企业、强制性认证产品生产企业、危险化学品、危险化学品包装物和容器获证企业、机动车安检机构、机动车儿童乘员用约束系统生产企业、有机产品认证企业等专项监督检查，监测儿童自行车、儿童及婴幼儿服装、插头插座、实木地板、热轧钢筋、汽车轮胎等商品大类26个，共抽检167批次，不合格商品35批次，不合格率21%，做好不合格商品下架和案件查处工作，行政约谈省市抽查不合格企业，做到检查一类产品，规范一个行业。

【特种设备安全监察】 2018年，在端午、清明、中秋和国庆节前，市市场监管局联合市安监局、市商务局、市住建局、市燃气办、市消防大队等部门对万达广场、南洋广场、大润发、锦江之星、新城广场等公共场所特种设备开展联合检查，发现并消除安全隐患150起。完成首届中国进博会期间及国际田联竞走团体锦标赛期间电梯安全保障和应急情况处理工作。开展电梯维保单位、起重机、简易升降机、气瓶、快开门压力容器、涉氨冷库等专项整治工作，排查安全隐患300余处，发出监察指令书100多份，立案查处30余起。做好电梯应急救援指挥工作，接报832起（困人413起、其他419起），解救被困人员647人次。

【市场监管执法办案力度加大】 2018年，太仓市市场监管局加强新类型、新领域案件查办，相继开展网红食品、医疗广告、建筑钢材、特种设备、房地产及美容美发等行业专项执法行动，查办一批“瘦身钢”、特种设备假证、微信公众号广告违法等新领域案件。全年共检测及协助检测药械162批次，检测不合格17批次，不合格率10.5%，查处企业生产销售劣药情况，没收相关药品8.93万瓶，罚没款334.84万元。落实“行刑衔接”联络站机制，实现公检法派驻机构全覆盖，移送公安案件21件，其中食药类案件17件。执行关于行政处罚信息公示相关规定，在“中国太仓”网站上公示行政执法案件864条。

【消保维权】 2018年，太仓市畅通投诉、举报中心等各类渠道，整合人员分配，做到针对各类投诉举报定人、定岗、定职专人负责，防范工作脱节。修订发布投诉、举报工作规范，明确各环节工作流程、工作时限、纪律要求，确保投诉举报渠道畅通、职责明晰、处结高效。规范投诉举报文书样式和答复样稿，统一格式，明确内容回复要求，提高投诉举报办结质量，使投诉举报处结标准化、程序化、规范化。全年共接处各类咨询、投诉、举报、求助4258件，其中咨询147件、投诉3097件、举报873件、求助64件、建议17件、其他60件，办结4157件，办结率97.6%。

太仓市获认定的中国驰名商标一览表

表 54

商标名称	注册人 / 利害关系人	核定使用商品 / 服务	认定时间
雅鹿	雅鹿集团股份有限公司	服装	2002 年
雅鹿·自由自在	雅鹿集团股份有限公司	服装	2007 年
Yalu & Freedom	雅鹿集团股份有限公司	服装	2007 年
乡村树	雅鹿集团股份有限公司	服装	2007 年
太仓	太仓肉松食品有限公司	肉松	2008 年
图形	江苏德威新材料股份有限公司	聚氯乙烯树脂、合成树脂塑料	2009 年
安佑及图	安佑（中国）动物营养研发有限公司	猪饲料	2012 年
蓝冰及图	苏州雅鹿控股股份有限公司	服装等	2015 年
口水娃及图	苏州口水娃食品有限公司	精制坚果仁、熟制豆	2015 年
FrognieZila	苏州佛朗尼齐拉服饰有限公司	工作服、皮衣、鞋、帽等	2015 年

太仓市获认定的江苏省著名商标一览表

表 55

序号	商标名称	注册人 / 利害关系人	核定使用商品 / 服务	认定时间
1	双爱及图	太仓塑料助剂厂有限公司	过氧化二异丙苯、氯化聚乙烯	2014 年 12 月
2	旭川 XUCHUAN	旭川化学（苏州）有限公司	工业用化学品、化学试剂（非医用或兽医用）、合成树脂塑料等	2014 年 12 月
3	维艾普及图	苏州维艾普新材料有限公司	保温用非导热材料、防热散发合成物、防热辐射合成物等	2014 年 12 月
4	荣文及图	苏州荣文集团有限公司	弹力丝（纺织用）、长丝、纱等	2014 年 12 月
5	金诸及图	太仓市金诸农业发展有限公司	非医用饲料添加剂、活动物、饲料等	2014 年 12 月
6	太仓港	江苏省太仓港港口开发建设投资公司	观光旅游、旅行预定、运输等	2014 年 12 月
7	新太	太仓新太酒精有限公司	医用酒精、药酒、消毒剂等	2014 年 12 月
8	沪星及图	太仓市奔西树脂化工有限公司	涂料、油漆、稀释剂等	2014 年 12 月
9	CANGHUAN 及图	江苏仓环铜业股份有限公司	铜管等	2014 年 12 月
10	TOX	太仓托克斯冲压技术有限公司	压力机、机床、冲床（工业用机器）	2014 年 12 月
11	LANUVIO	苏州新超针纺织有限公司	衬衫、内裤、领带等	2015 年 12 月
12	NJAL	苏州佛朗尼齐拉服饰有限公司	服装、防水服、围巾等	2015 年 12 月
13	ALTUSVIA 及图	奥特斯维能源（太仓）有限公司	太阳能电池、电池、电池铅板等	2015 年 12 月
14	OHE	东又悦（苏州）电子科技新材料有限公司	铝、锌白铜、未加工或半加工铜等	2015 年 12 月
15	SZN	苏州巨能发电配套设备有限公司	发电机、交流发电机、定子等	2015 年 12 月
16	润孚 RUNFU	江苏润孚机械轧辊制造有限公司	炼钢厂用转换器、切断机（机器）、轧辊（铸造机械零配件）等	2015 年 12 月
17	BJF	江苏保捷锻压有限公司	陆地车辆变速箱、陆地车辆传动轴、陆地车辆用驱动链等	2015 年 12 月
18	TRANE 及图	特灵空调系统（中国）有限公司	制冷装置、冷却器、冷凝装置等	2015 年 12 月
19	万松电气及图	苏州万松电气有限公司	断路器、逆变器（电）、配电箱（电）等	2015 年 12 月

续表 55

序号	商标名称	注册人 / 利害关系人	核定使用商品 / 服务	认定时间
20	新优化纤及图	太仓市新佳化纤有限公司	纱、棉线和棉纱、丝纱等	2015 年 12 月
21	冠联 GULN	太仓冠联高分子材料有限公司	橡皮减震器、丙烯酸树脂、生橡胶或半成品橡胶等	2015 年 12 月
22	SDK	苏州斯迪克新材料科技股份有限公司	飞包装用塑料膜、窗户用防强光薄膜、电控透光塑料薄膜等	2016 年 12 月
23	捷赛	苏州捷赛机械股份有限公司	农业机械、榨油机、碾米机等	2016 年 12 月
24	LilyBell 及图	苏州铃兰卫生用品有限公司	化妆用棉条、化妆用棉线	2016 年 12 月
25	妙管家	妙管家（苏州）日用品有限公司	玻璃清洁剂、厕所清洁剂、衣领清洁剂等	2014 年再认定
26	YECHIU 及图	怡球金属资源再生（中国）股份有限公司	普通金属锭、铝锭、锌锭	2014 年再认定
27	FrognieZila	苏州佛朗尼齐拉服饰有限公司	工作服、皮衣、鞋、帽等	2014 年再认定
28	口水娃及图	苏州口水娃食品有限公司	精制坚果仁、熟制豆	2014 年再认定
29	贯龙及图	太仓市贯龙电磁线有限公司	电缆、电线等	2014 年再认定
30	醒狮牌	太仓利泰纺织厂有限公司	天然棉纱、化纤纱	2014 年再认定
31	明辉及图	太仓市金辉化纤实业有限公司	弹力丝、人造丝	2014 年再认定
32	大仓	江苏大仓集团有限公司	衣物、鞋、帽等	2014 年再认定
33	飞凤	太仓市飞凤食品有限公司	肉、非活家禽	2014 年再认定
34	天顺风能	天顺风能（苏州）股份有限公司	风力动力设备、风力机和其配件、风力发电设备	2015 年再认定
35	玖龙	玖龙纸业（太仓）有限公司	纸、牛皮卡纸、白卡纸等	2015 年再认定
36	苏革 SUGE	江苏东泰聚合材料有限公司	（牛、羊等）的生皮、仿皮、仿皮革等	2015 年再认定
37	中润	江苏中润化纤有限公司	纺织纤维	2015 年再认定
38	图形	江苏申久化纤有限公司	长丝、人造丝、弹力丝（纺织用）等	2015 年再认定
39	璜泾加弹	太仓市璜泾加弹行业商会	弹力丝、人造丝	2015 年再认定
40	力九和及图	太仓力九和塑胶工业有限公司	汽车地垫、家居地垫、商业地垫等	2015 年再认定
41	DONON 及图	苏州东南碳制品有限公司	石墨电刷、碳电刷	2015 年再认定
42	金星力克斯	太仓市金星獭兔有限公司	活动物、种家禽、活家禽等	2015 年再认定
43	三角洲	江苏三角洲塑化有限公司	塑料粒	2015 年再认定
44	Shubao 舒宝	苏州舒适家具有限公司	家具	2015 年再认定
45	美固龙	美固龙金属制品（中国）有限公司	金属容器	2015 年再认定
46	恩丰及图	太仓汇丰化学肥料有限公司	肥料	2016 年再认定
47	春草	江苏泰昌电子有限公司	变压器（电）、电感线圈、磁性材料和器件等	2016 年再认定
48	绿宝 EMERALD	苏州荣文库柏照明系统有限公司	灯、电灯、舞台灯具等	2016 年再认定
49	ARREN 及图	华伦皮塑（苏州）有限公司	（动物）皮、皮板、半加工或未加工皮革等	2016 年再认定
50	见诚	见诚自行车（太仓）有限公司	自行车、儿童车、电动自行车等	2016 年再认定
51	欧亚马	欧亚马自行车（太仓）有限公司	自行车、电动自行车、自行车轮胎等	2016 年再认定
52	图形	苏州市苏创集团有限公司	煤砖、气体燃料、石油气等	2016 年再认定
53	太仓牌及图	太仓肉松食品有限公司	肉松	2016 年再认定

续表 55

序号	商标名称	注册人 / 利害关系人	核定使用商品 / 服务	认定时间
54	雅鹿及图	雅鹿控股股份有限公司	服装、羽绒服装、针织服装等	2016 年再认定
55	香塘及图	太仓振辉化纤有限公司	人造丝、纱、丝纱等	2016 年再认定
56	开明 KaiMing	太仓市开林油漆有限公司	油漆、沥青清漆、油漆稀释剂等	2016 年再认定
57	DW 及图	江苏德威新材料股份有限公司	合成树脂塑料、聚氯乙烯树脂	2016 年再认定
58	康辉及图	苏州康辉纺织有限公司	纱、棉线和棉纱、弹力丝等	2016 年再认定
59	RiSing	苏州睿昕汽车配件有限公司	车灯、汽车前灯、汽车转向指示灯等	2016 年再认定
60	XUSHI	苏州富瑞合金科技股份有限公司	金属管、金属套管、金属支架等	2016 年再认定
61	庆君康	国药集团致君（苏州）制药有限公司	人用药、医用药物、医药制剂等	2016 年再认定

太仓市获评“江苏名牌产品”企业一览表

表 56

序号	企业名称	产品名称	商标	获得年份
1	太仓汇丰化学肥料有限公司	复混肥料（复合肥料）	恩丰	2014 年
2	太仓中化环保化工有限公司	1,1,1,2- 四氟乙烷	JINCOOL（金冷）牌	2014 年
3	苏州星期天鞋业有限公司	皮鞋	都市星期天	2014 年
4	太仓市开林油漆有限公司	油漆	开明	2014 年
5	苏州市富尔达科技股份有限公司	闭门器	富尔达	2014 年
6	江苏长乐纤维科技有限公司	纺织	长乐	2014 年
7	苏州新超针纺织有限公司	男式衬衫	澜维奥（LANUVIO）牌	2015 年
8	中润科技股份有限公司	涤纶预取向丝	中润牌	2015 年
9	苏州雅鹿控股股份有限公司	羽绒服	雅鹿牌	2015 年
10	江苏德威新材料股份有限公司	电缆料	德威 /DW（图形）	2015 年
11	太仓利泰纺织厂有限公司	纱	醒狮牌	2015 年
12	太仓利泰纺织厂有限公司	布	利泰牌	2015 年
13	江苏大仓集团有限公司	男西服、大衣	大仓牌	2015 年
14	美固龙金属制品（中国）有限公司	购物车	美固龙牌	2015 年
15	苏州三和管桩有限公司	先张法预应力混凝土管桩	三和牌	2015 年
16	裕克施乐塑料制品（太仓）有限公司	汽车驻车制动作用器	oechsler	2015 年
17	旭川化学（苏州）有限公司	聚氨酯树脂	旭川（XUCHUAN）	2015 年
18	太仓协鑫光伏科技有限公司	太阳能级多晶硅片	—	2015 年
19	苏州国信集团有限公司	—	—	2015 年
20	江苏仓环铜业股份有限公司	铜及铜合金管	仓环	2016 年
21	怡球金属资源再生（中国）股份有限公司	铝合金锭	yichlu	2016 年
22	玖龙纸业（太仓）有限公司	牛卡纸	玖龙	2016 年
23	玖龙纸业（太仓）有限公司	瓦楞芯纸	玖龙	2016 年
24	江苏申久化纤有限公司	涤纶长丝	申久	2016 年
25	苏州荣文库柏照明系统有限公司	LED 照明产品	EMERALD（绿宝）牌	2016 年
26	中广核三角洲（江苏）塑化有限公司	聚氯乙烯电缆料	三角洲	2016 年
27	太仓振辉化纤有限公司	涤纶预取向丝	香塘	2016 年

续表 56

序号	企业名称	产品名称	商标	获得年份
28	太仓振辉化纤有限公司	涤纶低弹丝	福柔思牌	2016 年
29	江苏东泰聚合材料有限公司	人造革（合成革）	苏革 +SUGE	2016 年
30	苏州市苏创集团有限公司	—	—	2016 年
31	奥特斯维能源（太仓）有限公司	多晶硅太阳电池	ALTUSVIA	2016 年
32	天顺风能（苏州）股份有限公司	风力发电塔塔架	天顺风能	2016 年
33	苏州斯迪克新材料科技股份有限公司	新型平板显示用高效多功能光学膜材料	SDK	2016 年
34	雅鹿控股股份有限公司	羽绒服	蓝冰	2016 年

太仓市参与制定（修订）国家标准、行业标准企业一览表

表 57

序号	标准号	标准名称	参与（负责）起草单位
1	GB/T9129—2003	管法兰用非金属平垫片技术条件	太仓市宝马密封材料有限公司
2	GB19576—2004	单元式空气调节机能效限定值及能源效率等级	特灵空调器有限公司
3	GB/T13586—2006	铝及铝合金废料	怡球金属（太仓）有限公司
4	GB/T18430.1—2007	蒸汽压缩循环冷水（热泵）机组第 1 部分：工业或商业及类似用途的冷水（热泵）机组	特灵空调器有限公司
5	GB/T19851.20—2007	中小学体育器材利场地第 20 部分：跳绳	太仓新塘毽绳厂
6	GB/T19851.21—2007	中小学体育器材利场地第 21 部分：毽球、花毽	太仓新塘毽绳厂
7	GB/T21655.1—2008	纺织品　吸湿速干性的评定 第 1 部分：单项组合试验法	耐克体育（中国）有限公司 太仓市金辉化纤实业有限公司
8	GB15892—2009	生活饮用水用聚氯化铝	太仓市新星轻工助剂厂
9	GB/T21655.2—2009	纺织品　吸湿速干性的评定 第 2 部分：动态水分传递法	耐克体育（中国）有限公司 太仓市金辉化纤实业有限公司
10	GB/T23444—2009	金属及金属复合材料吊顶板	林德纳新型建筑材料（太仓）有限公司
11	GB/T25128—2010	直接蒸发式全新风空气处理机组	特灵空调器有限公司
12	GB25131—2010	蒸汽压缩循环冷水（热泵）机组安全要求	特灵空调器有限公司
13	GB/T25254—2010	工业用聚四亚甲基醚二醇（PTMEG）	中化国际太仓兴国实业有限公司
14	GB/T25263—2010	氯化橡胶防腐涂料	太仓市开林油漆有限公司
15	GB/T14272—2011	羽绒服装	雅鹿集团股份有限公司 耐克体育（中国）有限公司
16	GB/T26713—2011	鞋类化学实验方法富马酸二甲酯 (DMF) 的测定	太仓市产品质量监督检验所
17	GB/T27806—2011	环氧沥青防腐涂料	太仓市开林油漆有限公司
18	GB/T28370—2012	长途客车内空气质量检测方法	太仓绿奇空气净化器科技有限公司
19	GB/T29031—2012	空气源单元式空调（热泵）热水机组	特灵空调系统（中国）有限公司
20	GB/T29341—2012	水处理剂用铝酸钙	太仓市新星轻工助剂厂
21	GB/T29468—2012	洁净室及相关受控环境围护结构夹芯板应用技术指南	蓝海永乐（江苏）新材料有限公司
22	GB/T29469—2012	洁净室及相关受控环境性能及合理性评价	苏州市碧海永乐净化科技有限公司

续表 57

序号	标准号	标准名称	参与（负责）起草单位
23	GB/T5126—2013	铝及铝合金冷拉薄壁管材涡流探伤方法	苏州龙骏无损检测设备有限公司
24	GB/T8891—2013	铜及铜合金散热管	江苏仓环铜业股份有限公司
25	GB/T19447—2013	热交换器用铜及铜合金无缝翅片管	江苏仓环铜业股份有限公司
26	GB/T19850—2013	导电用无缝铜管	江苏仓环铜业股份有限公司
27	GB/T29869—2013	针织专业运动服装通用技术要求	耐克体育（中国）有限公司
28	GB/T29906—2013	模塑聚苯板薄抹灰外墙外保温系统材料	慧鱼（太仓）建筑锚栓有限公司
29	GB/T30124—2013	竹炭涤纶低弹丝	苏州金辉纤维新材料有限公司
30	GB/T30127—2013	纺织品远红外性能的检测和评价	苏州金辉纤维新材料有限公司
31	GB/T8892—2014	压力表用铜合金管	苏州富瑞铜业有限公司
32	GB/T19849—2014	电缆用无缝铜管	江苏仓环铜业股份有限公司
33	GB/T30515—2014	透明和不透明液体石油产品运动黏度测定法及动力黏度计算法	中国石油天然气股份有限公司华东润滑油厂
34	GB30721—2014	水（地）源热泵机组能效限定值及能效等级	特灵空调系统（中国）有限公司
35	GB/T30786—2014	色漆和清漆腐蚀试验用金属板涂层划痕标记导则	太仓市高分子材料研发中心有限公司
36	GB/T30790.1—2014	色漆和清漆防护涂料体系对钢结构的防腐蚀保护第 1 部分：总则	太仓市高分子材料研发中心有限公司
37	GB/T30791—2014	色漆和清漆　T 弯试验	太仓市高分子材料研发中心有限公司
38	GB30863—2014	个体防护装备眼面部防护　激光防护镜	太仓市锐杰实验仪器制造有限公司
39	GB31060—2014	水处理剂硫酸铝	太仓市新星轻工助剂厂
40	GB/T31125—2014	胶粘带初黏性试验方法　环形法	苏州斯迪克新材料科技股份有限公司
41	GB/T621—2015	化学试剂　氢溴酸	太仓沪试试剂有限公司
42	GB/T650—2015	化学试剂　溴酸钾	太仓沪试试剂有限公司
43	GB/T6508—2015	涤纶长丝染色均匀度试验方法	太仓振辉化纤有限公司
44	GB/T14206—2015	玻璃纤维增强聚酯连续板	苏州多凯复合材料有限公司
45	GB/T14460—2015	涤纶低弹丝	太仓市璜泾镇人民政府
46	GB/T18837—2015	多联式空调（热泵）机组	特灵空调系统（中国）有限公司
47	GB19577—2015	冷水机组能效限定值及能效等级	特灵空调系统（中国）有限公司
48	GB/T19706—2015	足球鞋	耐克体育（中国）有限公司
49	GB/T20301—2015	磁控管用无氧铜管	江苏仓环铜业股份有限公司
50	GB/T32129—2015	电线电缆用无卤低烟阻燃电缆料	中广核三角洲（苏州）高聚物有限公司
51	GB/T32246—2015	GH141 合金锻件　通用技术条件	江苏保捷锻压有限公司
52	GB/T32368—2015	胶粘带耐高温高湿老化的试验方法	苏州斯迪克新材料科技股份有限公司
53	GB/T5248—2016	铜及铜合金无缝管涡流探伤方法	苏州龙骏无损检测技术有限公司
54	GB/T8733—2016	铸造铝合金锭	怡球金属资源再生（中国）股份有限公司
55	GB/T10855—2016	齿形链和链轮	太仓椿盟链传动有限公司
56	GB/T32480—2016	纺织机械棉纺用开包混棉机术语、定义和结构原理	太仓市万龙非织造工程有限公司
57	GB/T32614—2016	户外运动服装冲锋衣	耐克体育（中国）有限公司
58	GB/T32615—2016	纺织机械短纤维梳理机术语和定义、结构原理	太仓市万龙非织造工程有限公司

续表 57

序号	标准号	标准名称	参与（负责）起草单位
59	GB/T32769—2016	非洲热带木材树种鉴定图谱	太仓出入境检验检疫局
60	GB/T33006—2016	静电喷雾器技术要求	苏州稼乐植保机械科技有限公司
61	GB/T33375—2016	胶粘带静电性能的试验方法	苏州斯迪克新材料科技股份有限公司 苏州巨帮新材料科技有限公司
62	GB/T33377—2016	软性电路板覆盖膜用非硅离型材料	苏州斯迪克新材料科技股份有限公司
63	GB/T33390—2016	鞋类和鞋类部件中存在的限量物质二甲基甲酰胺的测定	大加利（太仓）质量技术检测中心
64	GB/T33467—2016	全自动吹瓶灌装旋盖一体机通用技术要求	克朗斯机械（太仓）有限公司
65	GB/T33472—2016	含气饮料灌装封盖机通用技术要求	克朗斯机械（太仓）有限公司
66	GB/T6505—2017	化学纤维长丝热收缩率试验方法（处理后）	江苏申久化纤有限公司
67	GB/T9237—2017	制冷系统及热泵安全与环境要求	特灵空调系统（中国）有限公司
68	GB/T14190—2017	纤维级聚酯（PET）切片试验方法	江苏申久化纤有限公司
69	GB/T18575—2017	建筑幕墙抗震性能振动台试验方法	慧鱼（太仓）建筑锚栓有限公司
70	GB/T18836—2017	风管送风式空调（热泵）机组	特灵空调系统（中国）有限公司
71	GB/T33596—2017	船舶电气装置船用和海上设施用电力、控制、仪表和通信电缆绝缘和护套材料	中广核三角洲（苏州）高聚物有限公司
72	GB/T33648—2017	车用汽油中典型非常规添加物的识别与测定红外光谱法	太仓出入境检验检疫局
73	GB/T33753—2017	回转式全自动粘流体灌装封盖机通用技术要求	克朗斯机械（太仓）有限公司
74	GB/T33919—2017	生物数字标本数据交换规范	太仓市海舟科技咨询有限公司 太仓出入境检验检疫局
75	GB/T33949—2017	轴承保持架用铜合金环材	苏州撼力合金股份有限公司
76	GB/T33952—2017	铜包铝管	苏州富瑞合金科技股份有限公司
77	GB/T33970—2017	电阻焊电极用氧化铝弥散强化铜片材	苏州金江铜业有限公司
78	GB/T34961.2—2017	信息技术用户建筑群布缆的实现和操作第 2 部分：规划和安装	德特威勒（苏州）电缆系统有限公司
79	GB/T35263—2017	纺织品接触瞬间凉感性能的检测和评价	苏州金辉纤维新材料有限公司
80	GB/T35380—2017	进境原木中废材的判定方法	太仓出入境检验检疫局 太仓檀森木材检验服务有限公司
81	GB/T35489—2017	胶粘剂老化条件指南	苏州巨帮新材料科技有限公司
82	GB/T325.1—2018	包装容器钢桶第 1 部分：通用技术要求	太仓四方友信制桶有限公司
83	GB/T13251—2018	包装钢桶封闭器	太仓四方友信制桶有限公司
84	GB/T20810—2018	卫生纸（含卫生纸原纸）	太仓长顺纸业有限公司
85	GB/T36236—2018	热熔胶贴标机	克朗斯机械（太仓）有限公司
86	GB/T35847—2018	电致液晶贴膜调光玻璃	奇纬光电新材料（中国）有限公司
87	CB/T3755—1995	铝质衡力升降式船用窗技术条件	太仓衡力窗专业生产厂
88	CB/T3361—1998	甲板敷料	太仓市兰燕甲板敷料涂料有限公司
89	CY/T59—2009	纸质印刷品　模切过程控制及检测方法	星光印刷（苏州）有限公司
90	CY/T60—2009	纸质印刷品　烫印与压凹凸过程控制及检测方法	星光印刷（苏州）有限公司
91	CY/T61—2009	纸质印刷品　制盒过程控制及检测方法	星光印刷（苏州）有限公司

续表 57

序号	标准号	标准名称	参与（负责）起草单位
92	FZ/T98004—2008	激振式纤维线密度仪	太仓宏大方圆电气有限公司
93	FZ/T54020—2009	聚对苯二甲酸丙二醇酯（PPT）弹力丝	太仓市金辉化纤实业有限公司
94	FZ/T54021—2009	聚对苯二甲酸丙二醇酯（PPT）预取向丝	太仓市金辉化纤实业有限公司
95	FZ/T98001—2009	电容式条干均匀度仪	太仓宏大方圆电气有限公司
96	FZ/T95012—2010	单层拉幅定型机	太仓市万龙非织造工程有限公司
97	FZ/T50017—2011	涤纶阻燃性能试验方法—氧指数法	太仓市金辉化纤实业有限公司
98	FZ/T93047—2011	针刺机	太仓市双凤非织造布设备有限公司
99	FZ/T98009—2011	电子单纤维强力仪	太仓纺织仪器厂有限公司
100	FZ/T98010—2011	通风式纺织烘箱	太仓纺织仪器厂有限公司
101	FZ/T98011—2011	原棉回潮率测定仪	苏州科慧电子技术研究所（有限公司）
102	FZ/T51007—2012	阻燃聚酯切片（PET）	苏州金辉纤维新材料有限公司
103	FZ/T54003—2012	涤纶预取向丝	江苏申久化纤有限公司
104	FZ/T54046—2012	再生涤纶预取向丝	太仓市金辉化纤实业有限公司
105	FZ/T54047—2012	再生涤纶低弹丝	太仓市光辉化纤实业有限公司
106	FZ/T54048—2012	再生涤纶牵伸丝	太仓市金辉化纤实业有限公司
107	FZ/T54059—2012	涤棉复合预取向丝	太仓荣文合成纤维有限公司
108	FZ/T54061—2012	涤棉复合低弹丝	太仓荣文合成纤维有限公司
109	FZ/T73020—2012	针织休闲服装	耐克体育（中国）有限公司
110	FZ/T93062—2012	针刺法非织造布生产联合机	太仓市双凤非织造布设备有限公司
111	FZ/T54066—2013	阳离子染料可染改性涤纶预取向丝	苏州金辉纤维新材料有限公司
112	FZ/T50021—2014	化纤磷系阻燃产品磷含量试验方法	大加利（太仓）质量技术检测中心有限公司
113	FZ/T54038—2014	异形涤纶低弹丝	太仓振辉化纤有限公司 苏州金辉纤维新材料有限公司
114	FZ/T93089—2014	喂棉箱	太仓市双凤非织造布设备有限公司
115	FZ/T97033—2014	针织圆机针筒	太仓市永发针织机械有限公司
116	FZ/T50027—2015	化学纤维二氧化钛含量试验方法	江苏太仓振辉化纤有限公司
117	FZ/T50029—2015	合成纤维原料切片阻燃性能试验方法氧指数法	苏州金辉纤维新材料有限公司
118	FZ/T50030—2015	化学纤维膨体长丝（BCF）热卷曲伸长率试验方法	大加利（太仓）质量技术检测中心有限公司
119	FZ/T54084—2016	阻燃涤纶预取向丝	苏州金辉纤维新材料有限公司 太仓振辉化纤有限公司
120	FZ/T54085—2016	阻燃涤纶低弹丝	苏州金辉纤维新材料有限公司 太仓振辉化纤有限公司
121	FZ/T54086—2016	阻燃涤纶牵伸丝	太仓振辉化纤有限公司 苏州金辉纤维新材料有限公司
122	GA/T1145—2014	警用约束叉	太仓市友联电器有限公司
123	HG2227—2004	水处理剂硫酸铝	太仓市新星轻工助剂厂
124	HG/T2225—2010	工业硫酸铝	太仓市新星轻工助剂厂
125	HG/T2239—2012	环氧酯底漆	太仓市高分子材料研发中心有限公司
126	HG/T2240—2012	潮（湿）气固化聚氨酯涂料（单组分）	太仓市高分子材料研发中心有限公司

续表 57

序号	标准号	标准名称	参与（负责）起草单位
127	HG/T2730—2012	磁力驱动离心式化工流程泵	太仓市磁力驱动泵有限公司
128	HG/T4337—2012	钢质输水管道无溶剂液体环氧涂料	太仓市开林油漆有限公司
129	HG/T4341—2012	金属表面用热反射隔热涂料	太仓市开林油漆有限公司
130	HG/T4343—2012	水性多彩建筑涂料	太仓市高分子材料研发中心有限公司
131	HG/T2376—2017	搪玻璃套筒式换热器	太仓新工搪玻璃有限公司
132	HG/T3126—2017	搪玻璃蒸馏容器	太仓新工搪玻璃有限公司
133	HG/T3684—2017	搪玻璃双锥形回转式真空干燥机	太仓新工搪玻璃有限公司
134	HG/T5163—2017	橡胶软管用浸胶维纶线	太仓市捷成胶线有限公司
135	HG/T5271—2017	生物化学试剂硫酸铵	太仓沪试试剂有限公司
136	JB/T10240—2001	静电粉末涂装设备	太仓市静电设备厂
137	JB/T7599.10—2013	漆包绕组线绝缘漆 第 10 部分：180 级聚氨酯漆包线漆	东特涂料（太仓）有限公司
138	JB/T7599.11—2013	漆包绕组线绝缘漆 第 11 部分：聚乙烯醇缩丁醛自粘漆包线漆	东特涂料（太仓）有限公司
139	JB/T7599.1—2013	漆包绕组线绝缘漆第 1 部分：一般规定	东特涂料（太仓）有限公司
140	JB/T7599.12—2013	漆包绕组线绝缘漆 第 12 部分：聚酰胺自粘漆包线漆	东特涂料（太仓）有限公司
141	JB/T7599.13—2013	漆包绕组线绝缘漆 第 13 部分：芳族聚酰胺自粘漆包线漆	东特涂料（太仓）有限公司
142	JB/T7599.14—2013	漆包绕组线绝缘漆 第 14 部分：环氧自粘漆包线漆	东特涂料（太仓）有限公司
143	JB/T7599.2—2013	漆包绕组线绝缘漆 第 2 部分：120 级缩醛漆包线漆	东特涂料（太仓）有限公司
144	JB/T7599.3—2013	漆包绕组线绝缘漆 第 3 部分：130 级聚酯漆包线漆	东特涂料（太仓）有限公司
145	JB/T7599.4—2013	漆包绕组线绝缘漆 第 4 部分：130 级聚氨酯漆包线漆	东特涂料（太仓）有限公司
146	JB/T7599.5—2013	漆包绕组线绝缘漆 第 5 部分：155 级聚酯漆包线漆	东特涂料（太仓）有限公司
147	JB/T7599.6—2013	漆包绕组线绝缘漆 第 6 部分：180 级聚酯亚胺漆包线漆	东特涂料（太仓）有限公司
148	JB/T7599.7—2013	漆包绕组线绝缘漆 第 7 部分：200 级聚酰胺酰亚胺漆包线漆	东特涂料（太仓）有限公司
149	JB/T7599.8—2013	漆包绕组线绝缘漆 第 8 部分：240 级芳族聚酰亚胺漆包线漆	东特涂料（太仓）有限公司
150	JB/T7599.9—2013	漆包绕组线绝缘漆 第 9 部分：155 级聚氨酯漆包线漆	东特涂料（太仓）有限公司
151	JB/T8133.5—2013	电炭制品物理化学性能试验方法 第 5 部分：刷体与软接线连接处的连接电阻	苏州东南碳制品有限公司
152	JB/T8133.6—2013	电炭制品物理化学性能试验方法 第 6 部分：电刷软接线的脱出拉力	苏州东南碳制品有限公司
153	JB/T6492—2014	锥形异向双螺杆塑料挤出机	苏州杰威尔精密机械有限公司
154	JB/T11909—2014	农用万向节传动轴	太仓市项氏农机有限公司

续表 57

序号	标准号	标准名称	参与（负责）起草单位
155	JB/T9180.1—2014	钢质冷挤压件第1部分：公差	江苏保捷锻压有限公司
156	JB/T9180.2—2014	钢质冷挤压件第2部分：通用技术条件	江苏保捷锻压有限公司
157	JB/T12252—2015	风力发电机用电刷	苏州东南碳制品有限公司
158	JB/T12253—2015	铁路电力机车受电弓滑板用碳条	苏州东南碳制品有限公司
159	JB/T12843—2016	离心式制冷剂压缩机	特灵空调系统（中国）有限公司
160	JC/T2090—2011	聚合物水泥防水浆料	太仓市恒洋实业有限公司
161	JC/T2186—2013	室内墙面轻质装饰板用免钉胶	江苏大力士投资有限公司
162	JG/T438—2014	建筑用真空绝热板	苏州维艾普新材料有限公司
163	JT/T560—2004	船用吸油毡	江苏太仓市经贸特种滤材厂
164	NB/T20364—2015	核电站用核级柔性石墨板技术条件	苏州宝骅机械技术有限公司
165	NB/T20365—2015	核电厂核级管道法兰用石墨密封垫片技术条件	苏州宝骅机械技术有限公司
166	NB/T20366—2015	核电厂核级管道法兰用石墨密封垫片试验方法	苏州宝骅机械技术有限公司
167	QB/T1399—1991	香菇罐头	太仓罐头食品厂
168	QB/T2958—2008	服装用聚氨酯合成革	江苏东泰合成革有限公司
169	QB/T4341—2012	抗菌聚氨酯合成革—抗菌性能试验方法和抗菌效果	江苏东泰聚合物材料有限公司
170	QB/T4548—2013	高尔夫球鞋	耐克体育（中国）有限公司
171	QB/T4872—2015	人造革合成革试验方法接缝强度的测定	华伦皮塑（苏州）有限公司
172	SN/T3518—2013	石油产品运动粘度的测定斯塔宾格粘度计法	中国石油天然气股份有限公司华东润滑油厂
173	SN/T4244—2015	乙二醇、二乙二醇、三乙二醇中氯含量的测定离子色谱法	太仓新太酒精公司
174	SN/T4339—2015	IVD—I型昆虫视频侦测仪操作规范	太仓出入境检验检疫局
175	SN/T4437—2016	原油中轻质烃类的测定气相色谱法	太仓意发石化矿材检测有限公司
176	TB/T1842.2—2016	受电弓滑板第2部分：碳基复合材料滑板	苏州东南电碳科技有限公司
177	YS/T669—2013	同步器齿环用挤制铜合金管	苏州撼力铜合金材料有限公司
178	YS/T909—2013	电真空器件用无氧铜管材	江苏仓环铜业股份有限公司
179	YS/T911—2013	铜及铜合金U型管	苏州富瑞铜业有限公司
180	YS/T998—2014	氧化铝弥散强化铜棒材和线材	苏州金江铜业有限公司
181	YS/T999—2014	铜及铜合金毛细管涡流探伤方法	苏州龙骏无损检测设备有限公司
182	YS/T583—2016	热锻水暖管件用黄铜棒	苏州撼力铜合金材料有限公司
183	YS/T1102—2016	光电倍增管用铍青铜带	苏州金江铜业有限公司
184	YY/T1304.1—2015	时间分辨荧光免疫检测系统 第1部分：半自动时间分辨荧光免疫分析仪	苏州新波生物技术有限公司
185	YY/T1304.2—2015	时间分辨荧光免疫检测系统第2部分：时间分辨荧光免疫分析定量测定试剂（盒）	苏州新波生物技术有限公司
186	YY/T1422—2016	血清妊娠相关血浆蛋白A检测试剂（盒）（定量标记免疫分析法）	苏州新波生物技术有限公司
187	YY/T1533—2017	全自动时间分辨荧光免疫分析仪	苏州新波生物技术有限公司

2018 年太仓市各镇（区）私营企业、个体工商户发展情况一览表

表 58

镇（区）	私营企业								个体工商户					
	户数（家）	较上年（±%）	注册资本（亿元）	较上年（±%）	从业人数（人）	较上年（±%）	2018 年增减资（老企业）		户数（家）	较上年（±%）	注册资金（亿元）	较上年（±%）	从业人数（人）	较上年（±%）
							户数（家）	资本（亿元）						
港区（含浮桥镇）	848	−9.01	37.07	−38.94	5000	−17.74	80	6.50	1424	18.57	1.46	15.95	1485	6.15
高新区	1673	0.84	85.51	5.17	11014	−10.29	0	0	2621	22.02	1.62	14.05	3046	−8.91
（开发区）	1533	6.16	80.28	10.78	10209	−2.24	0	0	2255	27.4	1.32	14.91	2656	−9.57
（陆渡镇）	140	−34.88	5.23	−40.84	805	−56.13	0	0	366	−3.17	0.30	10.49	390	−4.18
城厢镇	955	−29	32.02	−41.77	5970	−29.15	150	15.30	2748	7.93	2.19	−11.78	3340	20.1
沙溪镇	469	−21.04	16.46	−54.14	3276	−31.22	85	14.49	1430	13.4	1.44	13.33	1449	14.45
浏河镇	466	−16.34	25.82	−30.26	3188	−12.99	52	31.12	1371	18.29	1.87	6.45	1371	18.39
璜泾镇	261	−4.04	18.09	−0.06	2046	−16.42	27	2.89	1048	17.23	1.53	50.98	1381	19.67
双凤镇	326	−24.71	14.90	−24.76	2464	−32.12	62	4.39	934	30.26	0.79	18.9	1328	−1.48
全　市	4996	−13.74	229.86	−25.32	32830	−19.91	729	98.56	11576	16.62	10.89	10.45	13400	7.63

2018 年太仓市私营企业、个体工商户登记注册情况一览表

表 59

登记类型	项目	单位	2018 年发展		年末实有	
			数量	较上年增减（±%）	数量	较上年增减（±%）
私营企业（不含分支机构）	户　数	户	4996	−13.74	30018	16.01
	注册资本	亿元	229.86	−25.32	1722.58	22.02
	从业人员	人	32830	−19.91	265070	10.63
个体工商户	户　数	户	11576	16.62	63701	17.86
	资金总额	亿元	10.89	10.45	49.04	23.00
	从业人员	人	13400	7.63	83465	14.79

（王艳新）

食品药品安全

【食品安全综合协调】 2018 年，太仓市制定《2018 年太仓市食品安全重点工作安排》《2018 年太仓市食品安全工作考核评价细则》《太仓市食品安全事故应急预案（修订）》，进一步完善食品考核、应急等工作。制定《2018 年太仓市食品安全风险预警监测方案》，完成食品安全监督抽检 4373 批次，千人抽捡 6.11 批次，不合格食品 91 批次，合格率 97.92%。开展食品安全快检 2.63 万批次，快检阳性 115 批次，移送法检后检出兽药残留、农药残留等不合格样品，均立案处理。完善食源性疾病监测体系建设，全市 3 家哨点医院完成食源性疾病病例监测任务 300 例，全市 21 家社区卫生服务中心完成食源性疾病负担调查 1111 份，完成食品安全污染物风险监测 72 份。

【食品生产监管】 2018 年，太仓市市场监管局落实"放管服"要求，做好食品生产许可证前指导服务，推进证后监管核查，建立和完善一企一档企业信用档案。分行业开展"双随机、一公开"检查，重点排查各类产品风险，消除安全隐患。全年生产环节巡查企业 280 家次，发现各类问题 350 余项，开出责令整改通知 50 份。完善食品生产企业信息公示制度，取证企业信息公示栏全覆盖。推进食品安全追溯体系建设，在添加剂、肉制品等 4 个行业 18 家企业进行试点。继续开展小作坊综合整治，扶持太仓特色食品小作坊规范发展，新增太仓糟油、浏河米酒、双凤熟食、德国特色糕点等新品类，累计培育小作坊 12 家，发证 7 家，并全部通过苏州市级示范点创建。

【食品流通监管】 2018 年，太仓市开展食品安全放心行动，以肉制品、糕点、桶装水、黄酒、粽子、月饼、蛋制品、调味品和食品添加剂等为重点内容，以元旦、春节、五一、端午、中秋、国庆期间为重点时段，组织"五毛食品"、非洲猪瘟防控、散装食品、调味品（酱油）、小龙虾、大闸蟹、食用农产品、水产品、熟食等重点专项整治工作，排查各类安全隐患，实施流通领域食品质量抽检（含散装和熟食）1624 批次，检出糕点、炒货、熟食等不合格产品 53 批次，农产品抽检 503 批次，检出不合格产品 7 批次，问题食品执行下架、召回并立案查处。加强与太仓海关（出入境检验检疫局）、市农委、市粮食局、市商务局合作联系。督促经营单位加强进货验收查验记录管理，落实索证索票制度。累计抽检 2750 批次，发现阳性 52 批次，检出添加剂

2018 年 6 月 20 日，太仓市开展奶茶行业检查　　（市市场监管局供稿）

重金属、兽药残留、农药残留等不合格15批次，均立案处理。

【餐饮安全监管】 2018年，太仓市开展春秋两季学校食品检查，将全覆盖与"双随机"相结合，全年检查各类学校食堂244所，出动执法人员682人次，当场处罚10家，抽检食品和餐饮具481批次，不合格4批次。围绕与百姓生活贴近的消费类别，以小龙虾、奶茶类自制饮品、生啤等季节性食品为重点整治品种，与网络订餐整治行动相结合，加强快检、风险监测和监督抽样等技术手段，检查单位157家，抽样食品和餐具203批次，不合格7批次，开展快检434批次，当场开具处罚决定书21份，查封无证经营单位4家。以学校食堂、中央厨房、集体用餐配送单位、大型以上餐饮、餐饮服务集中区为重点单位，倡导"互联网+明厨亮灶"，实现视频监控餐饮单位128家，其中学校食堂86家、餐饮服务单位39家、集体用餐配送单位2家、中央厨房1家。完成"两会""国际竞走赛""高考""进博会江苏分会场"等重大活动餐饮安全保障25项、440餐次、12.26万人次。

【药品许可审批程序优化】 2018年，太仓市按照政务服务标准化和省政府"一张网"（江苏省政务服务网）要求，梳理审批流程，细化工作要求，明确职责，制定各事项办事指南，做好宣传贯彻工作，供办事企业和群众查询，确保相对人能获得相关信息，减少见面审批次数，指导申请工作。全年共计受理执业药师注册70人次，核发药品经营许可证7家，变更药品经营许可证86家，换发药品经营许可证6家，注销药品经营许可证1家，GSP认证8家。全年完成一类医疗器械生产企业备案11家，核发器械经营许可证5家，延续经营企业2家，变更经营企业2家，注销经营企业4家，二类医疗器械经营备案39家。

【药品质量安全风险评估】 2018年，太仓市在全市药品生产企业中开展风险隐患排查自查自纠工作，组织企业结合产品自身特点与生产实际，系统分析评估生产工艺、物料（包括尾料）管理、空调净化系统、工艺用水系统、药液过滤、容器具清洁、洁净服灭菌、设备管理、工艺和关键设施设备验证、偏差处理等关键环节，对51个常年生产品种开展质量风险评估和安全隐患排查，做好药品质量趋势分析、偏差处理、变更控制、年度产品回顾分析等方面工作，累计提出风险防控措施192项，从源头上预防和减少药品安全事件。飞行检查注射剂、含特殊药品复方制剂等高风险企业，发现不合格缺陷26项，督促企业整改落实并按照批准的工艺进行生产，建立完善全过程质量控制体系。

【药品生产监管】 2018年，太仓市强化药品生产日常监督检查，根据年度监督检查方案和信用等级分级监管，完成辖区内药品生产企业年度覆盖检查任务，累计检查28家次、86人次。重点做好2家药品生产企业国抽不合格品种的监督检查，督促企业审查质量管理体系，剖析产生不合格产品原因，召回问题产品，加强从业人员教育培训，建立完善长效风险严控制度，落实企业药品安全主体责任。现场检查全市经营二类精神药品的批发企业2家、使用易制毒化学品为原料生产制剂的生产企业2家、使用麻醉药品和精神药品的科研机构1家，监督销毁过期特殊药品和使用后的空瓶。联合市卫计委检查疫苗采购、运输、储存及23家乡镇接种单位疫苗接种情况，通过随机抽取冷藏、冷冻库内疫苗，调阅购进票据、检验合格报告等资质证明，核实疫苗购进渠道、冷链管理、收货验收、储存条件、使用情况及台账记录规范情况，排查疫苗质量风险和安全隐患。巩固城乡接合部和农村地区药店诊所集中整治成效，打击药店购进药品无合法票据和处方药不凭处方销售的违规行为，根据投诉举报和日常监管，集中处理未凭处方销售处方药行为，立案40起，罚没款1.69万元。

【医疗机构和药品零售企业信用体系建设】 2018年，太仓市开展医疗机构药品使用安全信用等级评定专项检查，整改部分医疗机构存在的未设置阴凉区、设施设备陈旧、冷链药品不符合规范要求等问题，评定诚信（A级）19家，守信（B级）13家。有机结合日常监管、专项检查和零售药店信用等级评定工作，在辖区内药品零售企业醒目位置设立"药品安全监管信息公示牌"，落实"经营者自律、动态监管、社会监督"三位一体药品安全监管长效机制。结合创建国家文明城市有关要求，统一制作包含"药品经营许可证、GSP（药品经营质量管理规范）认证证书、执业药师注册证、诚信经营'十二个不'（不从非法渠道购药，不从资质证明不符合规定的人员手中购药，不销售假冒伪劣药品，不采用违法手段销售药品，不销售标签说明书不符合规定的药品，不违规销售处方药，不为违法者提供票据或存储药品，不降低GSP认证时已达到的标准，不出租或变相出租柜台，不为药品或非药品作虚假宣传，不搞任何方式的虚假让利，不误导和欺骗消费者）承诺、年度诚信评定等级结果、举报电话"等内容的药品安全监管信息公示牌300份。

【医疗器械监管】 2018年，太仓市加强持证企业《医疗器械经营质量管理规范》落实，以眼镜店、繁华街区、居民区、小商品批发市场为重点场所，以隐形眼镜、彩色装饰性平光镜为重点品种，加大对无证经营隐形眼镜行为打击力度，净化市场秩序，普及辖区内从业人员法律法规意识，检查相关单位44家，责令整改6家，立案查处无证经营医疗器械8家。开展医疗器械使用环节监督检查。突击检查美容院，重点检查注射用修饰透明质酸钠、注射用A型肉毒素等产品的购进、使用情况，打击微整形领域销售假药、使用未经注册医疗器械行为，移交公安机关处理存在一次性使用无菌注射器、进口玻尿酸针、进口隐形眼镜等医疗器械的美容院1家，立案查处涉嫌使用未经注册医疗器械美容院1家。

（王艳新）

公共服务

就业创业

【概况】 2018年，太仓市制定《当前和今后一段时期就业创业工作实施意见》和配套实施细则，加强对困难群体就业的政策性扶持和创新创业的正向激励。全年落实就业创业奖补贴资金5062.47万元，其中创业引导资金419.8万元，就业补助资金1101.17万元。发放稳岗补贴115家、职工2.42万人、资金874.51万元，发放参保职工职业技能补贴132人、资金21.1万元，发放临时物价补贴1.39万人次、资金105.79万元。帮助失业人员再就业3808人，办理就业失业登记证1385人，享受灵活就业社会保险补贴4.54万人次、资金1510.9万元。支持自主创业1897人，引领大学生创业266人。多渠道开发就业岗位，针对离校未就业毕业生开展实名制登记及就业动态跟踪服务，开发高校毕业生就业见习岗位293个。

【人力资源】 截至2018年年底，太仓市劳动年龄段人数24.93万人，实现农村劳动力转移就业7.24万人，全年新增就业人员1.08万人，全市应届毕业生就业率98.6%，城镇登记失业率1.78%。全年受理高层次人才住房公积金、安家补贴、人才公寓等各类生活待遇申请136人，落实安家补贴、薪酬补贴等资金资助471.83万元。贯彻实施高层次人才医保倾斜政策，全年落实6464名高层次人才医保个人账户补贴393.61万元。发放2018年大学生见（实）习基地实习生活补贴，涉及企业61家、学生274人，金额98.3万元。入选2018年“姑苏重点产业紧缺人才计划”85人。全年全市人才总量17.45万人，其中高层次人才1.2万人，每万人拥有高层次人才167人。

2018年10月27日，第一届太仓市职业技能大赛在苏州健雄职业技术学院开幕 （市人社局供稿）

【职业技能培训】 2018年，太仓市注重高技能人才培养，通过自主办班、委托办班、技能竞赛等多种途径培养电工、钳工、焊工等多个工种的多名高级工。指导全市各社会化培训基地，依托各公共实训基地，借助规模型企业自主培训能力，逐步构建覆盖全市的职业培训体系。通过社会各界联合互动，满足各类技能人才培训需求。建立长效机制，强化职业技能鉴定工作。探索推进“类双元制培训”项目，在技能人才培养国际化进程中迈出第一步。全年完成各类培训2.18万人次，其中技能培训4891人次，企业职工岗位技能提升培训1428人次，新成长劳动力1007人次。培养高技能人才709人，其中高级技师、技师101人。实施职业技能鉴定7654人，发放国家职业资格证书6047份，组织计算机高新技术鉴定552人次，组织全国全省统一鉴定323人次。

【劳动权益保护】 2018年，太仓市加强劳动权益保护基层网格化建设，确保预警防控全覆盖性和监察监管动态性。全市网格有效单位2850家，全年采集单位用工信息7517家。依托两网化管理体系，把预警工作前移到村、社区，排查预警劳动关系以村、社区为基本单位。全年排查企业886家，覆盖职工13.7万人。开展书面审查，指导用工行为，审查用人单位2850家，涉及职工22.04万人。开展劳动保障监察日常巡查，监督企业用工行为，巡查单位1116家次，确保持证人员人均巡查单位不少于60家，完成目标任务133%，从源头上维护劳动者合法权益。推进小微企业人事代理，代理小微企业810家，代理率91.5%。联合市住建局等部门检查建筑工程项目42个，涉及工人9300人；检查生产企业1244家。全年农民工工资支付考核获99分，位列苏州各区市第一。全年受理投诉举报998起，较上年上升12.13%，立案26起；解决劳资纠纷调处57起，结案率100%；行政处罚4起，金额6.48万元。办理群众来信87件，办理网上信访972件，其中"市长信箱"55件、"寒山闻钟"73件，时限内答复办结率100%。（宋秋沙）

教　育

综　述

【概况】 2018年，太仓市教育系统围绕"质量、公平、多元、特色、关爱"五个维度，协调教育发展方式，提高质量效益，推动面向未来的区域教育均衡发展。至年底，全市有高等职业技术学院1所，在校学生5694人，教职工329人；普通中等职业学校1所，在校学生3197人，教职工285人；普通中学19所（其中高中4所，初中15所），在校学生23467人，教职工2086人；小学39所，在校学生48872人，教职工2681人；特殊教育学校1所，在校学生97人，教职工20人；幼儿园42所，在园儿童16984人，教职工1108人。开放大学1所，老年大学1所，社区教育中心8个。

【教育投入】 2018年，太仓市推进教育重点工程项目建设，南门街幼儿园新建、浏家港幼儿园迁建、鹿河幼儿园迁建、市一中扩建等竣工项目8个，江苏省太仓中等专业学校港城校区新建、长江口旅游度假区东方幼儿园新建、高新区景园幼儿园新建、沙溪镇沙一小迁建、城厢镇市二中扩建等开工建设项目16个，双凤小学改扩建、直塘幼儿园迁建、城四小改扩建、九曲幼儿园迁建等推进项目19个。全年苏州、太仓两级政府教育实事工程达到预定目标。整改完成全市中小学校园消防安全提升工程（第三期）学校10所。江苏省太仓中等专业学校、太仓市明德初级中学、太仓市实验中学雨污水分流改造工程竣工。全市公办中小学、幼儿园食堂"明厨亮灶"工程竣工投用86所。

【学前教育】 2018年，太仓市浏河镇幼教中心紫薇幼儿园和太仓市浮桥镇幼教中心老闸幼儿园创建为省优质幼儿园，省市优质园比例85.7%。太仓市璜泾镇幼教中心荣文幼儿园通过评估，成为苏州市级课程游戏化项目园，全市课程游戏化省级项目2个，苏州市级项目4个。太仓市区域推进幼儿园教研工作经验在中国学前教育研究会"幼儿园课程建设"培训会上交流推广。

【义务教育】 2018年，太仓市城厢镇第一小学、太仓市新区第四小学、太仓市沙溪实验中学等3所学校被评为苏州市首批义务教育学校管理标准示范学校。全市7所学校课程建设项目通过苏州市级视导，其中太仓市科教新城实验小学和太仓市新区中学获"示范"等第，太仓市双凤镇新湖小学获"优秀"等第。申报苏州市课程建设项目6个涵盖基础教育全学段，申报江苏省课程建设项目1个。

【普通高中教育】 2018年，太仓市3所普通高中共有苏州市级以上课题8个，均申报"苏州市区域整体推进有效教学实践研究"第二批项目实验学校。江苏省太仓高级中学成为STEM项目省级试点学校、2029领航学校，被评为首批苏州市科研基地学校及苏州市数学课程中心校。江苏省沙溪

2018年太仓市教育事业基本情况一览表

表60

学校类型	学校数（所）	班级数（个）	毕业生数（人）	招生数（人）	在校学生数（人）	毕业班学生数（人）	教职工（人）	
							合计	专任教师
高等院校	1	186	1380	1971	5694	1860	329	243
中等职业学校	1	110	1177	1025	3197	1131	285	269
普通中学	19	544	6534	8220	23467	7384	2086	1977
高中（十二年一贯制）	4	145	1791	2192	6101	1936	638	597
初中（九年一贯制）	15	399	4743	6028	17366	5448	1448	1380
小学	39	1088	6390	9502	48872	6774	2681	2566
特殊学校	1	8	13	28	97	11	20	19
幼儿园	42	490	5324	5824	16984	5560	1108	1002

高级中学实现高端学科专业指导活动常态化。太仓市明德高级中学获评2018年苏州市中小学综合素质发展活动基地。推进拔尖创新人才培育合作项目。学科奥赛工作初显成效，江苏省太仓高级中学获国家级一等奖1个、省级一等奖18个。全年全市高考本科上线人数1475人，较上年增加42人。本科上线率92.36%，较上年增加1.6个百分点，位居苏州大市第一，本科上线人数、上线率创历年新高，1名学生获苏州市理科第一名。

【特殊教育】 2018年，市教育局、市编办、市发改委、市民政局、市财政局、市人社局、市卫计委、市残联等8个部门联合制定《太仓市第二期特殊教育提升计划（2018—2020）》，持续推动特殊教育改革。建成投用融合教育资源中心12个。组织全市学前、小学、中学、职业高中校分管领导参加太仓市融合教育管理干部研修班学习，实现全市中小学、幼儿园校（园）长、分管校（园）长、资源教师融合教育轮训全覆盖。“走向回归：创新培智学校多向融合‘走学’方式的实践研究”申报苏州市前瞻性教学改革实验项目。

【职业教育】 2018年，太仓市制定《关于深化产教融合加快“双元制”教育发展的实施意见》，创新“双元制”教育发展机制体制，设立专项扶持资金2000万元，为“双元制”教育品牌提供组织保障和动力机制。加强双元制项目备案管理，首次组织申报市“对德合作产业发展专项资金”项目，获补助资金763.65万元。江苏省太仓中等专业学校通过江苏省高水平现代化职业学校创建网评验收。推进省级以上现代学徒制试点项目3个，有关试点经验写入国家教育部中等职业学校教育质量年度报告书。2项教育教学成果获教育部评比二等奖。海瑞恩企业学院获评苏州市级优秀企业学院，新建欧拓凯博双元制培训中心、依迈齿轮双元制培训中心。太仓市政府、太仓欧商协会、东大成贤学院、德国巴符州双元制大学四方合作的“双元制本科项目”进入第二期，招收学员21人。江苏省太仓中等专业学校1名教师获江苏省职业学校班主任基本功竞赛个人全能一等奖，2名教师获评苏州市首届“青年拔尖人才”，1名教师获评江苏省第五届职教领军人才。艺术设计专业群被认定为省现代化专业群，数控技术应用实训基地获评江苏省现代化专业群实训基地。

【民办教育】 2018年，太仓市组建公办民办教育联盟，由7所区域结对公办学校和8所民办学校组成，开展全学科互助式教学调研，强化教育教学结对帮扶。加强民办学校党建工作，开展“四个一”（建设一个党支部，建设好一个党员之家，每月开展一次组织活动，发挥好每一个党员骨干作用）活动，沙溪镇洪泾小学党支部被评为江苏省中小学先进基层党支部。指导民办学校深化校本研修内涵，按照“4+4”（4次由学校自行组织开展校内研修活动；聘请4名太仓市级、苏州市级学科带头人到校开展上课、评课、讲座等研修活动）工作要求落实具体活动，成效明显。加强民办学校学生社团建设，落实“五个定”（定时间、定地点、定校内指导老师、定校外专业指导教师、定学生）要求，学生社团建设发展态势良好。

【社会教育】 2018年，太仓市制定《太仓市社区教育项目资金使用管理办法（试行）》，建立健全社区教育发展保障机制。开展“教育惠民培训活动进社区”特色项目，首期项目10个、活动32期，惠及全市区镇8个、社区32个、群众1500多人。“市民学习在线”系统和微信公众号改版上线，学习课程增至4000门。浮桥镇通过省级标准化社区教育中心创建验收，科教新城管委会获评苏州市学习型乡镇。“退役士兵培训模式研究与实践”等3个教育特色项目获首届江苏省社会教育（教学）成果奖，双凤龙狮特色名师工作室被评为省级“名师工作室”，“创新社区老年教育教学模式的实验”等3项课题被列为苏州市社区教育实验项目，“滚灯制作”等3个社区教育微视频获评苏州市二、三等奖，1名市民获评苏州市学习之星。年内，太仓市入选第五批国家级农村职业教育和成人教育示范县（市）创建名单。

【师资队伍建设】 2018年，太仓市分7批招录编内教师200人，签约太仓籍优秀师范类毕业生18人，招录中专备案制教师17人、幼儿园备案制教师121人，交流轮岗教职工394人。获评省第十五批特级教师2人，晋升正高级教师2人，获评省“333（培养30名左右研究成果具有国际先进、国内领先水平的国家级科学家、工程技术专家和理论家；培养300名左右具有省内领先水平的省级优秀人才；培养3000名左右成绩显著的市级优秀

2018年9月10日，太仓市庆祝第34个教师节暨“寻找最美教师”颁奖在传媒中心举行 （顾珲 摄）

人才）工程”培养对象4人。获评姑苏教育领军人才4人、姑苏教育拔尖人才16人，入选省乡村优秀青年教师培养奖励计划1人。获评苏州市学科带头人23人，获评太仓市学科带头人86人。晋升高级教师38人，获评太仓市星级教师184人，晋升一级教师147人。评选表彰“最美教师”30人、太仓市优秀教育工作者80人。引进县区级骨干教师6人。获评江苏省教育科研先进学校2所、江苏省教育科研先进个人5人。

【素质教育】 2018年，太仓市培训新上岗心理辅导教师100人，全市持证心理辅导教师393人。分学段开发心理健康教育课程资源115节。“林老师”讲师团开展公益性讲座202场、大型现场咨询活动12场、家长沙龙18场，受众5万人次。太仓市家校合作经验分别在全国家校合作经验交流会及中国家庭教育学术年会上交流推广。江苏省教育关工委认定太仓市家长总校为江苏省首批合格家长学校总校，太仓市获评首批全省家庭教育先进市。3名学生在“学宪法讲宪法”演讲比赛中分别获省二等奖和苏州市一等奖。太仓市沙溪实验中学承办第14届中华青少年生命教育论坛暨第三届青春期教育课堂观摩研讨会。太仓市被评为江苏省青少年校园足球试点市。太仓市沙溪镇直塘小学、太仓市浮桥中学获评全国足球特色学校。太仓市新区第二小学获“省长杯”江苏省青少年校园足球联赛小学组第三名、苏州市一等奖。太仓市承办全国中小学生武术锦标赛，参赛学生1300多人，太仓市新区第三小学获B组团体总分第一名，太仓市沙溪实验中学获武术操集体项目第一名。太仓市举办省中小学生绳毽锦标赛，获团体总分一等奖5个，在2018年全国跳绳联赛上太仓市浏河镇新塘小学获团体金奖2个、银奖1个。

【智慧校园建设】 2018年，太仓市完成国家标准化考点提档升级工程。完成太仓市新区第四小学、太仓市港区第一小学等11所中小学校云计算机房、智慧黑板和无线网等项目建设。“云平台”接入国家数字教育资源公共服务体系，成为全省首批7个县市之一。推进智慧教育“云平台”推广工作，应用试点学校24所。江苏省太仓高级中学、太仓市科教新城实验小学运用“云平台”教学课例获第11届全国中小学创新课堂教学实践评比一等奖。获评江苏省“领航杯”信息化教学能手大赛一等奖1人。江苏省太仓中等专业学校、太仓市实验中学获“苏州市智慧校园示范校”称号。

【教育联盟建设】 2018年，太仓市推进“三纵九横”（幼、小、初、高纵向型教育联盟和横向型教育联盟，包括课程与教学教育联盟、常规管理与质量提升教育联盟、校外专家助推创新教育联盟、教师发展与学科中心建设教育联盟、师资培养与校园文化建设教育联盟、公办与民办学校结对联盟、课程建设与质量提升教育联盟、校园文化建设与质量提升教育联盟、常规管理与质量提升教育联盟）教育联盟建设和“嘉昆太”三地教育合作。教育联盟品牌特色鲜明，推动校际师资、课程和管理优质均衡发展。太仓市实验小学教育联盟被省教育厅推荐为第四届中国教育创新成果公益博览会参展项目。太仓市在2018年苏州教育教学成果奖评选中，获特等奖1项、一等奖3项、二等奖6项。 （何　逸）

苏州健雄职业技术学院

【概况】 2018年，苏州健雄职业技术学院共有全日制在校生5694人，新录取全日制在校生2097人，2018届毕业生1490人，就业率98.22%。通过2017年江苏省普通高校“专转本”选拔考试升入本科院校146人。在编教职工329人，其中专任教师243人。中级职称176人，高级职称100人（正高15人、副高85人）；博士学位10人，硕士学位235人；江苏省“333高层次人才”6人，江苏省“青蓝工程”中青年学术带头人4人，江苏省“青蓝工程”优秀中青年骨干教师17人，江苏省优秀教学团队1个，太仓市高校专业建设领军人才10人，太仓技能大师工作室5个，兼职教师中获批省产业教授5人。年内，苏州健雄职业技术学院通过江苏省示范性高职院校建设验收，9大项目107项成果874个验收点全部过关；获评“江苏省平安校园建设示范高校”“2018年全省高校毕业生就业创业工作考核优秀单位”称号。跻身亚太国际影响力50强高职院校，学校办学声誉和社会影响力稳步提升。

【人才培养】 苏州健雄职业技术学院设有机电工程学院（中德工程学院）、软件与服务外包学院、电子信息学院、商学院、医药科技学院、艺术学院、职业素质教育中心、继续教育学院、健雄联合研究院、双元制培训学院等教科研单位11个，设置契合区域发展专业38个。2018年，录取MBA、MPA、教育硕士、工程硕士等专业硕士77人，在籍研究生增至929人，专业硕士学成并获得学位509人。全年选派教职工参加国内外各类业务培训180人次，其中国培、省培项目52人次，短期业务培训108人次，新教师岗前培训5人次，出国（境）培训15人次。与教育部网培中心合作的“健雄学院教师在线学习中心”新增课程50门。举办2018年行政管理人员管理能力提升研修班。全年新增“双元师资培养工作站”2个，累计建成51个。选派48名教师到“双元师资培养工作站”和校企合作紧密型企业开展实践。

【教学改革】 2018年，苏州健雄职业技术学院获批省教育厅高等教育综合改革试点项目1项，获省教师教学能力比赛二等奖1项、三等奖8项；获全国职业院校技能大赛团体三等奖1项，获省级技能大赛一等奖1项、二等奖2项、三等奖5项。获批省重点教材1部、苏州市品牌专业1个、优秀教学团队1个、教学成果一等奖1项，获苏州市在线开放课程立项1门、苏州市微课立项8个。获苏州市第三届“奇迹杯”数字建模与3D打印比赛获特等奖1项。与德国马格德堡大学等院校合作办学项目运行顺利。与5所中职院校合作开展专业8个、“3+3”试点项目14个，招生总数439人。与常熟理工学院合作开展“3+2”试点项

6 月 4 日，2018 年双元制本土化创新发展论坛暨 AHK 德国双元制职业教育联盟年会在苏州健雄职业技术学院举行　（健雄学院供稿）

目，招生 47 人。校企合作协议覆盖全校所有专业，合作企业数量 274 家。开展太仓沙溪生物医药产业园产教融合示范基地建设项目，艺术学院产教深度融合公共平台签约。

【科技创新】 2018 年，苏州健雄职业技术学院制定《预防与处理学术不端行为暂行办法》，营造良好学术环境。“智能化链条设备”江苏高职院校工程技术研究开发中心获得立项，实现高水平院校遴选指标数据突破。遴选科技与社会服务团队 7 支，完成近 30 家单位合作项目，到账经费 123.25 万元，产生直接经济效益 2000 多万元。发明专利申请受理 34 件、授权 8 件，实用新型专利授权 15 件，软件著作权授权 3 件，人均发明专利数在全省高职院校中领先。太仓市科技局、高新区科技局专利资助 28.18 万元。

【双元制推广】 2018 年，苏州健雄职业技术学院举办 2018 年双元制本土化创新发展论坛暨 AHK 德国双元制职业教育联盟年会。全年承办对外培训 8 场、205 人次，接待专家参观考察 14 批，聘请德国专家 1 批。研究双元制质量控制、标准化、模块化建设，构建本土化标准体系。成立双元制教师能力提升研究中心、中德双元制教育促进协会中国办公室，新增中国培训中心太仓分中心 2 个。

【社会服务】 2018 年，苏州健雄职业技术学院新增研究生合作高校 2 家。太仓教育与地方经济发展研究基地签约，协同服务嘉定、昆山、太仓一体化发展战略。举办娄东企业发展论坛 2 期，参与企业 150 家，培训人数 560 人次。与太仓市特种设备学会合作培训 8288 人次。举办第五期江苏省中等职业学校新教师培训班，培训 134 人。省级服务外包人才培训基地培训 1175 人，获市商务局财政扶持资金 20 万元。争取地方政府专项补贴和服务费 156.96 万元。成人高考录取 1885 人，增幅 8%。各类平台招生 2355 人，学历教育招生规模稳定。组织各类职业技能培训 2765 人次，社会培训经费实际到账 223 万元。

（王超慧）

医疗卫生

综　述

【医疗卫生机构概况】 截至 2018 年年底，太仓市拥有各级各类医疗机构 268 所，其中三级综合性医院 1 所，三级中医医院 1 所，精神病防治院 1 所，二级专科医院 4 所，护理院 1 所，区域性中心医院 4 所，社区卫生服务中心（卫生院）16 所，社区卫生服务站 100 所，疾病预防控制、卫生监督、妇幼保健与计生服务、卫生培训与健康促进、采供血、医疗急救机构各 1 所，卫生服务体系健全率 100%。

【医疗机构床位数】 截至 2018 年年底，太仓市医疗机构实有床位数 4070 张，较上年减少 26 张。其中医院 2870 张，较上年无变化；社区卫生服务中心及卫生院 1200 张，较上年下降 2.12%。全市每千人口医疗卫生机构床位数 5.66 张。

2018 年 8 月 17 日，太仓市举办庆祝首个中国医师节系列活动

（顾海兵　摄）

【卫生技术人员】 截至2018年年底，太仓市卫生技术人员4789人，较上年增加242人，增长5.32%。其中执业（助理）医师2189人，较上年增加391人，增长21.75%；注册护士2251人，较上年增加409人，增长22.20%。全市每千人口执业（助理）医师数增加至3.04人，每千人口注册护士数增加至3.13人。

【卫生改革】 2018年，太仓市制定《卫生与健康提升三年行动计划（2018—2020年）》《太仓市医疗卫生机构提档升级工程实施意见》等文件，卫生健康事业补短提升路线图基本形成。成立市公立医院管理委员会，制定医院章程，完善法人治理结构。市政府召开专题会议研究解决卫生相关问题，市级公立医院与基层医疗卫生机构的财政定额补助标准实现大幅提高。加大人事薪酬制度改革力度，专业岗位设置得到调整，高级职称岗位增加457个、中级职称岗位增加645个。深化与上海、南京、苏州等多家知名医院合作，加强跨区域医联体建设，引进优质医疗健康资源；市级医院与基层医疗卫生机构紧密合作，推进分级诊疗。完善家庭医生签约服务，印发《关于进一步推进家庭医生签约服务工作的通知》，明确签约服务对象、服务内容、服务费用等，优先开展重点人群签约服务工作。全市共组建家庭医生团队130个，签约居民36.54万人、重点人群21.97万人，重点人群签约覆盖率68.66%；在全市119家日间照料中心设置家庭医生服务点，签约率85%；开设家庭病床364张次，提供上门医疗巡诊服务2530次。“科教兴卫”专项资金突破1000万元。区域人口健康信息平台向健康信息大数据平台升级初步完成，国家医疗健康信息互联互通标准化四级甲等实验室通过测评。“健康太仓”APP在全市所有公立医院和社区卫生服务中心上线运行。医用耗材SPD管理在市第一人民医院和市中医医院启动实施，医用耗材实现全程动态监管。

（沈颖颖）

公共卫生服务

【基本公共卫生服务项目】 2018年，太仓市加强基本公共卫生服务项目督导管理，常住人口基本公共卫生服务项目经费标准为80元/人。至年底，全市累计建立居民健康档案61.33万份，建档率85.69%。累计建立高血压电子档案8.56万份，登记率59.32%；管理7.25万人，管理率50.24%。最近一次血压达标人数5.1万人，血压控制率70.34%。累计建立糖尿病患者电子档案2.28万份，登记率41.08%；管理1.86万人，管理率33.51%。最近一次血糖达标人数1.05万人，血糖控制率56.44%。新登记肿瘤病人1414人，管理肿瘤病人4781人。新登记脑卒中病人849人，管理脑卒中病人8326人。新登记冠心病病人327人，管理冠心病病人2559人。完成老年人中医药健康管理服务10.73万人；完成60岁以上老年人健康体检11.67万人次，60岁以上老年人健康管理率77.23%。管理肺结核患者274人，规范服药率100%。新建儿童预防接种证1.05万份，累计建立0~6岁儿童预防接种证5.08万份，建证率100%。产后访视6132人，产后访视率96.66%。开展慢性病报告、高血压糖尿病筛查和死因统计，全年死因监测网络直报死亡人数4437例，其中男性死亡2364例，女性死亡2073例。随机抽样调查显示，全市居民对国家基本公共卫生服务知晓率92.15%，满意度91.25%。

【社区卫生与农村卫生】 2018年，太仓市完善社区卫生服务体系建设，新改建社区卫生服务站8家。太仓市璜泾人民医院获评江苏省示范乡镇卫生院；璜泾镇林场社区卫生服务站等8家社区卫生服务站获评江苏省示范村卫生室。高新区社区卫生服务中心、浏河镇新塘卫生院转型苏州市民健康管理综合服务平台。年内，市卫计委组织乡镇卫生院临床医师进修，组织基层医务人员开展乡村医生实用技能、合理用药知识和急诊急救知识、康复与慢性病管理等专题培训，参训人员1000余人次；组织参加省、苏州市基层卫生适宜技术培训。举办2018年基层卫生岗位技能竞赛太仓市预选赛，选派优秀医护人员及家庭医生团队参加苏州市基层卫生岗位练兵和技能竞赛，引导基层医疗卫生单位卫生健康工作者钻研业务、提升技术水平。

【妇幼保健】 2018年，太仓市强化母婴健康管理，提高妇幼健康水平。全市孕产妇死亡率继续保持零纪录，

2018年7月4日，太仓市市长王建国（右三）考察市公共卫生中心项目建设情况
（顾海兵　摄）

婴儿死亡率2.84‰，出生缺陷发生率4.03‰。完成新生儿29种遗传代谢性疾病免费筛查6223例。完成儿童先天性心脏病免费筛查7219例。全市0~6个月婴儿纯母乳喂养率69.93%，剖宫产率43.13%，孕产妇保健管理率93.43%。全年0~6岁儿童健康管理率96.93%，3岁以下儿童保健系统管理率94.37%。完成宫颈癌HPV+TCT联合筛查2.56万例，妇女"两癌"（宫颈癌和乳腺癌）检查全覆盖。全年婚检率93.86%，新增叶酸服用人数2493人。孕产期艾滋病及梅毒、乙肝检测率100%。市第一人民医院、市中医医院、沙溪人民医院和浏河人民医院等4家助产机构通过江苏省爱婴医院复核评审。沙溪人民医院、双凤人民医院成功创建苏州市妇幼健康规范化门诊。

【精神卫生】 2018年，太仓市继续做好贫困精神病人免费服药及安全检测工作，减轻精神病患者家庭负担，控制精神病患者病情。全市登记在册严重精神疾病患者3047人，检出率4.2‰；完成随访2836人，患者管理率93.08%；在管服药患者数2746人，服药率90.12%。对纳入严重精神疾病规范化管理的病人，按规定落实每年每人最高1200元的经济补助。全市登记在册精神病人4259人，显好率78.35%，参与社会率70.37%，住院率低于10%。

【卫生监督】 2018年，太仓市审核发放各类卫生许可证705份（其中公共场所608份、放射诊疗76份、建设项目职业病危害预评价和验收21份），受理举报投诉69起（其中医疗服务47起、公共场所21起、职业与放射卫生1起），调查率100%。开展学校卫生、公共场所分级管理、医疗机构依法执业、传染病防治综合监督等各类专项监督检查25项，检查单位3400余户次，检查非法行医点19户次，实施行政处罚42起。完成"双随机、一公开"抽查单位174家。对公共场所、游泳场所、生活饮用水等119家单位开展现场检测，检测项目1041项，合格992项，合格率95.29%。实施卫生行政执法全过程记录。实施关爱民生法治行"口腔诊疗消毒管理提升工程"，完成专项验收口腔诊疗机构44家。

（沈颖颖）

医疗服务

【医政管理】 2018年，太仓市加快胸痛、卒中、创伤、危重孕产妇和危重新生儿等五大救治中心建设。市第一人民医院通过三级乙等综合医院定级评审。沙溪人民医院新院启用。新增临床路径病种15种。严查医疗核心制度落实，实施新一轮改善医疗服务行动计划，开展优质护理服务，保障医疗质量安全。完善长期护理和居家护理服务体系，推行长期护理保险，新建护理站3家。引进苏州市级临床医学专家团队3个、太仓市级临床医学专家团队9个。2个苏州市级和10个太仓市级名医工作室落户基层。新增国家自然基金项目1个（市第一人民医院消化内科）。全年全市门诊总数569.1万人次，较上年增长1.8%；出院总人数11.39万人次，较上年减少1.18%；病床使用率79.8%，平均住院日10.1天。

【中医药事业】 2018年，太仓市推进公立中医医院综合改革，提升基层医疗机构中医药服务能力，完善中医药服务体系，推进中医药适宜技术推广基地建设，培训指导基层医疗机构提升中医药服务能力，通过"十三五"基层中医药服务能力提升工程中期评估。开展中医药适宜技术培训，受训人员200人。开展"中医药文化惠民工程"活动，普及中医药文化和保健养生知识。市中医医院高红勤入选全国基层名老中医药专家传承工作室建设项目专家。建成高新区、港区中医馆2家，建成社区卫生服务站中医阁19家。

【无偿献血】 2018年，太仓市落实《江苏省献血条例》中的"三免政策"，在省内获得国家无偿献血奉献奖、无偿捐献造血干细胞奖和无偿献血志愿服务终身荣誉奖的个人，可凭相关证件免费游览政府投资主办的公园、旅游风景区等场所，到政府举办的医疗机构就诊免交普通门诊诊察费，免费乘坐城市公共交通工具。年内，太仓市获2016—2017年全国无偿献血奉献奖171人。全市全血采集7648人次，采血量10611单位；采集血小板821.5个治疗量。按照血液来源，其中个人自愿采血量占总采血量38.94%，团体组织采血量占总采血量61.06%。血小板采集量较上年增加24.47%。临床用血方面，红细胞类使用量1.02万单位，较上年增长9.28%；血小板使用量476.5个治疗量，较上年增长17.36%；冷沉淀使用量1093.75单位，较上年增长44.68%；新鲜冰冻血浆1186单位，较上年增长13.35%。临床用血100%来自自愿无偿献血，血液供需基本平衡。

【卫生应急】 2018年，太仓市完善卫生应急体系，健全应急机制，提升应急反应速度和院前应急救治能力。年内，接听急救电话7.83万次；急救车出车1.57万次，较上年增长8.2%；接送病人1.33万人次，较上年增长9.1%，其中救治危重病人1715人次。平均调度时间47秒，平均出车时间1分10秒。做好医疗保障和应急救援培训，组织医护人员参加重大活动医疗卫生保障工作57次；参加长江太仓段水上搜救应急演练、疑似预防接种异常反应应急演练、爆炸事故急诊应急救治演练等4次。（沈颖颖）

疾病预防控制

【概况】 2018年，太仓市人均期望寿命84.27岁，其中男性81.98岁、女性86.5岁。甲乙法定报告传染病报告发病率为124.21/10万，无死亡病例；报告发病率较上年上升3.07%。全年受委托开展职业病危害因素监测15家次，共监测职业病危害因素273项次，合格266项次，合格率97.4%。持续开展学校卫生监测与管理工作，重点开展近视眼、沙眼、肠道寄生虫、龋齿、营养不良和肥胖、贫血"六病"防治工作。开展学生因病缺课监测，网络直报覆盖率100%。开展学校教学环境监测，对20所学校教室开展学校教学环境卫生监测。开展食源性疾病风险监测，全年监测300例，其中阳性24例，阳性率8%，较上年增长3.9%，其中副溶血性弧菌13例、诺如病毒11例。接报突发食源性疾病事件22起，较上年增加16起。开展食品卫生、职业卫生、公共场所、传染病等卫生检测，从业人员体检发证数5.01万人次，"六病"（痢疾、伤寒、病毒性肝类、活动性肺结核、化脓性和渗出性皮肤病及其他有碍公共卫生的疾病）检出507人次。

【免疫预防】 2018年，太仓市建成一般预防接种三级门诊1家、二级门诊11家、一级门诊11家，二级以上门诊覆盖率超50%。实施江苏省扩大儿童免疫规划，全市一类苗接种19.92万剂次，地方扩大免疫规划项目疫苗接种4.1万剂次，疫苗基础免疫接种率均在95%以上。按住址统计，全市共报告疑似麻疹病例20例，均排除麻疹；报告急性乙肝18例，无百日咳、流脑、新破病例报告。全年报告疑似预防接种异常反应257例，其中有异常反应9例，其余均为一般反应。

【艾滋病防治】 2018年，太仓市新发HIV（人类免疫缺陷病毒）感染者/AIDS（艾滋病）36例，较上年增加2例。其中，HIV感染者32例，艾滋病4例。太仓市持续拓宽艾滋病干预途径，与社会组织签订干预协议书，加强娱乐场所等重点场所及重点人群干预，共干预6555人次，发放宣传资料1.2万份、安全套1.2万只，检测人员742人次。加强在校大学生、外来务工人员艾滋病宣传，普及艾滋病防治知识，促进全社会对艾滋病防治工作的理解、支持与参与。

【结核病防治】 2018年，太仓市登记结核病初诊病人859人，初诊查痰率97.09%。发现活动性肺结核病人274例，其中病原学阳性肺结核病人131例，登记病人系统管理率100%，病人完成治疗率90.69%。病人报告率100%，病人转诊率100%。全年开展免费痰涂片检查9188张，胸片检查1062张。开展耐药结核菌痰培养，确诊耐多药患者3例。处置学校结核病疫情5起，筛查密切接触者435人次。

【肠道传染病防治】 2018年，太仓市各医疗机构肠道门诊腹泻病就诊数4233人，用金标法初筛1021人，检索率24.12%。全市肠道传染病抱病60例，其中甲肝7例、戊肝18例、肝炎未分型17例，细菌性痢疾18例，按照苏州市肠道传染病监测与防制要求，所有病例均作流行病学调查及疫源地处理。

【血吸虫、地方病、寄生虫防治】 2018年，太仓市完成49个流行村、18个非流行村查螺工作，共计查螺环境534个，查螺面积144.78万平方米。累计药物灭螺环境16个、灭螺面积2.09万平方米。改造有螺环境13个，改造环境3.2万平方米。开展血吸虫病监测工作，共监测5315人，均为阴性。全年共救助晚期血吸虫病病人3例，救助金额9645.96元。全市随访体检在册晚期血吸虫病病人115人，病人情况均录入江苏省血吸虫病防治平台。按照苏州地方病监测要求，对城厢、沙溪、浮桥、陆渡、直塘等5个镇（管理区）进行居民户食用盐采样，共采集盐样300份。开展重点地区碘盐抽样监测工作，共采集200名8~10岁儿童和100名育龄妇女的尿样和盐样，儿童尿碘中位数151.53微克/升，孕妇尿碘中位数132.90微克/升。太仓市24所医院、卫生院设立门诊镜检站，共血检"三热"（疟疾、疑似疟疾、不明发热原因者）病人1269人次，无阳性病例。市疾病预防控制中心督查全市基层医疗卫生机构门诊镜检站工作，覆盖面100%；共复审血片309张，均为阴性，无误诊漏诊，制作合格率100%，染色合格率100%，清洁度合格率100%。（沈颖颖）

爱国卫生与健康促进

【农村改水改厕】 2018年，太仓市生活饮用水监测区域覆盖全市，覆盖率100%。枯水期和丰水期对出厂水进行全分析指标监测，项目合格率100%。每季度水质监测结果向社会公示。年内，全市推进农村"厕所革命"，完成农村卫生户厕提档改造5884户。

【健康教育与促进】 2018年，太仓市第三次获评世界卫生组织健康城市最佳实践奖。全市落实健康场所"531"行动计划，浏河镇建成江苏省健康镇，城厢镇东林村等5个村建成江苏省健康村，娄东街道滨河社区等6个社区建成江苏省健康社区，市财政局等11家单位建成江苏省健康单位。市中医医院、城厢镇社区卫生服务中心建成省健康促进医院。城厢镇万丰村等19个村（社区）建成苏州市健康村（社区），市档案局等22家单位建成苏州市健康单位。新建璜泾镇健康主题公园1个，新建健康步道6条。以村（社区）为单位的健康自我管理小组实现全覆盖。全年共举办"娄东健康大讲堂"公益活动199场，受众约1万人次。加强控制烟草危害干预，共检查公共场所4633家，处罚场所61家次，处罚个人247人次。

【国家卫生城镇建设】 2018年，太仓市被重新确认为国家卫生城市，沙溪镇、浏河镇、璜泾镇被重新确认为国家卫生镇。城厢镇新农村，沙溪镇新建村、凡山村，双凤镇勤力村通过"江苏省卫生村"复审。

【病媒生物防制】 2018年，太仓市通过江苏省病媒生物防制单项达标先进城市复审考核。年内，开展建设小餐饮食品安全示范街、病媒生物防制示范小区等活动，推进病媒生物防制设施落实到位。举办"健康太仓灭蚊行动"培训班等健康教育活动。根据季节特点，开展灭鼠、灭蟑、灭蚊蝇等集中消杀行动。（沈颖颖）

计划生育

【"全面两孩"政策】 2018年，太仓市依法实施"全面两孩"政策，改革完善计划生育服务管理，实行生育登记服务制度。全年太仓户籍出生人口2986人，办理户籍人口"一孩"生育登记1555例，"二孩"生育登记1296例。全年常住人口出生政策符合率

98.1%，出生性别比112.74。全年流动人口出生政策符合率96.46%。

【计划生育奖励扶助】 2018年，太仓市落实计划生育奖励扶助制度，发放农村奖励金2449万元，惠及2.3万人；发放一次性奖励金1805万元，惠及5013人；发放特别扶助金1434万元，惠及1900余人。计划生育公益金一次性救助家庭139户，发放公益金30.8万元。

【流动人口计划生育服务】 2018年，太仓市开展"把健康带回家""新市民健康城市行"等主题宣传活动，深入企业、学校、社区开展巡回宣传活动33场，服务新市民6000余人次。推进流动人口健康示范场所建设，新区第二小学获评全国"流动人口健康促进示范学校"，江苏申久化纤有限公司、太仓市弇贤小学获评江苏省"流动人口健康促进示范企业（学校）"，入选国家级、省级流动人口健康家庭4户。推进流动人口均等化示范建设，流动人口目标人群基本公共卫生计生服务覆盖率96%，太仓市获评全省流动人口基本公共卫生计生服务均等化示范县（市、区）。连续九年参与全国流动人口动态监测调查，太仓市卫计委获评全国流动人口动态监测调查优秀单位，获评全国（省级）流动人口动态监测调查优秀个人6人。发送、反馈协查信息7528条，采集核查出生信息3013条，办理电子婚育证明131例，办理流动人口生育服务登记1426例，手术服务联系单1020例。

【计生特殊家庭帮扶】 2018年，太仓市实施计划生育特殊家庭联系人制度，帮扶存在困难的计生特殊家庭，帮助解决生活照料、养老保障、大病治疗和精神慰藉等问题。扩大特扶对象就医"绿色通道"覆盖面，缓解特扶对象就医困难。开展计划生育特殊家庭健康体检活动，提高计生特殊家庭成员健康水平和生活质量。继续通过政府购买社会组织服务方式，依托太仓市连心家园关爱服务中心对太仓市计生特殊人群开展上门走访、心理慰藉、探病慰问、团体活动、志愿者培训等专业化服务，帮助他们尽快走出阴霾，走向社会。市连心家园关爱服务中心获评苏州市第三届"苏州慈善奖"最具影响力慈善组织、"太仓市十佳社会组织"称号；浏河镇连心家园获评江苏省"连心家园——关爱失独家庭行动"优秀项目点。

【"幸福家庭"建设】 2018年，太仓市围绕"文明、健康、优生、致富、奉献"五大主题，推进"幸福家庭"建设活动。结合"5·15"国际家庭日、"5·29"计生协会纪念日开展"幸福家庭活动月"系列主题活动，营造"健康生活、幸福家庭"社会氛围。开展家庭健康文化知识宣传，利用计生窗口服务、健康讲座、节日活动等多种形式宣传家庭健康文化知识，倡导科学、文明、进步的婚育观念，提高家庭健康知识普及率。

（沈颖颖）

文 化

文化设施

【太仓市图书馆】 太仓市图书馆位于上海东路100号，国家一级图书馆，总建筑面积1.9万平方米，阅览席位700余个，藏书量110余万册，与苏州地区公共馆外购共享CNKI中国知网数据库和万方、维普、龙渊等数据库6个，自建共建数据库9个，总量共9TB。图书馆一层为少儿活动与阅览区域，设有少儿图书借阅室、亲子阅读区、多功能报告厅、4D影院等服务区域。其中少儿图书借阅室收藏少儿图书7万册、少儿报刊70多种；多功能报告厅面积150平方米，座位217个；4D影院座位32个。二层为综合服务区域，设有电子阅览室、音像资料借阅室、报刊阅览室、盲文阅览室。其中电子阅览室拥有电脑64台；音像资料借阅室拥有音像资料1.1万多件；报刊阅览室拥有杂志843种、报刊171种；盲文阅览室拥有盲文书籍[illegible]00余册。三层为流通区域，设有图书借阅室2个，开架图书36万册。四层设有地方文献室、珍贵文献室、东仓书库等。其中地方文献室陈列太仓地方文献2800余册；珍贵文献室陈列文献3000册。

【太仓博物馆】 太仓博物馆是地志类综合性博物馆，成立于1987年，是江苏省内率先创办的县（市）级博物馆。2010年12月，太仓博物馆新馆落成；2011年1月，正式开放。该馆地处市行政中心东南，建筑面积1.4万平方米，共分五层，其中地上四层，地下一层。一层到四层为陈列展览区，地下为"六国码头"场景，展区面积近7000平方米。主要陈列展览有太仓历史文化陈列、馆藏文物（陶瓷、青铜器、玉器等）陈列、馆藏书画陈列等。同时有

2018年11月8日，太仓市"娄江涌春潮·奋进新时代——庆祝改革开放40周年群众文艺会演"在太仓大剧院举行 （市文广旅局供稿）

四个临展区可承办不同类型和题材的临时展览。太仓博物馆还承担着全国重点文物保护单位张溥故居和江苏省文物保护单位王锡爵故居的管理职责。

【太仓市文化馆】 太仓市文化馆为国家一级文化馆，位于上海东路98号，毗邻太仓大剧院，建筑面积7648平方米，分为地下一层和地上三层。一层为小剧场（387座）、化妆间、展示厅、多功能厅、舞蹈戏曲排练厅、专业录音棚等群众文化活动场所。二层为办公用房。三层为公共电子阅览室、舞美中心办公室。文化馆配有铝合金流动舞台、流动演出车等现代化演出和技术设备，秉承“博学、精专、实干、远志”馆风精神，全年策划、组织、开展各类演出活动及展览，开展面向基层、业余文艺团队、企事业单位的辅导活动。馆内常设“娄东戏台”“舞林会友”“太仓乐坛”“弱势群体、外来务工人员子女免费艺术培训班”及各门类艺术培训等常态化免费项目。

【宋文治艺术馆（太仓名人馆）】 宋文治艺术馆位于太仓市县府东街6号，占地1400余平方米，总建筑面积536平方米，由太仓市人民政府于1989年拨款建成。全馆为分艺术馆和松石斋（即宋文治故居）2个组成部分。艺术馆为南北向，共15间。宋文治汉白玉雕像坐落于院内。艺术馆楼下二厅展出宋文治代表作品60幅，系宋文治创作于20世纪40—80年代。楼上陈列明清书画佳作30幅，和宋文治的艺术成果资料及名家字画佳作、古陶文物。

太仓名人馆位于太平南路38号，与宋文治艺术馆一街之隔，2013年建成开放，总建筑面积4050平方米，展厅面积2072平方米。展陈内容涵盖从宋代至今的太仓名人115人。馆内分三层，一层、二层为展厅部分，三层为办公区域。名人馆分8个部分分别展出文苑撷英、翰墨清芬、名宦乡贤、科教精英、梨园艺坛、实业名家、状元及第、中外院士等内容。太仓名人馆是苏州市爱国主义教育基地及时代精神教育基地，并作为宋文治艺术馆新馆，承担相关美术展览功能。

（汤　华）

2018年9月26—27日，“南腔北调·人文相融”太仓·周至两地文化交流专场文艺演出在市文化馆小剧场举行　（市文体广旅局供稿）

公共文化服务

【概况】 2018年，太仓市推进公共文化标准化建设，完成修订《太仓市公共文化发展专项资金使用管理办法》，制定《太仓市文广新局公共文化活动劳务费发放标准》。推进数字化建设，启动“太仓文化云”服务平台建设。推动太仓市文化馆总分馆体系建设，在浏河镇、璜泾镇试点建设分馆。现代公共文化服务体系建设完善工程被列入市政府实事工程项目，共建设文化书场2座、露天舞台8座、24小时自助图书馆1个。完成市美术馆新馆建设方案，包俊宜艺术馆正式开馆，建设完成标准化基层综合性文化服务中心36个。开展“欢乐百村（社区）行”和“文化百企行”活动，全年组织送戏下乡245场次，其中政府购买90场次、定向补助155场次。开展“数字电影村村放”活动，全年放映公益电影2300场次。对全市21家文化书场配送评弹演出250多档。举办第5届文化养老艺术节暨第11届业余文艺团队“百团大展演”活动、第2届太仓市戏曲演唱大奖赛、第13届阅读节等系列文化活动。

【文化交流】 2018年，太仓市邀请意大利马切拉塔市文化代表团到太仓开展文化交流活动。年内，太仓市开展“太仓—周至文化交流活动”系列活动，举办“南腔北调·人文相容”太仓·周至两地文化交流专场演出、太仓周至书画艺术交流展、文化交流座谈会等。“新娄东画派”在福建省厦门市等地开展巡展交流。组织相关人员到上海市奉贤区开展长三角滚灯交流活动。

【文化产业】 2018年，太仓市组织申报2018年度太仓宣传文化人才计划，评选文化产业领军人才1人、文化产业重点人才5人。在2018年太仓（深圳）招商投资说明会上，太仓市与广东省游戏产业协会签订《共同促进游戏产业发展战略合作协议》。组织参加第7届中国苏州文化创意设计产业交易博览会暨首届苏州文化创意周活动，太仓天镜湖电子竞技小镇展馆参观体验数超3万人次。组织太仓市优秀创意设计类企业参展第14届中国（深圳）国际文化产业博览交易会、海峡两岸文博会、上海自贸区文化授权交易会等展会。组织参展第9届中国西部文化产业博览会，获“优秀组织奖”。

【影视市场】 2018年，太仓市8家影院共放映电影8.0万场次，观影人数156.2万人次，票房收入5686万元，场次、人次、票房较上年分别增长13.9%、9%、8.3%。

2018年度政府实事工程——城区公交换乘站24小时图书馆

（2018年摄　市文体广旅局供稿）

【图书借阅】 2018年，太仓市图书馆全年接待读者89.6万人，借阅有效证约50万张（含市民卡），新增借阅证近2000张。图书馆藏书总量近130万册，其中电子图书约6万册，新增图书约8万册。全年外借图书册次112.8万册，其中24小时自助图书馆约1.5万册，“娄东书房”约2.4万册，“流动图书馆”全年出车230余次，图书借阅约2700册。全年馆内共举办各大活动320余场次，联合乡镇分馆举办100余场，参与人数约7.1万人次。

【文博工作】 2018年，太仓博物馆及下属张溥故居、王锡爵故居共举办临时展览25场，接待各类游客18万人次，讲解280余场，开展巡展和社教活动40余场，全年新增受捐乡邦古籍、名人手稿、书画等藏品300余件。

（汤　华）

文化市场管理

【概况】 2018年，太仓市持续净化文化市场环境，加大对文化场所的执法检查，共巡查文化场所536家次，出动执法人员1876人次，受理举报62起，立案查处文化市场违法违规案件42起。严厉打击网吧、游艺场所、网络直播、歌舞娱乐场所等违法违规行为，联合市公安局，查处取缔无证游戏机房1家、无证网吧1家。加强对营业性演出市场的管理，对草坪音乐节、恒大项目演出、涉外演出等重大项目演出现场全程监管，查处叫停农村非法演出活动1起。

【“扫黄打非”工作】 2018年，太仓市落实“扫黄打非”专项行动，查处各类非法出版物2419件，取缔无证书刊点16家。提升政务服务水平，共受理各类咨询1500多人次，审批、变更、延续、年检相关单位共计432户。开展“扫黄打非·护苗2018”绿书签集中宣传周活动，市文广新局深入学校、图书馆、博物馆、新华书店以及“扫黄打非”基层工作点张贴海报，开展宣传活动，共张贴海报100余张，派发绿书签380余份，分发“扫黄打非”创意产品100份。在太仓市三毛小学，执法人员向学生们宣传非法出版物对身心健康的危害，给学生们播放网络安全课程，宣传文明上网理念，提高学生自我保护意识。年内，太仓市文广新局获评江苏省新闻出版广电（版权）系统先进单位。

（汤　华）

传播媒体

电　视

【概况】 2018年，太仓市广播电视总台负责全市广播电视节目制作、播出和建设管理，全市建有高度153米的调频、电视发射塔1座，有以全媒体融合协同生产平台为核心的全台网、媒资、制作网和6频道硬盘播出系统，800平方米综艺演播厅、高清新闻演播厅、全媒体高清虚实结合演播室等18个演播室、直（录）播室、配音间和5.1声道录音棚，拥有8+2讯道高清电视转播车1台。太仓电视频道有太仓新闻频道、娄东民生频道、扬帆生活频道、影视娱乐频道等。共开设自办电视栏目（节目）23个。日均首播时长70分钟。全年公共电视节目播出时间5840小时，自制电视节目播出时间3285小时，制作电视节目时间414小时。

2018年太仓市广电总台部分创优获奖作品一览表

表61

序号	主题	主创	奖项
1	港城走出世界冠军	王　霏	中广联合会城市广播电视台创优评析广播专题类优秀作品三等奖
2	光辉志愿者之家——一个特殊的志愿者团队	韩　逢　张薇倩　丁　辉　赵静静	2017年度苏州市优秀广播电视节目政府奖（电视新闻奖）特别奖
3	“海天一色·两岸共度”2017年仲夏诗会	周新锋　陆晓红　张　清　贾　男　曲　飞	2017年度苏州市优秀广播电视节目政府奖（广播电视彩虹奖）一等奖

续表 61

序号	主题	主创	奖项
4	诗话太仓——600 年的古韵今风	周新锋　王　霏　张　清 陆晓红	2017 年度苏州市优秀广播电视节目政府奖（广播剧、广播文艺奖）一等奖
5	红包	鲍育兴　张丽琴　达潮波 吴湘丹	2017 年度苏州市优秀广播电视节目政府奖（电视社教节目奖）一等奖
6	"唱童谣·讲文明"太仓市首届原创童谣电视大赛决赛	何庆华　朱　青　刘守则 顾如刚	2017 年度苏州市优秀广播电视节目政府奖（电视剧、电视文艺奖）一等奖
7	故乡的云	何庆华　朱　青　王　俊 朱智航	2017 年度苏州市优秀广播电视节目政府奖（电视剧、电视文艺奖）一等奖
8	太仓新闻	张　磊　赵　江　王　曙 郑　联	2017 年度江苏省电视节目技术质量奖（标清新闻类）三等奖
9	太仓旅游	杨丽峰　许　轶　张　清	2018 年度江苏省广播节目技术质量奖（广告类）三等奖
10	"今太仓"融媒体系统	王正龙　黄平江　王　奕	2018 年江苏省广播电视科技创新奖三等奖
11	"今太仓"微信端融媒体平台建设	王正龙　黄平江　王　奕	2018 年江苏省县级广电媒体融合创新案例评选活动优秀单项案例奖
12	舞春风	杨丽峰　张　清　潘宇迪	2017 年度苏州市广播节目技术制作质量奖（音乐类）一等奖
13	赠玉兔	张　清　杨丽峰　许　轶	2017 年度苏州市广播节目技术制作质量奖（戏曲类）一等奖
14	2017 年太仓市电视春节联欢晚会	赵　江　张　磊　王　曙 郑　联	2017 年度苏州市电视节目技术制作质量奖（综艺类）一等奖

【新闻宣传】 2018 年，太仓电视新闻宣传以日播栏目《太仓新闻》为主，以周播栏目《相逢》《新闻勇报》为延伸和补充。《太仓新闻》全年制作播出新闻 8000 多条，配合市委、市政府中心工作及全市性重大活动，开设《幸福娄城还看今朝》《新时代走遍金太仓》《两个深化年》《智能制造在太仓》《"331"专项行动》《高质量项目推动高质量发展》《解读十四项三年行动计划》《乡村振兴好风帆·勇立潮头樯争先》《2018 幸福清单》等新闻专栏和系列报道 40 多个。组织开展宣传贯彻习近平新时代中国特色社会主义思想和中共十九大精神全媒体新闻行动"学习新思想·发展高质量"，组织开展庆祝改革开放 40 周年全媒体新闻行动"跨越 40 年""聚焦长三角，奔涌大江潮"。全年，央视收录太仓新闻稿件 5 条，江苏台、苏州台收录太仓新闻稿件 269 条。

【社教综艺节目】 2018 年，太仓电视开设社教综艺类节目 19 个，其中自办节目 5 个，分别为《太仓闲话》《梦想舞台》《娄城大爱》《娄东戏台》《梦江南》，《娄城大爱》慈善公益电视栏目获第 3 届"苏州慈善奖"最具影响力慈善项目称号；与市级部门联办节目 14 个，分别为《光辉太仓》《警方在线》《城管家》《发展太仓》《绿色家园》《天下粮仓·太仓味稻》《聚焦三农》《市场监管》《勤廉太仓》《娄江夕阳红》《卫生与健康》《田园城》《每月一法》《党的生活》等；自办生活资讯类节目 1 个，即《生活在线》。全年拍摄制作《福到娄城》《无障碍》《我与宪法》《投诚》《秋天里的春天》等短视频、微电影和专题汇报片 10 多部。年内，中国关心下一代工作委员会事业发展中心、中国诗歌学会朗诵演唱专业委员会、北京市教育学会授予市广电总台第四届"曹灿杯"青少年朗诵展示活动"最佳组织奖"。

【电视综艺活动】 2018 年，太仓电视综艺活动亮点纷呈。年内，先后主办或协办"金狗报喜·福满娄城"2018 年太仓电视春节联欢晚会、"爱在五月"太仓市慈善爱心服务中心大型公益活动、"不忘初心跟党走·青春奋进新时代"太仓市庆祝中国共产主义青年团成立 96 周年暨纪念五四运动 99 周年主题团日活动、"感动太仓"太仓市残联双十佳颁奖典礼暨第 28 个全国助残日启动、太仓市"六一"国际儿童节庆祝活动暨太仓市第四届"美德少年"和 2018 年度"优秀小公民"表彰大会、"诚信点亮太仓'6.14'诚信日"主题活动、2018 年"中华慈善日"广场慈善文化展示宣传活动、"孝满娄城夕阳美"太仓市第九个敬老月启动仪式、太仓市第九个家庭文化艺术节闭幕式、"同聚力·在一起"2018 年太仓港首届企业文化节闭幕式、"匠心筑梦·砥砺前行"2018 年"娄东工匠"颁奖典礼等大型综艺专题活动，举办"我的未来我的梦"第四届"曹灿杯"青少年朗诵大赛、外代杯"太仓港好声音"职工歌唱大赛、2019 年"我要上春晚"节目海选等赛事类活动。

【媒体融合】 2018 年，太仓市加快推进传统广电媒体和新兴媒体融合发展，结合电视高清化改造，完成市广电总台全媒体融合协同生产平台及融媒体指挥调度中心建设，为媒体转型升级、实现深度融合发展、巩固和加强主流新闻宣传阵地提供技术保障。太仓扬帆网提供太仓电视、本地新闻、生活和商业信息，"扬帆微生活"微信公众号全年新闻、乐活、民生、心情、百科等版块累计推送原创文章1782篇，点击量548万次，转发量14万次。"今太仓"LAPP新闻素材回传平台共发布稿件1200余篇，点击量116万次。全年开展"2018年太仓市电视春节联欢晚会""风雪中，我们在现场""创建文明城市·志愿者在行动""2018年中国·太仓旅游文化节暨江海河三鲜美食节""CMEG2017年高校总决赛""2018年太仓国际草坪音乐节启动仪式""国际田联世界竞走团体锦标赛开幕式"等特色活动微信直播70余次，累计观看人数200万人次。

2018年5月27日，"曹灿杯"第四届青少年朗诵大赛（太仓赛区）落幕

（姚松　摄）

【电视高清化改造工程】 2018年，太仓市政府实事工程之一的太仓市广播电视总台电视高清化改造建设工程由市广电总台负责实施。主要任务是进行电视采编播设备高清化改造，建设电视高清摄录系统、高清制作融媒体系统、高清演播室系统、高清播总控系统等项目。工程总投资4000万元，分两年组织实施。截至年底，高清摄录系统一期、高清制作融媒体系统一期和高清演播室系统一期项目建设完成。

（李晓红）

广　播

【概况】 2018年，太仓广播共开设自办栏目7个，全天播音16小时。其中《早安太仓》《欢乐晚高峰》《有事我帮忙》为直播节目，总时长4.5小时；《太广新闻》《把耳朵叫醒》《乐活太仓》《娄江夜读》为录播节目，总时长2.5小时。另有转播节目1档，时长0.5小时，合作翻录节目8小时。全年公共广播播出时间5840小时，自制广播节目播出时间2920小时。

【广播特色节目及活动】 2018年5月25日，由太仓市政府办主办、太仓广播承办的"民声专线·政务直通车"节目上线，至年底共播出科技、教育、养老、医疗、住房等各类主题节目10期，太仓市人民政府网、调频FM96.7太仓广播、"扬帆微生活"微信公众号同步播出。《有事我帮忙》节目全年接听听众热线1050个，帮助解决问题101个。全年开展"爱在同一片蓝天下""手作风筝·放飞春天""小小文物修复师""乐享银龄""交通安全'救'在身边""缘在港城·我们相爱吧"等广播线下活动20余场。（李晓红）

2018年12月26日，太仓市广播电视总台全媒体高清演播室建设完成

（姚松　摄）

报　刊

【概况】 2018年，太仓共有报纸出版社1家，即太仓日报社。出版发行的《太仓日报》为对开全彩周六报，周一每期8版，周二、周三每期8版，周四每期12版，周五、周六每期8版，每周出版52版以上，全年出版301期，由苏州日报印务中心承印，太仓市邮政局发行，每期发行量2万份。太仓日报社拥有多种媒介平台，涉及报刊、出版、会展、网络、新媒体等领域，媒体融合发展步伐加快。年内，《太仓日报》以"可读、服务、互动"为目标，创新栏目设置和版式美化，增强与读者互动性，栏目和内容更贴近百姓日常生活，开设《深读·评论》《深读·影像》《深读·融媒》《深读·关注》和生活周刊《银龄》《消费》《装饰》《收藏》等专刊，开拓强化新闻功用的时代引领。

2018 年《太仓日报》部分获奖作品情况一览表

表 62

作品名称	奖项
“三农”报告	江苏省报业 2017—2018 年经营创新项目评比引领创新奖
“太仓日报融媒体中心建设”项目	江苏省报刊媒体融合创新优秀案例
《全国 2300 多名引航员中唯一的女引航员——卢萍选择了引航便选择了风雨兼程》	全省新闻媒体“走转改”优秀新闻作品三等奖

【新闻宣传】 2018 年，太仓日报社坚持与时俱进，推动全媒体融合发展，提高新闻精品率，发挥新闻宣传引导作用。做好贯彻落实中共十九大精神宣传报道，组织新闻策划、集中报道宣传，推动十九大精神进企业、进农村、进机关、进校园、进社区、进军营、进网络等。宣传江苏省委、苏州市委和太仓市委、市政府有关重要会议精神。开展庆祝改革开放 40 周年宣传，展现太仓在改革开放 40 年进程中的先锋作用，出版《致敬 40 年——太仓改革开放发展实录》《蝶变民企掌门人》《港区之窗》等。发挥新型党媒舆论引导、正面宣传、监督作用，推动全市重点项目、重点工作、重点任务落实，推出主题报告专栏，开设《逐梦新时代、展现新作为》《“河长制”在行动》《“263”专项整治，太仓在行动》《全力谱写新时代太仓发展新篇章》《触摸民企脉动，拥抱“1123”》等专栏。重视传承发扬地方文化传播，继续改革创新副刊，关注社会热点，贴近社会民生，策划贴近时代主题，体现副刊本土化特色，坚持文学性、艺术性与新闻性相融合。

【媒体融合】 2019 年，在互联网传播环境下，作为传统纸媒的《太仓日报》继续对外谋求变革，整合媒介载体，搭建报社融媒体发展新型平台，实现资源通融、内容兼容、宣传互融、利益共融，融媒体建设成效明显。为加快技术创新，推进媒体融合，太仓日报社选派技术人员到人民日报社融媒体中心驻点学习，了解融媒体运营理念和知识。人民日报媒体技术公司帮助建立、完善“中央厨房”内部架构和数据中心。6 月 21 日，2018 年中国报业技术年会在太仓举行，太仓日报“中央厨房”启动。中国报协技术委员会主任、人民网总裁、人民日报媒体技术公司董事叶蓁蓁认为，太仓在媒体融合方面走在行业前列，特别是搭建融媒体中心（中央厨房）同时，把报业融合与基层综合治理打通并形成一体，给全国报业发展提供重要启示。通过“中央厨房”平台，太仓日报微信公众号、微博、“江海潮”APP 和微信直播持续发挥宣传影响力，开通人民号、头条号、企鹅号、百家号平台上的“太仓日报”账户，《太仓日报》第一家入驻人民日报客户端，全年累计阅读量 620 余万次。新闻采编人员全员转型，加入新媒体队伍，成立融媒体工作室 6 个；承接视频直播 9 场，金仓湖龙舟赛直播累计观看 30 万人次；拓展视频拍摄业务，在新媒体平台定期发布视频作品；与新媒体工作室共同承接部门专题片拍摄。与市综治联动中心对接合作，探索“媒体 + 政务 + 服务”融媒体发展新平台，丰富新闻宣传形式。年内，“太仓日报融媒体中心建设”项目获评江苏省报刊媒体融合创新优秀案例，融媒体改革实践项目获评苏州市宣传思想工作创新成果奖，融媒体中心建设项目获评“全国十佳融媒体中心”。在《新闻战线》《新闻与写作》《三项学习教育通讯》发表融媒体建设成果论文 3 篇。

2018 年 6 月 21 日，太仓日报“中央厨房”正式启动　（计海新　摄）

【经营创收】 2018 年，太仓日报社拓展广告创收项目，与 30 多家商家合作，举办太仓家博会 4 次，完成订单 6000 余单，让广大市民享受到更多实惠。开展小记者活动近百次，与市司法局合办“法治夏令营”，在南洋广场联合举办“义卖活动”4 次，为少年儿童健康、快乐成长提供丰富舞台；“样样有”微信商业化运作，开发建设“优惠券”，开发“太仓亲子卡”微信小程序，完成“太仓城市服务”频道建设，“样样有”微信关注数 17 万人次。组织全市金融行业开展“一路同行 · 客户与银行的故事”征文活动，开展“体验城管”活动。创新组织越秀向东岛“为爱而行”微信超级直播，举办《太仓日报》小记者亲子游泳赛；为黄金海岸温泉度假酒店策划制作的微信宣传阅读数10余万人次。

（毛　胜）

网络媒体

【概况】 2018年，太仓市网络媒体发展总体平稳，除网站类论坛呈现萎缩之势，微信、微博、APP（手机应用程序）等新媒体平台在规范中稳步发展，其影响力、传播力越来越强。截至年底，全市共有各类微信公众号500多个，其中政务微信公众号280个，共有各类政务APP14个，总用户数量35万人次。传统媒体微信公众号“太仓日报”“扬帆微生活”，粉丝数合计约15万人，“太仓微生活”“太仓论坛”“太仓吧”“太仓123”等自媒体公众号发展平稳，粉丝数均在5万人以上。由于手机自媒体的发展，传统网站类论坛大幅萎缩，太仓市网民较为活跃的本地论坛有“烟雨江南”论坛，“好太仓”论坛和“新太仓”论坛均关闭，“烟雨江南”论坛注册会员约20万人次，活跃用户约10万人次。

【新媒体发展】 2018年，太仓市加强新媒体行业管理，提供优质新媒体平台，政务新媒体从有到优，政务类微信公众号数量和质量稳步提升，媒体类微信公众号有所突破。政务类微博在热点事件与舆情应对中发挥重要作用。“太仓发布”作为太仓市政府新闻办官方微博、微信。全年在“新浪微博”平台发布微博3217条，累计关注人数64.88万人次，阅读总数约2091万次。“太仓发布”微信公众号推送图文800条，累积关注人数3.63万人次，图文页累计阅读量182.23万人次，图文阅读人数125.09万人次。“太仓发布”组建太仓政务微信矩阵，加入政务微信交流群单位160多家。6月15日，太仓市新媒体联盟第一次会员大会召开，太仓市新媒体联盟正式成立，全市41家新媒体参加。会议审议通过《太仓市新媒体联盟公约》，选举产生首届理事会会员与轮值理事长单位，联盟代表宣读《太仓市新媒体联盟倡议书》。新媒体联盟作为行业自律组织参与行业管理，整合信息资源，促进新媒体人自律，提高太仓新媒体影响力与公信力，提供更多可读性强、质量优的新媒体读物。10月，太仓市印发《太仓市政务新媒体管理规定（试行）》，加强全市政务新媒体管理，促进全市政务新媒体健康发展。全市各镇（区）、各部门单位在微博、微信、移动客户端、视频直播等信息平台上，以机构名义注册开设新媒体账号，以及公务人员以公职身份开设认证的相关账号，都属政务新媒体，作为各镇（区）、各部门单位和公务人员对外宣传、推行信息公开、开展政民互动、联系服务群众、加强舆论引导的重要手段和平台。太仓市政务新媒体及时发布信息、引导解读政策，务实回应网民，发挥政务新媒体亲民情、接地气的政民沟通价值。

太仓市部分单位政务微信

太仓纪检　　太仓党建　　太仓发布官微

太仓法院　　太仓警方　　太仓检察

文明太仓　　太仓市级机关党建　　太仓日报

太仓发政

太仓教育

太仓科技

太仓市民政局

太仓市掌上公共法律服务平台

太仓住建

太仓城管家

太仓卫计

263 太仓在行动

太仓旅游官微

太仓市场监管

扬帆微生活

太仓税务

太仓海事

太仓职工微家园

七彩阳光·青春偕行

太仓妇联温馨家园

太仓残联

太仓城厢　　太仓沙溪　　浏河发布

活力浮桥　　璜泾　　文明双凤

太仓市部分单位政务微博

微博名：太仓发布 微博网址： https://weibo.com/taicangfabu	微博名：太仓检察发布 微博网址： https://weibo.com/tcjcy	微博名：太仓公安 微博网址： https://weibo.com/208097[illegible]92
微博名：文明太仓 微博网址： https://weibo.com/u/1973484722	微博名：太仓城管人 微博网址： https://weibo.com/tccgj	微博名：美丽金太仓 微博网址： https://weibo.com/u/3546557647
微博名：太仓粮食 微博网址： https://weibo.com/u/3188228182	微博名：太仓市图书馆官方 微博网址： https://weibo.com/tclib	微博名：太仓市气象局 微博网址： https://weibo.com/u/2573957690

（朱亦鸣）

遗产保护

【物质文化遗产保护】 2018年，太仓市协调完成樊村泾元代遗址考古发掘工作与遗址回填保护和保护规划初稿编制。对古塘街市政改造工程施工过程中发现的古墓葬群进行抢救性发掘，清理古代墓葬10座。对沙溪、璜泾、浏河等多地发现的古代石刻进行转移保护，保护石刻构件50余件。完成江苏省文物保护单位王锡爵故居及赵孟頫碑刻的修缮工程、太仓市文物保护单位中国人民银行浏河支行旧址的修缮工程。全国重点文物保护单位天妃宫修缮工程、双凤金氏宅修缮工程进入实施阶段。

【非物质文化遗产保护】 2018年，太仓市做好江南丝竹等非物质文化遗产保护工作，太仓市获评中国民间文化艺术之乡（江南丝竹）。开展江南水乡申遗、海上丝绸之路申遗等相关工作和唐调、渔民号子等非遗项目的抢救性挖掘保护工作。年内，出版《沙溪之最》和《娄东德韵——太仓：中德合作典范城市》等书籍。

（汤　华）

【古镇保护】 2018年，太仓市持续加强古镇保护工作。沙溪镇通过挖掘和放大中国历史文化名镇效应，规划形成经济繁荣、生活富裕、环境优美、特色鲜明的集历史古镇、文化名镇、工业强镇、宜居新镇于一体的综合型、现代化小城市，以古镇旅游业为引领，推出景区内民宿客栈、传统手工艺展示等业态配套项目。古镇文旅产业链进一步完善，全年接待游客87.3万人次，较上年增长22%。浏河古镇历史久远，人文荟萃，被誉为“江尾海头第一镇”，名列全国重点镇，是一个集航海文化、郑和文化和渔文化等特色为一体的江南古港老镇。浏河古镇以浏漕河为轴线，由北向南依次有6座桥梁连接两岸，临街留有明清时期江南民居和木结构楼宇80余幢，保存着河街相依、前店后宅、双向通运的传统街区模式。古镇总面积16.9公顷，核心范围6.9公顷，老街最大程度保留原貌，茶馆、店铺、民居鳞次栉比。古镇设有邢少兰艺术馆、娄江会馆、浏河老照片陈列馆、远航中医馆、老浏河民俗风味馆、娄东米酒文化馆、卓盛堂茶博物馆、颜土艺舍DIY休闲体验馆、浏河历史长廊等文化场馆和景观。年内，“遇见人文客栈”“遇见江南丝竹客栈”建成开放。浏河古镇获评苏州市特色文艺创作基地（摄影）。

（陈　健　林岑晔）

编史修志

【概况】 2018年，太仓市编史修志工作围绕全市中心和年度目标任务，着力构建大史志、大联动、大合作格局，推进党史、地方志、年鉴和史志地情宣传等各项工作。至年底，《中共太仓地方史（1978—2002）》第三卷在进一步完善纲目基础上，完成全书初稿，并启动《中共太仓历史大事记（2010—2018）》编写；配合太仓市老区开发促进会，协助做好《太仓市革命老区发展史》相关编写和修改工作；全市镇村志、专业志工作推进顺利，完成志书终审5部，《太仓市农业志》正式出版；省、苏州、太仓三级《援建志》编纂工作启动，完成《江苏援藏援疆建设志》《苏州扶贫协作和对口支援志》太仓部分编写任务，并启动《太仓市扶贫协作和对口支援志》编纂；历代旧志整理工作收官，形成一套完整的太仓历代旧志丛编，共计13种18函98册；年鉴工作持续创新规范，朝着精品年鉴方向迈进。11月，全市第22部综合年鉴——《太仓年鉴（2018）》正式出版发行。年内，《太仓市志（1986—2005）》获评省地方志书综合优秀二等奖，《太仓年鉴（2017）》获评第五届江苏省优秀年鉴综合优秀一等奖（最高）。全市史志宣传工作实现新突破，开通“太仓史志”微信订阅号，编印发行《太仓地情历史简本》等，开展地情历史文化宣传教育。

【党史编研】 2018年，太仓市党史编研工作继续推进《中共太仓地方史（1978—2002）》第三卷（以下简称“党史第三卷”）的编写，年内结合实际进一步修改完善编写纲目。2月，召开党史第三卷纲目座谈会，1978—2002年在太仓任市（县）委常委的部分老领导和苏州市委党史工办专家参加会议，为党史第三卷纲目修改建言献策。市史志办根据座谈会精神，结合上级党史部门指导意见，征求各方意见和建议，在初稿编写过程中进一步修改完善纲目。4月，苏州市委党史工办主任邓正发到太仓调研。邓正发肯定太仓党史第三卷编写工作的超前优势，并对太仓党史工作提出要求：要准确把握中央和省市相关工作精神，确保党史编写不出偏差；要加强党史工作研究，开展党史宣传活动；要加强党史阵地建设，利用阵地开展丰富多彩的党史教育活动。至年底，太仓党史三卷本初稿15章内容全部完成。年内，市史志办围绕太仓党史工作实际，启动编写《中共太仓历史大事记（2010—2018）》，并完成前3年大事记初稿。

【地方志编修】 太仓市应启动编修乡镇志20部，至2018年，实际在编乡镇志18部。3月，苏州市地方志办公室主任陈兴南一行专程到太仓调研太仓市地方志工作开展情况，听取市史志办相关工作汇报，肯定太仓在乡镇志编纂推进、年鉴工作创新、旧志整理影印、专业志编修指导和史志地情宣传等方面取得的成绩。陈兴南一行分别到城厢镇电站村和沙溪镇实地调研镇村志编修工作，指导《电站村志》启动和《沙溪镇志》编纂推进等工作。10月，陈兴南等再次到沙溪镇调研，了解《沙溪镇志》主卷终审推进情况。至年底，全市乡镇志编修工作进展情况良好，《浏河镇志（1996—2013）》《沙溪镇志·岳王卷》《沙溪镇志·归庄卷》《沙溪镇志·直塘卷》《沙溪镇志·沙溪乡卷》等5部志稿完成终审。《江苏名村志·电站村志》基本完成初稿撰写，《太仓市农业志》于上半年出版，《太仓市老干部工作志》进入终审阶段，《太仓市总工会志》续志经过人员调整后重新启动编纂，《太仓市政法志》《太仓市社保志》等编纂工作进展稳定。

【《援建志》编纂】 2018年3月22日，太仓市召开全市地方志编纂暨《援建志》启动工作会议，部署落实省委省政府、苏州市委市政府关于《江苏援藏援疆建设志》《苏州扶贫协作和对口支援志》太仓部分承编任务，同时启动编纂《太仓市扶贫协作和对口支援志》。年内，通过组织53家承编单位参加业务培训、对援建干部不间断的口述采访、到援建地实地采编资料、召开同一援建地集中座谈会等多种形式，开展《援建志》资料采编工作。6月15日，苏州市地方志办公室主任陈兴南、副主任陈其弟等到太仓调研三级《援建志》编纂工作情况，认为太仓《援建志》编纂工作进度快、成果明显，并参观太仓口述史采编室，了解观看口述采录演示。至年底，《江苏援藏援疆建设志》太仓部分内容完成送审稿，并通过太仓市政府审核；《苏州扶贫协作和对口支援志》太仓部分基本完成初稿；共完成口述采访援建干部21人；实地走访贵州、西藏、陕西等援建地，跟当地方志部门建立日常资料采编联系；召开徐州睢宁历年援建干部集中座谈会等，为志书编写打好基础。

【年鉴编辑出版】 2018年，太仓年鉴工作围绕框架调整、组稿编校、送审出

2018年2月8日，《中共太仓地方史》第三卷纲目座谈会在娄东宾馆召开
（邢友来　摄）

2018年10月10日，太仓历代旧志丛编捐赠仪式在上海交通大学图书馆举行。图为双方有关人员合影 （邢友来 摄）

版等环节展开，在全面、系统反映年度主要工作的同时，突出太仓地方特色和年度亮点。10月，年鉴送审稿通过市政府审核。11月底，全市第22部综合年鉴——《太仓年鉴（2018）》正式出版。全书共设封面故事、年度便览、视觉太仓、特别报道、大事纪要、太仓概况、人居环境、太仓港、高新区及中德合作示范区、区域经济、公共服务、社会治理、地方组织机构、城镇街道、附录及索引等类目16个，共有分目72个、副分目182个、子目14个、条目1038个，图表119张、图片248幅，约104.8万字。全书编写框架进行适当微调，将“新区建设”从“太仓港”类目中划出，与“中德中小企业合作示范区”合并为“高新区及中德合作示范区”类目；原“社会管理”类目改为“社会治理”，将“经济事务管理”改为“经济管理”，整体归入“区域经济”类目；原“科技创新”分目改为“融合创新”，增加“供给侧结构性改革”副分目；在“法治”分目中增设“社会综治联动”“劳动仲裁”副分目等。“封面故事”重点介绍樊村泾元代遗址考古等情况，突出年度亮点。该书面向市级机关、各区镇赠阅发行约850余部。电子版年鉴纳入中国知网年鉴数据库，并全文上传太仓史志地情网，方便读者查阅。

【旧志整理收官】 2018年6月，太仓市旧志整理的最后一部——《浏河镇记略》经过前期版本选定、校对审核后正式出版，标志太仓历代州县志、历代乡镇志整理工作圆满收官。从2013年起，太仓市共整理影印出版历代旧志13种18函98册，形成一套完整的太仓历代旧志丛编。该套旧志全部上传太仓史志地情网，实现在线阅读。下半年，市史志办先后向太仓市档案馆、太仓市图书馆、国家方志馆、国家图书馆、江苏省方志馆、南京图书馆、南京博物院、上海图书馆、上海交通大学、华东师范大学、复旦大学、南京大学、南通大学、苏州大学、宁波天一阁博物馆等高校及图书收藏研究单位捐赠全套旧志丛编。太仓的旧志整理工作为保存地方历史、传承文化、丰富太仓方志文献资源库起到重要作用。

太仓历代旧志丛编书目一览表

表63

序号	书名	装帧	出版社	出版时间
1	弘治《太仓州志》	1函3册	广陵书社	2013年9月
	弘治《太仓州志》（点校本）	1函4册	广陵书社	2013年12月
2	靖嘉《太仓州志》	1函4册	上海古籍出版社	2015年7月
3	崇祯《太仓州志》	2函16册	广陵书社	2014年7月
4	乾隆《镇洋县志》	1函8册	上海古籍出版社	2015年12月
5	嘉庆《江苏直隶太仓州志》	3函24册	上海古籍出版社	2015年12月
6	宣统《太仓州志》	2函15册	广陵书社	2015年5月
7	民国《镇洋县志》	1函5册	广陵书社	2015年5月
8	《沙头里志》	1函4册	广陵书社	2016年12月
9	《鹤王市志》	1函2册	广陵书社	2016年12月
10	《璜泾志略》	1函3册	广陵书社	2017年6月
11	《茜泾记略》	1函1册	广陵书社	2017年6月
12	《双凤里志》	1函3册	广陵书社	2017年12月
13	《浏河镇记略》	1函6册	广陵书社	2018年6月

【史志地情宣传】 2018年，太仓市史志办围绕党史、地方志工作职能，开展相关宣传教育活动。创建史志季刊和微信订阅号，作为史志工作常态化宣传阵地。上半年，创刊《太仓史志》工作季刊，开通太仓史志微信订阅号，并以此为常态化宣传阵地，编发信息，撰写专题，介绍史志工作动态和史志工作成果，扩大太仓地情文化推介和史志工作的社会认可度。构建史志研究员队伍，加强太仓地情历史文化研究。6月，召开史志特约研究员座谈会，请聘20位文史专家为市史志办特约研究员。开展“读志书、知太仓、爱家乡”活动。编印发行《太仓地情历史简本》，以图文并茂的形式、简洁的文字、活泼的设计，向社会大众、“新太仓人”和中小学生普及推广太仓历史文化和地情知识，受到社会大众普遍关注和好评。年内共向市便民服务中心、市内车站码头、旅游景点、德资企业、大中小学、职工书屋、社区阅读室等免费赠送约4900册。围绕主题，开展相关纪念宣传活动。6—9月，围绕中国共产党成立97周年，举办党史进学校、进社区等宣传教育活动；“七一”期间，在“太仓史志”微信平台上推送党史故事，宣传太仓党史事迹；利用党史阵地——太仓革命历史陈列馆、太仓第一个党支部纪念馆开展各种宣教活动，发挥爱国主义教育基地作用；6月28日，太仓第一个党支部纪念馆经过升级改造后重新开馆；全年完成征订发行《世纪风采》等党史杂志600多份。11月，围绕《江苏省地方志工作条例》颁布实施，在《太仓日报》和太仓史志地情网及《太仓史志》季刊等媒体上全文刊登，并印发单行本2000册，广泛开展学习宣传活动。12月，围绕改革开放40周年，以“从40年史志工作发展变化看太仓经济社会跨越式发展”为主题，召开庆祝改革开放40年太仓史志工作座谈会，邀请部分史志特约研究员、史志工作者等回顾太仓史志工作走过的历程，总结史志工作成功经验，展望新时代太仓史志工作前景，为太仓改革发展保留时间印迹。

（邢友来）

档案管理

【概况】 2018年，太仓市档案工作坚持“为党管档、为国守史、为民服务”宗旨，提升档案服务水平。每月15日增设档案查阅法律咨询服务；全年为全市各镇、各机关编史修志、出书布展、组织部党员普查、干部任免等提供查档共计379人次；统计分析2017年各单位政府信息公开情况，做好政务信息服务支持工作。深化档案编研工作，加强书画、名人、照片及历史特色档案征集，出版《狄君武纪念文集》《吴健雄纪念文集》《南园考》等。截至年底，太仓市档案馆馆藏档案总计9个全宗群232个全宗31余万卷、40余万件，资料1.4万册，另有书画档案2147幅，照片近11.3万张。

【民生档案服务】 2018年，太仓市实现百姓免费查阅民生档案7151人次，调卷7963卷，提供证明6676份。市档案馆接收妇保所2017年出生医学证明档案进馆7413份；做好撤并单位质监局、药监局、工商局的档案进馆工作，共计接收文书档案2954件、业务档案6471卷、照片11卷、会计档案14卷；基本完成土地确权登记档案进馆工作。太仓市档案局与上海市嘉定区档案馆签署协议，建立民生档案跨省联动合作机制，太仓、嘉定两地百姓符合提供利用规定的即可在太仓市档案馆、嘉定区档案馆查阅本人婚姻档案，满足百姓对民生档案跨省利用需求。

【依法治档】 2018年，太仓市做好档案星级测评及复查和五星级复查单位的指导工作；按照60%比例抽查57家复查单位，抽查结果显示总体情况良好；完成10余家待升级单位的服务指导工作。组织全市130余家单位开展档案年度评价检查，现场指正存在的问题，对整改单位下达“行政指导建议书”。

【未成年人建档启动】 2018年7月25日，庆祝改革开放40周年——“太仓杯”全国中小学生征联大赛获奖作品联墨展暨未成年人建档启动仪式在太仓市档案馆举行，举办“记录成长足迹·守护圆梦之路”未成年人成长档案讲座。太仓市未成年人建档试点工作启动；市档案局与市教育局协商，选择太仓市沙溪镇实验中学、太仓市城厢镇第一小学、太仓市娄东幼儿园3所学校作为试点开展未成年人成长档案建设工作，250名学生报名参加。市档案局拟定分类方案和整理细则，统一印制宣传册和档案装具，对部分学生和家长开展建档培训。

2018年7月25日，庆祝改革开放40周年——“太仓杯”全国中小学生征联大赛获奖作品联墨展暨未成年人建档启动 （曾亚萍　摄）

【口述档案征集】 2018年，太仓市“百村万户”口述历史采集工作启动。根据省档案局《关于开展“百村万户”口述历史采集工作的通知》，太仓市计划在2018—2019年完成口述采集和文字整理，见证时代变迁，讲好太仓故事，展现太仓人文风貌，保存和留住乡村记忆。口述历史采集内容包括民风民俗、历史往事、生产生活、社会变迁等，采集对象为每个社区或自然村内选取的若干老、中、青居民，采集形式为录像或录音。市档案局制定全市口述档案采集工作方案，召开口述档案采集工作动员会，响应实施乡村振兴战略，采集整理《杨漕村史无前例的轧米厂》等口述档案5篇。

（曾亚萍）

【城建档案管理】 2018年，太仓市签订建设工程档案报送责任书185份，办理建设工程档案预验收项目195个、竣工档案专项验收项目136个，总建筑面积381.75万平方米。接收整理入库档案7726卷，馆藏总量为21.6万卷。提供档案查询利用1551人次，利用案卷1.14万卷。抢拍被撤并镇管理区整治前原貌照片289张，录像3个多小时，为太仓建设发展记录影像资料。拍摄制作时长为5分钟的纪录片《我们的太仓——致改革开放40周年》并公映。

（曹俊锋　李　益）

体　育

综　述

【概况】 2018年，太仓市体育工作以提高体育现代化建设水平，深化省级公共体育服务体系示范区建设为目标，推动全民健身运动普及，加快发展体育产业，承办国际田联世界竞走团体锦标赛等国际国内各类竞技比赛。5月6日，国际田联理事会理事阿蒂利·苏马里瓦代表国际田径协会联合会授予太仓“竞走之城”称号。经《2018年度全省县级体育重点工作督查办法》考核评分，太仓市体育局以96.55分排名全省第8位。

【太仓籍运动员】 截至2018年年底，太仓注册苏州市级项目有田径、足球、篮球、排球、手球、乒乓球、武术、跆拳道等，总注册人数721人。注册江苏省级项目有田径、跆拳道、乒乓球、竞走等，总注册人数130多人。2018年向苏州市体育运动学校输送运动员6人，向江苏省训练基地输送运动员3人，正式进入江苏省田径队1人。太仓籍运动员吴宇杰在第19届省运会上获男子田径青年组1500米金牌。

2018年5月6日，太仓市举行“竞走之城”授牌仪式（市文体广旅局供稿）

【体育组织】 截至2018年年底，太仓市共有各类体育社会组织54个，其中市级体育社团协会29个、体育俱乐部25个。体育总会、社会体育指导员协会、老年体协、武术协会、门球协会实现镇、街道全覆盖。全市共有AAAA级社会组织2个，AAA级社会组织12个。太仓市社会体育指导员共2699人，获评三级社会体育指导员159人；升级二级社会体育指导员47人。

【体育设施】 截至2018年年底，太仓市体育场地共计1527个，新增场地面积2.11万平方米，共计293.24万平方米，人均拥有公共场地面积4.09平方米。年内新建健身路径19套、550平方米，新建体育场地6个、6926平方米。其中城厢镇万丰村室外多功能运动场约1128平方米；浮桥镇七丫笼式足球场1250平方米，牌楼多功能运动场1008平方米，六尺社区笼式篮球场800平方米；沙溪镇洪泾村室外足球场740平方米，庄西村室外篮球场2000平方米。新建健身步道2处：西庐园健身步道4200米，合计面积1.26万平方米；盐铁塘健身步道335米，合计面积1008平方米。5月，太仓市体育场跑道、足球场翻建工程通过验收面向市民免费开放。工程总投资1240万元，是太仓市政府2017年度实事工程之一。10月20日，江苏省武术散打（太仓）训练基地在市体育馆揭牌。

【体育产业】 2018年，为推动体育相关产业发展，太仓市财政局、太仓市体育局联合审定年度市级体育产业发展引导资金资助项目，迈宝健身太仓旗舰店、2018年TGA大奖赛战术竞技月赛、悠活岛户外运动基地建设、打造电竞主播大数据分析平台、打造堡垒之夜战队及主播培养、赛事引入及执行等6个项目获补助。年内，太仓天镜湖电竞小镇通过江苏省第2批体育特色健康小镇中期评估。截至年底，太仓市体育彩票总销量2.75亿元，排名全省第17位。

（张苓苓）

全民健身运动

2018 年 6 月 15 日，“欢乐金仓湖”端午龙舟竞渡赛在太仓金仓湖公园开赛（市文体广旅局供稿）

【概况】 2018 年，太仓市完善体育健身网络，体育场、体育馆、老年人健身活动中心、体育公园、健身步道、棋牌室、文体活动室、多功能运动场、健身路径等社区体育设施、学校体育设施、晨晚练点及民办体育场馆设施等基本覆盖，“10 分钟体育健身圈”持续完善。推动太仓群众体育、竞技体育和体育产业快速发展。在各类体育组织或机构配备社会体育指导员，为全民健身提供专业指导，在全市形成良好全民健身氛围。在全市设立国民体质监测站，共测样本 4000 多人。推进全民健身活动，指导科学健身，组织“体姿体态与人体健康”“老年人体育锻炼的误区”“科学跑步健康生活”等全民健身大讲堂 3 期。

【竞技球类运动】 门球。3 月 11 日，2018 年苏州市第 7 届单、双打门球比赛暨“我要上省运”苏州市门球代表队选拔赛在太仓市东仓大桥门球场举行。

气排球。4 月 21—23 日，2018 年江苏省老年人体育节“浙商银行杯”太仓分会场气排球春季联赛在浮桥镇时思社区气排球馆举行，全市各镇、区、街道、机关、学校等单位共 33 支气排球队参赛。市级机关队、璜泾镇队、浮桥镇时思社区一队分别获优胜奖。7 月 6 日，2018 年苏州市老年人气排球联赛（县市组）在太仓市浮桥镇时思社区气排球馆举行。各县（市）8 支男女气排球队的 80 多名领队、教练员、运动员、裁判员参赛。昆山市男、女队和太仓男、女队获优胜奖；常熟市男、女队和张家港男、女队获优秀奖。

篮球、乒乓球。2018 年 6 月 23—24 日，太仓市第 12 届百村篮球、乒乓球比赛在沙溪镇举行。百村赛是太仓传统竞技赛事，参赛队伍以村（社区）为单位组队，参赛队员近 300 人，比赛设篮球、乒乓球等项目。浏河镇闸北村获篮球项目第一名、沙溪镇泰东村获乒乓球女子团体第一名，璜泾镇新海村获男子乒乓球团体第一名。7 月 22 日，“大卫地板整木杯”太仓篮球联赛在江苏省太仓高级中学举行。莆鑫海鲜城篮球队获甲级组冠军。10 月 12—14 日，2018 年苏州市第 12 届千村万人幸福乡村篮球、乒乓球总决赛在张家港体育中心举行，太仓获篮球优胜奖、乒乓球女子团体冠军和男子团体优胜奖。

毽球。2018 年 10 月 13—14 日，江苏省毽球锦标赛暨长三角毽球联盟邀请赛在太仓市体育馆举行。江、浙、沪各院校及群众毽球爱好者等 40 余支队伍参赛，包括竞技、表演、花式等比赛项目，淮安市代表队获平推男子毽球团体冠军，上海枫泾中学队获平推女子毽球团体冠军。

5 月 25 日，2018 年国际田联世界竞走团体锦标赛形象大使杨家玉（前中）带领市民代表进行 2 公里健步走活动（市文体广旅局供稿）

【武术、舞蹈和户外运动】 龙舟。6 月 15 日，江苏省第 13 届“长江经济带”全民健身大联动太仓分会场活动暨 2018 年城厢镇“欢乐金仓湖”端午龙舟竞渡赛开赛，比赛项目是 400 米直航竞速赛，20 支龙舟队参赛。苏州马克罗队、太仓市公安局队、苏州友达光电队分获前三名。金仓湖龙舟竞渡赛是太仓大型端午民俗活动，旨在弘扬传统文化，丰富市民文体生活。

广场舞。2018 年 8 月 8 日，苏州市第 8 届广场健身舞大赛启动仪式暨太仓市广场舞总决赛在太仓举行。全市各镇区 16 支队伍参加总决赛。城

2018年10月25日，"同台竞技、'电'亮未来"第2届海峡两岸大学生电子竞技大赛在太仓市体育馆落幕（市文体广旅局供稿）

厢镇中心广场舞队和沙溪镇中心广场舞队胜出，代表太仓市参加苏州市区总决赛。10月16日，2018年江苏省老年人体育节太仓分会场"浙商银行杯"广场健身舞展示活动在太仓市老年人体育活动中心气排球馆举行。浮桥镇代表队、璜泾镇代表队、娄东街道代表队获优胜奖。

武术。9月26日，江苏省第19届运动会武术散打比赛在扬州高邮市落幕。太仓散打队张宝瑞获乙组52公斤级冠军，张程程获甲组80公斤级冠军。

自行车运动。10月20—21日，2018年中国bmx自由式联赛在太仓欧亚马自行车运动基地开赛，12个省市81名运动员参加太仓站比赛。比赛设女子青年组、女子成年组、男子青年组和男子成年组4个组别。

舞蹈。10月28日，2018年中国·太仓"工商银行杯"友好城市体育舞蹈联赛暨太仓市第5届体育舞蹈锦标赛在市体育馆举行。太仓及昆山、上海等周边地区的24支队伍1000余人参赛，太仓获团体舞冠军和初中1~3年级组冠军。

【益智类运动】 桥牌。8月15日，太仓市实验中学刘思成、崔呇超、陆易平和太仓市第一中学陈铁、戴熙宏和王子尘组成的中国U15三队获第17届世界青年桥牌团体锦标赛U15决赛冠军，这是太仓首次选派队伍参加该项国际赛事。10月13—14日，2018年全国乡镇桥牌团体邀请赛在太仓市璜泾镇全民健身中心体育馆举行，太仓科教新城队、太仓璜泾镇队分获前两名。

电子竞技。2018年10月20—25日，"同台竞技、'电'亮未来"第2届海峡两岸大学生电子竞技大赛在太仓举行，19所高校123名大学生电子竞技爱好者参赛。南京大学队、苏州健雄职业技术学院队、东南大学队分获"王者荣耀"总决赛前三名；台北城市科技大学队、正修科技大学队、华东师范大学队分获"英雄联盟"总决赛前三名。电子竞技作为新兴体育项目，近年受到青年大学生喜爱。大赛期间，两岸电竞发展论坛、文化体验交流及"我眼中的江苏"随手拍等系列活动同时举行。

（张苓苓）

学校体育

【2018年太仓市中小学生阳光体育运动联赛】 3月24日至12月9日，2018年太仓市中小学生阳光体育运动联赛举行，联赛包括11个大项29个项次，全市中小学校近5万人次学生参赛。8人次破小学组男子400米等9项田径运动会纪录（含年龄组纪录），28人（队）次破小学组男子单人跳短绳等21项跳绳健锦标赛纪录。

【篮球】 10月13日至12月9日，2018年太仓市青少年校园篮球联赛举行。太仓市双凤中心小学获小学男子组、女子组第一名；太仓市实验中学、太仓市双凤中学分获初中男子组、女子组第一名；江苏省沙溪高级中学、江苏省太仓高级中学分获高中男子组、女子组第一名。

【田径】 9月29—30日，2018年太仓市中小学生阳光体育运动联赛田径比赛在太仓市体育场举行。赛事分小学男子、女子甲乙丙组，初中男子、女子

10月13日至12月9日，2018年太仓市青少年校园篮球联赛举行（市文体广旅局供稿）

组，高中男子、女子组，52 所学校 864 人参赛。太仓市沙溪镇第二小学乔清睿破甲组男子 400 米小学组纪录；太仓市沙溪镇归庄小学何翔宇破甲组男子 1500 米小学组纪录；太仓市第一中学王奚嘉破男子铅球年龄组初中组纪录；太仓市第一中学耿晶晶破女子跳高初中组纪录；太仓市明德高级中学吴宇杰破男子 1500 米高中组纪录；太仓市明德高级中学黄婷婷破女子 800 米、女子 1500 米高中组纪录。太仓市经贸小学、太仓市城区第一小学、太仓市港城小学分获小学组团体总分前三名；太仓市第一中学、太仓市第二中学、太仓市实验中学分获初中组团体总分前三名；太仓市明德高级中学、江苏省中等专业技术学校、江苏省沙溪高级中学分获高中组团体总分前三名。

【排球】 11 月 3—4 日，2018 年太仓市中小学生阳光体育运动联赛小学生排球比赛在太仓市新区第四小学举行。赛事分小学男子组和女子组，14 所小学 228 人参赛。太仓市实验小学、太仓市浮桥镇九曲小学、太仓市沙溪镇第三小学分获小学女子组前三名；太仓市沙溪镇第三小学、太仓市港区第一小学、太仓市科教新城南郊小学分获小学男子组前三名。

【绳毽】 11 月 10—11 日，2018 年太仓市中小学生阳光体育运动联赛中小学生绳毽锦标赛在太仓市新区中学举行。新塘小学、太仓市实验小学、港区第一小学分获小学组团体总分前三名；明德初中、岳王学校（中学部）、陆渡中学分获初中组团体总分前三名；江苏省太仓高级中学、江苏省沙溪高级中学、江苏省太仓中等专业学校分获高中组团体总分前三名。11 月 30 至 12 月 2 日，2018 年江苏省第 5 届中小学生跳绳踢毽锦标赛在太仓市体育馆举行。无锡市锡北镇寨门小学获小学组团体总分第一名；如皋市磨头镇磨头初级中学获初中组团体总分第一名；江苏省沙溪高级中学获高中组团体总分第一名。

（张苓苓）

重大体育赛事

【国际田联世界竞走团体锦标赛】 5 月 5—6 日，2018 年国际田联世界竞走团体锦标赛在太仓举行。中国队收获 2 枚个人金牌和 4 枚团体金牌，中国队梁瑞以 4 小时 4 分 36 秒的成绩获成年女子 50 公里竞走冠军，并打破世界纪录。中国队王凯华以 1 小时 21 分 22 秒的成绩获成年男子 20 公里竞走亚军。5 月 6 日，国际田联理事会理事阿蒂利・苏马里瓦代表国际田径协会联合会授予太仓“竞走之城”称号。

【“中德友谊杯”乒乓球】 2018 年 5 月 26—27 日，第 3 届太仓“中德友谊杯”乒乓球国际邀请赛在德国因戈尔施塔特的盖莫斯海姆乒乓球馆举办。比赛共有中德两国 14 支参赛队、100 多名运动员参加。开幕式上，太仓市乒乓球协会代表队与德国拜仁慕尼黑乒乓球俱乐部交换队旗。太仓乒协代表队与上海朝露代表队分别获得 2 个组别的冠军。闭幕式上，太仓市副市长胡捷为获奖运动员颁奖。中国驻慕尼黑总领事毛锦秋致闭幕词，她引用周恩来名言“小球撬动大球”，希望两国通过文化体育交流加深友谊、增进合作。“中德友谊杯”乒乓球赛事成为太仓推动中德民间文化体育交流的新名片，为增进中德人民的交流和友谊发挥作用。

【全国女排冠军赛】 6 月 1—9 日，2018 年全国女排冠军赛在太仓市体育馆举行，12 支队伍近 300 名运动员参赛。这是太仓连续 12 年承办全国排球赛事，也是第一次承办全国女排冠军赛。年度冠军赛由中国排球协会和中央电视台主办，江苏省体育局和太仓市人民政府承办。浙江代表队、上海代表队、江苏代表队分获前三名。江苏中天钢铁女子排球俱乐部、福建安溪铁观音城女排俱乐部获评体育道德风尚奖运动队，杨婕、许诺亚、林琼洁等 12 名运动员获评体育道德风尚奖运动员，刘兵、潜晓、毛云珠获评道德风尚奖裁判员。

【全国垂钓俱乐部挑战赛】 6 月 2—3 日，2018 年全国垂钓俱乐部挑战赛（江苏太仓站）在双凤生态园垂钓基地举行，全国 89 家钓鱼俱乐部 267 名选手参加 3.6 米手竿钓鲫鱼尾数赛、4.5 米手竿钓鲫鱼重量赛、5.4 米手竿钓混合鱼重量赛三个级别的比赛。河北腾威钓具队、马焱精品队和宇航尚品队分获前三名。

【中国青少年乒乓球公开赛暨国际乒联黄金系列青少年巡回赛】 7 月 4—8 日，2018 年中国青少年乒乓球公开赛暨国际乒联黄金系列青少年巡回赛（太仓站）在市体育馆举行，15 个国家和地区的 137 名运动员参赛。中国队包揽 U15 女子组、U15 男子组、U18 女子组、U18 男子组等团体冠军。中国队蒯曼获 U15 女子组单项赛冠军，

5 月 5—6 日，2018 年国际田联世界竞走团体锦标赛在太仓举行
（市文体广旅局供稿）

7月10—15日，2018年中国中学生武术锦标赛暨全国小学生夏令营在市体育馆举行 （市教育局供稿）

中国队石洵瑶获U18女子组单项赛冠军。

【全国中学生武术锦标赛暨全国小学生夏令营】 7月10—15日，2018年中国中学生武术锦标赛暨全国小学生夏令营在太仓市体育馆举行。全国全日制普通小学和中学的121支队伍1056名运动员参赛。比赛分为个人赛和团体赛，设小学A组、小学B组、初中组、高中组。竞赛项目小学A、B组和初中组设有拳术类项目、短器械类项目、长器械类项目、太极类项目、集体项目。高中组除以上项目外还设有传统类拳术和传统类器械。太仓市经贸小学、太仓市沙溪第二小学等代表太仓参赛。

【全国桥牌A类俱乐部联赛总决赛】 11月14—21日，由中国桥牌协会主办，太仓市人民政府承办的2018年全国桥牌A类俱乐部联赛（总决赛）在娄东宾馆举行。恒洲金融家俱乐部、奥瑞金（ORG）队、普得时代队分获前三名。作为代表国内最高竞技水平的A类俱乐部联赛（总决赛）连续9年在太仓举办，为普及推广桥牌，太仓创新全国桥牌乡镇团体赛，以竞赛带动乡村桥牌推广，促进桥牌普及发展与新农村建设结合，发挥“桥牌之乡”示范引领作用。

【中国武术“王中王”争霸赛】 12月20—22日，2018年中国武术“王中王”争霸赛在太仓市体育馆举行。比赛由国家体育总局武术运动管理中心、中国武术协会、江苏省体育局主办，江苏省体育竞赛管理中心、苏州市体育局、太仓市人民政府承办，16个城市、36名运动员参赛。男子长拳王吴照华、女子长拳王褚优贝，男子南拳王刘忠鑫、女子南拳王江晓涵，男子太极拳王吴宇涛、女子太极拳王周黎获单项“王中王”称号，江苏选手吴照华连续3年卫冕“王中王”头衔。

（张苓苓）

社会保障

社会保险

【概况】 2018年，太仓市实现社保参保扩面1.37万人，养老保险覆盖53万人，医疗保险覆盖63.46万人，工伤保险覆盖31.04万人，失业保险覆盖30.48万人，生育保险覆盖30.96万人，各类社会保险参保率保持99%以上。养老保险基金收入32.74亿元，基金支出34.87亿元，基金赤字2.13亿元。医疗保险基金收入14.55亿元，基金支出12.84亿元，结余1.71亿元。失业保险基金收入1.21亿元，基金支出1.01亿元，结余0.2亿元。工伤保险基金收入1.93亿元，基金支出1.5亿元，结余0.43亿元。生育保险基金收入0.97亿元，基金支出0.89亿元，结余0.08亿元。

【养老保险】 2018年，太仓市企业职工养老保险基数上限由1.68万元/月调整至1.82万元/月，下限由2300元/月调整至2576元/月。调资后，企业退休人员人均养老金2176元/月，土地换保障退休人员人均养老金1519元/月，居保退休人员人均养老金604元/月。全市退休养老金平均增长6.65%。

【医疗、生育保险】 2018年，太仓市参保人员异地就医联网结算1.88万人次，结算基金4405.60万元，占市外基金支出22%。重点开展长护保险工作，全年享受长护保险待遇228人，其中享受社区居家护理待遇84人。市第一人民医院与双凤人民医院2家试点医院上线运行诊间审核系统，强化医保监控，实现医保对医疗费用的精细化管理。开展专项稽核行动，拉网式排查定点单位；提交举报及核查发现的问题并按规处理。7月，在市级医院运行生育费用划卡结算，参保人员生育医疗费用可以在医院直接划卡结算，全年实时划卡结算848人。

【工伤保险】 2018年，太仓市承办苏州劳动能力鉴定19批次，鉴定总量（含因病）2630人，其中因工鉴定1~4级13人、5~6级30人、7~10级2187人。因病鉴定120人，完全丧失劳动能力人员占比74%。工伤认定2394人次。4月1日起，全市工伤保险费率普降0.4%（其中按项目参保的建筑、交通运输、水利建设项目参保的基准费率由原工程总造价2‰下调至1‰），涉及职工29万人。调整后，全市工伤保险平均基准费率降至1.1%，每年为企业减负4000万元。扩充工程建设项目纳入建筑工伤保险范围，全市新开工项目参保431个，征缴工伤保险基金2664万元，建筑工伤认定

2018年8月28日，太仓市长期护理保险工作推进会暨首付仪式在太仓颐悦园举行 （市人社局供稿）

90人次。年内，太仓市初步建立工伤安监基层立体矩形互动机制。初步搭建工伤植入式预防项目框架，从源头上预防和减少工伤事故发生。8月1日起，试点辖区内用人单位职工发生安全生产事故直接在基层认定，至年底基层认定工伤19起。

【失业保险】 2018年，太仓市失业保险费率由2%降至1%，全年首期政策到期后，继续维持该费率暂不调整，累计减少企业社保费支出11.01亿元。7月1日起，调整失业保险金标准，最低标准由1138元/月提高至1229元/月，最高标准提高至2020元/月。调整下限2923人，补发26.4万元，调整上限193人，补发1.47万元。

（宋秋沙）

社会救助

【最低生活保障】 2018年7月1日，太仓市最低生活保障标准从原先875元/月上调至945元/月。截至年底，全市共有低保对象714户、1120人，低保边缘对象825户、877人，特困对象127户、130人，全年累计向低保等困难家庭发放生活保障金3808万元。

【医疗救助】 2018年，太仓市拨付医疗救助资金1899万元，救助4.26万人次，其中保费减免2972人、77万元，实时医疗救助3.93万人、1577万元，年度专项医疗救助403人、245万元。

【自然灾害救助】 2018年，太仓市开展"5·12"防灾减灾宣传周等防灾减灾宣教系列活动，引入专业社会组织推出"共筑安全防火墙"养老机构防灾减灾大普查、"青春护航，平安一夏"青少年防灾减灾教育、"安全守护联盟"防灾减灾长效管理服务等活动。做好民生灾害综合保险工作，全年累计出险64起，支付保险理赔金62万元。

【慈善救助】 2018年，太仓市打造慈善公益工作大平台，建成太仓市慈善爱心服务中心，入驻慈善公益组织3家。开展"娄城大爱""善之行""星空下的慈爱"等慈善公益活动。全年募集善款493万元，发放救助金680万元，发放慈善物资8万份，惠及困难群众9万人次。太仓市在第五届中国城市慈善公益指数县级市排名中位列全国第三。 （陈德宇）

社会福利

【残疾人福利】 2018年，太仓市共为1052名城乡重度无业残疾人缴纳城镇职工基本养老保险费298.12万元，为934名城乡重度无业残疾人缴纳城镇职工基本医疗保险费105.25万元。为209名城乡智力、精神（三、四级）无业残疾人缴纳城镇职工基本养老保险费34.88万元，为289名城乡智力、精神（三、四级）残疾人缴纳城镇职工基本医疗保险费32.24万元。发放精神智力（三、四级）成年残疾人生活补助金42.94万元；发放托养护理费补贴29.8万元。为全市6254名残疾人和托养机构人员缴纳人身意外伤害保险费25.57万元；为139名残疾学生和残疾人家庭子女发放助学补贴27.29万元；为8名残疾人发放自主创业补贴4万元。全年发放136名儿童康复训练补贴367.6万元，发放37名肢体残疾人假肢矫形器补贴14万元，发放32名听力残疾人助听器补贴3.4万元，发放2名听障儿童人工耳蜗补贴12万元，为331名贫困精神残疾人减免药费5.4万元，享受辅助器具适配与租借服务残疾人1137人。开展残疾人按比例就业宣传，全市发放61家集中就业企业按比例和超比例安置残疾职工奖励金54.96万元。 （徐 垠）

【妇女儿童福利】 2018年，太仓市召开全市妇女发展工作会议，实施"乡村振兴巾帼行动"，举办女企业家高质量发展培训班，提升妇女双创能力。举办育婴师、家政、月子保姆、"婆婆妈妈"母婴照顾、"奶奶外婆"育婴知识等培训班30期，提升巾帼家庭服务品牌化、规范化发展水平。深化"巾帼文明岗月月行"活动，联合相关部门举办职业技能大赛，指导城管女子执法中队建立三八红旗集体工作室，选树一批巾帼技能之星，发挥典型示范引领作用。抓好"三八"维权周等主题宣传活动，举办女法官女律师"一村一讲"等活动18场次，普及婚姻家庭法律知识。组建家事调查员队伍，参与家事案件诉前调解、诉中矛盾化解及判后回访帮扶等工作。完善"护航婚姻·幸福家庭"婚姻引导机制，推动和支持符合条件的女性社会组织参与"婚姻家庭矛盾调解"等政府购买服务项目，依托"12338"妇女维权热线、婚调委工作室等维权服务窗口，做细做实"她介入"项目，市级累计处理信访89件次，跟踪服务涉及未成年人保护等内容重点个案13起，预防化解婚姻家庭纠纷213件。实施国务院妇儿工委"儿童权利倡导和儿童保护"项目，深化"六大行动"（夯实学业行动、心理健康行动、安全保护行动、安心陪伴行动、文明礼仪行动、困难帮扶行动），承办项目培训交流会，打造社区儿童保护工作太仓样板。落实《苏州市公共场所母乳哺育室绩效评估体系》要求，开展第三方评估工作，推动公共场所母乳哺育室管理规范化、评估制度化。继续定向帮扶单亲特困母亲、困境儿童、希望儿童等弱势妇女儿童群体，省级"阳光照进生命"关爱困境儿童项目结题，实施"第四批"康乃馨单亲特困母亲帮扶行动，常态化开展"希望妈妈"爱心结对等活动。

（顾　燕）

【老年福利】 2018年，太仓市落实70周岁以上免费乘车、60周岁以上免费体检等各项老年人优待政策，全年向全市约2万名80周岁以上老年人发放尊老金2000万元。春节、重阳节期间开展老年人慰问活动，发放慰问金、慰问品折合500万元。开展"孝满娄城夕阳美"系列活动，举办老年人艺术节、老年人体育节、敬老月等活动，开展为老服务先进评选表彰活动，为老年人营造幸福生活环境

【福利彩票】 2018年，太仓市福利彩票累计销售2.18亿元，较上年增加4521.57万元，增幅26.11%。其中电脑票销量5601.08万元，较上年增加505.25万元，增幅9.92%；"快3"销量1.12亿元，较上年增加2936.46万元，增幅35.42%；即开票销量1148.5万元，较上年下降24.65万元，降幅2.1%；"中福在线"销量3864.76万元，较上年增加1104.5万元，增幅40.01%。全年募集福彩公益金8286万元，其中太仓本级留存公益金2062万元。本级拨付福彩公益金用于公益项目1620万元。

（陈德宇）

住房保障

【住房公积金管理概况】 2018年，太仓市贯彻落实苏州市政府《关于进一步扩大住房公积金制度覆盖范围的实施意见》要求，聚焦公积金源头，强化行政推动，扩大建制增量，提高缴存质量，做大做实公积金"民生红包"，更多职工群众纳入公积金制度保障范围，共享公积金缴存惠民政策。7月1日起，取消公积金纸质卡，建立身份证号码为个人唯一认证码机制。缴存职工本人在办理公积金贷款、提取、缴存、查询等业务时，无须再提供纸质公积金卡，在其他材料齐全情况下，凭身份证即可办理。7月6日起，由苏州市住房公积金管理中心研发的第三代公积金业务上线运行。太仓市全年新增缴存单位735家，完成年计划122.5%，较上年增长68.2%；新增缴存职工3.62万人，完成年计划120.7%，较上年增长10.8%；净增缴存职工1万人，完成年计划，较上年增长18.7%。截至年底，正常缴存职工18.4万人，归集公积金25.01亿元，完成年计划107.8%，较上年增长18.5%，历年累计归集公积金152.03亿元。全市参与调整公积金缴存基数调整单位超3400家、缴存职工15.1万人，较上年分别增长13.6%、7.7%。9月起，全市公积金月缴存额首次突破2亿元。年内，太仓市贯彻落实国家四部委、苏州市五部门关于维护公积金缴存职工购房贷款权益文件精神，太仓公积金分中心与市住建局等7个部门联合开展打击侵害群众利益违法违规行为、规范房地产市场秩序专项行动。全年新建住宅楼纳入公积金贷款准入房源203幢，较上年增长116%，保障缴存职工公积金贷款合法权益。践行"放管服"改革，融入太仓二手房交易"一窗式"服务模式，6月，实现公积金业务系统与太仓政务服务网对接，缩短选择公积金贷款二手房交易用时。配合区镇行政体制改革，将沙溪镇、浏河镇公积金服务网点搬迁至镇便民服务中心，设立公积金服务专柜。全年发放公积金贷款7.99亿元，完成年计划133.2%，较上年增长24.6%。历年累计放贷92.87亿元。全年提取公积金17.19亿元，完成年计划91.2%，较上年增长6.3%。历年累计提取101.3亿元。公积金资金运用率回落至102.07%，资金保持安全运营。

【住房公积金政策调整】 2018年，太仓市调整住房公积金政策。自2月8日起，在苏州大市范围内工作的港澳台职工可以缴存住房公积金，并按政策规定使用住房公积金。已缴存公积金的港澳台职工，可以按照相关规定提取个人公积金账户余额，购买苏州大市范围内自住住房，可申请办理公积金个人住房贷款，办理流程按现有规定执行。自6月28日起，新设立单位办理住房公积金缴存登记，可在5%～12%区间内自主确定公积金缴存比例。期满后，缴存比例低于8%，各单位应主动恢复至5%～12%缴存比例区间内。自7月1日起，缴存职

2018年5月26日，公积金太仓分中心为购买保障性住房的中低收入家庭开展公积金贷款贴息办理专场

（公积金太仓分中心供稿）

工与单位解除或终止劳动关系的，先办理个人账户封存。账户封存期间，在异地开立住房公积金账户并稳定缴存半年以上，办理异地转移接续手续。封存满半年后，未在苏州大市正常就业且未在异地继续缴存的外地户籍职工可以办理销户提取手续。缴存职工申请将缴存在苏州大市范围外住房公积金转入太仓市，须在太仓市稳定缴存住房公积金满6个月以上。办理归还各类住房贷款提取住房公积金（含委托提取业务）的缴存职工，个人住房公积金账户留存金额从原来1000元调整为按最新缴存基数留存一个月缴存额（不含新职工补贴）。经市人才办认定的高层次人才享受公积金贷款支持政策需符合相关规定，可贷额度计算方式调整：一是高层次人才及其共同借款人有2人（含）以上共同参与计算可贷额度或仅高层次人才本人参与计算可贷额度的，高层次人才按其月公积金缴存额（还款能力）或按公积金个人账户余额倍数两种方法之一计算可贷额度；参与额度计算的共同借款人同为高层次人才的，应选择与借款人相同的计算方法；参与额度计算的共同借款人非高层次人才的，按《苏州市住房公积金个人住房贷款管理细则》规定计算方法计算可贷额度。二是借款人和共同借款人的可贷额度合计相加后，再与双方（或单方）首次办理公积金贷款时最高限额与《享受住房公积金支持政策高层次人才目录》规定的可放宽的最高倍数（1.5~4倍）之积相比，取低值即为高层次人才公积金贷款额度。自9月1日起，太仓市职工购买、建造、翻建、大修自住住房提取时，个人公积金账户内至少需要留存一个月缴存额（不含新职工补贴）；职工与贷款银行签订《偿还住房贷款委托提取住房公积金协议》（以下称"协议"），还清贷款后提取公积金方式调整为一种，即在还清次月将协议签约人公积金账户金额，按照提还等额原则，自动转入还贷银行卡内，不再办理柜面提取。

（王美洁）

【保障性住房建设】 2018年，太仓市保障性安居工程新开工1441套，基本建成864套，发放住房保障家庭租赁补贴91户。完成城北青年公寓250套房源分配入住。推进南城雅苑和沙溪生物产业园公租房配租进度。全市公租房入住率93.26%。

【城市更新改造】 2018年，太仓市沙溪镇胜利村项目涉及单位用房、农户及居民80余户，2018年起列为市政府重点改造项目，12月5日，正式开始实施；12月底前完成改造范围内全部入户评估工作。

【农村住房建设】 2018年，太仓市村镇住宅竣工面积133.65万平方米，实有住宅总建筑面积1595.57万平方米，公共建筑竣工面积5.2万平方米。乡镇人均住宅建筑面积72.2平方米，村庄人均住宅建筑面积49.52平方米。

（曹俊锋　李　益）

养老服务

【老年人口】 截至2018年年底，太仓市60周岁以上老年人口总数15.41万人，占户籍总人口31.21%。其中70周岁以上老人7.38万人，80周岁以上老人2.58万人，百岁老人103人，全市最高龄老人107岁。

【养老服务设施建设】 截至2018年年底，太仓市共有养老机构12家，老年护理院10家，养老总床位4898张。太仓市实施"养老服务提质增效工程"政府实事工程。璜泾镇、双凤镇2家新建养老机构完成土建，科教新城养老机构主体竣工。全市新增日间照料中心20家，完成养老服务综合体4家，完成老年人家庭无障碍改造工程20户，改造护理床位220张。全市共有日间照料中心146家，助餐点142家，村居覆盖率95%，社会化运营率80%。推进社区养老服务示范增能机构、星级服务点建设，提档升级日间照料服务中心消防等设施设备改造10家。7月18日，苏州市区域性养老服务中心建设工作推进会在太仓召开。

【养老服务】 2018年，太仓市实施全市养老机构质量集中整治提升"双月行动"，市民政局、市卫计委、市消防大队等部门联合开展季度检查。璜泾镇、双凤镇养老机构完成公建民营招标工作。居家和社区养老服务组织机构和基层医疗单位服务协议签订率100%；建成居家养老护理站6家，试点长期护理保险，累计为7家机构拨付4批"长护基金"165.23万元，推行长期护理保险"家护服务"镇区5个。全市40多个村、社区建立养老互助小组400个，参与老人5000多人。4月26日，太仓市成立苏州市首家县级养老服务行业协会；5月23日，召开首届太仓市养老服务业推介大会。（陈德宇）

2018年5月23日，太仓市举办首届养老服务业推介大会

（陆李洁　摄）

2018年7月15日，太仓市与昆山市、上海市嘉定区共同签订三方协议，开展“嘉昆太”双拥共建合作　（陈琳　摄）

双拥优抚安置

【双拥工作】 2018年，太仓市组织开展部队地方结对互办百件实事“双百双拥”活动，启动“嘉昆太”三地双拥共建合作，共同举办迎“八一”双拥运动会等活动。加强与海军郑和舰、第二军医大学长征医院、第二军医大学长海医院共建交流和互访，邀请大连舰艇学院训练舰支队“心连心宣讲团”到太仓举办国防形势教育报告会。在海警一大队挂牌成立“成才之家”“水兵驿站”，开展志愿者“爱心围巾”送部队、“杜妈妈”优秀文化进军营活动，举办第七届“双拥杯”军地足球友谊赛和首届“双拥杯”军地篮球友谊赛。年内，太仓市创建省双拥模范城“六连冠”，城厢镇电站村获评“江苏省双拥模范单位”。

【优抚保障】 2018年，太仓市落实省、苏州市优抚政策，上调各类优抚对象待遇标准，烈士遗属补助从2996元/月上调至3276元/月，因公牺牲军人遗属补助从2663元/月上调至2912元/月，病故军人遗属补助从2330元/月上调至2548元/月，在乡老复军人补助从1997元/月上调至2184元/月，“两参”（参战、参试）人员补助从999元/月上调至1092元/月，60周岁以上烈士子女补助从460元/月上调至510元/月，60周岁以上老兵军龄补助从30元/月上调至35元/月，企业退休参战人员慰问金标准从每年7100元上调至7700元。开展优抚对象节日慰问，体检疗养等优待服务。春节、“八一”期间发放慰问金399.5万元。

【退役士兵安置】 2018年，太仓市完成2017年度退役士兵培训安置工作，为退役士兵发放一次性经济补助金和培训期间生活补助费、培训奖励金。举办退役士兵就业专场招聘会，安排退役士兵参加学历教育培训。加强“兵哥哥乐创园”建设，入驻企业10家，服务军创企业30余家。做好随军家属货币安置工作，为随军家属发放货币补助金。完成2018年度退役士兵积分选岗安置工作，安置率100%。

（陈德宇）

社会事务

民政事务

【婚姻登记】 2018年，太仓市开展婚姻收养法律法规宣传进镇（区）、进村（居）、进家庭“三进”活动，开展“特邀嘉宾颁证、倡导文明婚俗”活动。做好婚姻档案全文扫描和移交工作，完善婚姻登记数据库，补录1970—1989年原各乡镇婚姻登记历史档案资料5万多件、近60万页，并制作成电子档案。全年办理结婚登记2740对，较上年减少136对；办理离婚登记1240对，较上年减少38对；办理补领婚姻登记证1641对，较上年减少64对。

【收养登记】 2018年，太仓市完善收养评估流程和标准，委托第三方专业机构实施评估，建立收养评估专家论证机制。依法推进收养登记，依法办理收养登记36件，较上年减少7件。

【殡葬管理】 2018年，太仓市加大散坟整治力度，全市搬迁散坟约4万座，合计6万穴。其中搬迁沿路沿线散坟约2.5万座，合计4万穴，占全市沿路沿线散坟数82%，土地复耕面积约23.33公顷。开展殡葬领域突出问题专项整治行动，市民政局、市国土局、市物价局、市市场监管局等部门联合排查殡葬领域存在突出问题，规范殡仪服务市场。市殡仪馆全年火化遗体4589具，免除基本殡葬费用568万元。

（陈德宇）

社会组织

【概况】 2018年，太仓市建成镇级社会组织服务中心6家，全年市镇两级社会组织服务中心共孵化入驻社会组织34家，娄东街道社会组织服务中心启用运行，璜泾镇社会组织服务中心主体完工。太仓市启动第七届公益创投活动，总资金近232.8万元，实施各类项目83个，其中首次签约5个部门联合公益创投项目。成立社创交易所，举办“益动娄城”社治会和创客大赛，共36家社会组织承接社会服务项目37个。全年注册登记社会组织40家，变更登记154家，注销登记17家。截至年底，全市登记社会组织878家，其中社会团体215家，民办非企业单位662家，基金会1家；备案社会组织1475家。完成年检社会组织782家，参检率95%。开展“双随机”抽查社会组织25家。开展社会组织等级评估，获评等级社会组织32家，全市累计获评等级社会组织343家。

2018年太仓市新增等级社会组织统计表

表64

序号	单位	等级
1	太仓市机器人学会	AAAA
2	太仓市欣诚社会工作服务社	AAAA
3	太仓市物流与供应链管理协会	AAA
4	太仓市物业管理协会	AAA
5	太仓市机关足球协会	AAA
6	太仓市烹饪餐饮行业协会	AAA
7	太仓市众华社会事务综合服务中心	AAA
8	太仓市康颐社会事业发展服务中心	AAA
9	太仓市璜泾镇殡葬服务中心	AAA
10	太仓市娄东公益发展促进中心	AAA
11	太仓市齐乐社会工作服务中心	AAA
12	太仓市城厢镇老娘舅志愿服务社	AAA
13	太仓市元华社会服务发展中心	AAA
14	太仓市企盟信息技术发展中心	AAA
15	太仓市易知行社会事务发展服务中心	AAA
16	太仓市思源公益服务中心	AAA
17	太仓市西区社区温馨家园志愿服务社	AAA
18	太仓市浮桥镇茜泾村日间照料中心	AA
19	太仓市浮桥镇时思社区社工室	AA
20	太仓市浮桥镇新港花苑社区社工室	AA
21	太仓市浏河镇闸北社区老年人日间照料中心	AA
22	太仓市浮桥镇浪港村社区服务中心	AA
23	太仓市浮桥镇浮桥村事务工作站	AA
24	太仓市沙溪镇直塘社区事务工作站	AA
25	太仓市沙溪镇利泰社区事务工作站	AA
26	太仓市沙溪镇半泾绿色家园公益服务中心	AA
27	太仓市浏河镇紫薇苑社区社工工作室	A
28	太仓市浏河镇东方社区老年人日间照料中心	A
29	太仓市双凤镇居家养老服务中心	A
30	太仓市璜泾镇永乐村老年日间照料中心	A
31	太仓市璜泾镇孙桥村老年日间照料中心	A
32	太仓市浏河镇复兴社区居家养老服务站	A

2018年太仓市新登记社会组织统计表

表65

序号	单位名称	登记日期	性质
1	太仓市城厢镇桃园社区希阳服务社	1月3日	民办非企业单位
2	太仓市璜泾镇永乐村荷花日间照料服务站	1月4日	民办非企业单位
3	太仓市德力健康服务发展中心	1月18日	民办非企业单位
4	太仓市启迪社会养老事务服务中心	1月22日	民办非企业单位
5	太仓市双凤镇乐合养老服务中心	1月25日	民办非企业单位
6	太仓市双凤镇黄桥村梦桥公益服务社	2月1日	民办非企业单位
7	太仓市娄东街道小桥村梦幻戏剧团	4月2日	民办非企业单位
8	太仓市启晨养老服务中心	4月18日	民办非企业单位
9	太仓市道生武医伤科文化研究院	5月15日	民办非企业单位
10	太仓市乐音飞舞艺术团	6月14日	民办非企业单位
11	太仓半泾护理站	7月10日	民办非企业单位
12	太仓市德生社会工作服务中心	7月11日	民办非企业单位
13	太仓市复兴文化社	7月12日	民办非企业单位
14	太仓市乐仁乐助社会工作与公益发展中心	7月19日	民办非企业单位
15	太仓市合美社会工作服务中心	7月20日	民办非企业单位
16	太仓市沙溪镇中荷村吾德之星模范志愿者服务社	7月24日	民办非企业单位
17	太仓市康云健康服务发展中心	7月25日	民办非企业单位
18	太仓市天顺殡仪事务服务中心	8月1日	民办非企业单位
19	太仓娄医护理站	8月6日	民办非企业单位
20	太仓市利群社区发展促进中心	8月7日	民办非企业单位
21	太仓市港城贝思特幼儿园	8月20日	民办非企业单位
22	太仓市城厢镇府东社区秋月戏曲社	9月4日	民办非企业单位
23	太仓市万邦居家养老服务中心	9月10日	民办非企业单位
24	太仓市城厢镇伟阳社区蓝盾运动医疗急救队	9月11日	民办非企业单位
25	太仓市郝姐调解工作室	10月25日	民办非企业单位
26	太仓市浮桥镇九德琴社	11月7日	民办非企业单位
27	太仓市金色萨克斯乐团	11月19日	民办非企业单位
28	太仓市城厢镇法治伴我行志愿服务队	11月21日	民办非企业单位
29	太仓市浮桥镇九曲社区金九沪剧团	11月26日	民办非企业单位
30	太仓市德善书院	12月10日	民办非企业单位
31	太仓市蓝盾急救队	12月24日	民办非企业单位
32	太仓市留学人员联谊会	1月31日	社会团体
33	太仓市养老服务行业协会	5月9日	社会团体
34	太仓市汽车零部件行业协会	6月11日	社会团体
35	太仓市电子竞技行业协会	7月11日	社会团体
36	太仓市沙溪镇老年协会	10月29日	社会团体
37	太仓市快递行业协会	11月9日	社会团体
38	太仓市工程师协会	11月27日	社会团体
39	太仓市浮桥镇老年协会	12月5日	社会团体
40	太仓市双凤镇老年协会	12月14日	社会团体

（陈德宇）

社会治理

社区建设

政社互动

【概况】 2018年是太仓市推行“政社互动”十周年，市政社互动推进工作领导小组办公室发挥统筹协调作用，提升“政社互动”实践内涵，注重实地调研，完善考评体系，推进政府职能转型和社会力量成长。年内，根据市委、市政府要求，“政社互动”工作纳入2018年市级机关部门绩效管理考核范畴，考评单位从原来42家增至85家。10月，印发《2018年度市级机关部门“政社互动”绩效考评方案》，将上述单位按照政府部门、有关人民团体、有关国有企业及其他单位分类，根据分类不同，实行差别化考核。

【“政社互动”十周年系列活动】 2018年，太仓市召开新时代“政社互动”创新实践再出发专题研讨会，举办第二届“政社互动”“三社联动”创新周活动，总结太仓市“政社互动”十年发展历程，分析当前基层社会治理形势，推动“政社互动”在新时代的新发展，打造“共建共治共享”的太仓城乡社区治理新格局。年内，评选表彰太仓市“政社互动”创新实践先进单位、先进个人。

【“政社互动”迈入3.0时期】 2018年，太仓市“政社互动”进入建设“发展型”幸福社区、打造“共建共治共享的社会治理格局”的“能动式善治”3.0时期。“发展型”社区建设依托“协商能动”机制，培养社区发展意愿、开发社区发展潜能、凝聚社区发展合力、破解社区发展难题，推进社区高质量建设的实践过程。通过完善“协商能动”领导机制、参与机制、议事机制、合作机制和保障机制五大机制，增强社区党组织引领能力，增强社区居民主体能力，增强村（居）委会自治能力，增强多方主体协同能力，增强基础建设支撑能力，打造“政社互动”创新实践3.0版本。

【“政社互动”实践内涵拓展】 2018年1月，太仓市印发《关于征集2018年“政社互动”工作项目的通知》，共征集“邻里家园”项目、连心家园项目、“你点我讲”科普大讲堂等35家单位上报的工作项目69个。注重“政社互动”实地调研。总结推广“政社互动”工作中创新亮点和有效实践，市“政社互动”办先后到娄东街道香花桥社区、双凤镇黄桥村、璜泾镇永乐村等地实地调研“政社互动”工作，听取当地工作开展情况、存在问题及工作建议，通过实地调研，积累“政社互动”工作有益经验。

（钱姚健）

志愿服务

【概况】 2018年，太仓市举办“创建文明城市·志愿者在行动”主题活动启动仪式暨学雷锋志愿服务系列活

2018年10月12日，太仓市举办新时代“政社互动”创新实践再出发专题研讨会

（吴泾婷　摄）

动，确定太仓市第四批志愿服务实践基地10个，志愿服务重点项目50个。年内，深化“家在太仓·情暖娄城”学雷锋志愿服务品牌，实施“文明益起来”文明创建志愿服务项目6个，开展各类志愿服务活动2000余场次，注册志愿者约9万人。打造“志工+实训”模式，完成2018年志愿者实训项目，开设首届志愿者生命成长研修班，举办“创城志愿服务沙龙”活动。开展志愿者专业培训30多场次，累计培训志愿者3200余人次。推进志愿服务项目，组织参加第三届江苏省志愿服务展示交流会，“手拉手”社区成长训练营等5个项目入选2018年度苏州市百个重点志愿服务项目。评选表彰2018年太仓市“最美志愿者”30人，最佳志愿服务团队20个，最佳志愿服务项目20个。（金　钰）

【社工队伍建设】 2018年，太仓市制定《太仓市社会工作者在职继续教育资助办法（试行）》《太仓市社会工作专业人才培养计划（试行）》《太仓市社会工作专业岗位派遣方案（试行）》等文件。调整社工薪酬指导标准，推进社工人才资助，补助社工专业实习生22人，补助在职本升硕社工人才1人，资助高中毕业生报考社会工作专业6人。举办第二期社工员习训班，结业学员43人。开展新增社会工作专业岗位申报，纳入新一批岗位补助20人，推动5个社工机构向医院、学校等单位派遣专业社工。举办“国际社工日”系列宣传活动，评选社工领军人才1人、重点人才9人。

（陈德宇）

【青年志愿服务】 2018年，太仓团市委启动新一轮“创全国文明城市·太仓青年在行动”主题实践活动，引导青年志愿者开展文明餐桌、交通劝导、医疗义诊等志愿服务230次，累计服务时长超5000小时。举办第三届“家在太仓·青春有你”青年公益项目大赛，引导各类青年社会组织参与公益志愿活动。完成2018年国际田联世界竞走团体锦标赛、中德智能制造解决方案大会等重大活动志愿服务保障。投身生态环境保护。深化“保护母亲河”行动，举办“绿色发展·美丽家园”亲子植树、“跟着垃圾去旅行”“律动田园城·骑动金太仓”等环保示范活动，组织“河小青”协助河长单位常年开展“巡河”活动200余次。开展“爱在同一片蓝天下”“暖冬行动”“阳光助残”等活动，覆盖弱势青少年群体1.3万人次。主动参与南北挂钩、东西部对口帮扶等工作，为陕西省周至县、贵州省玉屏县贫困青少年筹集爱心包裹1000个和再生电脑物资5万元。（沈佳乐）

【巾帼志愿服务】 2018年，太仓市妇联坚持“立足社区、面向家庭、见诸日常、细致入微”巾帼志愿服务宗旨，引领巾帼志愿者根植基层、服务妇女儿童。加强巾帼志愿者队伍管理，举办政治理论、社会工作、弱势帮扶等专题培训9场，培训志愿者400余人次。利用“学雷锋”“三下乡”“文明太仓·温暖新春”、“5·15”国际家庭日、“12·5”志愿者日等契机，依托巾帼心理协会、馨女人爱心社等女性社会组织，举办公益嘉年华、亲子环保DIY手工等活动，为单亲母亲、离婚妇女、孤儿、流动儿童等群体提供心理疏导、法律援助、扶贫帮困等志愿服务2000余人次，打造“尚德缘”巾帼志愿服务品牌。年内，在太仓志愿者网站发布志愿服务信息45次，累计服务时长100多小时。（顾　燕）

基层自治组织

【概况】 截至2018年年底，太仓市共有村民委员会73个，村民小组2842个，社区居民委员会82个，居民小组2217个。10月12—18日，太仓市举办第二届“政社互动”“三社联动”创新周活动。联合中国社科院社会学所举办新时代“政社互动”创新实践再出发专题研讨会，总结回顾“政社互动”十年发展历程，各镇区举办社区治理创新实践工作分论坛和社区邻里节活动。市委、市政府制定《关于创新完善“协商能动”机制、建设“发展型”幸福社区的实施意见》，构建“广泛参与、深度协商、活力自主”新机制，推动“政社互动”迈入3.0时期。开展“民主决策日”活动，社区开展协商事项780件，社区“微治理”项目和“党建为民”服务项目111个。加强以基本组织、基本队伍、基本阵地、基本活动、基本制度、基本经费为主要内容的基层自治“六基”建设，明确社区基本建设标准。完成基层群众自治性组织社会信用代码证书印制和下发工作。推行社区“兼职委员制”，全市聘用兼职委员人数超200人，实现村居全覆盖。新增社区服务社会化“邻里家园”项目点19个，“邻里家园”项目覆盖城乡社区76个。太仓首个镇级社区服务综合平台——浏河镇“邻里

2018年6月19日，太仓市举行“创城志愿服务沙龙”暨首届志愿者生命成长研修班毕业典礼

（市委宣传部供稿）

生活馆”和16家社区“邻里生活馆”建成并使用。设立社区“金乡邻”幸福基金，全市推行社区志愿者服务量化积分管理试点社区10个。年内，太仓市获评“全国农村幸福社区建设示范单位”。

2018年太仓市居民委员会情况一览表

表66　　单位：个

镇（街道、区）	居委会名称	数量
娄东街道	惠阳 东郊 太平 洋沙 朝阳 香花桥 太东 太胜 华盛园 滨河 娄江 陆渡 东城 景瑞 城北 珠江 浦溪 裕珑 柳园 丽景 花北	21
科教新城	南郊 常丰 学苑 鹊桥 新丰 城南	6
城厢镇	南区 西区 梅园 德兴 康乐 西郊 东区 中区 南园 县府 府东 桃园 弇山 新毛 伟阳 太丰	16
沙溪镇	东市 西市 利泰 新北 直塘 岳王 归庄 沙东	8
浏河镇	复兴 渔村 新塘 河北 闸北 紫薇苑 东方	7
浮桥镇	浮桥 牌楼 九曲 时思 老闸 茜泾 马北 和平花园 六尺 建红 新城花园 浮南 新港花苑 陆公 戚蒲	15
璜泾镇	银杏 西塔 王秀 玉影山	4
双凤镇	双凤 湖川桥 新川苑 凤雅 新苑	5
合计		82

2018年太仓市村民委员会情况一览表

表67　　单位：个

镇（街道、区）	村委会名称	数量
娄东街道	小桥 岳南 红庙 横沥 洙泾 陆渡	6
城厢镇	电站 万丰 东林 胜泾 新农 永丰	6
沙溪镇	涂松 印北 洪泾 半泾 中荷 泥桥 虹桥 泰西 胜利 松南 凡山 香塘 渠泾 项桥 庄西 太星 岳星 新建 塘桥 岳镇	20
浏河镇	东仓 何桥 新闸 闸北 浏南 万安 张桥 新塘	8
浮桥镇	浮桥 七丫 新邵 丁泾 茜泾 马北 时思 浪港 方桥 绿化 三市	11
璜泾镇	新华 新联 荡茜 永乐 王秀 孙桥 荣文 孟河 杨漕 新海 新明 长洲 雅鹿	13
双凤镇	庆丰 凤中 黄桥 勤力 泥泾 维新 新湖 新卫 新闯	9
合计		73

（陈德宇）

信　访

【概况】 2018年，太仓市信访工作坚持“以人民为中心”的理念，持续推进法治信访建设，加强源头预防化解，就地解决问题，推进信访工作改革创新和信访法治化建设。8月，开通网上信访渠道，以“让数据多跑腿，群众少跑路”为理念，在太仓市人民政府官方网站开通“太仓市网上信访”端口，并开通“太仓信访”微信公众号，畅通网上信访渠道，引导群众诉求“线上投”，减少群众“访累”，降低社会成本。

【第三方力量参与信访工作】 2018年，太仓市贯彻省信访局、省司法厅关于访调对接工作意见，制定《关于加强访调对接的实施意见》，在市镇两级信访工作机构设立人民调解工作室，聘请调解员，建立健全工作机制，分流化解信访环节矛盾纠纷。调研信访代理工作制度，制定《太仓市信访代理工作实施办法》，在市镇村三级聘请信访代理员 184 人，通过上岗培训、召开现场推进会等形式，指导代理员开展工作，方便群众就近反映诉求，第一时间化解矛盾。

【信访为民】 2018 年，太仓市按照国家、省信访工作“三无”（无进京越级上访、无大规模集体上访、无因信访问题引发的极端恶性事件）县（市、区）创建要求，制定《关于开展 2018 年信访工作“四无”镇（区）、村（社区）创建活动的实施意见》，明确主要任务、“四无”（无县级以上越级上访、无大规模集访、无信访恶性事件发生、无矛盾上交现象）标准、评选方式、工作要求等，使矛盾和问题解决在基层，防止矛盾激化，全市达到“四无”标准镇（区）4 个、村（社区）138 个。太仓市连续两年获评江苏省信访工作“三无”县（市、区）。年内，太仓市根据省信访局开展“争创人民满意信访部门、争当人民满意信访干部”和“人民满意窗口”创建活动部署，在信访系统开展学习讨论、规范业务流程、畅通信访渠道、加强基层基础、提升队伍素质等活动，提升全市信访工作整体效能，规范市镇两级信访部门在内部管理、业务流转、职能发挥等内容，增强全市信访干部为民服务理念、解决问题能力、队伍整体素质，提升人民群众对信访部门和信访干部的满意度。

（顾慧玉）

民族宗教事务

【概况】 截至 2018 年年底，太仓市共有蒙古族、回族、藏族、维吾尔族、苗族、彝族、壮族、布依族、朝鲜族、满族、侗族、瑶族、白族、土家族、哈尼族、傣族、黎族、傈僳族、佤族、畲族、高山族、拉祜族、水族、东乡族、纳西族、景颇族、土族、达斡尔族、仫佬族、羌族、布朗族、撒拉族、毛南族、仡佬族、锡伯族、阿昌族、普米族、怒族、俄罗斯族、鄂温克族、赫哲族等 41 个常住少数民族，常住少数民族人口 1986 人，占全市总人口 0.2%，少数民族流动人口 11160 人。全市有佛教、道教、伊斯兰教、天主教、基督教五大宗教团体，经批准设立的宗教活动场所 34 处，宗教教职人员 96 人。年内，市民宗局在全市开展“民族宗教政策法规学习宣传月”“宗教慈善周”等系列活动和民族团结进步创建活动，推进少数民族群众服务体系建设，将各项服务少数民族群众的工作措施制度化、系统化，鼓励和引导民族宗教界人士和信教群众参加社会公益慈善活动，全年各宗教活动场所、宗教团体募集善款 45 万元。

2018 年 12 月 4 日，市民向信访工作人员赠送锦旗 （沈晴霓 摄）

【民族工作】 2018 年，太仓市开展以“共同团结进步、共享发展成果”为主题的民族团结进步创建活动，为少数民族同胞提供就业技术培训、法治宣传教育、子女入学、纠纷调解等各种活动，为促进少数民族融入太仓、促进民族和谐发挥作用。5 月 1 日，由青海省海东市人社局举办、太仓市民宗局协办的“创业加中式烹饪”技能培训班在太仓万达广场兰州牛肉拉面店开班，参训学员 40 人。7 月 20 日，市伊斯兰教协会在市清真寺举办 2018 年拉面才艺比赛，全市各镇（区）10 支代表队参加比赛。

【宗教工作】 2018 年，太仓市加强宗教团体建设，市佛教协会、市道教协会、市基督教三自爱国会 3 个宗教团体按期完成换届工作。开展“四进”（国旗、宪法和法律法规、社会主义核心价值观、中华民族优秀传统文化进宗教活动场所）活动。7 月起，市民宗局组织下基层活动 10 多次，走访宗教活动场所 31 个，向各宗教团体、宗教活动场所赠送《宗教事务条例》《中华人民共和国宪法》《反邪教知识》等宣传册 1000 余份，各宗教活动场所设立旗杆，悬挂国旗，张贴社会主义核心价值观、宗教政策法治宣传张贴画，定期组织宗教界人士和信教群众升国旗、唱国歌，开展爱国爱教、遵纪守法宣传教育。7 月 30 日，市民宗局在同觉寺举办《宗教事务条例》暨消防法规培训班，全市 5 个宗教团体 34 个宗教活动场所的教职人员、工作人员及部分信教群众代表 120 多人参加培训。江苏省道教协会第十一届玄门讲经在无锡宜兴市举行，太仓市道协秘书长、双凤玉皇阁负责人李开婷道长以《行孝有恒》为题，围绕“普愿亲信，日持孝行”的道教经典展开宣讲，获第二名，为全市宗教界首次获奖。7—9 月，市民宗局在全市 15 个宗教活动场所开展殡葬领域突出问题专项整治工作，促进宗教活动场所健康发展。9 月 17 日，上海市嘉定区委统战部副部长、区民宗办主任邓惠娟，嘉定区民宗办副主任刘伟一行8人先后到太仓清真寺、双凤玉皇阁、港区同觉寺等宗教活动场所交流参观。10月29日，江苏省基督教按立考核团到太仓考核基督教拟按立基督教圣职人员。10月27日，三里庙举行殿堂落成暨神像开光庆典。新落成殿堂投资250万元，建筑面积近600平方米。11月12日，市委召开民族宗教工作领导小组全体会议，传达全国、省、苏州市民族宗教工作会议精神。

（颜礼宏）

社会法治

人大法律监督

【法律法规实施监督】 2018年，太仓市人大常委会组织开展《中华人民共和国行政许可法》（以下简称“行政许可法”）执法检查，推动行政许可法全面贯彻执行。7月，召开行政许可法执法检查动员会。8月，召开行政许可法执法检查工作交流会。8月27日，市人大常委会执法检查组分3个小组赴有关单位就行政许可法贯彻实施情况开展执法检查，重点检查便民利民、制度完善、服务态度和流程规范等方面内容。9月11日，举办行政许可法专题讲座，听取市政府关于行政许可法贯彻实施工作汇报。9月25日，市人大常委会第13次会议审议通过行政许可法执法检查报告。执法检查组肯定市政府在贯彻实施行政许可法、优化审批职能、创新服务模式、落实行政改革、完善监督监管等方面采取的措施和取得的成效，建议市政府加大行政许可法宣传的广度和深度，完善行政审批改革工作，加快打造“互联网＋行政许可”的电子政务建设，加强对全市行政许可的规范化建设，加强事中事后监管，提高依法行政能力和服务群众水平。对《中华人民共和国农产品质量安全法》《农药管理条例》《江苏省旅游条例》《苏州市城市市容和环境卫生管理条例》等法律法规实施情况开展执法检查，逐一形成执法检查报告以供决策。开展《江苏省家庭教育促进条例》《苏州市出租房屋居住安全管理条例》《苏州市养犬管理条例》《苏州市旅游条例》等立法调研，召开各类群体代表座谈会，对相关草案提出合理化建议，提升实践可操作性。举办《中华人民共和国行政许可法》《中华人民共和国监察法》等法治讲座，助力普法工作。

【公正司法监督】 2018年，太仓市人大常委会听取市人民法院“家事审判及青少年维权”工作和市人民检察院加强行政检察监督及公益诉讼工作等报告，通过《太仓市行政检察监督工作实施办法（试行）》和《关于促进依法行政，加强行政检察监督的决定》，从制度层面强化人大对行政检察监督工作的监督和支持。依据《中华人民共和国人民陪审员法》规定，确定太仓市人民法院人民陪审员名额为300人。组织人大代表旁听法院庭审12次，参与代表70人次，加强司法监督，推动司法公开。

【社会和谐稳定维护】 2018年，太仓市人大常委会开展平安法治建设视察活动，着眼平安法治智能化建设，实地查看市公共法律服务中心和市社会综合治理联动指挥中心运行情况、安防小区建设情况，听取全市平安法治建设和网格化联动工作情况报告，建议持续推进社会治理创新，提升依法行政能力，实施“七五普法·光辉工程”。受理人民群众来信来访及涉诉涉法事项，全年共依法受理群众来信42件，接待群众到访38人次，维护人民群众合法权益。

（邹晓春）

2018年7月16日，太仓市人大常委会实地查看市社会综合治理联动指挥中心运行情况

（市人大办供稿）

政法委及综治办

【概况】 2018年，太仓市深化平安法治建设，增强政法队伍能力素质，全市社会大局保持稳定，政治环境安全，社会环境稳定，法治环境公正，服务环境优质。省测公众安全感、法治满意度和政法队伍满意率三项指标均创历史新高，保持全省前列。年内，太仓市获评2015—2018年全省社会治安综合治理先进集体、江苏省2016—2017年法治建设示范县（市、区）、2017年度平安县（市、区）；市委政法委获评全省创新网格化社会治理机制专项工作先进集体，浏河镇获评2015—2018年全省社会治安综合治理先进集体。

【平安太仓建设】 2018年，太仓市维护社会稳定大局，做好政府实事工程、全市重点项目和重大决策的社会稳定风险评估。加强矛盾纠纷预测预警预判预防，开展社会重大稳定风险防范化解、信访突出问题“大化解、大突破”等专项行动。深化与上海市嘉定区、宝山区和苏州昆山市区域协作联系活动，在“综治信息联通、突出问题联治、跨区矛盾联调、突发事件联处、重大活动联保、综治平安联创”六方面开展联建共享，推动公安、信访、环保、维稳等部门和基层镇村协作对接，构筑中国国际进口博览会环沪安保圈。太仓市获评苏州唯一的全省信访“三无”县（市、区），省测群众安全感98%。

扫黑除恶专项斗争。太仓市把扫黑除恶专项斗争作为重大政治任务抓紧抓好，成立市、镇两级扫黑除恶专项斗争领导小组及办公室，抽调人员组建市扫黑除恶工作专班，先后召开全市性工作会议5次、专班会议20余次，持续开展3轮宣传攻势，把责任落实到各部门，触角延伸到各领域，动员覆盖到各基层，凝聚扫黑除恶强大合力，形成扫黑除恶浓厚氛围。把握打击黑恶势力犯罪主动权，加大线索排查力度，开发涉黑涉恶犯罪预警平台，建立健全多侦联动、合成研判、快速反应等工作机制，将线索信息转化为打处战果。全年全市共破获九类（聚众斗殴、强迫交易、寻衅滋事、敲诈勒索、非法拘禁、组织卖淫、强迫卖淫、开设赌场罪、故意毁坏财物罪）涉黑涉恶案件135起，打击处理246人，捣毁恶势力犯罪集团2个。

治安防控体系。太仓市持续推进“雪亮工程”（以县、乡、村三级综治中心为指挥平台、以综治信息化为支撑、以网格化管理为基础、以公共安全视频监控联网应用为重点的群众性治安防控工程）和升级版技防城建设，依托联动指挥中心搭建全市视频资源互联共享平台，汇聚共享部门、企业和社会各类视频监控资源2.60万路。强化“人脸识别”“蜻蜓系统”“Wi-Fi采集”等新技术在治安防控体系建设中的深度应用，做强智慧警务、综治视联网等系统平台，实施智能化卡口、智能安防小区和家庭护院“巷巷通”等项目建设，持续织密老旧小区、背街小巷、农村偏远地区技防布控，技防镇、技防村达标全覆盖。深化重点地区、校园周边等治安突出问题专项整治，整治市镇两级挂牌的治安重点地区13处，清除校园周边治安隐患60余处。对接沪通铁路、苏南沿江铁路建设，启动筹建市铁路护路护线联防领导小组及办公室，开展沿线风险隐患底数排摸。强化寄递行业清查监管力度，加强快递包裹“收寄验视、实名收寄、过机安检”3个100%全程监控。

矛盾纠纷多元化解体系。太仓市坚持市镇村三级“124”［市级每月1次，镇级每月2次，村（社区）每月4次］集中排查化解和分析研判机制，实行矛盾纠纷日报、月报、季报和“零报告”等工作制度，把各类矛盾隐患解决在基层、化解在萌芽状态。优化人民调解、行政调解、司法调解与诉讼、仲裁的衔接互动，推广市法院在案件进入诉讼程序前与人民调解、劳动仲裁、行业协会等多方对接化解的成功做法。加强市镇村各级调解组织建设，拓展培育行业性、专业性和社会第三方调解力量，形成覆盖全市的多元化矛盾纠纷化解网络。市镇村各级累计组织排查矛盾7498次，矛盾纠纷总量较上年下降26%，矛盾纠纷化解成功率95%以上。

综治基层基础。太仓市推进镇村两级综治中心与联动分中心、网格工作站融合共建，形成以社区党组织为核心，以联动中心信息系统为枢纽，以综治中心、网格工作站、警务室、调委会“四位一体”为载体，以社区组织、社会组织、专业社工、平安志愿者等力量为链接的综治工作新架构，聚力“网格＋网络”“线上＋线下”“专业＋群众”融合，实时掌握社区情，主动处置社区事，直面解决社区忧，常态服务社区群众。开展平安村（社区）、平安学校、平安企业、平安家庭等系列平安创建活动20个，组织第三批“六有六无”（有综治组织机构、专职干部，有矛盾化解力量，有人防技防物防，有多元服务管控，有网格信息数据，有规范保障机制；无重大治安和民转刑案件，无进京非访越级集访，无矫正和刑释解教人员重新犯罪，无违法犯罪活动聚集场所，无重大公共安全事故，无村居“两委”主要领导违法犯罪）平安村（社区）达标验收，基层系列平安创建达标率达95%以上。推进“成长护航工程”和未成年人“零犯罪零受害”社区（村）创建，培育青少年法治意识，精准服务青少年群体需求。推进健康城市“531”行动计划心理健康促进项目，落实易肇事肇祸精神病人分级分类动态管控和以奖代补监护政策。

【法治太仓建设】 2018年，太仓市抓好法治建设推进机制，制定《党政主要负责人履行推进法治建设第一责任人职责清单任务分工方案》和《落实党政主要负责人履行推进法治建设第一责任人职责考核办法（试行）》，明确党政主要负责人在推进法治建设进程中的重要职责，将镇（区）、部门年度法治建设推进情况与履职情况一并纳入绩效考核，作为统揽全市法治建设工作的总抓手。年中、年末定期组织相关考核部门督查各镇（区、街道）以及机关部门法治建设工作和党政主要负责人履职履责情况。邀请人大代表、政协委员定期对全市平安、法治建设工作进展情况进行第三方视察评估。全市法治建设网络问卷测评和第三方电话测评满意率分别为99.2%、98%。

法治政府建设。太仓市强化依法决策，深化重大行政决策程序落实，继续实施重大行政决策事项目录化管理，推行重大行政决策全过程记录和网上运行。主城区智慧停车建设工程、城区教育资源扩建二程等6项市政府重大行政决策事项和镇级17个重大行政决策事项均纳入网上平台，实现实时运行。强化法治保障，加强涉法事务协调处理，市政府法咨委先后参与西交利物浦大学合作协议审核、开发区赋权清单合法性审查、“331”专项行动相关法律依据梳理等86件涉法事务的处理。强化行政执法监督，完善行政执法监督体制机制建设，制定《2018年太仓市行政执法监督工作计划》，开展执法专项督查、行政执法案卷双月评查、行政执法人员教育培训检查等监督活动10项，提升行政执法部门执法规范化建设水平。在以村居民为主体的基层执法服务“面对面”评议活动中，群众对基层执法服务部门满意率98.72%。

司法体制改革。太仓市落实司法改革举措，市法院、市检察院推进内设机构改革相关工作，市检察院将原有12个内设机构精简为7个。落实司法责任制，优化组合以员额法官为中心的审判团队，建立健全专业法官

会议工作制度，修订完善员额法官业绩考核机制，法定正常内结案率、一审服判自诉率、发改率等重点质效指标居苏州法院系统前列。推进公益诉讼制度，开展“保障千家万户舌尖上的安全”检察公益诉讼专项监督活动，建立刑事民事行政检察“三检合一”办案机制，“长江口垃圾倾倒案”获评“2017年度全国十大法律监督案例”。深化司法公开，深化人民评议员制度，推行“互联网＋诉讼服务”模式，开展庭审直播工作，加大对失信被执行人信息曝光力度，构建“一处失信、处处受限”的信用惩戒机制。

法治文化创建。太仓市提升“七五”普法质效，做优各项法治宣传特色品牌，举办第二届“社会司法促进计划”创客大赛，启动第五届“光辉奖”全球华人法治微小说，播出“与法同行·法治在线”专栏14期，新增苏州市法治文化示范点4个，组织第三届“法治人物、事件”评选活动，评选法治人物5人、法治事件5个。开展《中华人民共和国宪法》（以下简称“宪法”）主题宣传活动，通过配发宣传读本、开展专题讲座、设置宣传展板、组织网上知识大赛等形式开展全方位、广覆盖的系列宣传活动，引导和促进全社会增强宪法自信。落实重点对象学法制度，领导干部、青少年、村（居）民等重点学法对象学法活动持续推进，党委（组）中心组学法、新任领导干部任前考法、公务员微信考法等制度有效落实，村（居）民代表学法用法大宣讲实现三年全覆盖。

（刘天成）

社会综治联动

【概况】 2018年，太仓市推进“大联动”机制建设，瞄准打造“全省一流的社会综合治理联动机制”建设目标，以化解社会矛盾为关键，以服务百姓民生为根本，以提升自治能力为导向，切实解决社会治理源头性、根本性问题，实现“一个平台高位协调、一个号码服务社会、一个APP管理城市”，全面提升社会综合治理效能。全年共协调处置各类民生、疑难案件1.16万件；召开各类协调会议50余次，按照法定、商定、指定原则，完善疑难问题处置流程；强化部门联动，形成工作合力；对接市纪委监委、市检察院形成通报机制，督促部门履职尽责，确保处置效率。

【联动指挥平台上线】 2018年1月18日，太仓市“12345”便民服务热线并入市联动中心，太仓市社会综合治理联动中心正式启用。4月18日，太仓市网格化社会综合治理联动中心启动大会召开，太仓市社会综合治理联动指挥中心正式运行。全市划分基础网格504个，联动中心整合公安辅警、城管协管员及其他条线网格员等力量，为每个网格统一录用专职网格员，对于网格内问题隐患，经网格员巡查发现上报，由太仓市级网格化联动指挥中心统一分拨至部门、区镇、村居处置，实现巡查和办理分离，杜绝基层瞒报、漏报等行为。每个工作日，市联动中心为网格员定好职责，网格员按照16大类287项社会治理事件清单及信息采集清单开展巡查和采集，并通过“联动娄城”APP描述上报实有事件，采集报送基础信息及核查反馈处置结果。太仓市联动指挥平台集成网格管理、数据交换、数据职能分析等应用系统，实行统一用户管理、统一消息通道、统一数据库云平台、统一接口归结标准。平台对接公安“110”、数字城管、智慧安监、智慧交通等专业系统，承接“12345”便民服务热线职能，整合全市52条公共服务热线及“寒山闻钟”“市长信箱”等诉求通道，统一受理市民诉求及网格员上报事件。10月19日，市联动中心获省创新网格化社会治理联动机制嘉奖。

【网格化联动指挥体系】 2018年，太仓市构建“1+8（N）”体系，即1个市级联动指挥中心、8个区镇指挥分中心及138个职能部门组成的市、镇（部门）两级指挥体系。整合“12345”便民服务热线、公众版APP、微信公众号、“市长信箱”、“寒山闻钟”等多种公众诉求渠道，集成网格员巡查上报、数字城管、“太仓文明路长”等多方专业案件来源，实现全市各类社会治理事件统一受理。开发网格管理系统、综治联动GIS、统计分析系统、统一支撑平台、数据交换平台等工作辅助系统，促进指挥中心对社会治理事件的统一把控、协调处置，提高信息共享和分析研判能力，快速处置全市各类社会事件。开发“联动娄城”政务版APP和公众版APP。政务版APP实现社会治理事件综合巡查、重点管理对象定点巡查、人房部件采集、网格管理、信息查询、事件接收、现场处理反馈、核查等功能。公众版APP实现事件上报、进度查询、服务评价等功能，开发自助移车、资讯推送、热点交流、便民服务等便民应用，对接公共自行车、市民卡、政务服务等民生服务应用。年内，联动指挥平台受理案件42.79万件，其中网格员报送37.26万件，“12345”热线转办3.61万件，公众端（“寒山闻钟”、“市长信箱”、微信微博等）1.92万件。办结案件40.91万件，结案率95.6%。将“12345”热线升级为受理全市各级政府职能范围内的咨询、投诉、求助、意见和建议等非紧急类诉求的“全科热线”，实现“一个号码进入，一条热线贯通”运作模式，集中办理各类政务诉求。按照各类热线具体情况，融合22个原有对外服务热线电话，整合16条专业性弱、服务量较小的热线，合作10条专业性强、服务量较大的热线，联动“110、119、120、122”等紧急类公共服务热线。按照省“12345”服务热线对接要求，实现太仓市“12345”平台业务数据向苏州市级平台的实时汇聚。全年“12345”热线呼入量共63.57万个，排队成功46.43万个，接通44.49万个，应答接通率95.8%。热线座席共接听记录工单45.48万件，其中：咨询办结工单9.83万件，移车办结工单31.05万件，提交联动指挥平台下派工单3.62万件，无效工单9392件。较上年，电话呼入量增加37%，移车咨询量增加61%。加强系统安全保障体系建设，完善基础设施建设，做好联动指挥平台、“12345”热线平台的电子设备、硬件设施、网络设施维护保障工作；加强数据安全建设，建立数据容灾备份机制，健全应急响应制度；制定信息系统安全管理制度，规范机房管理、系统操作、数据查询等程序。依托电子政务视频专网建设太仓市视频联网共享共用平台，实现公安、教育、城管、市场监管等单位2.6万路视频图像的信息接入和实时共享，实现主要干道、治安卡口、汽车站、商场等重点部位图像联网调度，形成“一网调控、一网管理、一网侦控”。8个镇级联动分中心均按照《镇（区、街道）分中心建设标准（试行）》《联动机制网格规范化建设指导意见》的要求建成运行，做到统一挂牌、统一标识、统一印章、统一制度，设置“一厅一网一屏二区”，实现接单派单、指挥调度、信息研判、决策会商、应急联动、视频会议等功能需要和指挥要求。对接全市职能部门、各公共企事业单位，68个市级职能部门、70家公共企事业单位纳入网格化联动指挥体系。

【网格化社会治理联动】 2018年，太仓市推进建设市联动中心和8个镇（区、街道）联动分中心，设立村（社区）网格工作站153个，设置覆盖全市基础网格504个，全面构建以“一张基础网格、一支巡查队伍、一份责任清单、一套结案标准、一个考核办法”为保障的市镇村三级网格化联动管理机制。建成“一张基础网格”，按照农村区域200~300户、城镇区域300~500户、人口2000人左右标准，建成覆盖全市的一张基础网格，实现市镇村网格四级管理，即1个市域一级网格，8个区镇二级网格，152个村（社区）三级网格，实现综治联动一体化运作。建设“一支巡查队伍”，应用“联动娄城”APP，绑定“人、机、格、车”，实现实有事件和基础信息“巡查、发现、采集、上报、核查”全流程作业，通过“轨迹回放+视频通过”方式实现实时扁平化管理。按照“职责法定、权责一致、边界清晰、运行高效”原则，梳理形成16大类1123项的《太仓市社会治理事项责任清单》，作为联动中心派遣和各职能部门处置的依据，明确职责边界，解决部门权责不清、相互推诿问题。以《太仓市社会治理事项责任清单》为基础，研究制定《太仓市社会治理事项立案处置结案标准》，明确责任部门、归口类型、立案标准、处置时限和结案标准，实行全过程监督和结果性评价，构建起“一台受理、二级分拨、三层处置、四环监督”的事件管理闭环式流程体系，形成责任倒逼机制，推动各地各部门按责处置，对标结案。按照客观公正、数据考评的原则，开发指挥平台自动运算模块，研究制定《太仓市市、镇两级网格化联动工作考核细则》，实现各市级部门、各镇（区、街道）、各专业公司以及网格队伍考核全覆盖，将网格化联动治理效能作为部门绩效管理考核和区镇科学发展观考核的重要内容。

【联动优势助力经济建设】 2018年，太仓市联动指挥中心对接市“331”整治火灾隐患百日专项行动，依托联动指挥平台开展隐患排查上报、案件分派、处置结案，建立长效化管理机制。通过联动指挥平台流转的“331”专项案件3.15万件，结案2.91万件。承接市“六个一”走访调研工作信息平台业务流转工作，依托联动机制优势，协调做好相关办件的分拣、协调、回访工作。“六个一”走访调研平台共涉及走访调研人员3302人次，走访调研记录1205条，走访家庭1070户，走访企业606家，走访重大项目66个，走访城乡社区266个。受理苏州市级单位走访调研问题58件，通过联动指挥平台流转均得到及时处置。贯彻落实《太仓市创建全国文明城市三年行动计划》文件精神，将联动指挥系统与文明创建系统对接，单独开发文明创建模块，梳理巡查上报事项55大类、400余小类。联动中心通过工作机制创新，解决突出问题和补齐短板。全年共受理文明创建类案件1097起，结案1074件，结案率98%，解决疑难问题115件。（丁雅秀）

法治政府建设

【概况】 2018年，太仓市推进依法行政、加快建成法治政府，强化统筹谋划，夯实制度举措，做好政府法制和依法行政工作。

法治政府建设工作任务部署。印发《太仓市2018年度法治政府建设工作要点》《2018年太仓市法治政府建设工作项目安排》。推动市政府常务会议学法常态化，制定常务会议学法计划，组织学习《中华人民共和国环境保护税法》《地方党政领导干部安全生产责任制规定》等。太仓地税局、市公安局、太仓出入境检验检疫局（海关）等单位申报的3个项目获评2018—2019年苏州市级依法行政示范项目。配合相关部门推进沙溪镇、浏河镇经济发达镇行政管理体制改革工作。

重大行政决策程序规范化。继续实施重大行政决策事项目录化管理，发布主城区智慧停车建设工程等市级重大行政决策事项6个。注意重大行政决策合法性审查文书规范化、格式化管理，加强重大行政决策全过程记

2018年3月19日，太仓市行政执法与行政审判联席会议召开
（钱姚键　摄）

录、立卷归档、备案管理等工作，强化重大行政决策规范化管理。加快重大行政决策网上运行工作推进力度，优化完善平台设置，实现实时运行。督查各区镇、部门重大行政决策程序贯彻落实情况，邀请第三方对太仓市公共自行车系统工程、太仓市爱心学校迁建工程2个市级重大行政决策项目开展后评估工作。

规范性文件制度建设。继续实施市政府规范性文件制定计划。市法制办提请市政府办公室印发《2018年太仓市政府规范性文件制定计划》。审核市政府（政府办）文件74件，提出修改意见341条。备案审查4个部门上报的规范性文件11个。参与苏州市人大立法调研活动，做好苏州市及以上法律草案、规章、规范性文件意见征求工作，累计对30件规章、规范性文件进行意见反馈，提出修改意见142条。完成全市1996年至2017年8月印发的规范性文件清理工作，共涉及文件203件，其中保留63件，修改73件，失效13件，废止54件，提请市政府向社会公开发布清理结果。会同有关部门做好涉及生态文明建设与环境保护、知识产权保护、长江经济带发展等相关政策文件的专项清理工作。按照上级部署，开展证明事项清理工作。

行政执法行为监督。印发《2018年太仓市行政执法监督工作计划》，明确监督项目10个。对沙溪镇、市卫计委、市安监局等单位开展行政执法专项监督活动。开展行政执法案卷双月评查，抽查市农委、市交运局等12个部门48个行政执法案卷，发现并反馈问题150余条。开展行政执法典型案例评选活动，共有10个部门的10个执法案例入选典型案例。

复议应诉工作水平提升。召开行政执法与行政审判联席会议，探讨行政执法疑难问题。办理行政复议案件95件，行政复议案件及时办结率100%。通过听证、问询、实地调查等方式，突破书面审理原则，提高办案质量。行政复议决定书全文网上公开，增强行政复议公信力。处理以市政府为被告的行政诉讼案件8件，无一例败诉。严格落实行政负责人出庭应诉制度，行政首长出庭率100%，位居全省第一。组织全市行政执法人员参加行政诉讼法新司法解释视频培训，组织全市复议应诉人员参加苏州市复议应诉人员培训，提高复议应诉能力。

【行政执法专项监督】 2018年，太仓市贯彻落实中共中央、国务院印发的《法治政府建设实施纲要（2015—2020年）》，加强行政执法监督，市政府法制办分别对沙溪镇政府、市卫计委、市市场监管局开展行政执法专项监督3次，分别通过听汇报、看台账、查案卷、抽考试等方式全面了解被检查单位行政执法情况，并就发现的问题进行相关业务指导。

2018年11月1日，市政府法制办对市市场监督管理局开展行政执法专项督查
（钱姚健　摄）

【疑难问题协调化解】 2018年，太仓市政府法制办参与、处理、协调涉法事务78件，完成市领导交办件8件。通过座谈会商、上门走访等方式，与市国土局、市市场监管局、市环保局等单位沟通协商文件政策制定、政府信息公开、行政执法案件、复议应诉案件等事宜。参与市联动中心商讨工作，为化解行政执法难题提供法律意见。

（史　玲）

公　安

【概况】 2018年，太仓市违法犯罪类警情与上年持平，刑事案件发案数较上年下降3.2%，实现命案“零发生”。全年破获各类刑事案件1974起，较上年上升8.9%，破案率41.6%；打击处理1542人，较上年上升5%，其中打击涉网类新型智能违法犯罪约占30%。太仓市公安局升级优化合成维稳平台和配套技战法，增强安保维稳实战效能，保障重大活动、重大赛事期间辖内安全。全年未发生暴恐、个人极端等重大惊扰性案事件，未发生大规模群体事件。年内，市公安局39个集体、292人次分获各级表彰奖励，其中市公安局和沙溪镇派出所分别荣立集体二等功，城中派出所获评全省优秀派出所。

【违法犯罪打击】 2018年，太仓市在严打传统犯罪同时，针对通讯网络诈骗犯罪、环食药案件高发以及传统犯罪向网上转移的现状，做大做强反诈、情报、网安三支专业队，探索建立一套侦办涉网违法犯罪新机制，集中侦办“1·11”网络赌博、尹某侵犯公民信息案等8大专案。通讯网络诈骗破案率6.3%，抓获率8%，市公安局成为首个完成苏州市公安局考核两个5%要求的县市局。持续推进扫黑除恶专项斗争，破获九类（聚众斗殴、强迫交易、寻衅滋事、敲诈勒索、非法拘禁、组织卖淫、强迫卖淫、开设赌场罪、故意毁坏财物罪）涉黑涉恶案件135起，打击处理246人，捣毁恶势力犯罪集团2个。开展打击制毒犯罪、贩毒犯罪和管控制毒物品、吸毒人员的“两打两控”专项行动，出重拳、下狠手、

2018 年 8 月 29 日，太仓市跨境摧毁一大型交友诈骗团伙（市公安局供稿）

严整治，坚决铲除毒品滋生蔓延土壤，遏制毒品犯罪发展空间。集中开展打击整治涉网治安违法犯罪的“断链行动”，网上网下协同作战，严打涉网治安违法犯罪，斩断非法活动的“人员链”“资金链”“技术链”，净化网上治安秩序。联合开展“清水蓝天”环保专项执法行动，全面排查各类环境违法问题。共破获各类案件 1262 起，抓获违法犯罪嫌疑人 1634 人，全市治安风气持续向好。

【治安防控】 2018 年，太仓市完成以南郊卡口为试点的智慧卡口建设，制定《卡口管理工作规范》，优化全市卡口运行管理机制，提升卡口实战效能。全年共抓获违法犯罪嫌疑人 434 人，其中“三逃人员”（批捕在逃人员、负案在逃人员、服刑或羁押在逃人员）51 人。探索建立“情指巡一体化”新模式，增强精准设防、精准识别、精准抓获能力。优化万达警务工作服务站实战功能，同步启动浏河镇、沙溪镇等警务服务工作站建设，打造窗口服务最前端、治安管控最前沿的街面新型综合实战单元。年内，全市可防性侵财警情较上年下降 8.3%，传统盗窃类警情较上年下降 22.4%，实现连续 3 年每年下降幅度超 10%。入室盗窃、扒窃、盗窃电动车等警情分别下降 29.3%、53%、2.3%，社会治安安全感、群众满意度再创新高。

【科技强警】 2018 年，太仓市坚持实战、实用定位，新建高清监控 2000 余个、900 万像素的超级卡口抓拍一体机 35 套，对接政府部门监控 1.8 万路。市指挥中心可视化数据展示平台建设及“合成作战涉黑涉恶、合成维稳、涉众型企业预警” 3 个升级项目投用。加大前沿科技手段的建设应用，新增人脸识别系统 99 套，创新搭建基于人脸应用的智能感知平台，获评苏州市公安局科技强警项目三等奖、第二届全省公安机关数据建模创新大赛优秀奖。高标准建成智能交通服务管理平台，执纪执法监督中心投入试运行，通讯指挥车建设改造完成，科大讯飞笔录软件、车载便携黑匣子、指令平台、重点项目管理平台、视频会议系统等项目均投入应用，提升警务效能。

【公共安全监管】 2018 年，太仓市以“防风险、除隐患、保安全”为目标，全力拉好警戒线、筑牢安全墙，确保全市公共安全形势持续向好，全年未发生重大交通、消防安全事故；道路交通警情、事故财产损失、死亡数、受伤人数分别下降 28.1%、8.5%、10.8%、12.1%；火灾事故起数、直接财产损失和伤亡人数分别下降 28.6%、41.2% 和 85.7%。高效应用智能交通服务管理平台，开展“春雷”“铁拳”“百日攻坚”等专项行动，提升道路交通安全、畅通、文明指数。高质量推进“331”专项行动，三类火灾数苏州大市最少，综合绩效位列苏州十个板块第三。加强重大活动安保、物流寄递业监管、危险物品管控以及应急处突各项工作。

【公共基础工作】 2018 年，太仓市公安局以深化派出所勤务模式改革为契机，优化勤务指挥、社区管理、执法办案流程机制。年内，15 个派出所“一室两队”（综合指挥调度室和社区警务队、执法办案队）勤务模式全部优化调整到位。研发应用基础工作平台，部署开展“一标三实”（标准地址和实有人口、实有房屋、实有单位）为主要内容的基础信息集中采集工作，共核查地址信息 41.29 万条，实有房屋 14.91 万户，流动人口 52.66 万人，实有单位 2.73 万家，核查率为 100%。创新建立基础工作质态联合督寻机制，确保基础工作各项措施全面落地见效。推进社会治安重点地区整治，致和塘沿线治安问题解决，警情较上年下降 55.8%。持续深化“六小（小网吧、小歌厅、小企业、小录像厅、小电子游戏厅、小旅馆）场所”集中整治，查获黄赌毒案件 250 余起，抓获各类违法犯罪嫌疑人 200 余人。

【公安服务】 2018 年，太仓市加强出入境秩序管理和在太仓的境外人员管理，受理公民因私出国（境）申请 3.89 万件次，服务临时到太仓的境外人员 4.26 万人次。以语言培训机构和劳动密集型企业为重点，组织开展“三非”（非法入境、非法居留、非法就业）外国人专项治理，共查处“三非”外国人 30 人。推进警方公共关系建设，开通运行“太仓警方”微信公众号、“太仓警方”官方抖音号，选择外企集中的地区建成外企服务站等一线服务单元，在沙溪镇、浏河镇行政服务分中心设立公安窗口，搭建警民沟通桥梁。推进全市民意评价平台顶层设计和建设。推行“早上班、不午休”错时服务制，缩短证件办理时限，提升窗口服务效率。完善“双随机、一公开”抽查机制，推进综合监管，共完成 12 个事项的双随机抽查。为展现全市公安机关良好风貌、密切警民关系，增强社会各界对全市公安工作的理解、关心和支持，市公安局会同太仓日报社分批组织市小记者团到市公安局参加“童眼看警察”警营开放日活动，60余名小记者“零距离”感受警营气氛。

2018年7月27日，小记者团“童眼看警察”主题活动在市公安局举行
（市公安局供稿）

【公安执法规范化建设】2018年，太仓市持续推进公安执法源头管理，警情检查模式由抽查变普查，实现警情数据质量动态监管全流程、全环节监管。推进现场执法标准化建设，打造“执法流程标准化、执法要求标准化、执法管理标准化、执法整改标准化、执法考评标准化”五位一体标准化体系。改进加强案管中心、案管室运行模式，构建日常监督、专项监督、个案监督相互协调衔接工作机制，形成事前提醒、事中提示、事后督导的全程执法监督闭环。加大监所管理力度，市看守所连续58年安全无事故。

（唐晓平）

检　察

【概况】2018年，太仓市人民检察院全年批准逮捕刑事犯罪嫌疑人668人，较上年上升27.2%；提起公诉1458人，较上年上升5.6%。坚持“少捕慎捕”理念和“宽严相济”原则，对涉嫌犯罪但社会危险性不大、依法不需要逮捕的，决定不批准逮捕126人；对犯罪情节轻微、依法不需要判处刑罚的，决定不起诉125人。惩治黑恶势力犯罪，共批准逮捕寻衅滋事、聚众斗殴、开设赌场等九类案件77件、169人，提起公诉85件、214人。维护公民人身财产权，起诉故意杀人、绑架、抢劫、放火等严重暴力犯罪33人，较上年上升6.5%；起诉盗窃、诈骗、敲诈勒索等多发性侵财犯罪407人，较上年下降8.5%。惩治采用传销组织形式的新型电信网络诈骗犯罪2件、17人，依法快捕快诉“套路婚恋”团伙诈骗案4件、54人。打击电信网络诈骗上游犯罪，加强公民个人信息保护，同步介入公安部督办的尹某侵犯公民个人信息案，深挖买卖公民个人信息犯罪链条和组织，批准逮捕20人，提起公诉9人。化解防范金融风险，突出惩治集资诈骗、非法吸收公众存款等涉众型经济犯罪5件、9人，涉及投资者1100余人，涉案金额2200余万元。受理市监委移送的职务犯罪案件5件、6人。受理刑事申诉案件18件。加强“两法（行政执法与刑事司法）衔接”，促进行政执法行为规范化，提高联合执法效能，建议行政机关移送刑事犯罪线索16件、40人，成立苏州首家派驻市场监督管理局检察室。建立重大监督事项案件化办理机制，监督立案9件、撤案7件，监督纠正漏捕5人、漏诉8人，其中对一起涉案金额200万元的合同诈骗案犯罪嫌疑人追加逮捕。发出书面纠正违法通知书31件，对认为确有错误的刑事裁判提请抗诉2件，建议再审2件。受理民事、行政诉讼申诉141件。办理群众涉法涉诉来信来访208件。依托多元化司法救助机制，对24名特困刑事被害人及其近亲属发放救助金30.2万元。对重大案件的讯问合法性开展核查工作14人。注重维护在押人员合法权益，通过羁押必要性审查变更强制措施64人，通过律师驻看守所值班制度提供法律咨询服务103人。建议市人民法院对33起案件收缴罚金。加强社区矫正检察监督，联合市司法局开展集中宣告293人次、集中授课132人次。开展指定居所监视居住专项检察20次。

2018年10月24日，太仓市公安局举办“最小作战单元”实战对抗演练
（市公安局供稿）

2018年8月31日，太仓市人民检察院与上海市宝山区人民检察院签署《关于建立长江口环境与资源保护联动协作机制的意见》（市检察院供稿）

【长江口环境资源保护联动协作】 2018年8月，太仓市人民检察院联合上海市宝山区人民检察院建立长江口环境与资源保护联动协作机制，共同签署《关于建立长江口环境与资源保护联动协作机制的意见》（以下简称“意见”）。宝山、太仓两地检察院以属地管辖、资源共享、协同配合、高效联动为基本原则，共同维护长江口生态环境与资源。意见明确两地检察机关在环境污染案件的提前介入、线索移送、调查取证等环节加强协作配合，并可根据需要联合开展保护长江口环境与资源专项行动、公益调查、法治宣传等活动。两地检察机关共同成立专门人才库，建立信息资源共享、教育培训合作、案件预防等机制，牵头召开沿江企业环境保护警示教育会，坚持实现惩治犯罪与修复生态、纠正违法与源头治理、维护公益与促进发展“三个统一”，共同促进生态文明建设。

【服务保障民营企业发展】 2018年，太仓市人民检察院贯彻上级检察机关关于服务保障民营经济、民营企业持续健康发展的实施意见，实施《服务保障民营经济发展12条实施意见》。加强产权司法保护，联合市市场监管局、市公安局等开展打击侵犯知名注册商标专项整治活动，发现、查获假冒注册商标商品1.8万件，涉案金额500余万元。化解防范金融风险，突出惩治集资诈骗、非法吸收公众存款等涉众型经济犯罪。加强民营企业平等保护和产权司法保护，坚持“三个慎重”（慎重拘留逮捕企业负责人和管理、技术骨干，慎重查封扣押冻结企业财物账户，慎重考虑办案方式和时机，最大程度避免司法办案对企业正常经营活动带来负面影响），区分“五个界限”（区分经济纠纷与经济犯罪的界限、区分改革探索出现偏差与钻改革空子实施犯罪的界限、区分合法经营收入与违法犯罪所得的界限、区分单位犯罪和个人犯罪的界限、区分不正当经济活动与违法犯罪的界限）。加强检企共建，提供法律咨询等司法服务。

【公益保护】 2018年，太仓市人民检察院围绕“绿水青山蓝天”需求，打击破坏生态环境资源犯罪4件、17人，办理“万顷良田工程环境污染案”、浏家港“红水河”案等社会关注案件，针对异地垃圾非法倾倒问题形成的专项分析报告获市委、市政府主要领导批示。参与办理的“长江口垃圾倾倒案”获评“2017年度全国十大法律监督案例”。开展“保障千家万户舌尖上的安全”检察公益诉讼专项工作，摸排食药领域违法犯罪线索，推动开展销售假冒阳澄湖大闸蟹专项整治行动，对璜泾镇一熟食店生产、销售有毒、有害食品案提起太仓市首例刑事附带民事公益诉讼。

【检察建议监督】 2018年，太仓市人民检察院发挥检察建议在防控犯罪风险、推进依法行政、完善治理格局等方面作用，向发案单位、主管部门制发检察建议14份，向行政机关发出督促履职检察建议38份。发出保障犯罪嫌疑人合法权利、改进监管工作的检察建议3份。推动出台《太仓市依法预防、处理监护人侵害未成年人权益行为实施办法》等规范性文件，针对动物养殖防疫问题向太仓市动物卫生监督所发出的检察建议入选“2017年度全省检察机关十大优质检察建议”。

【司法人文关怀】 2018年，太仓市坚持零容忍态度，打击侵犯未成年人、老年人、残疾人等弱势群体权益犯罪85

2018年6月6日，太仓市人民检察院举行第二届人民评议员聘任仪式（市检察院供稿）

件、106人。在全市中小学开展“防治校园欺凌”等“检爱护航”法治宣教项目。坚持“教育为主，惩罚为辅”的未成年人检察工作理念，加强对判处宣告缓刑的未成年人“教育、感化、挽救”，立足司法办案和犯罪预防，通过吸纳社会专业力量参与未成年人检察工作，支持和引导社会工作服务机构向未成年人提供司法和社会服务，构建未成年人“3+网络”体系，全面彰显“司法善意”。6月21日，太仓市检察院“彩虹桥”未成年人社区矫正检察工作室在太仓市司法局挂牌成立，规范未成年人社区矫正工作，市检察院、市司法局及社工组织共同建立长效帮教协作机制。双方联合制定《太仓市人民检察院彩虹桥工作室管理规定》，将未成年人社区矫正检察监督工作由定期监督转向常态监督，提升未成年人刑事执行检察工作质效。注重对弱势群体的司法保护，推进校园周边安全建设。加强对未成年人司法关爱，市检察院提前介入性侵未成年人案件，为性侵未成年人案件被害人进行心理测评。实现性侵未成年人案件被害人诊断、询问、心理咨询一站式办理，减轻案件给未成年被害人带来的次生伤害。落实检察官以案释法制度，组织开展“阳光检察”巡回宣讲，延伸派驻镇区检察室一线平台，联合社区开展结对共建，服务法治太仓建设，市检察院自导自演微电影《选择游戏》在司法部、国家网信办、全国普法办共同主办的第14届全国法治动漫微电影作品征集展播（映）活动中，获微电影类作品二等奖。为确保司法救助工作公开透明，提高检察机关司法公信力，太仓市检察院就蔡某申请国家司法救助案召开公开听证会，邀请3名人民评议员参与公开听证，4名人民监督员监督案件办理，对司法救助案件引入公开听证和人民监督员监督机制，在江苏省属首例。市检察院调解工作室获苏州市“人民调解工作先进集体”称号。

资料链接

“3+网络”体系，即通过政府购买+社会组织，构筑未成年人社会服务衔接网；通过提前介入+一站办理，构筑未成年人司法保护关爱网；通过全员预防+重点帮教，构筑未成年人成长护航立体网，提升未成年人检察工作社会化水平。

【智慧检务建设】 2018年，太仓市人民检察院搭建出庭一体化平台，在办理的一起抢劫案庭审中，运用多媒体示证、3D模拟等技术手段成功认定入室抢劫关键性证据，获法院判决支持。开展办案中心规范化建设，完善刑事办案区、未成年人办案区、律师值班室等功能区建设，完成远程提审系统高清改造，对接真人比例汇报系统，提升软硬件设施利用率、实用性和使用感。推进数字化档案建设，提升智慧办案、智慧管理和智慧服务水平。

【检务公开】 2018年，太仓市人民检察院成立“12309”检察服务中心，依托案件信息公开网、微博、微信公众号和新闻发布会等宣传载体，推进检务公开常态化，共公开各类信息5261条。深化人民评议员制度，向社会公开选聘人民评议员10人，公开评议案件21件，采纳评议员提出的不同意检察机关意见2件。完善与市人大、市政协的常态性联络机制，建立院领导直接联系人大代表、政协委员制度，举办“代表委员联络月”等活动，接受人大代表、政协委员和社会各界监督。举办以“以案释法，防治校园欺凌”检察开放日暨新闻发布会活动，落实“谁执法谁普法”责任，加强校园欺凌防治工作，未成年们近距离感受法律的公正严明。（曹春英）

2018年5月30日，太仓市人民检察院举办“以案释法，防治校园欺凌”检察开放日活动（市检察院供稿）

法　院

【概况】 2018年，太仓市人民法院围绕“努力让人民群众在每一个司法案件中感受到公平正义”目标，坚持司法为民、公正司法工作主线，抓好执法办案主业，持续推进司法改革，加强队伍建设，推动各项工作有序开展，为全市建设“现代田园城、幸福金太仓”和高质量建设“两地两城”提供司法保障。年内，市法院共受理各类案件1.73万件（含旧存2426件），审执结1.49万件，分别较上年增长3.88%、4.8%，解决争议标的额86.31亿元。

【刑事审判】 2018年，太仓市人民法院共新收刑事案件1150件，审结1149件，较上年分别增长4.26%、4.17%。贯彻落实中央和上级关于开展扫黑除恶专项斗争的部署要求，坚持依法从严，审结涉黑涉恶势力犯罪案件4起13人，组织排查涉黑涉恶案件线索，提升打击精准性、实效性。参与社会治安综合治理工作，依法严厉打击电信诈骗、“两抢一盗”（抢劫、抢夺、盗窃)、聚众斗殴、寻衅滋事等犯罪案件331起，提升市民安全感。配合国家监察体制改革，加强与市纪委监委、市检察院工作机制衔接，纪法贯通，依法审结贪污贿赂、渎职等职务犯罪案件8件，推动反腐败斗争。

【民事、商事审判】 2018年，太仓市人民法院新收各类民事、商事案件7485件，审结7439件，较上年分别上升10.43%和9.96%。针对民事、商事案件快速增长的态势，加大小额诉讼程序、简易程序等适用力度，健全案件繁简甄别机制，优化速裁团队，实现简案快审、繁案精审。其中，适用速裁程序审结案件3002件，民事案件速裁适用率38.1%。推进以派驻法院调解工作室为基础，覆盖劳动争议、建设工程、物业、医患、道赔等案件类型多元纠纷化解模式，为当事人提供高效便捷的纠纷解决渠道，提升案件审判效果。其中，派驻调解工作室共分流案件2196件，调解成功1072件。

【行政审判】 2018年，太仓市人民法院贯彻行政诉讼法新司法解释，依法履行司法监督职责，加大合法性审查力度，依法纠正行政机关违法行为，监督行政机关依法履职。全年共新收行政诉讼案件34件，审结24件，其中行政机关败诉2件，行政机关败诉率持续保持低位。与市政府法制办联合召开行政执法与行政审判联席会议，通报涉市行政机关诉讼等相关情况，研讨实践中遇到的疑难问题，促进行政机关依法行政。推进行政机关负责人出庭应诉工作，行政机关负责人出庭应诉率连续11年保持100%。配合全市“两减六治三提升”专项行动、“散乱污”专项整治工作，审理整治过程中出现的相关案件，加大对涉环境资源违法行为行政处罚案件的执行力度，促进城乡生态环境持续改善。

【案件执行】 2018年，太仓市人民法院新收执行案件5689件，执结5774件，较上年分别上升0.28%、0.84%，执行到位标的额11.12亿元，解决职工工资2000万元，执行关键质效指标居苏州法院系统前列。推进执行工作与信息化建设融合，实现事务性工作集约化管理，提升执行工作实效。完善常态化集中执行工作机制，加大强制措施运用，提升执行工作震慑力。推行网络司法拍卖，引入第三方司法网拍辅助服务机制，提高司法拍卖透明度及成交率、溢价率。全年共通过网络拍卖成交177件，成交金额15.38亿元。加大失信被执行人信息曝光力度，依托“两微一网”及“村村通”工程等120余个终端平台，推动构建“一处失信、处处受限”的联合信用惩戒机制，促进社会诚信体系建设。

2018年11月30日，太仓市人民法院召开推进“基本解决执行难”新闻发布会
（徐芳 摄）

【以法治护航经济发展】 2018年，太仓市人民法院制定实施《关于为民营经济健康发展提供司法保障和服务的意见》，制定举措16条。加大产权司法保护力度，依法平等保护企业家合法权益，维护企业家人身和财产安全，为企业家创新创业营造良好法治环境。加强破产审判工作，服务供给侧结构性改革，制定《执行案件移送破产审查程序规范指引（试行）》《破产案件简化审理规程（试行）》等规范性文件，探索构建“流程标准化、文书规范化、流转短期化、信息透明化”“短平快”破产审判新路径，依法处置“僵尸企业”，全年共受理各类破产案件59件，审结43件，较上年分别增长247%、79.16%。围绕防范化解重大风险目标，加强与金融监管部门沟通协调，健全金融案件“要素式”审判模式，推进金融案件分流快审。全年新收涉金融案件360件，审结362件，较上年分别增长5.23%、1.32%，涉案金额15.18亿元。

【司法为民】 2018年，太仓市人民法院落实各项司法利民便民举措，推进信息技术与诉讼服务工作有机结合，推行“互联网+诉讼服务”模式，完善“七位一体”诉讼服务体系，推进网上立案、自助立案、跨域立案等工作机制建设，为当事人提供高效便捷的一站式服务。全年共为当事人提供材料收转、案件查询、法律咨询、邮寄立案等诉讼服务1.9万人次。推进司法公开，健全完善审判流程信息公开、裁判文书公开、庭审直播公开和执行信息公开等“四大平台”，构建开放、动态、透明、便民的阳光司法机制。全年共计发布审判流程信息4.3万条，公开裁判文书7151篇，互联网庭审直播3640次。

【审判管理】 2018年，太仓市人民法院加强案件质量评查，确保员额法官全覆盖，进行案件质量评查、庭审考评以及裁判文书评查，并按照相关考评标准进行打分评级。严格案件审判流程管理，制定《关于规范各类案件延长审限的有关规定》，明确规定延长审限审批流程、院庭长审批权限及违规

2018 年 4 月 10 日，太仓市人民法院开展“青少年走进法院”普法活动
（徐芳　摄）

后果，加大对审限的预警、督查和通报力度，从源头上减少和预防长期未结案件产生。规范专业法官会议，发挥专业法官会议咨询功能，发挥其在院庭长实施监督管理、解决疑难复杂案件、统一裁判尺度方面的作用。

【司法改革】 2018 年，太仓市人民法院推进“以审判为中心”刑事诉讼制度改革。围绕庭审实质化，选择典型案例推行庭前会议、证人出庭等工作，发挥庭审在认定证据、保护诉权、公正裁判中的决定性作用。全年共向检察机关建议补充侦查案件 17 件，改变案件定性或法律适用 5 件。创新涉及少年审判、家事综合审判，联合市妇联实施《家事调查员工作规程》，发挥家事调查员队伍在社会调查、调解纠纷、延伸帮教等方面的辅助作用。推进知识产权审判体系和审判能力现代化，在市市场监管局设立全国首家知识产权巡回审判点，构建行政执法与司法审判联动保护知识产权的长效机制。通过智慧法院建设，统一裁判标准，规范司法行为，提高审判质效，促进和实现审判体系和审判能力的现代化。协同推进全流程网上办案，提升审判执行工作规范化、信息化、精细化。完成科技法庭高清技术改造，庭审“三同步”（同步录音录像、同步记录、同步显示庭审记录）率 100%。

（徐　芳）

司法行政

【概况】 2018 年，太仓市律师行业办理各类案件 2652 件，较上年减少 1%，业务收费 8469.45 万元，较上年增长 24%；基层法律服务行业办理各类案件 750 件，较上年减少 15%，业务收费 771.62 万元，较上年增长 15%。太仓市公证处共办理各类公证 5775 件，收取公证费 380 万元。全市各类人民调解委员会及两级调处中心共调解纠纷 4237 件，调解成功率 100%，涉及人员 8993 人次，涉及金额 1.1 亿元。全年全市累计接收社区服刑人员 281 人，衔接刑满释放人员 239 人。截至年底，在册社区服刑人员 278 人，刑满释放人员 1326 人。市法律援助中心办理各类法律援助案件 785 件，接受法律咨询 5393 人次。年内，市司法局获评太仓市“政社互动”创新实践先进单位，城厢镇司法所获评“全国先进司法所”。

【公共法律服务】 2018 年 7 月，全国公共法律服务平台建设现场推进会在太仓召开，会议总结交流各地公共法律服务平台建设情况，学习太仓市公共法律服务工作经验，提升政治站位，践行司法为民，以平台建设为载体，加快推进公共法律服务体系建设。太仓探索创新公共法律服务体系建设的成功经验成为与会人员及各大媒体关注的焦点。公共法律服务“太仓模式”被司法部推广，公共法律服务工作受到中央电视台、《人民日报》《法制日报》等媒体持续关注。年内，市政府实施《太仓市公共法律服务平台建设指导意见》，太仓市建成全国首家互联网公共法律服务中心，推进镇（街道）公共法律服务工作站贯标工作。“一呼百应”掌上公共法律服务平台关注量突破 2.5 万人次。强化全民法治观念，营造学法懂法守法用法氛围。开展“法润太仓 · 春风行动”“暖阳一号”“五月的阳光”等公共法律服务专

2018 年 7 月 30—31 日，全国公共法律服务平台建设现场推进会在太仓召开
（刘亚彬　摄）

2018年4月8日，太仓市举行江苏省第四届"4·8司法日"主题活动
（陈虹 摄）

项活动，服务群众8000余人次。"法律服务·光明万家"获评太仓市"群众最满意的机关优质服务品牌"。发布《太仓市"全生命周期"公共法律服务产品清单》《太仓市2018年度公共法律服务基本项目清单》，推出"幸福人生·法律呵护""扬帆起航·法律帮助""颐养天年·法律保障"三大类共115项公共法律服务产品。深化公共法律服务"入户工程"，困难家庭公益法律顾问实现全覆盖。2017年度村（社区）公共法律顾问工作总体满意率95.6%。建立低收入家庭法律服务需求档案库，做好对口支援帮扶工作，组织律师赴连云港市灌南县开展法律扶贫。开展"德法涵养文明·共建绿色生活"主题活动，实施"倡导绿色出行""打造绿色企业""建设绿色村居""共创绿色校园"四大行动。深化"法企同行"活动，走访企业513家，帮助企业挽回经济损失1.2亿元。组建民营企业法律服务团，召开民营企业法治保障座谈会，开展重点企业"法治体检"工作。

【法治宣传教育】 2018年，太仓市完成"七五"普法中期检查。年内，开展十大宪法主题系列宣传和首个"宪法宣传周"活动。第4届"光辉奖"世界华文法治微型小说大赛优秀作品集《青春悬崖》出版发行，第5届大赛完成评选。举办首届司法行政领域社会组织创客大赛，15个社会组织普法项目服务群众10万人次，举办第2届创客大赛。落实"谁执法谁普法"责任制，评选2018年度最受群众关注的普法特色品牌10个。举办"普法肃纪基层行"活动，全市公务员"线上学法考试"实现全覆盖，参加考试1.7万人次。新增苏州市法治文化建设示范点7个，入选苏州市"十佳普法达人"1人，获评国家级奖项法治文化作品19件，璜泾镇永乐村获评"全国民主法治示范村"。

【社区矫正和安置帮教】 2018年，太仓市严格执行社区服刑人员请销假制度。对照排查认定11个条件，排查认定重点社区服刑人员27人，信息录入专网并进行挂牌管控转化。规范化建设入矫宣告室、信息采集室等，实现入矫宣告、教育培训、远程研判等。推进全市司法行政刑罚执行一体化建设，制定《关于规范暂予监外执行罪犯病情诊断、妊娠检查或者生活不能自理鉴别工作的通知》，为全市5名暂予监外执行人员安排体检。升级完善远程亲情视频会见系统，全年共发起与监狱的远程会见申请48次，成功会见32次。加强手机定位、电子腕带、人脸生物识别仪、矫务通、执法记录仪等科技应用。市司法局与市公安局建立预刑释人员提前对接机制。深化社会协同，开展暴力类社区服刑人员循证矫正项目。购买市光彩人生矫正帮教协会重点刑释人员衔接前置项目，共接回重点刑释人员12人，开展衔接前置、签订协议、回访教育等工作。

【法律援助】 2018年，太仓市开展农民工讨薪专项行动，成立农民工法律援助服务队，42名律师专门负责办理农民工讨薪案件。通过"农民工门诊"绿色通道，及时受理、快速办理涉及农民工讨薪的案件。在春节、"3·5"学雷锋日、"3·15"国际消费者权益日、"12·4"国家宪法宣传日等时间节点，开展法律援助宣传活动，向群众提供法律咨询，发放宣传资料。举办"为爱撑起一片蓝天"法律援助专场文艺演出。规范法律援助中心日常运行管理，抓好服务窗口作风效能建设，实施AB轮岗制度，明确窗口职能设置、人员岗位职责。成立法律援助青年律师团，专门承接法律援助案件。加强对各镇（区）法律援助工作站的工作指导。开展法律援助案件质量抽查，组织旁听法律援助案件庭审，提升法律援助办案质量。市司法局打造"智慧法务"，推行"互联网+公共法律服务"，实行"不见面""最多跑一次"服务模式。7月13日，太仓市互联网公共法律服务中心启用，形成实体、热线、网络三位一体综合性平台。中心设立自助服务区、远程服务区、"12348"指挥中心和大数据处理中心等三个区域。自助服务区由智慧小司机器人、互联网无人律所、自助服务一体机、普法宣传屏组成，提供自助法律服务。

【人民调解】 2018年，太仓市实施《太仓市人民调解员参与信访代理工作实施办法》，召开现场会推广城厢镇工作经验；实施《关于开展律师调解工作的实施意见》，在4家律师事务所和市人民法院、市公共法律服务中心建立律师调解工作室。推动律师进公安派出所、进信访大厅、进劳动仲裁院、进城管执法中队、进镇人民调委会。发展新时代"发动和依靠群众，坚持矛盾不上交，就地解决，实现捕人少、治安好"的"枫桥经验"，命名"枫桥经验"示范点13个。全市"村（社区）公共法律顾问微信群"覆盖人数1.5万人次。加强市、镇、村三级调委会建设，开展村（社区）调委会提档升

2018 年 7 月 13 日，太仓市互联网公共法律服务中心揭牌　（刘亚彬　摄）

级专项行动。推进专业性、行业性人民调解组织建设。培育个人调解室，打造民间调解品牌。举行人民调解员业务培训，提升全市人民调解员能力水平。修订《太仓市人民调解个案补贴实施办法》，按照“一案一卷，调解成功，协议履行”“一案一补”原则，划分简易矛盾纠纷、一般矛盾纠纷、疑难复杂矛盾纠纷三个等级，落实“以案定补”，激发调解活力。

【公证服务】 2018 年，太仓市推进公证服务“放管服”改革，为当事人提供通畅便捷、优质高效的公证服务。建设公证大数据应用平台，实现公证档案整理、扫描、数据抓取、资源整合，避免循环证明、重复证明。在市公共法律服务中心实行驻点值班制度，为当事人提供公证咨询、办证预约、材料审核等事宜。增设远程公证室，在城厢镇和浏河镇公共法律服务站设置公证一体机，实现简单公证在线办理，复杂公证在线预约，远程公证操作指引，办理公证“最多跑一次”。开发“云公证”网上办证平台，在“看苏州”APP 网络平台开设办证端口，接入太仓市掌上公共法律服务平台，与当事人实时连线。开展纪念《中华人民共和国公证法》颁布 13 周年等宣传活动，以专题讲座和现场咨询方式向群众宣传公证服务相关内容。市公证处与市不动产登记中心签署购买公证法律服务协议，加强公证登记部门间工作衔接，简化群众办事流程。市公证处参与政府招投标、退伍军人安置等社会经济活动，保障交易双方当事人合法权益。实施公证服务惠民十项承诺，扩大减证便民服务力度，建立周六固定值班、上门办证、快速出证等工作制度，对“老、弱、病、残”等特殊人群启用绿色通道，为弱势群体办理公证超百件，减免公证费用近万元。　（陈　虹）

劳动仲裁

【概况】 2018 年，太仓市处理劳动人事争议案件 3854 件，其中立案处理 3093 件，较上年上升 29.59%；集体争议 59 件，较上年增长 268.18%。审结 2934 件案件，裁决 585 件，调解 2151 件，撤诉 198 件，结案率 94.86%，调撤率 80.06%。裁决后，当事人向法院起诉 142 起，经市人民法院审理仅 4 起案件因新增证据而改判。省调解服务平台网上调解成功 1012 件，占仲裁机构立案数 32.72%。

【集体争议应急处置】 2018 年，太仓市人社局建立健全集体争议应急处置机制。成立应急处置小组，仲裁院院长指导督办，指定仲裁员提前介入，及时摸清企业状况，掌握工作主动性。发挥基层调解优势，在接案窗口开展职工思想工作，指导职工依法维权。开通仲裁绿色通道，当日立案，30 日内结案，协助职工到市人民法院办理财产保全手续，最大限度保障员工权益。激活联动化解机制，联合市人民法院、市司法局、市总工会等单位协调处理相关争议。

【仲裁服务】 2018 年，太仓市继续推行仲裁开放月，向社会公开仲裁办案场所、仲裁人员名单、仲裁法规制度、仲裁庭审现场、仲裁法律文书等“五个公开”，完善“阳光仲裁”机制；引进法律援助服务，采用购买服务方式引入律师事务所，提供工作日坐班制服务，由专业律师为职工提供法律咨询和法律援助服务，对符合条件者做到“应援尽援，应援优援”。举办“劳动仲裁大讲堂”，组织庭审观摩活动 3 次，为百余名企业人事经理再现、还原违法解除劳动合同及医疗期、竞业限制等劳动争议案件全过程，开展庭后授课。开展巡回法庭，选取起诉至法院的典型劳动争议案件进行公开开庭，组织庭审后案件研讨会，统一裁判尺度，提升案件裁审一致率。开展特殊企业跟踪服务，跟踪服务关停并转企业职工分流安置工作。　（宋秋沙）

公共安全

安全生产

【概况】 2018 年 3 月，太仓市政府制定《太仓市安全生产各专业委员会及其组成人员方案》，明确设置专业委员会 13 个，分管市长任各专委会第一主任。各专业委员会统筹协调本专业委员会各成员单位安全生产工作，定期分析本行业领域安全生产形势，协调解决安全生产工作中重大问题。年内，太仓市安全生产监管信息系统开发完成并上线，指挥中心完成硬件建设。全年开展企业“三项岗位”（企业主要负责人、安全生产管理人员、特种作业人员）安全生产培训 297 期，累计培训 1.57 万人，较上年增加 41%。

【危险化学品安全监管】 2018 年，太仓市深化危险化学品安全综合治理及沿江化工整治，结合“263”“四个一批”（关停一批、转移一批、升级一批、重组一批）等专项行动，整治区外不符合安全生产要求化工企业，全年淘汰关闭化工企业28家。开展各类专项检查和联合检查督查，全年检查企业384家次，对问题较大企业加强事前执法，处罚企业26家，罚款金额133.68万元。

【粉尘涉爆企业安全监管】 2018年年初，太仓市在册粉尘涉爆企业25家，年内关停6家；镇（区）安监部门新排查粉尘涉爆企业6家，并纳入监管名册。截至年底，全市在册粉尘涉爆企业25家。太仓市开展涉爆粉尘作业场所粉尘浓度职业卫生监测、十大重点问题和隐患整改“回头看”核查。在全市粉尘涉爆企业安装视频监控并联网基础上，推进信息化监控提档升级，发挥物联网信息技术，实现粉尘涉爆企业集中除尘设备运行状态与运行参数在线监测、分析、处理和预警。至年底，平台基本建设完成并优化完善；完成提档升级企业6家，与改造单位、电信部门签订协议企业9家。

【烟花爆竹安全监管】 2018年春节期间，市安监局、市公安局、市交运局、市市场监管局、市城管局、市消防大队等部门及烟花爆竹协会组成联合检查组4个，对全市69家烟花爆竹零售点和部分镇（区）集贸市场开展经营旺季联合执法检查，收缴非法烟花爆竹产品2000余件。打击非法违法经营烟花爆竹行为，全年查处非法经营烟花爆竹案件4起，查获非法经营烟花爆竹300余件，依法移交公安机关处理1起。开展烟花爆竹经营（零售）许可证到期零售点换证，对不符合许可发证条件零售点不予发证，全市烟花爆竹经营单位从换证前69家减少至34家。

【有限空间作业企业监管】 2018年，太仓市对全市有限空间作业企业开展第三方机构专家核查，苏州市安监局核查企业22家，太仓市安监局核查重点企业50家，镇（区）核查其余有限空间作业企业。全市创建有限空间作业管理示范企业10家。

【金属冶炼企业监管】 2018年，太仓市开展金属冶炼企业排查摸底，全市共有金属冶炼企业50家，聘请专家开展安全检查。组织专家对苏州达诺铸造有限公司开展钢铁企业专项核查。开展安全设施“三同时”（同时设计、同时施工、同时投入生产和使用）专项整治，立案处罚金属冶炼企业3家，罚款48万元；依法取缔非法从事铝制品熔融企业1家。

【职业卫生监管】 2018年，太仓市开展工作场所职业病危害因素定期检测企业1316家，较上年增加48%；组织接触职业病危害作业员工体检企业1242家，较上年增加5%。确定职业病危害重点企业50家，开展监督性检测、现状调查和两轮监督执法检查。开展有机溶剂、电焊烟尘专项治理，高危粉尘、噪声专项治理，汽车制造行业尘毒危害专项治理。全市创建尘毒治理示范企业10家。开展“职业健康执法年”行动，对当年产生职业病企业开展全覆盖检查，检查企业10家，实施处罚企业10家，处罚金额38.4万元；全年实施职业病防治方面处罚96家次，处罚金额435万元。

【工贸行业标准化样板地区建设】 2018年，太仓市复评三级标准化企业262家、小微标准化企业80家。申报二级标准化工贸企业35家，通过考评25家，全市累计二级标准化工贸企业35家；申报二级标准化化工企业25家，通过考评6家，全市累计二级标准化达标化工企业18家；提交标准化申请小微企业1355家，通过考评909家，全市累计小微标准化达标企业2493家，培育苏州市级小微企业标准化创建示范企业11家。市安监局开展三级标准化运行质量审计工贸企业150家、粉尘涉爆企业16家，其中运行质量审计结论为下降的企业50家，并予以摘牌；开展标准化运行质量审计小微标准化企业100家，其中予以摘牌企业20家。各镇（区）开展其余三级标准化工贸企业运行质量审计或“回头看”检查。

【风险分级管控和隐患排查治理双重预防工作机制构建】 2018年3月与5月，太仓市分别召开双重预防机制建设工作动员推进会和现场会。全市开展双重预防机制建设化工企业47家、规模以上企业及重点行业企业1116家。截至年底，完成建设并实施运行的规模以上企业831家，完成率83.7%。市、镇（区）两级重点培育标杆示范企业62家。全市化工企业全部完成双重预防机制创建。

【安全生产行政执法】 2018年，太仓市安全检查企业1436家次，较上年上升129.84%；开具各类执法文书

2018年3月16日，太仓市召开“六防”和委外作业暨标准化双重预防机制建设工作动员推进会　（顾婷婷　摄）

2018 年 6 月 16 日，市安委会成员单位在太仓万达广场联合开展安全生产宣传咨询活动（市安监局供稿）

1625 份，较上年上升 133.2%。全年查处安全生产违法违规行为 415 起，处罚金额 1763.88 万元，组织召开处罚听证会议 3 次。其中事前立案 396 件，较上年上升 144%；事前处罚金额 1300.15 万元，较上年上升 224.9%。

【重大隐患三级政府挂牌督办】 2018 年，太仓市确定三级政府挂牌督办重大隐患 50 个，至年底全部完成整改，投入整改资金 8880 万元。其中苏州市级挂牌督办重大隐患 10 个，投入整改资金 3470 万元；太仓市级 20 个，投入整改资金 3740 万元；镇（区）级 20 个，投入整改资金 1670 万元。

【专项整治和专项行动】 2018 年 2 月下旬至 11 月底，太仓市开展以“六防”[防机械伤害、防触电、防高处坠落、防坍塌、防物体打击、防场（厂）内专用机动车辆事故]、委外作业为抓手的安全生产大检查、大整治专项行动，各镇（区）排查摸底辖区内涉及“六防”和委外作业的企业，督促企业开展自查自纠，并逐个开展执法检查。5 月起，开展租赁厂房安全生产专项整治，各镇（区）排查摸底租赁厂房，排查从事生产经营活动租赁厂房 2863 家，排查整治租赁厂房安全生产隐患 1649 个。市安监局查处租赁厂房违法行为，立案处罚承包租赁类案件 106 起，罚款金额 227.7 万元。（顾婷婷）

【消防工作责任落实】 2018 年，太仓市消防工作坚持党政主导，强化综合治理主责意识。按照“政府主导、部门监管、单位负责、群众参与”思路，推动市委、市政府采取会议部署、签订责任书、督察考评等方式，落实行业部门消防安全责任制，推进消防工作社会化，提升公共消防安全管理水平，明确单位消防安全主体责任，规范消防安全管理行为，严格单位消防安全责任人和消防安全管理人责任，实现单位消防安全自查、隐患自除、责任自负目标。

【消防安全管理】 2018 年，太仓市坚持标本兼治，保持隐患治理强劲势头。市消防大队围绕“331”火灾隐患整治、博物馆和文物建筑火灾防控等专项工作，结合夏季消防安全大检查活动，加大对“三合一”群租房、电动车乱停充电、博物馆和文物建筑检查力度。将“331”专项行动嵌入全市 504 个基础网格，并依托市联动中心平台及原有流程机制进行规范化运作。打造“满电回家”品牌。联合市住建局、市安监局等部门开展电动车集中停放和充电场所建设专项行动；与市民政局、市教育局等部门针对独居老人、留守儿童易受火灾侵害情况，推广安装独立式感烟火灾探测报警器；联合市公安局、市安监局、市城管局、市住建局等部门对隐患突出的“三合一”、群租房领域开展违规住人、阻碍消防通道专项活动。针对突出问题、重点区域、重点人群，开展全覆盖、拉网式整治，提升整治精准性、有效性，解决城中小商品市场、洛阳路夜市一条街等一批突出问题。

【消防实践能力提升】 2018 年，太仓市确保消防救援战斗力，推动政府专职消防队和村、企、社区微型消防站建设，开展“六熟悉、体能、技能”基础训练工作，分批次开展集中轮训，每周开展体能对抗赛，每月比武竞赛，坚持以提高战斗力为标准，构建层级化、递进式、互补性训管体系，提升队伍抢险救援、灭火攻坚实战能力。全年开展重

2018 年 8 月 25 日，太仓市消防大队突击夜查辖区人员密集场所（市消防大队供稿）

点单位熟悉演练958次，修订灭火预案210份。邀请专家开展槽罐车泄露、交通事故车辆破拆、现场急救培训6次。

【消防宣传】 2018年，太仓市深化消防宣传"七进"（进机关、进学校、进社区、进企业、进农村、进家庭、进网站）工作，推动消防社会化宣传工作新常态。发动消防网格化管理员、社区防火宣传队、消防志愿者服务队等消防宣传队伍开展宣传，发放各类消防宣传单和宣传手册近20万份。年内，市消大队开展消防宣传月活动，以"全民参与，防治火灾"主题为指引，开展消防运动会、微信公众号有奖答题等活动，向群众广泛宣传消防法律法规和防火灭火知识，曝光典型火灾案例、畅通社会咨询和监督渠道，调动广大人民群众关心消防、支持消防、参与消防积极性，促进全市消防工作健康发展。

（叶　奕）

"331"专项行动

【概况】 2018年5月10日，太仓市"331"整治火灾隐患百日专项行动动员部署会议在市行政中心召开，会议解读《全市"331"整治火灾隐患百日专项行动方案》和"331"整治火灾隐患百日专项行动任务清单、履职清单、追责清单。会议要求全市上下深刻认识抓好消防和安全生产工作的极端重要性和现实紧迫性，以铁的决心、铁的手腕、铁的担当，组织推进好"331"专项行动。年内，全市共发现"三合一"、出租房（群租房）、电动自行车三类隐患7.59万处，整改7.47万处，整改率98.39%。全年未发生较大火灾事故，火灾事故"零亡人"，火灾事故起数、直接财产损失和伤亡人数分别较上年下降36.8%、24.7%和85.7%。"331"三类火灾发生数在苏州大市范围内最少，"331"专项行动综合绩效位列苏州十个板块第三。

【专项行动组织推进】 2018年5月5日至8月12日，太仓市按照《全市"331"整治火灾隐患百日专项行动方案》要求，围绕"三合一"场所、出租房（群租房）和电动自行车三类突出火灾隐患，按照任务清单、履职清单、和追责清单"三张清单"，在全市范围开展为期一百天的集中整治专项行动。5月5—10日为动员部署阶段，5月11日至7月31日为排查整治阶段，全市按照"全面覆盖、不留盲区、不留死角"要求，拉网式排查"三合一"场所、出租房（群租房）和电动自行车隐患。太仓市组建市、镇区两级"331"专项行动工作专班。市委市政府召开全市性的动员部署会和阶段性推进大会6次，市人大常委会对"331"专项行动进行专项督查。完善市、镇（部门）、村、基础网格四级工作体系，建立市委市政府"两办"专项督查、市"331"专班挂钩督查、新闻媒体驻班监督的"大督查"工作模式。

2018年5月10日，太仓市"331"整治火灾隐患百日专项行动动员部署会议在市行政中心召开

（简新海　摄）

资料链接

"331"百日专项行动，是从5月5日至8月12日，围绕"三合一"场所，出租房（群租房）和电动自行车三类突出火灾隐患，按照既定任务清单，履职清单和追责清单"三张清单"，利用100天时间专项整治火灾隐患，全力维护全市消防安全和人民群众生命财产安全。

"三合一"场所整治"8个一律"：1. 生产、经营、储存区与住宿区一律用实体墙分隔；2. 居住房屋一律不得违法生产、经营、储存易燃易爆危险品；3. 违法建筑、违法搭建、门窗铁栅栏一律拆除；4. 住宿区域一律不得违法群租；5. 电动自行车一律不得在室内公共空间停放、充电；6. 疏散通道和安全出口一律不得占用、堵塞；7. 住宿场所一律按规定设置消防设施、器材；8. 住宿场所一律明确消防安全管理责任人。

出租房（群租房）整治"7个严禁"：1. 严禁出租人、转租人放任出租房屋消防安全管理；2. 严禁违法建筑和非居住场所出租居住；3. 严禁擅自改变房屋原有结构、装修分隔及违法群租；4. 严禁出租房屋用于生产、经营、储存易燃易爆危险品；5. 严禁出租房卧室内使用明火；6. 严禁出租房屋擅自安装门窗障碍物；7. 严禁电动自行车在室内公共空间停放、充电。

电动自行车整治"6个决不允许"：1. 决不允许生产、销售不合格电动自行车；2. 决不允许从非法渠道购买电动自行车及电瓶；3. 决不允许私自改装电动自行车；4. 决不允许在不合规地下室停放电动自行车；5. 决不允许电动自行车在室内公共空间停放、充电；6. 决不允许物业管理单位放任电动自行车违规停放、充电。

【隐患排查整治】 2018年，太仓市在苏州通用整治标准基础上，建成高标准整治样板间31处，"三合一"、出租房两类场所合规改造验收率100%。年内，全市各镇区开展逐村、逐街、逐

2018年6月11日，太仓市在港区清除“331”隐患建筑（刘长安 摄）

楼、逐户拉网式排查，发现并录入平台隐患7.59万处。针对排查发现的安全隐患，拆除各类影响逃生障碍物和违章建筑28.7万平方米，停产停业停租291家，停水停电2173家，搬离违规居住2802人，依法查处经营业主、“二房东”等责任人员35人。

【专项行动宣传发动】 2018年，太仓市依托网络平台以及报纸、电视、短信、专题讲座等线上线下载体，丰富“331”专项行动宣传形式内容，共发送短信、微信安全提示40.9万条，悬挂横幅4180余条，设置专题宣传栏3000余个，设摊宣传、座谈宣传、专题讲座246场。依托“太仓发布”微信公众号策划“331”知识微信朋友圈有奖竞答活动，在全市60万微信用户朋友圈中统一推送宣传。联合市教育局开展“小手拉大手331宣传进课堂”，沙溪镇、浏河镇自编自导“‘331’在行动”等文艺演出，市消防大队举办“红色能量场”党建共建活动。

【专项行动工作创新】 2018年，太仓市依托全市504个基础网格和联动中心平台，将“331”专项行动融入各网格，应用社会综合治理联动机制推进行动开展。推行企事业单位“满电回家”举措，在苏州大市范围内率先制定《电动自行车充电桩建设指导意见》和《机关（团体）企事业单位安装电动自行车充电桩的实施意见》，全市建成集中停放和充电场所4800余处，充电插座5万个，其中行政机关、企事业单位建成充电设施3180处，充电插座3.2万个。通过政府出资、企业自建等方式，梳理集宿区、员工楼等住房资源232处，解决近4万名在太仓务工人员租房问题。

【专项行动制度完善制度】 2018年，太仓市印发《太仓市“三合一”场所、出租房（群租房）领域失信联合惩戒暂行办法》文件，明确失信主体的归集范围及惩戒方向，向社会公布2批共14个失信法人和自然人名单。根据苏州市“331”专项行动绩效考核有关要求，制定《太仓市“331”整治火灾隐患专项行动绩效考核评估办法》，明确将“331”专项行动列入《2018年度区镇绩效考核工作实施意见》，刊发预通报表4期和正式通报表2期，促进专项行动重点工作在各板块落地落实。部署开展房屋中介违规发布租房信息专项整治，整治97家，处罚4家，规范化管理全市租赁房屋资源。

【长效管理措施落实】 2018年，太仓市建立完善火灾隐患网格化长效治理模式，将安全监管责任嵌入网格，落实到每一个岗位。做大做强市联动中心在火灾隐患排查整治领域的实战功能，由基层网格员负责隐患的排查和录入，联动中心统一接单、派单，职能部门、属地政府落地整治，最后再由市联动中心统一验收，整个过程纳入联动中心对市级机关和镇区的考核，形成完整工作闭环。发挥联动中心平台定点巡查功能，通过系统预设提醒，重点跟踪已整治隐患的最新状况，落实长效管理措施。（唐晓平）

人民武装

【概况】 2018年，太仓市人民武装工作紧扣强军主题、改革主线、备战主责、动员主业，突出政治建设、战备训练、大项任务、风气建设、安全管理提质增效，全市人民武装工作呈现良好态势。年内，市人武部被省军区评为“军事训练先进单位”。

【党管武装工作】 2018年，太仓市各级领导干部履职管武装、依法建武装，为全市武装工作建设提供经济保障和政策支撑。镇区（街道）党委书记学习习近平系列重要讲话和党管武装工作相关法规制度和业务知识，带头参加军事日活动和支持观看国防教育专场演出。落实议军会、武委会、述职会、过军事日等制度，以民兵整组改革为契机，镇区（街道）党委书记全程参加点验大会，并由书记上国防教育课。结合省、市两级对基层武装部长抽考契机，会同市委组织部、市人社局组织武装部长普考，镇区（街道）党委班子成员集体参加汇报、纪委鉴定、述职测评、现地检查，通过活动构建齐抓共管工作格局。

【思想政治建设】 2018年，太仓市紧扣学习贯彻中共十九大和十九届二中、三中全会精神及喜迎改革开放40周年主线，开展“不忘初心、牢记使命”“传承红色基因、担当强军重任”主题教育，开展群众性“强军风采”系列活动，组织部分民兵骨干观看王继才先进事迹报告会，让红色传统基因走进民兵群体。结合基干民兵整组点验，统计民兵基层组织建设，按照“营有党委、连有支部、排有小组”标准，帮带基层武装部完善党组织建设，在全市实现民兵基层党组织全覆盖。结合民兵整组、兵役征集工作，压紧压实

“两个责任”（党委负主体责任、纪委负监督责任），聘请廉洁征兵监督员和落实廉洁征兵“零报告”制度，发放廉洁征兵监督卡500份，签订《廉洁征兵责任书》9份。

【练兵备战工作】 2018年，太仓市把备战打仗作为第一要务，响应统帅训令，开展“和平积弊大起底大扫除”活动，形势战备教育融入经常，党委议训议战常态坚持，备战打仗导向鲜明。结合迎接军委国防动员部应急拉动检查，太仓市调整完善民兵作战编成、行动要点、协同保障等方案内容，先后组织应急分队拉动演练4次，完善应急力量行动流程。结合国家重大活动和节日，修改方案组织拉动，通过采购补充、分类上架、标识登记等方法规范本级各类战备器材；利用基干民兵整组点验，规范镇区（街道）、村民兵营连各类战备器材库室；规范市镇两级战备秩序。突出应急、海上、对口保障军兵种民兵“三支队伍”建设，组织岗位预编兵员参加军种部队返岗训练3批次。着眼有效遂行多样化军事任务，组织民兵专业骨干参加省军区和苏州军分区集训7期。

【国防动员建设】 2018年，太仓市重视民兵调整改革工作，完成综合、人民武装、经济动员（含科技动员、卫生动员）、人民防空、交通战备、信息动员、政治动员等7大类51小项151种表格潜力资源的调查任务。联合市委宣传部超前部署征兵宣传工作，印发征兵宣传单1000余份，订购宣传挂图50套，采取电视、报刊、网络、微信等多种方式加大征兵宣传力度，与苏州健雄职业技术学院开展现场办公，协调矛盾困难6次，组织宣传日活动1次，并在《江苏24小时》栏目刊登。分3批次组织镇村专武干部、民兵营连长网上兵役登记、征兵业务和“五率”（报名率、上站率、合格率、择优率、退兵率）考评专项培训，抓好“五率”量化考评，大学生征集比例再创新高。按照新兵训练大纲施训，安排专武干部和民兵骨干带预定新兵进行役前教育训练，缩短新兵入营适应期。

【双拥共建活动】 2018年，太仓市委、市政府重视武装工作，镇区党委、政府主要领导和分管领导深入一线，解决兵员征集和民兵训练政策、训练基地建设等问题，投资350万元改造民兵训练基地基础设施。太仓市人民武装部发挥军事指挥部作用，组织协助驻太仓部队参加太仓市文明城市创建、双拥模范城创建、植树、禁放烟花鞭炮、学雷锋等活动。国防教育向学校普及，加强与市教育局合作，抽选优秀退伍兵骨干作为军训教员，分6批次完成全市7所学校6000多名学生军训任务。参与打赢脱贫攻坚战暨“双百双建”活动，为扶贫帮建联系点涟水县码垛村资助基础建设费用15万元。 （肖　洋）

武　警

【概况】 武警苏州支队执勤二大队太仓中队（以下简称“武警太仓中队”）隶属于中国人民武装警察部队江苏省总队，主要负责太仓市看守所外围武装警戒，担负处置突发事件、抢险救援等临时性任务。武警太仓中队坚持把军事训练作为和平时期提高部队战斗力根本途径，按照科学组训提高官兵军事训练素质和应急处置能力。每年开展应急综合训练，提升反恐处突和遂行多样化任务能力。

【执勤训练】 2018年，为确保太仓市安全与稳定，武警太仓中队在节日等重要时期，每日出动兵力并携带枪支，组织联勤武装巡逻勤务。根据任务要求，与市公安局沟通协调，组织现场勘察，制定巡逻方案，挑选执勤官兵，并组织执勤官兵针对巡逻中可能遇到的各种情况开展情况处置训练。巡逻期间，采取武警与民警混合编组，以乘车巡逻为主、徒步巡逻为辅方式进行。执行任务过程中，执勤官兵坚持依法执勤、文明执勤、正规执勤，妥善处置情况，维护太仓市社会安全稳定。年内，武警太仓中队响应“走出去”与“迎进来”号召，推动军地发展。邀请驻地村民到队参观内务建设、军事训练科目演示等，并举行文化联谊活动，密切军民关系。 （孙广振）

边防检查

【概况】 2018年，太仓边防检查工作直面改革维稳双重考验，提出“提高站位、凝聚共识、步调一致、确保安全、顺利转隶”总体思路，确保改革期间开放口岸辖区和部队内部安全稳定。以贯彻落实推进移民和出入境领域“放管服”改革工作为契机，创新创优边检勤务模式，践行边检服务承诺，连续11年获评省口岸文明单位。年内，太仓边防检查站加大资金投入，配齐中型文检设备、证件真伪鉴别仪等装备，提升技术查缉效能。强化后台核查队伍建设，坚持“信息预查、前台检查、后台核查、部门协查”工作流程，逐一核查进出太仓口岸船舶轨迹，对预报重点人员建立一人一档核查资料。全年核查重点国家籍船员1600余人、重点国家籍船舶70余艘、来自重点国家船舶140余艘，确保口岸安全有序。

【口岸安全管控】 2018年，太仓边防检查站贯彻总体国家安全观，强化口岸精准管控，严守前台查验人证对照、证件鉴别、资料录入“三条底线”，构建“船舶自管、码头协管、边检监管抽查”模式，建立情报引领、业务交流、联动处突等协作机制，打造多维度全方位防控体系，完成“两会”、上海合作组织青岛峰会期间等边防安保任务。全年查获买卖成品油案1起、外轮走私白糖案2起，抓获涉案走私人员9人，当场缴获成品油960余吨、白糖500余吨，案值逾千万元。

【边检服务】 2018年，太仓边防检查站提高服务管理水平，落实“口岸管控领导责任制”“口岸管控工作每日‘零报告’制度”“主官现场履职”等制度规定，推进执法执勤“三统一”（统一勤务运行、统一执法裁量、统一系统应用建设），围绕“互联网+边检服务”，依托国际贸易“单一窗口”，做好边检行政许可标准化工作。全年检查出入境（港）船舶6000余艘次，员工11.7万人次，办理各类证件2万份，检查上下船舶人员40万人次，口岸顺畅通关提质增效显著。开启绿色查验通道，

服务保障全球最大矿砂轮“香港号”首航，完成中国海警“2304”舰首次出入境边防检查任务。（顾　俊）

海　警

【概况】 江苏省海警支队下辖海警大队4个，主要担负海上维权行动，执行打击海上违法犯罪活动、维护海上治安和安全保卫、海洋资源开发利用、海洋生态环境保护、海洋渔业管理、海上缉私等方面执法任务，及协调指导地方海上执法工作。2018年，海警支队转隶武警部队，按照军队标准要求推进海警工作和部队建设。年内，海警支队查处治安案件45起，立刑事案件27起，查处违规船舶69艘次；查获涉嫌非法运输、走私成品油案件18起，成品油8600余吨。伏季休渔期间，侦办非法捕捞水产品案件15起，查处渔业行政案件49起，调处渔事纠纷47起。

2018年10月23日至11月12日，江苏省海警支队参加中国国际进口博览会海上安保任务（海警支队供稿）

【海警执法维权】 2018年，海警支队抓好中心主业，组织维权执法任务。完成维权安保任务，派员遂行东海南海方向维权及上海合作组织青岛峰会、中国国际进口博览会安保等任务。中国国际进口博览会安保期间，查获涉嫌非法运输成品油案件2起，处置海上刑事案件1起，策应安保工作大局。增强海上管控效能。针对江苏海域特点和治安热点，先后部署开展海上扫黑除恶专项斗争及“蓝天”、“碧海”、“海盾”、“两打两控”、伏季休渔监管等专项行动，推行“7×24”网格化勤务模式，推动形成严打严防、严管严控态势。提升综合执法水平。针对海上违法行为活动区域大、涉及环节多，调查取证难、超前防范难等现实问题，加强与海关、公安、渔政、环保等部门沟通联系，重点就沿海走私、非法采砂等案件侦办进行研究会商，推动形成海陆一体依法治理、源头治理、综合治理“大格局”。编发《江苏海警海上综合执法检查实操手册》，打造综合执法示范舰2艘，巡回开展综合执法检查培训，推动实现“一船多能、一警多能”。

【海警实战能力提升】 2018年，海警支队稳控练兵节奏，提升实战能力水平。把备战打仗摆在突出位置，推动海警部队由和平建设模式向备战打仗模式转变。紧扣转隶整编调整指挥体制。转隶武警部队后，组织开展“战备月”活动，先后组织视频讲解及现场答疑3次，开展实兵点调4次，组织实地抽查检查2次，确保指挥体系高效顺畅、衔接有序。紧扣海警主业强化业务练兵。把握海警部队练兵打仗的具体落点是海上执法维权，部署开展调查研究和信息服务工作，加强海上维权斗争形势和任务对象研究，确保队伍能力素质适应形势任务需求。全年共组织综合执法检查专题授课4期，开展舰艇业务训练检查考核2次，修订完善各类方案预案20余份，提升队伍实战能力水平。紧扣部队属性抓军事训练。按照任务和训练一体化要求，部署开展“百日教育训练”“冬季大练兵”等活动，组织各级干部开展集中整训，掀起全员练兵热潮。坚持将军事体能作为各类培训及干部晋升、士官晋级必考科目，实行“一票否决制”，在全部队形成练兵尚武风气。支队各级开展共同科目训练6054课时、军事体能训练4000课时；开展各类会操31次、考核21次，全体官兵均完成年度共同科目训练。（洪澄澄）

人民防空

【人防指挥通信建设】 2018年，太仓市加强人防指挥通信建设，完善指挥所功能，优化防空警报布局，开展演练集训，提升人民防空应急应战能力。年内，完成电站村人口疏散基地提档升级改造，基地指挥中心及其配套设施建成，9月，通过苏州市民防局验收。推进重要经济目标防护试点工作，帮助试点单位组建引偏诱爆、伪装设障新型人防专业队2支；组织“9·18”防空警报试鸣暨社区居民防空应急疏散演练活动，全市防空警报器鸣响率超98%。开展制度化、常态化机动指挥车拉练，参加全省民防跨区域拉动训练，提高指挥人员实战能力；组织全市人防专业队、志愿者骨干暨机关人员开展集训。

【民防宣传教育】 2018年，太仓市以民防宣传教育“五进”（进机关、进学校、进社区、进企业、进网络）为抓手，宣传普及防空防灾知识，增强公众国防观念和人防意识。年内，依托民防科普教育馆开展民防知识有奖答题、科普宣传周、阅读节等活动，为广大市民和中小学生参观提供全程免费讲解服务，接待人数2.03万人次。结合全国文明城市创建工作，利用“路长制”包干区域巡查时机，开展入户宣传，普及文明创建知识和民防知识。结合“机关开放日”活动，邀请机关、服务对象、企业及新闻媒体等单位代表近40人，零距离展示民防机关形象和工作实绩；结合中小学生民防知识教育，在全市57所中小学开展民防教育，受教育学生1.3万人次，提前完成“民防教育一个学生都不能少”教学目标。（仲　娟）

地方组织机构

中共太仓市委

综　述

【概况】 2018年，中共太仓市委把深入学习贯彻习近平新时代中国特色社会主义思想、中共十九大精神和习近平总书记对江苏工作系列重要讲话指示精神作为统领一切工作的总纲，贯彻落实中央、省委和苏州市委决策部署，坚持稳中求进工作总基调，践行新发展理念，以思想大解放为动力，以高质量发展为导向，实施14项三年行动计划和全面从严治党三年行动方案，推进改革发展稳定和党的建设各项工作，经济社会平稳健康发展，高质量建设“两地两城”取得新进展。全年全市完成地区生产总值1330.72亿元，增长6.8%；一般公共预算收入155.06亿元，增长10.1%，税收收入139.52亿元，增长14.3%，税收占比90%；规模以上工业总产值2317.37亿元，增长6.9%；全社会固定资产投资368.65亿元，增长4.8%。太仓市位列2018年度全国百强县市综合实力第七位、科技创新第二位、绿色发展第三位、新型城镇化质量第六位；获评全省推进高质量发展先进县（市、区），在苏州2018年度综合考核中被评为第一等次，位列县级市（区）第二位。

发展动能加速集聚。年内，全市开工省级重大项目7个、苏州市级重大项目30个，耐克二期、联合汽车电子、似鸟物流、碧辟润滑油二期等项目竣工投运。新增省级示范智能车间6家、苏州市级13家，累计引进培育总部企业27家。“两新”（高新技术产业、战略性新兴产业）产业产值占比分别为55.8%和47.7%，均居苏州前列。服务业增加值占比46.6%。西北工业大学太仓校区、西交利物浦大学太仓校区签约落户，中科院硅酸盐所苏州研究院一期、西北工业大学太仓长三角研究院投入运行。新增高新技术企业56家，累计349家。万人有效发明专利拥有量52.17件。新增省级以上各类领军人才18人，累计147人，新增姑苏创新创业领军人才8人，累计82人。获批国家新型工业化产业示范基地。

改革开放持续深化。太仓市开展庆祝改革开放40周年系列活动。“放管服”改革不断深化，“3550”目标取得新突破。港区全链审批赋权工作稳步开展，沙溪、浏河经济发达镇行政管理体制改革成效明显。新增各类市场主体16550户，增长20.2%。完成进出口总额145.7亿美元，增长12.3%。签约共建嘉昆太协同创新核心圈，引进上海项目316个，总投资超130亿元。新引进德企23家，中德先进制造技术国际创新园一期投运。高新区正式获批省级高新区。太仓港集装箱年吞吐量突破500万标箱。

城乡建设统筹推进。太仓市完成城市总体规划较大修改，启动娄江新城规划设计。恒大、复星文旅项目加快建设。沪通铁路太仓段建设进展顺利，太仓站、太仓南站配套基础设施建设稳步推进。老旧小区、城区背街小巷提档改造等工程加快实施。乡村振兴试点工作扎实开展，完成9个被撤并镇（管理区）整治提升工作，建成康居特色村2个、三星级康居乡村61个。实施“三优三保”行动，盘活利用闲置低效用地155.6公顷。土地利用管理工作获国务院通报表扬。

生态环境有效改善。中央环保督察“回头看”反馈问题整改取得实效。全市开展长江环境大整治、环保大提升“百日攻坚”行动。“263”专项行动、“散乱污”专项整治持续深化。PM2.5平均浓度下降3.3%，空气质量优良天数比率76.7%，治理黑臭水体93条，主要入江考核断面水质均达Ⅲ类水目标。规模以上工业企业万元产值能耗下降10.7%。中蓝环保资源综合利用、华能污泥耦合处置发电项目投运，4个城镇生活污水处理厂提标改造工程进展顺利。中心公园、滨河公园东延、独溇小海、城区主出入口绿化景观等项目稳步推进，“一心两湖三环四园”（以中心公园为一心；以金仓湖和天镜湖为两翼；以盐铁塘、新浏河、娄江河、城北河，盐铁塘、湖川塘、十八港、新浏河，吴塘河、新浏河、石头塘、杨林塘三层水系绿道为三环，以现代农业园、萩园、西庐园、独溇小海湿地公园为四园，打造田园城市生态体系）城市生态体系持续完善。自然湿地保护率72.4%。太仓市获评首批省级生态文明建设示范县（市）。

民生福祉持续增进。城乡居民收入增长8.4%。城镇登记失业率

1.78%。“双元制”教育走在全国前列，建成基层综合性文化服务中心36个，获世界卫生组织健康城市最佳实践奖。全国文明城市创建测评位居全省前列，被列为新时代文明实践中心省级试点。公共法律服务“太仓模式”全国推广，连续三年获评全省法治建设示范县（市）。深化“政社互动”实践，创新建立“协商能动”机制。网格化社会治理联动机制建设成效明显，“331”专项行动、扫黑除恶专项斗争等工作扎实推进，公众安全感达98%。太仓市蝉联中国最具幸福感城市县级市首位。

党建质量全面加强。抓紧抓实中央巡视反馈意见整改。“两学一做”学习教育常态化制度化扎实推进。加强意识形态工作建章立制，推进责任制落细落实。统筹推进“海棠花红”先锋阵地群建设，组建“行动支部大联盟”，实现基层党建“体检”全覆盖。实施村（社区）书记“头雁工程”，“定制村干”培育模式全省推广。太仓第一个党支部纪念馆升级改造开馆。深化“四责同构”（定责、督责、评责、问责）履责纪实评价工作，严肃查纠“四风”问题，发挥巡察利剑作用，持续保持惩治腐败高压态势。深化纪委监委派驻机构改革，实现市级机关、企事业单位监督全覆盖。推进市监委综合派出监察员办公室工作，构建廉情监督机制。坚持党的集中统一领导，支持市人大及其常委会和市政协履职尽责，加强统一战线、群团等工作，巩固发展团结奋进良好局面。（赵理平）

【市委调研】 2018年，中共太仓市委贯彻落实习近平总书记关于在全党大兴调查研究之风的批示精神，紧扣全市中心工作，组织开展调查研究，提高决策参考能力。市委研究室围绕全市发展大局，组织开展2018年度市领导、区镇领导和市级机关（部门）重点调研，形成并汇编一批高质量调研文章，其中市领导31篇，各地各部门79篇，部分调研成果直接转化成为市委、市政府政策措施。紧扣市委决策部署，动员相关职能部门围绕经济社会重大问题、热点难点问题开展调查研究，调研成果在《调研参考》上刊发，为市委、市政府决策参考提供智力支撑，全年共刊发《调研参考》11期。组织制定实施全市突出“四访四建”（在职党员进社，建立双向联动机制；进社区支部，建立双向管理机制；进社区楼院，建立双向监督机制；进责任社区，建立双向服务机制）深化“六个一”基层走访调研实施方案，做好相关典型案例征集、信息刊发等工作。（夏家辉）

重要会议

【中共太仓市第十三届委员会第五次全体（扩大）会议】 2018年7月28日召开，会议主要任务是以习近平新时代中国特色社会主义思想为指导，深入贯彻中共十九大精神，对标习近平总书记视察江苏重要讲话精神，落实省委十三届四次全会、苏州市委十二届六次全会精神，总结上半年工作，部署下半年任务，动员全市各级党组织、广大党员和干部群众，解放思想、担当作为，在高质量建设“两地两城”上迈出新步伐。全会由市委常委会主持。出席会议市委委员31人、候补委员7人，市有关负责人，市纪委委员，各镇、太仓港经济技术开发区、太仓高新区、旅游度假区、科教新城、娄东街道有关负责人，市委各部委办局、市各委办局、市各人民团体有关负责人，各直属单位、健雄学院、各驻太仓部队及有关方面负责人和代表列席会议。

全会听取并审议通过市委书记沈觅代表市委常委会作的题为《解放思想、担当作为，在高质量建设“两地两城”上迈出新步伐》的报告。全会肯定上半年全市经济社会发展所取得的成绩，指出要以思想大解放推动改革再深入、实践再创新、工作再抓实，在高质量建设“两地两城”上迈出新步伐。

全会强调，做好下半年工作，着重抓好五个方面：一是突出创新转型，狠抓项目建设，做强实体经济，深化创新驱动，提高经济发展质效；二是突出改革开放，优化营商环境，提升开放水平，做优做强开发区，激发发展活力动力；三是突出城乡融合，提高规划布局水平，加大城市建设力度，深化文明城市创建，加快乡村振兴步伐，提升城市发展水平；四是突出生态宜居，坚持绿色低碳发展，推进环境综合治理，加强城乡生态建设，彰显现代田园城市底色；五是突出富民惠民，抓好富民保障，优化公共服务，创新社会治理，增强民生幸福感受。

【中共太仓市第十三届委员会第六次全体会议】 2018年12月29日召开，会议主要任务是高举习近平新时代中国特色社会主义思想伟大旗帜，深入贯彻落实中共十九大、十九届二中全会、十九届三中全会、中央经济工作会议和习近平总书记视察江苏重要讲话精神，按照省委十三届五次全会、苏州市委十二届七次全会部署，总结全年工作，部署明年任务，推动解放思想再深入、改革开放再出发，动员全市各级党组织和广大党员干部群众，抢抓机遇，奋力拼搏，开创高质量建设“两地两城”新局面。全会由市委常委会主持。出席会议市委委员27人、候补委员7人，市有关负责人，市纪委委员，各镇、太仓港经济技术开发区、太仓高新区、旅游度假区、科教新城、娄东街道有关负责人，市委各部委办局、市各委办局、市各人民团体有关负责人，各直属单位、健雄学院、各驻太仓部队及有关方面负责人和代表列席会议。

全会听取并审议通过市委书记沈觅代表市委常委会作的题为《抢抓机遇、奋力拼搏，开创高质量建设“两地两城”新局面》的报告。全会肯定2018年太仓经济社会发展所取得的成绩，全市上下把深入学习贯彻习近平新时代中国特色社会主义思想、中共十九大精神和习近平总书记对江苏工作系列重要讲话指示精神作为统领一切工作的总纲，贯彻落实中央、省委和苏州市委决策部署，坚持稳中求进工作总基调，自觉践行新发展理念，以思想大解放为动力，以高质量发展为导向，实施14项三年行动计划和全面从严治党三年行动方案，推进改革发展稳定和党的建设各项工作，经济社会平稳健康发展，高质量建设“两地两城”取得新进展。

全会明确，2019年是中华人民共

和国成立70周年，也是决胜高水平全面建成小康社会的关键年，要坚持以习近平新时代中国特色社会主义思想为指导，贯彻中共十九大和十九届二中、三中全会精神，对标习近平总书记对江苏工作重要指示，统筹推进“五位一体”总体布局，协调推进“四个全面”战略布局，坚持稳中求进工作总基调，坚持新发展理念，坚持推动高质量发展，坚持以供给侧结构性改革为主线，坚持深化市场化改革、扩大高水平开放，围绕“现代田园城、幸福金太仓”总目标和高质量建设“两地两城”目标定位，做亮特色、提升能级、补齐短板，统筹抓好创新转型、融入上海、改革开放、城市建设、生态环境、民生幸福等工作，提升党的建设质量和水平，保持经济持续健康发展和社会大局稳定。

全会强调，做好2019年工作，着重抓好六个方面：一是突出创新转型，狠抓项目建设，做强民营经济，加快产业升级，提升创新能力，加快构建现代产业体系；二是突出融入上海，强化交通互联互通，促进产业协同发展，推动城市合作共享，打造长三角一体化先行区；三是突出改革开放，抓好重点改革，提升开放水平，深化对德合作，增强高质量发展动力；四是突出能级提升，科学实施规划布局，抓好城市建设管理，推进乡村振兴，推动城市建设取得突破；五是突出生态优先，抓好环境治理，加快提升环保能力，营造优美生态环境，构筑绿色发展优势；六是突出优质均衡，做实富民保障工作，优化公共服务供给，持续推进文明创建，加强社会治理创新，提升群众幸福感受。

（龚益峰）

2018年2月23日，太仓市召开市委巡察工作动员部署会

（市纪委供稿）

巡　察

【概况】 2018年，太仓市巡察工作突出“六个围绕一个加强”（围绕党的政治建设、思想建设、组织建设、作风建设、纪律建设和夺取反腐败斗争压倒性胜利等情况，进行全面政治体检；加强对上届巡视整改情况的监督检查），落实“五个持续”（政治巡视巡察持续深化、巡视巡察监督体系持续完善、全覆盖质量持续提高、成果运用持续强化、监督合力持续增强）重要指示，把“两个维护”（坚决维护习近平总书记党中央的核心、全党的核心地位，坚决维护党中央权威和集中统一领导）作为根本政治任务，以监督检查学习贯彻习近平新时代中国特色社会主义思想和中共十九大精神情况为重点开展巡察工作。年内，太仓市建立健全巡察领导小组、巡察办、巡察组工作规则，制定借调干部管理办法，规范巡察机构权力运行。建立巡察后评估制度，组织被巡察党组织党员干部对巡察干部纪律作风情况进行测评。通过联合办班、外出学习、组织测试等方式，加强专兼职干部教育培训。加大宣传报道，扩大巡察监督影响力和群众知晓度。

【巡视巡察问题整改】 2018年，太仓市重点抓好中央巡视反馈意见整改工作，细化落实“1+4”整改方案（“1”指《中共太仓市委关于〈中央第七巡视组关于巡视江苏省的反馈意见〉整改工作方案》，“4”指《中央巡视反馈太仓市领导干部学习贯彻习近平新时代中国特色社会主义思想和党的十九大精神方面问题专项整改方案》《关于中央和省委对巡视巡察工作专项检查反馈意见整改工作方案》《关于中央巡视反馈选人用人工作问题专项整改工作方案》《中央巡视反馈太仓市意识形态工作责任制方面问题专项整改方案》），中央巡视组转办的14件信访件全部办结。将巡视整改情况纳入全市巡察监督范围，推动巡视整改落实落地。对上一轮省委巡视太仓反馈意见91项整改措施开展“回头看”。以整改苏州市委点评主体责任落实的意见为重点，开展领导干部在社会团体中兼职取酬清理“回头看”。

【政治生态评价和整改质效评估】 2018年，太仓市制定实施《关于对被巡察党组织开展政治生态评价的工作意见（试行）》，运用“测、谈、议、查、画”等方式，全方位开展政治生态评价，对被巡察党组织进行政治“体检”。全年向15家被巡察党组织下发《巡察整改督办单》，对所有反馈问题逐个销号。发挥派出监察员办公室作用，做实做细对村（社区）巡察“后半篇文章”。

【发现问题和整改落实并重】 2018年，太仓市完成常规巡察3轮，共巡察单位19家，实现街道和国企巡察全覆盖。率先启动对村（社区）和基层站所巡察，开展对村专项巡察4轮，完成巡察监督村（社区）56个、站所6个。全年集中梳理巡察发现的突出问题613个，移交问题线索261条，形成专题报告9份，推动共性问题系统性整改。召开巡察整改工作推进会，市委书记与38个被巡察党组织

2018年9月25日，太仓市开展巡察整改质效评估工作　（市纪委供稿）

主要负责人进行集体约谈，压实整改责任。

【巡察协作机制构建】 2018年，太仓市在巡审联动基础上，制定工作意见，召开工作例会，与审计机关加强协作配合。深化与市纪委监委协作配合，建立巡察监督与执纪监督、派驻监督、监察监督无缝对接机制，全年抽调纪检监察干部37人次参与巡察。制定与组织部门协调协作意见，明确每年选派若干名优秀中青年干部、新任职干部到巡察机构挂职锻炼。密切与政法、信访、财政、税务等部门协作配合，在人员、信息、业务等方面争取支持。

【巡察功效放大】 2018年，太仓市针对市属国企巡察发现的问题，加强国企党的领导和建设，召开国企党风廉政建设推进会，推动国企巡察整改落到实处。针对涉农补贴、合作社、零星工程等方面问题，市纪委牵头实施阳光村务监督工程，制定《关于规范镇村工程项目的实施意见》，梳理编制小微权力清单，建立廉情抄告制度，开展党建体检、清产核资、清缴欠租、清理兼职取酬、校外培训机构专项治理等行动，收回拖欠租金近3000万元。督促被巡察党组织将制度建设贯穿巡察整改始终，制定完善各项制度337项，发挥巡察治本功效。

（冯　放）

组　织

【概况】 2018年，太仓市组织系统学习贯彻习近平新时代中国特色社会主义思想和中共十九大精神，按照中央、省委、苏州市委和太仓市委关于党的建设及组织工作部署，为新时代太仓高质量建设“两地两城”提供坚强组织保证。年内，太仓市加强党员干部教育和宏观管理，加大年轻干部培养选拔力度，强化基层党建规范化建设和基层带头人队伍建设，推进人才体制机制改革，持续拓宽引才渠道，做好人才服务工作。至年底，全市共有基层党组织2032个（党委174个、党总支83个、党支部1775个），其中直属市委管理党组织36个，委托市委管理党组织1个（太仓港工委机关党委）。全市共有党员3.99万人，其中女性1.07万人，占比26.82%；35岁以下党员8163人，占比20.46%；60岁以上党员1.61万人，占比40.35%；高中以上学历党员2.56万人，占比64.16%；大专以上学历党员1.81万人，占比45.36%。

【党员干部信念教育】 2018年，太仓市开展科级领导干部专题轮训班、基层党组织书记集中轮训班，为1000多名市管干部，4000多名基层党组织书记、副书记、党务干部等专题解读习近平新时代中国特色社会主义思想。干部在线学习网络平台增设“习近平新时代中国特色社会主义思想”主题教育学习专栏，上传专题课程25个，开展“网上学习会”85期，阅读量6万人次。举办“学习思享会”“讲习研讨会”活动，实现线上线下同步学。开展“两强三化”（围绕政治引领强、服务功能强，实施显性化、项目化、品牌化）建设工程，构建实景课堂党建阵地，景瑞社区党员志愿者把习近平总书记系列重要讲话精神设计制作成动漫、微视频，在社区党群服务中心滚动播放，受到社区居民欢迎。

【干部宏观管理】 2018年，太仓市坚持德才兼备、以德为先原则管理选拔党员干部，将政治素质放在首位，对政治不合格党员实行“一票否决”。坚持在基层一线磨炼摔打、提拔使用干部，打通镇区机关与村（社区）干部使用通道，从镇区机关选派34名干部到村（社区）任基层党组织书记，选派12名乡镇新任职干部到村任“第一书记”，乡镇领导班子中有村（社区）工作经历的24人。实行鼓励激励、容错纠错、能上能下“三项机制”实施细则，召开全市“三项机制”工作推进会，树立“能者上、干者容、庸者下”鲜明导向。对照苏州市年度综合考核、党的建设考核等工作部署，牵头梳理考核指标和考核要点，提升工作实效。

【年轻干部培养】 2018年，太仓市加大优秀年轻干部发现选拔力度，持续开展“定岗特选”计划，面向全国“双一流”高校选聘毕业生50人，拓宽高素质专业化年轻干部。以领导班子“一年考察全覆盖”“年轻干部座谈会”等机制，定向举办年轻干部能力素质提升班，鼓励优秀年轻干部在基层岗位历练成长，提拔在“263”和“331”整治行动中表现突出的年轻干部。健全完善年轻干部专项预审机制，全市“90后”股职干部从17人增加至71人，相关经验做法被中央组织部《组工信息》刊发介绍。

【干部监督管理】 2018年，太仓市健全领导班子“一年考察全覆盖”工作机制，制定考察方案，加大班子考察力

2018 年 7 月，太仓市“定制村干”在水稻园区推广种植技术

（市委组织部供稿）

度。规范考察流程，在考察单位召开领导班子日常考察动员会，开展民主测评和干部表现调查，优化测评内容、谈话参考提纲，提升考察实效。深化干部个人有关事项报告工作，继续组织“两项法规”（《领导干部报告个人有关事项规定》《领导干部个人有关事项报告查核结果处理办法》）专题学习，结合巡察工作开展核查，实现“巡察到哪里报告核查就覆盖到哪里”。突出主要领导履职监督，对 5 家单位主要领导进行三责联审，对 11 家单位 12 名主要领导进行经济责任审计。落实抓早抓小举措，对 27 人进行有针对性的提醒或函询。深化选人用人审核把关，严格落实“凡提四必”（凡提必审、凡提必核、凡提必听、凡提必查）要求，抓好档案审查、个人有关事项报告查核、廉政意见征求等工作，落实党委书记、纪委书记在人选廉洁自律结论性意见上“双签字”等措施，对 22 家单位进行选人用人审查。

【基层党建规范化建设】 2018 年，太仓市把做实党建基础工作作为最亮品牌和最大抓手，实施支部标准化、规范化建设，编发《党支部工作实务手册》，严肃“三会一课”等组织生活，对全体党员开展纪实管理、积分考评。推进“海棠花红”先锋阵地群建设，打造景瑞社区“阳光下的向日葵”、东仓村“金钥匙”等品牌集群 256 个，将党建“盆景”串成美丽“风景”，《江苏新时空》等媒体专题报道太仓相关做法，3 家单位获评全省支部书记工作室和党员实境课堂，获评数居全省首位。围绕解决基础薄弱问题，开展基层党建体检，设置体检清单 38 项，分 5 轮对全市基层党组织进行拉网式党建体检，体检结果由市委发文通报，中央组织部“共产党员”网站和微信公众号介绍有关做法。

【基层带头人队伍建设】 2018 年，太仓市启动村（社区）书记“头雁工程”，实施“村（社区）党组织书记后备干部三年培养计划”，相关做法被中央组织部《组工信息》刊文介绍。全市组织 4 轮“头雁工程”定制化培训班，实现对村（社区）书记脱产培训全覆盖。完善村（社区）干部退休后提高相应经济待遇办法。推行负面清单管理，问责免去不胜任现职的村书记 2 人，村之间交叉调整党组织书记 15 人。全市村（社区）书记队伍平均年龄 33.2 岁，大专以上学历占比 99.3%。注重在乡村振兴中夯实人才基础，实施“定制村干”培育工程，建立重点人才培养库，14 人进入村（社区）“两委”班子。

【“行动支部”建设】 2018 年，太仓市推行“行动支部”工作法，把基层支部建在经济发展、基层治理、城市建设、

2018 年，太仓市推进基层党建工作品牌化建设，筑成党建品牌红色矩阵

（市委组织部供稿）

为民服务等一线，围绕市委、市政府年度中心工作，在各领域建立“清道畅行”“传播正能量”“交通接轨上海”等行动支部325个，开展8大类378个为民服务项目，推动“263”专项行动、文明城市创建、中心公园建设等全市重点工作40余项，组建“行动支部大联盟”，明确100个行动目标，以联盟形式推动行动支部再提升、再行动，相关经验获《中国组织人事报》《人民网》等媒体宣传报道。

【人才体制机制改革】 2018年，太仓市发挥“考核指挥棒”导向作用，根据各区镇实际情况，动态设计调整人才考核指标体系，因地制宜实施差异化考核，将区镇人才工作目标责任制考核分值提高至60分，3年内实现考核分值翻番。创新实施人才工作“书记项目”，推动主要领导抓“第一资源”，夯实各地各部门人才工作主体责任。召开全市人才工作大会，常态化召开区镇、部门指标分析会，围绕人才工作目标、上级考核指标，持续强化压力传导，督促责任落实。全年入选第五期省“333工程”第三层次培养对象12人，入选数及入选率均位列苏州各板块第一；入选国家“万人计划”1人、省获评“双创人才”4人，获评姑苏领军人才8人。全市人才资源总量17.4万人，较上年增加1.1万人。

【引才渠道拓宽】 2018年3—7月，太仓市举办2018年首届“创赢太仓”全球创业大赛，大赛以“创响全球，赢在太仓”为主题，以“赛区分别评选，太仓集中决赛”形式举办，设立美国日本、德国荷兰、英国爱尔兰、国内等4个分赛区，吸引超5000名高端装备制造、新材料、生物医药、新一代信息技术、节能环保、文化创意等领域高层次人才参加；7月9—12日，在太仓举办决赛，活动期间组织选手参加苏州国际精英创业周太仓分会场活动，进行实地考察和对接洽谈。实施“全球引才伙伴”计划，签约海外引才直通站4家，累计31家，引智网络遍及全球。举办2018年第十届国际精英创业周太仓分会场活动，借助活动平台，发布《太仓市社会化招才引智实施办法》，面向全球引智机构及个人征集优秀人才项目，重奖“引才伯乐”。紧盯太仓特色优势产业，举办细胞治疗与生物药创新太仓论坛，吸引包括7名中科院院士在内的生物医药领域高层次人才近百人参加。

【大院名校合作】 2018年，太仓市与西北工业大学、西交利物浦大学达成战略合作协议，按照世界一流大学标准共建“两校一院”，为太仓提升产业层次和城市能级，培育发展新动能奠定坚实基础。西北工业大学太仓长三角研究院建成，陆续进驻航空宇航、无人机、增材制造等团队30余支。依托西北工业大学在“三航”（航空、航天、航海）领域资源优势，培育航空和本土精密机械、高端制造等先导产业，吸引包括3D打印、民用无人机、水下机器人、民航检测等七大研发中心入驻，为太仓打造长三角航空产业园打下基础。健全完善上海高校院所“太仓日”常态化活动机制，赴上海交通大学等重点院校宣传推介太仓市创新创业环境，承接上海科创中心人才溢出效应。

2018年4月，市城管局“市容尖兵”行动支部维持街面秩序

（市委组织部供稿）

【人才服务工作】 2018年，太仓市实施人才乐居、生物医药等专项政策，建设高层次人才“一站式”服务中心，整合20多个职能部门服务项目，为高层次人才在太仓发展提供落户、住房、交通等便利政策。释放产业引导基金杠杆作用，设立人才科技专项子基金，为各类高层次人才到太仓创业提供金融生态环境。创立《太仓人才》季刊，面向高层次人才群体集中宣传太仓人才政策、优秀人才创业故事，展示推介太仓创新创业环境。通过《凤凰周刊》《中国新闻周刊》《空中之家》等媒体，专题宣传人才重点活动，树立人才先进典型，宣传人才战略。（王维峰）

宣　传

【思想理论武装】 2018年，太仓市组织市委宣讲团和娄东理论宣讲志愿服务队进企业、进农村、进社区等宣讲习近平新时代中国特色社会主义思想和中共十九大精神，全市开展集中学习宣讲活动1500余场。编发《党员应知应会基本读本》，印发含有十九大精神内容的中心组学习记录本2000余册。组织开展“学客空间”理论学习沙龙，创新实施“娄东答人”学习贯彻十九大精神和“高质量发展看太仓”全民答题活动，累计参与人数22万人次，项目获评全省基层党员冬训工作创新项目。太仓港经济技术开发区、浏河镇获评全省基层党员冬训工作示范镇。全面推进解放思想大讨论活动，组织开展“学习新思想、砥砺新作为”读书调研活动。组织两轮解放思想大讨论活动情况专题督查，推动活动落到实处。

2018年5月25日，太仓非遗项目特展在上海浦东国际机场“乡愁小栈”举行（朱炜 摄）

【主题宣传教育】 2018年，太仓市组织开展庆祝改革开放40周年群众性主题宣传教育活动。深化社会主义核心价值观宣传教育，做好全国文明城市创建氛围营造工作，研究制定《太仓市创建全国文明城市户外公益广告管理方案》，论证修改主城区公益广告整体规划设计。减量提质城区公益广告，显著减少公益广告载体数量，保留和适当增加固定形态公益广告载体，提升公益广告整体品质和层次。加强典型宣传，在《太仓日报》、太仓电视台、太仓新闻网开设“身边人身边事”“弘扬新时代劳模精神”等栏目，报道新人新事、老百姓身边的感动人物、各条战线上涌现的先进分子，传播社会文明新风，弘扬社会正能量。推进爱国主义教育基地管理建设工作，参加苏州市“走基地、看变化、聚力量”主题教育活动。

【新闻宣传】 2018年，太仓市新闻宣传工作围绕宣传贯彻习近平新时代中国特色社会主义思想、中共十九大精神、改革开放40周年、解放思想大讨论等系列主题活动，全市各新闻媒体精心谋划、精准发力，为全市经济社会发展营造良好舆论氛围。围绕改革开放40周年，策划“改革开放再出发·幸福太仓新征程”中央、省、市媒体集中调研活动，在主流媒体上做好全市改革开放成就展示。抢抓长三角高质量一体化发展及首届中国国际进口博览会机遇，先后三次组织沪、苏主流媒体到太仓集中采访，策划并推出系列通讯和专版报道，同时配合央视完成进博会宣传片拍摄，《经济半小时》栏目完成两期进博会前预热报道“走一线看经济”专题。全市新闻媒体合力推出“在习近平新时代中国特色社会主义思想指引下——新时代新作为新篇章”“奋进新时代，改革再出发——改革开放40年”“思想大解放发展高质量”“深化项目和作风效能建设，高质量建设‘两地两城’”“创全国文明城市·建幸福美好家园”“331整治火灾隐患百日行动”“聚焦长三角，奔涌大江潮”等新闻宣传行动。结合全市重大活动，全面展示各区镇各部门重点工作推进情况，策划苏州“两会”、太仓“两会”、市委十三届五次全会、2018年中国·太仓旅游文化节暨江海河三鲜美食节、2018年太仓（深圳）招商投资说明会、2018年国际田联世界竞走团体锦标赛、2018年沪太协同发展推介会、金秋经贸月、中国国际进口博览会等重大活动宣传报道工作，通过多角度、全方位宣传报道，营造全市上下团结奋进的舆论氛围。全年，《苏州日报》头版头条报道太仓各类新闻13篇。全年累计邀请240多家媒体450多名记者到太仓采访报道，刊发各类新闻1400多篇。

【新闻管理】 2018年，太仓市加强媒体新闻管理，定期举办新闻阅评会。邀请社会阅评员共同参与，做好开门办媒体，倾听社会各阶层反响，促进媒体“走转改”活动走向深入。《太仓日报》作为全国县市级党媒首家与《人民日报》合作，建设“中央厨房”，并首批入驻全国党媒信息公共平台，融媒体探索经验被人民网、澎湃新闻等媒体刊载，《太仓日报》融媒体中心获评2017—2018年中国十佳融媒体中心。市广电总台建立融媒体指挥中心，通过手机端新闻采编联动平台，统筹协调广播、电视和新媒体所有新闻的策划、采访、编辑和播发，启用虚实结合演播室。《太仓日报》采编的《全国2300多名引航员中唯一的女引航员——卢萍选择了引航便选择了风雨兼程》获全省新闻媒体“走转改”优秀新闻作品三等奖；市属媒体被评为苏州市优秀新闻工作者3人，获苏州市重大报道特别奖1个、“走转改”优秀项目二等奖和优秀奖各1项，获苏州市新闻奖一等奖1个、二等奖3个、三等奖9个、优秀摄影奖2个、“好版面”奖1个，获苏州市新闻传播理论作品奖二等奖2个。年内，召开太仓市新闻工作者协会第三次会员大会，选举产生新一届理事会。评比表彰第十三届“太仓新闻奖”和第五届“太仓俞颂华奖”。评选2018年太仓市十大新闻。

【新闻发布】 2018年，太仓市利用太仓新闻线索微信群、QQ群的新闻发布功能，第一时间向广大媒体推送长江引航站女引航员卢萍、太仓打造秸秆“饲料化利用”示范基地等新闻线索，引起主流媒体报道，形成新闻热点。密切关注涉太仓舆情发展情况，与职能部门合作完成民人谷大棚整治、“263”专项整治等舆情应对工作。策划开展新闻发布工作，完成2018年太仓市党委、政府新闻发言人培训工作，完成2018年长江太仓段水上搜救综合演习、江海河三鲜美食节暨旅游文化节、沪太协同发展推介会、深圳招商投资说明会、智能科技与产业国际合作论坛太仓分论坛等多场新闻发布活动，助力招商投资工作开展。

【对外宣传工作】 2018年，太仓市以“寻找先进制造中国方案”为主题，组织国内外主流媒体报道太仓中德智能制造合作示范项目。以2018年太仓在德国法兰克福举办“太仓日”活动为契机，协助江苏卫视《江苏新时空》、德国莱茵美茵电视台《你好，德国》等栏目实时拍摄并报道相关活动，并做好德国经济界访华团组太仓行的报道工作。创新做好竞走世界杯外宣工作，为来自全球30多家媒体记者提供优质新闻服务，通过微信表情包传播、微博话题“炒作”、网络大V直播、秒拍微视频等形式宣传推介赛事活动及城市形象。利用“郑和杯”创新创业大赛、2018年首届“创赢太仓”全球创业大赛等海外活动，展播《德味太仓》（中德文版）纪录片，原汁原味展示在太仓的德国人一天的工作、生活故事。结合“现代田园城、幸福金太仓”城市形象品牌，拍摄《潮起娄城水、激荡莱茵河》（中英文版）宣传片，制作《太仓概览》（中英文版），推出《静秀太仓》英文版《Enchanting Taicang》文化旅游口袋书。拓展海外媒介资源，与《欧洲时报》《德国商报》和德国《世界报》及新华社《中国日报》驻德机构等建立紧密的媒体合作关系，在德国明斯特电视台播放《江海捧出金太仓》《爱·太仓》《我们在这里很好》（德文版）等宣传片3部。

【网络信息工作】 2018年，太仓市围绕提升全市网络安全水平，编制网络安全三年行动计划，开展网络安全检查和信息系统登记备案工作，与苏州健雄职业技术学院合作共建网络安全培训基地，组建网络安全应急支撑团队，开展网络安全专题培训和网络安全攻防演练，启动太仓市关键信息基础设施安全监测平台项目，制定网络安全应急预案和互联网应急响应规范，建立太仓市网络安全应急工作机制。围绕规范政务新媒体管理，发布《2017年度太仓市互联网发展状况报告》，开展市政务新媒体平台备案登记等各项工作，制定印发《太仓市政务新媒体管理规定（试行）》，组建太仓市新媒体联盟，发挥互联网协会等网络社会组织自律作用，依托太仓市电子竞技行业协会和互联网电竞企业联合党支部，创新互联网党建模式。围绕网络文明文化传播，开展网络安全宣传周活动，加强网络安全普及教育，以“网聚新时代，助力新发展”为主题，举办网络文化节活动，推出网络文化精品活动28项，开展“文明办网”先进单位创建活动，营造向上向善网络氛围。

【文明城市创建】 2018年，太仓市建立健全文明城市建设制度体系，通过市领导挂钩重点项目机制、全国文明城市创建“路长制”巡查机制、第三方评价机制、重点督查及协调机制、社情民意快速办理机制、社会宣传教育机制、末位约谈和考核问责机制，使文明城市创建工作始终保持常态长效。相继召开全市创建全国文明城市推进大会、创建全国文明城市重点项目点评会等会议，印发《创建全国文明城市三年行动计划（2018—2020年）》《太仓市创建全国文明城市长效管理考核办法》等文件。提升创建统筹协调能力，推动建立个人信用娄城积分、城警联动处置小微违法、违法小广告整治、集贸市场“文明经营户”积分管理、主次干道无障碍设施工程提升、文明创建“啄木鸟”行动等工作制度。深化创建全国文明城市“路长制”工作，明确全市110家单位担任主次干道及背街小巷路长单位，开发“太仓文明路长”APP，对接联动平台，协调解决日常发现的各项创建问题。收集市民意见形成“太仓文明365”市民文明公约，开展“夏季百日提升”专项行动，逐条逐项部署专项整治，破解创建过程中长期存在的重点难点问题。

【群众性精神文明建设】 2018年，太仓市推动新时代文明实践中心省级试点工作。建设市级指挥中心，完成市、镇、村“三级体系”“五大平台”“三级志愿服务队”建设，文明实践云平台——“文化太仓”投入试运行。年内，全市获评2015—2017年苏州市文明单位71个、文明镇4个、文明村23个、文明社区15个、文明校园12个。开展“弘扬时代新风，文明行业、文明单位在行动”主题活动，引导全市各行业基层窗口单位干部职工投身文明行业、文明单位创建。开展2018年文化、科技、卫生“三下乡”活动，捐赠扶持资金和物资价值174万元。举办“阅读，让太仓更美丽”2018年第13届太仓阅读节活动，80多家单位申报阅读项目180余个。开展“曹灿杯”第四届青少年朗诵大赛、小蜗牛儿童剧团、“天下良港幸福太仓”分享会等重点阅读项目。

2018年4月28日，“书香润社·和谐胜利”2018年首届乡村阅读节暨世界读书日活动开幕
（市委宣传部供稿）

【思想道德建设】 2018年，太仓市以“文明太仓”市民大行动为统领，用社会主义核心价值观引领社会风尚，组织道德模范申报评选活动，开展选树“中国好人”“苏州好人”“最美人物”“最美家庭”等活动，魏晓云入选“中国好人”，张升等8人入选“苏州好人”。做好道德模范礼遇帮扶工作，邀请道德模范出席春节团拜会，发放2018年道德模范礼遇手册，组织全市72位道德模范和“身边好人”免费体检、观赏大剧院剧目等。引导社会各界为生活困难的道德模范提供生活救助等服务，太平洋财险太仓中心支公司向太仓市历届道德模范赠送为期5年的人身意外伤害保险。年内，全市开展“我们的节日”主题活动，结合传统节日，开展“民俗古镇·美德沙溪”嘉年华、天镜湖之夏——七夕文化节、“我们的节日——元宵”浏河镇2018年闹元宵系列活动等群众文化活动，使广大群众在参与中陶冶道德情操，塑造美好心灵，提升思想境界，培育和弘扬社会主义核心价值观。

【志愿服务】 参见180页“社会治理·社区建设·志愿服务”。

【未成年人思想道德建设】 2018年，太仓市围绕“扣好人生第一颗扣子”主题，在全市未成年人中开展“拥抱新时代，做一个有道德的人”主题教育实践活动，深化“八礼四仪”（仪表之礼、仪式之礼、言谈之礼、待人之礼、行走之礼、观赏之礼、游览之礼、餐饮之礼；入学仪式、成长仪式、青春仪式、成人仪式）教育实践活动，推行“节节知礼”微课堂、“月月有礼”校园行、“四季礼赞”仪式行、“礼蕴娄城”实践行四大行动。组织开展“缤纷的冬日”“七彩夏日”“网上祭英烈”“学习雷锋，做美德少年”等“我的中国梦”系列活动。开展“童声里的中国”“童心里的诗篇”诗歌征集等“童”字系列活动，选送优秀作品80件参加省级评选。组织中华优秀传统文化进校园活动，开展戏曲进校园专场演出。开展“阳光结伴向阳花开”未成年人心理健康教育公益行动，共接受热线电话咨询125人次、面询62人次、现场咨询46人次，开展讲座团辅72场、家长训练营2期、专家讲座1场，受益人数逾万人次。举办“六一”国际儿童节庆祝活动，表彰第四届太仓市“美德少年”15人和2018年度太仓市“优秀小公民”54人。评选表彰文明礼仪教育“四仪”创新案例28个、“七彩夏日”优秀项目35个。

【宣传文化人才建设】 2018年，太仓市开展2016年度宣传文化人才项目中期验收和2015年度、2017年度宣传文化人才项目年度考核工作。组织宣传文化人才项目评审，入选2018年度太仓宣传文化人才计划11人，下拨人才扶持资金194.1万元。加强文艺精品创作引导，制定《太仓市文学艺术“金月季奖”扶持奖励办法》，开展“金月季奖”申报评审工作，书法《不拘有得联》等21部作品获“金月季奖”荣誉奖；沪剧《乡妹子》等4部作品获“金月季奖”一等奖；沪剧《冤家路宽》等9部作品获“金月季奖”二等奖；文学《永远的箫声》等15部作品获“金月季奖”三等奖。兑现作品扶持奖励资金75.8万元。太仓市文化馆屠也入选第五期省“333工程”第三层次培养计划，太仓博物馆刘剑、太仓市美术馆靳慧慧入选姑苏宣传文化青年拔尖人才。加大对重点精品创作项目的指导和推动力度，组织文艺工作者围绕32项涵盖纪实文学、诗集、小说等文艺题材开展创作。完成年度文艺团队登记备案工作，共登记文艺团队322支。

（金　钰）

统战工作

【概况】 2018年，太仓市委常委会专题研究《关于加强政党协商的实施意见》，传达全国、省市宗教工作会议精神，统战工作在全市机关绩效和区镇科学发展考核中作用更加突出，全党齐抓共管统一战线的工作局面形成并得到提升。全市统一战线各领域工作取得新进展，统一战线服务全市经济社会发展取得新成效。全年各民主党派（团体）共发展新成员34人，其中无党派知联会4人，新社会阶层人士21人。

【统一战线政治思想基础】 2018年，太仓市把学习贯彻习近平新时代中国特色社会主义思想，特别是习近平统一战线重要思想作为统战工作贯穿始终的总纲和主线，举办学习培训、座谈研讨。强化政治理论学习，举办“学习大讲堂”8期，实行统战成员学习积分制管理。协助各民主党派、无党派开展“不忘合作初心、继续携手前进”系列主题教育活动，工商联非公经济人士理想信念教育实践活动等。召开纪念“五一口号”发布70周年座谈会，举办征文活动。开展统一战线庆祝“改革开放40周年”系列活动，举

向国旗敬礼　（2018年9月　计海新　摄）

2018 年 10 月 19 日，太仓企业家赴延安开展理想信念教育培训
（市委统战部供稿）

办嘉昆太统一战线书画联展。继续深化“高举旗帜、同心同行”主题教育暨系列读书活动，开展第二届“优秀中国特色社会主义事业建设者”评选表彰，举办全市统一战线中共十九大知识竞赛等活动。

【“同心”思想实践】 2018 年，太仓市完善“党外人士之家”“党外人士学习实践基地”建设，支持各民主党派（团体）结对村（社区）、“关注民生、奉献社会——党派社会服务活动”。开展社会公益服务，举办“同心结公益创意大赛”，建立集“宣传展示、项目开发、组织培育”等功能为一体的“同心结”大统战公益平台，成立“心联太仓”公益慈善基金，“爱心箱送”等大型公益项目 3 个。支持各民主党派开展社会服务，民革“博爱·牵手”、民建“思源工程——生育关怀活动”、民进“送书画进校园”、无党派知联会“书香计划进校园”等社会公益活动受到基层群众关注和好评。

【多党合作】 2018 年，太仓市委统战部协助市委召开民主座谈会、政治协商会。落实市委常委联系各界代表人士交友和特约人员工作，开展党派团体与政府部门对口联系和“点题式”民主监督工作。制定全市统一战线重点考察调研课题，组织开展“金点荟精英”统一战线领题调研活动，形成《关于全市科创产业发展情况调查分析及建议》《关于太仓建设长三角商贸物流中心的策略研究》等调研报告 10 篇。召开各界人士情况通报会 5 次，分别就对德合作、综合治理情况等提出专题性意见建议 200 多条。加强党派自身建设，协助民进基层委员会、无党派知联会做好换届工作，民盟直属小组升格为支部。支持党派（团体）加强领导班子和各项制度建设，推进各民主党派（团体）“特色支部创建活动”活动，民主党派机关规范化建设得到提升。

【党外代表队伍建设】 2018 年，太仓市将党外干部纳入全市干部队伍建设整体规划，成为组织建设的重要力量。截至 11 月，全市共有副科级以上党外干部 73 人，其中副处级以上 5 人，正科级以上 14 人；党外副股级以上青年干部 330 人。市委统战部推动落实把一部分优秀人士留在党外的政策规定，联合市委组织部加强党外后备干部教育培养，完善数据库建设，开展综合评价和积分制管理。举办党派新成员培训班、民营企业家“标杆企业体验式培训班”，每季度开展党派成员和党外代表菜单式培训。推行非公经济代表综合评价工作，累计进行综合评价 50 人次。成立留学人员联谊会，加强对高校统战工作指导，发现培养苏州健雄职业技术学院以及大学科技园、市留学生创业园、市软件园、市生物医药产业园等园区中党外高级知识分子代表。

【新的社会阶层人士统战工作】 2018 年，太仓市召开新的社会阶层人士统战工作联席会议。成立外企、民企、社会（中介）组织新的社会阶层人士联谊会，核心成员 158 人，各区镇全部成立新阶层人士联谊会分会。举办新的社会阶层代表人士培训班。创建新的社会阶层人士统战实践创新工作体系，建立“中德同行——新阶层人士之家”示范点，推进“娄东新力量”、外企高管“T 空间”、“心联太仓”、“民企 e 家”等新阶层人士统战工作品牌建设，新的社会阶层人士统战工作平台搭建完成。

【区镇社区统战工作】 2018 年，太仓市各区镇夯实基层社区统战工作。城厢镇组织“统战课堂”“民族文化进课堂”活动；高新区实施“中德同行、德载高新”公益志愿服务项目；沙溪镇以文化为媒打造统战特色品牌；浏河镇开发建设统战文化街区；浮桥镇开设“统战服务通道”，建立社区“统战之家”；璜泾镇设立“思源”奖教金，成立诚信永乐企业家志愿联盟；双凤镇以党建引领商会发展；港区挖掘“郑和文化”内涵，打造综合性华侨文化基地；科教新城举办两岸大学生电竞大赛，助力两岸民间文化交流；娄东街道依托辖内多个社区“侨之家”，打造“文化惠民”社区统战服务品牌。

（黄建锋）

机构编制

【概况】 2018 年，太仓市贯彻执行中央关于党和国家机构改革重大决策，坚持服务全市改革发展大局，严格执行机构编制工作方针政策，统筹推进“放管服”改革，深化经济发达镇行政管理体制改革，改进机构编制工作。年内，开展“不见面审批（服务）”改革，深化“双随机、一公开”监管工作，组织实施 2018 年度市级机关部门绩效管理考核工作，完成 2017 年度事业单位年度报告公示等，以人民群众满意为根本目标，提升服务效能，放大改革效应，激发市场活力。

【党政机构改革】 2018 年，太仓市开展全市党政机构改革工作，对照原始机构编制批复文件，梳理全市纳入党政机构改革范围的党政机关设置情况。拟订《太仓市机构改革方案》，通过市委常委会讨论审核后报上级批准。按照上级确定的口径和太仓市事业单位职能情况，排摸全市承担行政许可、行政裁决等职能的事业单位，梳理承担上述行政职能的事业单位名单，明确承担行政职能事业单位改革范围。

【“放管服”改革】 2018 年，太仓市编办会同市政管办，加大改革力度，尽快实现“企业 3 个工作日内注册开业、5 个工作日内获得不动产权证、50 个工作日内取得工业生产建设项目施工许可证”的“3550”目标。协调部门细化梳理审批流程，分析审批环节，查找改革过程中遇到的困难。在开办企业登记方面，设立“开办企业”综合服务窗口，将刻章、开户、税务等事项全部纳入综合窗口，由综合窗口通过“开办企业一窗通服务平台”，将刻章、银行开户所需信息资料直接推送给后续相关部门，部门在线联动办理相关事项，让群众“少跑腿”的同时缩减材料，1.5 个工作日完成全流程业务。在办理不动产登记方面，升级“不动产集成服务平台”，实现全省首家且唯一一家与税务“金三系统”的正式对接，由集成平台自动调用金税三期系统接口，完成自然人登记、房产交易信息采集，调用存量房价格评估系统进行价格评估，简化契税缴纳流程。协调供水、供电、天然气等部门融入平台，通过集成平台“一键过户”。实现“只跑一个窗口、10 分钟完成受理、常态下 3 个工作日完成出证”的工作目标。在施工许可方面，协调相关责任部门整合压缩审批环节，对涉及图审的进行多图联审、同时办理，将涉及勘察环节、相关合同备案、质安监备案分类进行环节合并，将工程设计与工程规划许可证核发、用地规划许可证核发与供地审查等审批链相近环节合并，将涉及民防相关审批等环节移出施工许可审批链，将 20 个审批环节变成 8 个办理环节。线下将原先分布在各部门涉及施工许可的 20 多个事项集中到“投资建设综合服务窗口”，实现“一窗受理”。开发并投入使用“投资建设智能服务平台”，实现全流程事项“一网申报”“套餐办理”，精简审批材料，变“人员跑路”为“信息跑路”、审批事项并联审批、无缝对接，节省建设单位报建时间和成本。根据江苏省 2018 年营商环境评价工作要求，针对新增“不见面审批”“获得电力”“纳税”“用水报装”“用气报装”“获得信贷”等指标，梳理各项评价指标的改革要求，制定《关于做好优化营商环境推进重点改革工作任务》文件，明确牵头单位、责任单位、主要改革目标和任务。组织各牵头部门细化梳理改革任务涉及的责任部门、审批环节、办理时限、申请材料，排查改革重点难点，拟定各指标改革方案，推进改革和用电报装、纳税等领域的审批优化工作。

【“不见面审批（服务）”改革】 2018 年，太仓市根据省“不见面”审批标准化工作最新要求对全市“不见面”审批事项清单进行再梳理。全市“不见面”事项清单六类行政权力子项有 807 项，实现“不见面”和“见一面”事项子项共 788 项，“不见面”和“见一面”合计占比 97%。市编办会同市政管办推动部门优化纳入“不见面”清单事项的流程。依托政务服务网部分事项实现“网上申办”，投资建设领域审批在重点环节实行代办制，审批结果依群众和企业意愿可选择快递送达，多途径“不见面”办事模式逐步形成。

【“双随机、一公开”监管】 2018 年 4 月，太仓市实施《关于深化“双随机、一公开”监管工作的意见》。“双随机、一公开”即在监管过程中随机抽取检查对象，随机选派执法检查人员，抽查情况及查处结果及时向社会公开。加强各领域监管，打造公平竞争的市场环境和法治化、便利化营商环境。强化抽查事项清单的动态管理，动态调整 8 个部门 10 项随机抽查事项，做好文件公布工作。优化网络平台模块功能，完善抽查数据统计功能，做好平台实时维护和检查结果公示工作。加强与部门的跟踪联系，确保抽查工作按时完成。推行手机 APP 移动执法，实时上传执法检查情况、公示检查结果，实现监管过程留痕，提高监管执法效率，增强监管工作公正性、规范性。8 月，太仓市印发《关于进一步加强事中事后监管的实施意见》，明确全市逐步健全完善以“双随机、一公开”为基本手段、以重点监管为补充、以信用监管为基础的新型监管机制，深化事中事后监管工作。组织各部门做好事中事后监管清单编制，明确监管主体、监管对象、监管依据、监管程序等，厘清部门监管职责，31 个部门公布事中事后监管事项 225 项，促进部门依清单事项履职，强化监管，推进全市事中事后监管法治化、制度化、规范化、程序化，做到于法有据、监管到位。

【国家级开发区“证照分离”“全链审批”试点改革工作】 2018 年 4 月，太仓市按照“全面复制推广上海市浦东新区‘证照分离’改革成功经验做法”要求，通过采取完全取消审批、取消审批改为备案、全面实行告知承诺制、提高透明度和可预期性、强化准入管理等 5 种管理方式在市国家级经济技术开发区推进改革。制定《太仓市实施“证照分离”改革试点工作方案》，明确总体要求、试点范围、改革方式和任务分工、建立监管机制制定配套措施、工作步骤和时间节点等。根据省、市、县、开发区的权力层级和监管职责要求，在苏州清单事项基础上，梳理太仓市级部门需要制定改革办法、落实改革举措的事项 35 项。4 月 23 日，太仓市在苏州范围内率先制定各项改革措施并通过网站公布。截至年底，国开区全链审批事项落实并签订赋权协议 75 项。

【经济发达镇行政管理体制改革】 2018 年，太仓市优化整合沙溪镇“两办七局一中心”职能设置、便民服务中心的硬件设施建设、审批服务流程整合、综合行政执法软硬件等建设。建立沙溪镇综合信息指挥管理平台，实现多个部门数据信息融合应用，打造发达镇管理新模式。根据沙溪镇实际需要，梳理新一批拟下放权力事项。6月，通过苏州市编办组织的预评估。8月，通过省编办工作组现场评估，沙溪镇行政管理体制改革试点工作受到肯定。年内，太仓市按照省委、省政府对发达镇改革工作新要求，制定浏河镇行政管理管理体制改革相关改革方案并上报。根据浏河镇工作实际和承接能力，梳理拟承接的权力事项清单，涉及经济社会管理事项180项、行政处罚事项547条。经济社会管理事项由市政府发文，行政处罚权改革方案及事项上报省有关部门审核。推进行政审批局和综合执法局等重点前台建设工作，市编办会同市政管办指导浏河镇以“互联网＋政务服务”为目标建设便民服务中心，10月正式启用。11月，市委、市政府印发《太仓市浏河镇行政管理体制改革实施意见》《太仓市浏河镇行政管理体制改革工作实施方案》和《关于公布“第一批下放浏河镇经济社会管理事项”的通知》。12月19日，太仓市召开浏河镇行政管理体制改革工作动员大会，标志浏河镇行政管理体制改革正式实施。

【机构编制管理】 2018年，太仓市严格控制机构编制，加强机构、编制和领导职数规范管理，结合太仓实际情况，拟订并由市编委印发《关于严控机构编制加强规范管理的意见》（以下简称“意见”），重新明确全市编委会管理权限内的机构、编制和领导职数的规范化管理。意见共17条，主要从严格遏制机构膨胀、控制编制规模、规范领导职数及加强长效管理等四个方面对全市机构编制管理提出意见，提升全市机构编制管理的科学化和规范化水平。

【房屋征收机构职能调整优化】 2018年，太仓市强化市房屋征收工作，保障城市建设和经济社会发展，针对市房屋征收领域一定程度上存在的行政机构运作不够到位、事业单位职能受限、工作开展不顺的问题，参考上级及周边县市的设置情况，调整全市房屋征收机构的职能，将市住建局下属太仓市房屋征收服务中心更名为“太仓市人民政府房屋征收中心”，受市住建局委托承接房屋征收职能，保障全市房屋征收工作顺利展开。

【执纪监督和内部审计】 2018年，太仓市探索监察工作向基层延伸的有效途径，实现公职人员监察全覆盖，将市纪委原有的3个执纪监督工作室更名为市纪委监委纪检监察室，明确其联系范围，配合全市监委向乡镇（街道）派出监察机构的试点工作。加强市纪委派驻纪检机构改革后资金量较大的系统内部审计工作，在市经信委、市教育局、市科技局、市民政局、市人社局、市住建局、市交运局、市水利局、市卫计委等9部门相关科室增挂“内部审计室”牌子，明确相应监督职责，细化内部审计监督。

【编外用工规范管理】 2018年，太仓市加强和规范市级机关事业单位编外用工管理，市编办与市人社局、市财政局联合调研，修订《太仓市市级机关事业单位编外用工管理办法》，完善市编外用工管理制度。根据《太仓市市级机关事业单位编外用工管理暂行办法》和《关于进一步完善机关事业单位编外用工管理的有关意见》等文件规定，按照“必要、精干、高效”原则，联合市人社局、市财政局做好编外用工规范管理工作。根据关于控制编外人员数量和规模要求，按照编外用工三方联席会议确定的“除特殊岗位外，编外用工数原则上不再新增”口径，加强编外用工人数管控。全年共召开编外用工联席会议3次，讨论编外用工事项42项。

【市级机关绩效管理考核工作】 2018年2月23日，太仓市召开全市作风效能建设暨绩效管理工作会议。市委、市政府把2018年定为“作风效能建设深化年”，巩固提升作风效能建设成效。3月，市委、市政府印发《2018年度太仓市市级机关部门绩效管理考核工作实施意见》。按照“作风效能建设深化年”新要求，组织实施2018年度市级机关部门绩效管理考核工作。

【事业单位登记管理】 2018年3月，太仓市完成2017年度事业单位年度报告公示工作，全市358家事业单位提交2017年度事业单位年度报告书。全年设立登记事业单位50家，变更登记59家，注销登记1家。根据中编办《机关、群团统一社会信用代码管理暂行办法》要求，完成新申领统一社会信用代码证书11家，变更14家。为加强事业单位信用体系建设，印发《太仓市事业单位信用等级评价实施办法（试行）》。研究制定《事业单位法人“双随机、一公开”抽查工作实施细则》，建立完善事业单位登记信息检查清单和抽查人员库、事业法人库“两库一清单”，完成4家事业单位法人“双随机”抽查工作。 （王春鹰）

机关党建

【概况】 2018年，太仓市机关党建工作加强对各系统党委的联系和工作指导，指导各级党组织抓好党的思想、组织和作风建设、党员管理教育工作。指导市级机关各级党组织加强党风廉政建设、思想政治工作、法制宣传教育和机关精神文明建设活动。截至年底，市委市级机关工委有党委5个、党总支18个、党支部140个，共有党员2645人。全年发展党员18人。

【机关党的思想建设】 2018年，太仓市委市级机关工委营造贯彻习近平新时代中国特色社会主义思想和中共十九大精神学习氛围。深化“三微一会，逐梦前行”机关党建教育品牌建设，丰富微信、微课、微讲堂和“机关学习会”形式内容。“太仓市级机关党建”微信公众号推送微信130期近300条，太仓机关党建网发布信息1600条。编发《机关工作情况》16期，举办专题机关学习会8期，受教育党员干部3000人次；针对机关党员干部和党务干部能力建设，组织120多名基层党组织书记参加中共十九大精神培训班，组织84名党务干部参加“走看学做比”党建活动，继续做好机关党员、党务干部、入党积极分子培训教育，实现机关党员干部教育分层次、全方位、全覆盖。开展学习宣传教育活动，组织46家机关单位参加“经典

2018年6月15日，“不忘初心跟党走”纪念中国共产党成立97周年主题歌会在太仓大剧院举行（王仕杰　摄）

魅力永在，奋斗初心不改”经典诵读活动，35支机关代表队参加“不忘初心跟党走”主题歌会，举办“贯彻十九大，讴歌新时代”散文诗歌创作活动，征稿192篇。结合解放思想大讨论活动，召开市级机关“红色领航”“不忘初心、引领前行”等专题研讨会，开展“我为‘两地两城’建设献一计”金点子征集活动，收到40多名机关党员干部意见建议411条。

【机关党的组织建设】 2018年，太仓市委市级机关工委按照全面从严治党要求，落实党组织书记管党治党责任，实施机关党建工作“书记项目”，组织所属基层党组织聚焦党建突出问题，选定“书记项目”42个。规范基层党组织生活，开展“5+X”主题党日活动，随机抽取20家基层党组织举办开放观摩活动5次，交流探讨提高组织生活质量。组织3500名党员干部参加机关党建基本情况“无记名”网络调查，对所属59个党组织开展全覆盖体检，对照标准、查摆问题、限期整改，推动机关党组织规范化建设，严防“灯下黑”现象。实施市级机关“互动融合式”党建工程，召开市级机关“行动支部”建设和“互动融合式”党建工作推进会，推进党组织与市委市政府中心工作融合、与党员群众融合、与其他领域党建融合的“互动融合式”党建项目31个，发挥党建工作引领示范作用。

资料链接

“5+X”主题党日活动：采取“规定动作＋自选动作”模式的主题党日活动，“规定动作”包括确定活动主题、交纳党费、通报重大党务事项、诵读党章和习近平总书记系列重要讲话、观看电教片等五项内容。“X自选动作”指鼓励基层党组织围绕活动主题自行设置，拓展组织生活内容，增强党日活动吸引力。

【机关作风效能建设】 2018年，太仓市委市级机关工委履行作风效能职能，围绕市委、市政府中心工作，确定“作风效能建设深化年”重点工作项目，明确考核目标、完成时限。开展“强素质，勇担当，创佳绩”主题实践活动，营造凝心聚力、敢于担当、干事创业氛围。围绕“队伍好、管理严、服务优、效能高、形象佳”强化作风效能工作载体建设，做好机关118个科室（窗口）“作风效能建设示范点”标准化建设和65个机关优质服务品牌星级化建设。开展“机关优质服务品牌创新项目”评比，评选表彰服务市委市政府中心工作和实事工程、重点项目的优秀创新项目29个。引导党员干部改革创新，强化责任担当。开展“重温岗位职责，勇于担当作为”主题活动，组织机关干部重温“一次岗位职责”，查摆不作为、慢作为、懒作为，精神萎靡不振、责任担当意识不强等“慵懒散慢”突出问题。组织开展“作风建设再深化，奋力展现新作为”公开承诺活动，动员党员干部围绕市委“作风效能建设深化年”活动“六个再深化”（在政治素养上再深化、在系统思维上再深化、在改革创新上再深化、在务实担当上再深化、在宗旨意识上再深化、在风清气正上再深化）目标任务公开承诺。做好作风效能建设先进典型的培育和宣传工作，组建“新时代，新担当，新作为”先进典型事迹宣讲团，21个先进事迹宣讲团队深入机关和基层开展巡讲活动77次。在

11月2日，2018年度机关优质服务品牌创新项目评审会在市行政中心举行（王仁杰　摄）

各级掀起学先进、赶先进、创先进热潮。继续组织“十佳先进科室”“十佳示范窗口”“十佳先进个人”“群众最满意的机关优质服务品牌”公开评选活动，组织2100名群众对85个部门进行“千人千企评机关”民主测评，督促44个部门整改民主测评中社会各界反映强烈的问题96个，邀请各界代表和基层群众1200余人参加40个部门的“机关开放日”活动，关注群众诉求，畅通社会各界建言献策渠道和批评监督渠道，提升机关工作效能和服务能力。

2018年1月22日，太仓市留学人员联谊会成立　（市侨办供稿）

【机关精神文明与文化建设】 2018年，太仓市委市级机关工委在全市开展勤廉文化进机关、“党规党纪天天学”、“5·20（我爱廉）”、勤廉微征言等活动，强化机关勤廉文化建设。发挥党建文化引领作用。结合文明城市创建，开展“五彩爱心，四季温馨”党员志愿服务活动，在机关部门打造“书香机关”文化品牌；组织“强素质”办公技能培训、市级机关办公技能大赛、机关干部岗位练兵和优质服务技能竞赛活动，提高党员干部业务素质、提升工作效能。举办“不忘初心、再创佳绩”市级机关第8届文体艺术节。开展拔河、健步走、三人制篮球比赛、迷你马拉松比赛、微电影、书画摄影等比赛项目，丰富机关干部文化生活。围绕纪念改革开放40周年主题开展系列活动。举办“我们的幸福生活”微视频创作比赛、“颂变迁·再出发”美术摄影比赛等活动。

（缪　斌）

侨　务

【概况】 2018年，太仓市团结海外侨胞和归侨侨眷，筹备成立太仓市留学人员联谊会；继续开展“侨法进社区”活动；邀请美国华文文艺界协会到太仓采风考察。江南丝竹馆获批江苏省中华文化海外交流基地。全年走访归侨、侨眷、留学生眷属、回乡省亲华侨华人、在太仓创新创业的华侨华人和留学归国人员300余人次，处理涉侨信访6件，慰问归侨侨眷30余人次。

2018年10月17—18日，美国华文文艺界协会到太仓采风　（市侨办供稿）

【侨界服务】 2018年1月22日，太仓市留学人员联谊会成立，选举产生第一届理事会理事10人、监事1人。联谊会紧扣太仓发展目标定位，团结引领留学人员投身太仓经济社会发展，传承留学报国优良传统。联谊会以“同心留学人员服务团”活动为载体，举办“苏州东山户外徒步”“走进理事”“稻盛经营学公益分享”“建议献策辅导交流”“世界杯——为德国加油”“家庭仲夏缤纷夜”“杭州徒步”等活动，发挥留学人员在技术、信息、管理等优势。太仓市深化侨务工作进园区，大学科技园申报江苏省华侨华人创新创业服务中心获批。开展“留学归国人员在太仓创新创业情况”“我为创建献一策”“长三角一体化发展的机遇和挑战”等专题调研，形成《太仓市留学人员创新创业情况调查及若干建议》调研报告。5月，市侨办在城厢镇西区、康乐、南园、南区、柳园、朝阳和高新区景瑞等社区举行“关爱民生法治行——侨法进社区”活动，每个社区举行为期一周的《中华人民共和国归侨侨眷权益保护法》展板宣传，打造“侨法进社区”普法特色项目。在重点社区开展“主任接待日”，及时排查处置侨界矛盾纠纷，聘请法律顾问帮助处置涉法事务。5月31日，在太仓市明德初级中学举行纪念吴健雄诞辰106周年暨吴健雄故居开馆仪式。6月14日，与城厢镇西区社区合作举行“粽情飘香、万古流芳”——诗情琴韵迎端午活动。

【侨务交流与宣传】 2018年1月7日，太仓市侨办驻当地联络处与中国学生学者联合会、中国文化协会，在德国于利希市联合举办华人新春音乐会。2月6日，省侨办和江苏省文化厅授予太仓江南丝竹馆“江苏省中华文化海外交流基地”称号。2月7—8日，欧洲华侨华人社团联合会副监事长、奥地利浙江商会创会名誉会长温怀钦一行到太仓考察。3月8日，美国大辛辛那提中国商会执行会长陈辽瑞到太仓考察。3月23日，太仓市邀请罗马尼亚、俄罗斯、匈牙利、法国、瑞典、美国等9家华文媒体到太仓采风考察。4月14日，市侨办驻德国北威州联络处在杜塞尔多夫市举行“郑和杯”中德青年创新创业大赛德国分赛。10月17—18日，美国华文文艺界协会华人作家12人到太仓采风考察，市侨办与市文联在沙溪古镇举办“文学太美”文学研讨活动。到访作家与太仓本土作家代表开展座谈研讨。太仓市委宣传部部长韦国岭希望作家们从海外侨胞的独特视角多向海外宣传推介太仓。美国华文文艺界协会成立于1994年，是一个团结北美华人作家与艺术家、繁荣华文文艺创作的爱国团体，协会致力于海内外作家学者交流研讨、北美华文教育及东西方文化艺术交流。10月30日，江苏省侨办在太仓大学科技园设立“华侨华人创新创业服务中心”。11月7—9日，美国大辛辛那提华商会促成西切斯特市政府代表团访问太仓。12月20—22日，新西兰中华文学艺术界联合会主席冼锦燕到太仓考察。

（朱承飞）

2018年10月17日，苏州市对台交流基地在太仓天妃宫揭牌成立

（市台办供稿）

2018年8月14日，台湾、太仓两地青年学生代表研习交流书法

（市台办供稿）

台湾事务

【概况】 2018年，太仓市办理报批非公职人员赴台29批次、36人次，公职人员经贸和交流团组3批次、21人次。在太仓投资的台资企业237家。年内，太仓市对台工作围绕两岸关系和平发展主题，与台湾省重点行业协会、台资密集区、两地企业家和关联产业、台湾经贸界代表人士等拓展交流合作，搭建太仓市台湾同胞投资企业协会与太仓市台胞台属联谊会沟通联谊桥梁，增进互通交流。

【对台交流】 2018年，太仓市凝结与台湾的两地情缘，增进文化交流。8月14日，第4届“源圆两岸交流汇”启动仪式暨“翰墨飞扬 · 笔系中华”——两岸学子论坛在太仓美术馆举行，台湾高校学子15人到太仓开展论坛交流，论坛以“翰墨飞扬 · 笔系中华”为主题，太仓、台湾两地青年代表相聚太仓，共同学习中华传统文化，以书法交流形式将两岸同胞的深情厚谊浓缩在书法作品中，展示“两岸一家亲”同文同书、同根同宗的血脉之情。活动为期5天，台湾青年学生代表在太仓学生代表陪伴下研习交流书法、追寻历史记忆、走过大街小巷了解太仓城市新风貌，增进相互认知，融合彼此感情，增强台湾青年“两岸一家亲”认同感，树立传承发扬中华优秀传统文化的自信心和自觉意识。6月，市台办组织市台协会、市台谊会开展“香粽牵动两岸情”端午联谊活动，弘扬中华民族优秀传统美德和现代节日理念，倡导环保节约之风和良好家风、民风。8月4日，市台办与市文广新局联合主办“江南好——2018年海峡两岸丝竹情”在文化馆剧场上演，台湾乐友民乐团、上海市金山区山阳民族乐团及太仓市五洋丝竹乐团共同出演。10月17日，2018年太仓·浏河海峡两岸妈祖文化旅游节暨天妃宫慈善周活动举行开幕式，太仓首家对台交流基地——苏州市对台交流基地在天妃宫揭牌成立。10月20—25日，第2届海峡两岸大学生电子竞技大赛总决赛在太仓天镜湖电竞小镇举行，台湾和太仓两地19所高校的123名大学生电子竞技爱好者参赛，台北城市科技大学和南京大学分获“英雄联盟”和“王者荣耀”冠军。

【对台经济】 2018年，太仓市台办与市环保局为全市110多家台企集中开展环保政策宣讲交流会，现场为台商答疑解惑；邀请市国税局为40多家台企开展税收政策解读座谈，讲解税务政策变动情况；开展台企高管研习讲座，交流分享企业管理理念，协助辖内台企提升企业经营管理水平。帮助解决台商在台胞证使用、台商子女就学、企业环保等方面存在的困难。根据高新区陆渡片区产业定位调整需要，市台办调研台资自行车企业，引导企业配合政府拆迁工作，形成调研文章《太仓市台资自行车企业调研分析》。组织台商台胞观看纪录电影《厉害了，我的国》，传递中国力量，感受祖国成长。5—7月，在全市台资企业中开展文明风尚典型事迹宣传，凝聚崇德向善，提倡文明正能量，为全市文明城市创建营造良好氛围。

【对台服务】 2018年，太仓市台办协助市台协做好第六届理监事换届选举工作，确定第六届理监事会组成人员，选举产生新一届会长和监事长，组建第六届理事会秘书长、青联会、妇联会等组织机构。开展节日走访慰问活动，重点走访慰问困难台属。以市台协会为平台，定期举办安监、环保和税务等讲座培训，引导台商守法经营，维护台商合法权益。截至年底，市台协会员单位180家，在服务台企、发展太仓经济、增进两岸交流及发展社会公益慈善事业等方面发挥作用。“太仓台协”微信公众号关注人数765人，全年推送微信133条，总阅读量1.25万次。

【对台宣传】 2018年，太仓市在全市台资企业中开展“寻找身边最美太仓台企员工”活动，征集在工作创新、亲和人气、和谐家庭及热心公益等领域有突出表现的台企员工并组织投票评选，集中宣传文明风尚典型事迹，活动获太仓市网络文化节创新奖。7月23日，市台办、市台协联合为太仓市首届“身边最美台企员工”颁奖。向台湾同胞普及宣传《中华人民共和国宪法》等各项法律法规，帮助台湾同胞了解党和国家的对台政策，深刻认识台湾是中国不可分割的一部分。推送《关于促进两岸经济文化交流合作的若干措施》等文件，宣传各级惠及台商台企政策，助推台资企业转型升级。

（李沈歆）

保密工作

【概况】 2018年，太仓市保密工作坚持总体国家安全观和稳中求进工作总基调，落实《中共中央关于加强和改进保密工作的意见》和省委实施意见精神，解决保密管理源头性根本性问题，提高依法治密能力和科技支撑水平。年内，市保密局做好各类国家级考试保密管理，维护国家级考试安全。强化对涉密项目设备采购的服务、指导。继续做好全市保密销毁服务工作，共销毁各类纸质文件资料约100吨、计算机及其他办公设备近2000台套。

【保密领导责任制落实】 2018年，太仓市加强保密工作组织领导，印发《中共太仓市委保密委员会2018年工作要点》，发挥市委保密委员会作为党管保密组织形式的政治优势，落实保密委员会工作制度，加强组织协调，开展监督检查，研究解决保密工作中的重大、难点问题。强化领导责任，贯彻落实《党政领导干部工作责任制度规定》，适时开展领导干部保密工作责任制落实情况专项督察，建立健全保密工作领导责任制落实监督长效机制。

【保密标准化管理长效机制构建】 2018年，太仓市贯彻落实《国家秘密定密管理暂行规定》，规范定密工作。做好全市党政机关定密指导工作，上报2016年、2017年定密数据。做好派生定密，解决重点涉密部门定密不准、有密不定、错定漏定等问题；梳理涉密档案管理情况，开展集中解密审查工作。强化网络管理，做好以电子政务内网建设为主体的涉密系统分级保护工作，加强全市政务内网建设各环节的保密指导、监督和服务，调查摸底重点涉密单位涉密计算机及办公自动化设备国产化替代情况，全市重点单位安装“三合一”保密系统，提高涉密计算机违规外连、移动存储介质使用的监督管理力度。开展互联网门户网站保密检查，加强电子政务外网和互联网保密监管，严格各单位互联网门户网站、政务微博、微信等信息公开保密审查。加强智能手机等移动终端和无线局域网使用保密管理。强化重点涉密单位涉密载体和涉密人员管理，加强对上级文件登记传阅、流转、销毁各环节的监管，消除失泄密隐患和漏洞。强化保密监督检查力度，推动自查自评工作规范化、常态化、实效化。对全市重点涉密单位进行保密督查，重点对保密标准化工作水平、保密自查自评、涉密人员管理等工作开展督查。对照苏州市保密局标准化管理实务指南和管理要求，对全市党政机关、涉密单位从严要求，强化基础，加强督查，提升全市保密工作标准化管理水平。

【保密宣传教育培训】 2018年，太仓市制定年度保密宣传教育工作计划，以领导干部、涉密人员为重点，利用各种现代传媒手段，开展生动活泼的宣传教育，提高培训针对性和实效性。保密教育培训纳入党委中心组学习计划、干部教育培训菜单式学习计划，为公务员初任和任职培训等为期一周以上的培训进行保密知识教育和保密警示教育。组织保密专职干部参加保密师资培训、网络测评讲座等各类培训教育，提高保密专职干部素质。

（杜凌明）

老干部工作

【概况】 截至2018年年底，太仓市共有离休干部164人、市管退休干部1153人。年内，太仓市委老干部局围绕“让党放心、让老干部满意”工作目标，加强老干部思想政治学习引领，落实老干部服务管理措施，强化“常春藤”文化品牌建设，引导老干部发挥余热，全市老干部工作实现新发展、取得新进步。市委老干部局获评苏州市级文明单位。

2018年9月28日，“大美苏州——纪念改革开放40周年苏州市老干部摄影展”在太仓博物馆开幕

（市委老干部局供稿）

【老干部思想政治学习】 2018年，太仓市委老干部局举办全市离退休老干部学习贯彻中共十九大精神轮训班2期，300余名离退休干部参训。定期向离退休干部党支部赠送《离退休干部学习参考》《老干部学习之友》等书籍，为全体老干部订阅《银潮》《大江南北》《祝您健康》《铁军》《太仓日报》等报纸杂志。每月出版《常青藤月报》1期，每天通过“常青藤”公众号推送信息。邀请国防科技大学马建光为全市离退休干部作“我国周边安全形势与大国走向”报告。组织“回眸40年——我看太仓新变化”系列主题参观活动。打造“余晖红”离退休干部党建工作品牌，建立老干部党员服务中心。组织开展“五个示范”（示范党支部、示范活动中心、老年大学示范校、示范干休所、正能量活动示范点）离退休干部示范党支部创建活动。以“悟初心践使命，解思想促发展”为主题，与高新区开展“忆初心、话发展、再前行”主题党日活动暨“高新区党员创客联盟”揭牌仪式，给党龄超过70年的老党员过一次集体“政治生日”。在县府社区开展“银龄互助”党支部成立仪式暨“忆初心、献余热、促和谐”主题党日活动。

2018年9月29日，太仓市举办“丹青绘盛世·翰墨写初心”老干部书画展

（市委老干部局供稿）

【老干部服务管理】 2018年，太仓市委老干部局落实离退休干部政治待遇，组织全市经济社会发展情况通报会1次，组织62名享受地市级待遇的离休干部和原四套班子退休老领导分别参观苏州工业园区和太仓高新区。落实离退休干部生活待遇，开展“贴近老干部、争当好儿女”活动暨“双三心”优质服务品牌晋升五星级活动。落实老干部提高享受医疗待遇，深化家庭医生签约服务、就医“一站式”服务、个性化服务等工作，为离休干部做好服务保障，完成离休干部家庭医生自愿签约率100%。全年走访慰问老干部近500人次，看望生病住院老干部130余人次，组织77名老干部体检，组织16名老干部赴南京钟山疗养院疗养，受理老干部和遗属来访、来电反映问题23次。建立“35服务日”机制，每月5日为“法律无忧日”，聘请法律顾问为老干部们提供法律服务；每月15日为“局长接待日”，局领导每月轮流接待，协调解决困难问题等；每月25日为“情感陪伴日”，全局工作人员上门走访空巢、独居离休干部。

【“常青藤”文化品牌建设】 2018年，太仓市委老干部局继续实施“文化养老”方针，搭建“常青藤”平台，引导离休干部走出家门。“常青藤”活动中心增开花艺、日料等兴趣班7个，吸引近300名老干部参加学习。成立城厢、双凤、浏家港老干部活动分中心3个，举办各类活动4次，方便老干部就近活动。举办第13届“走进春天”文体活动月和第8届“庆国庆、迎重阳、展风采”老干部艺术节，4000余人次参加。开展纪念改革开放40周年征文活动，收到诗歌15篇、征文12篇；出版《见证——纪念改革开放40周年老干部摄影集》，采集照片153张；承办“大美苏州——纪念改革开放40周年摄影展”，参展作品100幅，展览持续1个月；举办“丹青绘盛世·翰墨写初心”老干部书画展，共展出作品164幅。

【老干部回馈社会】 2018年，太仓市委老干部局在全市离退休干部中开展“火热余晖耀娄东、‘两地两城’做先锋”主题活动，引导老干部围绕太仓“两地两城”建设建言献策23条。离休干部张福衍夫妇交纳特殊党费2万元，离休干部戴干向璜泾镇永乐村、苏州健雄职业技术学院赠送《习近平的七年知青岁月》和个人藏书1500册。老干部“余晖红”志愿团队开展“红色话传承”“帮扶助成长”活动，12名老干部深入基层开展中共十九大精神宣讲21次，戴干等17人获评太仓“最美老干部”，张志明获评苏州“最美老干部”。 （王林志）

党校工作

【概况】 2018年，中共太仓市委党校以习近平新时代中国特色社会主义思想为指导，贯彻落实全国全省党校工作会议精神，发挥“干训阵地、资政智库”作用。年内，市委党校举办各类培训班87期，参训学员9538人次，其中主体培训班次12期，参训学员749人次；全市领导干部理论知识讲座8期，参训干部4184人次；与太仓有关部门联合举办各类培训班58期，参训学员4138人次；联办培训班9期，参训学员467人次。开发习近平新时代中国特色社会主义思想系列课程12门。开展“红色讲堂”“微型党课送基层”“优秀党课送基层”等活动，为各单位、村（社区）提供中共十九大精神宣讲近200场次，参与学习1.3万人次。

2018年太仓市领导干部理论知识讲座一览表

表68 单位：人

序号	讲座名称	日期	主讲人	人数
1	学习贯彻习近平新时代经济思想——建设现代化经济体系	4月3日	田应奎	629
2	牢牢把握党对意识形态领域的主导权	5月11日	张　弛	626
3	当代城市基本格局和管理创新	6月7日	吴伟强	587
4	抓住新机遇　聚焦新发展——对太仓全面融入上海的十条建议	7月20日	周效门	656
5	深圳特区改革创新的探索、成效与启示	8月10日	杨立勋	627
6	江苏高质量发展监测评价考核指标体系解读	8月31日	刘学军	542
7	领导干部的法治思维	10月13日	刘　锐	380
8	全面从严治党	11月27日	张国玉	137

2018年太仓市委党校（行政学校）干部培训主要班次一览表

表69 单位：人

序号	班次名称	日期	联办单位	人数
1	太仓市村（社区）党组织书记后备干部“不忘初心、牢记使命”专题培训班	3月29—31日	市委组织部	63
2	太仓市第5期科级领导干部进修班	5月7—11日	市委组织部	50
3	太仓市规划建设管理专题研修班	7月16—19日	市委组织部、市住建局	40
4	村（社区）党组织书记“不忘初心、牢记使命”专题培训班（第1期）	7月23—25日	市委组织部	60
5	村（社区）党组织书记“不忘初心、牢记使命”专题培训班（第2期）	7月26—28日	市委组织部	46
6	村（社区）党组织书记“不忘初心、牢记使命”专题培训班（第3期）	7月30日—8月1日	市委组织部	45
7	太仓市第5期单位中层正职干部进修班	8月14—17日	市委组织部	55
8	太仓市2018年事业单位新录用人员岗前培训班（第1期）	10月22—25日	市人社局	106
9	太仓市2018年事业单位新录用人员岗前培训班（第2期）	10月29日—11月1日	市人社局	77
10	太仓市2018年新录用公务员初任培训班	11月5—16日	市人社局	124
11	全市年轻干部能力素质提升班	11月12—21日	市委组织部	33
12	太仓市人才科技业务研修班	12月18—22日	市委组织部	50

2018年11月19日，太仓市年轻干部能力素质提升班学员在嘉兴南湖革命纪念馆重温入党誓词　（黄嘉聪　摄）

【年轻干部能力素质提升培训】 2018年11月12—21日，太仓市委党校与市委组织部联合举办全市年轻干部能力素质提升培训班，参训学员33人。培训围绕"强化理想信念和党性修养、提高必要知识与技能、强化为民服务思想"目标，设置习近平新时代中国特色社会主义思想、高质量发展、青年干部的成长等专题讲座15个，授课教师来自中国浦东干部学院、上海市委党校、江苏省委党校等院校。培训形式以专题教学、市情导读、互动教学、小组讨论、体验式教学为主。培训包括经典诵读、好书推荐、交流研讨等系列活动。

【年度科研立项课题结题】 2018年，太仓市委党校完成省级课题2项，苏州市级课题4项，校级重点课题5项，一般立项课题12项；出版社科期刊《实践》4期，刊发反映太仓经济社会发展的文章50余篇，为市委决策提供资政参考。省级课题"借力上海全球科创中心建设，促进产业创新发展"获"江苏省党校行政学院系统学习贯彻十九大精神专项课题"立项并结项，省级课题"创新驱动发展下的知识产权制度构建"获"江苏省社科应用研究精品工程"市县专项课题立项并结项。"立足'三农'振兴乡村的路径探析——以太仓市东林村为例"获2018年度全省党校系统调研课题立项。1项苏州市级课题获苏州市"书记市长圈定课题"优秀立项，1项苏州市级课题获"环太湖发展研究中心2018年度课题"立项，2项苏州市级课题入围苏州市党校系统第2届优秀决策咨询成果评比，分获二、三等奖。全年获太仓市2018年度社科应用课题立项并结项的课题17项。

【《市情调研专报》创刊】 2018年，太仓市委党校创办专门报送市委、市政府主要领导的《市情调研专报》。第1期专报《国际比较视阈下大都市圈内小城市发展经验与启示——太仓市融入上海战略新论》，研究国际比较视阈下上海都市圈内太仓的发展方位，从规划、交通、产业、人口等方面提出建议思考。第2期专报《借力上海全球科创中心，促进产业创新发展——太仓建设临沪科创产业高地研究》，从太仓建设"临沪科创产业高地"的战略定位出发，结合长三角一体化新形势，分析上海建设全球科创中心对周边地区发展带来的影响，探究太仓市在其中的角色定位，并提出太仓如何借力上海全球科创中心、建设"临沪科创产业高地"的相关思考意见。

【党校师资队伍建设】 2018年，太仓市委党校实施"党校人才培养提升计划"，加强业务辅导，多渠道引进人才，规范化管理队伍，开发优化党校人才资源。选派5人参加成都市委党校现场教学师资班学习。选派5人参加湖州生态文明干部学院生态文明建设专题培训班学习。选派1人参加全省党校系统精品课教学示范班学习。组织全体教师分批次到上海图书馆参加大型宏观信息讲座。组织教师参加全省党校系统庆祝改革开放40周年研讨会。组织教师到苏州市委党校参加环太湖发展研究中心2018年年会、第2届"智论苏州"高层论坛、精品课教学观摩会等。在校内举办"现场教学精品课评比"活动，选派教师参加苏州"现场教学精品课评比"活动。成立教研工作考核领导小组，12门课程通过评审。

2018年4月3日，太仓市举行市委中心组专题学习报告会　（黄嘉聪　摄）

【习近平新时代中国特色社会主义思想和中共十九大精神学习宣传贯彻】 2018年，太仓市委党校推动习近平新时代中国特色社会主义思想进教材、进课堂、进头脑，加强课程研发，开发习近平新时代中国特色社会主义思想等系列课程10余门，根据市委统一安排开展理论宣讲，与市委组织部共同举办中共十九大精神轮训班34期。开展"红色讲堂""微型党课送基层""优秀党课送基层"等活动，为各单位、村（社区）提供习近平新时代中国特色社会主义思想和中共十九大精神宣讲近200场次，参与学习1.3万人次。（张曼娜）

太仓市人大

综　述

【太仓市人大常委会概况】 2018年，太仓市人大常委会依法行使宪法和法律赋予的各项职权，推进全市经济社会高质量发展。全年共召开常委会会议8次、主任会议13次，组织和配合开展执法检查5次、专题视察4次，听取和审议"一府一委两院"专项工作报告26项，作出决议决定11项，依法任免国家机关工作人员24人次、人民陪审员53人次。

截至年底，太仓市第十六届人民代表大会共有代表238人，其中少数民族代表1人。在太仓的江苏省人大代表3人，在太仓的苏州市人大代表38人。

【人事任免】 2018年，太仓市人大常委会坚持党管干部和依法任免有机统一，行使人事任免权，任免市人大常委会及其工作机构2人次，市政府及其工作部门1人次，市监察委5人次，市法院、市检察院16人次。市十六届人大常委会第10次会议决定接受许蕾辞去市人民政府副市长职务的请求；第11次会议决定任命徐斌为市人民政府副市长（挂职）；第13次会议决定接受陈立华、李强辞去市十六届人大代表职务的请求；第14次会议决定接受王大明辞去市十六届人大代表职务的请求。（邹晓春）

重要会议

【太仓市第十六届人民代表大会第二次会议】 2018年1月3—6日，太仓市第十六届人民代表大会第二次会议召开。应到代表237人，实到230人。会议听取和审议市人民政府市长王建国作的《政府工作报告》；审查批准《太仓市2017年国民经济和社会发展计划执行情况与2018年国民经济和社会发展计划》《太仓市2017年预算执行情况和2018年预算》。听取和审议市人大常委会主任陆卫其作的《太仓市人大常委会工作报告》、市人民法院代理院长秦川作的《太仓市人民法院工作报告》和市人民检察院检察长董启海作的《太仓市人民检察院工作报告》。会议通过上述各项报告的决议和《强化被撤并镇长效管理，满足人民美好生活新期盼》议案的决议。会议选举邹洪凯为太仓市监察委员会主任，补选秦川为太仓市人民法院院长。

2018年1月3日，太仓市第十六届人民代表大会第二次会议在市行政中心开幕（市人大办供稿）

【太仓市第十六届人大常委会会议】 2018年，太仓市第十六届人大常委会共召开常委会会议8次。

第8次会议。1月6日召开。审议通过市人大常委会2018年度工作要点；通过市监察委员会有关人事任命事项。

第9次会议。3月27日召开。听取和审议政府实事工程启动情况报告；听取和审议《太仓市城市总体规划（2010—2030）》（2017年修改版）编制情况报告，通过相应决议；听取和审议全市环境状况和环境保护目标完成情况报告；听取和审议关于加强行政检察监督及公益诉讼工作情况的报告，通过《太仓市行政检察监督工作实施办法（试行）》和《太仓市人民代表大会常务委员会关于促进依法行政、加强行政检察监督的决定》；审议通过《太仓市人民代表大会常务委员会关于市人大代表在市人民代表大会闭会期间履职的办法》；通过市人民检察院有关人事免职事项。

第10次会议。5月28日召开。听取和审议环城生态廊道工程建设情况报告、"创新科技信贷手段，助推企业发展"工作情况报告、市人民法院关于"家事审判及青少年维权"工作情况报告；决定接受许蕾辞去市人民政府副市长职务的请求，通过市人民法院有关人事免职事项。

第11次会议。6月20日召开。审议通过《太仓市人民代表大会常务委员会讨论、决定重大事项的规定》；决定任命徐斌为市人民政府副市长（挂职）。

第12次会议。7月24日召开。听取和审议2017年市本级预算执行和其他财政收支情况的审计工作报告、2017年市级决算草案及2018年上半年预算执行情况报告、2018年上半年国民经济和社会发展计划执行情况报告；通过市人民法院有关人事任免事项。

第13次会议。9月25日召开。听取和审议“十三五”规划实施情况中期评估报告，市十六届人大二次会议议案实施情况报告，代表建议、批评和意见办理情况报告；审议通过《中华人民共和国行政许可法》执法检查报告；听取部分苏州市人大代表履职情况报告；审议通过关于接受陈立华、李强辞去市人大代表职务请求的决定。

第14次会议。11月30日召开。审议通过关于召开市十六届人大三次会议的决定；听取和审议2018年市级预算调整报告，并作出相应决议；听取和审议城乡生活污水治理情况报告；表决通过关于授予仇中强等4人“太仓市荣誉市民”称号的决定；审议市人民法院关于提请确定人民陪审员名额的报告，确定市人民法院人民陪审员名额为300人；通过人大、法院、检察院有关人事任免事项；决定接受王大明辞去市十六届人大代表职务的请求。

第15次会议。12月26日召开。听取和审议市政府关于2018—2020年突出环境问题清单的报告；审议通过关于召开市十六届人大三次会议准备工作情况和意见的报告、市人大常委会工作报告草案、代表资格审查报告；通过市人民法院有关人事任免事项；对2018年预算执行情况和2019年预算草案作书面备案。

【太仓市第十六届人大常委会主任会议】 2018年，太仓市第十六届人大常委会共召开主任会议13次。其中第18次、第21次、第23次、第25次会议主要内容如下：

第18次会议。4月26日召开。听取市安监局关于加强基层安全生产监管体系建设情况报告、市旅游局关于“传承娄东文化，发展农旅文综合体，建设都市田园”工作情况报告。

第21次会议。6月20日召开。听取市民政局关于加强社会救助工作情况报告、市经信委关于太仓市工业淘汰落后产能工作情况报告。

第23次会议。8月28日召开。听取市城管局关于城区便民服务疏导点建设情况报告、市外事办关于外事工作服务对德合作工作情况报告。

第25次会议。10月30日召开。听取市审计局关于2017年度市本级预算执行和其他财政收支审计发现问题整改情况、市委农工办关于美丽村庄建设工作情况和市监察委员会关于监察体制改革有关情况等报告。

（邹晓春）

法律监督

参见184页“社会治理·社会法治”。

工作监督

【改革部署落实推动】 2018年，太仓市人大常委会助推监察体制改革，首次任命市监察委员会副主任、委员，专题听取市监委关于监察体制改革工作情况的报告。助推供给侧结构性改革，听取全市工业淘汰落后产能工作情况报告，围绕农业供给侧改革、服务业创新发展等课题开展调研，建议市政府坚持生态优先，强化绿色引领，推进工业企业资源集约利用，加快创新步伐，坚决腾退落后产能，为高质量发展腾出空间；推进农业结构性改革，加快补齐农业现代化短板，推进农业高质量发展；完善服务业创新体系，拓展现代服务业发展空间和平台，提升现代服务业的结构和档次，为区域经济发展培育新增长点。

【经济工作监督】 2018年，太仓市人大常委会听取和审议2018年上半年国民经济和社会发展计划执行情况报告、“十三五”规划纲要实施情况中期评估报告，督促市政府统筹把握宏观发展形势，创新完善宏观调控措施，找准经济实力提升发力点，优化基本公共服务资源配置。听取和审议《太仓市城市总体规划（2010—2030）》（2017年修改版）编制情况报告，作出相应决议。听取和审议2017年市本级决算草案及2018年上半年预算执行情况报告、2018年市本级预算调整报告，审查批准市本级决算和预算调整，重点加强对项目经费和民生资金的监管，推动市政府加快落实财税治理方式改革，发挥公共财政对经济社会发展的支撑和保障作用。听取和审议2017年度市本级预算执行及其他财政收支情况的审计工作报告、审计整改情况报告，建议审计部门对照国家行政机构改革对审计工作提出的新要求，把审计整改工作与政府预算管理工作相联系，发挥审计监督促进

2018年10月30日，太仓市人大常委会视察政府实事工程建设情况

（市人大办供稿）

作用。专题视察国开区、高新区发展，鼓励重点板块以“嘉昆太协同创新核心圈”为发展契机，集聚更多有独特优势的高新技术项目，厚植发展优势。关注科技金融创新，听取和审议“创新科技信贷手段，助推企业发展”工作情况报告，建议市政府继续深化政企银合作，加快推进平安金融建设。专题调研“融入上海”“对德合作”工作情况，支持市政府加强对外联系，放大太仓优势特色，打造开放前沿阵地。主任会议听取全市工业淘汰落后产能工作情况报告，建议市政府坚持生态优先，强化绿色引领，推进工业企业资源集约利用，加快创新步伐，坚决腾退落后产能，为高质量发展腾出空间。

【民生工作监督】 2018年，太仓市人大常委会加快推进农业农村现代化，听取美丽村庄建设工作情况报告、城乡生活污水治理情况报告、“传承娄东文化，发展农旅文综合体，建设都市田园”工作情况报告，要求市政府因地制宜、科学规划，推进美丽村庄建设和农村生活污水治理，加快“农旅文”融合发展，改善农村人居环境，提升农村产业发展质效。围绕“三优三保”行动、粮食工作、气象信息村村通、深化供销社改革、农村合作经济等开展调研，调研乡村振兴战略实施情况，推动农业农村工作上新台阶。持续推进被撤并镇（管理区）整治提升、优化发展，重点督办《强化被撤并镇长效管理，满足人民美好生活新期盼》议案实施。全程监督、定向支持政府实事工程建设，由常委会领导牵头、各工委对口联系，以重点督办、视察检查、听取汇报等形式，跟踪了解政府实事工程启动、建设、完成情况，推动各项工程落实。听取加强社会救助工作情况报告，支持民政部门完善政策，优化多部门联动信息共享平台，构建专业化管理机构。听取城区便民服务疏导点建设情况报告，建议城管部门以民生幸福为导向，创新城市管理模式，优化市容环境秩序。关注医疗卫生事业发展，专题调研深化医联体改革、振兴中医中药、提升基层医疗卫生机构工作等情况，为加强健康管理服务、满足群众健康需求谋良策。着眼公共安全体系完善，对“331”整治火灾隐患百日专项行动开展督查，多次组织查看重点区域群租房整治情况，听取专项行动工作汇报，要求相关部门持续保持高压态势，严防事故隐患反弹回潮。专题听取加强基层安全生产监管体系建设情况报告，要求市政府层层压实安全生产责任，提高安全监管执法效能和企业安全生产自觉性，加强安全风险识别管控和隐患排查治理，做到全覆盖、零容忍、重实效，杜绝各类事故发生。组织视察防汛防旱工作，督促市政府提升应急保障能力，确保安全度汛。贯彻中共中央关于生态文明建设的决策部署，制定《太仓市人大常委会关于贯彻落实〈江苏省人民代表大会常务委员会关于聚焦突出环境问题依法推动打好污染防治攻坚战的决议〉的实施方案》，审议全市环境状况和环境保护目标完成情况报告、市政府关于2018—2020年突出环境问题清单的报告，组织督查烟花爆竹禁燃禁放工作，督促市政府落实主体责任，健全完善环境保护长效机制，加强环境综合整治，推动突出环境问题得到解决，生态环境质量持续改善。听取和审议环城生态廊道工程建设情况报告，督促市政府加快打造网格化城市绿地系统，完善“一心两湖三环四园”的田园城市生态体系，促进人居环境品质提升。（邹晓春）

代表工作

【代表议案建议督办】 2018年，太仓市十六届人大二次会议表决通过郭平原等17名代表提出的《强化被撤并镇长效管理，满足人民美好生活新期盼》议案为大会议案。市人大常委会加大对议案的督办力度，通过现场视察、专题调研、专项督查、审议报告等形式，督促市政府加强组织保障，健全长效机制，提升管理能力，高水平、高质量推进人居环境提升和特色产业打造。

市十六届人大二次会议期间，代表提出书面建议、批评和意见130件，其中10名以上代表联名议案转为建议、批评和意见的有5件。其中：农业农村方面14件，工业环保方面5件，财税金融方面3件，水利水务方面4件，交通运输方面12件，教育卫生方面14件，规划建设管理方面45件，文化体育方面3件，政法民政方面13件，社会保障方面5件，其他方面12件。确定重点建议6件，加强跟踪督办，听取办理情况，广泛征询代表意见，督促相关部门提高办理质量，推动代表提出的问题得到解决。截至年底，代表对建议办理表示满意124件，基本满意6件。市政府在政府门户网站代表建议栏公开建议办理情况，接受社会监督。

2018年市人大常委会主任会议重点督办建议情况一览表

表70

建议编号	建议名称	建议人
第1号	保障斑马线上行人安全	肖建华
第14号	尽快办理农民安置房不动产权证	吴振键
第19号	处置太仓市生活垃圾	徐栋梁
第34号	加快规范太仓市快递、送餐服务行业人员及车辆管理	马志刚
第116号	老旧小区加装电梯	顾永忠
第125号	建立医疗卫生财政投入稳步增长机制	周　纯

【代表履职服务保障】 2018年，太仓市人大常委会分批组织代表培训，围绕乡村振兴、城市规划和生态建设等课题组织代表考察学习。扩大代表对常委会活动的参与，组织代表聆听讲座、列席常委会会议、参加视察调研活动、旁听法院庭审，拓展代表知情知政渠道。推进“人大代表之家”提档升级，在部分乡镇试点建立村（社区）选民接待室。修订完善人大代表闭会期间履职办法，保障代表依法履职。组织开展代表向选民述职活动，8名在太仓的苏州市人大代表向市人大常委会会议报告履职情况，61名市人大代表向原选区述职，加强对代表履职情况监督，提升代表履职责任意识。建设代表履职管理系统，打造数字版“人大代表之家”，通报代表活动及工作动态。

【社情民意渠道畅通】 2018年，太仓市人大常委会执行组成人员联系代表制度，以召开座谈会、走访等形式，保持常委会组成人员和代表经常性联系。常态开展主任接待代表日活动，围绕经济提质增效、生活垃圾处置、深化医联体改革、振兴中医中药、“331”火灾隐患整治、长江生态环境保护等主题听取代表意见建议。组织开展市人大代表接待选民日活动，108名市人大代表参加活动，接待选民534人次，收集各类意见建议256件。探索建立街道人大工委议政代表会议制度，畅通社情民意传递渠道。

（邹晓春）

重要工作

【调查研究与交流】 2018年，太仓市人大常委会围绕增强工会工作活力、人防审批权限下放、深化“融入上海”战略、加强被撤并镇（管理区）建设和管理、农业供给侧改革、娄东中医中药等课题开展调查研究。组织参加江浙沪十一县（市、区）第71次、第72次人大工作交流会，就“开展对人大常委会任命人员履职监督的实践与思考”“关于人大财经监督的实践与思考”主题作交流发言。

【基层人大指导联系】 2018年，太仓市人大常委会强化全市人大工作“一盘棋”思想，加强对乡镇人大、街道人大工委的联系指导，定期召开镇人大主席、街道工委主任工作例会，加强工作交流，指导各镇依法召开年中人代会，保证乡镇人大工作规范开展。

（邹晓春）

太仓市政府

综　述

【概况】 2018年，太仓市按照高质量发展要求，践行新发展理念，围绕“现代田园城·幸福金太仓”总目标，坚持做亮特色、提升能级、补齐短板，推进“两地两城”建设，经济社会保持平稳健康发展。全年实现地区生产总值1330.72亿元，增长6.8%；一般公共预算收入155.06亿元，增长10.1%。太仓市位列全国综合实力百强县市第七位。

经济运行平稳。太仓市全面落实“1+X”政策体系，实施产业升级等三年行动计划14个，推进“1115”产业加速发展，出台促进生物医药产业发展、加强招商引资工作、产业引导基金管理办法等政策措施，高端装备制造、新材料、生物医药产值增长6.8%。开展“项目建设深化年”活动，落实重点项目、企业挂钩联系制度，7个省级、30个苏州市级重大项目全部开工，推进建滔半导体、沪工机器人等市级重点项目101个，新大洲本田、瑞铁机床等竣工投产项目23个。推进转型升级，实现规模以上工业产值2317.37亿元，增长6.9%，高新产业、新兴产业产值占比分别为47.7%、55.8%。推动服务业快速发展，实现服务业增加值620.27亿元，增长7.5%，占比46.6%。加快建设恒大、复星等文旅项目。推进科技创新“五百工程”，实施高新技术企业培育、“人才乐居”等政策，全社会研发经费投入占地区生产总值比重2.54%，科技进步贡献率62%。省级高新区获批成立，开展西北工业大学、西交利物浦大学两所大学太仓校区规划建设，建成投用西北工业大学太仓长三角研究院、中科院硅酸盐所苏州研究院一期等载体。

特色发展内涵丰富。太仓市持续加大综合改革力度，深化开放型经济体制改革，推进政府机构改革，持续深化“放管服”、经济发达镇、商事制度等改革。加大招商引资工作力度，年内举办招商投资说明会、沪太协同发展推介会、金秋经贸月等活动。落实稳外资、稳外贸等举措，完成注册外资9.72亿美元、实际利用外资4.85亿美元，进出口总额增长12.3%。推进市港联动，推进江海联运国际物流园、集装箱码头四期等载体建设，加快建设沿江现代物贸基地，太仓港集装箱年吞吐量突破500万标箱。主动融入长三角一体化，推进嘉昆太协同创新核心圈建设，推动城市多领域融入上海，引进上海新增项目注册资金46.6亿元。加快建设中德先进制造技术国际创新园等载体，参加第九届中德经济技术合作论坛，新引进德资项目23个，全市德企数量超300家。对口帮扶灌南、周至、玉屏等工作成效明显。

城乡融合发展。太仓市强化城市规划建设统领，制定实施城市发展“五个统筹”的指导性文件。基本完成城市总规较大修改、快速路网、地下综合管廊等专项规划。建设“1221”（指一座娄江新城，恒大、复星两个文旅项目，西北工业大学、西交利物浦大学两所大学太仓校区，西北工业大学太仓长三角研究院）城市重大项目，推进娄江新城概念性城市设计。加快建设沪通铁路太仓段，推进南沿江铁路太仓段、沪通铁路二期等前期工作。实施铁路场站配套基础设施、太浏快速路等建设工程。完成杨林塘岳王大桥主体、七浦塘航道疏浚、十八港北枢纽等工程。突出城市精细化管理，推进全国文明城市创建。完成南园西路、洛阳西路、古塘街等改造，建成投用城东集中洗车场、天津路便民疏导点。拆除各类违法建设约70万平方米。完成主城区智慧停车一期工程建设，新增城区泊车位2102个。公共自行车覆盖全市域。深化“三优三保”（以优化建设用地空间布局保障发展，以优化农用地结构布局保护耕地，以优化镇村居住用地布局保护权益），完成6个镇专项规划编制。完成“大棚房”专项清理整治。推动现代农业稳中增效，加快建设“双10”（10个水稻园区和1个蔬菜园区、2个水产园区、3个休闲园区、4个综合性园区）园区，新高标准农田1400公顷。粮食生产机械化、秸秆综合利用模式全省推广。启动实施乡村振兴试点工作。基本完成农村集体资产清产核资。建立镇级抱团发展平台7个。开展新一轮5个集体经济相对薄弱村帮扶。推进被撤并镇（管理区）改造提档，完成新毛、九曲等管理区整治提升。建成一批省级水美乡村、苏州市特色田园乡村试点等。土地利用管理工作获国务院表扬。

生态环境改善。太仓市推进中央环保督察“回头看”反馈问题整改工作，中央环保督察46件交办件全部办结销号，“回头看”35件交办件加快办理。完成“263”专项行动8大类28个重点整治项目。10蒸吨/日以下燃煤锅炉全部淘汰，整治“散乱污”企业（作坊）2042家。建成投用中蓝环保资源综合利用、华能污泥耦合处置发电等项目。长江环境大整治、环保大提升“百日攻坚”行动成效明显，国考、省考断面水质全部达标，主要入江考核断面水质均达III类目标。完成大气污染防治重点工程75项，PM2.5平均浓度下降3.3%，空气优良率76.7%。全面落实河长制，启动实施城乡污水治理、城区水质提升三年行动，整治黑臭水体93条，新增污水管网50公里，建成区污水处理率超97%。全市生态保护红线区域扩大至130.1平方公里。完成七浦塘生态修复工程二期，加快建设滨河公园、环城生态廊道等工程，启动实施“长江绿廊”工程，新增林地绿地212.73公顷，公园绿地十分钟服务半径覆盖率90%。

民生福祉增强。太仓市与民生相关支出占公共财政支出比重超80%。实施富民工程，居民人均可支配收入增长8.4%。实施困难群体就业援助和优质就业推进工程，引导高校毕业生、就业困难群体等积极就业，城镇登记失业率1.78%。各类社会保险参保率保持99%以上。开展长期护理保险、医养融合、机关事业单位养老保险改革等工作。加快养老服务机构建设，日间照料中心城乡覆盖率超92%。保障性安居工程新开工1441套、建成864套。实验幼儿园等34项新改扩建工程有序推进，建成校舍6.2万平方米，开工20.6万平方米。加快建设市公共卫生服务中心，启用沙溪人民医院新院，上线运行“健康太仓”APP。加快建设市民文体中心，完成36个村（社区）综合性文化服务中心标准化建设。承办2018年国际田联世界竞走团体锦标赛等重大赛事。推进“政社互动”实践。公共法律服务太仓经验全国推广。建成运行市镇两级综治联动中心，基本建立网格化社会治理工作体系。扫黑除恶、“331”专项整治等行动成效明显。落实安全生产、食品药品监管等责任，未发生较大以上安全事故。实现中国最具幸福感城市县级市榜首“三连冠”。

政府自身建设。太仓市大力推进法治政府建设。完善行政复议和政务公开机制。重大行政决策事项实现目录化管理，重大行政决策程序全程纳入网上平台。落实行政执法责任制。强化政府法律顾问工作绩效管理。严格履行党风廉政建设“一岗双责”。落实中央八项规定和实施细则精神，主动规范公务用车、办公用房等，自觉反“四风”、树新风。紧盯重点领域、关键岗位和重要时间节点，持续保持政府系统反腐高压态势，筑牢拒腐防变制度防线。（孙瑛杰）

重要会议

【市政府全体（扩大）会议】 2018年3月15日，太仓市人民政府召开全体（扩大）会议，全面贯彻中共十九大精神，按照市委十三届四次全体（扩大）会议的统一部署，紧扣全市“两会”确定的目标任务，抓落实、优服务，动员各地各部门进一步提振精气神，团结拼搏、开拓创新、主动作为，推动高质量发展，加快推进全市“两地两城”建设。

2018年9月14日，太仓市人民政府召开全体（扩大）会议，落实市委十三届五次全体（扩大）会议精神，回顾总结2018年以来工作，分析形势和存在问题，研究部署下阶段任务，动员全市各地各部门进一步解放思想、担当作为，在高质量建设“两地两城”上迈出新步伐。

【市政府常务会议】 2018年，太仓市人民政府共召开常务会议11次（第11次至第21次）。

第11次常务会议。1月25日召开，讨论《太仓市生态环境保护工作责任规定（试行）》《太仓市生态环境保护工作责任规定（试行）》《关于进一步加强全市消防工作的实施方案》及2018年政府各项主要工作任务和实事工程分解落实情况，听取关于经营性用地“非净地”出让引发系列历史遗留问题的汇报，就应对雨雪冰冻天气和春节前有关工作进行部署。

第12次常务会议。3月6日召开，讨论《太仓市政府性债务处置工作情况》《〈太仓市城市总体规划（2010—2030）〉（2017年修改）编制情况》《国有公司职工薪酬管理情况》《调整市级机关、事业单位租金补贴和逐月住房补贴比例的情况》《2018年度市政府常务会议学法计划安排》，通报市政府党组2017年民主生活会主要情况。

第13次常务会议。3月20日召开，讨论《关于开展长期护理保险工作的实施意见（试行）》《关于做好当前和今后一段时期就业创业工作的实施意见》《2018年太仓市东西部扶贫协作工作计划要点》《太仓市安全生产各专业委员会及其组成人员方案》《太仓市工业企业资源集约利用差别化价格政策实施方案（试行）》《关于进一步加强城乡环境长效管理工作的意见》《太仓市“两减六治三提升”专项行动2018年度工作计划》。

第14次常务会议。4月2日召开，传达贯彻苏州市安全生产工作有关精神，学习《中华人民共和国环境保护税法》，讨论《太仓市2018年度市级政府投资项目计划》，部署下阶段工作。

第15次常务会议。5月7日召开，讨论《太仓市健康市民“531”行动倍增计划实施方案》《太仓市2018年推进“放管服”改革工作的实施意见》《关于加强主城核心区规划建设管理工作的实施意见》《关于调整太仓市房屋征收与补偿相关标准的通知》《太仓市主城核心区工业（含仓储）企业征收（搬迁）实施意见》《太仓市国有土地上房屋征收计户规则、房屋分类、面积认定规定》《太仓市城乡生活垃圾分类三年行动实施方案》《太仓市生活垃圾强制分类制度实施方案》《2016—2017年全市城市建设管理工作先进集体和先进个人情况》，学习《地方党政领导干部安全生产责任制规定》。

第16次常务会议。6月22日召开，讨论《太仓市事业单位公务用车制度改革实施意见》《太仓市市属国有企业公务用车制度改革实施意见》《太仓市机关事业单位编外用工管理办法》《太仓市商标注册奖励资金管理办法》《关于明达置业（太仓）有限公司“滨江名都”项目规划指标确认的情况说明》，通报市政府部分领导分工调整情况，部署下阶段工作。

第17次常务会议。8月22日召开，学习贯彻中央审计委员会第一次会议精神并部署2017年度“同级审”整改工作，讨论《太仓市工业企业资源集约利用综合评价实施细则（修订）》《太仓市农民工工资支付应急周转金管理办法》《关于进一步加强招商选资工作的若干意见》《太仓市关于促进生物医药产业发展的政策意见（试行）》《太仓市饮用水源地保护管理办法》《太仓市自然人娄城信用积分管理办法》。

第18次常务会议。9月11日召开，讨论《关于全面加强生态环境保护坚决打好污染防治攻坚战的实施方案（征求意见稿）》《太仓市产业引导基金管理办法（试行）》《太仓市“1+X”政策财政专项资金项目申报主体信用审查与结果应用实施细则（试行）》《关于优化调整社区主要干部基本报酬的方案》《太仓市信息化工作情况》。

第19次常务会议。10月25日召开，讨论《非洲猪瘟防控工作情况》《1—9月份全市安全生产工作情况及第四季度重点工作》《太仓市突发公共卫生事件应急预案》《太仓市突发公共事件医疗卫生救援应急预案》《太仓市高质量推进城乡生活污水治理三年行动计划实施方案》《太仓市授予外国公民荣誉市民称号的规定》《关于进一步加强城区农贸市场提档升级的实施意见》《太仓市城区水质提升三年行动实施方案》《浏河镇相对集中行政处罚权改革工作方案》《太仓市人才乐居工程实施细则（试行）》《璜泾镇安置房土地集约利用情况》。

第20次常务会议。11月30日召开，讨论《太仓市高新技术企业培育实施意见》《关于对全市自愿关停电镀、印染生产企业实行补偿政策的意见》《太仓市突出环境问题清单（2018—2020年）》《太仓市医疗卫生机构提档升级工程实施意见》《太仓市级环卫保洁专项资金管理办法（试行）》《太仓市级垃圾处置专项资金管理办法（试行）》《太仓市“荣誉市民”“太仓之友”建议名单》《2018年太仓市对口扶贫协作工作情况》《太仓市预防和处置非法集资工作情况》，传达省、苏州市地方政府隐性债务化解工作推进会精神，部署全市扫黑除恶工作。

第21次常务会议。12月20日召开，讨论《省、苏州市开展高质量发展监测考核的情况》《“扫黑除恶”专项斗争工作情况》《太仓市教育领域人民群众反映强烈突出问题专项治理工作情况》《关于太仓市城市道路交通委员会常态化运作方案》《太仓市2019年实事工程项目》《关于扩大烟花爆竹禁放区域的情况》《关于扩大养犬重点管理区域范围的情况》《高新区有关商务楼宇规划调整情况》《关于太仓市2018年预算执行情况与2019年预算草案的报告》。

【全市性重要会议】 全市财政工作会议。1月23日召开。

全市信访工作会议。2月5日召开。

全市安全生产工作会议。2月11日召开。

全市民政工作会议。3月1日召开。

全市经济工作会议。3月1日召开。

全市国土资源工作会议。3月2日召开。

市政府全体（扩大）会议。3月15日召开。

全市武装工作会议暨征兵工作准备会。3月20日召开。

全市创建全国文明城市工作推进大会。3月21日召开。

全市乡村振兴工作会议。4月16日召开。

全市消防和安全生产工作会议。4月18日召开。

全市城市建设管理工作会议。5月10日召开。

全市“331”整治火灾隐患百日攻坚行动动员部署会议。5月10日召开。

全市教育工作会议。5月17日召开。

全市项目建设和招商选资工作推进会。7月17日召开。

全市深化“放管服”改革转变政府职能工作推进会。7月23日召开。

全市生态环境保护大会暨污染防治攻坚战推进会。9月12日召开。

市政府全体（扩大）会议。9月14日召开。

全市深化河长制改革高质量推进城乡污水治理推进会。11月2日召开。

全市安全生产工作会议。12月24日召开。（孙瑛杰）

外事工作

【概况】 2018年，太仓市因公出国（境）团组42批138人次，其中自组团21批112人次，苏州组团11批13人次，上组团4批5人次，教师组团6批8人次。全年接待外宾团组18批168人次，主要包括参加2018年国际田联世界竞走团体锦标赛官员和各国运动队，巴拿马共和国巴拿马省省长代表团，美国波特兰市市长代表团，参加中德智能制造解决方案大会人员，德国于利希友好代表团，意大利马切拉塔友好代表团等。

2018年太仓市部分重要外事活动一览表

表71

序号	日期	国家（地区）或组织	主要人员	活动内容
1	1月25日	国际田联	亚田联副主席达兰·艾哈迈德	参加2018年国际田联世界竞走锦标赛倒计时100天活动
2	3月9日	德国凯泽斯劳滕大学	副校长艾尔特·明治	考察调研
3	4月25日	美国波特兰市	市长爱德华·特维斯·惠勒	考察太仓港
4	5月8—11日	德国于利希市	议会副议长福格尔	友好访问
5	5月24日	巴拿马国巴拿马省	省长拉法埃尔·皮诺·平托	友好访问
6	9月18—23日	意大利马切拉塔教育友好团	副市长斯坦芬妮	友好访问、友好学校签约
7	10月19日	德国汉堡经济促进局	中国部主任白瑞	开展经贸对接交流活动
8	10月19日	智利塔尔卡瓦诺市	常务副市长路易斯·乌洛亚	友好访问
9	10月21日	墨西哥科阿韦拉州	州长里克尔梅	友好访问
10	11月7—9日	美国西切斯特市	市长黄良华	友好访问
11	12月3—6日	意大利马切拉塔市	市长罗马诺·卡伦其尼	友好访问

【涉外管理】 2018年，太仓市发挥市涉外事（案）件领导小组作用，配合处理有关涉外事（案）件。重启“太仓市荣誉市民”和“太仓之友”评选工作，成立“太仓市荣誉市民”“太仓之友”评选领导小组，制定《太仓市授予外国公民荣誉市民称号规定》。宝洁公司全球副总裁、亚太及大中华区高级副总裁仇中强等4人获评“太仓市荣誉市民”，耐克集团副总裁、大中华区总经理董炜等10人获评“太仓之友”。12月12日，“娄东之夜——2018年外商投资企业新年音乐会”在太仓大剧院举行，市委书记沈觅，市委副书记、市长王建国等为获评“太仓市荣誉市民”“太仓之友”的中外友人颁发奖杯和证书。

【友好交流】 2018年，太仓市拓展对外交流，丰富友城交往内涵，发挥友好城市平台作用，推动双方城市全方位、深层次交流合作，实现共赢发展。5月，德国于利希市议会副议长福格尔率友好代表团访问太仓。于利希职业学院与江苏省太仓中等专业学校，于利希城堡文理中学与江苏省太仓高级中学，于利希女子中学与太仓市明德高级中学分别签约建立姐妹学校关系。7月，太仓与德国莱茵—内卡尔区签订建立区域友好关系意向书。莱茵—内卡尔区是德国巴登—符腾堡州人口最多的地区，包括曼海姆市、海德堡市、路德维希港市及周边地区，是德国重要的工业、科研基地。5月，意大利马切拉塔鸽子艺术团到太仓进行舞蹈交流表演。8月，首个由马切拉塔市民组成的旅游团到太仓，参观浏河、沙溪古镇，游览体验项目包括“现代太仓和城市生活”“农村生活”“太仓文化”“参观老太仓”等。9月，马切拉塔市副市长斯坦芬妮率教育友好代表团访问太仓，马切拉塔相关学校与太仓4所学校举行友好学校签约仪式。两市学校计划定期开展师生交流活动，促进两市教育文化合作交流。12月，马切拉塔市市长罗马诺率友好代表团访问太仓，签署《友好城市深度合作备忘录》，明确在文化、教育、体育、经贸等方面交流合作。太仓市推动“一带一路”发展成果传播，加强对外文化交流整体规划，构建全方位、宽领域、多层次的对外文化交流格局，讲好太仓故事、传播好太仓声音。7月，太仓市副市长胡捷应邀参加在盐城举办的中美市长对话会，与中美市长进

2018年12月4日，太仓市与意大利马切拉塔市签署《友好城市深度合作备忘录》（戴周华　摄）

2018年8月30日，意大利马切拉塔市民旅行团在城厢镇万丰村学习体验太极剑
（张立 摄）

行深度交流，展示太仓良好对外形象。10月，太仓市副市长顾建康应邀参加在大连市举办的第4届中英地方领导人会议。12月，太仓市应邀参加中韩公共外交论坛。

【对德合作】 2018年，太仓市深化对德合作，打造"中德合作"典范城市，市外事办作为对德合作领导小组成员单位，加强与中联部中国经济联络中心沟通合作，搭建对德工商界对话交流平台。7月，太仓作为唯一一个中国城市代表受邀参加由国家发展改革委与德国联邦经济和能源部共同主办的第9届中德经济技术合作论坛，太仓市委副书记、市长王建国出席论坛并与欧商企业投资协会负责人签订"建立智能制造领域全方位合作关系"意向书。9月，太仓市参加在德国北威州首府杜塞尔多夫举行的2018年"江苏德国（北威州）开放创新合作论坛"。市委书记沈觅作主旨推介，太仓高新区与太仓欧商投资企业协会、慕贝尔集团分别签订中德（太仓）中小企业创新中心、慕贝尔新能源汽车动力总成等合作项目2个。

【外事服务企业】 2018年，太仓市外事办发挥职能优势，服务全市经济发展。开展"送服务到企业"活动，做好APEC商务旅行卡宣传推介，审批办理外国人到华商务和工作邀请核实单71批129人次，受理APEC商务旅行卡11张。4月，由工信部举办的"中德智能制造解决方案大会"在太仓举办。中德两国的智能制造领域专家、学者，全国各地关注智能制造的政府主管、中德智能制造示范园区代表、高校和科研机构的专家，太仓德国中心、在太仓的德企代表及中德各类制造企业和国内优秀的智能制造解决方案供应商代表等500多人出席活动，市外事办配合做好翻译等会务保障工作。

（朱为民）

政务服务

【概况】 2018年，太仓市政务服务工作以"互联网+政务服务"为目标，深化"放管服"改革，实现"不见面审批""一网通办"等便民服务举措，提升政务服务水平，为高质量建设"两地两城"营造良好政务服务环境。年内，太仓市政务服务中心共受理办件127.9万件，其中即办件30.1万件、承诺件97.8万件，办结94.6万件，办结率96.72%，提前办结率96.1%。日均办件量5055.7件，较上年增加19.2%。完成工业项目用地联合预审61个，涉及用地271.97公顷，项目计划总投资265.3亿元。市政管办获"新型智慧城市创新实践之星"、江苏省健康单位、苏州市文明单位、苏州市政务服务系统改革创新标兵单位等荣誉。

【开办企业实现"一窗通"】 2018年5月，针对企业领取营业执照后，仍需办理公章刻制、银行开户、核定税种等事项，往返刻章公司、商业银行、人民银行、税务部门等，太仓市在政务服务大厅设立"开办企业一窗办理"服务窗口。企业办理营业执照后，可委托"开办企业一窗办理"服务窗口办理后续事项，包括企业登记、公章刻制、银行开户、核定税种等事项，市民通过一个窗口，提交一次材料，常态下1.5个工作日完成开办企业全流程业务，最快0.5个工作日内完成；申请材料由原先的11份缩减至6份。全年共计951家企业通过该平台完成开办全流程。

2018年5月，太仓市"开办企业一窗通"服务平台启用
（市行政审批局供稿）

【不动产登记"线下一窗、线上集成"】 2018年，太仓市不动产集成服务平台打通"交易网签系统""不动产登记系统"，是全省首家且唯一一家完成与税务"金三系统"对接的服务平台，实现自动核税，水、电、气线上"一键过户"。不动产业务"一窗对外"，10分钟完成受理，材料由原先的32份减少至6份，常态3天、最快当场出证。太仓市不动产集成服务平台被国家发改委城市和小城镇改革发展中心等单位授予2018年"新型智慧城市创新实践之星"称号。

【施工许可"受审分离、一窗办结"】 2018年，太仓市持续简政放权、放管结合，优化营商环境。市政务服务中心推进"投资建设一窗受理、项目代办窗口"服务，整合市发改委、市经信委、市住建局、市环保局、市水利局、市民防局等9个部门33项事项，形成"前台综合收件，后台分类审批，前台统一出证"服务模式。启用"投资建设智能服务平台"，通过平台提供提前介入、联合预审功能，自动梳理各部门预审意见，生成涵盖审批事项、材料清单、第三方服务等详细内容的"个性化"咨询报告；实现项目并联审批，部门间可相互调用申请材料和证照批文，对符合条件的事项无须申请即可自动启动办理，加强各审批环节衔接，提高报建效率；建立投资项目审批代办制度，设立投资项目代办服务中心，组建代办员队伍，全程跟进服务，中欧项目全流程审批用时16个工作日。

【九成事项实现"不见面"】 2018年，太仓市融入省"政务服务一张网"，完成市级18个职能部门109项公共服务事项入库及服务指南维护，完成乡镇一级站点开设，市10个镇（区、街道）及下辖的155个村（社区）全部完成站点开设。对照问题清单，督促各相关部门对事项信息及服务指南中存在的问题进行整改。江苏政务服务"太仓旗舰店"上线，在共性版块基础上，开设"套餐式服务""不见面服务""公共服务""热线服务""公共资源"五大功能版块20多项服务，并将"不动产登记集成服务平台"等实用模块纳入"旗舰店"，市民在家通过网络就能完成大部分政务服务及公共服务事项的办理。

【代办服务】 2018年，太仓市在"高效审批"基础上，实行"投资项目审批代办制度"，设立投资项目代办服务中心，组建代办员队伍，指导帮助项目单位，推进项目早落地、早开工、早投产。跟进重点项目报建情况，全程代办复星冰雪世界、中欧先进制造产业园、瑞铁机床、腾博汽配，协办昭衍生物硅谷、丹佛斯、帕萨思等重点项目。中欧项目通过"代办服务""模拟审批""一窗通办"等服务新模式，整个报建流程节约一个半月时间，全流程审批环节用时16个工作日。

2018年10月起，太仓市便民服务中心推行"早上班、不午休"延时服务
（市行政审批局供稿）

【公共资源交易全流程电子化】 2018年，苏州市公共资源交易中心太仓分中心完成交易项目总数1159个，交易总金额172.1亿元，节约资金7.9亿元。工程建设招投标实现全流程电子化，政府采购全流程化加速推进，政府采购和工程招投标实现保证金线上即收即退。建设完成远程异地评标监控系统、语音变声询标系统、视频监控系统，评标区实施全封闭化管理，合理优化开标间布局，开通实事工程绿色通道服务，健全一标一评、难标疑标会诊、异常情况回头看机制，提升公共资源交易效率。

【政务服务急先锋党建品牌创建】 2018年，太仓市推行"党建+政务服务""党建+公共资源""党建+窗口管理"，发挥党组织领导核心作用、战斗堡垒作用和广大党员的先锋模范作用。建立行动"小支部"5个，红色代办行动"小支部"为全市21个市级重点项目代办协办；德企专窗行动"小支部"走访企业，提供高效审批服务；文明创建行动"小支部"做好单位各项工作评先评优总结宣传；阳光扶贫行动"小支部"入户走访，帮助贫困群众就业增收；"难标会诊"小支部组织每周召开例会43次，完成交易疑难项目18个。推行"早上班、不午休"延时服务，涉及9个窗口19项民生服务事项的群众可以"不挑时"在中心办理业务。推出免费复印、邮政快递免费寄送，打造开放式阅读区，引进电子阅读器，近10万册书籍可在线阅读和下载。

（徐　蓉）

对口扶贫协作

【概况】 2018年，太仓市共向对口帮扶地区拨付帮扶资金9569万元，其中贵州省玉屏侗族自治县1230万元，陕西省周至县930万元，新疆维吾尔自治区5082万元，西藏自治区1015万元，青海省559万元，重庆市云阳县31万元，江苏省灌南县722万元。全社会共向西部地区捐款捐物840余万元。

【人才交流支援】 2018年5月17—19日，太仓市委书记沈觅率党政代表团赴贵州省玉屏县调研对接；6月8—9日，太仓市委副书记、市长王建国率团赴陕西省周至县调研对接。太仓市、玉屏县、周至县三地召开东西部扶贫协作联席会议4次。

玉屏县。2018年，太仓市与玉屏县两地开展党政干部交流21人次，其中太仓市向玉屏县选派挂职干部2人次；玉屏县向太仓市选派挂职干部19人次。专业技术人才交流124人次，其中太仓市向玉屏县选派专业技术人次38人次；玉屏县向太仓市选派86人次。培训党政干部70人次，专业技术人才培训1276人次。

周至县。2018年，太仓市与周至县开展党政干部交流23人次，其中太仓市向周至县选派挂职干部2人次；周至县向太仓市选派挂职干部21人次。专业技术人才交流61人次，其中太仓市向周至选派专业技术人次25人次；周至县向太仓市选派36人次。培训党政干部48人次，专业技术人次培训36人次。

【产业合作】 2018年，太仓市围绕与玉屏县、周至县的扶贫协作规划、政府合作协议，加快推进与西部地区的合作发展。太仓市与玉屏县、周至县共签署协议85个，其中政府协议3个、单位结对32个、乡镇结对14个、村村结对25个、村企结对23个、学校结对24个、社会援建项目1个。

玉屏县。2018年，太仓市实施东西部扶贫协作帮扶项目19个，帮助建档立卡贫困人口脱贫1.21万人，其中残疾人507人。其中产业开发项目8个，共1355万元；劳务协作项目3个，共238.32万元；教育医疗投入项目3个，共600万元。引导3家企业到玉屏投资建设，实际完成投资额1.9亿元。太仓港经济技术开发区与玉屏经开区签署园区共建协议，开展产业园区共建工作。建设扶贫车间1个，带动建档立卡贫困户脱贫17人。全力推进乡村振兴战略，助力玉屏开展"玉货出山"活动，扶植油茶、食用菌、精品水果（黄桃）、生猪养殖四大主导产业，培育新型农业经营主体，向东部地区销售共计452万元，其中销往江苏省共计193万元，带动贫困人口脱贫3495人。

周至县。2018年，江苏省级统筹帮扶资金1405万元，支持项目20个，其中产业项目15个，共1175万元，直接带动贫困户261户，户均年分红2000元，间接带动2000余户8000多人，人均年增收1.3万元。9个项目落户周至县。9月26—28日，"太仓·周至周"系列活动在太仓市举办，活动主题"协作、创新、发展"，分为"东西协作，共谋发展"周至县招商引资推介会、"终南山下，道地好果"周至猕猴桃上市发布会暨农副产品展销会、"问道楼观台，寻仙终南山"周至县旅游推介会暨太仓·周至旅游年活动启动仪式、"南腔北调，人文相融"周至文艺会演四大活动版块，包括两地对口帮扶联席会议、领导干部能力素质提升培训班、周至书画艺术展、秦腔折子戏表演、太仓·周至文化交流座谈会等子活动。太仓市与周至县两地共签约项目6个，引资15.59亿元，农产品展销现场交易额20万元，签订销售合同130万元。

【劳务协作和职业培训】 玉屏县。2018年，太仓市共为玉屏县举办培训班10期，培训贫困人口921人，帮助贫困人口实现就业697人，其中到太仓就业51人，在贵州省内就业626人，在其他地区就业20人。在太仓稳定就业51人，到东部就读职业学校的贫困学生17人。太仓市人社局搭建劳务协作信息共享平台，开设"太仓携手玉屏"微信公众号。玉屏县在太仓挂牌成立驻太仓劳务协作办事处。凡甲电子（苏州）有限公司、太仓雅鹿集团与玉屏职校合作设立"凡甲定制班""雅鹿定制班"，共培训学员105人次，其中玉屏籍94人，玉屏籍建档立卡贫困户39人，达成就业意向90人。

周至县。2018年，太仓市共为周至县举办培训班33期，帮助贫困人口就业833人，帮助贫困人口实现就业532人，其中到东部地区就业155人，陕西省内就业42人，在其他地区就业335人。在苏州地区稳定就业222人，到东部就读职业学校的贫困学生2人。苏州君威人力资源有限公司在周至县成立西安娄祥人力资源公司，推动两地劳务协作。太仓市人社局帮助周至县在主城区、重点镇建立用工信息电子化发布平台，开设"太仓携手周至"微信公众号，宣传发布就业扶贫信息。江苏省太仓中等专业学校和周至县职业教育中心学校签订对口帮扶协议，开展联合办学。

【太仓市与灌南县南北对口挂钩支援】 2018年，太仓市和灌南县签约项目3个，开工项目1个，建成投产项目1个。太仓灌南共建园区完成标准厂房建设12万平方米，二期13万平方米标准厂房开工建设。太仓市财政援助资金500万元，选派2人入驻省委驻灌南帮扶工作队，并分别担任灌南县新集镇陈刘村、孟兴庄镇头庄村"第一书记"。陈刘村确立以新建标准化厂房、粮食烘干中心建设项目为带动主体的系列帮扶项目，标准化厂房完成地下和地面基础建设，建成村级水泥道路1400米。头庄村确定基础设施建设、螃蟹规模养殖、标准化厂房购置、劳务合作社等帮扶项目。8月，金源劳务合作社揭牌，并分别与连云港市城投公司、孟兴庄镇人民政府签订项目协议，总价100万元。

（潘　坚）

机关事务

【概况】 2018年，太仓市机关事务工作以"工作创新、服务创优"为抓手，完成企事业单位公务用车改革任务，开展办公用房清理"回头看"工作，推进绿色节约型机关建设，提升后勤服务品质，持续建设平安行政中心，坚持围绕中心、服务大局，为全市经济社会发展提供后勤保障。年内，市机关事务管理局获评全省机关事务管理系统先进集体。

【机关后勤服务保障】 2018年，太仓市升级市行政中心车辆管理工作，建

2018 年 2 月，市机关事务管理局组织工作人员在行政中心铲雪除冰
（贾蕊　摄）

设地面停车棚 361 个；建设新能源汽车充电桩 30 个，其中地下 10 个、地面 20 个。升级地下车库出入口道杆，实现车牌识别进出。全年共登记外来办事人员 9 万人次，协助接待到访 161 次、2987 人，检查换证车辆 7.5 万辆次。做好会议服务 1500 余场次，其中 80 人以上大型会议 240 场次。完成行政中心 1.68 万平方米草坪分期更换工作。全年共提供机关干部职工工作用餐逾 51 万人次。完成 23 家单位代理记账工作和财务决算报表编制工作。

【公务用车改革】 2018 年，太仓市实施《太仓市公务用车管理规程》，全市 491 辆公务用车纳入“公务用车信息化管理平台”，实现公务用车实时动态监控。实施《太仓市事业单位公务用车制定改革实施意见》《太仓市国有企业公务用车制定改革实施意见》，全市 308 家事业单位、175 家国有企业参加车改工作。车改后全市企事业单位保留各类公务用车 1043 辆，其中事业单位保留 573 辆，国有企业保留 470 辆。取消公务用车 81 辆，评估价 67.4 万元，拍卖价 108.98 万元，溢价率 61.7%，报废车辆 34 辆。改革后公务交通费节支约 13.8%。

【党政机关办公用房管理】 2018 年，太仓市党政机关办公用房管理系统上线运行，全市 78 家单位纳入系统；实施《关于加强党政机关办公用房信息化管理的通知》，加强全市党政机关办公用房的使用和管理工作。8 月，太仓市通过江苏省办公用房专项督查小组检查。（贾　蕊）

太仓市政协

综　述

【政协委员】 2018 年，太仓市第十四届市政协委员、常委会组成人员规模及界别设置与上届保持一致，分别为 232 人、45 人、界别组 21 个。各界别人数为：中共 28 人、民革 7 人、民建 7 人、无党派 6 人、工商联 14 人、工会 4 人、共青团 3 人、妇联 3 人、科协 3 人、侨联 5 人、台联 3 人、文体新闻和艺术界 13 人、科学技术界 8 人、教育界 9 人、医药卫生界 11 人、经济界 48 人、农业和农村界 19 人、社会福利和社会保障界 13 人、少数民族界 2 人、宗教界 6 人、特邀人士 20 人。232 名委员名单中，中共委员 95 人，非中共委员 137 人。政协常委会组成人员 45 人，常务委员 38 人（中共 13 人、非中共 25 人）。非中共常委中，市政协专委会负责人 3 人、民革 2 人、民建 2 人、民进 1 人、民盟 1 人、农工党 1 人、无党派 2 人、工商联 2 人、科技界 2 人、文体新闻和艺术界 1 人、教育界 1 人、医药卫生界 1 人、经济界 3 人、农业和农村界 1 人、社会福利和社会保障界 1 人、宗教界 1 人。

在太仓的苏州市十四届政协委员 15 人，民进 1 人、工会界 1 人、妇联界 1 人、文艺界 2 人、经济界 4 人、教育界 1 人、医卫界 2 人、社会福利和社会保障界 1 人、特邀人士 2 人。在太仓的省政协委员 2 人，科技界 1 人、农业和农村 1 人。（沈晨宇）

重要会议

【太仓市政协十四届二次会议】 2018 年 1 月 2—4 日，市政协举行十四届二次会议。1 月 2 日，举行市政协十四届二次会议开幕式，听取和讨论中共太仓市委书记沈觅的讲话；听取和审议市政协主席邱震德作《中国人民政治协商会议太仓市第十四届委员会常务委员会工作报告》；听取和审议市政协副主席王国其作《中国人民政治协商会议太仓市第十四届委员会常务委员会关于提案工作情况的报告》；大会表彰 2017 年度优秀提案、提案先进承办单位。同日，举行第二次全体会议，进行大会发言。1 月 3 日，分组讨论，列席太仓市第十六届人民代表大会第二次会议，听取并讨论市委副书记、市长王建国作《政府工作报告》。1 月 4 日，召开市政协十四届六次常委会议。同日，大会举行闭幕会，听取并审议通过提案审查情况的报告；审议通过《中国人民政治协商会议太仓市第十四届委员会第二次会议决议》。

【市政协常委会议】 2018 年，政协太仓市第十四届委员会共召开常委会议 5 次。

十四届六次常委会议。1 月 4 日召开。听取分组讨论情况汇报，审议市政协十四届二次会议决议（草案）。市政协主席邱震德主持会议并讲话。市政协副主席王国其、吕寅、朱凤兰、高扬、黄浩忠出席会议。

十四届七次常委会议。1 月 4 日召开。审议《市政协常委会 2018 年

2018年1月2日，政协太仓市第十四届委员会第二次会议在市行政中心开幕
（市政协办供稿）

工作要点》，通过有关人事事项。市政协主席邱震德主持会议，要求全体常委讲政治做到对党忠诚，讲优势发挥人才汇聚的智力优势，讲实效明确任务抓落实，讲格局勇担当善履职。市政协副主席王国其、吕寅、高扬等出席会议。

十四届八次常委会议。7月30日召开。副市长韩飚通报政府工作情况。会议听取市政府关于上半年全市经济社会发展情况和下半年工作打算的通报，听取市政府办理政协提案工作情况的通报和全市“1115”计划实施情况的通报，学习贯彻市委十三届五次全体（扩大）会议精神，回顾总结市政协上半年工作，安排部署下半年主要工作，部分常委就履职工作情况作交流。市政协主席邱震德主持会议。市政协副主席王国其、吕寅、高扬、黄浩忠参加会议。

十四届九次常委会议。11月27日召开。围绕“临沪科创产业高地建设”进行专题协商。市委副书记、市长王建国出席会议并讲话，副市长许超震到会通报市临沪科创产业高地建设情况。市政协副主席王国其作协商主旨发言，部分政协常委在前期调研基础上，从人才政策、公共服务、项目引进、要素集聚、科创体系等方面，对推进临沪科创产业高地建设提出意见建议。市政协主席邱震德主持会议，市政协副主席吕寅出席会议。

十四届十次常委会议。12月28日召开。太仓市副市长赵建初到会通报全年全市经济社会发展情况。会议听取市政府工作情况通报，协商通过市政协十四届委员会第三次会议人事安排，协商《关于召开中国人民政治协商会议太仓市第十四届委员会第三次会议的决定》，审议通过市政协第十四届委员会常务委员会工作报告（征求意见稿）和常务委员会关于提案工作情况的报告（征求意见稿）及《太仓市政协委员履职积分管理办法（试行）（征求意见稿）》。会议协商通过有关人事事项。市政协主席邱震德主持会议并讲话，市政协副主席王国其、吕寅、高扬出席会议。

（沈晨宇）

参政议政

【主席会议专题协商】 2018年6月25日，市政协主席会议专题协商历史文化街区保护。市政协主席邱震德出席活动并讲话。副市长顾建康，市政协副主席王国其、吕寅、朱凤兰、高扬、黄浩忠，市政协秘书长陆静波参加活动。与会人员听取市住建局关于历史街区规划保护的情况通报，听取市文广新局关于历史文化街区保护的情况通报，分别听取城厢镇和沙溪镇关于西郊老街和直塘老街保护的情况通报。会上，部分委员、知名学者代表对太仓市历史文化街区的规划保护建言献策。

【主席会议专题调研视察】 电信“互联网＋基地”建设情况调研。2018年2月7日，市政协召开主席会议，专题调研视察电信公司“互联网＋基地”建设情况。市政协主席邱震德一行实地察看电信公司“互联网＋基地”。邱震德指出，加快“互联网＋”及智慧城市创新实践步伐，整合共享资源，创新服务模式；重点推进互联网在教育、医疗、城市管理、行政审批等方面的广泛运用，通过打造“互联网＋”新型公共服务平台，为老百姓、为企业提供更加优质高效便捷的公共服务；发挥“互联网＋”的社会效益和经济效益。

2018年3月27日，市政协主席会议专题调研分级诊疗工作情况
（市政协办供稿）

分级诊疗工作调研。2018年3月27日，市政协主席会议专题调研视察分级诊疗工作情况。市政协主席邱震德一行实地视察市第一人民医院、城厢镇国医馆、城厢镇社区卫生服务中心，听取市卫计委分级诊疗工作情况通报，并举行座谈交流。邱震德指出，分级诊疗是深化医药卫生体制改革的一项重点内容，要注重医联体建设与家庭医生签约服务，推进健康太仓建设，为群众提供全方位全周期的健康服务。

全市金融工作情况调研。2018年4月2日，市政协主席会议专题听取全市金融工作情况通报。会上，市金融办、人行太仓市支行、银监太仓办分别通报相关工作情况。市政协主席邱震德要求全市金融系统加快推进金融改革创新，帮扶涉险企业，防范化解金融风险；重点支持实体经济，加大对"三农"、创新型企业、小微企业支持力度；探索推进直接融资；结合高质量推进"两地两城"建设和"1115"产业发展目标等，在产业载体建设、企业技改升级等方面重点着力。

美丽乡村建设情况专题调研。2018年4月20日，市政协主席会议专题调研视察美丽乡村建设情况。市政协主席邱震德一行实地视察沙溪镇庄西村东车浜巷、浦浜巷三星级康居乡村点及香塘村康居特色村，听取市委农工办有关美丽乡村建设情况通报，并举行座谈交流。邱震德指出，从市委提出的高质量建设"两地两城"高点站位来看，推动美丽乡村建设、实施乡村振兴战略意义重大。

环保企业治理情况调研。2018年5月10日，市政协主席会议调研视察全市环保企业治理工作情况。市政协主席邱震德一行实地视察太仓港区污水处理厂、江苏东智禾新纤维科技有限公司、太仓中化环保化工有限公司等地，听取市环保局关于全市环保企业治理工作情况通报，并举行座谈交流。邱震德表示，市政协发挥自身优势，履行民主监督职能，做好宣传引导、增进共识工作，营造全社会关心支持环保治理的良好氛围。

恒大文旅项目建设情况调研。2018年5月28日，市政协主席会议专题视察恒大文旅项目建设情况。市政协主席邱震德一行实地视察位于长江口旅游度假区的恒大文旅项目，听取该项目建设情况通报，听取浏河镇经济社会发展情况通报，并举行座谈交流。邱震德表示，市政协将发挥人才优势，履行职能，为全市文旅产业发展出谋划策、贡献智慧。

健康太仓战略实施情况调研。2018年6月4日，市政协主席办公会议调研健康太仓战略实施情况。市政协主席邱震德听取市卫计委相关情况通报指出，推进健康太仓建设是保障和改善民生的重要任务，是保证城市可持续发展的重要基础。会议传达市纪委关于纠正形式主义、官僚主义落实责任专项督查通报和市级机关党组织体检通报；传达市委创建工作会议精神；部署加强和改进人民政协工作重要思想学习研讨工作。

土地和城市规划情况调研。2018年7月2日，市政协主席会议专题听取全市土地规划和城市规划情况通报。会上，市国土局、市住建局主要负责人分别就太仓市土地利用总体规划实施情况和城乡规划工作情况进行通报。

"两区"经济社会发展情况调研。2018年10月30日，市政协主席会议专题调研视察"两区"经济社会发展情况。在高新区，市政协主席邱震德一行实地察看太仓博泽汽车部件有限公司、新大洲本田摩托（苏州）有限公司、耐克体育二期项目、东城花苑二园提升改造项目，听取高新区经济社会发展情况汇报。在太仓港经济技术开发区，邱震德一行走访太仓港欧美高新技术产业园、斯凯奇中国物流销售中心、七浦塘生态修复景观二期工程，听取港区发展情况汇报。

【重点课题专题调研】 经济高质量发展专题调研。2018年3月12—13日，省政协副主席、党组副书记阎立率省政协经济界委员到太仓，就经济高质量发展和现代绿色高效农业进行主题调研。阎立一行调研太仓市科技创业园暨留学人员创业园、中美冠科生物技术（太仓）有限公司、现代农业园等。阎立希望太仓市按照高质量发展要求，继续做好创新引领工作，形成可复制、可推广的经验，为江苏其他地区提供示范和借鉴。

乡土人才队伍建设专题调研。2018年3月23日，苏州市政协副主席程华国一行到太仓调研乡土人才队伍建设。市有关部门和璜泾镇介绍相关情况，太仓市乡土人才代表提出意见和建议。

职业教育健康发展情况调研。2018年3月27日，苏州市政协副主席周晓敏一行到太仓调研职业教育健康发展情况。调研组一行实地视察太仓德资企业专业工人培训中心、江苏省太仓中等专业学校，听取市政府副市长顾建康关于太仓市职业教育健康发展基本情况介绍。市教育局和人社局分管领导分别介绍相关情况。

粮食收购工作情况调研。2018年5月31日，市政协专题视察粮食收购工作情况。市政协主席邱震德一行实地视察市粮食购销有限公司璜泾粮库、市地方粮食中心储备库，了解粮食收购政策、收购流程及保管、检测等情况，听取市粮食局关于全市粮食收购情况的通报。邱震德表示，希望市粮食部门落实粮食安全责任制，在保障粮食安全基础上，提升粮食品质，拓宽粮食销售渠道；加强对现行收购流程的管理，加大科技投入，加强基础设施建设；打造本土优质粮食品牌，扩大市场影响力。

商务经济发展情况调研。2018年8月30日，市政协主席邱震德一行调研太仓市商务经济发展情况，市商务局主要负责人从外资利用、对德合作、外贸结构、跨境电商、商贸消费、提案办理等方面介绍太仓市商务经济运行情况，并对下阶段工作重点方向提出具体设想和举措。邱震德表示，希望营造良好营商环境，加大对企业发展的引导帮扶力度；做好中德合作文章，利用区位优势，吸收上海商务经济的溢出效应，以首届中国国际进口博览会为契机，适时举办中德合作、港口物贸为主题的会展会议，搭建商贸交易交流平台。

"太报品牌"调研。2018年8月22日，市政协主席邱震德一行走访调研太仓日报社，了解报社新闻采编、运营管理及推进媒体融合等方面的建设发展情况。在太仓日报社，邱震德一行观看全媒体采编平台操作演示，了解报社新闻采编、发布流程，听取太仓日报官微、“样样有”微信、“联动娄城”APP等渠道的发布情况介绍。邱震德表示，要坚持“党报姓党”，牢记自身职责使命，宣传好太仓改革发展的新成就、新气象；要加快转型创新，持续提升主流媒体的传播力和影响力，探索信息共享、深度服务等新内容、新方向；要坚守新闻理想，打造坚强队伍，做好新闻宣传工作。

【“幸福金太仓——政协大家谈”品牌】2018年2月2日，太仓市政协召开“政协大家谈”筹划会，研究2018年度“政协大家谈”平台建设。会上，围绕中德合作深化、城乡融合发展、营商环境优化等系列课题，市政协主席邱震德指出，通过“政协大家谈”建言立论平台，为市委、市政府中心工作献计献策，为呼应百姓诉求拓宽渠道，为团结社会各界凝心聚力。与会人员就相关课题交流意见建议。3月26日，市政协举办“幸福金太仓——政协大家谈”活动，围绕“优化营商环境、推动经济高质量发展”主题展开讨论、建言献策。7位政协委员从创新体制机制、引导企业自身发展等角度，对优化太仓市营商环境提出意见建议。8月9日，市政协举办“幸福金太仓——政协大家谈”活动，围绕“解放思想共谋经济社会高质量发展”建言献策。多名政协委员就如何解放思想共谋经济社会高质量发展，从全市产业发展、民营经济、城市建设、科技创新、乡村振兴、教育文化等不同角度，阐述各自见解。

（沈晨宇）

民主监督

【概况】2018年，政协太仓市第十四届委员会第二次会议期间，共收到提案214件，立案202件，不立案12件。立案提案中，集体提案70件，委员个人或联名提案128件，界别小组提案4件。经提案审查委员会初审和主席会议审定，《关于大力推进医养结合养老模式体系的建议》等12件提案被确定为重点提案，由市政府领导领办、市政协主席督办，并通过政协大讲堂、网络直播、第三方评估、党派团体及政协专委会联合调研等形式推动提案办理。

【专项民主监督】2018年7月9日，太仓市政协召开主席会议，专题监督全市安全生产工作。市政协主席邱震德一行实地视察特灵空调系统（中国）有限公司、雷勃电气（苏州）有限公司安全生产情况。与会人员听取全市安全生产工作情况通报。邱震德表示，市政协将发挥职能优势，持续关注和推动安全生产工作，为推动全市经济社会高质量发展献计出力。

9月14日，市政协召开主席会议，专项监督太仓市民营企业“1123”行动计划实施情况。市政协主席邱震德一行现场调研联禾厚普（太仓）精密机械有限公司，听取市“1123”行动计划实施情况通报。委员们围绕如何进一步优化营商环境、加大人才引进力度、盘活利用存量土地等相关问题进行探讨交流，提出监督意见。

【政协委员考察政府工作】2018年12月7日，市政协组织全体委员考察政府工作，委员们实地察看市公共卫生中心建设工程、朝阳幼儿园新建工程、南郊污水处理厂扩建及提标改造工程、市科技产业园等项目。市政协主席邱震德希望各位委员以高度政治责任感和主人翁精神，实事求是看待问题，为促进太仓经济社会持续健康发展提出更具针对性和可操作性的意见建议。

【市政协督办重点提案】2018年，市政协主席会议确定重点提案12件，由市政协主席、副主席督办。5月15日，市政协召开重点提案督办会议，督办十四届二次会议期间提交的《关于建设智慧停车系统的建议》提案。市政协主席邱震德希望提案承办部门以提案办理落实为契机，本着政府主导、市场化运作、全社会参与原则，加快推进智慧停车系统建设。市城管局、市公安局、市住建局等提案承办单位，对民革太仓市委提交的133号提案《关于建设智慧停车系统的建议》的办理思路、办理进度、办理成效等作情况通报；提案者对参会部门提案办理工作表示满意，并就如何进一步加快提案办理工作、提升办理实效进行交流探讨；与会政协委员、市民代表结合办理进展情况，提出各自建议。（沈晨宇）

重要活动

【太仓市各界人士中秋茶话会】2018年9月20日，市政协、市委统战部联合举办各界人士“迎国庆·中秋”茶话会。市委书记沈觅、市委副书记、

2018年12月7日，市政协组织全体委员实地察看朝阳幼儿园新建工程

（市政协办供稿）

市长王建国，市政协主席邱震德等与各界人士代表畅谈改革发展。沈觅肯定市政协委员、各民主党派、工商联、各人民团体和无党派人士建净言、献良策，希望各界人士思想同心、目标同向，发挥优势、凝聚合力，为高质量建设“两地两城”做出新的更大贡献。邱震德表示，市政协在强化党组建设、深化协商议政、打响建言品牌、拉长同心圆半径、提升履职实效等方面有新进展。民进太仓市基层委员会、民建太仓市委、九三学社太仓市支社、民族宗教界等各界人士代表作发言。

【嘉昆太地区政协联动】 2018年9月30日，上海市嘉定区、江苏省昆山市和太仓市政协联动机制签约暨第一次地区政协主席联席会议在嘉定召开。嘉昆太三地政协主席现场签署地区政协联动机制协议。联动机制建立后，发挥政协优势、体现政协担当，共同为助推嘉昆太协同创新核心圈的构建和长三角地区更高质量一体化协同创新发展示范区的打造凝聚共识、贡献智慧、汇聚力量。（沈晨宇）

太仓市纪委监委

综　述

【概况】 2018年，太仓市纪委监委履行纪检监察职责，持续深化纪检监察体制改革。年内，全市纪检监察机关推进党风廉政建设和反腐败工作，夯实“两个责任”（落实党风廉政建设责任制，党委负主体责任，纪委负监督责任），推动政治生态持续向好；推进体制机制改革，织密扎牢全覆盖监督网；深化政治巡察，做实整改“后半篇文章”；紧抓作风建设，严治形式主义、官僚主义问题；深化标本兼治，保持惩治腐败高压震慑；铭记“打铁必须自身硬”要求，从严从实加强队伍建设，全市党风廉政建设和反腐败工作取得新成效。

【中共太仓市第十三届纪律检查委员会第三次全体会议】 2018年2月8日，中共太仓市第十三届纪律检查委员会第三次全体会议召开，回顾总结2017年全市纪检监察工作，研究部署2018年工作任务。市委书记沈觅出席会议并讲话。市委常委、市纪委书记、市监委主任邹洪凯作题为《深入贯彻落实党的十九大精神，以永远在路上的执着把全面从严治党引向深入》的工作报告，要求全市纪检监察机关坚持以习近平新时代中国特色社会主义思想为指导，落实十九大战略部署，不忘初心，牢记使命，增强“四个意识”（政治意识、大局意识、核心意识、看齐意识），坚定“四个自信”（中国特色社会主义道路自信、理论自信、制度自信、文化自信），把党的政治建设摆在首位，健全党和国家监督体系，改进作风，加强纪律建设，推进标本兼治，整治群众身边的腐败问题，加强自身建设，营造风清气正的政治生态、风生水起的创业创新生态。

（冯　放）

全面从严治党

【概况】 2018年，太仓市纪委监委坚守协助党委推进全面从严治党的职责定位，通过用实信息化平台，用好问责利器，坚持政治生活、政治文化、政治生态一体建设，推动全面从严治党向纵深发展。年内，市纪委监委深化“四责同构”（定责、督责、评责、问责）工作，发挥“落实主体责任监督平台”作用，对全市101家单位党组织履责情况开展线上线下比对督查，通过日常检查、交叉检查、随机抽查发出《廉情抄告》43份，反馈问题83个。开展落实党风廉政建设责任制民主测评、全面从严治党主体责任满意度评价、市纪委委员评议质询，运用综合评价结果，推动管党治党政治责任落实。

【党内问责】 2018年，太仓市纪委监委梳理近年因管党治党不力致使违纪违法案件多发的地区和部门，共对18个党组织和12名党员实施党内问责。加大对不担当、不作为问题的问责力度，共对20名履责不力、落实迟缓的人员进行责任追究。继续把好党风廉政意见回复关，全年共审核129批4756人次，并取消评先评优资格15人次，提出建议88人次。

【政治生活、政治文化、政治生态一体建设】 2018年，太仓市纪委监委协助市委制定实施《关于全面从严治党进一步营造风清气正良好政治生态的工作方案（2018—2020年）》，制定三年总规划，并督查各地各部门民主生活会质量，严肃党内政治生活。打造“廉砖”品牌，提炼“廉俭方正、端谨厚重”的“廉砖精神”，建设“两馆一园一地”（太仓第一个党支部纪念馆、太仓家风馆、太仓市廉洁文化主题公园和太仓市农村基层党员干部纪法教育基地）廉政文化宣传阵地，以良好党

2018年2月8日，中共太仓市第十三届纪律检查委员会第三次全体会议召开

（市纪委供稿）

内政治文化涵养党内政治生态。开展区镇政治生态监测评价与预警工作，对69家市级单位政治生态情况进行"画像"，推动各地各部门政治生态向上向好。（冯　敌）

监察体制机制改革

【概况】 2018年，太仓市探索实践监察体制改革试点工作，推动职能、人员、工作深度融合。1月8日，太仓市监察委员会转隶组建会议在市行政中心召开，市监察委员会正式挂牌。年内，太仓市稳步推进监察体制改革，落实市监委组建、市监委向乡镇（街道）综合派出监察员办公室等改革任务。推进市纪委监委机关监督检查和审查调查部门分设，实现监督检查、审查调查、案件监督管理、案件审理"四权"相对分离、有效制约。赋予派驻纪检组监察职能，实现对市一级党和国家机关、市属企事业单位监督全覆盖及对行使公权力的公职人员的监察全覆盖。

【监察制度建设】 2018年，太仓市纪委监委执行江苏省纪委监委"1+N"制度体系文件要求，制定《关于进一步增强巡察与纪检监察工作合力，着力提升监督工作效能的意见》《监察员办公室监督调查处置工作实施办法（试行）》《监察员办公室协作配合工作机制》《派驻纪检监察组"微体检"监督检查工作规程》等制度，推动纪律监督、监察监督、派驻监督、巡察监督协调衔接，把制度优势转化成治理效能。

【廉情监督】 2018年，太仓市纪委监委创新推行"微体检"监督方式，通过细致入微的监督检查，实现对廉政风险防控与权力运行流程互融式动态监督，促进完善制度、规范工作、堵塞漏洞。推进市监委综合派出监察员办公室改革，在全市92个村（涉农社区）成立廉情监督工作室，构建市、镇、村、组"四级联动"廉情监督机制，集聚纵向到底的监督力量。（冯　敌）

2018年1月8日，太仓市监察委员会转隶组建会议在市行政中心召开
（市纪委供稿）

作风建设

【概况】 2018年，太仓市纪委监委贯彻落实习近平总书记关于作风建设的重要指示批示精神，开展形式主义、官僚主义集中整治，聚焦影响党的路线方针政策和中央重大决策部署贯彻落实的突出问题，聚焦群众反映强烈的突出问题，督促相关主管部门充分履职尽责，推动全市集中整治工作有序开展。年内，市纪委监委协助市委制定实施《关于在全市开展形式主义、官僚主义集中整治推动真抓实干、根除作风顽疾的工作方案》，结合全市开展的15项重要专项工作，集中攻坚克难，推动一批民生实事落地。部署开展纠正形式主义、官僚主义，落实全面从严治党主体责任专项督查，重点督查单位23家，检查情况向全市通报。查处形式主义、官僚主义问题，通报典型案例1起，问责8人。

【清风行动】 2018年，太仓市纪委监委持续开展"清风行动"，建立"一清单一说明一意见"制度（指对"清风行动"专项督查、日常检查等工作中发现的问题，列明一份问题清单、出具一份说明情况函、反馈一份整改意见，构建监督闭环，扛起监督责任），推动问题"整改一件、销号一件"。全年全市共开展各类监督检查196批次，发出《关于说明有关情况的函》22份，提出整改意见96条，查处违反中央"八项规定"21起、26人。开展微型勤廉党课"进村入企、进站入所"基层巡讲，以严明纪律为切入口，从党员干部抓起，带头讲规矩、守纪律、走正道、扬正气，以优良的党风政风带动民风社风持续向上向善。推进落实"三项机制"（鼓励激励、容错纠错、能上能下），完善《太仓市防错容错纠错实施细则》，为敢于担当者鼓劲撑腰，对2名基层干部予以容错纠错。

【腐败和作风问题查处】 2018年，太仓市纪委监委推进阳光村务监督工程，围绕涉农补贴管理、农民合作社、镇村工程项目等领域强化监督整改，管住群众身边的"微权力"。把惩治"蝇贪"同扫黑除恶专项斗争相结合，推进教育、人防等领域突出问题专项治理，全年共查处群众身边的腐败和作风问题20起、30人，维护群众切身利益。

【"三大攻坚战"专项监督】 2018年，太仓市纪委监委加强防范化解重大风险、精准脱贫、污染防治"三大攻坚战"专项监督，推动扶贫政策落实，发现和查处扶贫领域"微腐败"，查处扶贫领域贪污挪用、截留私分、虚报冒领等行为。推动污染防治见效，以实地督查方式督促相关职能部门对140余个问题点位开展"地毯式"督查，对"散乱污"企业等六大类问题开展6轮专项督查，在全市通报典型问题6个。推动重大风险防范，督促防范化解地方政府隐性债务风险，推动完善市属国有企业对外投资、资产出借出租出售等方面制度。

（冯　放）

纪律审查

【概况】 2018年，太仓市纪委监委保持惩治腐败高压态势，坚持挺纪在前、纪严于法。全年共运用监督执纪“四种形态”（第一种形态：经常开展批评和自我批评、约谈函询，让“红红脸、出出汗”成为常态；第二种形态：党纪轻处分、组织调整成为违纪处理的大多数；第三种形态：党纪重处分、重大职务调整的成为少数；第四种形态：严重违纪涉嫌违法立案审查的成为极少数）处理522人次，较上年增长65.2%，其中“第一种形态”处置311人次，占比59.6%。全年纪检监察机关立案249件，较上年增长12.2%；给予党纪政务处分208人，涉嫌犯罪移送检察机关依法审查、提起公诉5起6人；挽回经济损失1398.37万元。查办省监委指定管辖案件，采取留置措施4人。

【审查调查工作质效提升】 2018年，太仓市纪委监委制定实施《关于在查办职务违法犯罪案件中加强协作配合的工作制度（试行）》，健全与审判机关、检察机关、执法部门的协作机制。推动建设纪检监察大数据查询研判工作区，探索推行信息化合成办案工作模式。完成一般性谈话场所和办案场所升级改造，执行《留置场所管理和安全看护工作规定》，严守审查调查工作安全底线。

【纪律教育和警示教育】 2018年，太仓市各级党组织深化“第一种形态”运用，全年共开展党员干部谈话预防4930人、谈话提醒409人、谈话函询147人、诫勉谈话95人，通过交流谈心、提醒帮助，及时发现纠正党员干部思想、工作和作风上出现的苗头性、倾向性问题。坚持用“身边事”教育“身边人”，拍摄制作《违纪之鉴》《码头“蛀虫”的覆灭之路》警示教育片，编印《蜕变——太仓市党员干部、公职人员严重违纪违法案例剖析》，用“反面典型”警示教育党员干部。对36名受处分党员及其所在党组织开展“双回访”，实现“回访一个人、教育一群人”。

（冯　放）

纪检监察队伍建设

【概况】 2018年，太仓市纪委监委开展“打铁必须自身硬”暨“我是纪检监察人”专项行动，以政治过硬、作风过硬、本领过硬、纪律过硬为目标，开展凝心铸魂、正风提神、磨锋砺剑、修衣正冠专项行动，持续加强纪检监察干部教育监督管理。年内，市纪委监委围绕习近平新时代中国特色社会主义思想、中共十九大精神、“解放思想大讨论”等专题上党课，举办“廉砖”讲堂3期，提升纪检监察干部政治素养。通过组织开展祭扫革命先烈、参观警示教育基地、任职宣誓、退休老同志分享工作感悟等活动，强化纪检监察干部身份意识，牢记使命担当。

【自我监督管理】 2018年，太仓市纪委监委制定《纪检监察干部任职调整备案暂行规定》，把好干部入口关和出口关。开展新一轮廉政风险排查和防控工作，根据监审分设要求，调整细化相关科室职责，扎牢权力运行的制度笼子。制定《市纪委监委谈话预防工作方案》，推动谈心谈话全覆盖。执行江苏省纪检监察干部“六条禁令”（严禁发表、传播与党的政治纪律、政治规矩和全面从严治党要求不一致的言论；严禁利用职权或职务影响搞特权、谋私利；严禁参加可能影响正确履行监督执纪问责职责的活动；严禁非工作需要谈论涉及纪检监察工作秘密的信息；严禁工作期间饮酒和在公共场所酗酒；严禁出入私人会所、营利性陪侍场所消费）。年内，先后举办巡察干部能力素质提升培训班和纪检监察专项业务培训班，制定青年干部培养计划，通过导师带教、轮岗锻炼等方式，强化纪检监察干部的教育培养。

（冯　放）

民主党派
工商联

中国国民党革命委员会太仓市委员会

【概况】 2018年，中国国民党革命委员会太仓市委员会（以下简称“民革太仓市委”）下辖支部8个，有党员108人，年内发展新党员5人。党员中本科学历占比91%，中高级职称占比86%，硕士以上学位占比28%，其中博士学位6人。江苏省特级教师2人，省“333工程”高层次人才3人，省“双创人才”1人，省宣传文化系统青年文化人才1人，姑苏人才3人。民革中央第十三届代表1人；苏州市人大代表、政协委员2人（其中常委1人）；太仓市人大代表、政协委员24人（其中人大常委会委员1人，政协副主席1人，政协常委3人）。

【思想建设】 2018年，民革太仓市委以习近平新时代中国特色社会主义思想为指导，学习贯彻中共十九大、十九届三中全会精神，用习近平新时代中国特色社会主义思想武装头脑、指导实践、推动工作。领会和把握民革十三大精神实质，学习民革新党章，继续开展“不忘合作初心，继续携手前进”主题教育活动。加强新时代思想政治建设，增强政治共识，夯实共同政治基础，坚持好、完善好、发展好中国共产党领导的多党合作和政治协商制度。4月24日，民革太仓市委召开纪念“五一口号”70周年座谈会，为纪念“五一口号”发布70周年、民革成立70周年、苏州民革成立60周年撰写征文，其中《不忘合作初心，弘扬民革优良传统》文章在《太仓日报》发表。6月15日，参加由市委组织部、市委市级机关工委、市文广新局共同主办的“不忘初心跟党走”主题歌会，

2018 年 10 月 23 日，民革太仓市委会与民革灵武市委会签订缔结友好合作市委会框架协议
（民革太仓市委供稿）

并获二等奖。7 月 6 日，太仓市举行统一战线学习中共十九大精神知识竞赛，民革太仓市委代表队获二等奖。10 月，民革太仓市委分别组织 50 多名党员赴山东台儿庄古城和福州陈绍宽故居开展爱国主义学习教育和民革党史教育活动。

【组织建设】 2018 年 9 月 4 日，根据上级民革组织各专委会设置，结合民革太仓市委工作，经民革太仓市委会扩大会议通过，民革太仓市委调整各专委会，设立祖国和平统一促进委员会、社会法制和资源环境委员会、经济和“三农”委员会、教科文卫体委员会、青年工作委员会、理论研究与学习工作委员会、妇女工作委员会、老年党员工作委员会、法律服务中心等工作职能部门，完善党派组织架构，为发挥党派职能夯实基础。5 月 29 日，民革太仓市委组织党员赴苏州参加民革苏州市委联合政协苏州市委员会、苏州市委统战部共同举办的专题学习报告会，聆听全国政协副主席、民革中央常务副主席郑建邦作的《中国近现代政党制度发展之路》专题报告。10 月 23 日，民革太仓市委会与民革灵武市委会签订缔结友好合作市委会框架协议。年内，民革太仓市委创建特色支部，开展“党员之家”筹建工作。大学科技园支部获市委统战部特色支部创建活动二等奖，四支部获三等奖。民革太仓市委一支部被民革苏州市委表彰为先进支部，被评为民革苏州市委优秀党员 10 人。

【参政议政】 2018 年，民革太仓市委利用“两会”平台建言献策。党员中有人大代表、政协委员参加太仓市“两会”24 人。民革太仓市委共计提交议案、提案 37 件。《关于建设德企之乡“特色小镇”的建议》《关于灵活推广科教新城实小模式，有效扩充全面健身运动场所的建议》2 个提案得到市有关部门重视和采纳落实，获评 2017 年度优秀提案。《关于系统推进全市建筑产业现代化的建议》在市政协大会上作交流发言。《关于建设智慧停车系统的建议》被市政协评为 2018 年度重点提案，党员沈薇撰写的《关于以特色产业为“抓手”，深入推进太仓创新生态环境建设的建议》提案和市委会《关于建设智慧停车系统的建议》被市政协评为 2018 年度市政协优秀提案。发挥对口联系机制，履行参政议政职能。与市环保局、市住建局、市交通局、市国土局等部门定期开展对口联系，了解有关工作开展情况，给出科学发展建议和意见。参与上级组织各种调研活动，参加和利用市委专题民主协商会、情况通报会、座谈会等渠道和平台，做好参政议政、反映社情民意，提出发展新观点、给出好建议。在打造“现代田园城、幸福金太仓”、高质量建设“两城两地”实践和民革对台特色工作等方面，汇聚智慧，贡献力量。

【社会服务】 2018 年，民革太仓市委打响“中山博爱”活动品牌，开展“博爱·牵手”系列活动，引导和组织党员发挥自身优势，以实际行动关注民生、服务社会，通过博爱励志助学金、社区共建、义诊、法律援助、博爱互助基金等系列公益活动，开展民革博爱慈善各项工作。3 月 25 日，组织党员赴璜泾镇吴家湾开展义务植树活动。6 月，民革太仓市委响应民革苏州市委号召，开展“博爱牵手思南行——贵州铜仁思南县思南中学助学”公益活动，资助贫困学生 2 人。11 月，与太仓市第二中学达成协议，每年为在籍在校成绩优秀生发放民革“博爱”奖学金，并奖励学生 30 人。年内，参加市委统战部“同心结”公益活动，开展法律援助、对口帮扶、义诊等活动。

（张建明）

中国民主同盟苏州市委太仓支部

【概况】 2018 年 11 月 20 日，中国民主同盟苏州市委太仓直属小组更名为中国民主同盟苏州市委太仓支部（以下简称“民盟太仓支部”），主委王雪春，副主委袁新海。至年底，共有成员 18 人，其中本科以上学历 17 人；中级职称 17 人，高级以上职称 5 人；硕士学位 5 人，博士学位 1 人；苏州市政协委员 1 人，太仓市政协常委 1 人。年内，民盟太仓支部群策群力，做好参政议政，提交市政协集体提案《关于整合西北工大、西交利物浦优势学科与太仓战略性新兴产业产学研合作协同创新的建议》《关于探索建立普惠制托儿所的建议》《关于完善机制，打造高效联动平台的建议》《关于以“五位一体”总体布局为指引，持续推进垃圾分类处理工作的建议》《关于改善非机动车道路通行状况的建议》，个人提案《关于整治寺桥路城中村生活环境的建议》，苏州市政协个人提案《关于持续推进垃圾分类处理的建议》。

做好社会服务，开展“点亮心灯·同力托举梦想”活动，传播家庭教育知识，提升家长家庭教育能力，帮助家长解决家庭教育中的问题。

（范媛媛）

中国民主建国会太仓市委员会

【概况】 2018年，中国民主建国会太仓市委员会（以下简称“民建太仓市委”）下设专门工作委员会6个，支部9个。年内，新发展会员11人，转出1人，共有会员168人，其中男会员120人，女会员48人。会员中本（专）科学历、研究生文化程度分别占92.5%、3.75%；中级以上职称会员占52.5%；40岁以下会员占35%；女会员占28.6%。各级人大代表、政协委员占17.8%，其中江苏省政协委员1人，太仓市人大常委会委员1人，苏州市政协常委1人，太仓市政协委员28人（其中常委7人），享受国务院特殊津贴2人。

【思想建设】 2018年，民建太仓市委组织多次政治学习，加强思想教育引领。学习习近平总书记参加全国政协十三届一次会议的民盟、致公党、无党派人士、侨联界委员联组会时的重要讲话，《中国民主建国会章程（修正案）（草案）》说明、习近平总书记同党外人士座谈会上的讲话精神及全国“两会”精神。4月28日，民建太仓市委召开座谈会纪念中共中央发布“五一口号”70周年。瞿金龙撰写《新型政党制度是中国共产党的伟大创造》被民建省委评为理论研究优秀成果奖。在民建苏州举办的征文活动中，民建太仓市委获优秀组织奖，获表彰会员16人。

【组织建设】 2018年，民建太仓市委抓好班子建设，贯彻民主集中制，维护班子团结，提高“五种能力”（政治把握能力、参政议政能力、组织领导能力、合作共事能力、解决自身问题能力），提高班子凝聚力战斗力。按市委统战部要求，各支部开展特色支部创建提升活动。创业园支部和机关支部获一等奖，财经支部和工业支部获二等奖，文教支部获三等奖。健全支部绩效考核、评优制度办法，对完成民建太仓市委规定任务的支部给予奖励。完善先进支部、优秀会员、参政议政先进分子评选标准，调动会员参与各项活动积极性。各支部活动各具特色，包括学习调研、外出拓展、联合活动、读书活动等，做到年初有计划、年中有活动、年底有总结。

【参政议政】 2018年，民建太仓市委出席政协太仓市第十四届委员会第二次会议28人，提交大会发言3篇、集体提案8件、个人提案21件，其中集体提案《关于加快沪太合作共建园区的建议》、曹一清《关于构建容错纠错行政机制，营造有包容性创新环境的建议》、陆志强《关于精准施策，创新城乡居民增收致富新途径的建议》获评优秀提案。在政协全会上，孙建国代表民建太仓市委作《新时代迈出融入上海新步伐的建议》大会发言，提交《深化改革促进农民持续增收》《落实国民待遇，激励民营经济发展》书面发言，其中《关于构建容错纠错行政机制，营造有包容性创新环境的建议》在人民政协网、《团结报》报道。在市政协举办的“幸福金太仓——政协大家谈”活动上，围绕“优化营商环境、推动经济高质量发展”主题展开讨论、建言献策。曹一清《解放思想、深化改革，努力改善发展环境》征文获表彰，陆志强提前作太仓市营商环境满意度调查分析报告。民建太仓市委重点课题调研组就“1123”计划相关提案，邀请市经信委等部门召开协商会议，交流太仓“1123”计划组织情况、推进态势、具体问题、应对措施等，王翀、黄岭等会员参会。陈朝、李菊、王艳苗等参加市人大代表、市政协委员“面对面”活动。创业园支部《关于如何推进“创建国家文明城市”活动中新增志愿者2018年度志愿服务工作的提案》，提出资金保障、协调机制、激励体制、志愿者培训、优化项目、创建品牌等建议6条；机关支部就利用大剧院平台资源打造文化品牌，从如何让太仓文化“走出去”，转变发展模式，剧院冠名等方面提出建议。市政协民建界别组全体委员至市环境监测站调研全市环境保护、环境监测工作。民建太仓市委响应市委统战部部署，领题调研全市科创产业，完成调研报告《太仓市科创产业发展情况分析与建议》。年内，曹一清当选民建江苏省委经济委员会主任、民建中央经济委员会委员，孙剑良当选江苏律协县域律师工作委员会主任。凌玲、李文艳分别被民建中央信息和网络创新委员会、民建中央社会服务部任命为委员。王翀被市纪委监委聘为党风联络员和特邀监督员。陆志强获聘太仓市人民检察院第二届人民评议员。张晓冬获评太仓市人才工作先进个人。

2018年8月21日，民建太仓市委社会服务委员会、创业园支部会同市卫计委带领生育关怀受资助学生到上海自然博物馆参观学习　（民建太仓市委供稿）

沈亚担任外企新联会会长，周黎明担任民企新联会会长等。

【社会服务】 2018年8月，民建太仓市委社会服务委员会、创业园支部会同市卫计委带领生育关怀受资助学生到上海自然博物馆参观学习。“思源工程——生育关怀”活动开展7年，累计资助太仓市贫困学生34人次，募集善款15万元。年内，组织会员赴中区社区开展法律、金融咨询服务，组织会内医务工作者开展义诊，回访市委牵头解决住房困难贫困户1户，走访慰问社区内部分贫困户。民建太仓市委妇委会“爱心妈妈”和福利院儿童一起过中国年。民建太仓市委妇委会和太仓福利院结对8年，“爱心妈妈”每年到福利院看望孩子2次。妇委会多次看望因病致贫贫困户，捐助学费2000元。萤火虫志愿服务队发起为太仓环卫工人送温暖公益活动，走访慰问困难环卫工人30人，发放慰问金3.5万元。在春节期间，举行大型“爱心箱送”活动。举办以“今天你把美丽种下，明天收获满满的幸福”为主题“庆三八”公益植树活动。发动会员参与民建省委与爱德基金会共同发起“思源爱民公益基金”募捐活动，收到捐款1.24万元。卫生支部多次和太仓市红十字会联合到各社区、日间照料中心开展健康急救知识讲座和义诊活动。文教支部连续5年向外来民工子弟学校三港小学图书室捐赠各类图书。

（张晓冬）

中国民主促进会太仓市基层委员会

【概况】 2018年，中国民主促进会太仓市基层委员会（以下简称“民进太仓市基层委员会”）下设文化、教育、高教、医卫、综合、经济支部6个。至年底，民进太仓市基层委员会共有会员107人，其中文化艺术界占比18%，教育界占比28%，医药卫生界占比20%，其他界别占34%，集中一批著名书画家、工艺美术家、表演艺术家、教育家、文学家和部分科技、医卫、经济、司法、政府机关、中介组织代表人士。会员中有江苏省人大代表1人，苏州市人大代表1人，苏州市政协委员3人，太仓市人大常委会委员1人、代表3人，太仓市政协副主席1人、常委4人、委员9人。

【思想建设】 2018年，民进太仓市基层委员会以学习贯彻习近平新时代中国特色社会主义思想为首要政治任务，围绕主题和重点，学习习近平关于新型政党制度、宣传思想工作、组织工作等重要讲话精神和中共中央发布“五一口号”70周年、纪念改革开放40周年等系列专题。把加强思想政治教育贯穿年度各项工作，强化思想建设带动自身建设，组织会员参与全市统一战线学习中共十九大精神知识竞赛并获二等奖；参加纪念中共中央发布“五一口号”70周年座谈会；参加关于纪念中共中央“五一口号”发布70周年征文活动，投稿12篇，获二、三等奖；参加“不忘初心跟党走”主题歌会；参加“娄韵凤鸣翰墨情”——庆祝改革开放40周年太仓 · 顺德政协书画联展、庆祝改革开放40周年嘉昆太统战系统书画展。组织会员参加2018年第一期苏州市民主党派骨干培训班、太仓市民主党派新成员培训班、全市通讯员信息员培训等各类培训，组织会员参加“中国特色社会主义参政党建设”“中美关系转向背景下的经济态势和政策取向”等专题培训。继续开展学习传统教育活动，发挥会史教育作用。向会员赠阅《民主》《江苏民进》《苏州民进》等会内报纸杂志；组织6人参加苏州民进2018年度第一期民进新会员培训班；参加苏州民进举办的教师节座谈会并发言；多位优秀教师的优秀事迹和“双岗成果”在苏州民进微信公众平台宣传推送。

【组织建设】 2018年，民进太仓市基层委员会完善各项规章制度，推进组织建设工作，加强后备干部队伍、班子的梯队建设，提高自身建设成效。7月，完成换届工作，成立参政议政、信息宣传、社会服务、妇女老龄等工作小组4个。年内，民进太仓市基层委员会开展向先进地区民进组织学习，和民进顺德区委构建交流互动学习机制。推进会内监督，接受苏州民进监督和信息工作督导，开展对话交流座谈。民进太仓市基层委员会获评2018年度民进苏州全市宣传思想工作先进集体，经济支部被评为民进苏州全市组织发展工作先进集体。抓好基层支部建设，开展创建“特色支部”活动，在各党派（团体）特色支部（小组）创建活动中医卫支部、高教支部分获一、二等奖。组织开展入会3年新会员座谈会，开展“三八”、重阳专题活动，开展春节慰问、高温走访

2018年7月6日，民进太仓市基层委员会组织会员参加全市统一战线学习中共十九大精神知识竞赛并获二等奖　　（民进太仓市基层委员会供稿）

慰问、探病慰问等活动，关心会员工作生活；各支部相继开展“解放思想大讨论”学习活动、读书交流活动、观摩“甲子丹青——邢少兰作品汇报展”支部联谊活动，观看影片《厉害了，我的国》主题教育活动。

【参政议政】 2018年，民进太仓市基层委员会优化工作机制，增强参政意识。继续完善参政议政工作机制，赴庄西村、半泾村、中荷村开展调研；朱自元撰写信息《苏南生源流入地师资短缺矛盾突出》获省长吴政隆批示。引导和调动广大会员参政议政主观能动性，发挥党派平台作用。在各界人士情况通报会、政协大家谈等各类活动中，就全市经济高质量发展、文化保护与传承、城市精细化管理、打造对德合作典范城市、全域旅游发展等方面提出合理化建议。利用“两会”平台，提升参政高度。“两会”期间，民进太仓市基层委员会向太仓市政协十四届二次会议、市人大十六届二次会议提交集体提案5件，各支部集体提案12件，代表、委员建议、提案41件。在市政协十四届二次全会上，副主委朱自元代表民进作题为《加快全市全域旅游发展的建议》大会发言。高教支部集体提案《关于大力发展电子竞技产业的建议》、郭红玲个人提案《关于多管齐下发展城市绿色通勤系统的建议》获市政协2017年度优秀提案。《关于坚持系统化思维打造对德合作典范城市的建议》《关于做实融入上海这篇文章的建议》被市政协列为年度重点提案。在苏州市“两会”期间，主委朱凤兰发言强调儿科医少患多问题要引起重视；汤政接受报刊采访提出抓好环境保护同时，建议慎重关停企业减少失业人员；樊奇接受名城苏州网、苏州电视台采访时介绍完善智库建设，加强对德职业技术教育合作相关建议想法；撰写《关于加快发展跨境电商，助推区域经济创新发展的建议》获2018年度民进苏州全市参政议政成果表彰。紧抓领题调研，提高建言质量。按照市委和市委统战部要求，确立在老小区多层住宅加装电梯领题调研。调研组于8月赴佛山市顺德区、禅城区和广州市番禺区等地开展调研，先后在顺德区海琴湾小区、禅城区红棉苑考察小区加装电梯情况，并在顺德区政协召开太仓、顺德政协“老旧小区加装电梯”调研座谈会，11月，向市委统战部提交调研报告《关于老小区加装电梯的领题调研报告》。加强对口联系，拓宽献策渠道。加强与对口联系部门沟通联系工作，提高参政议政针对性和有效性。通过开展形式多样对口活动，就全市文化建设、旅游发展、社会养老等问题提出合理化建议。与市民政局开展参观座谈，调研全市居家养老、社会治理、社会救助等工作；与市旅游局开展对口联系活动，再次调研全域旅游成效；与市体育局开展对口联谊活动，组织女会员进行国民体质监测和八段锦学习。

【社会服务】 2018年，民进太仓市基层委员会倡导“双岗建功”，深化服务社会，鼓励会员在“本职工作岗位上建功、在履行会员职能上建功”。热心公益，服务百姓。持续开展送教助学、扶贫帮困等社会服务活动。参与苏州民进赴黔西南布依苗族自治州安龙县送医、送教、送艺术活动；参与民进中央“书香彩虹——安龙行动”图书捐赠活动，为贵州省安龙县钱相街道小学捐赠图书397册；组织会内20名书画家、医卫专家走进城厢镇永丰村开展“民进全国迎新春——进社区、送春联、义诊活动”，为村民们送健康、送祝福；“八一”中国人民解放军建军节期间，赴部队参加苏州民进书画文化进军营活动。鼓励会员发挥特长，参与光彩事业、慈善公益事业，关注民生，服务社会。文化支部会员捐赠书画作品参加慈善爱心拍卖，所得善款捐给慈善爱心基金；定期为学校提供专业辅导培训，为太仓校园文化建设做贡献；全年开展舞蹈、书法、戏曲等公益艺术培训、社会辅导、专题讲座；文艺工作者不定期下乡文艺巡演。医卫支部专家投身全市各类义诊活动，参与健康城市宣讲沙溪丰武光电义诊、医学会“服务百姓，健康行动”大型义诊、医疗专家赴灌南健康义诊、首届“中国痤疮周”义诊、中医院民主党派社区义诊等活动，为惠阳社区、陆渡村、双凤卫生院、港区小学等做医学专题讲座。

（邢莉萍）

中国农工民主党太仓市总支部委员会

【概况】 2018年，中国农工民主党太仓市总支部委员会（以下简称“农工党太仓总支”）共有党员42人，设总支委员5人，分别是主委赵麒森，副主委姜利农、胡永明，委员沙大喜、王莉。下设支部3个，分别是卫生环境支部，主任胡永明，党员15人；经济科技支部，主任沙大喜，党员13人；社会法制支部，主任顾阳，党员14人。

【参政议政】 2018年，农工党太仓总支上报社会治理、教育资源、土地整理等方面社情民意3篇；完成《加快医养深度融合，完善养老服务体系》《关于在人社领域推进放管服工作的实践与展望》《关于太仓市新型职业农民队伍建设的调查与思考》调研课题3篇；提交集体和个人提案8件，《关于提升全市生活垃圾分类实效的几点建议》被列为重点提案；参加党外人士民主协商会、座谈会、情况通报会。

【党派活动】 2018年，农工党太仓总支组织全体党员开展乡村振兴课题调研座谈会。举办“家装讲堂”，邀请太仓装饰家居商会会长讲解太仓家装行业现状与未来。组织农村和农业课题组成员及部分骨干党员赴省农科院生物所调研对接。开展“党费一月捐”活动，共向“苏州前进慈善基金”捐助资金6600元，助学双凤镇庆丰村贫困学生6人、6000元。参加农工党省委、农工党苏州市委及中共太仓市委统战部组织的骨干党员培训、基层组织负责人培训、新党员培训、党派领导班子培训班。创建市委统战部“特色支部”，参加“不忘初心跟党走”主题歌会、中共十九大精神知识竞赛、“中美关系转向背景下的经济态势和政策取向”专题培训、统战系统迎新春趣味运动会等活动；观摩“天下良港幸福太仓”、苏剧现代戏《国鼎魂》公益演出；参加苏州农工党纪念“五一口号”发布70周年、改革开放40周年征文、书画活动和苏州农工党“三学一讲”活动。

（王　莉）

九三学社
太仓市支社委员会

【概况】 2018年，九三学社太仓市支社委员会（以下简称“九三学社太仓市支社”）共有成员20人，主委王文华，副主委杨成德。年内，九三学社太仓市支社开展“太仓建设长三角商贸物流中心的策略研究”“依托太仓港打造跨境电商高端供应链服务体系研究”“关于加快推进杨林塘公共作业区建设的调研报告”等方面调查研究，其中“建设长三角商贸物流中心”入选九三学社江苏省委参政议政调研课题，入选苏州市委参政议政调研课题2个。太仓“两会”期间共提交提案8件，其中集体提案《关于加快教育供给侧改革，深化内涵建设的建议》被市政协列为2018年重点提案，并被评为优秀提案。

【党派活动】 2018年，九三学社太仓市支社开展“不忘合作初心、继续携手前进”暨纪念“五一口号”发布70周年主题活动。4月21日，组织社员参观苏州市首个九三学社江苏省委思想教育基地、苏州市统一战线传统教育基地王淦昌故居，全国爱国主义教育示范基地沙家浜革命历史纪念馆。在市委统战部举行的“纪念中共中央‘五一口号’发布70周年”征文活动中，王文华征文《呼应“五一口号”，共奏时代强音》获二等奖。参加苏州市“不忘合作初心、继续携手前进”主题报告会。九三学社太仓市支社本着“立足本职、发挥特长、全员参与、奉献爱心、服务社会”原则，打造与“九三精神”相统一支部特色，打造“特色支部”示范效应链，把“九三同行”公益性品牌打造成特色鲜明、主题突出、内涵丰富、社会认可的九三支部品牌，在市委统战部举行的全市各民主党派、无党派知识分子联谊会“特色支部”创建活动中被评为一等奖。举办九三学社“健康同乐”科普讲座，教育系统100多名女教职工代表参加；在科教新城常丰社区开展“健康同乐”送医进社区经常性义诊活动。年内，九三学社太仓市支社被九三学社苏州市委评为2018年度组织建设先进集体、2018年度参政议政先进集体。

（苏青青）

太仓市工商业联合会

【概况】 2018年，太仓市工商业联合会引导基层商会对照《太仓市扶优扶强重点民营企业“1123”行动计划》中涉及的150家企业名单，动员吸收重点企业、科技型企业、小巨人企业入会。新发展成立太仓市河南商会、太仓市川渝商会，吸收物业管理协会整体入会。截至年底，市工商联新发展商会33家，会员总数3020余家。加强对基层商会党建工作调查研究，指导太仓市双凤镇商会、太仓市建筑行业协会、太仓市沙溪镇岳王商会建立党支部，推动双凤镇、沙溪镇等基层商会开展商会党建指导员试点工作。

【会员服务】 2018年，太仓市工商联联合市人才办、市经信委举办太仓市企业创新管理研修班，组织太仓市重点企业、新兴产业和高成长型企业高层管理人员42人赴复旦大学培训。邀请北京大学、人民大学EMBA特聘专家到太仓作“新常态下中国经济发展与转型”专题讲座，市工商联常执委企业家120人参加讲座。与市金融办、市经信委和市台办共同主办金融机构对接民营企业专题活动，拓宽民营企业融资渠道，助推全市民营经济高质量发展。做好三方协商工作，参与劳动争议仲裁调解工作，配合市人社局在建筑商会、家居商会、盐城商会建立劳动仲裁调解委员会。引导基层商会创新服务会员，太仓市安徽商会联合商会企业家抱团组建苏州福祺互联网公司，与高科技企业山东艾欧特科技集团建立战略合作关系。

【参政议政】 2018年，太仓市“两会”期间，市工商联《关于加快推进“智能制造”，引领企业创新转型的建议》集体提案获评优秀提案，并围绕“对标‘1123’行动计划，共推新兴产业发展”主题进行大会发言。围绕生物医药、对德合作等主题开展调研工作，形成《太仓市生物医药产业的意见建议》《弘扬“企业家精神”高质量发展民企》等专题调研报告。

【社会服务】 2018年，太仓市工商联加强与对口扶贫的陕西省周至县、贵族省玉屏县等地工商联对接联系，与周至县工商业联合会共同举办2018年“金秋助学”活动，太仓市4家商

8月26日，太仓市—周至县工商业联合会共同开展“2018年金秋助学”活动

（市工商联供稿）

协会、爱心企业为周至县42名大学生发放助学金22万元。动员组织基层商会、会员企业通过项目扶贫、捐赠扶贫等形式参与精准扶贫等公益活动，太仓市福建商会向周至特殊教育学校、玉屏民族中学捐赠助学金10万元。太仓市安徽商会向周至社会福利院捐赠5万元。太仓市建筑行业协会向玉屏县职业学校捐赠后勤应急服务用车1辆。金浪商会会长企业苏州锦超服饰有限公司向陕西省周至县2所学校捐赠校服衬衫1178件，价值12万元。

（邓建红）

群众团体

太仓市总工会

【概况】 2018年，太仓市总工会坚持服务发展、服务社会、服务职工、服务企业、服务基层，团结带领全市职工在全市发展中做贡献。全年新建工会组织103家，其中独立工会91家、联合工会3家、覆盖工会9家。新增工会会员5862人。全市累计建会1.35万家，其中单独建会2389家，联合建会181家，覆盖工会1.1万家。累计会员数29.1万人。全国总工会数据库建会率95.9%，入会率95.3%。年内，太仓市总工会获评2015—2017年苏州市文明单位。

【职工素质提升】 2018年，太仓市总工会加强对职工群众的思想政治引领，深化“中国梦·劳动美”主题教育，推动党的理论和路线方针政策在职工群众中贯彻落实。与太仓电视台合作开展“娄城最工匠”宣传报道，在《太仓日报》开辟专栏宣传劳模在高质量建设“两地两城”中发挥的作用。提档升级《五月风》月报，加强微信公众号等宣传阵地建设。注重劳模管理服务，落实劳模待遇。培育先进典型，推荐并获评全国五一劳动奖章1人、江苏省五一劳动奖章1人、江苏省五一劳动荣誉奖章1人、江苏省五一劳动奖状1个、苏州时代工匠2人、“江苏省工人先锋号”3个、苏州市劳模20人。劳模健康服务队进企业、进村（社区）提供医疗健康咨询等服务10余场，劳模宣讲团下基层宣讲20余次，劳模技术服务队深入一线，多次为企业破解技术难题。

【职工劳动技能提升】 2018年，太仓市总工会继续以“建功十三五、争当排头兵”为主题，开展劳动竞赛、技能竞赛、比武练兵等活动。开展“强技能保生产、强素质促发展”活动，发动基层工会以企业、班组等形式开展“大练兵、大比武”活动。全年开展各类劳动竞赛600多项，参赛职工6.5万人次，晋升技术等级4000人。围绕供给侧结构性改革，工会组织适应企业转型升级需求，发动职工参与技术革新、技术攻关、发明创造和“六小”（小革新、小改革、小建议、小节约、小核算、小经验）活动，激发广大职工创新潜能和创造能力。

【职工文化建设】 2018年，太仓市总工会继续开展创建全国总工会“五有标准”（有3000册图书、有20种以上刊物、有80张以上音像制品、有可上网电脑、有1~2名管理人员）职工书屋示范点活动，新建符合全国总工会“五有标准”职工书屋6家，获评太仓市第五批“书香企业”8家。开展技能培训及班组长培训，累计参加培训6758人次。实施农民工“求学圆梦行动”计划，累计培训167人。开展春秋两季职工才艺培训，全年开设培训班170个，参训学员5100人次。做亮“五月风”文化品牌，举办第四届太仓职工文体艺术节。

【工会民主管理】 2018年，太仓市总工会深化以职工代表大会（厂务公开）为基本形式的企业民主管理工作。全市建立职代会和厂务公开制度单独建会企业1810家，建制率99%。职代会厂务公开制度建制率稳固控制在96%以上，其中百人以上企业445家，建制率100%。职工知情权、参与权、表达权、监督权得到保障。市总工会联合市人社局启动新一批劳动关系和谐企业评选工作。开展“集中要约行动”，规范工资集体协商机制。截至年底，全市集体合同签约企业1820家，工资专项合同签约企业1820家。年内，“民主管理‘四好工程’”获评省厂务公开民主管理实践探索项目。

【工会维权渠道畅通】 2018年，太仓市完善法律援助体系，构建以市总工会为中心，镇—区—规模企业为站点的援助网络体系，建立工会劳动法律监督组织企业1719家，建制率95%。以工会综合服务管理平台为依托，开展职工法律援助在线服务，实现律师志愿者与职工在线音视频互动、语音留言等多渠道、全天候服务。“构建双网双待新模式、化解劳动争议在源头”被评为苏州市优秀法治项目。“双网双待，学法守法”连续两年蝉联“太仓市最受群众关注普法特色三星级品牌”。

2018年6月3日，太仓市举行模具制造技能竞赛总决赛　（杨燕峰　摄）

【和谐劳动关系构建】 2018年，太仓市成立劳动法律监督委员会组织1710个，独立工会企业建立劳动争议调解委员会1810个，建制率95%以上；村级、行业、社区等区域性工会联合会建立劳动争议调解委员会166个，覆盖企业7242家，建制率96%以上。市总工会在全市设立省劳动关系监测点5家、预警信息员2360人，实行数据季度动态管理。全年接待到访职工30人次，电话咨询100多人次。参与劳动人事仲裁集体争议24起，涉及金额1400多万元；参与人民法院审理、判决、调解案件32次，处结率100%。加强工会劳动保护监督组织和网络化建设，建立健全工会劳动保护监督组织企业2195家，建制率98%以上。全市333家企事业单位的3499个班组、6.17万名职工参与“安康杯”竞赛。

【工会帮扶】 2018年，太仓市总工会在库困难职工家庭实现解困脱困124户。“点亮微心愿”活动为54户困难职工家庭发放生活物资、解决助学需求。市总工会做大做强职工互助互济工作，筹集互助金364万元，女职工特种保障金88.6万元，首次实现网上平台申报审批模式。突出慰问市中心工作、重点工程、专项行动等重要社会民生领域一线职工，走访慰问节假日和高温下坚守岗位的职工。做深做实女职工权益保障工作，培育苏州市工会“妈妈驿站”示范点27家。

【工会服务平台建设】 2018年，太仓工会综合服务管理平台运用面80%以上。完善“工会信息管理、工会业务管理、工会会员服务”三大功能模块，加强网上“职工之家”建设，实现工会管理智能化和职工普惠服务精准化。“太仓职工微家园”微信公众号全年推送信息1100余条，关注总用户超3万人次。“掌上工会”开展系列节日普惠活动，吸引职工参与近万人次。

【工会改革】 2018年3月，太仓市制定《太仓市总工会改革实施方案》。市总工会在优化组织架构、推动非公企业改革试点等方面推动改革方案落实。做好太仓市总工会十四次代表大会筹备工作，劳模、一线职工和基层工会工作者在大会代表中的比例提高到80%，在市总工会全委会委员、常委中比例分别提高到40%、20%。拟定上报市总工会领导班子专兼（挂）职配备方案和机构设置优化调整等相关配套方案。确定浏河镇作为太仓非公企业工会改革工作试点单位，形成一系列可持续、可复制工作模式和工作经验，并向全市推广。

【工会组织建设】 2018年，太仓市总工会落实省总工会工作规范建设精神，推进“会员评家”“双亮”（工会组织亮牌子，工会主席亮身份）“三公开四统筹”（“三公开”指工会组织公开职责、工会干部公开身份、工会工作公开服务项目；“四统筹”指组织统筹建立、人员统筹配置、活动统筹开展、保障统筹落实）活动，加快新版基层工会建家工作台账电子化，提升“小三级”工会（街道、园区总工会及其所辖的楼宇、开发区、行业，居村等工会联合会，联合工会和非公企业工会）形象、夯实全市工会工作基础。年内，评选太仓市模范职工之家、模范职工小家各50个，优秀工会工作者50人。探索开展百家示范单位重点单位（实训基地）建设。

（陈　怡）

【太仓国际海员俱乐部】 2018年，太仓国际海员俱乐部依托与太仓港管委会合作设立“海员之家”项目，海员公益服务工作再上新台阶。2月，完成中华全国总工会交办的国际运联基金会代表团访华考察中国海员俱乐部太仓段接待汇报任务。6月，中央电视台记者到太仓实地采访拍摄“海员之家”公益福利工作。7—8月，根据中国海员建设工会工作要求，完成全国范围内开展的中外海员心理健康问卷调研。年内，登轮拜访宣传、高温送清凉、节日送慰问等活动常态开展。9—10月，根据江苏省事业单位改革相关文件要求，太仓国际海员俱乐部下放地方并进行相应改革，在海员公益服务职能未明确停止前，依旧开展海员接待宣传服务。截至年底，太仓国际海员俱乐部共接待抵港中外船舶565艘次，宣传、拜访和慰问中外海员1645人次，免费接送海员到访“海员之家”1055人次，并根据海员需要提供陪同就医、购药、理发、采购等公益服务。

（王　静）

2018年4月27日，太仓市组织“致敬劳动者·建功新时代”庆祝“五一”国际劳动节文艺演出　（陈玉磊　摄）

中国共产主义青年团太仓市委员会

【概况】 2018年，太仓团市委以深化共青团改革为契机，以“强基础、树品牌、扩影响”为路径，构建“凝聚青年、服务大局、当好桥梁、从严治团”四维工作格局，各项工作实现新发展。截至年底，全市共有基层团委50个，基层团工委8个，团总支79个，团支部1032个，团员26453人，专职团干部20人，兼职团干部1894人。

2018 年太仓市共青团组织情况统计表

表 72

内容		团组织（个）				团员（人）		团干部（人）	
		基层团委	基层团工委数	团总支	团支部	团员数	2018 年新发展团员	专职团干部	兼职团干部
公办学校	高校	1	—	6	191	4105	30	3	348
	中学	9	—	31	244	3483	690	—	446
	中职	1	—	5	33	533	30	1	98
国有企业		5	2	2	43	494	—	—	76
非公企业		3	1	2	109	4350	—	—	141
机关事业单位		22	2	33	145	1698	—	10	320
社会组织		—	1	—	11	48	—	—	23
农　村		—	—	—	85	6962	—	—	229
城市社区		—	1	—	55	2817	—	—	147
乡　镇		9	—	—	115	1952	—	6	62
街　道		—	1	—	1	11	—	—	4
总　数		50	8	79	1032	26453	750	20	1894

【青少年思想教育】 2018 年，太仓团市委把思想引领作为首要任务，把握各领域青少年思想动态，引导广大青少年听党话、跟党走。强化政治引领。以学习、宣传、贯彻习近平新时代中国特色社会主义思想和中共十九大精神为主线，依托“青年学习社”载体，通过线下研讨会分享会、线上微视频微课堂方式，开展各类主题学习活动 990 场，覆盖团员青年 3.8 万人次。深化思想引领。抓住改革开放 40 周年等重要时间节点，开展“红领巾相约 2035”“与信仰对话”“奋斗的青春最美丽”等主题教育活动 124 场。强化仪式教育，举办太仓市庆祝中国共产主义青年团成立 96 周年暨纪念五四运动 99 周年主题团日活动，集中开展离队入团仪式 50 余场，参与青少年 3000 余人次。

【青少年文化引领】 2018 年，太仓团市委举办第四届“源圆两岸交流汇”、苏港青年交流会等活动，与港澳台青年在经贸、科技、文化等领域交流互动。在微信公众号创作“红色基因”网络文化产品，浏览量超 1.1 万人次。全年推送各类原创软文 121 篇，吸引青少年粉丝数 3.7 万人次。注重榜样引领。深化“号、手、岗”品牌创建活动，引领青年岗位建功。开展 2018 年“太仓好青年”寻访活动，选树各领域青年典型 30 人，举办好青年故事分享会 24 场，引导青年自觉培育和践行社会主义核心价值观。

2018 年 11 月 23 日，太仓市“青春携手红领巾”诵读学传主题活动在市新湖小学举行（团市委供稿）

【青年创新创业】 2018 年，太仓团市委把围绕中心、服务大局作为工作主线，激励青年在高质量发展中建功立业。营造创新氛围。举办第三届“郑和杯”中德青年创新创业大赛，结合杜塞尔多夫经济创业周，创新设立“郑和杯”德国赛区，推动中德众创空间双向合作签约，意向落户德国项目 6 个，完成注册德国项目 1 个。紧扣嘉昆太协同创新核心圈建设，承办“团青共话同心圆”嘉昆太团委共建共联共享主题活动，签订三地共青团战略合作框架协议。实施太仓市创新人才培育计划，累计发放项目支持和个税返还资金 248.6 万元。放大“对话青商”活动品牌效应，帮助青商企业解决人才引进、商贸互助等问题，发挥政企互动平台作用。

【青年志愿服务】 2018年，太仓团市委启动新一轮"创全国文明城市，太仓青年在行动"主题实践活动，引导青年志愿者开展文明餐桌、交通劝导、医疗义诊等志愿服务230次，累计服务时长超5000小时。举办第三届"家在太仓·青春有你"青年公益项目大赛，引导各类青年社会组织参与公益志愿活动。完成2018年国际田联世界竞走团体锦标赛、中德智能制造解决方案大会等市级重大活动志愿服务保障。投身生态环境保护。深化"保护母亲河"行动，举办"绿色发展·美丽家园"亲子植树、"跟着垃圾去旅行""律动田园城·骑动金太仓"等环保示范活动，组织"河小青"协助河长单位常年开展"巡河"活动200余次。开展"爱在同一片蓝天下""暖冬行动""阳光助残"等活动，覆盖弱势青少年群体1.3万人次。主动参与南北挂钩、东西部对口帮扶等工作，为陕西省周至县、贵州省玉屏县贫困青少年筹集爱心包裹1000个和再生电脑物资5万元。

【青少年发展环境优化】 2018年，太仓团市委把服务青少年成长成才作为根本出发点和着眼点，满足青少年多元化需求和个性化诉求。市场化服务青年社会融入需求。举办2018年"春风行动"青年专场招聘会，提供工作岗位1200个。实施"U+展翅"大学生就业能力提升计划，组织太仓籍大学生在基层岗位参与社会实践133人。社会化服务青年时尚交友需求。依托线上平台，推出"8090单身俱乐部""现代田园城·幸福金太仓"摄影汇、"Running Young青春跑"等婚恋交友、艺术交流、健康运动类"青春微聚会"46期。常态化服务青少年学习发展需求。面向全市中高考生开展"轻松备考·与你同行"减压行动4期，帮助考生缓解心理和情绪问题。开展"红领巾"广播14期，为青少年学习发展提供帮助。项目化服务青少年成长陪护需求。推进"成长护航+双零"工程，召开太仓市预防青少年违法犯罪暨未成年人保护工作会议，建立预防青少年违法犯罪、未成年人保护个案联动处置申请制度，"以'双零'创建为抓手，放大预防未保'精准效应'"获评团省委"10100"创新创优项目。推动青少年社工服务，开展"青柠檬"青少年禁毒教育、"青春正成长"青少年法治教育等项目12个，覆盖全市青少年群体3860余人。拓宽"笑果"课程覆盖面，服务社区青少年及家长1.7万人次。完成太仓市政府实事工程——爱心暑托班项目，累计服务青少年960人次，间接服务企业双职工家庭超2400户，累计志愿服务时长1.29万小时。

【共青团活力提升】 2018年，太仓团市委落实各级党的群团工作会议精神，提升团建科学化、规范化水平。加强基层组织建设。实施共青团组织力提升"地基工程"，完善全市10个区镇（街道）团（工）委班子建设，共青团工作经费落实到位。开展全市非公企业团组织"达标创优"活动，完成全市规模以上非公企业团建动态全覆盖。实施新兴青年"伙伴筑梦"工程，推进全市基层青年之家建设，各区镇（街道）建成青年之家100%，城厢镇青年之家获评省级示范性青少年综合服务平台。推进"磐石工程"，规范基层团组织运行，落实"三会两制一课"（支部大会、支部委员会、团小组会，团员教育评议制度，团员年度团籍注册制度和团课）"双述双评"（"双述"指团支部书记围绕带头学习习近平系列重要讲话精神进行述学，围绕履职尽责情况进行述职；"双评"指上级团组织指派党建带团建指导员对团支部书记述学述职情况进行点评，团员对团支部书记进行评议）各项规定。运用"智慧团建"工作平台，严把团员入口关，全年新发展团员750人，初中、高中（含中职）总体团青比分别控制在30%、60%以内。推进少先队改革。召开太仓市第六次少代会，选举产生新一届少工委班子，聘请太仓市少先队总辅导员，完善少工委"双主任"负责制和全委会工作制度。深化"青春携手红领巾"系统工程，推进"积分入团"工作，共青团与少先队互动衔接紧密。

（沈佳乐）

太仓市妇女联合会

【概况】 2018年，太仓市各级妇女组织把握增强政治性、先进性、群众性要求，在围绕党政工作大局、深化妇联改革、服务妇女儿童上下功夫，组织引领广大妇女为高质量建设"两地两城"贡献力量。截至年底，全市共有镇（区）妇联（妇工委）9个，村（社区）妇联151个，机关部门妇联、妇工委（妇委会）27个。

【妇女宣传教育】 2018年，太仓市妇联开展"巾帼心向党·建功新时代"系列主题学习宣传活动，举办中共十九大精神巾帼宣讲、"感恩奋进新时代·巾帼筑梦建新功"征文比赛和诵读会等活动，推动新思想深入妇女人心，引领广大妇女听党话、跟党走。举办"和谐娄城·幸福家庭"第九届家庭文化艺术节，开展"阅读悦乐"读书打卡、"梦想花开·绿色满园"播种达人秀、"低碳生活·快乐你我"校园环保知识竞赛等活动，推动社会主义核心价值观深耕家庭领域。联合市文明办开展新一轮"家在太仓·寻找太仓最美家庭"活动，培树全国"最美家庭"杨斌俊家庭和一批省、苏州市级文明家庭，表彰太仓"最美家庭""五好家庭""平安家庭""绿色家庭""健康家庭"等典型家庭260户。以"树立好家风·筑牢勤廉关"为主题，开展"清风颂廉"勤廉家规家训作品诵读活动，收集音频138份，拍摄家庭助廉微视频《清水》，在太仓电视台《太仓闲话》栏目讲述家风故事14期，在太仓妇女网"勤廉家庭"专栏定期推出名人家规家训，推动良好家风沁润社会。围绕庆祝改革开放40周年，开展"我家这40年"家庭故事征集活动，征集家庭故事137篇、家庭老照片76组。

【妇女创业就业】 2018年，太仓市召开全市妇女发展工作会议，实施"乡村振兴巾帼行动"，开展"花开半边天·筑梦新时代”——女企业家代表走进地税主题活动，举办女企业家高质量发展交大培训班，组织女企业家参加北大研修班、参观女性创业孵化基地，组织农村女致富带头人参加苏州、铜仁两地女性手工业携手创新发展主题论坛，提升妇女双创能力。抓住打造嘉昆太协同创新核心圈契机，拓展嘉昆太区域化妇联建设广度和深度，签署共建协议书，开展“不忘初心·巾帼同行”三地妇联共建共联共享主题活动，搭建要素对接、资源共享等服务平台，推动三地女企业家和农村致富女能手多形式合作交流。举办育婴师、家政、月子保姆、“婆婆妈妈”母婴照顾、“奶奶外婆”育婴知识等培训班30期，提升巾帼家庭服务品牌化、规范化发展水平。深化“巾帼文明岗月月行”活动，联合相关部门举办职业技能大赛，指导城管女子执法中队建立三八红旗集体工作室，选树一批巾帼技能之星，发挥典型示范引领作用。年内，太仓市命名表彰市级巾帼示范基地10个、巾帼文明岗41个，培树张绪美为省级“巾帼三农之星”，培育苏州市幸运花海吴家湾旅游开发有限公司为省级巾帼农家乐示范基地。

【妇女儿童合法权益维护】 2018年，太仓市妇联抓好“三八”维权周等重要节点主题宣传，举办女法官女律师“一村一讲”等活动18场次，普及婚姻家庭法律知识。抓住深化农村集体产权改革试点工作契机，调研农村妇女集体经济组织成员权益保障状况，从源头上依法维护妇女合法权益，全市农村集体产权制度改革和农村妇女土地权益保障工作获全国妇联权益部调研组肯定。联合市人民法院制定《家事调查员工作规程（试行）》，组建家事调查员队伍，参与家事案件诉前调解、诉中矛盾化解及判后回访帮扶等工作。完善“护航婚姻·幸福家庭”婚姻引导机制，推动和支持符合条件的女性社会组织参与“婚姻家庭矛盾调解”等政府购买服务项目，依托“12338”妇女维权热线、婚调委工作室等维权服务窗口，做细“她介入”项目，市级累计处理信访89件次，跟踪服务涉及未成年人保护等重点个案13起，预防化解婚姻家庭纠纷213件。创新“平安家庭”创建工作，启动新一轮“舞妈舞爸”平安志愿示范团队创建工作，向40支示范队下拨以奖代补资金10万元，举办广场舞推广培训班，开展“巾帼志愿者在行动”系列活动，引导“舞妈舞爸”等平安志愿者参与文明创城宣传、巾帼志愿服务等活动402次，排查安全隐患305起，调解矛盾纠纷90多次。

【妇女儿童实事项目】 2018年，太仓市妇联贯彻落实全国、省、苏州市妇女儿童工作会议精神，召开全市妇女儿童工作会议、统计联络员会议，对标重难点指标，研究部署推进太仓妇女儿童事业高质量发展新思路新举措，推动各级政府及成员单位落实相关目标任务。实施国务院妇儿工委“儿童权利倡导和儿童保护”项目，深化“六大行动”（夯实学业行动、心理健康行动、安全保护行动、安心陪伴行动、文明礼仪行动、困难帮扶行动），承办项目培训交流会，打造社区儿童保护工作太仓样板。落实《苏州市公共场所母乳哺育室绩效评估体系》要求，开展第三方评估工作，建立管理制度和考核细则，推动公共场所母乳哺育室管理规范化、评估制度化。继续定向帮扶单亲特困母亲、困境儿童、希望儿童等弱势妇女儿童群体，省级“阳光照进生命”关爱困境儿童项目结题，实施“第四批”康乃馨单亲特困母亲帮扶行动，常态化开展“六一”走访慰问、“希望妈妈”爱心结对等活动。落实东西部扶贫协作战略，推进与陕西省周至县、贵州省玉屏县精准扶贫工作，招募“太仓妈妈”300人，捐赠爱心书包113个，对口帮扶贫困学生。

【儿童家庭教育】 2018年，太仓市妇联以实施家庭教育“十三五”规划为抓手，依托家教研究会，深化家庭教育理论研究，开展“社区家庭教育指导的研究”等重点课题研究19项。持续推进“育蕾”家教公益讲堂、“好爸爸好妈妈”父母沙龙、家教巡讲等活动，提供公益性家教指导服务100多场次，选树“百名教子有方好家长”，培育发展同力家教指导服务中心等社会组织。深化家教示范点创建，新建“家庭教育示范点”15个，推动形成可复制、可推广家庭教育工作模式。以培育未成年人思想道德品质为主线，开展“共悦书香”亲子阅读交流分享会、“快乐我和你”等家庭亲子实践活动，实施第六批关爱流动儿童“蒲公英”行动，评选表彰美德好少年15人、“优秀小公民”54人，将立德树人的家教理念推广到千家万户。

2018年3月6日，太仓市妇联开展女企业家代表走进地税主题活动
（市妇联供稿）

【巾帼志愿服务】 2018年，太仓市妇联坚持“立足社区、面向家庭、见诸日常、细致入微”巾帼志愿服务宗旨，引领巾帼志愿者根植基层、服务妇女儿童。加强巾帼志愿者队伍管理，举办政治理论、社会工作、弱势帮扶等专题培训9场，培训志愿者400多人次。利用“学雷锋”、“三下乡”、“文明太仓·温暖新春”、“5·15”国际家庭日、“12·5”国际志愿者日等契机，依托巾帼心理协会、馨女人爱心社等女性社会组织，举办公益嘉年华、亲子环保DIY手工等活动，为单亲母亲、离婚妇女、孤儿、流动儿童等群体提供心理疏导、法律援助、扶贫帮困等志愿服务2000多人次，打造“尚德缘”巾帼志愿服务品牌。年内，在太仓志愿者网站发布志愿服务信息45次，累计服务时长100多小时。

【妇联组织建设】 2018年，太仓市妇联加强组织建设，健全落实直接联系服务妇女群众长效机制，开展“六个一”基层走访调研、“机关开放日”走进妇联等活动，推动解决重点难点问题。举办全市基层妇联干部培训班，开展“我为妇女发展献一计”金点子征集、“行动导读”、对标找差交流学习等活动，增强妇联干部政治意识和履职能力。继续推动乡镇妇联区域化建设和村（社区）“会改联”工作，一批热心妇女工作的女企业家、女能手、巾帼志愿者被吸纳为妇联兼职副主席和执委，改革后，市、镇、村（社区）三级执委总数2500人，增加1366人。加大机关事业单位、“四新”（新领域、新业态、新阶层、新群体）领域妇女组织建设力度，机关单位新建妇联组织11个，市级新建娄城巾帼公益联盟妇联和“舞妈舞爸”平安志愿队妇联，镇区新建沙溪生物医药产业园妇联等组织14个。创新妇女工作方式方法，在“太仓妇联温馨家园”微信公众平台开设“新时代·新女性”微课堂，开展亲子定向挑战赛、播种达人秀、宪法知识竞赛等活动，吸引网上报名参与800多人。实施全市第三届妇女儿童家庭公益服务微创投活动，通过社会化、项目化、专业化运作，提供“绘动童年”阅读推广等服务项目7个。 （顾　燕）

太仓市科学技术协会

【概况】 2018年，太仓市科协履行“四服务一加强”（为科技工作者服务，为创新驱动发展服务，为提高全民科学素质服务，为党和政府科学决策服务和加强自身建设）工作职责，坚持“职能工作品牌化、品牌工作常态化”工作方法，推进各项工作。截至年底，全市共有区镇科协9个，社区（村）科协150个，各类学会、协会、研究会30个，企事业单位科协35个，科技服务站、院士专家工作站和企业研发中心7个，注册科普志愿者5000人。

【科技工作者服务】 2018年，太仓市级“科技工作者之家”建成并面向全市学会协会、企业科协和广大科技工作者免费开放，举办各类培训、沙龙、会议等活动73场次。举办“5·30”全国科技工作者日系列活动、基层科协组织秘书长能力提升培训班、“创新之美”摄影比赛等活动，为全市高技能人才、创新人才提供学习交流平台。推荐市农业技术推广中心、农学会秘书长张绪美为2017年度苏州十佳魅力科技人物。推进科技工作者状况调查点建设，建成国家级调查站点1家，苏州市级调查站点5家，创业园站点获评为国家级优秀站点，完善科技工作者联系沟通机制。

【科普服务】 2018年，太仓市科协与上海市嘉定区科协、昆山市科协探索构建嘉昆太协同创新核心圈，签订“嘉昆太科协科技专家库合作协议”，打造优势互补、合作共赢和协同发展的长三角协同创新发展样板。开展“讲理想、比贡献，奋力实现中国梦太仓篇章”主题活动，表彰优秀项目28个、优秀团队3个和优秀科技工作者10人、先进集体2家。资助市科协所属团体开展软科学研究课题13个，鼓励课题研讨、建言献策。开展2016—2017年太仓市自然科学优秀学术论文评选工作，评选表彰一等奖9篇、二等奖19篇、三等奖31篇，择优上报苏州市30篇，其中获三等奖2篇。开展2018年度太仓市科协资助项目申报工作，立项重点学术活动11个。其中，苏州宏久航空防热材料科技有限公司、昭衍（苏州）新药研究中心有限公司和依科赛生物科技（太仓）有限公司等企业举办的高峰论坛，邀请一批国际专家和“两院院士”（中国科学院院士和中国工程院院士）到太仓，推动相关产业发展。

【科普宣传】 2018年，太仓市分别以“科技创新·强国富民”和“创新引领时代·智慧点亮生活”为主题举办太仓市第30届科普宣传周和2018年全国科普日活动，策划全国科技馆科普秀联合展演、2018年中国机器人大赛服务机器人专项赛、2018年海峡两岸青少年科普教育交流活动等重点活动30项，发动各成员单位策划开展科普活动833场。流动科技馆进校园全年巡展学校20所，“你点我讲”科普大

2018年5月27日，太仓市科协举办2018年中国机器人大赛服务机器人专项赛 （市科协供稿）

2018 年 6 月 8 日，太仓市科协举办“叹为观纸”科创展　（市科协供稿）

讲堂全年举办科普讲座 125 场，受益人数 9000 人次。科技活动中心接待参观 17 万人次，策划“创想乐园”大型科普展和“谁是凶手”破案侦查体验展，吸引参观体验超 8 万人次；开展“创梦工坊——深度看展品”，吸引现场参与小朋友 970 人，收看直播 3337 人；开展“小创客养成记”“3D 打印”等创客体验活动 56 场，受益 709 人次。“科普直通车”实现全市社区全覆盖，打造电视、广播、报纸、网络、科普折页、科普画廊“六位一体”科普宣传体系。科普剧巡回演出 20 余场，受益市民超 3000 人次。

【科协组织建设】 2018 年，太仓市科协对照《太仓市科协系统深化改革实施方案》，落实“改进联系服务科技工作者的机制与方法、提升服务创新驱动发展战略的能力”等 7 大主要改革任务、23 项具体措施。制定《关于加强科协基层组织建设“4+1”试点实施方案（试行）》，吸纳医院院长、中小学校长、农技推广部门负责人和科技型企业家四类人群（以下简称“四长”）进入科协组织任职、兼职、挂职。指导镇区科协按照“4+1”组织建设要求完成换届工作，“四长”兼职镇区科协副主席 33 人。金马智能装备有限公司、双凤镇汽车核心部件众创空间和苏州瑞高新材料有限公司等 3 家企业成立科协组织。实施 2018 年度学会能力提升计划，评比表彰综合示范学会 1 个、学会特色活动 3 个、学会优秀微信公众号 2 个。（孙振亮）

太仓市文学艺术界联合会

【概况】 2018 年，太仓市文联以学习贯彻习近平新时代中国特色社会主义思想为统领，坚持文艺“二为”（为人民服务、为社会主义服务）方向和“双百”（百花齐放、百花争鸣）方针，团结凝聚全市文艺工作者听党话、跟党走，服务人民群众、繁荣文艺创作，开展各项文艺工作。截至年底，各文艺家协会会员总数 1500 人，其中国家级会员 125 人，江苏省级会员 372 人，苏州市级会员 635 人。出版各类文艺专著 20 余本，苏州市级以上获奖作品 270 余件，省级以上发表、展出、入选作品 240 件。3 月 10 日，“从建构性价值看新时期苏州小说创作”学术研讨会在太仓召开。年内，太仓市获“中国最佳楹联文化城市”称号，市文联获评苏州市文联系统优胜集体、苏州全民阅读先进单位，沙溪镇文联、书法家协会获评苏州市文联系统优秀基层组织。

【文艺主题活动】 2018 年，太仓市文联坚持把学习作为文艺界首要政治任务，组织学习宣传习近平新时代中国特色社会主义思想、习近平总书记系列重要讲话精神，引导文艺工作者牢记使命责任，坚定理想信念，增强文化自信，形成文艺界思想共识。围绕展现新时代新作为，举办“学习十九大 · 翰墨寄深情”迎春书画展、“颂变迁 · 再出发”美术摄影比赛、第 13 届摄影艺术作品展、“唱响新时代之歌”音乐会等，激发文艺家真实感受；围绕庆祝改革开放 40 周年，举办“现代田园城 · 幸福金太仓”书法、美术、摄影展，“太仓杯”全国中小学生征联大赛获奖作品联墨展，庆祝改革开放 40 周年声乐专场音乐会，“我们走过 40 年”全国著名诗人沙溪行，“改革开放 40 年，喜看浏河新变化”摄影大赛，“感言改革开放，感受城厢风韵”征文等活动，多维度展现改革开放成就。与市纪委、市公安局等单位联合举办竹廉勤廉书画作品展，以竹咏廉、翰墨倡廉形式，传播廉洁文化。

【文艺品牌打造】 2018 年，太仓市文联加强与全国、省、市文艺组织合作，开拓国际文化交流，打造文艺金招牌，扩大文艺工作影响力。举办“隐逸江南 · 诗画沙溪”活动，在太仓美术馆开展中外艺术家诗书画展，从单纯诗歌活动向“诗书画”系列拓展。举办中美田园诗人太仓行活动，两国诗人交流自己的诗作、田园诗歌文化等。举办“阿里郎 · 茉莉花”中韩合唱交流音乐会，促进中韩文化交流，开启合唱对外交流先河。举办第五届太仓“七夕杯”全国爱情诗大奖赛颁奖典礼暨诗歌朗诵会，打造中国诗坛品牌大赛。举办 2018 年海洋诗会暨第三届“一带一路”背景下当代诗歌研讨会，依托地方文化特色，持续打造诗歌品牌。与江苏省作家协会联合举办从“太仓浏家港出发”——江苏青年作家“海上丝绸之路”采风活动启动仪式。举办第四届“江南画风”中国书画名家邀请展暨“甲子丹青”邢少兰作品回报展。组织文艺家协会赴贵州省玉屏县开展文化交流活动，以实际行动落实《苏州对口帮扶铜仁“新三百工程”实施方案》要求。兰亭书会苏州研究院、娄东画派研究会、吴昌硕艺术馆交流基地等在太仓挂牌。

【文艺惠民】 2018 年，太仓市文联聚焦“更好满足人民精神文化生活新期待”，组织文艺工作者走进农村、社区、乡镇等，开展文艺志愿服务，丰富活跃基层群众文化生活。首创“摄影进农村，暖心全家福”活动，义务为450户家庭拍摄全家福。组织“中国评弹·2018年名家荟萃新春书会”“2018年庆元宵戏曲演唱会”等戏曲活动和《乡妹子》《舞魂》《借黄粮》等沪剧、锡剧等，惠民演出近百场次。连续7年为群众撰春联、书春联。提升新年合唱音乐会、江南丝竹演出季、娄东戏台、太仓乐坛、舞林会友、“月季花”摄影沙龙等品牌活动影响力。围绕“我们的节日”，在元旦、春节、元宵、国庆、中秋、重阳节期间，组织文艺志愿者以猜灯谜、舞龙舞狮、送戏下乡、舞蹈表演等方式，让文艺成果普惠于民。“助力乡村振兴——2018年苏州书法名家娄东传承计划”“楹联文化进校园”两项惠民活动入选苏州市文联文艺志愿服务共建项目，浏河镇摄影协会获评苏州特色文艺创作基地。

【文艺精品计划】 2018年，太仓市文联坚持以社会主义核心价值观为引领，以创作生产优秀作品为重点，制定创作规划，加大对体验生活、采风创作支持保障力度，引导文艺工作者到人民中去，深入生活、扎根人民，挖掘文艺创作生产力。《十月》杂志推出太仓诗歌专辑，刊发《郑和的背影》《太仓行记》等近20篇全国各地著名诗人写太仓的佳作；《城市地理》杂志以50页刊发《发现太仓“天下之仓”的江南记忆》；“诗意中国·最美太仓——中国诗歌万里行百站”走进太仓活动，获评第四届中国诗歌春晚十大最佳诗会，一批本地作家在《诗刊》《十月》《作家》《扬子江诗刊》等国内重点刊物发表文章；凌鼎年保持高产稳产，全年获奖、发表作品达百余篇；邓石冶《水浒人物绰号印谱》由西泠印社出版社出版发行；陈永明锡剧《老赖逃债》、吴利明器乐曲《舞春风》获第13届江苏省“五星工程奖”；陈解法摄影作品《彩》、初爱民《圆梦工场》入展中国摄影家协会举办的第17届国际摄影展；郁文明篆书对联在全国篆书名家邀请展展出；李志炜、陈海兵书法作品入展全国第二届行书作品展；毛树兵行书作品获第11届江苏省新人书法篆刻作品展优秀奖；朱强花鸟画入选第10届全国当代花鸟画家优秀作品展；闫同涛工笔画获2018年厦门全国工笔画双年展优秀奖；周煦青创编的舞蹈作品《吃吃吃》获“小荷风采”20周年精品剧目展演小荷之星；陈静创作的舞蹈《流光溢彩》获江苏省第六届社会舞蹈大赛暨第八届少儿舞蹈比赛创作、表演二等奖等；全市摄影家在各类影赛中获奖作品200余幅，“太仓模式”经验在全国推广。

【文艺阵地建设】 2018年，太仓市文联探索新时代文联工作新途径、新机制，推进文联改革，增强文联组织凝聚力、战斗力，使文联各项工作与时俱进。完成《太仓市文联深化改革方案》，把解决文联组织和文艺工作存在的突出问题作为改革出发点和突破口，涵盖总体要求、优化调整机构设置、建立完善运行机制、加强党对文艺工作领导、组织保障实施等五个方面内容，明确文联改革方向和路径。太仓美术馆树立为群众服务核心理念，引进高质量展览，收藏全国名家名作，精心打造服务平台，全年接待观众4万人次。举办江南墨缘——苏南六市（区）书画院作品联展等精品展11项、长期陈列展3项，举办第四届“源圆两岸交流汇”启动仪式暨“翰墨飞扬·笔系中华”——两岸学子论坛等交流活动，扩大美术馆对外影响力。依托“娄东画派研究中心”，办好书画艺术论坛和交流展，赴北京观摩“四王特展”，全年收藏书画作品15件。结合文艺特点，开展全国文明城市创建工作，创作“仁义礼智信”等内容书法作品，开设“文明创建、文艺先行”志愿者在行动照片墙，在广大文艺群体中倡导志愿精神，传递文明新风尚。市文联全年编印《金太仓》杂志6期，《娄东文艺》专版12期，《金太仓》杂志获评江苏省文学内刊20强。指导扶持城厢镇、浏河镇、沙溪镇等镇文联办好《南园》《古港潮》《青藤架》等文艺期刊，发挥文化平台作用。

【庆祝改革开放40周年书法、美术、摄影展开幕】 2018年5月18日，由市委宣传部、市委农工办、市文联、团市委等联合主办，太仓美术馆协办，市书协、市美协、市摄协承办的《“现代田园城·幸福金太仓”——庆祝改革开放40周年书法、美术、摄影展》在太仓美术馆开幕。活动旨在贯彻落实中共十九大精神，坚定文化自信，推动文化建设，以艺术形式展示太仓40年来在经济发展、城市建设、人民生活等方面发生的重大变化。

【“隐逸江南·诗画沙溪”启动】 2018年7月7日，“隐逸江南·诗画沙溪”系列活动在沙溪镇举办，印溪书院揭牌成立。系列活动之一的中外艺术家诗书画夏季展在太仓美术馆开展，来自美国、英国、澳大利亚、摩尔多瓦、津巴布韦等国艺术家，与中国诗人、

2018年8月6日，“阿里郎·茉莉花”2018年中韩合唱交流音乐会在太仓市文化馆举行 （市文联供稿）

2018年12月2日，从“太仓浏家港出发”——江苏青年作家“海上丝绸之路”主题创作采风活动在太仓启动
（市文联供稿）

作家、艺术家共同展出书画作品约50幅，交流研讨推进中外艺术创作合作。

【苏州市基层文联工作现场交流会】 2018年7月20日，苏州市基层文联工作现场交流会在太仓召开，苏州市文联主席团成员，各市、区文联，产（行）业文联负责人等20余人参会。会议集中学习《习近平给新近入党的电影表演艺术家牛犇的信》，各地文联负责人交流工作开展情况。与会人员参观太仓海外文轩创作基地、江南民间现代诗歌馆、新天祥美术馆等文化场馆。苏州市文联党组书记、副主席陆菁肯定太仓市文联工作，认为太仓在探索繁荣基层文艺方面有成功做法和经验，值得借鉴与推广。

【中韩合唱交流音乐会】 2018年8月6日，由苏州市合唱学会、太仓市文联和市音乐家协会联合主办的“阿里郎·茉莉花”2018年中韩合唱交流音乐会在文化馆小剧场举行。太仓市爱乐合唱团、老年大学银翎合唱团、小百灵合唱团与韩国首尔PAIDEIA教师合唱团携手上演合唱交流音乐会。市爱乐合唱团代表中方参演团队与韩国首尔PAIDEIA教师合唱团互赠演出纪念盘。

【2018年海洋诗会暨第三届“一带一路”背景下当代诗歌研讨会】 2018年9月6—8日，由中国作家协会诗刊社、文艺争鸣杂志社、中国诗歌网、浏河镇人民政府、太仓市文联联合主办的2018年海洋诗会暨第三届“一带一路”背景下的当代诗歌研讨会在浏河召开。中国作家协会副主席白庚胜、《诗刊》副主编李少君及北京、上海、浙江、广东、广西、海南、安徽、江苏等地诗人、评论家出席活动。大家围绕“一带一路”与“诗歌”出海主题开展研讨。期间，还举办诗歌朗诵会。太仓市诗歌学会、太仓市朗诵协会朗诵2018年海洋诗会部分获奖诗歌。

【“江南画风”中国书画名家邀请展】 2018年10月8日，由浏河镇人民政府、市文联联合主办的第四届“江南画风”中国书画名家邀请展和“甲子丹青”邢少兰作品回报展在浏河开幕。该次展览以“砥砺奋进新时代，不忘初心再出发”为主题，是庆祝改革开放40周年系列活动之一。来自上海、江苏、浙江、安徽、天津等地的领导和艺术家参加活动。邢少兰向浏河镇人民政府捐赠字画印作品30件及文献一批。邢少兰与上海市文物管理委员会副主任陈燮君为“娄东画派研究会”“吴昌硕艺术馆交流基地”揭牌，落户邢少兰艺术馆。其间，召开“四王溯源”学术研讨会、“甲子丹青”邢少兰学术研讨会。

【第13届太仓市摄影艺术作品展】 2018年10月28日，“庆祝改革开放40周年”太仓市第13届摄影艺术作品展在太仓美术馆开展。展览从千余幅作品中选取135幅优秀作品参展，并出版《2018年第13届太仓市摄影艺术展览作品集》。

【江苏青年作家“海上丝绸之路”采风活动】 2018年12月2日，由江苏省作家协会主办，太仓市文联、太仓市作家协会承办的从“太仓浏家港出发”——江苏青年作家“海上丝绸之路”采风活动启动仪式在太仓举办，来自江苏省各地的20余位作家参加活动。作家们参观浏河天妃宫、郑和

2018年10月28日，太仓市第13届摄影艺术作品展在太仓美术馆开展
（市文联供稿）

纪念馆、太仓港，继续沿着郑和航行的足迹走访江苏、浙江、福建、广东等地，了解有关“海上丝绸之路”相关情况及沿线城市改革开放40年成就，创作更多贴近生活、贴近时代的优秀作品。

（蒋喜桔）

太仓市残疾人联合会

【概况】 2018年，太仓市以健全残疾人社会保障和服务体系为主线，开展残疾人精准康复、兜底保障、就业培训、文体活动等方面工作，提升残疾人服务工作水平，推进残疾人事业高质量发展。截至年底，全市共有持证残疾人9756人，其中肢体残疾人5337人，精神残疾人1287人，智力残疾人1202人，视力残疾人933人，听力残疾人416人，言语残疾人49人，多重残疾人532人。

2018年太仓市残联惠残补贴统计表

表73

序号	类别	人数（人）	金额（万元）
1	0~14周岁残疾儿童康复训练补贴	136	367.60
2	肢体残疾人假肢和矫形器补贴	37	14.00
3	18周岁以下（含18周岁）听力残疾人人工耳蜗植入手术补贴	2	12.00
4	听力残疾人助听器补助	2	3.40
5	精神残疾人基本用药药费补贴	331	5.40
6	肢体残疾人辅助器具适配	181	8.70
7	重度残疾人社会保险补贴	1986	401.99
8	精神、智力（三、四级）无业残疾人社会保险补贴	486	66.81
9	残疾人春节普惠制慰问	1645	164.50
10	团体人身意外伤害商业保险	6254	24.94
11	残疾学生教育补贴	110	27.30
12	成年精神（智力）三四级残疾人生活补助	95	56.95
13	残疾人托养护理费补贴	97	76.14
14	听力和言语残疾人短信信息补助	269	8.07
15	下肢残疾人机动轮椅车燃油补贴	171	4.45
16	下肢残疾人代步轮椅车补助	3	0.65

【残疾人就业】 2018年，太仓市搭建平台促进残疾人就业。举办残疾人招聘会6场，吸引包括慕贝尔、克恩—里伯斯等外企及本地民营企业近20多家，提供岗位50多个；开设残疾人招聘专区，在企业和残疾人之间搭建就业双向选择通道。落实按比例安排残疾人就业政策，鼓励企业吸纳残疾人就业。年审全市安置1165名残疾人就业的245家企业，为全市61家企业发放2016年度按比例补贴和超比例奖励共计54.96万元。为8名自主创业残疾人发放补贴4万元。以政府购买服务方式，与职业培训机构合作开展“超越自我、成就梦想”残疾人职业技能系列培训，参加电子商务、烘焙、书画装裱等培训残疾人80人次。组织残疾人参加省和苏州市残疾人职业技能大赛，在省技能大赛上分获单项第二名、第三名2人，获“苏州技术能手”称号1人。

【残疾人康复服务】 2018年，太仓市兑现康复救助政策。完成发放32名听力残疾人助听器补贴3.4万元，发

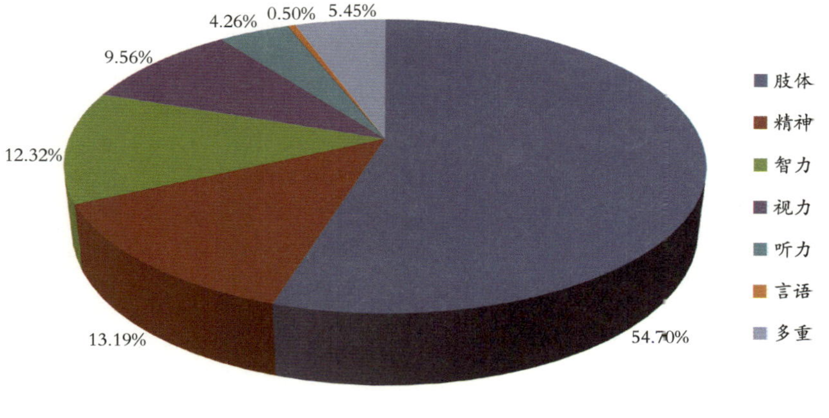

图4 2018年太仓市持证残疾人比例图

放37名肢体残疾人假肢补贴14万元，减免331名精神残疾人挂号费、药费5.4万元。结算康复项目进医保资金16.9万元。落实67名新发现残疾儿童进入康复机构，为136名0~14周岁儿童补贴康复训练费367.6万元。发放139名残疾学生教育补贴27.29万元。优化康复体系建设。扶持康复医学科的建设，继续为3家医院提供康复经费，为基层残疾人之家配置康复器材和无障碍设施。成立市康复医学会，联合太仓市第一人民医院康复医学科，举办第三期康复适宜技术培训班，培训指导康复医师及相关人员120多人。组织集中评残、上门评残各6次，新增残疾人468人。规范评残流程，签订《廉政风险防范承诺书》，保障评残工作公正性。开展入户调查与残疾预防。试点精准入户调查残疾人家庭157户，发放辅具60件，服务率100%。做好日常辅助器具适配服务1107人，发放适配辅具1143件。开展家庭医生签约、新生儿及儿童致残疾病筛查、青少年脊柱侧弯筛查、老年性白内障筛查等残疾预防项目。开展“爱耳日”大型义诊宣传，发放《残疾预防知识手册》。与康复机构合作，开展公益慈善活动。

【残疾人文体服务】 2018年，太仓市依托媒体营造氛围，发掘全市优秀残疾人和扶残助残先进典型，表彰“十佳自强模范”和“十佳助残先进”。与《太仓日报》合作，系统宣传残疾人事业发展状况；在太仓市电视台定期播报手语新闻。制作残疾人事业宣传画册和专题宣传片，发布首部残疾人公益短片《无障碍》等。丰富残疾人文体活动。升级改造市残联文体艺展能中心，加强文体服务场所软硬件建设，设立江南丝竹传承辅导点；组织残疾人艺术团进社区、学校、福利院巡演，其中沪剧《小保姆》及江南丝竹《欢乐歌》获银奖；推进精神文化社区活动圈建设，培植沙溪听障人舞蹈等特色团队，市听障人舞蹈队走出太仓，参加上海市嘉定区第五届残疾人运动会开幕式。维护残疾人合法权益。完善残疾人信访工作机制，接待残疾人到访347人次、信件24件，办结率100%。完成残疾人数据动态更新工作，调查人数9745人，完成率100%，入户率94.45%。协调城管部门，为55名残疾人车主申请换发残疾人专用停车证。落实残疾人康复体育关爱进家庭项目80个。

（徐 垠）

太仓市归侨侨眷联合会

【概况】 2018年，太仓市侨联坚持“国内海外工作并重、老侨新侨工作并重”，拓展海外工作和新侨工作，在服务经济发展、依法维护侨益、积极参政议政、弘扬中华文化、拓展海外联谊、参与社会建设等方面下功夫。年内，太仓市侨联开展“六个一”基层走访调研活动和统一战线大走访活动，走访归侨、侨眷、留学生眷属、回乡省亲的华侨华人、在太仓创新创业的华侨华人和留学归国人员百余人次，联系侨界群众，维护侨界和谐稳定。在走访调研过程中，了解群众和企业实际情况，做好信息收集反馈。太仓市侨联先后接待ABB集团高级副总裁顾纯元、澳洲苏商总会会长朱潸楠、奕瑞CEO顾铁儿等华人华侨，发展壮大“太仓人在美、加、澳、新、欧”微信群，成员超300人。以微信群为平台接受海外侨胞各类咨询，提供政策解答，发布最新资讯。继续推进侨务工作进园区，市生物医药产业园获江苏省侨联授牌“新侨创新创业服务基地”，该基地是继科创园之后第二个新侨双创服务基地，对园区吸引高层次创新创业人才落户创业产生推动作用。完成太仓市荣誉市民、苏州市委统战部侨界重点人士、苏州市海外联谊会第四届理事人选、苏州市留学人员联谊会理事人选推荐工作。

【侨界海内外联系】 2018年，太仓市侨联运用移动互联网开展对外联络工作，加强与海外侨胞、爱国侨团联系。先后与德国、美国、加拿大、澳大利亚、新西兰、新加坡、法国、捷克和匈牙利等地侨社团和协会建立联系，提供祖国和太仓发展最新资讯，发布招才引智政策，做好服务对接工作。6月，市侨联组团赴美国、日本访问，先后在美国硅谷、波士顿、纽约和日本东京举办联络联谊和招才引智推介会，发挥侨联海外联络点作用。6月17日，在麻省理工学院举办首届“创赢太仓”全球创新创业大赛美日赛区比赛。7月，完成“创赢太仓”大赛各项任务，报名项目47个，现场路演项目18个，获奖项目10个，参加太仓市总决赛项目6个。建立侨联海外联络点，为宣传太仓、联系海外太仓人和传递信息做探索和尝试。

【侨界宣传】 2018年，太仓市侨联坚持正确舆论导向，突出宣传太仓“十三五”发展新愿景、转型升级新优势、创新创业新平台、招才引智新政策、生态宜居新环境，为营造有利于太仓发展外部氛围传递正能量。配合全市人才战略，在“太仓人在海外”微信群发布“人才新政20条”，解答侨胞咨询。运用侨联网站、QQ群、微信朋友圈，扩大太仓对外影响。用好互联网和自媒体。办好每月一期电子刊物《故乡的云——太仓市情月报》和“太仓侨联”微信订阅号，将太仓资讯以电子邮件形式推送给太仓籍海外华侨华人、留学生及友好侨团、华文媒体、华人作家等。

【侨界关爱工程】 2018年，太仓市侨联在社区召开侨眷座谈交流，征求和听取侨界群众对社区侨务工作意见建议。排查侨界纠纷，做好矛盾化解和解释工作，确保侨界和谐稳定。开展形式多样侨界群众活动。太仓市侨声爱乐合唱团建立常态化训练机制。1月，参加2018年太仓市爱乐合唱新年合唱音乐会；7月，参加苏州市第三届梦之声合唱比赛；7月，部分团员参加第14届中国国际合唱音乐节；8月，参加中韩合唱交流音乐会。持续做好青春有约“缘聚五月、情定娄城”侨界青年联谊活动和“颗颗粽子总关情、声声问候暖侨心”侨界关爱行动。结合“4·23”世界读书日，举办第五期侨界娄东文化大讲堂活动。结合手机摄影比赛，举办“太仓美”摄影颁奖礼和手机拍摄培训讲座。中秋节期间，组织“月满娄城共佳节·中秋温情暖侨心”侨界中秋联谊活动，并采用微信直播方式，向海内外侨胞送去祖国和家乡问候，观看人数3万多人。围

2018 年 11 月 19 日，太仓市社科联举办“改革开放再出发 · 幸福太仓新征程”专家咨询会　（市社科联供稿）

绕纪念改革开放 40 周年，召开“我与改革开放”侨胞话改革座谈会，组织观看《厉害了，我的国》，侨界人士撰写观后感并交流分享。

【留学生工作】 2018 年暑假期间，太仓市侨联组织开展留学生座谈会、留学经验分享会，分片区成立海外留学生联系群。“太仓人在海外”群友多次为太仓籍海外留学生提供帮助和支持。组织华裔青少年参加“亲情中华”夏令营，与浙江大学、太仓市教育局联合举办青少年机器人夏令营。

（时海炜）

太仓市哲学社会科学界联合会

【概况】 2018 年，太仓市组织社科工作者加强理论学习，学习习近平新时代中国特色社会主义思想和中共十九大精神，开展社科理论界学习习近平总书记全面深化改革开放重要思想活动，形成《以长三角一体化视野谋划太仓高质量发展》等专题论文。发挥理论社科工作者作用，深入基层开展献智惠民活动。依托“太仓发布 · 娄东视点”社科理论版块，打造“学习新思想”“网上学习会”“理论导读”等专栏，推出各类文章 300 余篇。开展“学客空间”理论学习沙龙，创新实施“娄东答人”学习贯彻中共十九大精神和高质量发展看太仓等全民答题活动 3 场，累计参与人数 22 万人次。

【社科研究】 2018 年，太仓市社科联召开年度社科联理事会，表彰先进社科团体 5 家、优秀课题成果 34 个。印发《关于征集 2018 年度太仓市哲学社会科学研究课题的通知》，经过专家评审，公布年度社科应用研究课题 132 个。联合中国社会科学院社会学所，举办“改革开放再出发 · 幸福太仓新征程”专家咨询会。完成苏州创新引导扶持项目“娄东名士”讲座。《发展新兴业态背景下提升素质就业效应的思考》《娄东文化丛书（第四辑）》获评苏州市第十四次哲学社会科学优秀成果三等奖。出版《圆梦七浦》，推进《娄东文化通览》编辑工作。

【社科普及】 2018 年，太仓市社科联开展社科普及活动，在太仓农村商业银行举办以“谱写高质量发展新篇章，建设强富美高新太仓”为主题的第 13 届社科普及宣传周，整合网络安全宣传内容，组织各协会、学会、研究会等现场设摊咨询单位 27 家，摆放社科普及、网络宣传展板 20 多幅。发挥《太仓日报 · 理论版》作用，全年刊发《争当融入上海先行军，打造旅游发展新高地》《全市实施优质粮食工程的实践与思考》等文章 8 篇。全年组稿《太仓社科论坛》3 期，刊发理论性、应用性文章 60 余篇。　（王　业）

太仓市无党派知识分子联谊会

【概况】 2018 年，太仓市无党派知识分子联谊会（以下简称“市无党派知联会”）设城乡建设组、社会事业组、财经组和新阶层组等界别组 4 个，每个界别组设组长 1 人，由理事兼任。截至年底，共有会员 80 人，会员中有

2018 年 11 月 8 日，太仓市无党派知识分子联谊会召开第四届会员大会　（市无党派知联会供稿）

苏州市政协委员1人，太仓市人大代表5人（其中人大常委会委员3人），太仓市政协委员18人（其中政协常委8人）。11月8日，市无党派知联会召开第四届会员大会，选举产生新一届理事会和会长、副会长、秘书长，分别为会长顾建康，副会长陈俭、王燕、李永川、顾燕（其中1名副会长兼秘书长），理事15人。

【学习实践活动】 2018年，市无党派知联会把学习习近平新时代中国特色社会主义思想作为首要任务。通过会长会议、理事会议、小组学习座谈等，学习习近平总书记关于统战工作、解放思想、改革开放40周年大会上重要讲话精神。在全体会员中开展纪念中共中央发布“五一口号”70周年学习活动，10名会员撰写并提交纪念征文，其中王燕、李永川、嵇秋红、朱慧撰写的征文分获一等奖、二等奖、三等奖及鼓励奖。组织会员参与全市统一战线学习中共十九大精神知识竞赛并获一等奖。在全体会员中开展“书香知联”主题读书活动，鼓励广大会员参加各类读书、征文纪念活动，发动会员撰写读书心得、调研文章。组织部分会员参观南湖革命纪念馆，领悟“红船精神”。

【参政议政】 2018年，市无党派知联会围绕太仓市主城区智慧停车建设，会同市政协城乡建设委、市城管局开展专题调研。多次与市城管局沟通交流，听取相关情况介绍，并赴深圳、张家港、溧阳等地考察学习停车管理在运行机制、收费方式、监管执法等方面经验，就加快全市主城区智慧停车建设提出意见建议，破解全市停车难题。将“加强全市重点行业排污智能化监管”作为领题调研课题，由会内具有相关专业背景会员，会同市政协城乡建设委成立调研组，多次与市环保局座谈交流。调查全市造纸、电镀、印染、化工等重点排污行业环保监管，了解排污智能化监管现状及存在问题。11月，调研组赴浙江省绍兴市学习考察污染治理技术和环保管理办法。多次召开小组讨论会，分析重点行业排污监管工作存在困难和问题，听取意见建议，就提升排污智能化监管提出科学性和操作性意见建议。“两会”期间，市无党派知联会向市人大十六届二次会议提交代表建议6件，向市政协十四届二次会议提交大会口头发言1篇、书面发言1篇、集体提案6件、个人提案8件。集体提案《关于打造临港现代物贸基地的建议》、陈俭个人提案《关于加快科技创新，助推太仓经济发展的建议》被市政协评为2018年度优秀提案。《关于打造临港现代物贸基地的建议》被市政协列为2018年度重点提案。在各界人士情况通报会、政协大家谈等各类活动中，组织会员做好会前调研和准备工作，围绕高质量发展、对德合作、文明城市创建、全域旅游发展等主题，提出前瞻性和可操作性意见建议。会员李兆民、李华受聘担任市纪委监委党风联络员和特邀监察员，为党风党纪工作发挥民主监督作用。加强与对口联系单位市财政局、市水利局、市商务局、市城管局沟通交流，组织会员参加机关开放日等活动，拓宽建言渠道。

【社会服务】 2018年，市无党派知联会继续开展“书香知联”主题读书活动，每年对接1所学校开展“书香计划进校园”活动，向学校捐赠适合学生阅读的书籍、画报。12月，赴沙溪镇直塘小学开展图书捐赠活动，向学校捐赠图书价值2万元。组织引导会员发挥自身专业技能，做好回报社会、奉献爱心等活动。会员袁蕴玉、周亚萍获评太仓市“希望妈妈”称号；会员王一凡连续两年参加璜泾镇永乐村“乐意”助学公益活动，捐款资助家庭困难学生；会员宋世良、夏建东参加“服务百姓健康行动”等各类义诊活动，并在常丰社区、双凤社区服务中心、梅园小区等地作糖尿病与高血压防治等养生保健专题讲座；会员张璟担任双凤镇维新村公共法律顾问，不定期进行法律咨询、法律公益讲座，获评“十佳公益法律顾问”；会员姚铿组织发动公司全体员工参与太仓市慈善总会组织的“慈善一日捐”活动；会员陈静怡作为“太仓妈妈”赴陕西省周至县开展对口结对帮扶活动，走访慰问受助学生家庭；陈俭、王燕、孔平等多位会员赴陕西省周至县、贵州省玉屏县等地参与对口帮扶活动。

（金庆苏）

太仓市关心下一代工作委员会

【概况】 2018年，太仓市关工委以“党建带关建”为引领，规范基层组织建设，加强校外教育辅导站建设、青少年思想道德建设、预防和减少青少年违法犯罪、帮困助学、培养新型青年职

2018年1月24日，太仓市关工委举办学习贯彻中共十九大精神培训班

（市关工委供稿）

业农民和民企关工委等方面工作。截至年底，全市有镇（区、街道）关工委9个，社区（村）关工委152个，系统关工委5个，市级机关部门关工委41个，政法部门关工委4个，学校关工委78个，镇（区）农技站关工委6个，民营企业关工委1041个。参加校外辅导站工作志愿者3500人，其中“五老”（老干部、老战士、老专家、老教师、老劳模）志愿者1800人，在职教师285人、大学生村官190人，其他社会志愿者1200余人。全市共有“五老”志愿者7900人。

【青少年思想道德建设主题教育】 2018年2月28日，太仓市关工委会同市文明办、市教育局、团市委、市妇联等部门，联合制定《关于开展“共话新时代、放飞青春梦”主题教育活动的实施意见》。5月8日，全市关工委系统在太仓第一个党支部纪念馆举行“共话新时代、放飞青春梦”主题教育活动启动仪式。9月20日，市关工委组织各镇（区）常务副主任、办公室主任走进港城小学与60名学生及“五老”代表一起，开展“老少共话港城梦·传承初心谱新篇”——纪念改革开放40周年主题教育活动。市关工委组织15名退休干部编写青少年思想道德教育宣讲提纲，其中13篇文章汇编成青少年思想道德教育宣讲材料，分发至基层关工委3000册。全市有“五老”讲师团53个，“五老”宣讲员470人，全年讲课550场次，参加听课青少年14.4万人次。

【“七彩夏日”活动】 2018年5月15日，太仓市关工委印发《关于在全市关工委系统组织开展2018年度暑期“七彩夏日”系列活动的通知》。暑假中全市各镇区、各系统关工委组织开展征文、演讲、绘画、书法、电子小报、科技制作等活动，参与活动2.04万人次。市关工委组织20余名“五老”讲师团成员走进爱心暑托班，分别为小朋友讲解“学习十九大·放飞青春梦”“学习英雄事迹·传承红色基因”“践行新思想·当好接班人”“法律在我身边”等专题讲座10多场，受教育青少年1800余人次。

【青少年法治宣传教育】 2018年，太仓市关工委联合市司法局印发《关于在全市关工委系统深入开展青少年法治宣传教育的通知》，组织全市关工委系统开展法治宣传教育活动。镇（区、街道）、系统关工委利用校外教育辅导站开展法治大课、演讲、征文、知识竞赛、编排节目、模拟法庭等法治系列活动；坚持在节假日、寒暑假、“缤纷冬日”、“七彩夏日”期间依托“爱心暑托班”“四点半学校”开展系列法治教育活动，全年进行60场次，受益青少年1万多人次。

【“零犯罪零受害社区（村）”创建工作】 2018年，太仓市关工委会同市综治办、市预防办开展“零犯罪零受害社区（村）”创建工作。各镇（区、街道）关工委会同镇综治办、共青团等部门与社区（村）、学校签订创建“双零”工作责任书，并纳入到综治和平安建设考核体系；璜泾镇永乐村、沙溪镇胜利村、娄东街道景瑞社区3个社区（村）成为全国“双零”工作试点单位。截至年底，全市未成年人零犯罪社区（村）147个，占社区（村）总数96.71%。

【结对帮教】 2018年，太仓市创新“预减”（预防和减少青少年违法犯罪）工作载体，在全市共建成城厢镇综治中心、娄东街道、科教新城、璜泾镇“品良工作站”、雅鹿村优秀“五老”志愿者工作站5个，进站工作“五老”志愿者108人。工作站设在重点青少年和流动人员相对集中的地方，排查重点人员，开展结对帮教。市关工委配合市委政法委、市综治办、市预防办等部门，聚焦“五失”（失足、失管、失学、失业、失亲）、“三困”（贫困、学困、德困）青少年和服刑人员未成年人子女等重点人群。9月25日，市关工委走进市看守所，谈心教育犯罪人员。联合太仓市慈善总会（基金会）共同组织2018年“关爱未来、慈善助学”活动，抓好贫困生帮扶工作，帮扶贫困学生397人，帮困助学资金18万元。推动全市各界爱心人士捐款252万元，资助1861名贫困学生完成学业。

【网吧义务监督】 2018年6月20日，太仓市关工委、市文明办、市文广新局联合召开全市“五老”网吧义务监督工作推进会，会上表彰“五老”网吧义务监督员76人和“五老”网吧义务监督工作优秀组织单位8个，培训“五老”网吧义务监督员骨干70人。全市共有网吧99家，游戏机房75家，每天上网人员近2万人次。全市156名“五老”义务监督员每星期到网吧和游戏机房监督巡查2次以上。

【校外辅导站建设】 2018年1月，太仓市关工委印发《关于建立全市校外教育辅导站、电子阅览室活动情况报送机制的通知》，建立全市校外辅导站、电子阅览室（四点半学校）微信群和信息库。各校外辅导站、电子阅览室（四点半学校）将开展活动情况以照片加文字形成发送至微信群，全年发送信息1600多条，整理制作PPT（演示文稿），在工作会议上以通报形式进行播放，该创新做法受到上级关工委肯定。根据省和苏州市关工委有关要求，市关工委制定市优秀校外教育辅导站和电子阅览室标准，每年评比三分之一左右。8月，市关工委调研、督查、跟踪未达到优秀标准的校外教育辅导站。全市校外辅导站新增加电脑306台。全市共有电子阅览室村（社区）146个、电脑1400余台，参加校外辅导站活动青少年6.5万人次。年内，城厢镇德兴社区“走进春天、放飞梦想”活动获全省校外教育辅导站优秀活动推广项目一等奖，娄东街道景瑞社区“社区响起最美读书声”活动获全省校外教育辅导站优秀特色品牌奖

【“三扶两创一促进”工作】 2018年，太仓市关工委持续开展“三扶两创一促进”（扶志、扶技、扶创业，创建创业示范基地、评选创业之星，促进现代农业发展）工作。3月13日，太仓市召开农村关心下一代工作推进会，落实关于“讲理想、学科技、达小康、奔现代化”工作推进会精神，表彰青年农民创业示范基地7个、青年农民创业之星6人。

【非公经济企业关工委工作】 2018年6月28日，太仓市关工委和市市场监管局联合召开全市企业关工委工作推进会，贯彻落实全省民营经济关工委《关于进一步加强全省民营经济关心下一代工作的通知》精神。对全市民营经济开展调查研究，调整和健全民营经济关工委特别是镇（区、街道）民营经济关工委组织机构，组建班子，调整人员，落实经费。

【"爱护五老"政策落实】 2018年，太仓市根据上级关工委精神，建立优秀"五老"志愿者工作站及落实"以奖代补"政策，市关工委印发《关于2018年年终对"五老"志愿者实施"以奖代补"的通知》。适当补贴部分"五老"志愿者，调动"五老"志愿者积极性。市关工委向市财政局申请追加经费15万元，落实优秀"五老"志愿者工作站开办费和"以奖代补"经费。为部分关心下一代"五老"志愿者办理"团体人身意外伤害保险"，表彰奖励示范校外教育辅导站、电子阅览室和优秀校外教育辅导站、电子阅览室。

（陶陵夏）

2018年10月19日，太仓市首次在公共场所试点投放自动体外除颤器

（市红十字会供稿）

太仓市红十字会

【概况】 2018年，太仓市红十字会承接政府转移相关职能，探索实施社会力量参与、社会组织购买服务、共建共享培训资源新途径，推进"三救"（救护、救灾、救助）和"三献"（干细胞捐献、遗体器官捐献、献血）核心业务"菜单式"管理、项目化运作，引导政府力量和动员广大群众参与各类社会服务活动。加大红十字品牌宣传，让红十字"人道、博爱、奉献"精神深入人心。年内，太仓市红十字会融入全市"大救助"格局，找准红十字社会救助切入点和着力点，持续开展"博爱送万家"活动。开展困难群体帮扶工作，采取项目化筹资、定向化捐赠、透明化运作等办法，做到"事前有摸底，事中有走访，事后有公开"。全年共募集社会捐款23.83万元、物资33.8万元，捐赠支出36.46万元，发放物资折价6万元。其中助学四川省隆昌县和石棉县贫困学生293人、贵州省玉屏县贫困学生107人、本地学生12人。为陕西省周至县3所学校捐赠助学款3万元，运送御冬衣物400多件、牛仔裤100条、长袖T恤衫100件；为贵州省玉屏县邮寄过年物资4300元，用于春节慰问贫困村群众。购置床上用品275套，用于改善当地贫困户生活。慰问连心家园特殊计生困难家庭，发放关爱金1万元，为无亲属精神病患添置日用品。

【救护培训工作】 2018年，太仓市红十字会拓展红十字会工作领域，提升急救培训覆盖面和急救培训场次。全年开展公益性应急救护培训352场，培训1.55万人次，覆盖机关事业单位27家、企业111家、学校23所、村（社区）24个；发放《市民救护读本》1万余册、急救包4000多个，培训场次较上年增加32%。开展养老照护知识讲座18场，培训人员803人次；入户慰问65户，慰问人数72人。应急救护走进德企，联合市卫计委开展舍弗勒专场培训，共举办9期。在社区开展学生安全自护课程100多场次。在市行政服务中心、苏州健雄职业技术学院、舍弗勒工厂等地首次试点公共场所投放AED（自动体外除颤器）5个。8月，在省红十字会"2014—2018年优秀人道项目评选"中，太仓市红十字会"应急救护大讲堂"项目在全省交流评审会上获第一名。

【"三献"工作】 2018年，太仓市"三献"工作完成捐献全血7171人次，献血量1976.8升，献血小板525人次，治疗量767个。造血干细胞捐献登记213人。新增遗体（含器官、眼角膜）登记31人。年内，捐献遗体3人，捐献眼角膜5人，捐献器官4人，太仓市实现首例器官捐献。

（张　燕）

城镇街道

城厢镇

【概况】 城厢镇位于太仓市域西南部，西接昆山，南临上海，镇域面积57.05平方公里，辖6个村、2个“村改居”社区、14个城镇社区。2018年，城厢镇实现地区生产总值151.25亿元，完成公共财政预算收入11.31亿元，城镇、农村居民人均可支配收入分别为6.32万元和3.25万元。

【经济发展】 2018年，城厢镇实现工业总产值净增13亿元，实现规模以上工业产值105.7亿元，全社会固定资产投资41.1亿元，完成进出口总额7.8亿美元。年内开展“项目建设深化年”活动，在全市率先启动重点项目“高效审批”试点，开工市级以上重点项目10个。中科院硅酸盐所二期2.5万平方米厂房主体结构封顶；中欧先进制造产业园、海美智能制造创新产业园、丹麦丹佛斯工控设备3个单体超5亿元项目加快建设。德国科诺世汽车线束、瑞铁机床一期等一批项目竣工投运。

【转型升级】 2018年，城厢镇完成高端装备制造、新材料等重点产业规模以上工业产值73亿元，规模以上民营企业产值完成57.2亿元。企业质量品牌建设不断加强，金纬机械获评省级企业技术中心，新增苏州市名牌产品6个。企业智能化改造成效显著，亿迈齿轮、骏伟塑胶分别获评省级、苏州市级智能车间。净增高新技术企业7家，新认定省民营科技企业21家，获评省企业知识产权管理贯标优秀企业、苏州市级“专精特新”培育企业各1家。获批省企业研究生工作站1个、苏州工程技术研究中心2个，规模以上工业企业研发机构建有率48.9%。立项重点研发计划、知识产权战略推进计划等省级科技项目5个。太仓之仓生态园被认定为省级“星创天地”。新增省“双创计划”人才1人、姑苏领军人才2人。全镇有效发明专利拥有量487件。

2018年3月13日，“睦邻相伴、文明践行”志愿服务活动在城厢镇举行

（城厢镇供稿）

【载体建设】 2018年，城厢镇完成科技产业园控制性详规修编，园内道路、市政等基础设施建设加快推进，西环路、纵四路、纵七路等3公里道路建成通车，配套建设纵五路、纵六路等7公里道路照明设施，完成吴塘河景观修复项目绿化工程，园区吸引力、承载力增强。中科院硅酸盐所一期、中德科创联盟产业园等载体项目陆续入驻，全年竣工交付载体面积超20万平方米。

【城乡统筹】 2018年，城厢镇新增高标准农田200公顷，实现高标准农田全覆盖，粮食生产全程机械化率98%以上。生态循环农业优化提升，建成“东林模式”农牧循环现代农业展厅，成立太仓秸秆饲料化产业研究院，“独溇小海”建设项目获批省级现代生态循环农业试点项目。独溇小海生态农业园开工建设，永丰中心路、园区路基等工程加快推进。完成西庐园郊野湿地公园整治提升工程。美丽乡村建设加快推进，新增三星级康居点10个。获评首批省生态文明建设示范乡镇。伟阳幼儿园扩建项目启用，南门街幼儿园竣工验收，新毛幼儿园主体结构封顶，市第二中学综合楼改造项目加快建设。落实公共卫生应急与安防提升建设任务，获评苏州市级卫生应急工作规范镇；完成府南街病媒生物防制示范街建设；建成省级健康社区（村）2个、健康单位1家。南园社区、新毛管理区新民路分别获评苏州市城市管理示范区、示范路。

2018年9月29日，上海市嘉定区外冈镇和太仓市城厢镇、科教新城共同举行三城协同发展共建工作启动仪式 （城厢镇供稿）

【社会治理】 2018年，城厢镇完成中央环保督察交办件6个。年内持续开展“263”专项行动，完成“减化”任务；开展“331”火灾隐患整治专项行动，累计整治清除火灾隐患6300多处；“河长制”加快推进。河长巡河、护河、治河责任全面落实，整治河道沿线码头企业12家，清除河道沉船52条，完成浏河塘沿岸复绿3000多平方米；排查河道“三乱”（乱占、乱建、乱排）行为450多处；完成小商品市场、古塘街铭成房产地块、原造船厂地块等环境问题专项整治项目20个，拆除洛阳西路、江南农副食品城等违章搭建，累计拆违8万平方米，清运垃圾3万多吨；完成无害化卫生户厕提档改造359户；农村生活垃圾分类就地处置全域化工作列入省级试点。镇社会综合治理联动中心建成运行，处置各类转办案件1.2万件。办理人大代表意见、建议40件，办结率100%。

【特色村庄】 胜泾村。胜泾村位于城厢镇西南部，东靠204国道，北靠新浏河，周边分别与新农村、永丰村及昆山市接壤，吴塘河流经村庄中部，太蓬公路贯穿东西，水陆交通便利。村域面积4.9平方公里，共有村民小组26个，在册人口2673人，农户641户，党员125人。2018年，村级集体总收入1034万元，农村人均可支配收入3.07万元。全村22个村民小组实现集中居住。保留村庄基础建设陆续推进，村民相继申请翻建新房，过渡区内西薛家泾高分通过苏州市“三星康居点”验收检查。胜泾村先后获评“江苏省卫生村”“江苏省绿化示范村”“苏州市文明村”“苏州市先锋村”“苏州市民主法治村”“太仓市文明村”“‘美丽家园’示范点”等称号。

2018年城厢镇主要经济社会指标表

表74

项目	单位	数值	项目	单位	数值
地区生产总值	亿元	151.25	三产增加值	亿元	105.74
财政收入	亿元	11.31	镇村主干道	公里	95.43
耕地面积	公顷	1930	电话普及率	部/百人	30
农业总产值	亿元	3.25	中小学校	所	6
粮食总产值	万吨	1.26	在校中小学生	人	8638
农机总动力	万千瓦	2.50	在职教师	人	474
出栏家禽	万羽	545	开通有线电视	万户	4.15
工业企业	家	880	医院	家	3
工业销售收入	亿元	136.45	卫生室	个	11
工业利税	亿元	9.87	农民人均可支配收入	元	32458
实际利用外资	万美元	3028	农民人均住房	平方米	60
出口创汇	亿美元	5.33	—	—	—

2018 年城厢镇各村（涉农社区）基本情况一览表

表 75

村（社区）名	村集体总收入（万元）	村集体可支配（万元）	人均可支配收入（元）	村级总资产（万元）	户籍人口（人）	户籍户数（户）
伟阳社区	1165	1451	32498	11918	6547	1241
太丰社区	1204	1003	30500	7655	3038	723
新农村	2657	628	30760	3881	3054	915
胜泾村	1034	636	30660	4336	2673	541
永丰村	2098	1115	31683	3520	3978	1046
电站村	4675	1895	37200	9750	2782	519
万丰村	1512	713	33900	6936	3005	801
东林村	4689	2410	33500	30855	2889	768

2018 年城厢镇骨干企业情况一览表

表 76

企业名称	法人代表	销售收入（万元）	利税总额（万元）
苏州隆祥电子有限公司	冈野晋滋	104850	3472
亿迈齿轮（太仓）有限公司	STEVEI-CHUEH HWANG	41166	1701
上海连成集团苏州股份有限公司	张锡淼	41156	4757
骏伟塑胶制品（太仓）有限公司	李源昌	36570	3888
苏州金纬机械制造有限公司	何海潮	35556	7124
资勇五金制品（太仓）有限公司	陈建昆	35191	2662
苏州佳电飞球电机有限公司	林玉钢	31693	6140
太仓市华盈电子材料有限公司	陈永红	29191	3397
富乐压铸（太仓）有限公司	FRANK UWE KIRKOROWICZ	25308	4904
苏州杰威尔精密机械有限公司	何海潮	24202	5396
苏州东帝士纤维地毯有限公司	郑寿全	22992	461
苏州久和砼有限公司	周文斌	20317	1429
太仓市锦澄混凝土有限公司	于立梅	20287	341
太仓南郊冶炼厂	耿金华	19828	556
太仓市南丰特种有色合金	沈忠华	18626	355
苏州英丰电器有限公司	陈玉溪	17785	1428
瑞铁机床（苏州）股份有限公司	汪立新	16797	-5
太仓华庆汽车配件有限公司	黄华平	16762	4634
苏州宝鼎玉盛砼业有限公司	曹继忠	15989	1096
太仓金煜电子材料有限公司	刘晓萍	15857	1136
太仓荣宇混凝土制品有限公司	倪建荣	14420	1852
新中联物流设施（苏州）有限公司	张小颐	14125	1273
格林莱特实业（苏州）有限公司	JEAN-MARIENAEGELE	13844	1683
太仓制药厂	许建新	13611	814
太仓肇丰电器有限公司	许美玉	12616	406
太仓康源化建医药有限公司	徐建青	12349	1519
苏州捷赛机械股份有限公司	刘　枫	11761	2287

续表 76

企业名称	法人代表	销售收入（万元）	利税总额（万元）
美利驰医疗器械（苏州）有限公司	郑明权	10939	182
太仓市嘉峰涂装有限公司	陈春生	10555	225
联禾厚普（太仓）精密机械有限公司	杨文奎	10230	1172
苏州岩谷金属制品有限公司	室留宏行	10212	727
苏州东伸汽车地毯有限公司	中川利一	10180	1103
苏州施必牢精密紧固件有限公司	JAMES MAO ZHONG GU	9987	245
苏州安帝尔金属制品有限公司	皮特诺兰	9470	650
上海阿美泰克工业设备苏州股份有限公司	刘哲民	9198	297
苏州诺伊曼实业有限公司	王伟卫	9182	302
苏州睿昕汽车配件有限公司	岳胜桥	9100	396
敬得（苏州）科技有限公司	刘兴台	8891	379
苏州金韦尔机械有限公司	辛文胜	8800	1058
辛柏机械技术（太仓）有限公司	王振刚	8217	−1546
莱斯特瑞兹机械（太仓）有限公司	SVEN WOLF	8184	1058
苏州鸿仁窗饰有限公司	黄介仁	8134	431
苏州舒适家具有限公司	汤海清	7897	504
苏州维艾普新材料股份有限公司	程学宇	7835	−1321
太仓欧亚标准板材有限公司	陈撷盈	7558	375
太仓市新毛涤纶化工有限公司	陆　鸽	7463	−463
太仓汇丰化学肥料有限公司	吴金鑫	7195	−470
欧博诺（中国）管路系统有限公司	WERNER WITTE	6436	−2829
苏州艾思尔电子薄膜有限公司	室留宏行	6378	308
苏州天众印刷有限公司	王　冰	5769	383
苏州黄河制药有限公司	苏　镇	5745	2870
苏州金纬中空技术有限公司	梁瑞强	5710	723
苏州和昌电子材料有限公司	刘建隆	5026	451

说明：收录销售收入5000万元以上企业

（张怡亮）

沙溪镇

【概况】 沙溪镇东与港区、浮桥镇相连，西与双凤镇、昆山市周市镇接壤，南与城厢镇毗邻，北接璜泾镇和常熟市支塘镇，镇域面积132.14平方公里，辖20个村、8个社区居委会。2018年，全镇户籍人口8.21万人，常住人口14.47万人。全年实现地区生产总值134.96亿元；一般公共财政税收收入8.13亿元，较上年增长19.2%；完成全社会固定资产投资33.98亿元，较上年增长31.24%。省经济发达镇行政管理体制改革试点工作高质量通过验收。

【经济发展】 2018年，沙溪镇实现工业总产值281.45亿元，较上年增长2.2%，其中150家规模以上工业企业实现产值211.08亿元，净增超5亿元；完成工业固定资产投资14.76亿元，较上年增长14.7%；35家新兴产业企业实现产值132.67亿元，占规模以上工业产值比重62.85%。省重点项目昭衍生物硅谷、苏州市重点项目鸿基伟业及琥珀环保等10个市级以上重点项目开工，全众智能、伍鸿塑料、凡甲电子等16个重点工业项目竣工，星药港、祥平智能产业园、平谦智能制造产业园等5个“园中园”加快建设。对外开放成效明显，围绕沙溪产业发展目标，推进招商选资引优，年内新签约平谦智能制造产业园、祥平智能产业园、德国爱力德热处理等项目13个。全年新办外资项目7个、内资项目256个，增资项目4个，累计新增注册外资7227万美元，实际利用外资3697万美元。实现进出口总额5.78亿美元，完成接包合同额8117万

沙溪镇南部新城全景 （2018 年 10 月 王晓婷 摄）

美元，离岸执行额 3219 万美元。柏维斯、伍鸿等企业运行投产，凡甲、全众等项目完成主体工程建设，印溪科技创新产业园、佳俊、帕科依等项目开工建设，七溪生物硅谷、琥珀等项目进入桩基建设阶段。全年完成服务业增加值 64.52 亿元，较上年增长 9.32%，完成服务业固定资产投资 19.22 亿元，较上年增长 47.57%。南部新城功能形态趋于完善，一批商业、住宅项目及公共服务配套设施建成投用，房地产开发项目有序推进。古镇文旅产业链进一步完善，景区全年接待游客 87.3 万人次，较上年增长 22%，沙头客栈等 5 家民宿先后开业，乐荫园酒店签约引入第三方运营。科创能力持续增强，沪试试剂被确定为国家知识产权优势企业，悠远环境、昭衍新药等获评江苏省企业技术中心，康辉科技入选江苏省工业设计中心和江苏省工程技术研究中心，艾迈实业等 4 家企业获江苏省工业企业技术改造综合奖补资金。全镇获评国家重点研发计划 1 项，申报省级农业项目 1 项、社会发展项目 2 项、省研究生工作站 3 家，省级高新企业培育库入库 9 家，净增高新技术企业 10 家，认定民营科技企业 19 家。获评省科技企业家 3 人，省外专百人计划 1 人，省双创人才 1 人，姑苏人才 1 人，娄东英才奖 2 人，太仓本级领军人才 4 人。实现高新技术产业产值占规模以上工业产值比重 37.98%，有效发明专利拥有量 683 件。

【园区建设】 2018 年，沙溪镇完成小镇产业规划编制，基本完成区域环评编制，控规修编通过专家评审。成立生物医药产业园公司，充实人员。基础配套持续完善，“小镇客厅” 投入使用，“众创空间” 启动装修。生物医药产业规模持续壮大，园区全年新增注册企业 8 家，全镇 50 余家医药企业实现年销售收入 25 亿元，其中昭衍新药销售突破 3 亿元，获评苏州市平台经济示范企业。生物医药产业园先后获评江苏省新侨创新创业基地、苏州市平台经济特色基地。岳三科技创新产业园完成签约项目 7 个，新注册外资项目 4 个，注册外资 2000 多万美元；全年完成注册外资 5016 万美元；新设立内资项目 86 个，注册资本 2.6 亿元，其中市外项目 50 个，注册资本 1.6 亿元。岳王片区规模以上企业 31 家，全年规模以上企业产值 36 亿元。新材料产业园入驻企业 106 家，规模以上企业 27 家，全年实现规模以上工业总产值 47.96 亿元。园区新进佳俊汽车零部件、新能源汽车配件、琥珀环保设备、吉派流体控制等重点项目。

沙溪镇行政审批局窗口 （2018 年 6 月 李警钟 摄）

【城乡统筹】 2018 年，沙溪镇总体规划较大修改获省住建厅批准。10 个农民集中居住小区规划修编获太仓市政府批准。新镇区完成仁溪路、金溪路、瑞云路等道路亮化、绿化市政配套工程，归庄、直塘、岳王管理区完成虹桥路、玄恭街、岳鹿公路沿线立面改造、星级厕所新建等提档升级工程 16 个，投资额 7875 万元。南院一村、梨园小区等 2 个老小区改造项目完成。启动天然气入户三年行动计划，老小区、农民新村新增用气 2164 户。新建三星级康居乡村示范点 10 个，庄西村获批苏州市第二批特色田园乡村试点。半泾新村、中荷新村、洪泾新村北区扩建完工，松南新村、洪泾新村、塘桥新村等 8 个小区配套提档基本完成。市级项目、镇级工程动迁评估 212 户，签约 129 户。审批保留村庄和安置小区建房 1108 户，验收 1146 户。完成粮食生产功能区和重要农产品生产保护区、两区划定工作。新增流转土地736.07公顷，新建胜利、虹桥高标准农田346.93公顷，申报农业“绿色产品”14个，“绿色基地”1666.67公顷。粮食生产全程机械化水平85%。建成松南村菜场、涂松村物业房、半泾村仓储富民载体项目3个。落实薄弱村帮扶转化项目3个，完成4个村“一事一议”省级财政“以奖代补”资金项目，年末村均可支配收入753万元，农民人均可支配收入3.93万元，较上年增长7.75%。

【生态环境】 2018年，沙溪镇生态环境明显改善。“263”专项行动持续推进，关停化工企业6家、散乱污企业254家，完成挥发性有机物治理企业8家、颗粒物排放深度治理企业6家、电镀企业专项整治7家。签约关停畜禽养殖场241家，清除人居大棚1206个、“三沿”（国道、铁路、高速公路）整治点424处，通过国家卫生镇复审。“河长制”改革全面落实，专项整治市级河道10条、镇级河道30条，疏浚河道20条，治理黑臭河道13条，完成建设彩虹桥12条、拆坝建桥工程10座。6个市级水质断面达标率80%。延伸生活污水管网15公里，新增纳污接管1051户。建成生活垃圾分类亭23座，完成改厕937户。完成横沥河生态公园提档、洪泾新村沿河景观带建设、七浦塘堆土区改造等增绿工程，新增绿化面积66.07公顷。

【公共服务】 2018年，沙溪镇行政审批局开设服务窗口81个，开启“一站式”服务，全年共办件14.70万件，公共资源交易270宗，交易金额1.1亿元，节约各级资金311万元。开展“四个一”（企业开办“一窗通”、不动产登记“一窗式”、投资建设“一对一”、民生综合“一站式”）活动，受到省行政管理体制改革处肯定。社会保障体系持续完善，深化就业信息化服务，举办招聘会161期。实现城镇各类社会保险扩覆1.04万人、公积金扩面1341人。发放慰问金、救助款和生活困难补助等1400万元。新增虹桥村、涂松村等日间照料服务中心4个，实现村居全覆盖。沙溪人民医院迁入新址并运行，与上海市第十人民医院开展实质性合作。归庄临时卫生院装修竣工，洪泾、凡山、涂松3所卫生服务站建成省示范村卫生室。东安幼儿园迁建项目主体封顶，沙溪第一小学迁建、殡仪服务中心等项目开工建设。岳王文化书场、新北社区大舞台、洪泾村足球场、庄西村综合广场建成投用。镇社会事业局获“省群众体育先进单位”称号。

【社会治理】 2018年，沙溪镇综合执法局共受理各类社会矛盾纠纷7069件，其中镇级调委会、公调对接等面对面受理2621件，调结2352件，调结率89.74%；镇“12345”联动平台不见面受理办件4448件，处置3663件，处置率82.35%。“政社互动”“三社联动”持续拓展，“邻里家园”进驻中荷村、渠泾村等4个村。社会稳定风险评估、“七五”普法等工作深化，开展扫黑除恶专项斗争，完成技防达标建设，新增社会面治安监控649个。开展“331”整治火灾隐患百日专项行动，整治各类火灾安全隐患4557处，全年未发生较大以上安全生产事故。

【特色村庄】 洪泾村。洪泾村位于沙溪镇郊北，辖区面积4.2平方公里，有村民小组25个，农户693户，在册人口3133人。洪泾村围绕乡村振兴目标，加大基础设施建设投入，优化村容风貌，丰富村民精神文化生活。2018年，实现可支配收入934万元，村民人均可支配收入3.84万元，村级集体总资产5274万元。村党委下设党支部5个，党员162人，创建“党建公益坊”“洪泾新青年”党建品牌、“崇正尚和、友爱洪泾”文化品牌、“清风廉韵润洪泾”廉政品牌。洪泾镇先后获评“江苏省卫生村”“江苏省生态村”“江苏省民主法治示范村”“苏州市文明村”等称号。

小区建设完善。2008年起，由政府规划开发洪泾小区，安置沙溪镇各村拆迁户，红线范围总建设用地86.7公顷，总规划居住户1015户，至2018年年底，建户数900户，小区基础设施建设配套齐全，建有综合文化服务中心2000平方米，社区服务中心、卫生医疗服务站、日间照料中心、村民健身广场、村民会所等设施，小区还配备EVCARD分时租赁电动汽车、公共自行车等便民设施。

人居环境改善。洪泾村优化乡村生态，推进村庄环境综合整治，以垃圾分类建设、小区绿化、三星级康居乡村点为重点，实行卫生长效管理服务外包，外包费用70万元/年，生活垃圾集中处理率100%，为每户农户配备小型垃圾桶，建设垃圾分类站。建立无焚烧秸秆及无焚烧垃圾巡查小组。打造小区北游园，总投资313.8万元，面积4.62万平方米。

红色文旅打造。从20世纪60年代“艰苦朴素、奋发向上”到新时期“崇正尚和、友爱洪泾”，洪泾村红色文化精神得到传承。发掘乡贤文化，树立文化创作者吴本泉、身边好人老丁、最美环卫工人王永良等一批乡贤文化代表。打造“一村一品”系列活动，举办洪泾村首届红色文化艺术节等主题活动。结合红色文化打造系列农旅项目，规划建设高标准蔬菜种植基地11.67公顷，其中四季蔬菜1.5公顷、多元化蔬菜1.97公顷、精品蔬菜1.26公顷、特色蔬菜1.13公顷、常规蔬菜1.87公顷、特色果树园2.09公顷，规划以“勤俭节约、忆苦思甜”为主题的生态水稻种植园，探索红色文化，推动农旅融合发展。

半泾村。半泾村位于沙溪镇西侧，沙南公路横贯东西，全村总面积5.2平方公里，有村民小组32个，农户771户，在册人口2909人。村党委下设党支部4个，共有党员178人。全村耕地面积203.33公顷，工业厂房1.20万平方米，物业房1.2万平方米，工业类土地30.53公顷，企业88家。近年，半泾村围绕“产业兴旺、生态宜居、乡风文明、治理有效、生活富裕”发展总目标，初步走出一条村级经济繁荣、村容村貌整洁、产业融合发展、民主管理健全、农民生活富裕的新农村发展之路，丰富新农村建设内涵。2018年，半泾村总资产9005万元，净资产6400万元，村级总收入1623万元。半泾村先后获得“江苏省文明村”“苏州市先锋村”“苏州市城乡一体化改革发展先进集体”“苏州市新农村建设示范村”等称号。

党建引领。半泾村树立“抓党建促发展”理念，落实2800平方米党群服务中心建设工作，设立苏州首个村级“乡村振兴学堂”，丰富农村党建载体。

产业体系优化。半泾村依托沙溪镇高标准农田改造及太仓市菜篮子工程项目契机，推进高标准农田建设。至2018年年底，投入800万元建成高标准农田166.67公顷；新建蔬菜加工车间3000平方米、净菜保鲜库500平方米、连栋大棚1.33公顷，引进冷链物流，增设产品分拣包装设备，推动绿阳、绿源2个村级合作社规模化经营、标准化生产。

农村电商发展。2018年，半泾村建成总面积600平方米、总工位28个的半泾村电商创业孵化基地，培育农村电商创业者，对符合要求的人才提供两年免租及小额免息贷款等优惠政策，扶持其在半泾村农产品电商、农旅产品电商等方面的创业就业。

农旅空间拓展。半泾村投入1312万元控股天竹园生态农庄，引进1500万元工商资本建设田庐园高端民宿，配套农副产品展销中心、游客服务中心、会务中心等功能服务区，发展天竹园旅行社，抱团打造地方特色吃、住、游、购为一体的“乡村旅游产业”。旅游区获评江苏省三星级乡村旅游区。至2018年年底，旅游区总占地面积6.67公顷，建筑面积8800平方米，拥有标准客房118个，餐位780个。全年共计接待上海、苏州等地住宿游客8万人次，接待餐饮30万人次，全年营业总额超2000万元，增加村级收入近100万元，实现“农业促进旅游，旅游反哺农业”的良好发展态势。

2018年沙溪镇主要经济社会指标表

表77

项目	单位	数值	项目	单位	数值
地区生产总值	亿元	134.96	出口创汇	亿美元	5.76
财政收入	亿元	15.10	三产增加值	亿元	64.52
耕地面积	公顷	6028.6	乡镇公路里程数	公里	171.16
农业总产值	亿元	12.75	电话普及率	%	99
粮食总产量	万吨	2.90	科技人员	人	8400
农机总动力	万千瓦	2.65	中小学校	所	10
出栏生猪	万头	1.80	在校中小学生	人	11244
出栏家禽	万羽	110	在职教师	人	764
工业企业	家	2440	开通有线电视	户	41539
工业销售收入	亿元	282.17	医院	家	1
工业利税	亿元	14.55	卫生室	个	3
合同利用外资	万美元	7227	农民人均可支配收入	元	39344
实际利用外资	万美元	3697	农民人均住房	平方米	63

2018年沙溪镇各村基本情况一览表

表78

村名	党组织书记	村委会主任	村级经济总收入（万元）	人均可支配收入（元）	设立时间	面积（平方公里）	户籍户数（户）	户籍人口（人）	可用财力（万元）	总资产（万元）
涂松村	龚利江	龚利刚	1194	39200	1983年8月	6.91	842	3458	1071	8150
印北村	陈利明	邹菊华	982	40575	1983年8月	3.68	563	2096	872	5234
洪泾村	孙燕红	闻　斌	988	38400	1983年1月	4.2	693	3133	934	5274
半泾村	王建春	沈建国	1623	41260	1983年10月	5.2	771	2909	1518	9005
中荷村	曹　锋	徐建新	1239	41200	1983年9月	8.2	1011	4018	1011	12310
松南村	魏　强	陈卫兵	1458	44400	1983年10月	4.81	546	2758	1215	11114
胜利村	汤庆丰	王增强	1137	42600	1983年10月	7.6	1149	4562	1054	10262
泥桥村	蒋洪彬	—	674	38730	2004年1月	9.7	1470	5556	671	5717
泰西村	彭　渊	陆建国	1094	43025	1983年10月	7.65	1048	3785	604	4006

续表 78

村名	党组织书记	村委会主任	村级经济总收入（万元）	人均可支配收入（元）	设立时间	面积（平方公里）	户籍户数（户）	户籍人口（人）	可用财力（万元）	总资产（万元）
虹桥村	张卫彪	周国清	976	36203	2004 年 4 月	7.11	1101	3879	676	2948
项桥村	张永彬	苏利德	639	37612	1983 年 8 月	7.16	1035	3770	513	2191
庄西村	苏庆丰	徐　健	1072	39555	1983 年 8 月	9.2	1052	3791	757	3945
凡山村	洪　庆	朱利兵	592	35900	1983 年 10 月	5.69	648	2485	566	2678
香塘村	龚志昌	徐振兴	545	42530	1983 年 8 月	2.14	242	940	465	2921
渠泾村	奚卫明	王月明	532	40200	1983 年 3 月	6.24	827	3048	499	2548
太星村	柳文斌	陆志豪	811	42270	1982 年 10 月	2.12	250	985	757	13385
岳星村	陈国仪	蔡志敏	536	39680	2004 年 5 月	5.96	696	2390	467	4311
新建村	丁卫清	钱建明	543	33526	2004 年 4 月	5.4	583	2117	532	3923
岳镇村	王曹平	江晓明	659	36099	1999 年 9 月	6.43	1032	3224	469	5223
塘桥村	王哲峰	—	572	36600	2004 年 4 月	7.9	903	3157	418	4866

2018 年沙溪镇骨干企业情况一览表

表 79

企业名称	企业负责人	销售收入（万元）	利税总额（万元）
香塘集团有限公司	顾振其	304154	14462
太仓逸枫化纤有限公司	陈建刚	215082	18117
太仓利泰纺织厂有限公司	潘雪平	136333	−3678
苏州市宏达集团有限公司	黄耀臻	111130	4947
江苏德威新材料股份有限公司	周建明	82705	−1076
苏州仓松金属制品有限公司	李嘉辉	72904	1942
苏州英利汽车部件有限公司	林上炜	55858	2385
太仓仲扬金属印刷有限公司	刘炤雄	41437	5580
苏州艾迈实业有限公司	许　飞	40846	5383
苏州悠远环境科技有限公司	刘晓彤	39844	5051
环琪（太仓）塑胶工业有限公司	蔡　镙	38132	11039
东又悦（苏州）电子科技材料有限公司	刘显模	34939	−134
中广核三角洲（江苏）塑化有限公司	魏建良	34440	4141
凡甲电子（苏州）有限公司	游万益	33308	6005
丰武光电（苏州）有限公司	田中肇	30087	3008
安佑生物科技集团股份有限公司	洪　平	27134	13179
瑞宏精密电子（太仓）有限公司	郑宝瑞	25746	−3045
太仓安佑生物科技有限公司	苏美俐	23442	5266
爱克（苏州）机械有限公司	提莫希尔顿	22823	1155
创艺卫生用品（苏州）有限公司	山田菊夫	20074	1592
太仓仲英金属制盖有限公司	刘炤雄	19615	3087
苏州上好佳食品有限公司	施学理	19219	2740
太仓久本机械科技有限公司	倪利平	17452	4162
太仓中博铁路紧固件有限公司	林　波	15889	470
太仓天宇电子有限公司	王春飞	15203	130
太仓市骋贸纺织有限公司	张坤良	14990	63

续表 79

企业名称	企业负责人	销售收入（万元）	利税总额（万元）
太仓市恒兴工艺品有限公司	霍华妹	14462	590
布莱史塔粉末冶金制品（太仓）有限公司	EKKEHARD MAXIMILIAN KOHLER	14220	−220
江苏斯穆一碧根柏金属制品有限公司	李东明	13256	513
太仓沪试试剂有限公司	顾小焱	12891	1038
苏州莱尔特清洁器具有限公司	支晓峰	12494	439
太仓市开林油漆有限公司	徐锦明	11783	1618
奥普拉（太仓）塑料制品有限公司	Roland Wallner	11768	−1706
太仓星盛汽车零部件制造有限公司	王　琳	11567	1230
苏州绿香源食品有限公司	胡兴兆	10676	91
太仓市远舰化纤有限公司	陆维新	10634	84
苏州申乐化纤有限公司	孟　弛	10338	156
苏州花仙子环保科技有限公司	王佩诗	10142	430
苏州生富科技金属材料有限公司	简川富	9733	−402
太仓海震金属制品有限公司	陈慧慧	9606	142
太仓市月生电镀有限公司	夏月生	9600	1346
苏州金马纺织有限公司	万解平	9592	292
苏州青蚨混凝土制品有限公司	陈　军	9507	871
龙钜超洁净科技（苏州）有限公司	蒋宝隆	9392	855
太仓市海峰电镀有限公司	王海峰	8464	1392
群耀实业（苏州）有限公司	陈顺义	8273	−345
苏州康辉纺织有限公司	王建康	8032	129
太仓市俊达塑化有限公司	龚　清	7946	469
太仓凯骏房车有限公司	范　娟	7946	148
太仓市陆林实业有限公司	林燕玉	7411	93
优缔新材料科技（苏州）有限公司	曾裕峰	7409	515
太仓驰太电子新材料有限公司	金昌万	7329	387
太仓大中包装材料有限公司	黄　洁	7143	207
妙管家（苏州）日用品有限公司	庄启传	6771	756
太仓康盛展示制品有限公司	杨碧君	6760	180
太仓恩力成密封件有限公司	刘云爵	6751	132
太仓市强弟印染有限公司	周小弟	6666	212
江苏弘海皮革制品有限公司	陈　健	6647	1200
太仓市龙鑫纺织有限公司	陆雪英	6441	200
太仓市盛龙纺织有限公司	张　健	6392	73
太仓市康辉科技发展有限公司	陈利忠	6362	1073
益昌铝制品（太仓）有限公司	陈威瑾	6342	127
苏州耀田金属制品有限公司	江夏洁子	6136	222
亿鸿环保机械（苏州）有限公司	李伯仲	5878	1127
苏州斯曼尔时装有限公司	GONG FAN	5706	534
太仓市鑫德纺织有限公司	金惠德	5633	111

续表 79

企业名称	企业负责人	销售收入（万元）	利税总额（万元）
苏州市桑林汽车配件有限公司	屠晓斌	5525	303
太仓市诚联塑料有限公司	马小芳	5489	106
太仓市沙溪印染厂	胡　健	5418	350
苏州市万松电气有限公司	洪焕松	5410	1355
太仓市泓隆化纤有限公司	夏　清	5334	70
太仓市恒力纺织有限公司	唐惠元	5163	466
贺利氏回收技术（太仓）有限公司	ANDRE CHRISTL	5124	736
苏州一井新型织物有限公司	金璟珠	5091	−812

说明：收入销售收入 5000 万元以上企业

（陈　健）

长江口旅游度假区

【概况】 长江口旅游度假区（浏河镇）位于太仓市东南部，东临长江，西连太仓主城区，南沿上海，北靠太仓港，距上海市中心 39 公里、虹桥国际机场 35 公里、浦东国际机场 70 公里、苏州 70 公里，苏昆太高速、沿江高速、沪太一级公路、346 国道、339 省道、浏翔公路直达境内。全镇总面积 68 平方公里，辖 8 个村、7 个社区，总人口 9.72 万人（其中户籍人口 4.84 万人）。2018 年，完成地区生产总值 101.02 亿元，较上年增长 6.33%；公共财政预算税收收入 6.71 亿元，较上年增长 18.13%；全社会固定资产投资 40.52 亿元。

【经济发展】 2018 年，长江口旅游度假区完成工业总产值 124.2 亿元，规模以上企业产值 95.33 亿元，引进内资 20.26 亿元，注册外资 7008 万美元，到账外资 2502 万美元，进出口总额 4.2 亿美元。南雁新能源传动、展焱包装机械等 2 个项目竣工投产，华兑汽车科技、米汉钠机床等 6 个项目加快建设。西部工业区日渐规模，集聚汽车配件、精密机械项目 22 个。高新技术产业产值占比 67.17%。新增省民营科技企业 9 家，市科技小巨人企业 2 家，高新技术企业 8 家，申请发明专利 177 件，授权 47 件。获批省研究生工作站 2 个，省级、苏州市级（工程）技术中心 3 家，苏州名牌产品 4 个。

【园区建设】 2018 年，长江口旅游度假区推动南部工业区“腾笼换鸟”，培育北部工业区“亩均倍增”，加快西部工业区“集聚创新”。紧扣高端装备制造、汽车零部件等产业方向，严把项目亩均投入产出关，实施“精准招商”“产业链招商”，做好上海优质项目转移承接工作，发掘、储备和建设一批撬动性强、科技含量高的重点项目，打造汽车核心零部件产业集群。培育北部工业区“亩均倍增”，汽车零部件、机电产业加速集聚，产值占规模以上企业比重 55.18%。西部工业区产业加速园载体转型升级成效明显，新兴产业产值占比 65.59%。苏州机电（浏河）特色产业基地发展强劲，基地内机电类生产企业 33 家，规模以上企业实现工业产值 43.91 亿元，占全镇规模工业总产值 46.06%，有效拉动全镇经济总量增长。

【城乡统筹】 2018 年，《浏河镇总体规划》获批，核心片区控制性详细规划加快编制。恒大文旅城、太浏快速路和南沿江铁路等重点项目地块动迁工作有序开展，滨江花园一期安置房建设主体竣工。新塘管理区整治提升工程基本完成，迎福新村、闸北新村等老小区改造有序实施，“四好农村路”加快建设。新建高标准农田 177.4 公顷，粮食生产全程机械化水平 92%。浏南村、万安村等 6 个股份合作社实现按股分配。郑和大街及郑和南北路整治成效明显，新增道板违停抓拍点 16 处，规范设置停车位 388 个。常青集贸市场整治完成，活禽交易区完成改造，违章搭建清除到位。“三优三保”有序推进，盘活闲置低效用地 48.6 公顷。垃圾分类处理加快实施，农村实现全覆盖，城镇居住区覆盖率 40%。农村居民人均可支配收入 3.42 万元。完成创建三星级康居乡村 5 个、康居特色村 1 个，成功创建省级健康镇。

【生态环境】 2018 年，长江口旅游度假区持续推进“263”专项行动，关停取缔“散乱污”企业（作坊）189 家。“六大整治”成效明显，清除人棚混居 1155 处，拆除各类违章建筑 28 万平方米，畜禽养殖整治提升完成。346 国道、滨江大道等 13 条主要道路沿线环境面貌明显改善。民人谷等“大棚房”问题整治到位。长沟河、陆窑塘等 158 条市镇村三级河道治理完成，白浍河、钱泾河等 26 条黑臭河道水质明显改善，建成区黑臭水体基本消除。钱泾新村、南部工业区等 3 个片区截污纳管工程基本完成。“水十条”考核断面达标率提高 27 个百分点，新浏河国考断面水质保持Ⅲ类水标准。新浏河闸内 25 个无证砂石码

新浏河大桥　　（2018年8月摄　长江口旅游度假区供稿）

头全部完成整治。年内，通过国家卫生镇复审，成功创建省级生态文明建设示范镇。

【公共服务】 2018年，长江口旅游度假区举办“春风行动”等各类招聘活动92场，提供就业岗位1.15万个，新增各类社会保险1.42万人。办理土地换保障468人。精准帮扶扎实开展，慰问困难对象338户，发放救助金475万元，发放尊老金212万元。与陕西楼观、贵州田坪的协作帮扶工作全面开展，签订镇、村、国资公司帮扶协作协议5个。“上海九院集团太仓医联体”医疗合作在浏河镇持续深化。二级医院创建推进。明德小学健雄少年科学院建成投用。市民广场完成提档升级并启用，镇文化艺术中心改造完工，“百姓舞台”等文体活动受到群众欢迎。浏河古镇获评苏州市特色文艺创作基地（摄影）。殡仪服务中心建成投用，散坟整理有序推进。养老服务体系日益完善，颐悦园护理床位完成改造更新，日间照料中心社会化运营率63.6%。

【社会治理】 2018年，长江口旅游度假区融入长三角一体化发展，与上海嘉定华亭镇、宝山罗泾镇分别签署合作发展战略框架协议，深化平安建设、环境治理等合作。“政社互动”“三社联动”深入推进，全市首个镇级“邻里生活馆”对外开放，“连心家园”关爱阵地获评省优秀项目，“青益坊”服务驿站建成投用。社会综合治理联动分中心运行平稳，各类办件处置率98.9%，满意率92.7%。公共法律服务均等化深入实施，高标准完成公共法律服务全国现场会等任务。各类社会矛盾有效化解，信访办件受理量下降21.1%。食品安全监管加强，获评“苏州市基层先进集体”称号。企业安全生产常抓不懈，8家重大隐患挂牌督办单位全部完成整改。“331”专项行动持续推进，消除火灾安全隐患6600余处，“群租房”“三合一”和电动自行车违规停放等现象得到有效治理，火灾数量较上年下降35%。扫黑除恶专项斗争全面开展，公共安全感和社会满意度得到提升，获评“省社会治安综合治理先进集体”称号。

【特色村庄】 新闸村。新闸村位于浏河镇中心北侧，东邻长江口岸，西靠何桥村，南接新浏河，北至浏家港，346国道、浏浮公路贯穿南北，全村区域范围9.8平方公里。2018年，全村有村民小组67个，在册人口4012人，其中60岁以上老人1542人；有党员235人，有党支部7个。共有耕地433.87公顷，农业规模经营户6户，农场专业合作社4个，租赁企业、门面86家。农民人均可支配收入3.4万元，村级可支配收入875万元，拥有集体总资产6136万元。新闸村先后获评“江苏省文明村”“苏州市文明村”“苏州市示范村”“太仓市文明村”“乡风文明示范村”等称号。新闸村发展村级经济，新建标准厂房、门面房、丧事会所等。发展高效生态农业，新建高标准农田，以种植小麦、水稻为主。2016年起，新闸村尝试龙虾、蟹和水稻混养，加强农产品销售种类，增加创收途径。随着浏河镇新型城镇化和长江口旅游度假区建设步伐加快，新闸村大部分区域实现拆迁，超过80%的农户进入新型农村集中安置小区。新闸村在集中小区建设文体活动场所，每季度安排文艺演出活动进小区。新闸村实施自然村庄环境长效保洁，改善农民居住环境。

浏南村。浏南村位于浏河镇西南侧，东依长江，南临上海，沪太公路贯穿全域，水陆交通便捷。村域面积12.9平方公里，耕地面积407.53公顷，粮食种植面积158公顷，果园13.53公顷，七十二家村花海地6.67公顷，梅家宅菊花种植面积2.33公顷。全村共有自然村落31个，村民小组62个，总户数1688户（拆迁372户），户

浏河文化广场　　（2018年10月摄　长江口旅游度假区供稿）

籍人口5425人，流动人口1.3万人。村党委下设党支部6个，党员265人。截至2018年年底，村级集体总资产6920万元，总收入1050万元，人均可支配收入3.61万元。浏南村先后获评“江苏省文明村”“江苏省新农村建设示范单位”“苏州市文明村”“A级社会组织”“苏州市民兵营规范化建设先进单位”“太仓市科普示范村”“太仓市美丽家园示范点”“太仓市美丽建设先进单位”等称号。浏南村村级稳定性收入每年保持稳定增长，三星级康居乡村建设稳步推进，综合治理成效显著，村级文化氛围浓厚。以打造七十二家村农旅规划为契机，开发利用农业旅游资源，将农业农村发展与旅游产业的建立与推广相结合。开展新型农业建设，采用机械化种植，发展现代农业，依托农家乐、民宿和生态旅游业发展特色经济，走“以农促旅、以旅兴农”发展之路。推进集体经济转型升级，促进农民持续增收，在创新社会治理中推动社会事业进步。

2018年长江口旅游度假区主要经济社会指标表

表80

项目	单位	数值	项目	单位	数值
地区生产总值	亿元	101.02	出栏生猪	万头	1.95
财政收入	亿元	25.91	出栏家禽	万羽	23.51
耕地面积	公顷	3177	镇村主干道	公里	262
农业总产值	亿元	2.66	电话普及率	%	100
粮食总产值	万吨	1.49	中小学校	所	3
农机总动力	万千瓦	1.32	在校学生总数	人	4293
工业企业	家	1596	在职教师	人	286
工业销售收入	亿元	121.31	开通有线电视	%	100
工业利税	亿元	8.74	医院	个	2
合同利用外资	万美元	7008	卫生室	个	15
实际利用外资	万美元	2502	农民人均可支配收入	元	34233
三产增加值	亿元	53.84	农民人均住房	平方米	86
商品零售总额	亿元	0.65	—	—	—

2018年长江口旅游度假区各村基本情况一览表

表81

村名	党组织书记	村委会主任	村级稳定性收入（万元）	人均可支配收入（万元）	设立时间	面积（平方公里）	户数（户）	人口（人）	总资产（万元）
浏南村	周忠兵	金　球	1050	3.61	2007年5月	12.9	1688	5425	6920
东仓村	陆　莺	仇　刚	3231	3.88	2007年5月	2.97	667	2410	15368
何桥村	徐栋梁	陆　健	456	3.24	2007年5月	8.5	876	3308	4664
新闸村	李　伟	顾解龙	875	3.50	2007年5月	9.8	1407	4012	6136
闸北村	杨志刚	马建友	878	3.41	2007年5月	7.92	1655	4601	5356
万安村	唐维青	严利明	601	3.10	2007年5月	8.2	1018	3497	5447
张桥村	倪伟刚	马宏飞	625	3.40	2007年5月	8.4	1469	4442	8713
新塘村	徐默涵	沈建新	388	3.19	2007年5月	2.6	487	1578	4328

2018 年长江口旅游度假区骨干企业情况一览表

表 82

企业名称	企业负责人	销售收入（万元）	利税总额（万元）
江苏保捷锻压有限公司	吕景林	90398	8423
苏州贯龙电磁线有限公司	郑一帆	60457	5059
三樱包装（江苏）有限公司	陈子荣	58074	6194
太仓敬富塑胶制品有限公司	黄世彰	44558	5326
苏州铃兰卫生用品有限公司	国枝靖弘	36289	1354
苏州久鋐电子有限公司	汤慧芳	34193	7124
奇兴家居（太仓）有限公司	顾品兴	32037	1904
太仓市华鼎塑料有限公司	范兴华	28792	3299
太仓科益精密模塑股份有限公司	曾荣源	26837	932
星光印刷（苏州）有限公司	吕光权	24100	−1163
苏州巨能发电配套设备有限公司	潘耀东	21305	8519
太仓乐盈纸业有限公司	陈永平	18117	519
苏州米汉钠机床有限公司	蒋　伟	17907	583
太仓海嘉车辆配件有限公司	张　哓	15903	790
苏州兴亚钉业有限公司	何永兴	15528	152
太仓南雁新能源传动有限公司	何　剑	14213	−4283
太仓市新塘电镀有限公司	徐振华	13055	1696
康峰（苏州）纸品有限公司	Jose Luis Artiga PErez	12605	1639
太仓优尼泰克精密机械有限公司	夏源涛	12572	4962
江苏宇兆能源科技有限公司	于双双	12358	−953
太仓力九和塑胶工业有限公司	姚聪明	12264	1905
太仓市意欣塑胶有限公司	宣秋兴	11861	1235
苏州双慧机械制造有限公司	李建荣	11150	1001
江苏保捷精锻有限公司	葛　泓	10771	1474
诺浩家具（中国）有限公司	王音荣	10336	−2508
苏州好博医疗器械有限公司	万永钢	9621	1650
苏州宜安诺包装科技有限公司	俞春雷	9576	542
太仓市新星轻工助剂厂	卢钦能	9508	3039
苏州金凡智能机床有限公司	冯乐豪	8907	34
太仓科博尔精密铸业有限公司	潘显根	8772	229
铁王数控机床（苏州）有限公司	李炉堂	8614	390

续表 82

企业名称	企业负责人	销售收入（万元）	利税总额（万元）
苏州双鸿服饰有限公司	黄丁其	8233	522
太仓市新创机电有限公司	郭向红	7823	1158
太仓海祥家具有限公司	李德忠	7706	1479
太仓中佑机械工业有限公司	吴永顺	7511	685
太仓十速电驱动有限公司	居永方	7509	396
苏州星瑞游艇有限公司	张光付	7343	600
太仓越华精密机械配件有限公司	张晓芳	7029	169
苏州东力机电工业有限公司	林义杰	6638	860
太仓英硕空调材料有限公司	张靖敏	6577	622
太仓安美五金机械有限公司	吕济安	6462	78
太仓富田瑞兰得电机有限公司	陶　骏	6117	504
吉翔宝（太仓）离型材料科技发展有限公司	於险峰	6017	137
苏州柏恩氏电子有限公司	三　木	5942	341
苏州佳可机械工业有限公司	黄正雄	5544	−18
苏州丹格韦实业有限公司	HUI HOWARD HONG	5443	42
苏州英群传动系统有限公司	吕景林	5404	823
太仓盈丰制冷设备配套有限公司	朱大刚	5018	446

说明：收录销售收入 5000 万元以上企业

（林岑晔）

浮桥镇

【概况】 浮桥镇位于太仓市东部，东临长江，位于国家级太仓港经济技术开发区中心腹地。镇域面积 145 平方公里，户籍人口 7.35 万人，常住人口 13.2 万人。辖浏家港、九曲、牌楼、时思、老闸 5 个管理区，11 个村、6 个涉农社区、6 个城市社区。2018 年，浮桥镇紧扣区镇一体化发展主线，统筹抓好转型升级、创新驱动、生态环保、城乡建设、民生改善等各项工作，实现地区生产总值 55.56 亿元，完成地方公共财政预算税收收入 6.13 亿元。

【经济发展】 2018 年，浮桥镇完成规模以上工业总产值 65.7 亿元，固定资产投资 6253 万元；高新企业实现产值 15.2 亿元，较上年增长 18.7%；新兴企业实现产值 26.3 亿元；全年实现进出口总额 11.7 亿美元，较上年增长 73.3%，其中进口 7.58 亿美元，较上年增长 105%。年内，浮桥镇农业供给侧结构性改革成效初显，划定粮食生产功能区和重要农产品保护区 2560 公顷。粮食、蔬菜、水产提质增效，实现农业总产值 9.57 亿元。开展粮食绿色高产创建活动，全镇小麦单产每亩 329.3 公斤（1 公顷 ≈ 15 亩。下同），水稻单产每亩 643.1 公斤，均高于全市平均水平。设施建设持续推进，浪港高标准农田提档升级项目启动，绿化、浪港烘干中心建设进度过半，杨林烘干中心全年烘干粮食 9100 吨。粮食全程机械化水平持续提升，新增各类机具 175 台。农村专业合作社管理持续规范，被列入苏州市农民合作社政府优先扶持名录的合作社 31 家，获评二星级以上合作社 8 家。加强农民职业培训，申报职业农民 35 人。推动农村电商发展，“苏仓楼”品牌入驻淘宝网销售，牌楼社区获评江苏省“一村一品一店”示范村。

【城乡统筹】 2018 年，浮桥镇科学编制各管理区长期发展规划，基本编制完成《太仓市浮桥镇总体规划（2017—2030）》，镇、村之间协调发展的城乡规划格局基本形成。按规划开展管理区提档改造工作，完成投资 3.1 亿元。老闸管理区提档基本完成；九曲管理区市场整治、店招立面、星八路工程完工；时思管理区沿路绿化景观、立面改造项目完工；浏家港管理区菜场提档、幼儿园新建、交通和环卫设施改造完工；牌楼管理区立面改造、西泾路绿化项目完工，牌楼市场改造完成并投入使用；浮桥老镇区和平路市政改造及立面工程、黄浦泾污水管道、中兴街疏导点北地块等项目完工，影剧院广场投入使用。推进动迁安置工作，城乡一体化发展格局更加巩固。

【生态环境】 2018年，浮桥镇持续开展以“263”专项行动和“331”专项行动为重点的城乡环境综合整治行动。推进“两违”整治，拆除违章建筑2058处，面积29.48万平方米；拆除人居大棚1467个，面积8.95万平方米，全域范围人居大棚清零。开展“大棚房”问题专项治理，杜绝设施农用地非农化。推进畜禽整治，防控非洲猪瘟，关停各类养殖场94家。加快推进木材整治，完成木材加工企业整治67家，清空土地26.67公顷。重点推进沿路沿线环境提升，刷白立面31.7万平方米，补植绿化5.28万平方米。持续推进城乡环境长效管理，完成散坟整治1698座、3067穴。完成垃圾分类试点村（社区）7个，住宅小区垃圾分类设施覆盖率50%，累计完成农村生活污水接管2797户。开展“331”专项行动，整治“三合一”场所2415处、出租房（群租房）4589处，拆除影响逃生障碍物1.3万平方米，建成电动车集中停放和充电设施近300处。

2018年11月9日，港区、浮桥镇创建文明城市推进部署会召开
（刘长安　摄）

【公共服务】 2018年，浮桥镇按计划推进8大类30多项民生实事工程。基础设施建设不断完善，完成整治农贸市场4个，其中牌楼、老闸2个农贸市场委托物业管理，实施收支两条线，管理运营模式全市首创。公共卫生与医疗卫生服务机构配置标准提高，金浪卫生院中医馆工程、浪港和茜泾村社区卫生服务站改建工程等项目完成。基础教育设施建设力度加大，浮桥中学室内装修、时思小学风雨操场工程进度过半，镇社区教育中心获评省级标准化社区教育中心。养老体系更加完善，新增日间照料中心及站点5家，居家养老服务人数近4000人。困难群体精准帮扶力度持续加大，落实低保、困难慰问等补助资金1100万元，惠及2700余人。居民公共就业服务水平提升，组织招聘会100余场，达成就业意向近4000人。城乡一体的居民医疗保险制度稳步实施，新增城保人员1.18万人、基本医保人员1.13万人、公积金扩覆1237人。群众文化生活丰富活跃，开展“和为贵”邻里文化节，特色民俗文化、特色农副产品、特色文明成果“三进城”等系列活动。

2018年1月17日，浮桥镇社会综合治理网格管理中心、联动指挥中心揭牌
（刘长安　摄）

【社会治理】 2018年，浮桥镇“政社互动”“三社联动”“协商能动”深入开展，新城花园社区被列为全国“儿童权利倡导和儿童保护”项目试点地区并结题，牌楼社区试点“开心农场”家庭诚信积分项目，细化、量化“村规民约”。社会矛盾纠纷分析研判机制运作良好，调处重大复杂矛盾纠纷340起。基层法治建设不断推进，累计创建省级民主法治示范村（社区）9个、苏州市级民主法治示范村（社区）13个。社会治安防控体系日益完善，社会面视频监控总数近4000个，全年接处警1.2万起。扫黑除恶专项行动深入开展，办理涉黑涉恶案件44起，刑拘56人。以联动中心为中枢的社会综合治

理联动机制日益完善，93个网格布点1337处，实现重点点位全覆盖。

【特色村庄】 丁泾村。丁泾村位于浮桥镇西南，东抵338省道，西与沙溪镇交界，南与浏河镇连接，北靠新港公路，苏昆太高速公路纵横村域3.5公里。2004年4月，村区域合并调整，由原凤星村、米场村、丁泾村、健心村4个村合并，更名为丁泾村，全村区域面积6.7平方公里，耕地面积352公顷，有村民小组47个，农户811户，常住人口4200多人。村党委下设党支部4个。丁泾村先后获评"江苏省卫生村""江苏省农业生态村"等称号。

2013年起，丁泾村集体合作农场开发"稻蟹共生立体生态种养"项目。2018年，在原有稻蟹共生项目基础上推行"稻虾共生立体生态种养"项目，在田埂周围闲散地块种植金丝皇菊，延长产业链，带动失地农民再就业，增加农民收入。生态蔬菜基地位于国家级太仓现代农业园四季花海项目北门，占地0.8公顷，周边配套用地5.33公顷。基地分种植区、售卖区、生态采摘区和出租代管区。采摘区和出租代管区满足艳阳度假酒店、玫瑰庄园等大型酒店的游客体验农耕文化需求。售卖区集中展示全镇各合作社特色农副产品。与旅行社合作，为上海、苏州等周边城市游客提供蔬菜礼包。丁泾村创新发展生态种养新模式，增加农场收入和农民分红，为失地农民提供就业岗位，提高农民科技种植技能。丁泾村蟹田米进入上海和苏州各县市连锁超市，具有较高知名度。

茜泾村。茜泾村位于浮桥镇浏家港管理区，东与港区相邻，西至沪浮璜公路，南与浏河闸北村交界，北至新港路。浏浮公路从南至北横贯全村。茜泾村由原茜星村、茜东村、中燕村及三里、火箭、寿安等6个村和1个居民小区合并而成，区域面积12.9平方公里。2018年，有村（居）民小组66个，总户数1686户，户籍人口5176人，外来务工人员1.2万人。其中茜星片有村民小组14个，农户348户，区域面积2.2平方公里；茜东片有村民小组7个，农户233户，区域面积1.7平方公里；中燕片有村民小组15个，农户289户，区域面积3平方公里；三里片有村民小组12个，农户206户，区域面积2平方公里；火箭片有村民小组7个，农户129户，区域面积1.5平方公里；寿安片有村民小组11个，农户200户，区域面积2.5平方公里。全村共有耕地409.13公顷，良田面积343.67公顷，围塘养殖水面38.87公顷，林地5.67公顷。茜泾村先后获评"江苏省生态村""太仓市社会治安安全村""太仓市文明村""太仓市新型农民科技培训示范村"等称号，2009年，被列入"太仓市第四批社会主义新农村建设示范村"。

2018年浮桥镇主要经济社会指标表

表83

项目	单位	数值	项目	单位	数值
地区生产总值	亿元	55.57	镇村主干道	公里	105.88
财政收入	亿元	10.76	电话普及率	部/百人	90
耕地面积	公顷	4562	科技人员	人	2108
农业总产值	亿元	9.57	中小学校	所	8
粮食总产量	万吨	2.98	在校中小学生	人	9800
农机总动力	万千瓦	2.47	在职教师	人	553
出栏生猪	万头	0.63	开通有线电视	万户	2.23
出栏家禽	万羽	18.20	医院	家	6
工业企业	家	1655	卫生室	个	25
工业销售收入	亿元	87	医保普及率	%	99.9
工业利税	亿元	4.27	年末存款余额	亿元	65
出口创汇	亿美元	4.11	人均储蓄存款	元	75063
三产增加值	亿元	27.68	农民人均可支配收入	元	34573
商品零销总额	亿元	27.86	农民人均住房	平方米	82

2018 年浮桥镇各村（涉农社区）基本情况一览表

表 84

村（社区）名	党组织书记	村（居）委会主任	工农业总产值（万元）	人均可支配收入（元）
浮桥村	黄觉明	孙继青	34516	38257
七丫村	展益峰	钱　健	16122	28465
方桥村	王　烨	陈奔波	11223	36456
时思村	闻　健	纪秀琴	95452	34578
浪港村	顾忠强	庄文迪	10112	37623
绿化村	徐君敏	陆清平	9564	35654
三市村	沈益飞	陆建军	6766	36905
茜泾村	钱海强	严星宇	33223	34568
马北村	倪昌龄	闻国强	22216	31124
丁泾村	陈　超	陈　超	24058	40255
新邵村	支逢春	傅青松	11865	31223
九曲社区	陈志强	张　耀	49578	32592
时思社区	陆利平	高　峰	33865	32334
老闸社区	陆利兵	陆明艳	7067	31576
建红社区	沈伟刚	费福康	4425	31125
浮南社区	凌卫国	陈永兴	5205	31657
牌楼社区	单丽婷	顾海兵	34506	35006

2018 年浮桥镇骨干企业情况一览表

表 85

单位名称	法人代表	销售收入（万元）	利税总额（万元）
怡球金属资源再生（中国）股份有限公司	黄崇胜	138219	1529
太仓巨仁光伏材料有限公司	徐春玲	45248	2688
苏州良浦住宅工业有限公司	朱卫民	30364	7632
太仓市金鹿电镀有限公司	王琴珍	28978	6158
太仓金汇再生资源有限公司	杨　柳	29622	1135
格瑞夫（太仓）包装有限公司	张文星	24016	1801
太仓上电混凝土制品有限公司	王学芹	20927	1373
鼎泰铝业科技（太仓）有限公司	洪玉环	17119	1899
苏州良浦天路新型建材有限公司	朱卫民	16633	3644
太仓双胞胎饲料有限公司	华　磊	15689	653
太仓祥好塑胶科技有限公司	陈　镐	14826	1
太仓市伊丝利化纤有限公司	龚逸平	13033	−643
太仓市华夏电镀有限公司	陈耀祖	12164	1497
中广核三角洲（苏州）高聚物有限公司	丁建宏	12004	1834
苏州华辰净化股份有限公司	项振荣	10524	1561

（沈熙峰）

璜泾镇

【概况】 璜泾镇位于太仓市东北部，镇域面积83.55平方公里，设王秀、鹿河2个管理区，辖13个村、4个社区，常住人口7.95万人，流动人口3.89万人。2018年，全镇实现地区生产总值86.16亿元，工业总产值214.7亿元，公共财政预算收入3.48亿元；全社会固定资产投资完成14.15亿元；农民人均可支配收入超4万元。年内，璜泾镇获评首批“省生态文明建设示范乡镇”。

【经济发展】 2018年，璜泾镇实现规模以上工业总产值161.04亿元，完成工业投资4亿元。实施市级重点项目7个，济丰包装投产，宇乐照明、双友汽配等项目结构封顶，捷宏环保土建开工。招商引资实现突破，新增注册资本14.98亿元，个私经济净增注册资本20.27亿元，注册外资3137万美元，实际利用外资1572万美元。招商引资成效显著，引入钜亚汽车装备、纽斯特制造、椿盟机械等一批优质项目。德国安科玛注册，实现对德合作零突破。产业升级步伐加快，对接国内外数据运营企业，大数据项目洽谈取得实质性成效。全年完成服务业投资14.15亿元；房产市场平稳发展，累计完成投资9.78亿元，天琴雅苑售罄，蓝光、金辉地产项目稳步推进。科技创新动能积聚，骨干企业研发经费投入超1.4亿元，技改资金投入超1亿元。荣文合成纤维获评省级企业技术中心，瑞高新材料获评市科技小巨人；新增省工程技术中心1家、高新技术企业2家、民营科技企业8家。产学研合作不断拓展，达成合作协议16项，百万级“苏州大学——学泰热转印材料协同创新中心”项目签约。搭建创新交流平台，成立璜泾镇企业家创新发展联盟。企业上市有序推进，荣文库柏完成股改，切片纺龙头企业中润科技筹备赴美上市。

【园区建设】 2018年，璜泾镇加快工业园区建设，完善园区道路框架。园三路完成道路基建，钱泾塘桥建成通车，钱泾塘延伸段完成施工招标，园五路完成施工图设计。污水处理厂新建工程完成规划选址，工业园区道路绿化、亮化、通信及水系沟通工程同步推进。全年被列为市发改委重点项目7个（济丰包装属苏州市重点项目），总投资20.34亿元。截至年底，工业园区共入驻企业34家，实现产值55.31亿元。璜泾镇现代农业园直销中心通过引入物联网技术发展“智慧农业”，产品质量和客户满意度不断提升，全年共接待上海和苏州游客3.6万人次，销售额近300万元。现代农业园区引入农业种植现代化设备和尾菜废弃物发酵罐处置等新技术，提高蔬果种植效率和技术水平。新增“秋苔一号”“高峰玉米”“美浓香瓜”等品种，丰富园区农产品品种。竣工标准化鱼池改造项目7.33公顷。举办全省农业机械高质量发展现场会。

【城乡统筹】 2018年，璜泾镇镇域规划日趋协调，完成总规编制报批，推进中心镇区控规编制工作，启动雁月湖生态湿地水系规划。实施集中居住小区规划调整，完成新华、荣文、王秀小区扩容工程，新增宅基400余个。启动高层安置房新丰华佳苑一期项目。推进老镇区提档升级，姚塘截污纳管、永乐环路亮化、荡茜路改造完工；加快新镇区建设，新镇路、园林南路完成绿化亮化工程并通车，雁月湖高压线路搬迁基本完成；王秀管理区提档升级接近尾声，主街道立面改造、休闲广场、社区服务中心完工，湘杨路二期、湘里泾桥竣工通车，湘王路、永安路、鼎隆街提档完成；推进鹿河管理区长效管理，管理区办事处、玉影山社区办公楼改造完成，新明海绵广场、农贸市场污水管网建成投用。推进“四好农村路”建设，完成伍鹿路、草王线、建王线道路基建、鹿北路亮化和湘杨路二期绿化，新建农桥22座。农业项目质效提升，新建高标准农田573.33公顷，“菜篮子”工程稳步实施。农机化水平持续提升，新增大中型农机设备60余台，实现粮食生产全程机械化。“璜泾”牌农产品美誉度提升，获评“味稻小镇”。镇村集体资产清产核资完成外业测绘工作。“三资”管理步入正轨，严格支出审核。村级经济抱团发展，成立绿秧禾合作联社。实施土地流转奖补办法，引导土地承包经营权向集体规范流转。举办新型职业农民技能观摩培训班9期，参训560余人次。

【生态环境】 2018年，璜泾镇持续开展“263”专项行动、“散乱污”治理，取缔“散乱污”企业超200家，关停化工企业8家，在全市范围内率先实

2018年5月4日，太仓市家庭诚信积分（试点）工作表彰仪式暨璜泾镇学雷锋志愿服务推进活动在璜泾镇举行（璜泾镇供稿）

现镇域无化工企业；全年减少煤炭消耗1.76万吨，超额完成年度目标任务。"三优三保"完成拆旧地块218块，复垦土地26.93公顷。城乡环境长效管理、绿化及环境专项整治纵深推进，整治畜禽养殖27户，清栏奶牛680头、家禽20万羽，拆除棚舍面积1.5万平方米，在全市范围内实现镇域无规模养殖场；拆除人居大棚17个；完成沙鹿路、346国道等交通干线整治点位67处。落实"大棚房"整治，拆除面积3067平方米。推进畅流工程，拆除坝埂16处，新建桥涵16座、泵站2座。实施"河长制"工作，疏浚河道23条、14.52公里，清理土方20.1万立方米；完成新联中心河水体整治；新增生活污水接管657户；拆除老荡茜河沿线砂石场13家；完成七浦塘千亩生态林果苗木基地土地平整；"水十条"考核达标率100%，位列全市第一。推进美丽乡村建设，完成建设苏州市三星级康居点11个。农旅结合持续深化，以革命红色文化与生态绿色元素为主体的现代农旅线路日臻完善，杨漕村苏州首批特色田园村庄建设有序推进，第二届太仓市乡村旅游节开幕式在吴家湾举办，孟河村获评"省三星级乡村旅游区"。

璜泾镇美丽村庄　（2018年10月　许雅兰　摄）

【公共服务】2018年，璜泾镇发展各项社会事业，向社会提供更多更好的公共服务。全年新增社保开户企业383家，参保人员3672人；办理辖区被征地农民社保134人，涉及金额1048.9万元；住房公积金扩面任务超额完成。妥善处理劳动争议，协调解决各类纠纷95起，涉及金额498万元。开展创业就业培训，获评"省级创业型乡镇"。推进社会救助，发放社会困难群体补助金538万元、优抚对象补助金394万元。居家养老新增服务对象929人，服务超2.7万人次，新建老年人日间照料中心3家。新养老院启动装修，璜泾医院老住院楼完成内部改造。"连心家园"全市首家尝试第三方服务，"邻里家园""残疾人之家"委托社会组织运营。公共自行车投入使用，新增点位17个，投放自行车340辆。社会组织服务中心主体完成建设，荡茜村、玉影山社区等4家"亲民式"服务大厅投入使用。文体事业蓬勃发展，举办各类文化培训320期，开展电影村村放活动270余场，举办第二届"幸福璜泾·乐享田园"迷你马拉松赛、第十届雅鹿村企文化节等活动，承办首届全国乡镇桥牌团体邀请赛并获得亚军。教育设施提档升级，荣文小学报告厅、荣文中学排球场等改造工程完工，鹿河幼儿园完成迁建，保障适龄儿童就学。

【社会治理】2018年，璜泾镇推进"政社互动""三社联动"工作，学校公共法律顾问制度正式运行，永乐村获评全国民主法治示范村。发挥法律援助作用，提供法律咨询800余件、法律援助98起，代写法律文书53件。协调解决各类矛盾纠纷900余起，接待各类信访137件，处结率100%。"周阿姨调解工作室"挂牌成立。发挥联动中心职能，处置各类案件3.6万起。镇区卫生保洁第三方服务运行，在雅鹿、荣文等4个村试点实施保洁社会化运作，璜泾镇通过国家卫生镇复审。安全监管紧抓不懈，全年检查企业587家，整改隐患562处，取缔非法经营单位10家，完成三级"挂牌督办"任务6项，创建双重预防标准化企业106家，申久化纤通过二级标准化评审。安全执法有效开展，累计立案29件，罚没金额63万元。"331"专项行动共整治隐患5414处。食药监管落实到位，严格食品经营准入程序，核发食品经营许可证204户，查处食药案件11起，罚没金额13.6万元，移交公安机关处理3起。

【特色村庄】新明村。新明村位于璜泾镇中北部，交通便捷，地理位置优越。2006年并村后，村域范围扩大至7.9平方公里，有村民小组45个，总户数1132户，常住人口4900人。共有党员223人，设工业、农业、老龄党支部3个，非公组织党支部36个，联合党支部6个。2018年，村级经济收入1132万元，农民人均可支配收入4.5万元。新明村先后获评"江苏省文明单位""苏州市建设新农村示范村""江苏省民主法制示范村""江苏省生态村""江苏省康居示范村""苏州市民主法治村""太仓市新农村建设示范单位"等称号。

农业资源优化。2018年，新明村新增土地流转面积5.93公顷，流转比例82%。实行农场承包管理责任制，规模化经营水平得到提升。村合作农场新增各类现代农机4台，机械化程度不断提高。配合水利部门开展太仓市中小河道整治项目，清淤村域内曹家浜、中心河、老末行塘等河道，新建彩虹桥1座、泵站3座，铺设农田地下灌溉管道4.1公里。

美丽村庄建设。2018年，新明村完成"三优三保"目标地块12块，形成专项指标3.5公顷。拆除违法养殖场3户并复垦；清退南鹿线东西两侧散乱污企业用地2.27公顷。开展"331"专项行动，排摸"三合一"场所91户、出租房23户，至年底全部整改到位。新明村逐步实现农户向居住区集中，入住新鹿小区农户650户。新建小区文体中心配套体育馆680平方米，建造篮球场等室外活动场地4800平方米。加强基层公共文化阵地建设，持续完善公共文化服务体系，让群众共享文化建设成果。

民生福祉提升。新明村开展各类慰问活动，发放困难家庭户慰问金2.08万元、党员关爱基金1.90万元，慰问困难党员17户、生病住院党员13人，大病保险补助困难家庭24户；与华大木业结对帮扶困难户10户，发放慰问金1万元；主动发现因病致困3人，为其办理临时救助。2018年起，开放居家养老夫妻档办理，至年底办理人数254人，办理率70%。

新华村。新华村位于璜泾镇中心，地理位置优越，346国道和沙鹿路贯穿全村。1999年，新华村由原新华、前进、长乐3村合并，全村辖区面积4.32平方公里，耕地面积185公顷，围养水面、林地面积53.33公顷。有村民小组35个，农户764户，户籍人口2784人，流动人口6000多人。村党委下设支部4个，党员171人。村内企业产业结构主要以化纤加弹及其配套产业为主，有民营企业300余家。2018年，村级集体稳定性收入677万元。新华村先后获评"太仓市文明村""江苏省卫生村""江苏省民主法治示范村""江苏省生态村""苏州市健康村""江苏省健康村"等称号。

农业基础设施升级。新华村做好稻种、麦种发放工作，共计发放稻种4000公斤、麦种750公斤，委托荡茜村、长洲村培育秧苗，实现机械化插秧11.33公顷。做好土地流转工作，转入村合作农场土地4公顷。做好长乐片、前进片高标准农田项目建设。农业基础设施持续升级，新建桥梁2座、渠道500米，修筑道路1200多平方米。2018年3月，完成2017年股权分红工作，股金总额16.44万元。

社会治理强化。新华村强化联动巡查农房翻建、违章搭建、环境卫生、社会治安、邻里矛盾等情况，开展"331"专项行动，围绕"三合一"场所、出租房（群租房）和电动自行车三类突出火灾隐患，排摸企业293家、群租房93处，签订责令整改通知书、承诺书300份。至年底，完成整改企业292家、群租房87处，整改率98.1%。

民生幸福提升。新华村向低保、低保边缘户发放党员关爱金1.29万元；享受残疾人经济补贴18人；80周岁以上老年人231人，办理居家养老188人，服务率81%；发放独生子女奖励金52人，其中一次性奖励金33人。经常性开展戏曲演出、电影放映等活动。村日间照料中心完成提档升级、重新开放，委托第三方统一运行管理，丰富村民日常文化生活。

生活环境优化。2018年，全村共申请农房翻建41户，审批完成32户，累计在建65户，完成验收10户。提升集中居住小区管理水平，聘请第三方物业公司管理。开展绿化带清理工作，整治乱堆放现象。做好新华集中居住小区扩容工作，清理建筑垃圾100余吨。镇村两级投入400万元新建太仓新华健康文化主题公园，为村民提供文化休闲娱乐载体。

2018年璜泾镇主要经济社会指标表

表86

项目	单位	数值	项目	单位	数值
地区生产总值	亿元	86.16	农业总产值	亿元	4.96
财政收入	亿元	5.47	粮食总产量	万吨	2.60
耕地面积	公顷	4184.37	农村总动力	万千瓦	2.30
出栏生猪	头	10404	科技人员	人	2531
出栏家禽	万羽	7.2	农技服务机构从业人员	人	18
工业企业	家	1191	中小学校	所	5
工业销售收入	亿元	213.8	在校中小学生	人	3865
工业利税	亿元	4.7	在职教师	人	244
实际利用外资	万美元	1572	开通有线电视	户	24405
进出口总额	亿美元	1.40	医疗卫生机构	个	23
出口总额	亿美元	1.20	执业（助理）医师	人	92
三产增加值	亿元	41.08	初保普及率	%	100
商品零售总额	亿元	18.1	全社会固定资产投资	亿元	14.15
镇村主干道	公里	100.48	农民人均可支配收入	元	42442
电话普及率	部/百人	172	农村居民最低生活保障人数	人	173

2018 年璜泾镇各村基本情况一览表

表 87

村名	党组织书记	村委会主任	设立时间	耕地面积（公顷）	户籍户数（户）	户籍人口（人）	工业总产值（万元）	总资产（万元）
新华村	胡庆丰	赵宏义	1999 年	185	727	2478	186247	2677
荣文村	王旭聪	陈雪峰	2006 年	307	1229	3771	245436	4520
新联村	黄耀清	戴静良	2006 年	449	1084	4046	348791	6957
荡茜村	潘锦球	夏卫良	1982 年	93	169	670	6821	2518
永乐村	张　义	朱惠明	2004 年	256	709	2698	290424	4451
王秀村	高　萍	吴惠良	2004 年	204	774	2174	88615	1711
孙桥村	曹旭东	王羚昶	1999 年	214	591	1911	13985	4941
孟河村	薛　英	吴建良	2006 年	360	1011	3338	6022	4585
杨漕村	吴振清	周　雅	2004 年	475	1193	3985	4324	2323
新海村	曹孟栋	陆志英	1999 年	185	469	2201	9021	2570
新明村	王天驰	—	2006 年	147	984	3416	783058	6608
长洲村	王艳飞	吴春亚	1999 年	231	823	2948	33044	3092
雅鹿村	顾爱东	—	2006 年	319	1064	3821	35952	8399

2018 年璜泾镇骨干企业情况一览表

表 88

企业名称	法人代表	销售收入（万元）	利税总额（万元）
江苏申久化纤有限公司	陈俊民	350315	18642
江苏长乐纤维科技有限公司	周志刚	51527	3736
太仓市美丽纱化纤有限公司	黄宏斌	46444	624
太仓荣文合成纤维有限公司	管雪平	42773	1792
苏州荣文库柏照明系统股份有限公司	管雪平	37202	2118
华伦皮塑（苏州）有限公司	高金岗	34130	411
太仓市德隆化纤有限公司	瞿春明	27980	256
江苏团结纤维科技有限公司	陈依龙	27473	−203
太仓市中明化纤有限公司	顾学明	24624	289
太仓大田铭博包装容器有限公司	刘建勋	23052	763
苏州东源化纺有限公司	狄丁元	22791	111
中润科技股份有限公司	高忠林	20973	41
苏州双宏纺织有限公司	钱永兴	18310	235
太仓市锦飞电镀有限公司	沈建强	18091	2683
太仓市贞观化纤有限公司	倪水忠	17839	158

续表 88

企业名称	法人代表	销售收入（万元）	利税总额（万元）
太仓市景泰化纺有限公司	陆云浩	17188	189
江苏悦孚油品有限公司	陆前兵	16813	447
太仓市晨希化纤有限公司	邵振飞	16566	236
苏州精艺纺织有限公司	赵雪球	16285	142
太仓市天之路化纤有限公司	陆雪林	16178	177
太仓市威豪化纤有限公司	周庆新	16141	−485
太仓市宏亿化纤有限公司	陆国强	15560	300
太仓市明正化纤有限公司	黄喜明	15489	−281
太仓市兰顺化纤有限公司	瞿国清	15475	172
苏州金仕奥纤维材料科技有限公司	张友兴	15423	−447
太仓市吉炜化纤纺织有限公司	周　丹	15345	161
太仓市雄瑞化纺有限公司	戴　艳	14839	1476
苏州瑞高新材料有限公司	高金岗	13889	−1107
太仓市世豪化纤有限公司	李杏琴	13303	113
苏州荣文纤维制品有限公司	管星宇	13226	409
太仓鹿影包装材料有限公司	阮桂儿	13018	372
太仓市展宏化纤有限公司	王建平	12817	56
太仓有道化纤有限公司	冯　烨	12551	104
太仓市天航化纤有限公司	周庆丰	12129	144
太仓市鑫海纸业有限公司	吴建中	11942	507
太仓市烨烨化纤有限公司	沈红娟	11636	−20
太仓佩博实业有限公司	邹浩明	11444	86
苏州双轮化纤有限公司	王耀清	11142	178
苏州天彩化纤有限公司	周志刚	10695	−144
太仓市天丝利塑化有限公司	盛庆华	10523	879
苏州长乐化纤有限公司	瞿振清	10228	47
太仓市隆纺油剂有限公司	赵国良	10135	132
苏州鸿轩蛋业有限公司	徐鸿飞	9707	−17
太仓市新磊化纤有限公司	严国栋	9607	94
太仓市太荷纺织助剂有限公司	丁　嫣	9060	28
太仓市安顺化纤有限公司	吴晓良	8621	8
苏州高鸿家纺有限公司	徐晓凯	8608	141
太仓德力纺织品有限公司	盛惠元	8354	13
太仓市彬彬化纤纺织有限公司	汤雁彬	8309	45

续表 88

企业名称	法人代表	销售收入（万元）	利税总额（万元）
伟建实业（苏州）有限公司	周伟建	8125	−608
苏州肖氏化纤纺织有限公司	肖学秀	7959	79
太仓市华美化纤有限公司	曹凤英	7615	−1
太仓市施美电镀有限公司	曹茂香	7563	848
太仓市南洋化纤有限公司	沈雪明	7314	124
苏州远宏纺织有限公司	钱永兴	7300	83
太仓市佳禄化纤纺织有限公司	曹瑞娟	7253	−185
苏州金莱特化纤有限公司	陆伟兵	7057	66
太仓市恒安化纤有限公司	高永清	7053	242
太仓市银达化纤有限公司	姜月芹	6808	58
太仓市良鑫化纤有限公司	张永良	6723	115
太仓同益化纤有限公司	霍惠峰	6718	137
苏州振跃化纤有限公司	侯振亚	6700	71
太仓市鸿磊化纤有限公司	朱彩萍	6671	135
太仓市富丝特化纤有限公司	黄　坚	6468	36
苏州世宝化纤有限公司	方仙富	6465	48
太仓乙全布料定型有限公司	张伟飞	6267	1548
太仓市万里化纤有限公司	盛洪兴	6105	25
太仓市中江化纤厂	张振荣	5971	88
太仓时代潮化纤有限公司	李静秋	5912	74
太仓市新凯化纺有限公司	李正元	5857	39
太仓市良艳印染有限公司	戴建亚	5583	296
太仓市鹏益化纤有限公司	陆锦平	5550	88
太仓仟羽化纤有限公司	戚阿炳	5543	−6
太仓市智顺纺织有限公司	许　斌	5473	56
苏州方奕金马服饰有限公司	沈贤良	5405	193
太仓市锦艳纺织有限公司	李锦球	5332	114
太仓市惠民时装厂	高惠良	5258	43
太仓市佳业化纤有限公司	陆雪岐	5256	77
太仓樱桃针织服饰有限公司	刘静佳	5233	19
太仓市远威化纤有限公司	陆永强	5181	65
苏州明盛化纤有限公司	黄红明	5150	57
太仓市佳诺化纤纺织有限公司	黄桂兴	5125	76

说明：收录销售收入 5000 万元以上企业

（王俊龙）

双凤镇

2018 年 11 月 11 日，双凤羊肉美食文化旅游节开幕　（计海新　摄）

【概况】 双凤镇位于太仓市西部，紧邻城区，204 国道、339 省道、苏昆太高速贯穿全境。双凤镇总面积 62.6 平方公里，辖 1 个管理区、9 个村、5 个社区，户籍人口 3.2 万人，总人口约 6 万人。境内地势平坦，物产丰富，水稻、蔬菜、水产形成鲜明特色，素有“福地水乡”的美称。2003 年发现的维新遗址良渚文化和马桥文化证实，早在 4500 年前已有先民在此生息繁衍，被誉为“太仓之根”。双凤文化底蕴浓厚，是著名的“龙狮之乡”“中国民间文化艺术之乡”“中国羊肉美食之乡”。2018 年，全镇实现地区生产总值 41.28 亿元，一般公共预算税收收入 3.9 亿元，完成全社会固定资产投资 12.76 亿元。

【经济发展】 2018 年，双凤镇有工业企业 700 多家，规模以上企业 91 家，逐渐形成以汽车零部件、新材料为主，精密机械、休闲食品为辅的产业结构。全年实现工业总产值 114.23 亿元，其中 90 家规模企业产值 89.1 亿元，较上年增长 10.1%。42 家新兴产业企业实现产值 56.47 亿元，37 家高新产业企业实现产值 39.36 亿元。新材料和汽车零部件两大特色产业实现产值 45.14 亿元，较上年增长 19.7%。对外开放进一步扩大，完成进出口总额 2.57 亿美元，注册外资 4093 万美元，较上年分别增长 9.7%、33%。第三产业投资 4.63 亿元，实现增加值 17.24 亿元。

【城乡统筹】 2018 年，《太仓市双凤镇总体规划（2013—2030）》完成重大修改编制，双凤镇启动主镇区控制性详细规划编制。管理区提档升级加快，新湖管委会挂牌成立，管理区综治中心正式运行。“三优三保”加快推进，盘活土地 38.67 公顷。挂牌上市土地 19 宗、面积 29.73 公顷。拆迁安置有序开展，完成拆迁 114 户，安置宅基地 129 户，安置公寓房 19 套。美丽乡村建设扎实推进，完成创建三星级康居乡村 15 个，建成勤力村康居特色村并通过苏州市级验收。勤力村获评省级生态文明建设示范村，入选苏州特色田园乡村建设试点。

双凤镇农业机械化作业　（2018 年 10 月　计海新　摄）

【生态环境】 2018 年，双凤镇持续推进“263”专项行动，关停化工企业 4 家，整治各类“散乱污”作坊 124 户，清理人棚混居 311 个，复垦土地 2 万平方米，流转蔬菜大棚 20 公顷。畜禽养殖污染治理全面完成，拆除鸡棚 59 个、猪棚 61 个，清理棚舍 1.8 万平方米。开展“大棚房”问题专项清理整治行动。落实“河长制”工作，治理黑臭河道 6 条，推进巡河治河工作常态化，3 条市级河道、22 条镇级河道、170 条村级及生产河道水质显著提升。完成建成区主干道路绿化提档升级，新增绿化 5 公顷。

【公共服务】 2018 年，双凤镇举办招聘会 25 场，提供就业岗位 1293 个。全年走访慰问低保、特困家庭 1243 户，发放各类普惠金、救助金 288 万元。成立双凤镇老年协会。新增日间照料服务中心 4 家，日间照料覆盖率 100%。引入社会力量参与养老服务，社会化率87%，居家养老服务率75%。开展社区教育，龙狮特色社区教育获苏州市社会教育成果一等奖。泥泾公寓房三期加快推进。校舍提档升级、公共自行车站点及公共厕所配套等公共服务设施建成投用。年内，双凤镇获评江苏省健康镇。

【社会治理】 2018年，双凤镇深化"政社互动""三社联动"工作，邻里家园项目城镇社区全覆盖，获评市"政社互动"创新实践先进集体。社会综合治理联动机制建设初显成效，办结各类问题约2万件。推进"331"专项行动，全镇火灾发生数较上年下降67%。压实企业安全生产主体责任，加强重点行业领域安全监管，开展重点时段安全生产大检查，打击安全生产领域违法行为，全年检查和消除安全隐患6000余处。推进安全生产标准化创建和企业双重预防机制建设，完成标准化创建企业114家，双重预防机制建设企业84家。完成三级政府挂牌督办重大隐患整改8家。清理违法用地面积6.2万平方米，其中重点拆除204国道新毛路口及建湖路两侧违章搭建近2.5万平方米。

【特色村庄】 凤中村。凤中村位于204国道双凤镇周边，由原凤东村、凤北村、凤中村、缪泾村4村合并而成，全村总面积7.8平方公里。有村民小组48个，户籍人口3837人；村党委下设党支部6个，党员155人。村域范围内共有企业100多家，吸纳外来人口5000多人。2018年，村级可支配收入485万元，人均可支配收入2.59万元，年末净资产1976万元，村集体总资产3545万元。

凤中村共有集中安置小区13个，安置农户1700户、6000多人。凤中村注重村容村貌建设，村庄卫生在市卫生考核中位居前列。成立太仓市中盛农场专业合作社、太仓市中茂粮食生产专业合作社、太仓市缪泾劳务专业合作社。利用村劳务合作社平台，自主经营合作农场，打响"上岗桥"牌优质大米品牌。通过"水美乡村"建设验收。凤中村在发展经济基础上，强化基础建设，深化环境整治，加强村级思想文化建设，开展各项文化活动，与建设"美丽乡村"相结合，形成人人参与、人人争创良好氛围。凤中村先后获评"江苏省卫生村""江苏省和谐社区建设示范村""江苏省文明村""省级民主法治示范村""江苏省社会主义新农村建设示范村""苏州市村庄环境整治先进集体""苏州市公共文化服务优秀村""太仓市高效农业规模化示范村"等称号。

新卫村。新卫村位于双凤镇西南部，东濒吴塘河，与泥泾村相望，西与新闯村接壤，南与城厢镇太丰社区交界，北靠腰泾，与维新村毗邻。全村面积4.92平方公里。有村民小组27个，农户578户，常住人口2411人。专业合作社2个，村党委下设党支部4个，党员95人。2018年，实现村级收入442万元。

新卫村以乡村振兴为重点，推进美丽乡村建设和乡村环境综合治理，打造生态、宜居、休闲、和谐的美丽新卫。发展特色农业，打造以金线莲为主的中草药种植基地，形成"一村一品"农业特色产业。坚持发展绿色、生态农业，打造"下吴塘"大米品牌。新卫村先后获评"江苏省民主法治示范村""江苏省卫生村""江苏省水美乡村""江苏省健康村""苏州市建设社会主义新农村示范村""苏州市公共文化服务优秀村""苏州市规范村（社区）人民调解委员会"等称号。

2018年双凤镇主要经济社会指标表

表89

项目	单位	数值	项目	单位	数值
地区生产总值	亿元	41.28	进出口总额	亿美元	2.57
财政收入	亿元	11.25	实际利用外资	万美元	510
耕地面积	公顷	2274	新增注册外资	万美元	4093
农业总产值	亿元	4.23	中小学校	所	3
粮食总产量	万吨	1.03	在校中小学生	人	3084
农机总动力	千瓦	14687	在职教师	人	168
出栏生猪	万头	1.10	开通有线电视	户	7800
出栏家禽	万羽	25.60	卫生院	个	2
工业企业	家	1934	卫生室	个	9
工业总产值	亿元	114.23	初保普及率	%	100
工业销售收入	亿元	108.45	农民人均可支配收入	元	29540
工业利税总额	亿元	49.59	户籍总人口	人	31985
三产增加值	亿元	17.24	总人口数	人	59670

2018 年双凤镇各村基本情况一览表

表 90

村名	党组织书记	村委会主任	设立时间	耕地面积（公顷）	村集体收入（万元）	人均耕地（平方米）
庆丰村	邹建平	邹建平	1983 年 7 月	714	806	1653.16
凤中村	金　鑫	张学军	1983 年 7 月	171	485	475.13
黄桥村	张贤峰	周国清	1983 年 7 月	256	734	726.44
勤力村	高树云	陈　华	1983 年 7 月	188	122	808.30
泥泾村	王佳佳	顾雪良	2000 年 7 月	149	350	645.13
维新村	沙春明	顾芳芳	2000 年 7 月	109	494	287.81
新湖村	张建忠	—	2000 年 7 月	352	779	1092.28
新卫村	张建明	杨雪忠	2000 年 7 月	139	442	632.97
新闻村	孙春华	冯惠庆	2000 年 7 月	324	572	1140.34

2018 年双凤镇骨干企业情况一览表

表 91

企业名称	销售收入（万元）	利税总额（万元）	企业名称	销售收入（万元）	利税总额（万元）
苏州飘志华复合材料科技有限公司	23450	339	苏州科博思流体科技有限公司	4225	332
辉泰（太仓）汽配有限公司	6381	397	赛纳（苏州）安防用品有限公司	16141	170
皇冠（太仓）胶粘制品有限公司	60659	1780	苏州剑派实业有限公司	22904	806
苏州市嘉华聚氨酯制品有限公司	6842	200	苏州宝骅密封科技股份有限公司	3445	419
苏州地和桩业有限公司	9476	124	苏州联畅特种纤维有限公司	12513	214
龙博士纺织印染（太仓）有限公司	15996	503	苏州维港包装有限公司	17345	440
苏州口水娃食品有限公司	50366	3417	苏州圣雷动力机械有限公司	9258	16
太仓新锦表面处理有限公司	27040	2023	苏州多凯复合材料有限公司	5584	428
江苏宏马科技股份有限公司	31242	2904	苏州伊斯丹实业有限公司	13173	252
太仓奥德伟尔有色金属零部件有限公司	13301	3627	苏州创扬医药包装科技有限公司	12246	620
苏州市富尔达科技股份有限公司	23606	971	江苏优珀斯材料科技有限公司	13405	268
马勒电驱动（太仓）有限公司	30565	1976	苏州德能电机有限公司	8398	345
苏州富洲胶粘制品有限公司	26916	1064	太仓新奇乐婴儿用品有限公司	6212	560
太仓大东保健器有限公司	17901	113	博讷电气（苏州）有限公司	3262	157
苏州贝斯特装饰新材料有限公司	28803	656	太仓新宏电子科技有限公司	6410	315
太仓市汇湖电镀有限公司	29796	2265	比赫电气（太仓）有限公司	3598	271
优涂扣紧固件（苏州）有限公司	3221	347	桑德斯热交换器（太仓）有限公司	10443	86
伍享汽车配件（太仓）有限公司	18989	303	苏州仓庆金属制品有限公司	5660	559
太仓葆京运动器材制品有限公司	5243	143	太仓雪莉莱服装有限公司	3370	174
苏州东南佳新材料股份有限公司	3849	637	苏州佳侣家用电器有限公司	8535	234
苏州考斯丹五金制品有限公司	11678	376	联冠（太仓）胶粘制品有限公司	9028	253
苏州健能新材料科技有限公司	22275	426	太仓鸿恩电子科技有限公司	8051	294

（赵　洁）

科教新城

科教新城“花海” （2018 年 10 月 包加林 摄）

【概况】 科教新城位于太仓市西南部，东侧和南侧均至上海市边界，西至 204 国道，北至新浏河。辖区面积 13.6 平方公里，常住人口 4 万人，规划总人口约 9 万人。辖南郊、新丰、常丰、鹊桥、学苑、城南 6 个社区。2018 年，科教新城统筹推进改革发展稳定各项工作，经济社会平稳健康发展。

【经济发展】 2018 年，科教新城完成全社会固定资产投资 17 亿元；引进内资项目 66 个，新增注册资本 2.95 亿元。省重大服务业项目复星阿尔卑斯度假小镇开工。以泰禾为代表的沿湖城市商业综合体项目加快建设。新增各级各类人才 18 人，其中新获评太仓宣传文化领军人才 1 人、重点人才 5 人。全年有效发明专利拥有量 159 件。

【园区建设】 2018 年，位于科教新城的西北工业大学太仓长三角研究院启用。大学科技园累计注册企业 729 家，获评江苏省“华侨华人创新创业服务中心”。全年新增高新技术企业 4 家、省民营科技企业 8 家。迪芬德获省重点研发项目立项。西北工业大学太仓长三角研究院等 3 家科研院所 19 个项目获太仓大院大所创新引领专项计划项目立项。承办“创赢太仓”高层次人才创新创业大赛爱尔兰英国分赛区比赛。

【城乡统筹】 2018 年，沪通铁路太仓南站配套基础设施建设稳步推进。科教新城完成文渊路两侧 26.67 公顷四季花海和高铁南侧近 20 公顷都市果园部分项目建设。盐铁塘沿线绿化景观带、海运堤路沿线建筑泛光照明工程竣工。南郊菜场整体拆除，临时菜场提档改造。桔园小区防洪闸站竣工投用。全年完成农户动迁 50 户，企业动迁 15 家。安置农户 18 户，安置房 25 套。加快安置房项目建设，群星四期主体封顶，城南二期完成主体施工 90%。全年办理不动产证 289 套。清理建筑垃圾、偷倒垃圾及各类暴露垃圾 300 余吨，农村环境得到改善。

西北工业大学太仓长三角研究院外景 (2018 年 2 月 计海新 摄)

【生态环境】 2018 年，科教新城持续推进“263”专项行动、“散乱污”专项整治，关停取缔“散乱污”企业 42 家，治理改造 9 家。开展水质达标系统治理、工地扬尘防控专项整治，完成新浏河南岸内河码头专项整治、餐饮油烟专项整治。做好区内 49 条河道长效管理。疏浚整治老浏河等 7 条河道 6.34 公里，疏浚土方 13 万立方米。严格落实“河长制”，盐铁塘、天镜湖水质得到改善。

【公共服务】 2018 年，科教新城良辅中学食堂及体育馆等配套设施、南郊小学、医疗养老服务中心等项目土建基本完工。科教新城客运站投运。殡仪服务中心启用。全区 429 名 80 周岁以上老人接受居家养老服务。全年累计发放各类救助金近 200 万元。小微企业人事代理工作签约率 97.81%。举办地方特色品牌文化活动“天镜湖之夏——科教新城第九届七夕文化节”。7 月 10 日，包俊宜艺术馆开馆。城南社区综合性文化服务中心完成标准化建设。

【社会治理】 2018 年，科教新城深化“政社互动”实践，推进邻里家园项目，实现社区服务社会化全覆盖。综治联动中心运行良好。信访形势总体平稳。“331”专项行动成效明显，一批风险隐患得到整治。扫黑除恶专项斗争扎实推进。落实安全生产责任，全年检查企业 862 家次，排查隐患 1029 处。

【天镜湖电子竞技特色小镇】 2018年，天镜湖电子竞技特色小镇入选苏州市文化产业示范基地。小镇累计引入核心电竞企业63家，入驻电竞俱乐部10家，下属战队30支，集聚电竞从业人员约2000人。电竞实训基地、特效影棚建成投用。年内，举办海峡两岸电竞发展论坛、第二届海峡两岸大学生电子竞技大赛等活动。

（陈　雯）

2018年12月3日，娄东街道与太平洋财险太仓中心支公司签约电动车充电桩责任险

（娄东街道供稿）

娄东街道

【概况】 娄东街道与高新区实行“区街合一”管理体制，区域面积87平方公里。2018年，娄东街道总人口23.1万人，管理娄江、太平、惠阳、滨河、陆渡、东城、景瑞、城北、浦溪、裕珑、丽景、柳园12个城市社区和朝阳、太东、洋沙、东郊、太胜、华盛园、香花桥、珠江、花北9个涉农社区及小桥村、岳南村、红庙村、陆渡村、横沥村、洙泾村6个村。

【城乡统筹】 2018年，娄东街道完成184套剩余未结账动迁户的结账工作，完成华盛六园、华盛二园、华盛八园、恒通花园、恒通佳苑、惠阳新苑等8个农民安置房定销价格备案，启动农民安置房办证工作。推进西交利物浦大学和西北工业大学高校核心区、十八港拓宽、岳鹿路等重点区域和重点项目动迁攻坚，全年签约总户数176户，其中农房39户、门面房7户、企业28家、承租户38户、附属物13户、无证房等其他51户，拆除面积约10万平方米，涉及动迁资金2.9亿元。村级经济持续发展，推进合作农场自主经营与合作社规范化管理，8家合作农场经营面积823.96公顷，购置各类农机91台套，农业生产机械化率85%以上。德民公司增资1.83亿元，注册资本5.16亿元，全年总收入897万元；其全资收购的国信物流公司总收入1246万元。入选政府优先扶持名录的农民专业合作社16家，获评苏州市和太仓市三星级劳务合作社1家，太仓市一星级劳务合作社1家。规范村级经济管理，优化“e阳光”三资管理平台日常监管。

2018年9月6日，娄东街道举办纪念改革开放40周年群众文艺创作大赛娄东街道预赛

（娄东街道供稿）

【生态环境】 2018年，娄东街道以创建全国文明城市为契机，以村庄环境长效管理为抓手，整治浏太路、岳鹿路、339省道、G15高速、苏昆太高速、新浏河、沪通铁路等沿线沿河环境问题，累计拆除各类违建226处、1.7万平方米，清理各类户外广告设施927处、6000平方米，种植及养护绿化31万平方米。完成2条区域性河道、7条市级河道及37条镇级河道“一河一策”编制工作。完成兴业路3个河浜清淤整治，清淤土方6000立方米，对腰泾、庞家浜等河道开展生态治理，黑臭河道水质有所改善。逐步开展垃圾分类工作，在56个城市小区和4个村及涉农社区新建垃圾分类设施建设，总覆盖户数1.5万户，主城区覆盖率60%。

【公共服务】 2018年，娄东街道健全公共服务体系，完成“十三五”基层基本公共服务设施总体规划布局。朝阳文化书场、街道养老服务指导中心、残疾人服务中心、文化站、老年大学、陆渡社区卫生服务中心“卫生应急与安防提升”工程、高新区社区卫生服务中心中医馆等民生工程建成投用。新建或改造村（社区）老年人日间照料中心15个，实现养老全覆盖，获“太仓市第二届养老护理节优秀组织奖”。做好慰问、低保和慈善工作，共发放各类慰问金约260万元。在15个村和涉农社区推行“惠民宝”民生保障项目，以“精准医疗”助力“精准扶贫”，受益农民4.3万人。开展群众性宣传教育系列活动，组织戏曲演唱比赛、百团大展演、欢乐文明百村（社区）行、春节端午文艺晚会、书画才艺培训等各类文化活动百余场，丰富居民文化生活。

【社会治理】 2018年，娄东街道推进“政社互动”“三社联动”发展，组织开展民主决策日活动，深化“政社互动”双向履职履约，“邻里家园”项目在15个村（社区）落地，街道社会组织服务中心投运。统筹司法、城管、综治、联动等多方力量，推动综治联动融合共建，构建高效融合的综治联动体系。全年受理案件1.3万件，处置率98.1%。推进“331”专项行动，排查并整改“三合一”隐患1502处、“出租房”隐患1920处、电动车隐患3713处，拆除违建1.6万平方米，完成整改市级挂牌督办消防安全隐患单位20家，在全市率先推行充电桩责任险和“2+N”疏导安置模式，火灾发生数量较上年下降30%。

【特色社区】 景瑞社区。娄东街道景瑞社区位于太仓主城区东部，成立于2012年12月，区域面积0.36平方公里，辖景瑞荣御蓝湾小区，总户数2621户，常住居民6000多人。社区党支部有党员24人。景瑞社区依托辖区青年多、“新太仓人”多、在职党员多的情况，当好基层党群“凝聚者”，基层治理“引导者”和基层服务“践行者”，制定“阳光下的向日葵”党建服务品牌，开展“阳光下的向日葵”党建为民服务项目系列活动，推进社区党建引领下的社区治理、社区服务工作开展。2018年，景瑞社区党建服务品牌获评娄东街道优秀党建品牌。景瑞社区先后获评“世界卫生组织健康城市合作中心健康社区”“全国‘双零双创’示范社区”“江苏省健康社区”“全省校外教育辅导站特色活动品牌”“苏州市先锋社区”“苏州市文明社区”“苏州市绿色社区”“苏州市科普示范社区”“太仓市‘政社互动’创新实践先进单位”等称号。

洋沙社区。娄东街道洋沙社区成立于1996年12月，属涉农社区。2016年9月拆分为洋沙、柳园、丽景3个社区。洋沙社区范围东至娄江河，西至太平路，南至洛阳路，北至城北河，区域面积1.25平方公里，有居民小区13个，住户4165户，总人口12617人，设居民小组39个。社区党委下设党支部3人，党员131人。截至2018年年底，拥有集体总资产1.24亿元，可支配收入658万元。股份合作社成立11年，累计发放股利分红1135万元。近年，洋沙社区先后获评“江苏省绿色社区苏州市规范化村（社区）人民调解委员会”“苏州市文明社区”“苏州市健康社区”等称号。洋沙社区推动社区治理多元化，构建“组织引领、多元共治”管理服务体系，实施“聚沙强堡”品牌，推进各项为民、便民、惠民服务举措。

2018年娄东街道各村（涉农社区）基本情况一览表

表92

村（社区）名	党组织书记	村（居）委会主任	村集体收入（万元）		农户及人口情况		总资产（万元）
			总收入	可支配	户籍户数（户）	户籍人口（人）	
朝阳社区	王中明	—	561	483	345	1613	6446
太东社区	胡　靖	崔军燕	547	280	336	1425	7496
洋沙社区	金利锋	夏琳芳	793	658	604	2752	12363
东郊社区	朱彩红	苏红卫	516	216	685	2487	3858
太胜社区	张建红	—	701	465	650	2834	5798
华盛园社区	徐建刚	朱卫元	1844	1076	1821	8413	17131
香花桥社区	孙建春	韩兴福	854	482	1276	5157	14698
珠江社区	钱惠清	许海刚	1364	897	1048	3676	15381
花北社区	胡乾兴	陈卫红	973	543	565	2487	9065
小桥村	罗建华	顾　彬	2588	1175	1095	4455	16872
岳南村	陈伟刚	龚　列	1213	647	624	2475	8964
红庙村	金亚其	张　婷	860	500	480	1600	9412
陆渡村	张益民	李　晔	569	463	1020	4187	10424
横沥村	薛健锋	蒋丽琴	691	460	357	1713	7317
浏泾村	吴开洋	杨建钢	1328	337	228	826	6125

（张　懿）

组织机构及负责人名录

（2018年1—12月）

中共太仓市委

书　　记　沈　觅
副 书 记　王建国　钱文辉
常　　委　顾晓东　邹洪凯　韦国岭　徐志强
施燕萍　王红星　吴　明（4月—）
沈玉明（12月—）　徐斌（挂职，6月—）
孙建江（—12月）

太仓市人大

主　　任　陆卫其
副 主 任　朱大丰　陆　燕　邹家宏　周鸿斌

太仓市政府

市　　长　王建国
副 市 长　顾晓东　赵建初　韩　飚　许超震
胡　捷　冯　晋　顾建康
徐　斌（挂职，6月—）　陈　力（挂职）
高　彬（挂职）　许　蕾（挂职，—3月）

太仓市政协

主　　席　邱震德
副 主 席　王国其　吕　寅　朱凤兰　高　扬
黄浩忠

中共太仓市纪委

书　　记　邹洪凯
副 书 记　戚启蒙　李　烨
常　　委　秦建刚　须永良　程　达
黄建刚

太仓市监察委（1月—）

主　　任　邹洪凯（1月—）
副 主 任　戚启蒙（1月—）　李　烨（1月—）
委　　员　程　达（1月—）　黄建刚（1月—）
浦　强（1月—）

市纪委、市监委派驻纪检监察组

组　　长　张永强　陈　杰　王国新
黄海波　汪　俊　沈建飞
胡　敏　毛　静　莫振宙
顾惠清　陆艳艳　刘凤球
陆晓清　张宏斌　张玉飞
黄建刚

市委巡察办

主　　任　秦建刚
副 主 任　孙方金　颜庭宇

市委巡察组

组　　长　须永良　朱新风　石　英　顾虹蝶
副 组 长　苏梅芳　张　敏　张迎红　钱　峰
王　茜（12月—）

太仓市人民法院

院　　长　　秦　川
副 院 长　　袁　满　龚红星
党组书记　　秦　川
第十三派驻纪检组组长　　陆晓清

太仓市人民检察院

检 察 长　　董启海
副检察长　　杨耀红　张莹玮　李　峰
　　　　　　李兆民（10 月—）
党组书记　　董启海
第十四派驻纪检组组长　　张宏斌
政治处主任　　薛慧香

市委各部门

市委办公室

主　　任　　蒋　华
副 主 任　　王志坚　王伟刚　李天一　顾　强
第一派驻纪检组组长　　张永强

市委组织部

部　　长　　孙建江
副 部 长　　楼浩平　高　洁　宋　蔚　王晔豪
第三派驻纪检组组长　　王国新

市委宣传部

部　　长　　韦国岭
副 部 长　　张　忠　王永伟　刘　菊　陆文卫
第四派驻纪检组组长　　黄海波

市委统战部

部　　长　　施燕萍
副 部 长　　胡　良　杨建新　吴向阳　杨惠林
第五派驻纪检组组长　　汪　俊

市委政法委

书　　记　　钱文辉
副 书 记　　冯　晋　徐玉林　徐向明
　　　　　　陈卫平

市委农村工作办公室

主　　任　　顾宇靖
副 主 任　　曹炳华　闻　铭　朱红华

编　办

主　　任　　王晓东
副 主 任　　张　健　李　丽

市委研究室

主　　任　　王伟刚
副 主 任　　夏家辉

市委机要局

副 局 长　　徐　震

市委保密办（市国家保密工作局）

局　　长　　顾鸿飞
副 局 长　　何晓玲

市密码管理局

副 局 长　　杜凌明

人才工作办公室

主　　任　　宋　蔚
副 主 任　　王维峰

精神文明建设指导委员会办公室

主　　任　　王永伟
副 主 任　　沈　晖

互联网信息办公室

专职副主任　　朱　慧

社会管理综合治理委员会办公室

主　　任　　徐玉林
副 主 任　　徐忠诚　李春生　袁其桃

市国家安全领导小组办公室

主　　任　　徐向明
副 主 任　　金　泉

市级机关党工委

书　　记　　黄　海
副 书 记　　王文瑜　朱　丽
纪工委书记　　王文瑜

市委非公有制企业和社会组织工作委员会

副 书 记　　严　俊

老干部局

局　　长　　高　洁
副 局 长　　李春皓　施海鹰

离退休干部工委

书　　记　　高　洁
副 书 记　　李春皓

台办

主　　任　　沈建青
副 主 任　　单晓风

信访局

局　　长　　王志坚
副 局 长　　张　健　徐国锋　张小宏

市委党校

校　　长　　钱文辉
常务副校长　　龚金明
副 校 长　　李春秀　毛树兵

档案局（馆）

局（馆）长　　顾建新
副 局 长　　张海华　顾江峰

史志办

主　　任　　顾肖峰
副 主 任　　高健彪

接待办公室

主　　任　　刘利民
副 主 任　　周叶萍　王益锋　印亚瑜

太仓日报社

社　　长　　张　忠
总　　编　　张　忠
副 总 编　　郁　鹰　奚海燕　周　斌　毛　胜

市人大各部门

办公室

主　　任　　沈　炯
副 主 任　　张伟林　周　华　顾晓春（—10 月）

人事代表联络工委

主　　任　　张顺明
副 主 任　　金雯艳

内务司法工委

主　　任　　王雪源
副 主 任　　吴剑宏　姚忆江

财政经济工委

主　　任　　时利林
副 主 任　　程　澄（10 月—）　贺　仁

城建环保工委

主　　任　　朱柏华
副 主 任　　高荣奎

农业农村工委

主　　任　　沈　忠
副 主 任　　丁晓红

教科文卫工委（外事民宗侨台工委）

主　　任　　汪　放
副 主 任　　陈士基

研究室

主　　任　　浦绍兴
副 主 任　　陈艳萍

市政府各部门

政府办公室

主　　任　　夏永华
副 主 任　　徐志豪　陆　江　方海宁（10 月—）
　　　　　　房宇峰　徐晓锋　汪志杰　白　斌
党组书记　　夏永华
第二派驻纪检组组长　　陈　杰

发展和改革委员会

主　　任　　王莉萍
副 主 任　　王晨清　许子云　郑　珑　顾星球
　　　　　　陈伟峰（10 月—）
党委书记　　王莉萍
第六派驻纪检组组长　　沈建飞

经济和信息化委员会

主　　任　　吴忠良
副 主 任　　樊　荣　唐正道　张　莉
党委书记　　吴忠良
副 书 记　　王　新
第七派驻纪检组组长　　胡　敏

教育局

局　　长　　何永林
副 局 长　　吴　健　张金晔　张跃忠
　　　　　　丁　锴（挂职）

教育工委

书　　记　　何永林
副 书 记　　张跃忠
第八派驻纪检组组长　　毛　静

科学技术局

局　　长　　万芬奇
副 局 长　　沈美林　陈加林
　　　　　　潘向强（挂职，9 月—）
　　　　　　陈　春（挂职，—8 月）
党组书记　　万芬奇

公安局

局　　长　　冯　晋
副 局 长　　沈虹健　胡月林　严国强　唐　健
　　　　　　王文军　杨伟东
政　　委　　沈明亮
副 政 委　　施军平
党委书记　　冯　晋
副 书 记　　沈明亮
督 察 长　　冯　晋
第十五派驻纪检组组长　　张玉飞
政治处主任　　顾晓红

民政局

局　　长　　王晓芸
副 局 长　　史经涛　周红亚　王娴敏　董志军
党委书记　　王晓芸
副 书 记　　刘友佺

司法局

局　　长　　顾潇军
副 局 长　　孙建国　高　峰　陈志群
党组书记　　顾潇军

财政局

局　　长　　凌晓波
副 局 长　　王建良　项建军　胡纪明　金佳敏
　　　　　　郑　洁
党组书记　　凌晓波
第九派驻纪检组组长　　莫振宙

人力资源和社会保障局

局　　长　　楼浩平
副 局 长　　顾敏华　蔡　峻　仲崇学　钱琼瑛
　　　　　　唐志灏　孙小峰　朱文高（11 月—）
党委书记　　楼浩平
副 书 记　　蒋建东

国土资源局

局　　长　　徐　韬

副 局 长　王青青　王海波　缪永华
韩小翔（3 月—）
党组书记　徐　韬

住房和城乡建设局

局　　长　陆建林
副 局 长　钱建初　李红艳　徐　勤　李文骞
姚金鑫
党委书记　陆建林
副 书 记　张　英
第十派驻纪检组组长　顾惠清

城市管理局

局　　长　朱锦明
副 局 长　陆春林　钱耀忠　高宝兴　李　强
徐　彬
党委书记　朱锦明
副 书 记　石培红
第十一派驻纪检组组长　陆艳艳

交通运输局

局　　长　陶乐平
副 局 长　倪永良　陈　艇　王国文　王文华
卢忠茂（11 月—）
党委书记　陶乐平

水利局

局　　长　金　明
副 局 长　周培元　周　栋　张建龙　陆振超
吴南山
党委书记　金　明

农业委员会

主　　任　盛海峰
副 主 任　徐永明　肖海明　冯瑞兴　邹　翔
张　震
党委书记　盛海峰
第十二派驻纪检组组长　刘凤球

商务局

局　　长　张　皓
副 局 长　张玦青　王轶蕊　陈利锋
程　澄（—10 月）
党组书记　张　皓
副 书 记　张玦青

文化广电新闻出版局

局　　长　严　浩
副 局 长　王　冰　刘　芳　王雪春　陆　坚
党委书记　严　浩
副 书 记　王　冰

卫生和计划生育委员会

主　　任　邱根生
副 主 任　朱　坚　刘　俊　张　英　钱军民
张春龙
党委书记　邱根生
副 书 记　李云汉（—10 月）

体育局

局　　长　顾振清
副 局 长　费春燕
党组书记　顾振清

环境保护局

局　　长　沈玉其
副 局 长　姜志刚　张　勤　周洪海
党组书记　沈玉其
纪检组长　龚　征

旅游局

局　　长　曹　锋
副 局 长　张　华　殷　托　黄　健　杨冬梅
党组书记　曹　锋

民族宗教事务局

局　　长　杨惠林
副 局 长　朱文强　时永建
党组书记　杨惠林

审计局

局　　长　王建平
副 局 长　张玉柱　袁蕴玉　杨洪生
党组书记　王建平

安全生产监督管理局

局　　长　袁志强
副 局 长　周照平　张文明　卢阳松　金　鑫
党组书记　袁志强

市场监督管理局

局　　长　周建平
副 局 长　唐宪中　肖伟模　沈　渊　李伟丰
方海清　晏四祥
党委书记　周建平
党委副书记　杨其康

统计局

局　　长　周淑亚
副 局 长　廖丽萍　苏静妍　屠丹平
党组书记　周淑亚

物价局

局　　长　左　明
副 局 长　任玉法　张　燕　王宇舟
党组书记　左　明

粮食局

局　　长　杨喜良
副 局 长　朱献良　征安平　陆月明
党委书记　杨喜良

民防局（人防办）

局　长（主任）　严桂清
副局长（副主任）陈立华　张卫兵　曹　宏
唐四新
党组书记　严桂清

机关事务管理局

局　　长　钱丁良

副局长　于俊伟
党组书记　钱丁良

国有资产监督管理办公室

主　任　凌晓波
副主任　顾莺燕　吴　艳　潘学远
党委书记　凌晓波

政务服务管理办公室

主　任　王晓红
副主任　凌　玲　高菊平　任　谦（挂职，—2月）

法制办公室

主　任　徐志豪
副主任　顾泉山　徐林峰

外事办公室

主　任　刘利民
副主任　周叶萍　王益锋　印亚瑜

市政府研究室

副主任　蔡　健（10月—）

服务业发展办公室

主　任　王晨清
副主任　朱卫清　倪香萍（10月—，试用1年）

企业上市工作办公室

主　任　王莉萍

中小企业局

局　长　吴忠良

知识产权局

局　长　万芬奇

城管执法局

局　长　朱锦明

水务局

局　长　金　明

广电总台

台　长　陆文卫
副台长　刘　序　山　飚　王　嵘
　　　　陈志平（—1月）
党委书记　陆文卫
副书记　杨　敏
纪委书记　杨　敏

检验检测中心

主　任　唐宪中
副主任　时　连

招商局

局　长　朱晓峰
副局长　苏　珂　金丽萍（—7月）

供销总社

主　任　杨　俭（—9月）
副主任　王　辉（—9月）
理事会主任　杨　俭（9月—，"三会"制度试点改革）
监事会主任　杜凤良（9月—，"三会"制度试点改革）
理事会副主任　王　辉（9月—，"三会"制度试点改革）
党委书记　杨　俭
副书记　杜凤良

社会综合治理联动中心

主　任　徐向明
副主任　朱弇菁

侨　办

主　任　杨建新
副主任　周永飞

金融合作管理办公室

主　任　王建良
副主任　李泉龙　杨怀球

市政协各部门

办公室（与秘书处合署办公）

秘书长　陆静波
主　任　仇　君
副秘书长　仇　君　李永川

提案委员会

主　任　吴伟红
副主任　王俭飞　顾钱医　王伟刚

经济科技委员会

主　任　宋福荣
副主任　张　翼　闻　铭　许子云　唐正道

社会事业委员会

主　任　杜根生
副主任　夏永刚　张跃忠　周红亚　朱　坚
　　　　陆文卫

城乡建设委员会

主　任　高建林
副主任　王丽坚　石培红　周洪海

港澳台侨（民族宗教）委员会

主　任　展建良
副主任　闵诣昉　杨建新　沈建青　杨惠林

学习文史委员会

主　任　李永川
副主任　徐卫岗　黄　蓉　顾建新
　　　　顾肖峰

研究室

主　任　张　炜
副主任　朱自元

委员联络工作办公室

主　任　仇　君

民主党派

中国国民党革命委员会太仓市委员会

主　委　黄浩忠
副主委　朱　坚　陆建清　贺延辉

中国民主同盟苏州市委太仓直属小组（—11月）

组　长　王雪春

副 组 委　　袁新海

中国民主同盟苏州市委太仓支部（11 月—）

主　　委　　王雪春
副 主 委　　袁新海

中国民主建国会太仓市委员会

主　　委　　吕　寅
副 主 委　　曹一清　孙剑良　黄卫东

中国民主促进会太仓市基层委员会

主　　委　　朱凤兰
副 主 委　　周建明　朱自元　邢曦峰（7 月—）
　　　　　　黄冬明（7 月—）　施倚倩（—7 月）

中国农工民主党太仓市总支部委员会

主　　委　　赵麒森
副 主 委　　姜利农　胡永明

九三学社太仓市支社委员会

主　　委　　王文华
副 主 委　　杨成德

群众团体

市总工会

主　　席　　楼晓舟
副 主 席　　周惠东　徐昭君　黄海松
党组书记　　楼晓舟

团市委

书　　记　　邵　旻
副 书 记　　龚　迪（挂职，12 月—）
　　　　　　陆菲（挂职，12 月—）
　　　　　　王　茜（—12 月）
党组书记　　邵　旻

市妇联

主　　席　　张英姿
副 主 席　　陈静怡　李　黎
党组书记　　张英姿

市科协

主　　席　　顾熙虹
副 主 席　　吴建明　胡俊韬
兼职副主席　　王　欣　冯宇霞
党组书记　　顾熙虹

市文联

主　　席　　龚　璇
副 主 席　　乐　琦　许正明
兼职副主席　　王雪春　陈解法
党组书记　　龚　璇

市工商联

主　　席　　汤文英
副 主 席　　王益清
兼职副主席　　朱约辉　刘　枫　许惠忠　杨春雨
　　　　　　张　斌　周建明　周善高　郑岳海
　　　　　　姜建农　顾振其　黄丁其　黄耀臻
　　　　　　彭红卫　管星宇　魏建良
党组书记　　王益清

市侨联

副 主 席　　周　燕

市残联

理 事 长　　陈永忠
副理事长　　许　斌　杨太庆
党组书记　　陈永忠

市社科联

主　　席　　刘　菊
副 主 席　　吴　巍

市红十字会

专职副会长　　李云汉（10 月—）

市无党派知识分子联谊会

会　　长　　顾建康
副 会 长　　陈　俭　王　燕（11 月—）
　　　　　　李永川（11 月—）　顾　燕（11 月—）
　　　　　　高建林（—11 月）　孙惠球（—11 月）
　　　　　　尤培亚（—11 月）

太仓港经济技术开发区及下属部门

党工委

书　　记　　沈　觅
副 书 记　　王建国　徐志强
党工委委员　　王红星　冯玉良　孙旭明　王　哲
　　　　　　张培明　陆湘元（8 月—，试用 1 年）
纪工委书记　　孙旭明

管委会

主　　任　　王建国
副 主 任　　徐志强　王红星　冯玉良　王　哲
　　　　　　张培明　陆湘元（8 月—，试用 1 年）
　　　　　　王言霖（挂职，9 月—）
　　　　　　王　敏（挂职，—3 月）
　　　　　　方　博（挂职，—4 月）

港区党委

书　　记　　徐志强
副 书 记　　孙旭明　王　哲　张培明
委　　员　　陆湘元　马　骏　张舒源　李　焱
　　　　　　钱振刚　胡雪峰　芮　萌

党政办公室

主　　任　　赵　勇
副 主 任　　孙　昉　李　萍　杨　波

宣传办公室

主　　任　　赵　勇
副 主 任　　李　萍

科学技术局

局　　长　　钱振刚
副 局 长　　陆燕芳　陈　刚（挂职）
　　　　　　张宗庭（挂职，12 月—）

吕和平（挂职，—8月）
赵　育（挂职，—8月）

人力资源和社会保障局

局　　长　　王孝红
副 局 长　　周　珏　江宏卫

规划建设局（城市管理局）

局　　长　　李　焱
副 局 长　　陆建清　杨艳萍　张玉明　金　俊

经济发展局

局　　长　　马　骏
副 局 长　　宋志勤　王晓军　钱　琪　赵　倩

安全生产与环境保护局

局　　长　　陆湘元
副 局 长　　徐建明　陆健峰　许惠星　宋巍伟

农村工作局

局　　长　　钱　进
副 局 长　　顾　杰

财政局（国有资产管理局）

局　　长　　王　燕

财政局

副 局 长　　徐建东

国资局

副 局 长　　张红友　柯　峤

社会事业局

副 局 长　　王　浩
雷农水（挂职，9月—）

纪检监察室

主　　任　　龚利花

保税物流中心（12月更名为太仓港综合保税区）

主　　任　　张舒源
副 主 任　　谢伟峰　方　正

招商中心

主　　任　　芮　萌
副 主 任　　汪华明　张　敏　张　瀚
顾千慧（挂职，12月—）

现代服务业发展中心

主　　任　　胡雪峰
副 主 任　　奚　玲　张艳维

高新区及下属部门

党工委

书　　记　　王红星
副　书记　　李　刚　叶俭洁

纪工委

书　　记　　王维军
委　　员　　冯玉良　张艳萍　夏远峰　陆定峰
王宏宾　浦利兵　王维军

管委会

主　　任　　李　刚
副 主 任　　冯玉良　张艳萍　夏远峰　陆定峰
王宏宾　浦利兵

党政办公室

主　　任　　夏远峰
副 主 任　　周燕晨　李青玉

党群工作部

副 部 长　　吴炜芬　李慧华

科学技术局

局　　长　　张荣海
副 局 长　　马喜斌　吕和平（挂职，9月—）

经济发展局

副 局 长　　潘国忠　殷　伟
周　骏（挂职，12月—）

规划建设和环境保护局

副 局 长　　查晓冬　范伟民　王　彦　张珺晖

人力资源和社会保障局

副 局 长　　沈　宁　徐晓华

农村工作局

副 局 长　　孙文彪

财政局（国有资产管理局）

局　　长　　陈　俭
副 局 长　　沙海丰　朱　敏

工会

主　　席　　笪文敏

招商局

局　　长　　郁颖珠
副 局 长　　胡晓瑜　段月强
沈超未（挂职，12月—）

娄东街道

党工委

书　　记　　浦利兵
副 书 记　　顾技峰　毛华乾
纪工委书记　　郁胜宝
委　　员　　顾永忠　徐立军　朱建东　王桂明
郁胜宝　朱　琼　陈苏燕（挂职）

办事处

主　　任　　顾技峰
副 主 任　　徐立军　朱建东　马永平　朱　琼

人大工委

主　　任　　顾永忠

市科教新城

党工委

书　　记　　陆定峰
副 书 记　　韩志敏　顾凯凯　樊　琳（挂职，9月—）

纪工委

书　　记　　顾凯凯

委　　员　　龚宣东　吴振键　王永健　袁金华
　　　　　　陈洲洋

管委会

主　　任　　韩志敏
副 主 任　　龚宣东　吴振键　王永健　袁金华
　　　　　　陈洲洋

太仓长江口旅游度假区

党工委

书　　记　　杨晓峰
副 书 记　　张　义　顾益新　顾晓峰　郭亚萍
　　　　　　邵立新
委　　员　　张俊国　朱学锋　杨志刚　黄　莉
　　　　　　王　莉

纪工委

书　　记　　王　莉

管委会

主　　任　　张　义
副 主 任　　王　东　周　静　钱　宇　李　伟
　　　　　　钱敏芳

太仓大学科技园

管委会

主　　任　　顾晓东
副 主 任　　魏晓锋　陆定峰　万芬奇

太仓市现代农业园区

管委会

主　　任　　肖海明
副 主 任　　吴建华

太仓港口及下属部门

党工委

书　　记　　曹后灵
副 书 记　　邵建林
委　　员　　胡　鸿　杨　岘　徐志强　徐卫强

管委会

主　　任　　邵建林
常务副主任　胡　鸿
副 主 任　　胡　鸿　徐志强　徐卫强

纪工委

书　　记　　杨　岘

监察室

副 主 任　　赵振刚

党政办公室

主　　任　　郑国昌
副 主 任　　唐　蔚　徐　峰（—4 月）
　　　　　　谢建华（2 月—）

规划建设办公室（—2 月）

副 主 任　　方　健（—2 月）
　　　　　　谢建华（—2 月）

发展服务局

局　　长　　钱　晓
副 局 长　　王敏勇　徐　峰（4 月—）

港政服务局

局　　长　　孙　松
副 局 长　　闻叶青（—2 月）　方　健（2 月—）
　　　　　　沈培明（2 月—）

口岸委办公室

主　　任　　董济文
副 主 任　　洪方强　束晨辉

安全生产监督与港政执法局

局　　长　　高冬华
副 局 长　　浦红国　闻叶青（2 月—）
　　　　　　沈培明（—2 月）

科技与信息化建设办公室（2 月—）

主　　任　　董济文（兼）
副 主 任　　郭保春（9—）

发展服务中心

主　　任　　王敏勇

条线部门

太仓边防检查站

站　　长　　叶林军
政　　委　　朱锦仕（—6 月）
副 站 长　　徐宝峰　黄　翔
副 政 委　　郭如平
参 谋 长　　陈国华
政治处主任　周正山
后勤处长　　刘　海

太仓公安消防大队

大 队 长　　袁　骏
教 导 员　　童　斌

太仓出入境检验检疫局（—4 月）

局　　长　　朱金连
副 局 长　　范英姿　许　强　封君兴
党组书记　　朱金连

太仓海关

关　　长　　林伟东（12 月—）　宋晓泉（—12 月）
副 关 长　　罗建国（12 月—）　范英姿（12 月—）
　　　　　　陈　康（12 月—）　郭　健（12 月—）
　　　　　　许　强（12 月—）　江红星（12 月—）
　　　　　　周建达（—12 月）　蔡东良（—12 月）
纪检组长　　袁建国（12 月—）

太仓海事局

局　　长　赵　震
政　　委　丁安林
党委书记　赵　震
党委副书记　丁安林
副局长　承　海　方志成　胡　红
纪委书记　丁安林

长江引航中心太仓引航站

站　　长　秦　文
支部书记　张　猛

国税局（—7月）

局　　长　王洪斌
副局长　陈　健　蒋志达　徐　喆
纪检组长　龚莉芳

地税局（—7月）

局　　长　陈　秋
副局长　金　骁　凌秋峰　曹敏强　陆　强
纪检组长　陈　华

税务局（7月—）

局　　长　王洪斌
副局长　陈　秋　陈　健　金　骁　蒋志达
　　　　徐　喆　曹敏强　陆　强
纪检组长　龚莉芳

太仓电信

总经理　王志勇
副总经理　金志强　陆献秋　陈爱军
党委书记　王志勇
纪委书记　陆献秋

太仓邮政

党委副书记　金　明
副总经理　金　明（主持工作）
副总经理　张　开　孙云澈　王彩兵（10月—）
纪委书记　张　开

太仓移动

总经理　张庆红（10月—）
　　　　阎凌清（—10月）
副总经理　郑　翎
总经理助理　吴　佳

太仓联通

总经理　赵剑毅
副总经理　张　阳　李志刚　朱永良

供电公司

总经理　蒋永平
副总经理　王晓东　顾文献　顾海林　姜学宝
党委书记　王晓东
党委副书记　蒋永平
纪委书记　戴　俭

太仓公积金中心

主　　任　龚志浩
副主任　任　燕　胡　倩

烟草专卖局（分公司）

局长（经理）　沈　诚
副局长　曹　忠
副经理　贾红霞（6月—）　左洪源（—6月）

盐务管理局（—6月）

局　　长　田作磊
副局长　陈文华

盐业公司

副经理　邓　逾（主持工作）（9月—）
副经理　陈文华
执行董事　邓　逾（9月—）
监　　事　陈文华

气象局

局　　长　钟惠平
副局长　曾山佰（9月—）　周卫兵（—8月）

人行太仓市支行

行　　长　姚剑敏（—12月）
副行长　唐生枝（主持工作，12月—）
副行长　徐　琍　张丽琴

银监太仓办

主　　任　陆晓红

农发行太仓市支行

行　　长　顾晓明
副行长　童　烨（6月—）　黄　玉（—2月）
行长助理　彭　颖（6月—）　王　寅（—6月）

工行太仓支行

行　　长　陈鸿鸽
副行长　钱　忠　顾翼飞（10月—）
　　　　洪熠旻（—10月）
纪委书记　王文亚
行长助理　陶　涛

农行太仓分行

行　　长　周文军
副行长　马红琴　李　侠　朱　鸣（4月—）
　　　　陈晓曦（9—12月）　林建强（—8月）
纪委书记　陈晓曦（9月—）
行长助理　严　伟（挂职，8月—）
　　　　朱　鸣（—4月）

中行太仓分行

行　　长　黄世忠
纪委书记　刘　海（5月—）　戴春荣（—5月）
副行长　吴海燕　吴戈亮（7月—）
　　　　刘　海（—5月）

建行太仓分行

行　　长　吉长龙（5月—）　周颖峰（—5月）
副行长　宋　健　黄惠国　王　敏　孙艳丹
　　　　殷　勤（6月—）　张　军（—6月）

交行太仓分行

行　　长　沈　玲
副行长　张　宏　张金荣　胡　江（5月—）

卞晓智（—3月）

邮储银行太仓市支行

行　　长　陈娟娟（11月—）　尹国梁（—11月）
副 行 长　李　壮　周利庭（12月—）

中信银行太仓支行

行　　长　何　飚
副 行 长　包　颖　顾　飚
行长助理　许　峰（10月—）
浮桥支行行长　顾　飚（10月—）
许　峰（—10月）

华夏银行太仓支行

副 行 长　司武宏（主持工作）
副 行 长　林　隐　卢　纯（—8月）
行长助理　蒋美芬

招商银行太仓支行

行　　长　廖洪军（12月—）　缪郁峰（—11月）
行长助理　朱秋华

中国光大银行太仓支行

行　　长　胡　尧
副 行 长　陆　菁
行长助理　唐益菲

中国民生银行太仓支行

行　　长　徐意龙
副 行 长　赵　怡　钱继伟
行长助理　徐　健　时　洁

兴业银行太仓支行

行　　长　王　昕（1月—）　沈　洁（—1月）
行长助理　徐万春（2月—）　覃文波（—1月）

恒丰银行太仓支行

行　　长　张　敏（9月—）　张求胜（—9月）
副 行 长　黄越鹏（9月—）

江苏银行太仓支行

行　　长　陆　群（10月—）　曹惠芳（—10月）
副 行 长　赵　岚
行长助理　吴　雷

苏州银行太仓支行

行　　长　张治虎
零售总裁　柳　婷（5月—）　葛　铭（—4月）
公司副总裁　将宏杰

太仓农村商业银行

董 事 长　沈向东（3月—）　张云青（—3月）
行　　长　王　星（1月—）　顾曙光（—1月）
监 事 长　冯　建
副 行 长　丁　娅　顾必武　夏立军
王　星（—1月）

太仓民生村镇银行

董 事 长　王盛文（10月—）　刘拥新（—10月）
行　　长　金　玮
副 行 长　金　莹（—6月）
风险总监　秦允胜

东吴证券太仓分公司

太仓分公司总经理　董伟年
太仓分公司副总经理　管春鸣（1月—）
上海东路营业部总经理　林　玲（1月—）
人民南路营业部副总经理（主持工作）　赵　洪
沙溪镇营业部总经理　顾卫东

人保财保险太仓中心支公司

总 经 理　姚　铿
副总经理　池　骋　顾　豪　彭静梅

中国人寿太仓支公司

总 经 理　朱李乐
总经理助理　孙　峰　邓开扬（10月—）
张泺冰（—10月）

太平洋财险太仓中心支公司

总 经 理　张　渊
副总经理　朱煜伟
总经理助理　吕　靖　顾丹洁（7月—）

平安财险太仓支公司

总 经 理　司　明
副总经理　王悦涵（1月—）　杨　波（1月—）
方光辉（—1月）

太平洋人寿太仓支公司

总 经 理　刘　颖（7月—）　周　平（—7月）
副总经理　闻金平　陆满华（7月—）
顾伟锋（—7月）

苏州健雄职业技术学院

党委书记　顾晓东（6月—）　朱大丰（—6月）
院　　长　魏晓锋
副 院 长　张学军　周晓刚（2月—）
陈智强（—3月）
纪委书记　盛建军

各　镇

城厢镇

党委书记　徐洪明
副 书 记　严　枫　陆　明　江芝才（10月—）
郭忠智（挂职，6—8月）
委　　员　张俊华　赵隽春　陆红玉　郁卫清
沈　华　江芝才（—10月）
方海宁（—10月）
纪委书记　沈　华
人大主席　张俊华
副 主 席　吴　平
镇　　长　严　枫
副 镇 长　赵隽春　乘　康　李　健　赵　健
张　寅　汪家琼（挂职，9月—）
江芝才（—10月）

政协工委主任　陆　明

沙溪镇

党委书记　潘红忠
副书记　毛雅萍　龚文彬　王建春
刘　春（挂职，9月—）
委　员　陆　征　毛剑峰　叶　强　曹丹丹
陈　晓　季春芳　王建宏
纪委书记　季春芳
人大主席　徐　韬（8月—）　王大明（—8月）
副主席　龚小青
镇　长　毛雅萍
副镇长　陆　征　刘　君　张国华　苏益初
吴昊波　彭　渊　彭　盛

浏河镇

党委书记　杨晓峰
副书记　张　义　郭亚萍　邵立新
委　员　顾益新　王　东　张俊国　朱学锋
杨志刚　黄　莉　王　莉
陈　颖（挂职）
纪委书记　王　莉
人大主席　顾益新
副主席　陈文贤
镇　长　张　义
副镇长　王　东　周　静　钱　宇　李　伟
钱敏芳

浮桥镇

党委书记　王　哲
副书记　李　峰　胡月林　顾晓春（10月—）
委　员　吴莉华　陆　益　陆建忠　顾春兰
张　锋　吕春燕
纪委书记　顾春兰
人大主席　吴莉华
副主席　龚建国
镇　长　李　峰
副镇长　龚惠琴　杨琴洁　吴建达　陆利璟
庄　晓　许卫国

璜泾镇

党委书记　吴建国
副书记　童　刚　周志强　吴　龙
委　员　郭平原　祁殿成　蒋婷婷　吴　强
周陆彦　姚巍锋
纪委书记　祁殿成
人大主席　郭平原
副主席　陆洪昌
镇　长　童　刚
副镇长　李　健　刘翔宇　杨理贤　倪伟峰
杨翠珠

双凤镇

党委书记　蔡东辉
副书记　潘井亚　朱　清
委　员　徐建明　吴静怡　张蓓婷
周丽清　何国清　王宜刚
居远志（挂职）
纪委书记　张蓓婷
人大主席　徐建明
副主席　吴建斌
镇　长　潘井亚
副镇长　吴静怡　陈　凯　朱庆兰　杨　政
蔡　健（—10月）

（市委组织部、港口管委会、各条线部门）

年度荣誉

先进集体名录（部分）

表93

序号	获奖单位	荣誉称号	授予单位
1	太仓市	健康城市最佳实践奖	世界卫生组织
2	太仓市	2017年国务院大督查奖励	国务院
3	太仓市	2017年度国家级妇幼健康优质服务示范县（市、区）	国家卫计委
4	太仓市	全国农村幸福社区建设示范单位	民政部
5	太仓市	2018年中欧绿色和智慧城市先行奖	中国城市和小城镇发展改革中心 法国展望与创新基金会
6	太仓市	世界“竞走之城”	国际田联
7	太仓市	中国最具幸福感城市县级市榜单榜首	新华社《瞭望东方周刊》

续表 93

序号	获奖单位	荣誉称号	授予单位
8	太仓市	全国“两山”发展百强县第四位	浙江大学环境与资源学院
9	太仓市	2018 年工业百强县（市）第七位	中国信息通信研究院
10	太仓市	2018 年全国科技创新百强县市第二位	中国中小城市科学发展指数研究课题组、中小城市发展战略研究院、中城国研智库等单位
11	太仓市	2018 年全国综合实力百强县市第七位	中国中小城市科学发展指数研究课题组、中小城市发展战略研究院、中城国研智库等单位
12	太仓市	2018 年全国绿色发展百强县市第三位	中国中小城市科学发展指数研究课题组、中小城市发展战略研究院、中城国研智库等单位
13	太仓市	2018 年度全国新型城镇化质量百强县市第六位	中国中小城市科学发展指数研究课题组、中小城市发展战略研究院、中城国研智库等单位
14	太仓市	2018 年度全国中小城市综合实力百强县市第七位	中国中小城市发展指数研究课题组、中小城市发展战略研究院、中城国研智库等单位
15	太仓市	《福布斯》中国大陆最佳县级城市第三位	《福布斯》中文版
16	太仓市	中国城市公益慈善指数县级市第三位	中国慈善联合会
17	太仓市	国家卫生城市（复审达标）	全国爱卫会
18	太仓市	中国最佳楹联文化城市	中国楹联学会
19	太仓市	第五批国家级农村职业教育和成人教育示范县（市）创建名单	教育部办公厅
20	太仓市璜泾镇永乐村	第七批全国民主法治示范村	司法部、民政部
21	太仓市司法局城厢司法所	全国先进司法所	司法部
22	太仓市机关事务管理局（合署办公）	2017—2018 年节约型公共机构节能示范单位	国管局、国家发改委、财政部
23	太仓市供销合作总社	全国百强县级社	中华全国供销合作总社
24	太仓市卫计委	全国流动人口动态监测调查优秀单位	国家卫健委办公厅
25	太仓市新区第二小学	全国流动人口健康促进示范学校	国家卫计委流管司
26	太仓市人民法院	2018 年度在司法宣传工作中做出突出成绩的人民法院	最高人民法院政治部 人民法院新闻传媒总社
27	太仓市沙溪镇	国家卫生县城（乡镇）（复审达标）	全国爱卫会
28	太仓市浏河镇	国家卫生县城（乡镇）（复审达标）	全国爱卫会
29	太仓市璜泾镇	国家卫生县城（乡镇）（复审达标）	全国爱卫会
30	太仓日报社融媒体中心	2017—2018 年中国十佳融媒体中心	传媒杂志社 中国融媒体发展论坛组委会
31	太仓市三新供电服务有限公司	2018 年度全国市场质量信用 A 等用户满意服务	中国质量协会
32	国网太仓市供电公司能源替代 QC 小组	电力行业 QC 小组活动成果一等奖	中国水利电力质量管理协会
33	国网太仓市供电公司输电运检班 QC 小组	2018 年度电力建设优秀质量管理 QC 成果三等奖	中国电力建设企业协会
34	太仓市	江苏省第 11 届双拥模范城（县、区）	省委、省政府、省军区
35	太仓市	2015—2018 年全省社会治安综合治理先进集体	省委、省政府
36	太仓市	2018 年度推进高质量发展先进县（市、区）	省委、省政府

续表 93

序号	获奖单位	荣誉称号	授予单位
37	太仓市浏河镇	2015—2018 年全省社会治安综合治理先进集体	省委、省政府
38	太仓市	2016—2017 年全省法治建设示范县（市、区）	省委办、省政府办
39	太仓市	江苏省生态园林城市	省政府办
40	太仓市	2016-2017 年全省“五方挂钩”帮扶工作先进单位	省扶贫工作领导小组
41	太仓市	2015—2017 年省金融生态优秀县	省金融稳定工作协调小组
42	太仓市	2018 年度财政重点工作考核先进市县一等奖	省财政厅
43	太仓市	江苏省卫生应急规范市	省卫健委
44	太仓市	2017 年度全省信访工作“县”（市、区）	省信访局
45	太仓市	2017 年度平安县（市、区）	省综治委
46	太仓市政府办公室	2017 年全省政务信息工作先进单位	省政府办
47	太仓市城厢镇	江苏省生态文明建设示范乡镇（街道）	省环保厅
48	太仓市沙溪镇	江苏省生态文明建设示范乡镇（街道）	省环保厅
49	太仓市粮食局	江苏省粮食系统先进集体	省人社厅、省粮食和物资储备局
50	太仓检验检疫局	2017 年度全省系统文明单位	江苏检验检疫局
51	太仓检验检疫局太仓港办事处	2016 年度全省系统十佳文明窗口	江苏检验检疫局
52	太仓海关	集体嘉奖	南京海关
53	太仓海关	2017 年度省文明口岸及文明口岸共建先进单位	省口岸办
54	太仓海事局第一海巡执法大队	2017 年度先进单位（集体、班组）	中共江苏海事局党组、江苏海事局
55	太仓海事局指挥中心二号工班	2017 年度先进单位（集体、班组）	中共江苏海事局党组、江苏海事局
56	太仓海事局指挥海巡 06862 艇	2017 年度先进单位（集体、班组）	中共江苏海事局党组、江苏海事局
57	太仓市海事局第七党支部	2017—2018 年江苏海事局基层党建工作示范点	中共江苏海事局党组
58	太仓海事局第一海巡执法大队	2017—2018 年“安全畅通文明航区”“四示范”执法窗口	中共江苏海事局党组
59	太仓海事局政务中心	2017—2018 年“安全畅通文明航区”“四示范”执法窗口	中共江苏海事局党组
60	太仓海事局海巡 06866 艇	2017—2018 年“安全畅通文明航区”“四示范”执法窗口	中共江苏海事局党组
61	太仓海事局第二海巡执法大队	继续认定江苏海事局创建“安全畅通文明航区”先进单位、“四示范”执法窗口	中共江苏海事局党组
62	太仓海事局海巡 06862 艇	继续认定江苏海事局创建“安全畅通文明航区”先进单位、“四示范”执法窗口	中共江苏海事局党组
63	太仓市供销合作总社	2018 年度创新工作优胜单位	省供销合作总社
64	太仓市供销合作总社	2018 年度基层工作先进单位	省供销合作总社
65	太仓市双凤镇勤力村	江苏省特色景观旅游创建示范村	省住建厅、省文旅厅
66	太仓高新区双创示范基地	第二批江苏省大众创业万众创新示范基地	省发改委

续表 93

序号	获奖单位	荣誉称号	授予单位
67	苏州香塘创业投资有限责任公司	2018 年度江苏省科技金融特色机构	省地方金融监管局、省科技厅、省发展改革委、省财政厅、人民银行南京分行、江苏银保监局
68	太仓市家长总校	江苏省首批合格家长学校总校	省教育关工委
69	“娄城小太阳”青年志愿服务队	江苏省青年志愿服务事业贡献奖	团省委、省志愿者协会
70	太仓团市委	2018 年度全省团属报刊宣传工作先进单位	团省委
71	太仓市市场监督管理局团委	2017 年度江苏省五四红旗团委	团省委
72	太仓市国土资源局团支部	2017 年度江苏省五四红旗团支部	团省委
73	太仓市璜泾镇杨漕村红杨绿品农村科普示范基地	江苏省科普惠农兴村计划先进单位	省科协
74	太仓市娄东街道景瑞社区	江苏省社区科普益民计划示范社区	省科协
75	太仓市科协	2017—2018 年江苏省科普报刊宣传工作优秀单位	省科协
76	太仓市沙溪镇中荷村	江苏省科普惠农服务站	省科协
77	苏州育龙科教设备有限公司	江苏省科普产品研发基地	省科协
78	太仓市科技活动中心	江苏省科普教育基地	省科协
79	太仓市图书馆	江苏省科普教育基地	省科协
80	太仓市现代农业园	江苏省科普教育基地	省科协
81	太仓市娄东街道景瑞社区	全省校外教育辅导站先进电子阅览室	省关工委
82	太仓市娄东街道景瑞社区	江苏省社区科普益民计划示范社区	省科协、省财政厅
83	太仓市娄东街道景瑞社区	全省校外教育辅导站特色活动品牌	省关工委
84	太仓市娄东街道滨河社区	2017 年度江苏省和谐社区建设示范社区（村）	省民政厅
85	太仓市娄东街道陆渡社区	2017 年度江苏省和谐社区建设示范社区（村）	省民政厅
86	太仓市娄东街道浦溪社区	2017 年度江苏省和谐社区建设示范社区（村）	省民政厅
87	太仓市陆渡村村民委员会	第 13 批省级“民主法治示范村（社区）”	省依法治省领导小组办公室、省司法厅、省民政厅
88	太仓市住房和城乡建设局（地震局）	2018 年度全省市县防震减灾工作综合考核优秀单位	省地震局
89	太仓市住房和城乡建设局（地震局）	2018 年度全省地震灾害预防工作先进单位	省地震局
90	太仓市房地产交易服务中心工会委员会	2017 年度江苏省住房和城乡建设系统模范职工之家	省建设工会工作委员会
91	太仓市规划展示馆	江苏省防震减灾科普教育基地	省地震局、省科协
92	太仓市国土资源局	2017 年度江苏省土地执法模范县（市、区）	省国土厅
93	太仓市不动产登记中心	江苏省国土资源厅“党员先锋岗”	省国土厅
94	太仓市国土资源局	2017 年度江苏省五四红旗团支部（总支）	省国土厅
95	太仓市知识产权局	2018 年度江苏省知识产权行政执法工作成绩突出单位	省知识产权局

续表 93

序号	获奖单位	荣誉称号	授予单位
96	太仓市水产指导站	2017年江苏省水生动物疫病监控工作绩效考评一等奖	省海洋与渔业局
97	太仓市文广新局	江苏省新闻出版广电（版权）系统先进单位	省人社厅、省新闻出版广电局、省版权局
98	太仓市浏河人民医院骨科	省基层医疗卫生机构特色科室	省卫计委
99	太仓市浏河镇连心家园	2018年全省“连心家园——关爱失独家庭行动”优秀项目点	省卫计委、省计划生育协会
100	太仓市公安局城中派出所	全省优秀公安派出所	省公安厅
101	太仓市公安局沙溪派出所	集体二等功	省公安厅
102	太仓市公安局	集体二等功	省公安厅
103	太仓市公安局	2018年全国“两会”安保维稳成绩突出集体	省公安厅
104	太仓市公安局开发区派出所党支部	全省公安机关先进基层党组织	省公安厅党委
105	太仓市委政法委	全省创新网格化社会治理机制专项工作先进集体	省委政法委
106	太仓市机关事务管理局	全省机关事务管理系统先进集体	省人社厅、省机关事务管理局
107	太仓市生物医药产业园	江苏省侨联新侨创新创业基地	省侨联
108	中国工商银行股份有限公司太仓支行	江苏省分行精品县（市）分支行	中国工商银行江苏省分行
109	中国银行太仓分行监察部	全行纪检监察系统先进集体	中国共产党中国银行委员会
110	国网太仓市供电公司	2018年度“安康杯”竞赛优胜企业	国网江苏省电力有限公司 国网江苏省电力有限公司工会
111	国网太仓市供电分公司运维站	五星级现场	省质量管理协会
112	太仓万达广场	绿色商场	省商务厅
113	双凤镇维新村	第八批江苏省农村电子商务示范村	省商务厅
114	太仓市双凤镇	江苏省健康镇	省爱卫会
115	沙溪镇中荷存	江苏省健康村	省爱卫会
116	浏河镇新塘村	江苏省健康村	省爱卫会
117	科教新城学苑社区	江苏省健康社区	省爱卫会
118	城厢镇南区社区	江苏省健康社区	省爱卫会
119	浏河镇渔村社区	江苏省健康社区	省爱卫会
120	太仓市政务服务管理办公室	江苏省健康机关	省爱卫会
121	太仓市第一人民医院	江苏省健康医院	省爱卫会
122	太仓市中医医院	江苏省健康医院	省爱卫会
123	太仓市双凤人民医院	江苏省健康医院	省爱卫会
124	太仓市实验中学	江苏省健康学校	省爱卫会
125	太仓市绿阳蔬果专业合作社党支部书记工作室	党支部书记工作室示范点	省委组织部
126	太仓德企区域党建工作站党员教育实境课堂	党员教育实境课堂示范点	省委组织部

（各单位）

先进个人名录（部分）

表 94

序号	姓名	单位	荣誉称号	授予单位
1	邓君剑	太仓海事局	长航局系统优秀共产党员	长江航务管理局党委
2	卢　真	太仓海事局	长航局系统优秀党务工作者	长江航务管理局党委
3	邓君剑	太仓海事局	2018年长江海事局优秀共产党员	长江海事局党委
4	卢　真	太仓海事局	2018年长江海事局优秀党务工作者	长江海事局党委
5	李　雷	太仓海事局	长航系统文明行业优秀职工	长江航务管理委员会 长江航务管理局 中国海员工会长江航务委员会
6	郑　珠	太仓海事局	长航系统最美一线女职工	中国海员工会长江航务委员会
7	孙杏芬	中国银行太仓分行营业部	2017年中国银行业文明规范服务明星大堂经理	中国银行业协会
8	高　庆	中国工商银行太仓支行	中国工商银行普惠金融先进个人	中国工商银行总行
9	王春晖	中国工商银行太仓支行	全行印章综合改革工作先进个人	中国工商银行总行
10	徐玉林	太仓市委政法委	2015—2018年全省社会治安综合治理先进个人	省委、省政府
11	刘亚红	城厢镇德兴社区	全国流动人口动态监测调查优秀个人	国家卫健委办公厅
12	陆群芳	浮桥镇九曲社区	全国流动人口动态监测调查优秀个人	国家卫健委办公厅
13	马　帅	太仓市政府办公室	2017年度全省政务信息工作先进个人	省政府办公厅
14	赵志俊	太仓市住建局	2018年度全省12322优秀灾情速报员	省地震局
15	张　锷	太仓市住建局	江苏省住房城乡建设系统技能标兵	省住建厅、省总工会、省人社厅、省教育厅
16	张　锷	太仓市住建局	江苏省技术能手	省住建厅、省总工会、省人社厅、省教育厅等
17	李　雷	太仓海事局	江苏省技术能手	省人社厅
18	陶朝博	太仓海事局	江苏省技术能手	省人社厅
19	代建国	太仓海事局	2017—2018年江苏海事局优秀共产党员	中共江苏海事局党组
20	李明军	太仓海事局	2017—2018年江苏海事局优秀共产党员	中共江苏海事局党组
21	张　伟	太仓海事局	2017—2018年江苏海事局优秀共产党员	中共江苏海事局党组
22	秦立永	太仓海事局	2017—2018年江苏海事局优秀党务工作者	中共江苏海事局党组
23	倪东明	太仓市陆渡宾馆	2017年度江苏“旅游百佳”人才	省旅游局
24	潘　健	太仓市广电网络有限公司	2018年度江苏有线营销服务标兵	省广电有线信息网络股份有限公司
25	张金杰	太仓市广电网络有限公司	2018年度江苏有线营销服务标兵	省广电有线信息网络股份有限公司
26	马　榕	太仓市审计局	全省政府债务审计先进个人	省审计厅
27	王茹佳	太仓市启航青少年事务服务中心	2017年度江苏省优秀共青团员	团省委
28	陈伟辉	太仓市税务局	2018年度全省团属报刊宣传工作先进个人	团省委
29	杨王益	太仓市城管局执法大队	七彩志愿服务之星	团省委、省志愿者协会
30	沈春林	太仓市城厢镇	基层武装工作先进个人	省军区

续表 94

序号	姓名	单位	荣誉称号	授予单位
31	沈春林	太仓市城厢镇	省优秀“四会”教练员	省军区
32	罗文斌	太仓市城管局照明处	全省住房城乡建设系统劳动模范	省人社厅、省住建厅
33	张震力	太仓市知识产权局	2018 年度江苏省知识产权工作成绩突出个人	省知识产权局
34	高晓婷	太仓市知识产权局	2018 年度江苏省知识产权行政执法工作成绩突出个人	省知识产权局
35	张　吉	太仓市卫计委	2016—2017 年全省优秀帮扶工作队员	省扶贫工作领导小组
36	高　峰	太仓市广播电视总台	江苏省新闻出版广电（版权）系统先进工作者	省人社厅、省新闻出版广电局、省版权局
37	苏建林	太仓市广播电视总台	江苏省优秀工会工作者	省总工会
38	朱　麟	太仓市公安局人口管理大队	2018 年全国“两会”安保维稳成绩突出个人	省公安厅
39	杨　寅	太仓市公安局交警大队城厢中队	全省公安机关优秀共产党员	省公安厅党委
40	邢文萍	太仓市公安局出入境管理大队	全省公安机关优秀党务工作者	省公安厅党委
41	沈明亮	太仓市公安局	个人二等功（民警的贴心人）	省公安厅
42	陆　挺	太仓市公安局巡特警大队	个人二等功	省公安厅
43	计　侃	太仓市公安局科技信息化大队	全省技防城建设先进个人	省公安厅
44	周　寅	太仓市公安局刑警大队	全省公安机关侦破命案积案工作成绩突出个人	省公安厅
45	杨喜贤	太仓市人民法院	2016—2017 年全省“优秀人民法庭庭长”	省高级人民法院
46	王　月	太仓市人民法院	全省法院 2016—2017 年个人二等功	省高级人民法院
47	郑秀玲	太仓市委政法委	全省法治建设个人二等功	省委政法委、省法制办、省人社厅、省公务员局
48	朱彩红	太仓市娄东街道东郊社区	全省出租房屋安全隐患集中整治先进个人	省综治委
49	李孝忠	太仓日报社	2018 年度江苏省县市报优秀新闻工作者	省县市报研究会
50	戴周华	太仓日报社	2018 年度江苏省县市报优秀新闻工作者	省县市报研究会
51	徐　奔	太仓日报社	2018 年度江苏省县市报优秀新闻工作者	省县市报研究会
52	陈　燕	太仓日报社	2018 年度江苏省县市报优秀新闻工作者	省县市报研究会
53	王志强	太仓日报社	2018 年度江苏省县市报优秀新闻工作者	省县市报研究会
54	沈　峰	国网太仓市供电公司	江苏省企业首席技师	省人社厅
55	王盛辉	国网太仓市供电公司	2018 年度优秀班组长	国网江苏省电力有限公司 国网江苏省电力有限公司工会
56	奚伟平	国网太仓市供电公司	2017 年度集体企业管理工作先进个人	国网江苏省电力有限公司 国网江苏省电力有限公司工会
57	熊　斌	国网太仓市供电公司	2018 年度安全生产先进个人	国网江苏省电力有限公司 国网江苏省电力有限公司工会
58	陈鹏飞	国网太仓市供电公司	2018 年度安全生产先进个人	国网江苏省电力有限公司 国网江苏省电力有限公司工会
59	王盛辉	国网太仓市供电公司	2018 年继电保护专业劳动竞赛先进个人	国网江苏省电力有限公司 国网江苏省电力有限公司工会
60	杜　培	国网太仓市供电公司	2017 年度星级乡镇供电所创建劳动竞赛先进个人	国网江苏省电力有限公司 国网江苏省电力有限公司工会

续表 94

序号	姓名	单位	荣誉称号	授予单位
61	陈永明	国网太仓市供电公司	2017 年度职工服务劳动竞赛先进个人	国网江苏省电力有限公司 国网江苏省电力有限公司工会
62	张卫珍	太仓市卫计委	全国流动人口动态监测调查省级优秀督导员	省卫健委办
63	王　俊	太仓市卫计委	全国流动人口动态监测调查省级优秀调查员	省卫健委办
64	陈雅秋	太仓市娄东街道娄江社区	全国流动人口动态监测调查省级优秀调查员	省卫健委办
65	陈　洁	太仓市浮桥镇	全国流动人口动态监测调查省级优秀调查员	省卫健委办
66	张辰卿	中国工商银行股份有限公司太仓支行	江苏省分行客户拓展能手	中国工商银行江苏省分行
67	宋佳杰	中国工商银行股份有限公司太仓支行	江苏省分行产品营销标兵	中国工商银行江苏省分行
68	王朔煜	中国工商银行股份有限公司太仓支行	江苏省分行产品营销标兵	中国工商银行江苏省分行

（各单位）

重要文献

抢抓机遇　奋力拼搏
开创高质量建设“两地两城”新局面

——在市委十三届六次全会上的讲话

沈　觅

2018 年 12 月 29 日

同志们：

这次市委全会的主要任务是：高举习近平新时代中国特色社会主义思想伟大旗帜，深入贯彻落实中共十九大、十九届二中、三中全会、中央经济工作会议和习近平总书记视察江苏重要讲话精神，按照省委十三届五次全会、苏州市委十二届七次全会部署，总结今年工作，分析当前形势，部署明年任务，推动解放思想再深入、改革开放再出发，动员全市各级党组织和广大党员干部群众，抢抓机遇，奋力拼搏，开创高质量建设“两地两城”新局面。

下面，我代表市委常委会，讲四个方面意见。

一、充分肯定今年以来工作。

今年以来，我们把深入学习贯彻习近平新时代中国特色社会主义思想、中共十九大精神和习近平总书记对江苏工作系列重要讲话指示精神作为统领一切工作的总纲，认真贯彻落实中央、省委和苏州市委决策部署，坚持稳中求进工作总基调，自觉践行新发展理念，以思想大解放为动力，以高质量发展为导向，实施十四项三年行动计划和全面从严治党三年行动方案，统筹推进改革发展稳定和党的建设各项工作，经济社会平稳健康发展，高质量建设“两地两城”取得新进展。全年完成地区生产总值 1330 亿元，增长 7%（预计数，下同）；一般公共预算收入 155 亿元，增长 10%，税收收入 139.5 亿元，增长 14.3%，税收占比 90%；规模以上工业总产值 2260 亿元，增长 7.5%；全社会固定资产投资 367 亿元，增长 4.3%。位列 2018 年度全国百强县市综合实力第七位、科技创新第二位、绿色发展第三位、新型城镇化质量第六位。

（一）发展动能在创新转型中加速集聚。扎实开展“项目建设深化年”活动，成功举办深圳招商投资说明会、沪太协同发展推介会，7 个省级、30 个苏州市级重大项目全部开工，耐克二期、联合汽车电子、似鸟物流、碁辟润滑油二期等项目竣工投运。产业转型升级步伐加快，新增 6 家省级、13 家苏州市级示范智能车间，高端装备制造、新材料、生物医药等主导产业持续壮大，累计引进培育总部企业27家。"两新"产业产值占比分别达55.5%和47.7%，均居苏州前列。服务业增加值占比达47%。西工大太仓校区、西交利物浦太仓校区签约落户，中科院硅酸盐所苏州研究院一期、西工大太仓长三角研究院投入运行。新增高新技术企业56家，累计达349家。万人有效发明专利拥有量达53件。实施人才乐居工程，举办首届"创赢太仓"全球创业大赛、高校院所"太仓日"等活动。新增省级以上各类领军人才18人，累计达147人，新增姑苏创新创业领军人才8人，累计达82人。获批国家新型工业化产业示范基地。

（二）改革开放在持续深化中取得实效。组织开展庆祝改革开放40周年系列活动。年度确定的43项改革重点任务扎实推进。"放管服"改革不断深化，"3550"目标取得新突破，审批服务全面提升。港区全链审批赋权工作稳步开展，沙溪、浏河经济发达镇行政管理体制改革成效明显。农村集体产权制度改革、港区服务业综合改革等省级试点任务有序实施。深化商事制度改革，新增各类市场主体16550户，增长20.2%。完成进出口总额144.6亿美元，增长11.5%。主动融入长三角一体化发展大局，各领域各单位对接上海的频次和深度明显提升，签约共建嘉昆太协同创新核心圈，引进沪上项目316个，总投资超130亿元。对德合作不断深化，新引进德企23家，增资扩股超千万美元项目5个，中德先进制造技术国际创新园一期正式投运，连续第11年在德国举办"走进德国——太仓日"活动，参加江苏—北威州开放创新合作论坛并作主题发言。高新区正式获批省级高新区。太仓港集装箱年吞吐量突破500万标箱。

（三）城乡建设在统筹推进中成效明显。完成城市总体规划较大修改，各片区规划、专项规划不断完善，启动娄江新城规划设计。恒大、复星文旅项目加快建设。沪通铁路太仓段建设进展顺利，太仓站、太仓南站配套基础设施建设稳步推进。老旧小区、城区背街小巷提档改造等工程加快实施。乡村振兴试点工作扎实开展，新一轮集体经济薄弱村帮扶有序推进，完成9个被撤并镇（管理区）整治提升工作，建成2个康居特色村和61个三星级康居乡村。违法建设专项治理取得实效。强势推进"大棚房"清理，民人谷问题迅速整治到位。深入实施"三优三保"行动，盘活利用闲置低效用地2334亩。土地利用管理工作获国务院通报表扬。

（四）生态环境在治理保护中有效改善。中央环保督察"回头看"反馈问题整改取得实效。把太仓全域纳入"大保护"范围，开展长江环境大整治环保大提升"百日攻坚"行动。"263"专项行动、"散乱污"专项整治不断深化。扎实推进大气、水、土壤污染防治，PM2.5平均浓度下降至38微克/立方米，下降2.6个百分点，空气质量优良天数比率达76%，"河长制"不断深化，治理黑臭水体93条，主要入江考核断面水质均达到III类水目标。规上工业企业万元产值能耗下降12%。中蓝环保危废焚烧、华能燃煤耦合生物质发电项目投入运行，4个城镇生活污水处理厂提标改造工程进展顺利。中心公园、滨河公园东延、独溇小海、城区主出入口绿化景观等项目稳步推进，"一心两湖三环四园"城市生态体系持续完善。自然湿地保护率达72.4%。与嘉定、宝山等地跨区域环保协作不断深化。获评首批省级生态文明建设示范县（市）。

（五）民生福祉在共建共享中持续增进。与民生相关支出占公共财政支出比例达80%。城乡居民收入增长8.4%。制定出台促进就业创业工作意见，城镇登记失业率1.81%。深化精准扶贫工作，兜底保障覆盖面、救助水平持续提升。"双元制"教育走在全国前列，学校新（扩）建、公共卫生中心、区域性养老机构等项目扎实推进，36个基层综合性文化服务中心标准化建设全部完成，荣获世界卫生组织健康城市最佳实践奖。全力开展全国文明城市创建，社会主义核心价值观养成教育不断深化，被列为新时代文明实践中心省级试点。公共法律服务"太仓模式"全国推广，连续三年获评全省法治建设示范县（市）。深化"政社互动"实践，创新建立"协商能动"机制。网格化社会治理联动机制建设成效明显，"331"专项行动、扫黑除恶专项斗争等工作扎实推进，公众安全感达98%。农产品质量安全风险监测合格率达99.4%。严格落实安全生产、食品药品监管责任，一批风险隐患得到有效整治。蝉联中国最具幸福感城市县级市首位。

（六）党建质量在全面加强中得到提升。抓紧抓实中央巡视反馈意见整改，深入贯彻落实上级决策部署，推动各级党组织和广大党员干部进一步筑牢"四个意识"，切实践行"两个维护"。"两学一做"学习教育常态化制度化扎实推进。加强意识形态工作建章立制，推进责任制落细落实。统筹推进"海棠花红"先锋阵地群建设，组建"行动支部大联盟"，实现基层党建"体检"全覆盖。村（社区）书记"头雁工程"深入实施，"定制村干"培育模式全省推广。太仓第一个党支部纪念馆升级改造开馆。深化"四责同构"履责纪实评价工作，严肃查纠"四风"问题，发挥巡察利剑作用，持续保持惩治腐败高压态势。深化纪委监委派驻机构改革，实现市级机关、企事业单位监督全覆盖。深入推进市监委综合派出监察员办公室工作，构建廉情监督机制。坚持党的集中统一领导，支持市人大及其常委会和市政协履职尽责，统一战线、群团等工作得到加强，团结奋进的良好局面进一步巩固发展。

成绩来之不易、经验弥足珍贵。回顾一年来的工作，我们始终对标习近平新时代中国特色社会主义思想，着眼于新时代新任务新要求，在全市兴起解放思想大讨论的热潮，推动党员干部更加自觉地以新思想定向领航、从新思想寻策问道。我们始终紧扣"现代田园城、幸福金太仓"总目标和高质量建设"两地两城"目标定位，突出做亮特色、提升能级、补齐短板工作路径，系统谋划促发展、心无旁骛抓落实，以高度的思想共识和行动自觉推动各项事业不断取得新进展。我们始终突出谋大局、抓大事，积极融入长江经济带建设、长三角一体化发展等国家战略布局，组织实施"1221""一心两湖三环四园"等一批重大工程和项目，努力以重点突破之功收推动全局发展之效。我们始终坚持从民生需求出发、以群众满意为标准，结合全国文明城市创建，统筹城市更新改造和管理，不断优化兜底保障和服务供给，进一步擦亮幸福太仓品牌。我们始终倡导实干担当，深入开展"作风效能建设深化年"活动和"六个一"基层走访调研活动，制定出台"三项机制"实施细则，在全社会熔铸起干事创业的强大力量。

在肯定成绩的同时，必须清醒地认识到，全市推进高质量发展还存在一些问题和不足。反映在经济发展上，产业转型步伐还不够快，自主创新能力仍不够强，科创型企业培育力度还需加大；反映在社会民生上，教育、医疗等公共服务供给离群众期待仍有差距，生态环境保护还需下更大力气；反映在工作推进上，干部抓落实的能力仍需进一步增强，等等。对此，我们必须高度重视，采取有力措施加以解决。

二、开创高质量建设"两地两城"新局面。

准确把握形势，是做好当前及今后一个时期工作的重要前提。从国际形势看，世界经济增速放缓，中美经贸摩擦、全球经贸规则演变等不确定不稳定因素增多，国际经济正处在金融危机以来形势最错综复杂、干扰因素最多的时期。从国内发展看，经济发展健康稳定的基本面没有改变，支撑高质量发展的生产要素条件没有改变，长期稳中向好的总体势头没有改变，我国发展仍处于并将长期处于重要战略机遇期。从太仓实际看，改革开放40年来全市经济快速增长，综合实力显著提升，各方面发展比较协调，为高质量建设"两地两城"奠定了坚实基础。当前，随着"一带一路"、长江经济带建设和长三角一体化发展等国家战略深入实施，沪通、南沿江铁路加快建设，"1221"城市建设重大项目全面推进，战略机遇交汇叠加，自身优势累积释放，太仓发展站到了一个新的起点上。我们要辩证看待挑战和机遇，顺应时势、扬长补短，抢抓机遇、奋力拼搏，集中力量办好自己的事，把高质量发展的路走得更稳更实更好，努力展现发展的探索性、创新性、引领性，奋力开创高质量建设"两地两城"新局面。

（一）高质量建设"两地两城"，必须把握更高要求。突出思想先行和理论指导，深刻把握发展规律要求，更加科学地谋划推动各项工作。坚持以新思想为指引。深入学习贯彻习近平新时代中国特色社会主义思想，始终把习近平总书记提出的目标要求实现程度、交付的重大任务完成情况、寄托的殷切期望落实情况作为衡量工作的"三把尺子"，推动思想再解放、改革再深入、目标再提升、思路再优化，实现太仓经济社会发展行稳致远。突出高质量发展导向。对照省委"六个高质量"发展要求，紧扣高质量发展指标体系，回应人民群众新期盼，强化目标指向、工作靶向和问题导向，加快补齐短板弱项，巩固提升优势强项，推动太仓发展更均衡、更协调、更可持续。掌握运用科学方法论。牢固树立系统思维、辩证思维、底线思维，坚持从大局出发通盘考虑、统筹推进，善于从多个维度思考问题、找寻办法，在学习借鉴好经验、好做法的基础上更加注重集成超越，更加自觉用科学方法指导改革发展实践。

（二）高质量建设"两地两城"，必须抓牢关键重点。集中力量办成办好一批大事要事，推动全局工作实现新突破。构建竞争力强的现代产业体系。紧扣"1115"发展目标，持续壮大高端装备制造、新材料、生物医药等主导产业，大力发展汽车核心零部件产业，前瞻布局航空等先导产业，加快构建竞争力强的现代产业体系。比如：太仓汽车核心零部件产业已具备一定规模和基础，要以上海打造世界级汽车产业中心为契机，主动对接、强化协作，加快建设汽车核心零部件产业园。围绕上海打造航空制造业集群，借力西工大科研优势，规划建设航空零部件产业园。打造重要枢纽节点城市。抢抓全省建设现代化综合交通运输体系战略机遇，在沪通、南沿江铁路开建的基础上，积极对接苏锡常城际等铁路规划，全力争取上海嘉闵线向太仓延伸，努力形成"5+1"铁路网络，加快迈入高铁时代，把全市打造成为江苏进入上海的又一重要枢纽节点城市。优化城市功能布局。坚持以"1221"城市建设重大项目为牵引，进一步做厚做实城市，增强城市综合承载能力，提升城市的影响力和标识度。比如：随着西工大太仓校区、西交利物浦太仓校区落户、高铁太仓站加快建设，太仓将集聚大量高端要素和项目，要高起点、高标准、高水平规划建设娄江新城，将其打造成为太仓城市的未来、未来的城市。

（三）高质量建设"两地两城"，必须回应民生关切。为人民群众谋幸福，是我们一切工作的初心和使命。狠抓文明城市创建。坚持全民参与、创建为民，按照行动计划要求，一步一个脚印，一年一个变化，切实解决一批群众关注的热点、难点问题，不断提高群众获得感。比如：老旧小区改造、农贸市场提档和群众生活息息相关，是群众身边"关键小事"，要通过创建让群众看到切实的成效，得到真正的实惠。优化公共服务供给。聚焦群众对美好生活的向往要求，坚持问题导向、加大投入力度，提升公共服务供给质量，不断增强群众幸福感受。比如：针对群众日益增长的"上好学"需求和城市功能提升的需要，要引进、培育更多优质高端教育资源，努力让群众享受到更优服务。营造优美生态环境。良好生态环境是最普惠的民生福祉。要更大力度推进环境治理，加强环保能力建设，完善"一心两湖三环四园"城市生态体系，努力为群众提供更多优质生态产品。比如：黑臭水体是群众反映强烈的突出问题，要坚持系统推进、持续发力，深入实施城区水质提升工程，努力还群众水清岸绿的美好景象。

（四）高质量建设"两地两城"，必须强化担当实干。把美好蓝图变为现实模样，关键在干部的担当实干。要坚决扛起责任。高质量发展的道路不会平坦，广大干部要切实形成"志不求易、事不避难"的思想自觉和工作常态，用铁的肩膀担起责任、用铁的手腕抓好工作，在迎难而上、履职尽责中做出更大贡献。要积极主动作为。机遇转瞬即逝、必须牢牢把握。要勇于打破思维定式、行为惯性和路径依赖，更加善于研判形势主动采取措施，善于结合实际创新方式方法，以志在必得的斗志和舍我其谁的担当，努力推动工作实现突破性进展。要坚持一抓到底。切实增强定力韧劲，认准就办，把谋事、干事、成事统一起来，以钉钉子精神抓好工作落实，积小成为大成、积小胜为大胜，不断开创各项事业发展新局面。

三、全力做好明年重点工作。

明年是新中国成立70周年，也是决胜高水平全面建成小康社会的关键之年，做好明年工作意义重大。全市上下要坚持以习近平新时代中国特色社会主义思想为指导，全面贯彻中共十九大和十九届二中、三中全会精神，对标习近平总书记对江苏工作的重要指示，统筹推进“五位一体”总体布局，协调推进“四个全面”战略布局，坚持稳中求进工作总基调，坚持新发展理念，坚持推动高质量发展，坚持以供给侧结构性改革为主线，坚持深化市场化改革、扩大高水平开放，围绕“现代田园城、幸福金太仓”总目标和高质量建设“两地两城”目标定位，做亮特色、提升能级、补齐短板，统筹抓好创新转型、融入上海、改革开放、城市建设、生态环境、民生幸福等工作，不断提升党的建设质量和水平，保持经济持续健康发展和社会大局稳定。

明年发展主要预期目标是：地区生产总值增长6.5%左右，一般公共预算收入增长8%左右，全社会固定资产投资保持稳定，规模以上工业总产值增长4.5%，城乡居民收入增幅高于地区生产总值增幅。

（一）突出创新转型，加快构建现代产业体系。

牢牢把握项目建设、民营经济和科技创新等重点，积极构建竞争力强的现代产业体系，推动经济平稳健康发展。

1. 狠抓项目建设。高质量发展离不开高质量的项目作支撑。紧扣主导产业、先导产业发展方向，坚持以亩产、效益、能耗、环境论英雄，着力招引一批影响力大、撬动性强的重大项目，集聚一批科技含量高、能够补链强链延链的优质项目。着力扩大有效投资，一着不让抓好100个市级以上重点项目建设，扎实推进建滔半导体、沪工机器人、昭衍生物硅谷等项目建设，确保中欧先进制造产业园、通快三期等项目竣工投产。强化全市招商“一盘棋”，突出市级统筹、区镇协作，形成更强工作合力。健全完善项目推进机制，落实领导干部挂钩联系重点项目制度，做好土地、资金等要素保障。

2. 做强民营经济。优化完善“1123”行动计划，重点围绕减税降费、企业融资、支持创新等方面，推动各级各类政策落地见效，坚决杜绝政策浪费。突出智能制造主攻方向，推动工业化与信息化深度融合，创建一批省级示范智能车间、两化融合试点示范企业。大力引进培育民营科技型企业，积极对接上海科创板，鼓励企业通过资本市场做大做强。支持企业积极参与国家标准、行业标准制订，提升质量品牌建设水平。鼓励中小微企业深耕行业细分市场，培育一批行业“隐形冠军”。积极构建“亲”“清”新型政商关系，营造更加良好的营商环境。

3. 加快产业升级。注重利用技术创新和规模效应形成新的竞争优势，紧扣“1115”发展目标，持续壮大主导产业集群，确保高端装备制造、新材料、生物医药产业产值实现两位数增长。加快建设汽车核心零部件产业园，发挥好舍弗勒、联合汽车电子等优势企业作用，培育壮大汽车核心零部件产业。依托西工大航空领域研发优势，加速技术转移和产业孵化，积极引入无人机、民航检测等项目团队，规划打造航空零部件产业园。壮大物贸总部经济，推进斯凯奇、丹佛斯等项目建设，新增总部企业3—5家。做优生物医药产业园、科技产业园等载体，增强产业集聚能力，提升发展水平。

4. 提升创新能力。深入实施“瞪羚计划”，不断壮大创新型企业集群，鼓励企业加大研发投入、建立研发机构，力争高新技术企业超410家，规上企业研发机构建有率超44%。深化“大院大所”战略，发挥西工大太仓长三角研究院、中科院硅酸盐所苏州研究院创新源头作用，复制推广“研发机构＋孵化器”发展模式，进一步加强产学研用协同创新，加速科技成果转化。推动科技金融深度融合，优化“双创”综合服务平台建设，强化知识产权创造、保护和运用，更大力度支持创新创业。深入实施“人才新政”20条，建立健全招商招才联动、柔性引才等机制，实施人才乐居、健康保障等工程，力争高层次人才总数达1.2万人。

（二）突出融入上海，打造长三角一体化先行区。

主动融入和呼应以上海为龙头的长三角城市群建设，深入开展全方位多层次宽领域合作，在集聚资源、协作互动中实现更大发展。

1. 强化交通互联互通。深入研究对接全省及上海交通规划，加快建设铁路、公路、水路有机结合的现代综合交通运输网络。突出铁路建设，推进沪通、南沿江铁路太仓段建设，做好上海嘉闵线延伸至太仓的争取工作。加快公路建设，推进沪宜高速金仓湖互通、沪武高速扩容等工程，抓好沪太“断头路”打通工作，力争岳鹿路对接嘉定城北路早日建成通车。加密省际客运班次及公交线路。主动融入上海国际航运中心建设，加快把太仓港建成国际江海联运枢纽港和上海港北翼核心港。

2. 促进产业协同发展。围绕打造临沪科创产业高地，深入对接上海科创中心建设，积极承接上海产业溢出，大力引进先进制造业和现代服务业项目，努力形成错位发展、融合互补的产业格局。集中力量推进嘉昆太协同创新核心圈建设，深化与上海高校科研院所、科技产业园区的合作，吸引更多高层次人才来太创新创业，引导更多科技成果到太仓进行产业化，打造科技成果转移转化“最佳试验场”。依托上海这一国际化窗口，以全球视野集聚高端要素资源，鼓励企业积极参与国际分工与合作，进一步增强产业综合竞争力。

3. 推动城市合作共享。加大文化交流和城市形象推广力度，进一步提升全市在上海的知名度和影响力。加强公共服务领域合作，主动承接上海优质资源辐射，重点抓好合作办学、跨区域医联体建设等工作，完善异地就医联网结算机制，加快推动公共设施和服务互联共享。深化与嘉定、宝山等地环保协作，建立完善区域污染联防联动机制和环境应急制度，共建生态涵养区、清水通道维护区，推动区域生态环境持续改善。建立完善跨区域社会治理联动机制，抓好治安卡口共建、交界区域巡防联控等工作，共同维护社会安全稳定。

（三）突出改革开放，不断增强高质量发展动力。

深入学习贯彻习近平总书记在庆祝改革开放40周年大会上的重要讲话精神，全面推进重点领域改革，进一步提升开发开放水平，以改革开放的再出发，为高质量发展增添新的动力。

1. 抓好重点领域改革。以推进治理体系和治理能力现代化为目标，扎实做好机构改革各项工作。深化“放管服”改革，持续优化“互联网＋政务服务”体系，推进不见面审批标准化。统筹抓好行政审批制度改革、综合执法改革、商事制度改革。稳步推进教育、医药等领域改革工作。持续深化沙溪、浏河经济发达镇行政管理体制改革。切实做好中央、省级各项改革试点工作，强化改革举措系统集成，打造一批改革亮点品牌。

2. 提升对外开放水平。加大战略性新兴产业领域引进外资力度，以高质量外资推动产业结构优化升级，确保全年完成到账外资 4.5 亿美元，战略性新兴产业实际利用外资占比 50% 以上。用好上海进博会溢出效应，落实扩大进口政策措施，积极发展跨境电商等外贸新业态，探索服务贸易试点工作，实施出口品牌培育工程。积极参与“一带一路”建设，鼓励有条件的企业加快“走出去”步伐。坚持“一特三提升”发展导向，着力推动开发区向现代产业园区转型。港区要重点发展好先进制造业和现代物贸经济，加速集聚更多优质资源要素，持续提升经济规模和效益。高新区要深入实施创新驱动战略，着力提升产业高度、经济密度和创新浓度，加快创成国家级高新区。

3. 不断深化对德合作。突出城市全方位合作理念，不断提高对德合作层次和水平，把对德合作打造成为苏州继中新合作、两岸合作之后又一对外合作新平台。突出产业合作，坚持招大引强与深耕中小企业齐抓并举，继续壮大汽车零部件等优势产业，拓展新材料、生物医药等产业，力争新增德企 30 家、德企地区总部 2—3 家。推动德资企业与本土企业融合创新发展，鼓励企业增资扩股。优化中德先进制造技术国际创新园等载体，运作好弗劳恩霍夫硅酸盐研究所太仓中心、中德智能制造联合创新中心等平台，高水平打造中德创新园。完善“双元制”人才培养体系，深化拓展医疗、环保、文化、旅游等领域交流合作。办好地方省市对德经贸合作经验交流会等活动。

（四）突出能级提升，推动城市建设取得突破。

围绕提升城市能级这一目标，重点抓好“1221”城市建设重大项目，进一步拉开城市框架、优化功能布局、提升品质内涵，构筑城市发展新优势。

1. 科学实施规划布局。坚持以系统性思维抓好城乡规划设计，扎实推进《太仓市城市总体规划（2018—2035）》编制工作，优化完善各片区发展规划，加快构建定位清晰、协调联动的城市发展格局。坚持把娄江新城打造成为太仓未来的高品质新城区，加快完成娄江新城概念性城市设计编制，重点抓好科教创新区、临沪国际社区、高铁商务区、智能制造区四大功能区规划设计，注重规划衔接配套，科学设计内外交通、生态景观以及生产生活功能配套。积极开展轨道交通、市域快速路网、地下综合管廊等相关专项规划研究。继续深化“三优三保”行动，加大对闲置低效用地盘活利用力度，继续做好增减挂钩节余指标的对上争取工作，为城市向后发展提供空间保障。

2. 抓好城市建设管理。开工建设西工大太仓校区、西交利物浦太仓校区，加快恒大、复星两大文旅项目进度，扎实推进铁路太仓站、太仓南站地下空间、广场等配套基础设施建设。抓好太浏快速路等道路工程。统筹实施老城区绿色海绵设施改造、城区背街小巷提档改造及市容市政街景提升等工程，加快城市更新改造步伐。健全城市管理体制机制，整合城市管理资源，深入推进城市精细化管理。重点抓好市容市貌、交通秩序和小区物业管理等工作。

3. 深入推进乡村振兴。突出质量兴农、绿色兴农、品牌强农，优化现代农业“双 10”园区体系，推进农业机械化和高标准农田建设，加快提升绿色优质农产品比重。推动农文旅融合发展，建设一批乡村民宿、田园综合体。持续深化农村集体产权制度改革，强化农村集体“三资”管理，完善农村产权交易体系。鼓励引导各镇（区）集体经济抱团联合发展，精准帮扶经济薄弱村，做大做强村级集体经济。推动城乡公共服务均衡优质发展，抓好“四好农村路”建设、公共交通均等化等工作。统筹推进中心镇区、集中居住区和保留村庄建设，加快 45 个三星级康居乡村和 6 个特色田园乡村建设，全面完成 13 个被撤并镇（管理区）整治提升工作。

（五）突出生态优先，着力构筑绿色发展优势。

坚决贯彻习近平生态文明思想，以“共抓大保护、不搞大开发”为导向，以中央环保督察“回头看”问题整改为契机，系统推进污染防治与生态建设，使绿色成为太仓发展的鲜明底色。

1. 全力抓好环境治理。深化长江环境大整治环保大提升“百日攻坚”行动，推动长江生态环境持续好转。深化“263”“四个一批”专项行动及“散乱污”专项整治，重点抓好电镀印染、木材行业整治提升，推进各类园区循环化改造、重点行业企业节能减排，从源头上严格减控污染源。发挥好“河长制”“断面长制”作用，深入实施城区水质提升工程，基本消除城区黑臭水体。坚决打赢蓝天、净土保卫战，完成年度大气污染防治、土壤污染管控和修复等重点任务，确保空气 PM2.5 年均浓度和优良天数指标完成苏州下达任务。

2. 加快提升环保能力。着眼于实现环境处置能力与可持续发展目标相匹配，继续加大环保基础设施投入力度，不断提高环境保护的综合能力和处置水平。健全完善城乡生活垃圾分类体系，加快建设大型生活垃圾中转站和建筑装潢垃圾资源化处理项目，确保垃圾分类集中处理率达 85%。扎实推进城镇污水治理体系建设，统筹抓好城乡截污纳管、工业集聚区污水处理厂等项目，完成 4 个城镇生活污水处理厂提标改造工程与港区生态湿地净水工程。健全环境执法“2+N”工作机制，加大环境保护领域执法监管和失职问责力度，加强环境风险防控与应急处置能力建设，实现环境监管和保护常态长效。

3. 营造优美生态环境。突出农业生态功能，有效发挥农田生态涵养作用，打造以“四个十万亩”为主的生态基底。注重水系互联互通，切实抓好十八港、北横沥河拓浚整治，优先在河（湖）滨带、入江河口等重点区域开展湿地恢复，着力营造城市优美水环境。以沿江及主要入江支流两岸为重点，大规模开展植绿复绿与绿化改造提升行动，加快打造沿江万亩绿廊。加快环城生态廊道盐铁塘段提档改造、娄江河城北河廊桥环通工程建设，完成天镜湖、金仓湖优化提升和城区主出入口绿化景观工程，确保中心公园正式开园。创成国家生态园林城市。

（六）突出优质均衡，持续提升群众幸福感受。

坚持尽力而为、量力而行，及时回应民生关切，谋划实施好一批民生实事工程，在更高水平上满足群众对美好生活的向往。

1. 做实富民保障工作。积极完善就业创业服务体系，开展创业服务提质工程，重点做好失业及就业困难群体的就业指导与援助工作，确保全市城镇登记失业率控制在2.5% 以内。扎实推进社保扩面提标，健全完善城乡低保、医疗救助等兜底政策，深入推进长期护理保险试点工作，不断优化社会保障体系。继续加大精准帮扶工作力度，制定出台支出型贫困家庭救助办法，整合救助资源、推动社会力量参与，不断增强帮扶工作的实效性。统筹做好双拥优抚安置、南北挂钩、东西部对口帮扶等工作。

2. 优化公共服务供给。继续加大教育投入力度，推进12 所学校新（扩）建工程，做好全国义务教育优质均衡发展县（市、区）创建工作，积极引进优质教育资源，努力办好群众满意的教育。健全完善公共文化服务体系，抓好美术馆新建工程与市民文体中心建设，实现综合性文化服务中心标准化建设全覆盖。加快推进公共卫生中心、基层医疗卫生机构提档升级等项目建设，更好满足城乡居民卫生健康需求。深化医养融合，扎实推进养老服务优化提升工程。认真抓好农贸市场升级改造、“厕所革命”等工作，提升群众生活的便捷度、舒适度。

3. 持续推进文明创建。紧扣“一年促达标、两年上台阶、三年保创成”要求，以提升群众参与度、满意率为重点，一着不让抓好全国文明城市创建工作，确保在省级测评中位居前列。切实把培育和践行社会主义核心价值观融入社会发展各方面，统筹推进市、镇、村三级新时代文明实践中心（所、站）建设，积极开展群众性精神文明创建活动，广泛动员社会力量开展志愿服务活动，不断提高社会文明程度和市民文明素养。全面推进公民诚信体系建设，实施娄城信用积分管理，营造明礼诚信良好氛围。加强文化遗产保护传承，推动地方特色文化建设，擦亮娄东文化名片。

4. 加强社会治理创新。深化网格化社会治理联动机制建设，整合运用各类资源，推动公共安全、维护稳定、安全生产、生态环保等工作落到网格，有效提升社会治理精细化水平和办事效率。持续深化“政社互动”“三社联动”创新实践，健全“协商能动”机制，扶持培育优秀社会组织发展壮大，加快建设“发展型”幸福社区，不断提升基层治理水平。完善矛盾纠纷分析研判与多元化解机制，健全立体化信息化社会治安防控体系，加快“雪亮工程”建设，深化扫黑除恶专项斗争，持续提升公众安全感。认真落实安全生产责任制要求，强化食品药品安全监管，持续深化“331”火灾隐患等专项整治，坚决防止重特大安全事故发生。

四、不断提升党的建设质量和水平。

认真贯彻落实新时代党的建设总要求和八项重点任务，以推进中央巡视反馈意见整改落实为契机，全面加强管党治党各项工作，推动党的建设质量整体提升，确保党始终成为坚强的领导核心，为全市改革发展各项目标任务推进落实提供根本保证。

（一）强化政治建设，保持对党绝对忠诚。党的政治建设是党的根本建设，决定党的建设的方向和效果。要强化“四个意识”，坚定“四个自信”，践行“两个维护”，始终在政治立场、政治方向、政治原则、政治道路上同以习近平同志为核心的党中央保持高度一致。严格遵守政治纪律和政治规矩，坚定不移地贯彻落实中央大政方针和省委、苏州市委决策部署。坚持把学习贯彻习近平新时代中国特色社会主义思想作为政治建设的重要任务抓紧抓好，结合“不忘初心、牢记使命”主题教育，用好中心组学习等载体，推动党员干部对新思想真正做到入脑入心、笃信笃行。以工作实践为靶向，以务求实效为标尺，更深层次推进思想解放，真正以思想大解放引领太仓发展步入新境界。加强党内政治文化建设，将其渗透到党组织的一切生活中，融入党员干部的日常工作生活中。强化意识形态阵地管理，严格落实意识形态工作责任制。

（二）强化政治标准，打造坚强有力队伍。高质量发展要靠高素质队伍推动。要积极践行新时代党的组织路线，锻造忠诚干净担当的高素质干部队伍。认真贯彻好干部标准，严把政治第一关、坚持事业为上，深入开展领导班子日常考察和综合分析研判，不断提高干部选任工作的精准性与科学化水平。抓好党政机构改革中的班子配备与干部思想政治工作，确保改革平稳有序开展。建立健全年轻干部选拔培养机制，持续开展专业化青年人才定岗特选计划，推动年轻干部总量、质量双提升。强化干部分类分层培训，深化“行动导读”等工作。加强干部日常监督管理，严格落实个人有关事项报告“两项法规”，健全考察考核结果常态化反馈机制。完善落实鼓励激励、容错纠错、能上能下“三项机制”，积累推出一批典型案例，引导和激励干部更加务实高效地推进工作。

（三）强化政治功能，夯实党的基层基础。基层党组织是我们党全部工作和战斗力的基础。要突出政治功能加强各领域基层党建工作，把每个支部都建成坚强战斗堡垒。完善基层党建述职评议考核制度，认真落实“抓镇促村”责任清单，深入实施“书记项目”，推动基层党建各项重点任务落到实处。着力提升基层党建规范化、标准化水平，深化“海棠花红”先锋阵地群建设，推进基层党建“体检”工作，继续抓好“两强三化”、“5+X”主题党日等活动。健全完善城市基层党建工作体系，实施“融合力”党建工程，不断扩大新兴领域有效覆盖，打造区域共驻共建党建新格局。认真做好村、社区“两委”集中换届，选优配强村（社区）党组织书记，深入推进“定制村干”工作。严把发展党员政治关，严格党员教育管理，有效发挥党员先锋模范作用。

（四）强化政治本色，坚守廉洁自律底线。正风肃纪反腐永远在路上。要严格落实全面从严治党“两个责任”，坚持问题导向、加大问责力度，进一步压紧压实管党治党责任。持之以恒落实中央八项规定及其实施细则精神，坚决整治形式主义、官僚主义，不断巩固拓展作风建设成果。坚持把纪律挺在前面，灵活运用监督执纪“四种形态”，突出抓早抓小，强化纪律建设，让党员干部始终知敬畏、存戒惧、守底线。深化纪检监察体制改革，推进公权力运行法治化，构建形成更加系统完备、有效管用的监督网络。持续深化政治巡察，推动巡察工作向纵深发展、向基层延伸，推进对村（社区）巡察全覆盖。聚焦农村基层“微腐败”，严肃整治群众身边的不正之风和腐败问题，不断增强人民群众在全面从严治党中的获得感。

同志们，改革开放再出发，开拓奋进正当时。让我们更加紧密团结在以习近平同志为核心的党中央周围，以习近平新时代中国特色社会主义思想为指导，解放思想、担当作为，抢抓机遇、奋力拼搏，开创高质量建设“两地两城”新局面，以优异成绩迎接中华人民共和国成立70周年！

政府工作报告

——2019年1月8日在太仓市第十六届人民代表大会第三次会议上

市长　王建国

各位代表：

现在，我代表市人民政府向大会报告工作，请予审议，并请市政协委员和其他列席人员提出意见。

2018年工作简要回顾

过去的一年，我们在中共太仓市委的正确领导下，以习近平新时代中国特色社会主义思想为指导，认真落实中央、省和苏州市各项决策部署，坚持稳中求进工作总基调，自觉践行新发展理念，以思想解放为先导，按照高质量发展要求，凝心聚力、真抓实干，全力推进“两地两城”建设，经济社会保持平稳健康发展，较好地完成了市十六届人大二次会议确定的目标任务。全年实现地区生产总值1330亿元（预计数，下同），增长7%；一般公共预算收入155亿元，增长10%。列全国综合实力百强县市第七位。

一、全力稳增长添动能，经济转型发展迈出新步伐。

工业经济平稳增长。实现规上工业产值2270亿元，增长7.5%。工业增加值率达22.4%。高新产业、新兴产业产值占规上工业产值比重分别为47.7%、55.5%。高端装备制造、新材料、生物医药产业实现产值1600亿元，增长6.8%。规上民营企业产值增长10%。“项目建设深化年”活动扎实开展，完成固定资产投资367亿元，增长4.3%。7个省级、30个苏州市级重大项目全部开工，沪工机器人、建滔半导体等101个市级重点项目加快推进，联合汽车电子、瑞铁机床、大族激光等23个项目竣工投产。中德先进制造技术国际创新园一期、欧美高新技术产业园等载体竣工投用。新增苏州市级以上示范智能车间19家、苏州名牌产品21个。高新区获批国家高端装备制造业（智能制造）标准化试点。获批国家新型工业化产业示范基地。

现代服务业提速发展。实现服务业增加值625亿元，增长8.3%，占地区生产总值比重为47%。社会消费品零售总额338亿元，增长9%。恒大、复星等文旅项目加快建设。新增总部企业3家。旅游文化节暨江海河三鲜美食节等成功举办，推出农旅精品线路3条。旅游接待量、总收入分别增长8.5%、13.9%。房地产市场平稳发展。金融机构本外币存、贷款余额分别增长3.9%和7.8%。新增备案创投企业2家。位列全省县域金融生态环境综合评估第四位。港区列入省级服务业综合改革试点。

现代农业稳中增效。“双10”园区加快建设，新建高标准农田2.1万亩，新增水稻生产面积7000亩，建成粮食绿色高产创建示范方8个。划定粮食生产功能区和重要农产品生产保护区26.5万亩。“菜篮子”工程蔬菜基地项目启动建设。获评省农产品质量安全示范县。粮食生产机械化、秸秆综合利用模式全省推广，获评全国基本实现主要农作物生产全程机械化示范县。第三轮农水重点县完成建设，新增高效节水灌溉面积2300亩。培育职业农民1800人，新增专业合作社等农业经营主体19家。

创新能力不断增强。省级高新区获批成立。科技创新“五百工程”深入推进，全社会研发费用投入占地区生产总值比重达2.54%，科技进步贡献率达62%，净增高新技术企业56家、省民营科技企业161家、省级企业研发机构14家、省众创空间2家、省博士后实践基地7个、省留学归国人员双创示范基地1个。规上工业企业研发机构建有率超40%，万人有效发明专利拥有量53件。科技镇长团作用有效发挥。西北工业大学太仓长三角研究院、中科院硅酸盐所苏州研究院一期等载体投用。新认定省级以上领军人才18人。第七届科技创新工程推进月、首届“创赢太仓”全球创业大赛、首届职业技能大赛、高校院所“太仓日”等活动成功举办。科技金融绩效评估获评省优秀。高新区获评省双创示范基地。

二、合力促改革扩开放，特色发展优势得到新提升。

综合改革持续推进。成功举办改革开放40周年系列庆祝活动。政府机构改革有序推进。供给侧结构性改革深入实施，产业升级等14个三年行动计划和促进生物医药产业发展、高新技术企业培育等系列政策出台实施，设立总规模50亿元的产业引导基金。“放管服”改革深入实施，“双随机一公开”相对集中行政许可权、综合行政执法等改革成效明显。商事制度改革继续深化，“证照分离”全面推开，新设市场主体 1.67 万户，增长 20.5%。沙溪、浏河经济发达镇行政管理体制改革稳步实施，港区全链审批赋权扎实开展。市属国企改革不断深化。政府债务有序化解。第四次全国经济普查全面启动。

开放合作持续深化。成功举办深圳招商投资说明会、金秋经贸月、娄东之夜外商投资企业新年音乐会等活动。完成注册外资 10 亿美元，实际利用外资 4.85 亿美元，战略性新兴产业实际利用外资占比达 57.8%。新引进复游投资、利洁时等超亿美元项目 6 个，增资扩股超千万美元项目 10 个。实现进出口总额 144.6 亿美元，增长 11.5%；其中出口 66.2 亿美元，增长 8.7%。一般贸易进出口占比达 65.9%。完成接包合同额 9 亿美元、离岸执行额 3.6 亿美元。跨境电商网购保税进口模式省内率先启动。引进内资 213.3 亿元，增长 7.4%。引进优势民营工业企业 29 家。挂钩帮扶深入开展，获评省"五方挂钩"帮扶工作先进集体。

特色优势持续放大。太仓港新增航线 10 条、开放泊位 3 个。集装箱吞吐量突破 500 万标箱，稳居长江外贸第一大港，名列全球百强集装箱港口第 31 位。江海联运国际物流园、集装箱码头四期等加快建设。积极融入长三角一体化发展，嘉昆太协同创新核心圈全面推进，岳鹿路对接嘉定城北路等 7 个项目列入长三角一体化工作要点，2018 沪太协同发展推介会成功举办，中国国际进口博览会相关保障工作圆满完成。引进沪上项目 316 个，新增注册资金 46.6 亿元。中德先进制造技术国际创新园二期加快建设。新引进阅美、德福埃斯等 23 个德资项目，海瑞恩、克恩—里伯斯等 14 家德企增资扩股，慧鱼二期、博泽新工厂等 12 家德企开业运行，德企总数突破 300 家。参加第九届中德经济技术合作论坛、江苏·德国（北威州）开放创新合作论坛。第十一届"走进德国——太仓日"、第十三届啤酒节等成功举办。

三、聚力提品质拓内涵，城乡统筹发展呈现新面貌。

城市功能加快完善。城市总规较大修改完成，快速路网、地下综合管廊、湿地保护等专项规划基本完成。"1221"城市重大项目有序建设，娄江新城概念性城市设计和西北工业大学、西交利物浦大学太仓校区规划高标准推进。沪通铁路太仓段加快建设，苏南沿江铁路太仓段、沪通铁路二期等前期工作扎实推进。铁路场站配套基础设施、太浏快速路等工程稳步实施。科教新城客运站投用，优化公交线路 30 条。杨林塘岳王大桥主体工程、七浦塘航道疏浚工程、十八港北枢纽工程等顺利完工。第二水厂深度处理工程加快推进。110 千伏板桥、三井、维新变扩建工程投运。

城市管理加快优化。全国文明城市创建深入推进。城区胜利村等地块城市更新扎实开展。月亮湾等地块绿色社区、海绵设施改造以及城区背街小巷提档改造工程加快实施。南园西路、洛阳西路、古塘街等完成改造。拆除各类违法建设约 70 万平方米。城东集中洗车场、天津路便民疏导点建成投用。主城区及区镇居民小区垃圾分类收集设施覆盖率分别达 60%、40%。餐厨垃圾无害化处理厂投用。"厕所革命"积极推进，新建公厕 18 座。主城区智慧停车一期工程完工，新增城区停车位 2102 个，公共停车位免费停放时间延长至 30 分钟。公共自行车实现全市域覆盖，新投放 1850 辆。

城乡发展加快融合。土地利用管理工作获国务院表扬。6 个镇完成"三优三保"专项规划编制。争取到省重大产业项目和独立选址项目用地计划 2091 亩、规划流量 3321 亩，完成拆旧复垦 2500 亩，盘活闲置低效用地 2334 亩，新增向村集体流转土地 9500 亩。"大棚房"专项清理整治全面完成。乡村振兴试点工作启动实施。列入农村集体产权制度改革省级试点市。农村集体资产清产核资基本完成，"三资"监管工作有序推进。建立镇级抱团发展平台 7 个，新一轮 5 个集体经济相对薄弱村帮扶扎实开展。新毛、新塘、时思、九曲、王秀、新湖管理区整治提升基本完成。新改建农路 84 公里，整治农村河道 230 公里，拆坝建桥涵 61 座，城乡环境长效管理"六大整治"成效明显。横沥村、胜泾村、荣文村建成省级水美乡村。新增苏州市特色田园乡村试点 3 个、康居特色村 2 个、三星级康居乡村 61 个。

四、着力抓治理补短板，生态环境质量实现新改善。

生态体系逐步健全。坚决落实习近平总书记关于长江经济带"共抓大保护、不搞大开发"重要指示精神，长江环境大整治环保大提升"百日攻坚"行动成效显著。生态保护红线区域扩大至 130.1 平方公里。中心公园、滨河公园东延、环城生态廊道等加快建设，"一心两湖三环四园"生态体系持续优化，公园绿地十分钟服务半径覆盖率超 90%。七浦塘生态修复工程二期、346 国道绿化提档改造等完成，新增林地绿地 3191 亩。获评首批省级生态文明建设示范县、省级生态园林城市。

节能减排成效显著。单位地区生产总值能耗下降 3.9%，规上工业企业万元产值能耗下降 12%。"263"专项行动 8 大类 28 个整治项目完成。整治"散乱污"企业（作坊）2042 家。关停并转化工企业 28 家，淘汰低端低效产能企业 152 家。非电行业削减煤炭消费总量 18 万吨，淘汰 35 蒸吨以下燃煤锅炉 8 台。中蓝环保资源综合利用、华能污泥耦合处置发电项目建成投用。高排放非道路移动机械禁止使用区域划定。整治非法码头 50 家。国省考断面水质全面达标，主要入江考核断面水质均达到Ⅲ类水目标。

污染防治有力推进。中央环保督察 46 件交办件全部办结销号，"回头看" 35 件交办件加快办理。完成大气污染防治重点工程 75 项，PM2.5 平均浓度下降 3.3%，空气质量优良天数比例提高 2.7 个百分点、达 76.7%。城乡生活污水治理、城区水质提升 2 个三年行动启动实施，治理黑臭水体 93 条，新增污水管网 50 公里。4 个城镇污水处理厂提标扩建顺利开展，新增污水处理能力 7 万吨 / 日，建成区污水处理率 97%。河长制全面落实，市镇村三级河湖长实现全覆盖。农业面源污染综合治理有序推进。清理人棚混居大棚 741 个，关停改造畜禽养殖场 278 家。四级网格化管理、"四随机二公开"等环保监管制度日趋完善，城乡环境监察实现全覆盖。

五、倾力强保障创特色，社会民生事业取得新进展。

保障体系进一步健全。居民人均可支配收入增长

8.4%。城镇登记失业率1.78%。困难群体就业援助和优质就业推进工程深入实施，新增就业1.1万人。应届毕业生就业率98.6%。农民工工资支付保障制度逐步健全。各类社会保险参保率保持在99%以上。长期护理险有序推进。低保标准调高至每人每月945元。健全"救急难"机制，发放救助金慰问金1.2亿元。养老服务体系建设经验全国推广。市老年大学加快建设，3家养老机构基本竣工，4家养老服务综合体建成运营，日间照料中心城乡覆盖率超92%。退役军人信息采集完成。电站村获评省双拥模范单位。保障性安居工程新开工1441套、建成864套。新增公积金缴存职工3.6万人。位列全国城市公益慈善指数排行县级市第三位。

公共服务进一步优化。与民生相关支出占公共财政支出比重达80%。建成校舍6.2万平方米、开工20.6万平方米，实验幼儿园等34项新改扩建工程有序推进，市一中新建教学楼等8项工程竣工。校舍维修、校园消防安全提升三期工程完工。健雄学院通过省示范性高职院校验收。市公共卫生中心加快建设。沙溪人民医院新院启用。"健康太仓"APP上线运行。国家卫生城市、全国慢性病综合防控示范区通过复审。获评国家级妇幼健康优质服务示范县、省卫生应急规范市、世界卫生组织健康城市最佳实践奖。市民文体中心加快建设。完成36个村（社区）综合性文化服务中心标准化建设。建成文化书场、24小时自助图书馆等13个。开展文化惠民活动超3000场次。获评中国最佳楹联文化城市。成功承办世界竞走团体锦标赛等重大赛事，获评世界"竞走之城"。实现中国最具幸福感城市县级市榜首"三连冠"。

社会治理进一步完善。"政社互动"创新升级。新增邻里家园24个。实施社会组织"公益创投"项目83个，社创交易所投用。初信初访办理持续深化，人民调解工作室、信访代理员制度等有效推行。市镇两级综治联动中心运行，网格化社会治理体系建立。扫黑除恶专项斗争深入开展。公共法律服务经验全国推广，永乐村获评全国民主法治示范村。严格落实安全生产责任制，企业安全生产标准化和双重预防机制加快建设，完成三级政府挂牌督办重大隐患整改50处。"331"整治火灾隐患专项行动成效明显，食品药品监管责任有效落实，未发生较大以上安全事故。

六、致力转作风优效能，政府自身建设获得新成效。

依法行政不断强化。法治政府建设深入推进。连续三年获评全省法治建设示范县（市）。重大行政决策事项实现目录化管理、网络化公开。规范性文件完成清理。推进重点部门专项执法监督，实施执法案卷双月评查。行政复议、政府信息公开全面推进。自觉接受市人大的法律监督、工作监督和市政协的民主监督，定期向市人大报告工作、向市政协通报情况。办理人大代表议案建议121件、政协委员提案192件，满意和基本满意率达100%。

便民服务不断提升。融入省"政务一张网"，"不见面审批"改革深入推进，1126项业务事项实现"不见面审批"，占比达96.7%。"3550"改革成效常态化，开办企业平均办理时限缩短至1.5天，试点实现不动产登记当场出证，水电气一键过户。投资建设智能服务平台启用，最快13个工作日内完成项目全流程审批。公共资源交易全程电子化。65个机关优质服务品牌完成星级化建设。"12345"热线实现功能整合，办理各类诉求44.5万件。

作风建设不断优化。牢固树立"四个意识"，自觉践行"两个维护"，始终在思想上政治上行动上同以习近平同志为核心的党中央保持高度一致。解放思想大讨论、"作风效能建设深化年"、"六个一"基层走访调研等活动扎实开展。严格落实"一岗双责"，党风廉政建设和意识形态工作责任制压紧压实。深入实施鼓励激励、容错纠错、能上能下"三项机制"。全面落实中央八项规定和实施细则精神，"三公"经费、办公用房管理等进一步规范，事业单位、国企公务用车改革全面完成。"三责联审"持续深化。

同时，应急管理、机关事务、妇女儿童、残疾人、民族宗教、侨务、对台事务、兵役、民防、广电、供销、档案、地方志、气象、盐务、邮政、电信等工作也取得了新进展。

各位代表，全市经济社会发展能够在错综复杂的形势下取得上述成绩，是中共太仓市委正确领导的结果，是全市人民勠力同心、砥砺奋进的结果。在此，我谨代表市人民政府向全体市民，向人大代表、政协委员，向离退休老同志，向各民主党派、工商联、无党派人士，向各人民团体，向驻太人民解放军、武警官兵和公安民警，向国家和省驻太单位，向所有参与、关心和支持太仓发展的海内外朋友，表示衷心的感谢和崇高的敬意！

同时，我们也清醒地看到，对照高质量发展要求，对照群众对美好生活的向往，全市发展仍面临不少困难和问题：产业转型、创新发展的内生动力还不足，推动经济高质量发展的力度还需进一步加大；生态环境治理任务艰巨，田园城市品质内涵还需进一步拓展；教育、医疗、文化等公共服务供给与群众的期盼还有差距，均衡化优质化水平还需进一步提升；政府系统内担当精神、创新意识、落实力度均有待增强，作风效能建设还需进一步强化。对于这些问题，我们将采取更为有效措施，切实加以解决。

2019年目标任务和主要工作

2019年是新中国成立70周年，也是决胜高水平全面建成小康社会的关键之年。根据中共太仓市委十三届六次全会的部署，今年政府工作的总体要求是：**坚持以习近平新时代中国特色社会主义思想为指导，全面贯彻中共十九大和十九届二中、三中全会精神，对标习近平总书记对江苏工作的重要指示，统筹推进"五位一体"总体布局，协调推进"四个全面"战略布局，坚持稳中求进工作总基调，坚持新发展理念，坚持推动高质量发展，坚持以供给侧结构性改革为主线，坚持深化市场化改革、扩大高水平开放，围绕"现代田园城、幸福金太仓"总目标和高质量建设"两地两城"目标定位，解放思想谋创新、真抓实干强担当，统筹抓好转型发展、改革开放、城乡融合、生态环境、民生幸福、社会治理等工作，保持经济持续健康发展和社会大局稳定，以优异成绩庆祝中华人民共和国成立70周年。**

全市经济社会发展主要预期目标：地区生产总值增长6.5%左右，一般公共预算收入增长8%左右，规上工业产值增长4.5%，全社会固定资产投资保持稳定，社会消费品零售总额增长8%左右，进出口总额总体稳定，城镇登记失业率控制在2.5%以内，居民人均可支配收入增幅高于地区生产总值增幅，单位地区生产总值能耗及主要污染物减排等约束性指标完成上级下达任务。

为实现上述目标，我们将切实把握好以下四个方面：

——着力推动转型创新。按照高质量发展要求，解放思想再深入、改革开放再出发，着力补短板、强特色、增动能，力推转型升级、创新发展、积蓄势能，夯实“稳”的基础，强化“进”的态势，巩固“三去一降一补”成果，增强微观主体活力，提升产业链水平，畅通经济循环，加快构建自主可控的现代产业体系。

——着力提升城市能级。抢抓长三角一体化战略机遇，拓宽发展视野，强化未来理念，集聚全域资源，坚持城乡融合，超前布局“高铁时代”，高标建设娄江新城，构筑高校科创高地，做亮文旅融合品牌，深入推进乡村振兴，加快建设现代田园城市样板，积极打造上海北翼重要枢纽节点城市。

——着力增进民生福祉。始终把人民对美好生活的向往作为奋斗目标，从百姓最期盼的事情做起，从百姓最不满意的地方改起，提升富民惠民水平，优化教育、医疗、文化、养老等公共服务，营造天蓝地绿水清的宜居环境，推进社会治理现代化，全力创建全国文明城市，持续增强群众的获得感幸福感安全感。

——着力转变工作作风。积极应对宏观环境变化带来的新挑战，坚持系统化思维，注重规律性把握，打破思维定式和路径依赖，力戒“慵懒散浮拖”，持续改进作风、强化服务、提升效能，优化绩效考核，激励担当作为，倡导实干创新，以钉钉子的精神狠抓落实，全力推动各项工作取得实效。

在今年各项工作中，将重点抓好以下八个方面：

一、提升产业发展质效，全力推动经济稳健运行。

继续加大有效投入。强化项目服务，全力建设100个市级以上重点项目，力促利洁时、星药港等签约项目快开工，推动沪工机器人、丹佛斯等新开工项目快建设，确保斯凯奇、慕贝尔等在建项目快竣工，加快实施瑞铁、宏马等20个亿元以上技改项目，完成工业投资150亿元。全力推进玖龙智能装备产业园、欧美绿色制造产业园、中欧先进制造产业园等载体建设，建成投用中德先进制造技术国际创新园二期，积极打造汽车核心零部件产业园、航空零部件产业园。优化政府投资，精准投向城乡发展、公共服务、生态修复等民生领域。深入实施挂钩联系重点项目、重点企业制度，组织重点项目开工开业活动。

加快调优产业结构。壮大高端装备制造、新材料、物贸总部经济、生物医药等“1115”产业集群，提升数控机床、医疗器械等细分领域产业规模，培育智能机器人、航空零部件等先导产业，支持电力、石化、造纸等传统产业技术创新，确保新兴产业产值占比保持稳定。全力推动新大洲本田、亿迈等49个工业新增长点达产。积极推动信息基础设施升级改造、工业企业上云，建设省级工业互联网标杆工厂5家以上、苏州市级以上示范智能车间15家。大力发展科技研发、信息技术、现代供应链等生产性服务业，优化提升休闲旅游、现代商贸、健康服务等生活性服务业，积极培育大数据、平台经济、共享经济、跨境电商等新业态新模式。力争引育总部企业5家，新增上市企业1家、新三板挂牌企业2家。推进房地产市场健康发展。推动太仓港物流园争创国家级示范物流园。加快创建国家全域旅游示范区。

大力支持民营经济。加快实施“1123”行动计划，引进优势民营企业超30家，新增省民营科技企业150家、市级以上科技小巨人和专精特新示范企业20家，鼓励民营企业经营规模上台阶，支持民营企业加快上市进程。引导化纤、纺织、服装、五金加工等传统民营企业转型升级，推进民营企业与外资企业配套协作、融合发展，支持参与标准制定、加强品牌建设。强化民营企业管理创新，培训中高级经营管理人才1000人次以上。全面落实减税降费、市场准入、要素保障等政策举措，扎实解决民营企业和中小微企业融资难、融资贵问题。

不断优化营商环境。强化市场化思维，健全联席会、现场办公会等机制，推动企业服务前移，加强企业运行监测分析，优化配置审批服务、人力资源、电力供给等要素。深入推进工业企业资源集约利用工作，探索实施土地指标有偿使用、工业用地弹性出让、产业用地项目“双合同”监管等政策。充分发挥产业引导基金作用，设立生物医药、人才科技等子基金，有效运作应急转贷资金、风险补偿资金等，提高金融服务实体经济能力。完成第四次全国经济普查。

二、集聚创新创业要素，有效增强转型升级动能。

加速构建创新型企业集群。全力落实“瞪羚计划”“独角兽企业培育计划”等，推进科技型中小企业量质双升，努力培育一批地方标杆型、高科技型企业和行业“隐形冠军”，有效高企超410家，高新产业产值占比超48%。发挥企业科技创新主体作用，推动企业研发投入增长10%，全社会研发经费投入占地区生产总值比重达2.6%，规上工业企业研发机构建有率超44%。科技进步贡献率达62.5%。万人有效发明专利拥有量58件。制定各类标准35项。培育马德里体系国际商标10件。

大力提升科创载体能级。全力创建国家级高新区。优化提升沙溪生物制药小镇、天镜湖电竞小镇业态。发挥西工大太仓长三角研究院招才引智作用，引进科研团队10个。拓展大科园、同高院、创业园、生物港等载体的服务功能。加快建设中科院硅酸盐所苏州研究院二期、七溪生物硅谷、江南医谷等载体。深入实施“大院大所”战略，力争新引进2家。新增省级以上研发平台15个。推进省“苗圃—孵化器—加速器”科技创新孵化链条试点。

不断优化创新创业生态。主动对接上海科创中心、苏南国家自主创新示范区，引入优质科创资源。发挥科技镇长团校地企桥梁作用，新增产学研项目200个以上，推动重大科技成果转化落地。全面落实“娄东英才”“人才乐居”等政策，新增苏州市级以上领军人才26人，高层次人才总数达1.2万人。积极开展高校院所“太仓日”、创新创业大赛等活动。优化“苏科贷”“科贷通”等科技金融供给。加大知识产权保护和运用力度。

三、聚焦改革开放合作，不断增强发展动力活力。

持续深化综合领域改革。加快落实政府机构改革，有序做好部门组建、人员转隶、新机构挂牌等工作。深化“放管服”改革，推进审批服务便民化、政务体系建设系统化和“不见面审批”标准化，优化水电气报装流程，强化事中事后监管。继续推进经济发达镇行政管理体制改革、港区全链审批赋权清单、综合行政执法体制改革等。有序实施社保征管体制改革、个税改革。深入推进全国通关一体化、加工贸易一体化监管。加快国资国企改革，做强主营业务，提升国有资本运营效率。

深度融入长三角一体化。深化市港联动，积极推进太仓港与上海港等港口的“江海河”转运合作，加快建设太仓港集装箱码头四期、海通码头、江海联运国际物流园等，大力发展装备制造、功能材料、健康医药等产业，加快推进京东物流、CJ荣庆等总部项目，推动物贸经济量质齐升。拓展嘉昆太协同创新核心圈内涵，着力对接上海自贸区、虹桥商务区、张江高科技园区等沪上重要功能板块，开展精准招商，深化产业协同发展，大力招引先进制造业、现代服务业、总部经济项目。加快建设沪通铁路，推动岳鹿路对接嘉定城北路建成通车，积极争取上海嘉闵线延伸至太仓。全面深化合作办学、医联体共建、文化交流合作等，放大沪太同城效应。

积极拓展对德合作内涵。着力打响中德创新园品牌，加快建设中德智能制造联合创新中心、增材制造创新园等公共平台。着力提升产业链层次，全力推进瑞好、巨浪、通快三期等德资项目建设，大力招引“旗舰型”德企，新增德资项目超30个，鼓励德企利润再投资，优化提升汽车零部件、精密机械等产业链。着力提升服务水平，持续优化德企服务专窗、知识产权保护、技术人才培育等服务，推进德系职业资格比照认定职称，做优“双元制”教育品牌，创建省级产教融合示范基地。着力丰富对德交流，继续办好“走进德国——太仓日”、啤酒节等活动，全面深化对德城市、文化、旅游、体育等交流。

全面提升开放合作水平。完善招商引资机制，强化统筹协作，突出产业链招商，继续加大上海、深圳等地区及欧美日等国家招商力度，积极引进全球产业链中高端环节和核心技术，着力招引跨国公司地区总部、采购结算中心等功能性机构，确保实现注册外资8亿美元、实际利用外资4.5亿美元，战略性新兴产业实际利用外资占比超50%。积极应对国际贸易摩擦，全面落实稳外贸举措，推进对外贸易优进优出，提高一般贸易进出口比重。推动服务贸易创新发展试点落地。鼓励本土企业走出去、外包企业做大做强。切实做好与灌南、周至、玉屏、灵武等地的挂钩帮扶工作。加强与国际友好城市的合作交流。

四、统筹城乡融合发展，持续提升田园城市品质。

高标推进城市规划建设。深入推进多规融合，启动编制《太仓市城市总体规划（2018~2035）》，完成编制5个中心镇区控规，扎实开展综合交通运输体系、轨道交通、港口集疏运体系等规划。全力推进“1221”城市重大项目，完成娄江新城概念性城市设计，抓好科教创新区、临沪国际社区、高铁商务区、智能制造区规划设计，启动路网、水系等基础设施建设，开工建设西工大、西浦太仓校区。加快建设恒大、复星两大文旅项目，丰富环天镜湖城市形态。建成中心公园，推进环城生态廊道、滨河公园东延等重点项目，全力创建国家生态园林城市。持续推进苏南沿江铁路、沪通铁路场站配套基础设施和涉铁通道工程，开工建设沪武高速拓宽工程、沪宜高速金仓湖互通，建成太浏快速路。大力推进苏浏线航道护岸新建工程，完成杨林塘、吴塘河配套工程。建成110千伏城西输变电等工程及新一代配电自动化系统。

精细推进城市更新管理。持续实施“城市双修”，加快城区胜利村地块改造，启动古松弄地块改造，优化东郊、原城三小、桃园等老旧片区改造规划。完成城厢中心集贸市场、兴业楼菜场、世福农贸市场等12个城区农贸市场提档改造。加快实施开放式广场、12条城区背街小巷提档改造等项目。完成主城区智慧停车二期工程，新增城区停车位1000个。加大违法建设和户外广告设施整治。强化物业属地管理，开展小区物业综合整治，加快城管进社区规范化建设。持续推进城乡居民小区生活垃圾强制分类和减量化工作，生活垃圾分类设施覆盖率主城区达80%、区镇达60%。深化“厕所革命”，新建公厕18座。有序推进烟花爆竹禁放和养犬重点管理区域扩围。

扎实推进乡村振兴战略。严守耕地和基本农田红线，深化“三优三保”，盘活闲置低效用地3750亩。新建高标准农田1.5万亩，建成“菜篮子”工程蔬菜基地4500亩。培育新型职业农民1600名。推进省级现代生态循环农业试点，绿色优质农产品比重超45%。大力开展冬春水利工程，拆坝建桥涵59座，疏浚河道160条。强化农村集体“三资”监管，完成省级农村集体产权制度改革试点。持续开展农民合作社规范化管理专项整治。鼓励引导各镇（区）集体经济抱团联合发展，精准帮扶经济薄弱村，做大做强村级集体经济。开展农村人居环境整治三年行动，实施农村公路提档升级和公路大中修工程，创建全国“四好农村路”示范县。加快归庄、直塘、浏家港、牌楼4个管理区整治，全面完成被撤并镇（管理区）整治提升工程。完善农民集中居住区配套设施，规范农房建设管理，提升村容村貌，弘扬文明乡风，加快45个三星级康居乡村和6个特色田园乡村建设。

五、践行绿色发展理念，加快构筑生态安全屏障。

打好污染防治攻坚战。坚决完成中央环保督察“回头看”交办件整改落实工作。着力推进长江环境大整治环保大提升“百日攻坚”行动、“2982”专项行动。深入开展“263”专项行动，推进新一轮“散乱污”企业（作坊）整治，淘汰低端低效产能企业，关停电镀、印染企业20家。实施大气污染防治工程，管控燃煤污染排放，整治提升木材行业，优化秸秆综合利用，加强挥发性有机物及扬尘治理、老旧机动车淘汰等，推广新能源汽车应用。深化河长制改革，实行“一河一策”，整治农村黑臭水体15条，提升国省考断面水质。实施土壤污染防治行动，大力处置削减危废和一般固废，加快工业污染场地治理修复、农业面源污染治理。

*强化生态环保设施建设。*全力推进沿江万亩绿廊、港城污水处理厂净水湿地等工程，加快实施长江江堤背水坡、七浦塘和杨林塘等绿化项目，新增林地绿地面积4500亩。关停宏达热电厂，推进集中供热管网建设。实施城区水质提升工程，拓浚整治十八港北段、北横沥河等河道，建设14座活动堰、12座节制闸。推进城乡生活污水治理，完成南郊、沙溪、浏河、双凤4座污水厂扩建及提标改造工程，启动城区、娄江新城、江城、岳王、璜泾5座污水厂扩建及提标改造工程，新增污水主管网20公里，开展雨污分流改造和管网修复，建成区污水处理率超98%、污水厂污泥规范化处理率100%。加快建设大型生活垃圾中转站、建筑装潢垃圾资源化处理厂，启动静脉产业园规划建设。

*完善环保长效管控机制。*强化环境监测网络和快速反应能力。建设大气污染物在线监控平台，非电燃煤锅炉全部实施清洁能源替代。加大40个市级水质控制断面监测治理。健全土壤污染防治联防联控机制。严格推行禁养区制度，非禁养区规模畜禽养殖场（户）治理率达95%。完善基层环境监管网格体系，强化“四随机二公开”抽查。深化与嘉定、宝山等地环保协作，建立完善区域污染联防联控机制。健全环境执法“2+N”联动机制，严厉打击环境违法行为，依法依规整治和关停不达标企业。

六、满足美好生活需要，积极打造民生幸福高地。

*优化公共服务供给。*完善教育资源规划布局，启动盛园幼儿园等12所学校新改扩建工程，建成投用镇洋小学、浮桥中学等10所学校。支持多元化办学，深化校外培训机构等清理整治。争创全国义务教育优质均衡发展县（市、区）。深入实施健康“531”系列行动，深化医药卫生体制改革，打造“健康太仓”。加快市公共卫生中心建设。全面启动基层医疗卫生机构提档升级工程，新改建金浪、直塘等6家社区卫生服务中心。常态化抓好全国文明城市创建工作。积极培育和践行社会主义核心价值观，统筹推进新时代文明实践中心（所、站）建设，广泛开展群众性精神文明创建活动。持续开展欢乐文明百村（社区）行等惠民活动，实现村（社区）综合性文化服务中心标准化建设全覆盖。建设市美术馆新馆、樊村泾遗址公园。办好国际田联世界竞走挑战赛等重大赛事。争创全国全民运动健身模范县。

*提升社会保障水平。*扎实推进优质就业提升、创业服务提质工程，积极推进就业困难人群、应届高校毕业生就业。建设和谐劳动关系示范园区，健全企业工资支付监控预警机制。扩大异地联网结算覆盖面。深入实施长期护理保险，深化医养融合。有序推进养老机构公建民营改革。建成市老年大学。加快建设城厢养老机构，启用璜泾、双凤养老机构。实现日间照料服务村（社区）全覆盖。成立社会救助中心，开展一站式综合性救助服务。持续增加保障性住房供给。

*办好政府实事工程。*精心组织实施8大类22项实事工程。

七、健全社会治理体系，切实维护和谐稳定局面。

*夯实基层治理基础。*持续丰富“政社互动”“三社联动”实践，构建协商能动机制，打造星级“发展型”幸福社区。建设20个“邻里家园”。加强社工人才培养和服务，打造一批“全科社工”服务模式社区。强化社会组织监管，优化政府购买服务制度。扎实做好民族宗教工作。深化退役军人安置改革，积极开展拥军优属活动，争创全国双拥模范城“两连冠”。支持公益慈善事业发展。扎实开展“七五”普法，优化公共法律服务体系。实施娄城信用积分管理，加强信用归集和结果应用，加快诚信体系建设。

*抓实公共安全保障。*持续打造平安太仓，严厉打击各类违法犯罪行为，纵深推进扫黑除恶专项斗争。深化“雪亮工程”和升级版技防城建设，实现公共安全视频监控联网应用。深入落实领导干部接访下访、包案等制度，完善矛盾纠纷分析研判和多元化解机制。加快建设社会治理数据中心，规范化建设网格工作站，健全三级联动运行体系，提升“12345”服务效能，及时回应群众关切。深入落实金融风险防范化解举措，有序化解政府债务，严厉整治非法金融活动。完善全程追溯等机制，狠抓食品药品监管。

*落实安全生产举措。*牢固树立安全发展理念，以最严格的要求全面压紧压实安全生产政府监管责任和企业主体责任，推进企业双重预防机制建设，完成重点行业领域企业标准化创建和三级政府挂牌隐患整改。深入开展重点行业领域专项整治，狠抓危化品、粉尘涉爆、建筑施工、特种设备、道路交通等领域安全生产监管，巩固提升“331”整治火灾隐患专项行动成效，全力压降各类事故，坚决防止重特大事故发生。健全应急管理长效机制，扎实开展防灾减灾救灾工作。

八、加强政府自身建设，提高施政能力和服务水平。

*旗帜鲜明讲政治。*坚定不移把政治建设摆在首位，增强“四个意识”，坚定“四个自信”，自觉践行“两个维护”，始终同以习近平同志为核心的党中央保持高度一致。严格遵守政治纪律和政治规矩，坚持民主集中制，严格执行新形势下党内政治生活若干准则，严格落实党的组织生活制度，坚定不移贯彻落实中央大政方针和省、苏州、市委决策部署。坚决落实意识形态工作责任制，切实加强意识形态阵地管理，全面构建网络综合治理体系。

*依法行政优决策。*尊重宪法权威，持续推进法治政府建设。深化重大行政决策标准化体系化建设，强化重大行政决策后评估结果运用。加强政府法律顾问工作绩效管理。严格落实行政执法责任制，完善行政复议和政务公开机制。坚决执行市人大及其常委会决议决定，依法接受其法律监督和工作监督，自觉接受市政协的民主监督，认真办理人大代表议案建议和政协提案。主动接受监察监督、司法监督、审计监督、社会监督、舆论监督。

*务实高效强服务。*深入开展解放思想大讨论活动，系统化推动干部能力提升，积极主动学习新知识、熟悉新领域、开拓新视野，提高服务本领。深入开展“六个一”基层走访调研，全心全意服务企业、服务项目、服务群众，帮助解决实际困难，加快构建亲清新型政商关系。设立“24小

时政务服务大厅”并向镇区延伸，建设镇村（社区）便民服务中心，实现三级政务协同服务，推进政务数据集中共享。优化窗口服务，推行预约服务、上门服务、代办服务。认真落实鼓励激励、容错纠错、能上能下“三项机制”，积极营造改革创新、干事创业的良好氛围。

廉洁奉公树形象。落实全面从严治党主体责任，严格执行“一岗双责”，严守廉洁自律准则和纪律处分条例，推动政府系统党风廉政建设向纵深发展。用好监督执纪“四种形态”特别是第一种形态，对问题早发现、早纠正、早查处。严格执行中央八项规定和实施细则精神，坚决整治形式主义、官僚主义，切实防止“四风”问题反弹。严控“三公”经费支出，进一步精简会议、文件。统筹规范督查检查考核工作，切实减轻基层负担。加强对政府权力的规范、制约和监督，加大对公共资金、国资国企、公共资源交易等重点领域监管，严厉整治发生在群众身边的腐败和作风问题，建设忠诚干净担当的高素质干部队伍，全力打造清廉政府。

各位代表，担当彰显责任，实干方有作为。让我们更加紧密地团结在以习近平同志为核心的党中央周围，在中共太仓市委的坚强领导下，以习近平新时代中国特色社会主义思想为指导，解放思想、奋发进取，创新实干、合力攻坚，开创高质量建设“两地两城”新局面，以优异成绩迎接中华人民共和国成立70周年！

有关词、句及内容的说明

1. “两地两城”：临沪科创产业高地、临江现代物贸基地、现代田园城市样板、中德合作城市典范。

2. 工业增加值率：在一定时期内工业增加值占同期工业总产出的比重。

3. “双10”园区：10个水稻园区和1个蔬菜园区、2个水产园区、3个休闲园区和4个综合性园区。

4. 科技创新“五百工程”：用4年时间（2017—2020年）培育百家重点科技企业、建设百个创新载体平台、引进百位科技领军人才、实施百项重点科技项目、引育百家科技服务机构。

5. “双随机一公开”：在监管过程中随机抽取检查对象、随机选派执法检查人员，抽查情况及查处结果及时向社会公开。

6. 全链审批赋权：赋予国家级开发区与设区市同等的行政管理权限，主要为涉企投资类审批事项，旨在实现开发区内涉企投资审批扁平化、标准化、便利化，做到“园内事园内办”。

7. “五方挂钩”：省级机关、高等院校（科研院所）、大型国有企业、苏南经济相对发达的县（市、区）与苏北经济相对薄弱的县（区）挂钩帮扶。

8. “1221”城市重大项目：一座娄江新城，恒大、复星两个文旅项目，西北工业大学、西交利物浦大学两所大学太仓校区，西北工业大学太仓长三角研究院。

9. “三优三保”：以优化建设用地空间布局保障发展；以优化农用地结构布局保护耕地；以优化镇村居住用地布局保护权益。

10. 城乡环境长效管理“六大整治”：以交通干线沿线环境、“散乱污”企业（作坊）、城乡垃圾、违章搭建、入棚混居、畜禽养殖等为重点的城乡环境长效管理工作。

11. “一心两湖三环四园”：以中心公园为一心；以金仓湖和天镜湖为两翼；以盐铁塘、新浏河、娄江河、城北河，盐铁塘、湖川塘、十八港、新浏河，吴塘河、新浏河、石头塘、杨林塘三层水系绿道为三环，以现代农业园（植物园）、菽园、西庐园、独溇小海湿地公园为四园，着力打造田园城市生态体系。

12. “263”专项行动：“2”是“两减”，指减煤炭消费总量、减落后化工产能；“6”是“六治”，指治太湖、治垃圾、治黑臭河道、治畜禽养殖污染、治挥发性有机化合物、治环境隐患；“3”是“三提升”，指提升生态保护水平、提升执法监管水平、提升环境监测水平。

13. “四随机二公开”：被查企业随机、执法人员随机、执法时间随机、公众参与随机，过程公开、结果公开。

14. 社创交易所：集聚政府、企业、社会和公众等多方主体资源，推动社会组织参与社会治理的创新性服务载体，具有信息发布、筹集资金、组织交易、规范采购等功能的综合型社会服务交易平台。

15. “331”整治火灾隐患专项行动：第一个“3”指容易引发火灾事故的“三合一”场所、出租房（群租房）和电动自行车这三类突出隐患；第二个“3”指专项行动要对照执行的任务清单、履职清单和追责清单“三张清单”；“1”指专项行动为期100天，后延续至2019年。

16. “3550”改革：开办企业3个工作日内完成、不动产登记5个工作日内完成、工业建设项目施工许可50个工作日内完成。

17. “六个一”基层走访调研：收集一批社情民意，促进一批企业创新，推动一批项目建设，化解一批矛盾问题，总结一批基层典型，完善一批政策措施。

18. “1115”产业：到“十三五”末，实现高端装备制造产业产值1000亿元、新材料产业产值1000亿元、物贸总部经济营业收入1000亿元，用3~5年实现生物医药产业产值500亿元。

19. “1123”行动计划：到“十三五”末，扶优扶强100家现有骨干民营企业，引进培育100家以上优势民营科技企业，形成20家以上的民营IPO上市后备企业，培育30家民营“小巨人”企业。

20. 产业用地项目“双合同”监管：在签订《国有建设用地使用权出让合同》前，由地块受让人与政府按照用地项目性质签订《项目用地批后监管协议》，细化监管内容，明确违约责任及处罚措施，强化建设用地批后监管，促进土地高效利用。

21. “隐形冠军”：该类企业几乎不为外界所关注，但能主宰各自所在的市场领域，有独特的竞争策略，往往在某一个细分的市场中进行着专心致志的耕耘，占有很高的市场份额，占有率往往大幅领先第二名及以后的追随者。

22. 马德里体系国际商标：1891年签订的《商标国际注册马德里协定》规定规范国际商标注册。

23. “大院大所”战略：加强与国内外著名高等院校及科研机构和院所、知名科学家及其科研团队合作，吸引来太落户，促进科教资源与全市产业、企业、园区紧密结合，加速创新资源集聚，加快培育经济发展新动能。

24. 德系职业资格比照认定职称：国内职称资格与国际职业资格接轨，对具有德国职业资格证书的人员可直接比照认定中国的职称资格。

25. “2982”专项行动：第一个“2”代表水路长江航道、陆路长江江堤；“9”代表新七浦塘、钱泾河、新泾河、鹿鸣泾、浪港河、七浦塘、杨林塘、新塘河、浏河塘9条主要入江支流；“8”代表扬子江码头、鑫海码头、美锦码头、万方码头、武港码头、华能港务码头、华能电厂码头、集装箱码头8个港口码头；第二个“2”代表煤电片区、石化片区2个重点片区。

26. “2+N”联动机制：环保、公安与其他相关部门联动工作机制。

27. “发展型”幸福社区：具有创新意愿、发展潜能和内在动力，在破解社区发展难题，推进社区高质量建设中工作卓有成效，具有很强带动力、影响力和示范作用的先进社区。

28. “雪亮工程”：以市（县）、乡、村三级综治中心为指挥平台、以综治信息化为支撑、以网格化管理为基础、以公共安全视频监控联网应用为重点的群众性治安防控工程。

年度文件目录

中共太仓市委文件

1	2018年1月22日	太委发〔2018〕1号	批转市妇联《关于召开太仓市妇女第十六次代表大会的请示》的通知
2	2018年2月4日	太委发〔2018〕2号	中共太仓市委、太仓市人民政府关于2017年度信访工作情况的通报
3	2018年2月5日	太委发〔2018〕3号	批转市残联《关于召开太仓市残疾人联合会第七次代表大会的请示》的通知
4	2018年2月7日	太委发〔2018〕4号	中共太仓市委、太仓市人民政府关于2017年度太仓市人才工作考核情况的通报
5	2018年2月9日	太委发〔2018〕5号	中共太仓市委、太仓市人民政府关于2017年度市级机关作风效能建设暨绩效管理工作情况的通报
6	2018年2月5日	太委发〔2018〕6号	中共太仓市委、太仓市人民政府关于印发《太仓市生态环境保护工作责任规定（试行）》的通知
7	2018年2月27日	太委发〔2018〕7号	中共太仓市委、太仓市人民政府关于太仓市2017年度区镇科学发展绩效考核先进单位的通报
8	2018年2月28日	太委发〔2018〕8号	中共太仓市委、太仓市人民政府关于2017年度十大高新产值企业、十佳研发型企业、十佳专利示范企业情况的通报
9	2018年2月28日	太委发〔2018〕9号	中共太仓市委、太仓市人民政府关于2017年度工业纳税突出贡献企业、工业销售突出贡献企业、十佳管理创新企业情况的通报
10	2018年2月28日	太委发〔2018〕10号	中共太仓市委、太仓市人民政府关于2017年度全市开放型经济工作先进单位的通报
11	2018年2月14日	太委发〔2018〕11号	中共太仓市委、太仓市人民政府关于印发《太仓市深化市属国有企业负责人薪酬制度改革实施意见》的通知
12	2018年3月3日	太委发〔2018〕12号	关于印发《太仓市人大常委会2018年度工作要点》《政协太仓市第十四届委员会常务委员会2018年工作要点》的通知
13	2018年3月20日	太委发〔2018〕13号	中共太仓市委、太仓市人民政府关于印发《2018年“文明太仓”市民大行动实施意见》的通知
14	2018年3月13日	太委发〔2018〕14号	批转市科协《关于召开太仓市科学技术协会第十一次代表大会的请示》的通知
15	2018年3月20日	太委发〔2018〕15号	中共太仓市委、太仓市人民政府关于印发《太仓市创建全国文明城市三年行动计划（2018—2020年）》的通知
16	2018年3月22日	太委发〔2018〕16号	中共太仓市委、太仓市人民政府关于全市2017年度“两减六治三提升”专项行动和城乡环境长效管理工作考核情况的通报
17	2018年3月22日	太委发〔2018〕17号	中共太仓市委、太仓市人民政府关于印发《关于进一步加强城乡环境长效管理工作的意见》的通知
18	2018年3月22日	太委发〔2018〕18号	中共太仓市委、太仓市人民政府关于印发《太仓市“两减六治三提升”专项行动2018年度工作计划》的通知

19	2018 年 4 月 8 日	太委发〔2018〕20 号	印发《关于苏州市委常委会听取太仓市委履行全面从严治党主体责任、基层党建和人才工作、落实意识形态工作责任制述职点评意见的整改落实方案》的通知
20	2018 年 4 月 8 日	太委发〔2018〕22 号	关于印发《关于全面从严治党进一步营造风清气正良好政治生态的工作方案（2018—2020 年）》的通知
21	2018 年 3 月 30 日	太委发〔2018〕23 号	中共太仓市委、太仓市人民政府印发《关于开展“作风效能建设深化年”活动的实施意见》的通知
22	2018 年 4 月 11 日	太委发〔2018〕24 号	中共太仓市委、太仓市人民政府关于印发《关于切实加强农村新型合作经济组织规范化管理的意见》的通知
23	2018 年 4 月 11 日	太委发〔2018〕25 号	中共太仓市委、太仓市人民政府关于 2017 年度农业农村工作先进单位和先进个人的通报
24	2018 年 4 月 13 日	太委发〔2018〕26 号	关于印发《2018 年全市党委（党组）中心组专题学习计划》的通知
25	2018 年 4 月 23 日	太委发〔2018〕27 号	中共太仓市委、太仓市人民政府关于印发《2018 年度太仓市市级机关部门绩效管理考核工作实施意见》的通知
26	2018 年 5 月 8 日	太委发〔2018〕28 号	中共太仓市委、太仓市人民政府关于 2016—2017 年度全市城市建设管理工作先进集体和先进个人的通报
27	2018 年 5 月 21 日	太委发〔2018〕29 号	中共太仓市委、太仓市人民政府关于印发《2018 年度区镇绩效考核工作实施意见》的通知
28	2018 年 5 月 31 日	太委发〔2018〕30 号	关于对双凤镇联动中心建设情况的通报
29	2018 年 6 月 11 日	太委发〔2018〕31 号	印发《关于健全人大讨论决定重大事项制度、政府重大决策出台前向本级人大报告的实施细则》的通知
30	2018 年 6 月 13 日	太委发〔2018〕32 号	中共太仓市委、太仓市人民政府关于印发《产业升级三年行动计划（2018—2020 年）》等十四项三年行动计划的通知
31	2018 年 6 月 27 日	太委发〔2018〕33 号	关于太仓市优秀基层共产党员、优秀党务工作者和先进基层党组织的通报
32	2018 年 7 月 5 日	太委发〔2018〕34 号	印发《关于太仓市监委向乡镇（街道）派出监察机构试点工作的实施方案》的通知
33	2018 年 9 月 11 日	太委发〔2018〕39 号	关于市委常委分工的通知
34	2018 年 9 月 25 日	太委发〔2018〕40 号	批转团市委、市少工委《关于召开中国少年先锋队太仓市第六次代表大会的请示》的通知
35	2018 年 10 月 10 日	太委发〔2018〕41 号	中共太仓市委、太仓市人民政府关于“政社互动”创新实践先进单位和先进个人的通报
36	2018 年 11 月 2 日	太委发〔2018〕42 号	中共太仓市委、太仓市人民政府关于印发《太仓市浏河镇行政管理体制改革实施意见》的通知
37	2018 年 11 月 7 日	太委发〔2018〕43 号	关于市住建局党委、娄东街道党工委在原香塘发展大厦拆除过程中履责不力突出问题的通报
38	2018 年 11 月 9 日	太委发〔2018〕44 号	中共太仓市委、太仓市人民政府印发《关于创新完善“协商能动”机制建设“发展型”幸福社区的实施意见》的通知
39	2018 年 11 月 22 日	太委发〔2018〕45 号	批转市文联《关于召开太仓市文学艺术界联合会第八次代表大会的请示》的通知
40	2018 年 11 月 23 日	太委发〔2018〕46 号	中共太仓市委、太仓市人民政府关于印发《太仓市新时代文明实践中心建设工作实施方案》的通知
41	2018 年 12 月 25 日	太委发〔2018〕47 号	关于开展“担当作为好干部”推荐工作的通知
42	2018 年 12 月 3 日	太委发〔2018〕48 号	关于对沙溪镇党委在生态环境领域落实主体责任不力的通报
43	2018 年 12 月 20 日	太委发〔2018〕49 号	中共太仓市委、太仓市人民政府印发《关于全面加强生态环境保护坚决打好污染防治攻坚战的实施方案》的通知

太仓市人民政府文件

1	2018年1月14日	太政发〔2018〕1号	关于调整市质量强市工作领导小组的通知
2	2018年1月30日	太政发〔2018〕2号	关于调整太仓市安全生产委员会成员的通知
3	2018年2月6日	太政发〔2018〕3号	关于分解落实2018年政府各项主要工作任务的通知
4	2018年2月27日	太政发〔2018〕4号	关于下达2018年全市主要经济指标工作目标的通知
5	2018年2月28日	太政发〔2018〕5号	太仓市人民政府关于长江段禁渔的通告
6	2018年2月26日	太政发〔2018〕6号	关于调整太仓市发展总部经济协调工作领导小组的通知
7	2018年2月23日	太政发〔2018〕7号	关于调整市服务业工作领导小组成员的通知
8	2018年2月14日	太政发〔2018〕8号	关于开展第三次全市土地调查的通知
9	2018年3月8日	太政发〔2018〕10号	关于印发《2018年3·15国际消费者权益日活动方案》的通知
10	2018年3月8日	太政发〔2018〕11号	关于下达2018年财政收入分解任务的通知
11	2018年3月13日	太政发〔2018〕12号	印发《关于进一步加强全市消防工作的实施方案》的通知
12	2018年3月19日	太政发〔2018〕13号	市政府、市人武部关于2017年度武装工作先进单位和个人的通报
13	2018年3月19日	太政发〔2018〕14号	关于2017年度征兵工作先进单位和个人的通报
14	2018年3月19日	太政发〔2018〕15号	关于公布太仓市第一批吴文化地名保护名录的通知
15	2018年3月27日	太政发〔2018〕16号	印发《关于开展长期护理保险工作的实施意见（试行）》的通知
16	2018年3月23日	太政发〔2018〕17号	关于2017年度生活污水治理及黑臭水体整治先进集体、先进个人及示范村的通报
17	2018年4月7日	太政发〔2018〕18号	关于印发《太仓市2018年度重点项目建设意见》的通知
18	2018年3月29日	太政发〔2018〕19号	印发关于做好当前和今后一段时期就业创业工作的实施意见的通知
19	2018年3月28日	太政发〔2018〕20号	关于调整太仓市企业上市工作领导小组的通知
20	2018年3月29日	太政发〔2018〕21号	关于调整就业创业工作领导小组成员单位及组成人员的通知
21	2018年4月4日	太政发〔2018〕22号	关于成立太仓市公立医院管理委员会的通知
22	2018年4月11日	太政发〔2018〕23号	关于成立市农村集体资产清产核资工作领导小组的通知
23	2018年4月11日	太政发〔2018〕24号	关于下达2018年度市级政府投资项目计划的通知
24	2018年4月23日	太政发〔2018〕25号	关于调整太仓市水上搜救中心组成人员的通知
25	2018年4月19日	太政发〔2018〕26号	关于加强长江水下地形和港口码头堤防监测预警及防护工作的通知
26	2018年4月25日	太政发〔2018〕28号	关于印发《太仓市2018年价格调控目标责任制实施意见》的通知
27	2018年5月7日	太政发〔2018〕29号	关于调整《太仓市房屋征收与补偿相关标准》的通知
28	2018年5月7日	太政发〔2018〕30号	关于印发《关于加强主城核心区规划建设管理工作的实施意见》的通知
29	2018年5月7日	太政发〔2018〕31号	关于印发《太仓市城乡生活垃圾分类和治理三年（2018—2020年）行动实施方案》的通知
30	2018年5月7日	太政发〔2018〕32号	关于印发《太仓市主城核心区工业（含仓储）企业征收（搬迁）实施意见》的通知
31	2018年5月7日	太政发〔2018〕33号	关于印发《太仓市创建国家生态园林城市实施方案》的通知
32	2018年5月7日	太政发〔2018〕34号	关于调整太仓市创建国家生态园林城市工作领导小组的通知
33	2018年5月3日	太政发〔2018〕35号	关于调整太仓市政务公开领导小组成员的通知
34	2018年5月7日	太政发〔2018〕36号	关于调整市防汛防旱指挥部成员的通知

35	2018年5月9日	太政发〔2018〕37号	关于确定2018年太仓市级重大事故隐患“挂牌督办”整改单位的通知
36	2018年5月16日	太政发〔2018〕38号	关于做好太仓市第四次全国经济普查工作的通知
37	2018年6月1日	太政发〔2018〕39号	关于调整市征兵工作领导小组成员的通知
38	2018年6月6日	太政发〔2018〕40号	关于2017年度太仓市节能工作先进单位、优秀能管员的通报
39	2018年6月20日	太政发〔2018〕41号	关于印发《太仓市健康市民“531”行动倍增计划实施方案》的通知
40	2018年6月25日	太政发〔2018〕42号	关于部分领导同志工作分工调整的通知
41	2018年6月26日	太政发〔2018〕43号	关于划定市区禁止使用高排放非道路移动机械区域的通告
42	2018年6月23日	太政发〔2018〕44号	关于公布“第五批下放沙溪镇经济社会管理事项”“第一批、第四批下放沙溪镇经济社会管理事项调整”的通知
43	2018年6月28日	太政发〔2018〕45号	关于调整太仓市“三优三保”行动计划工作领导小组成员的通知
44	2018年6月28日	太政发〔2018〕46号	关于印发《太仓市创建省“四好农村路”示范县实施方案》的通知
45	2018年7月25日	太政发〔2018〕47号	关于2016—2017年太仓市自然科学优秀学术论文的通报
46	2018年7月31日	太政发〔2018〕48号	关于聘任太仓市人民政府教育督导团第六届总督学、副总督学、专（兼）职督学、责任督学的决定
47	2018年8月2日	太政发〔2018〕49号	关于调整市铁路建设领导小组的通知
48	2018年8月15日	太政发〔2018〕50号	关于进一步明确太仓港经济技术开发区管辖范围的通知
49	2018年8月13日	太政发〔2018〕51号	关于调整太仓市住房保障工作领导小组成员的通知
50	2018年8月25日	太政发〔2018〕52号	关于下达“三优三保”专项规划流量指标的通知
51	2018年8月28日	太政发〔2018〕53号	太仓市人民政府、西交利物浦大学关于印发《政校合作发展委员会章程》的通知
52	2018年9月13日	太政发〔2018〕54号	关于公布行政规范性文件清理结果的通知
53	2018年9月26日	太政发〔2018〕55号	关于印发《太仓市产业引导基金管理办法（试行）》的通知
54	2018年9月26日	太政发〔2018〕56号	关于认定伟速达（中国）汽车安全系统有限公司等为太仓市第六批总部企业的决定
55	2018年10月9日	太政发〔2018〕57号	关于公布太仓市第一批历史建筑的通知
56	2018年10月16日	太政发〔2018〕58号	关于调整太仓市信息化工作领导小组成员的通知
57	2018年11月5日	太政发〔2018〕59号	印发《关于进一步加强城区农贸市场提档升级的实施意见》的通知
58	2018年11月30日	太政发〔2018〕60号	关于成立太仓市服务贸易创新发展试点工作领导小组的通知
59	2018年12月6日	太政发〔2018〕61号	关于印发《太仓市鼓励引导电镀、印染生产企业自愿关停的工作方案》的通知
60	2018年12月10日	太政发〔2018〕62号	关于印发《太仓市高新技术企业培育实施意见》的通知
61	2018年12月10日	太政发〔2018〕63号	关于授予仇中强等14位中外友人为“太仓市荣誉市民”“太仓之友”的决定
62	2018年11月30日	太政发〔2018〕64号	关于公布“第一批下放浏河镇经济社会管理事项”的通知
63	2018年12月21日	太政发〔2018〕65号	关于确定2018年度太仓科技领军人才的通知
64	2018年12月20日	太政发〔2018〕66号	关于市人大常委会行政许可法执法检查发现问题整改情况的报告
65	2018年12月20日	太政发〔2018〕67号	关于太仓市城市道路交通委员会常态化运作的通知
66	2018年12月29日	太政发〔2018〕68号	关于扩大养犬重点管理区域的通告
67	2018年12月29日	太政发〔2018〕69号	关于扩大禁止燃放烟花爆竹区域的通告

中共太仓市委办公室文件

1	2018 年 1 月 11 日	太委办〔2018〕1 号	市委办公室、市政府办公室关于认真落实江苏省环保督察反馈意见切实抓好整改工作的通知
2	2018 年 1 月 22 日	太委办〔2018〕2 号	关于开展 2018 年春节“扶贫帮困送温暖”活动的通知
3	2018 年 1 月 22 日	太委办〔2018〕3 号	关于印发《被巡察党组织配合市委巡察工作的实施办法》的通知
4	2018 年 1 月 25 日	太委办〔2018〕4 号	市委办公室、市政府办公室关于成立太仓市“阳光扶贫·智慧 e 农”系统建设工作领导小组的通知
5	2018 年 2 月 2 日	太委办〔2018〕5 号	市委办公室、市政府办公室关于 2017 年度信访工作“四无”镇（区）、村（社区）创建活动的情况通报
6	2018 年 2 月 2 日	太委办〔2018〕6 号	市委办公室、市政府办公室印发《关于开展 2018 年信访工作“四无”镇（区）、村（社区）创建活动的实施意见》的通知
7	2018 年 2 月 6 日	太委办〔2018〕8 号	关于开展市四套班子领导走访慰问活动的通知
8	2018 年 2 月 7 日	太委办〔2018〕9 号	市委办公室、市政府办公室印发《太仓市禁止燃放烟花爆竹春节期间一级管控工作方案》的通知
9	2018 年 2 月 11 日	太委办〔2018〕10 号	转发《市委宣传部、市委组织部关于做好〈习近平谈治国理政〉第二卷学习教育工作的通知》的通知
10	2018 年 2 月 12 日	太委办〔2018〕11 号	市委办公室、市政府办公室关于印发《2018 年法治太仓建设工作要点》的通知
11	2018 年 2 月 24 日	太委办〔2018〕12 号	关于印发《太仓市关心下一代工作委员会 2018 年工作要点》的通知
12	2018 年 3 月 2 日	太委办〔2018〕13 号	关于市纪委派驻纪检组更名及监督范围调整等事宜的通知
13	2018 年 3 月 2 日	太委办〔2018〕14 号	关于印发《太仓市总工会改革实施方案》的通知
14	2018 年 3 月 2 日	太委办〔2018〕15 号	关于印发《共青团太仓市委员会改革实施方案》的通知
15	2018 年 3 月 2 日	太委办〔2018〕16 号	关于印发《太仓市科协系统深化改革实施方案》的通知
16	2018 年 3 月 2 日	太委办〔2018〕17 号	关于印发《太仓市妇联改革实施方案》的通知
17	2018 年 3 月 6 日	太委办〔2018〕19 号	市委办公室、市政府办公室关于印发《太仓市贯彻落实省第三环境保护督察组督察反馈意见整改方案》的通知
18	2018 年 3 月 14 日	太委办〔2018〕20 号	市委办公室、市政府办公室关于成立西北工业大学、西交利物浦大学两所高校项目推进领导小组的通知
19	2018 年 3 月 14 日	太委办〔2018〕21 号	市委办公室、市政府办公室关于成立中德智能制造解决方案供应商大会太仓筹备工作领导小组的通知
20	2018 年 3 月 19 日	太委办〔2018〕22 号	市委办公室、市政府办公室关于做好清明节期间烈士纪念活动的通知
21	2018 年 3 月 19 日	太委办〔2018〕23 号	关于印发《太仓市落实全面从严治党主体责任评价细则（2018 年）》的通知
22	2018 年 3 月 22 日	太委办〔2018〕24 号	关于印发《中共太仓市委党的建设工作领导小组 2018 年工作要点》的通知
23	2018 年 3 月 20 日	太委办〔2018〕25 号	关于进一步做好全国文明城市创建路长制工作的通知
24	2018 年 3 月 28 日	太委办〔2018〕26 号	关于印发《中共太仓市委办公室 2018 年党建工作要点》的通知
25	2018 年 3 月 30 日	太委办〔2018〕27 号	关于调整市委密码工作领导小组成员的通知
26	2018 年 3 月 31 日	太委办〔2018〕28 号	市委办公室、市政府办公室印发《关于突出“四访四建”深化“六个一”基层走访调研的实施方案》的通知

27	2018年4月3日	太委办〔2018〕29号	市委办公室、市政府办公室关于印发《中共太仓市委全面深化改革领导小组2018年工作要点》的通知
28	2018年3月28日	太委办〔2018〕30号	市委办公室、市政府办公室关于印发《2018年太仓市东西部扶贫协作工作计划要点》的通知
29	2018年4月8日	太委办〔2018〕31号	关于印发《农民合作社规范化管理专项行动方案》的通知
30	2018年3月8日	太委办〔2018〕32号	市委办公室、市政府办公室印发《关于推动恒大童世界文旅项目建设相关事宜会议纪要》的通知
31	2018年4月4日	太委办〔2018〕33号	市委办公室、市政府办公室关于印发《太仓市创建全国文明城市工作问责办法》的通知
32	2018年4月11日	太委办〔2018〕34号	印发《市委全面深化改革领导小组关于贯彻落实党的十九大精神进一步做好改革落实工作的意见》的通知
33	2018年4月11日	太委办〔2018〕35号	关于印发《市委全面深化改革领导小组工作规则》《市委全面深化改革领导小组专项小组工作规则》《市委全面深化改革领导小组办公室工作细则》的通知
34	2018年4月17日	太委办〔2018〕36号	关于印发《太仓市委办关于突出“三走进三服务”深化“六个一”基层走访调研的实施方案》的通知
35	2018年4月18日	太委办〔2018〕37号	关于成立中共太仓市委办公室全国文明城市创建工作领导小组的通知
36	2018年5月2日	太委办〔2018〕38号	市委办公室、市政府办公室关于调整太仓市企事业单位公务用车制度改革领导小组的通知
37	2018年4月26日	太委办〔2018〕39号	印发《关于推动西工大长三角研究院项目装修工程相关事宜会议纪要》的通知
38	2018年5月3日	太委办〔2018〕40号	市委办公室、市政府办公室印发《关于实施阳光村务监督工程推动区镇巡察整改的意见》的通知
39	2018年5月4日	太委办〔2018〕43号	市委办公室、市政府办公室关于严格全市机关、单位互联网站信息发布管理的通知
40	2018年5月8日	太委办〔2018〕44号	市委办公室、市政府办公室关于调整太仓市房屋征收工作领导小组的通知
41	2018年5月8日	太委办〔2018〕45号	市委办公室、市政府办公室关于成立娄江新城规划建设领导小组的通知
42	2018年4月19日	太委办〔2018〕48号	市委办公室、市政府办公室印发《关于组建太仓市文化教育投资发展有限公司的会议纪要》的通知
43	2018年4月3日	太委办〔2018〕49号	市委办公室、市政府办公室关于成立市推动长江经济带发展领导小组的通知
44	2018年5月17日	太委办〔2018〕50号	市委办公室、市政府办公室关于印发《落实党政主要负责人履行推进法治建设第一责任人职责考核办法（试行）》的通知
45	2018年5月16日	太委办〔2018〕51号	市委办公室、市政府办公室关于印发《市党政主要负责人履行推进法治建设第一责任人职责清单任务分工方案》的通知
46	2018年5月21日	太委办〔2018〕52号	市委办公室、市政府办公室关于印发《太仓市2018年推进“放管服”改革工作的实施意见》的通知
47	2018年5月21日	太委办〔2018〕53号	市委办公室、市政府办公室关于成立“1221”重大项目推进指挥部的通知
48	2018年5月21日	太委办〔2018〕54号	市委办公室、市政府办公室关于转发《苏州市法治宣传教育第七个五年规划实施情况考核验收办法》的通知
49	2018年5月22日	太委办〔2018〕55号	市委办公室、市政府办公室印发《关于优秀村（社区）干部退休后提高相应经济待遇的办法》的通知

50	2018 年 5 月 23 日	太委办〔2018〕56 号	印发《关于开展解放思想大讨论活动的实施方案》的通知
51	2018 年 5 月 28 日	太委办〔2018〕57 号	市委办公室、市政府办公室印发《关于规范镇村工程项目的实施意见（试行）》的通知
52	2018 年 5 月 30 日	太委办〔2018〕58 号	市委办公室、市政府办公室印发《太仓市 2018 年度农业农村工作考核办法》的通知
53	2018 年 6 月 2 日	太委办〔2018〕59 号	市委办公室、市政府办公室关于印发《太仓市迎接中央环境保护督察“回头看”工作方案》的通知
54	2018 年 6 月 6 日	太委办〔2018〕60 号	关于印发《市委常委会开展解放思想大讨论活动方案》的通知
55	2018 年 6 月 13 日	太委办〔2018〕61 号	市委办公室、市政府办公室关于印发《西北工业大学太仓校区和太仓长三角研究院相关协议洽谈情况汇报会的会议纪要》的通知
56	2018 年 6 月 26 日	太委办〔2018〕62 号	市委办公室、市政府办公室关于印发《中央环保督察环境信访问题办理包案工作方案》的通知
57	2018 年 6 月 26 日	太委办〔2018〕63 号	市委办公室、市政府办公室关于优化调整村主要干部基本报酬的通知
58	2018 年 6 月 27 日	太委办〔2018〕64 号	关于印发《关于构建廉情监督机制 加强村级权力监督的实施意见（试行）》的通知
59	2018 年 6 月 28 日	太委办〔2018〕65 号	市委办公室、市政府办公室关于印发《太仓市 2018—2019 年绿化及环境专项整治（交通干线沿线环境综合整治）计划》的通知
60	2018 年 7 月 2 日	太委办〔2018〕66 号	市委办公室、市政府办公室印发《关于进一步做好因病致贫家庭帮扶工作的实施办法》的通知
61	2018 年 6 月 29 日	太委办〔2018〕67 号	印发《关于市委常委严格执行双重组织生活制度的实施意见》的通知
62	2018 年 7 月 6 日	太委办〔2018〕68 号	市委办公室、市政府办公室印发《关于深化产教融合加快“双元制”教育发展的实施意见》的通知
63	2018 年 7 月 9 日	太委办〔2018〕69 号	市委办公室、市政府办公室关于印发《太仓市市级机关事业单位编外用工管理办法》的通知
64	2018 年 7 月 16 日	太委办〔2018〕70 号	市委办公室、市政府办公室印发《关于主城区机关、企事业单位停车位对外开放的实施意见》的通知
65	2018 年 7 月 16 日	太委办〔2018〕71 号	印发《关于加强和改进人民政协民主监督工作的实施意见》的通知
66	2018 年 7 月 31 日	太委办〔2018〕74 号	关于印发《太仓市进一步健全容错纠错机制的实施办法》的通知
67	2018 年 7 月 25 日	太委办〔2018〕75 号	关于召开中共太仓市委十三届五次全体（扩大）会议的通知
68	2018 年 7 月 31 日	太委办〔2018〕76 号	关于印发《太仓市党政干部鼓励激励实施细则》《太仓市防错容错纠错实施细则》《太仓市推进党政领导干部能上能下实施细则》的通知
69	2018 年 8 月 2 日	太委办〔2018〕77 号	市委办公室、市政府办公室关于全市信访矛盾化解攻坚战督查情况的通报
70	2018 年 8 月 3 日	太委办〔2018〕78 号	市委办公室、市政府办公室印发《关于在社会综合治理联动工作中加强行政行为监督的实施意见》的通知
71	2018 年 8 月 17 日	太委办〔2018〕79 号	关于印发《太仓市落实中央巡视江苏反馈意见整改开展作风建设自查自纠专项行动联席会议制度》的通知
72	2018 年 8 月 27 日	太委办〔2018〕80 号	市委办公室、市政府办公室关于成立太仓市推进长三角一体化工作领导小组的通知
73	2018 年 8 月 28 日	太委办〔2018〕81 号	印发《关于开展巡察整改质效评估的实施办法》的通知
74	2018 年 8 月 27 日	太委办〔2018〕82 号	印发《太仓市改革方案报审程序规定（试行）》的通知
75	2018 年 8 月 28 日	太委办〔2018〕83 号	市委办公室、市政府办公室印发《关于开展乡村振兴试点工作的意见》的通知

76	2018年8月30日	太委办〔2018〕84号	市委办公室、市政府办公室印发《关于促进生物医药产业发展的若干政策（试行）》的通知
77	2018年8月28日	太委办〔2018〕86号	市委办公室、市政府办公室印发《关于两所高校太仓校区规划建设、融资、拆迁等工作协调会会议纪要》的通知
78	2018年9月5日	太委办〔2018〕88号	市委办公室、市政府办公室关于开展太仓市“慈善一日捐”活动的通知
79	2018年8月31日	太委办〔2018〕90号	印发《关于进一步加强市委巡察整改和成果运用工作的意见》的通知
80	2018年9月13日	太委办〔2018〕91号	市委办公室、市政府办公室关于成立太仓市打好污染防治攻坚战指挥部的通知
81	2018年9月17日	太委办〔2018〕92号	市委办公室、市政府办公室关于印发《2018太仓金秋经贸月活动方案》的通知
82	2018年9月19日	太委办〔2018〕93号	市委办公室、市政府办公室关于优化调整社区主要干部基本报酬的通知
83	2018年9月25日	太委办〔2018〕94号	市委办公室、市政府办公室关于开展全市农村集体资产清缴欠租专项行动的通知
84	2018年9月30日	太委办〔2018〕95号	市委办公室、市政府办公室关于印发《太仓市文化、教育重点项目协调会议纪要》的通知
85	2018年9月27日	太委办〔2018〕96号	市委办公室、市政府办公室关于成立太仓市“大棚房”清理整治专项行动领导小组的通知
86	2018年8月24日	太委办〔2018〕97号	市委办公室、市政府办公室印发《关于进一步加强招商选资工作的若干意见》的通知
87	2018年10月9日	太委办〔2018〕98号	市委办公室、市政府办公室关于市处理信访突出问题及群体性事件联席会议更名及调整组成人员和工作机构的通知
88	2018年11月1日	太委办〔2018〕101号	市委办公室、市政府办公室印发《太仓市高质量推进城乡生活污水治理三年行动计划实施方案》的通知
89	2018年11月1日	太委办〔2018〕102号	市委办公室、市政府办公室印发《太仓市城区水质提升三年行动实施方案》的通知
90	2018年11月2日	太委办〔2018〕103号	市委办公室、市政府办公室关于印发《全市安置房规划建设工作协调会会议纪要》的通知
91	2018年10月26日	太委办〔2018〕104号	市委办公室、市政府办公室关于调整太仓市“大棚房”清理整治专项行动领导小组的通知
92	2018年11月5日	太委办〔2018〕105号	关于对全市基层党组织建设第三轮体检情况的通报
93	2018年11月5日	太委办〔2018〕106号	关于转发中共江苏省委组织部《印发〈关于民主生活会、组织生活会“十不准”规定〉的通知》的通知
94	2018年11月6日	太委办〔2018〕107号	市委办公室、市政府办公室关于印发《太仓市人才乐居工程实施细则（试行）》的通知
95	2018年11月7日	太委办〔2018〕109号	市委办公室、市政府办公室关于成立太仓市文学艺术“金月季奖”工作领导小组的通知
96	2018年11月22日	太委办〔2018〕110号	市委办公室、市政府办公室关于成立太仓市长江环境大整治环保大提升“百日攻坚”行动领导小组的通知
97	2018年11月22日	太委办〔2018〕111号	市委办公室、市政府办公室关于印发《太仓市实施长江环境大整治环保大提升“百日攻坚”行动方案》的通知
98	2018年11月22日	太委办〔2018〕112号	印发《关于对全市领导干部在社会团体中兼职取酬清理情况开展“回头看”的工作方案》的通知

99	2018年11月22日	太委办〔2018〕113号	市委办公室、市政府办公室关于建立市领导挂钩联系重点项目、重点企业制度的通知
100	2018年11月30日	太委办〔2018〕114号	关于印发市考核工作委员会办公室组成人员名单的通知
101	2018年11月22日	太委办〔2018〕115号	市委办公室、市政府办公室关于印发《太仓市浏河镇行政管理体制改革工作实施方案》的通知
102	2018年12月5日	太委办〔2018〕116号	市委办公室、市政府办公室关于转发《太仓市人才开发专项资金管理使用办法》的通知
103	2018年12月7日	太委办〔2018〕118号	关于做好2019年度重点党报党刊发行工作严格规范报刊发行秩序的通知
104	2018年12月11日	太委办〔2018〕119号	市委办公室、市政府办公室印发《关于在全市开展形式主义、官僚主义集中整治推动真抓实干、根除作风顽疾的工作方案》的通知
105	2018年12月13日	太委办〔2018〕120号	市委办公室、市政府办公室关于印发《太仓市医疗卫生机构提档升级工程实施意见》的通知
106	2018年12月13日	太委办〔2018〕121号	市委办公室、市政府办公室关于做好《太仓年鉴（2018）》发行工作的通知
107	2018年12月13日	太委办〔2018〕122号	关于调整市评模工作领导小组成员的通知
108	2018年12月14日	太委办〔2018〕123号	关于统筹规范督查检查考核工作有关事项的通知
109	2018年12月17日	太委办〔2018〕124号	市委办公室、市政府办公室关于印发《太仓市整治非法金融活动专项行动方案》的通知
110	2018年12月25日	太委办〔2018〕125号	关于召开中共太仓市委十三届六次全会的通知
111	2018年12月27日	太委办〔2018〕126号	关于印发《中共太仓市委办公室公务员平时考核工作实施办法（试行）》的通知
112	2018年12月25日	太委办〔2018〕128号	关于印发《太仓市委管理领导干部人选动议酝酿实施办法（试行）》的通知
113	2018年12月25日	太委办〔2018〕129号	印发《关于开展市管党员领导干部任前政治体检的意见（试行）》的通知
114	2018年12月25日	太委办〔2018〕130号	关于印发《认真贯彻新时代党的组织路线全面提升基层党组织组织力三年行动计划（2018—2020年）》《认真贯彻新时代党的组织路线全面推进高素质干部队伍建设三年行动计划（2018—2020年）》《认真贯彻新时代党的组织路线加快推进国际化人才高地建设三年行动计划（2018—2020年）》的通知
115	2018年12月27日	太委办〔2018〕131号	印发《关于加强政党协商的实施办法》的通知
116	2018年12月26日	太委办〔2018〕132号	市委办公室、市政府办公室关于建立太仓市农村人居环境整治工作联席会议的通知
117	2018年12月29日	太委办〔2018〕134号	市委办公室、市政府办公室关于印发《民人谷专项整治后续信访问题会议纪要》的通知
118	2018年12月29日	太委办〔2018〕135号	关于成立太仓市融媒体中心（传媒集团）筹备组的通知
119	2018年12月28日	太委办〔2018〕136号	市委办公室、市政府办公室关于转发苏州市委办、市政府办《印发〈关于促进苏州与台湾经济文化交流合作的若干措施〉的通知》
120	2018年12月28日	太委办〔2018〕137号	市委办公室、市政府办公室关于印发《太仓市农村人居环境整治三年行动方案（2018—2020年）》的通知
121	2018年12月29日	太委办〔2018〕138号	市委办公室、市政府办公室关于印发《太仓市年度综合考核工作规定（试行）》的通知
122	2018年12月29日	太委办〔2018〕139号	关于开展太仓市区镇、市属国企党内政治生态监测评价与预警工作的通知

太仓市人民政府办公室文件

1	2018 年 1 月 3 日	太政办〔2018〕1 号	关于建立太仓市公平竞争审查工作联席会议制度的通知
2	2018 年 1 月 20 日	太政办〔2018〕4 号	关于公布《2018 年太仓市政府部门专项资金管理清单目录》的通知
3	2018 年 1 月 23 日	太政办〔2018〕5 号	关于进一步明确区镇环境监管网格化工作的通知
4	2018 年 1 月 9 日	太政办〔2018〕6 号	关于印发《太仓市创建江苏省农产品质量安全市实施方案》的通知
5	2018 年 1 月 30 日	太政办〔2018〕7 号	关于调整全市春运工作领导小组的通知
6	2018 年 2 月 2 日	太政办〔2018〕8 号	关于 2017 年度法治政府建设工作考评结果的通报
7	2018 年 2 月 6 日	太政办〔2018〕9 号	关于报送 2018 年度太仓市重大行政决策建议项目的通知
8	2018 年 2 月 6 日	太政办〔2018〕10 号	关于调整市无证幼儿园清理整顿工作领导小组组成人员的通知
9	2018 年 2 月 7 日	太政办〔2018〕11 号	关于调整太仓市建设国家慢性病综合防控示范区领导小组成员的通知
10	2018 年 2 月 8 日	太政办〔2018〕13 号	关于开展河道养护管理工作市级检查考核的通知
11	2018 年 2 月 12 日	太政办〔2018〕15 号	关于开展市级行政事业单位和市属国有企业不动产清查工作的通知
12	2018 年 2 月 27 日	太政办〔2018〕17 号	关于印发《太仓市健康场所“531”行动计划》的通知
13	2018 年 3 月 2 日	太政办〔2018〕18 号	关于开展 2016—2017 年太仓市自然科学优秀学术论文评选工作的通知
14	2018 年 3 月 8 日	太政办〔2018〕19 号	关于印发《太仓市打击违法违规运输处置固体废物专项行动工作方案》的通知
15	2018 年 3 月 8 日	太政办〔2018〕20 号	关于认真办理市十六届人大二次会议代表建议和市政协第十四届二次会议委员提案的通知
16	2018 年 3 月 8 日	太政办〔2018〕21 号	关于开展 2017 年度土地卫片执法监督检查工作的通知
17	2018 年 2 月 22 日	太政办〔2018〕22 号	关于印发《关于规范区镇政府采购行为的指导意见》的通知
18	2018 年 3 月 13 日	太政办〔2018〕23 号	关于印发《太仓中德企业合作基地出口精密机械产品质量安全示范区三年发展规划（2018—2020 年）》以及示范区管理制度的通知
19	2018 年 3 月 14 日	太政办〔2018〕24 号	关于印发市政府 2018 年度督查工作要点的通知
20	2018 年 3 月 16 日	太政办〔2018〕25 号	关于对文件进行公开属性分类的通知
21	2018 年 3 月 15 日	太政办〔2018〕26 号	关于成立《江苏援藏援疆建设志》《苏州扶贫协作和对口支援志》太仓部分编纂工作领导小组暨《太仓市扶贫协作和对口支援志》（暂定名）编纂委员会的通知
22	2018 年 3 月 19 日	太政办〔2018〕27 号	关于印发《2018 年太仓市行政执法监督工作计划》的通知
23	2018 年 1 月 15 日	太政办〔2018〕28 号	关于印发关于复星地中海欧洲风情小镇项目相关事宜会议纪要的通知
24	2018 年 3 月 19 日	太政办〔2018〕29 号	关于印发《太仓市“十三五”水资源消耗总量和强度双控行动实施方案》的通知
25	2018 年 3 月 23 日	太政办〔2018〕30 号	关于调整市语言文字工作委员会组成人员的通知
26	2018 年 3 月 23 日	太政办〔2018〕31 号	关于切实加强产业园区规划环评的实施意见
27	2018 年 3 月 23 日	太政办〔2018〕32 号	关于开展太仓市第二次全国污染源普查的通知
28	2018 年 3 月 23 日	太政办〔2018〕33 号	关于成立太仓市第二次全国污染源普查工作领导小组的通知
29	2018 年 3 月 23 日	太政办〔2018〕34 号	关于下达苏州市级河道“一事一办”及太仓市级河道“一河一策”2018 年度任务的通知
30	2018 年 3 月 27 日	太政办〔2018〕35 号	关于印发《太仓市药品和医疗器械安全突发事件应急预案》的通知
31	2018 年 3 月 27 日	太政办〔2018〕36 号	关于印发太仓市安全生产各专业委员会及其组成人员方案的通知
32	2018 年 3 月 21 日	太政办〔2018〕37 号	关于印发《太仓市国民经济和社会发展"十三五"规划中期评估工作方案》的通知

33	2018年3月28日	太政办〔2018〕38号	关于印发《太仓市第三十届科普宣传周活动实施意见》的通知
34	2018年3月28日	太政办〔2018〕39号	关于印发太仓市2018年全民科学素质百项行动计划的通知
35	2018年4月4日	太政办〔2018〕41号	关于印发《2018中国（昆山）品牌产品进口交易会太仓工作方案》的通知
36	2018年3月30日	太政办〔2018〕42号	关于调整充实太仓市重点项目建设管理办公室成员的通知
37	2018年4月9日	太政办〔2018〕43号	关于切实做好小麦穗期病虫防控工作的紧急通知
38	2018年4月10日	太政办〔2018〕44号	关于公布2018年度太仓市政府重大行政决策事项目录的通知
39	2018年4月10日	太政办〔2018〕45号	关于印发2018年太仓市政府规范性文件制定计划的通知
40	2018年4月10日	太政办〔2018〕46号	关于印发《太仓市农村集体资产清产核资实施方案》的通知
41	2018年4月10日	太政办〔2018〕47号	关于印发《关于深化“双随机、一公开”监管工作的意见》的通知
42	2018年4月13日	太政办〔2018〕49号	关于印发《太仓市2018年法治政府建设工作要点》的通知
43	2018年4月17日	太政办〔2018〕50号	关于印发《太仓市安全领域突出隐患整治工作方案》的通知
44	2018年4月18日	太政办〔2018〕51号	关于成立太仓市高校项目工作办公室的通知
45	2018年4月16日	太政办〔2018〕52号	关于转发2016—2017年太仓市新能源汽车推广应用市级财政补贴实施细则的通知
46	2018年4月17日	太政办〔2018〕53号	关于转发太仓市2018年度审计项目计划的通知
47	2018年4月20日	太政办〔2018〕54号	关于印发太仓市2018年水污染防治工作计划的通知
48	2018年4月26日	太政办〔2018〕55号	关于印发《2018年太仓市长江流域整治年度实施方案》的通知
49	2018年5月2日	太政办〔2018〕56号	关于做好2018年防灾减灾日有关工作的通知
50	2018年4月20日	太政办〔2018〕58号	关于印发《太仓市实施“证照分离”改革试点工作方案》的通知
51	2018年5月7日	太政办〔2018〕59号	关于印发太仓市国有土地上房屋征收计户规则、房屋分类、面积认定规定的通知
52	2018年5月7日	太政办〔2018〕60号	关于印发《太仓市生活垃圾强制分类制度实施方案》的通知
53	2018年5月7日	太政办〔2018〕61号	关于印发《全市“331”整治火灾隐患百日专项行动方案》的通知
54	2018年4月28日	太政办〔2018〕62号	关于印发太仓市大气污染防治2018年度工作任务计划安排的通知
55	2018年4月20日	太政办〔2018〕63号	关于做好2018年太仓市保障性安居工程建设目标任务的通知
56	2018年4月28日	太政办〔2018〕64号	关于成立太仓市人民政府教育督导委员会的通知
57	2018年5月11日	太政办〔2018〕66号	关于转发《太仓市社会医疗救助实施办法的补充意见》的通知
58	2018年5月16日	太政办〔2018〕67号	关于印发《太仓市政务信息工作考评方案》的通知
59	2018年5月16日	太政办〔2018〕68号	关于印发《2018年太仓市服务外企、重点项目推进月实施方案》的通知
60	2018年5月16日	太政办〔2018〕69号	关于进一步推进加油站地下油罐防渗漏更新改造工作的通知
61	2018年5月16日	太政办〔2018〕70号	关于印发2018年太仓市食品安全重点工作安排的通知
62	2018年4月5日	太政办〔2018〕71号	关于印发《太仓市集中式饮用水水源地环境保护专项行动方案》的通知
63	2018年5月24日	太政办〔2018〕72号	关于建立太仓市校外培训机构专项治理工作联席会议的通知
64	2018年5月24日	太政办〔2018〕73号	关于转发《苏州市人民政府办公室印发关于加强镇政府、街道办事处政府法治工作人员履职能力建设的意见的通知》的通知
65	2018年5月28日	太政办〔2018〕74号	关于印发《太仓市液化石油气气瓶产权置换、报废处置和技改推广实施方案》的通知
66	2018年5月24日	太政办〔2018〕75号	关于转发苏州市政府办公室《关于做好国家级开发区全链审批赋权事项对接工作的通知》的通知
67	2018年5月29日	太政办〔2018〕76号	关于修订太仓市村庄环境长效管理考核奖补办法的通知
68	2018年5月29日	太政办〔2018〕77号	关于开展秸秆综合利用和秸秆禁烧专项督查的通知

69	2018 年 5 月 28 日	太政办〔2018〕78 号	关于全市粮食生产功能区和重要农产品生产保护区划定的实施意见
70	2018 年 5 月 29 日	太政办〔2018〕79 号	关于印发太仓市第二次全国污染源普查实施方案的通知
71	2018 年 5 月 31 日	太政办〔2018〕80 号	关于调整太仓市农药集中配送工作领导小组的通知
72	2018 年 5 月 18 日	太政办〔2018〕81 号	关于印发《第一届太仓市职业技能大赛工作方案》的通知
73	2018 年 6 月 5 日	太政办〔2018〕82 号	关于下达 2018 年中小学和职业类学校招生计划的通知
74	2018 年 6 月 8 日	太政办〔2018〕83 号	关于印发《关于港区围滩土地办理不动产权证相关事宜会议纪要》的通知
75	2018 年 6 月 13 日	太政办〔2018〕85 号	关于印发《关于做好当前和今后一段时期就业创业工作实施细则》的通知
76	2018 年 6 月 19 日	太政办〔2018〕86 号	关于印发《太仓市保障中日韩环境部长会议环境质量工作方案》的通知
77	2018 年 6 月 19 日	太政办〔2018〕87 号	关于印发《太仓市 2018 年度生态文明建设目标任务书》的通知
78	2018 年 6 月 14 日	太政办〔2018〕88 号	关于印发太仓市东门桥、西门桥、城南桥、城北桥断面水质提升方案的通知
79	2018 年 6 月 20 日	太政办〔2018〕89 号	关于印发《太仓市长期护理保险实施细则（试行）》的通知
80	2018 年 6 月 20 日	太政办〔2018〕90 号	关于印发《太仓市工业企业资源集约利用差别化价格政策实施方案（试行）》的通知
81	2018 年 6 月 24 日	太政办〔2018〕91 号	关于调整 2018 年普通高中招生计划的通知
82	2018 年 6 月 27 日	太政办〔2018〕92 号	关于印发《太仓市公共法律服务平台建设指导意见》的通知
83	2018 年 6 月 27 日	太政办〔2018〕93 号	关于调整有关社会保障对象生活救助（补助）标准的通知
84	2018 年 6 月 27 日	太政办〔2018〕94 号	关于成立太仓市打击整治枪支爆炸物品违法犯罪联席会议制度的通知
85	2018 年 6 月 27 日	太政办〔2018〕95 号	关于调整太仓市预防和处置非法集资工作领导小组的通知
86	2018 年 6 月 29 日	太政办〔2018〕96 号	关于成立太仓市长江经济带战略环评及“三线一单”划定项目协调小组的通知
87	2018 年 6 月 29 日	太政办〔2018〕97 号	关于印发《太仓市 2018 年生态红线区域保护实施方案》的通知
88	2018 年 6 月 29 日	太政办〔2018〕98 号	关于调整 2018 年度住房保障相关政策的通知
89	2018 年 7 月 5 日	太政办〔2018〕99 号	关于对使用中（工）频炉企业加强日常监管工作的通知
90	2018 年 7 月 19 日	太政办〔2018〕101 号	关于印发《太仓市“菜篮子”工程蔬菜基地建设及管理工作方案》的通知
91	2018 年 7 月 20 日	太政办〔2018〕103 号	关于切实做好今年第 10 号台风防御工作的紧急通知
92	2018 年 7 月 20 日	太政办〔2018〕104 号	关于印发《太仓市关于加强政务诚信建设的实施意见》的通知
93	2018 年 7 月 20 日	太政办〔2018〕105 号	关于印发《太仓市关于建立完善守信联合激励和失信联合惩戒制度的实施意见》的通知
94	2018 年 6 月 22 日	太政办〔2018〕106 号	关于印发《关于粮食局下属国有企业改革相关事宜的会议纪要》的通知
95	2018 年 7 月 25 日	太政办〔2018〕107 号	关于印发《太仓市 2018 年主体功能区实施工作要点》的通知
96	2018 年 7 月 25 日	太政办〔2018〕108 号	关于征求市政府规范性文件清理意见的通知
97	2018 年 7 月 25 日	太政办〔2018〕109 号	关于印发《太仓市殡葬领域突出问题专项整治行动方案》的通知
98	2018 年 7 月 31 日	太政办〔2018〕110 号	关于做好迎接省公平竞争审查联席会议督查有关工作的通知
99	2018 年 8 月 2 日	太政办〔2018〕111 号	关于印发《太仓市户外广告设施整治提升行动方案》的通知
100	2018 年 7 月 25 日	太政办〔2018〕113 号	关于进一步加强长江岸线保护工作的通知
101	2018 年 8 月 6 日	太政办〔2018〕114 号	关于调整太仓市打击传销工作领导小组的通知
102	2018 年 8 月 6 日	太政办〔2018〕115 号	关于成立第四次全国经济普查领导小组的通知

103	2018年8月6日	太政办〔2018〕117号	关于转发2018年上半年度全市养老机构安全检查情况通报的通知
104	2018年8月14日	太政办〔2018〕118号	关于印发2018年太仓市打击侵犯知识产权和制售假冒伪劣商品工作要点的通知
105	2018年8月20日	太政办〔2018〕119号	关于持续开展全市“331”专项行动切实抓好下一阶段自查自纠工作的通知
106	2018年8月21日	太政办〔2018〕120号	关于开展证明事项清理工作的通知
107	2018年8月21日	太政办〔2018〕121号	关于印发《太仓市养殖水域滩涂规划编制的实施意见》的通知
108	2018年8月29日	太政办〔2018〕122号	关于成立浏溇小海生态农业园建设工作领导小组的通知
109	2018年8月20日	太政办〔2018〕123号	关于调整相关部门随机抽查事项清单的通知
110	2018年8月29日	太政办〔2018〕125号	关于印发《太仓市农民工工资支付应急周转金管理办法》的通知
111	2018年8月31日	太政办〔2018〕128号	关于做好苏州市“331”专项行动集中督察协调保障工作的通知
112	2018年8月30日	太政办〔2018〕129号	关于印发《2018年太仓市融入上海下半年工作要点》的通知
113	2018年9月5日	太政办〔2018〕130号	关于印发太仓市网络市场监管部门联席会议制度的通知
114	2018年9月5日	太政办〔2018〕131号	关于印发《太仓市工业企业资源集约利用综合评价实施细则（修订）》的通知
115	2018年9月7日	太政办〔2018〕133号	关于成立市旅游民宿发展协调小组的通知
116	2018年9月7日	太政办〔2018〕134号	关于印发《太仓市公路养护专项资金管理办法（试行）》的通知
117	2018年9月7日	太政办〔2018〕135号	关于印发《太仓市政府投资项目代建单位名录库管理办法（试行）》的通知
118	2018年9月11日	太政办〔2018〕137号	关于印发《太仓市超标粮食处置实施细则》的通知
119	2018年9月11日	太政办〔2018〕138号	关于印发《太仓市畜禽养殖废弃物资源化利用工作方案》的通知
120	2018年9月12日	太政办〔2018〕139号	关于印发《关于做好优化营商环境推进重点改革工作任务》的通知
121	2018年9月11日	太政办〔2018〕140号	关于印发《太仓市税收协同共治管理办法》的通知
122	2018年9月10日	太政办〔2018〕141号	关于印发《太仓市推进基本公共服务均等化2018年重点任务》的通知
123	2018年8月30日	太政办〔2018〕142号	关于印发《关于进一步加强事中事后监管的实施意见》的通知
124	2018年9月13日	太政办〔2018〕143号	关于分解下达2018年度节能目标的通知
125	2018年9月13日	太政办〔2018〕144号	关于印发《2018年度镇（区）政府（管委会）节能目标责任评价考核办法》的通知
126	2018年9月13日	太政办〔2018〕145号	关于印发《太仓市“1+X”政策财政专项资金项目申报主体信用审查与结果应用实施细则（试行）》的通知
127	2018年9月11日	太政办〔2018〕146号	关于印发《太仓市关于促进旅游民宿发展实施办法》的通知
128	2018年9月13日	太政办〔2018〕148号	关于调整市防治重大动物疫病指挥部成员的通知
129	2018年9月13日	太政办〔2018〕149号	关于成立太仓市防控非洲猪瘟应急指挥部的通知
130	2018年9月10日	太政办〔2018〕152号	关于成立太仓市全民运动模范健身县（市、区）创建工作领导小组的通知
131	2018年9月28日	太政办〔2018〕153号	关于印发《太仓市创建全民运动健身模范县（市、区）工作实施方案》的通知
132	2018年9月28日	太政办〔2018〕154号	关于印发《太仓市创建全民运动健身模范县（市、区）工作规划（2018—2020年）》的通知
133	2018年9月27日	太政办〔2018〕155号	关于开展重大行政决策后评估工作的通知
134	2018年9月27日	太政办〔2018〕156号	关于转发太仓市“大棚房”问题专项清理整治实施方案通知
135	2018年10月12日	太政办〔2018〕159号	关于加快推进散坟专项整治工作的通知

136	2018年9月30日	太政办〔2018〕160号	关于印发《太仓市2018年富民增收工作要点》《太仓市2018年富民增收工作分解表》的通知
137	2018年10月15日	太政办〔2018〕161号	关于印发《太仓市市政府合同管理办法》的通知
138	2018年10月23日	太政办〔2018〕164号	关于印发太仓市2018年度法治政府建设工作考核内容和评分标准的通知
139	2018年10月24日	太政办〔2018〕165号	关于进一步做好非洲猪瘟防控工作的通知
140	2018年10月29日	太政办〔2018〕167号	关于修订印发《太仓市自然灾害救助应急预案》的通知
141	2018年10月30日	太政办〔2018〕168号	关于印发《太仓市开展使用中（工）频炉企业规范整治优化提升专项行动方案》的通知
142	2018年7月30日	太政办〔2018〕169号	关于印发《太仓市2018年政务公开工作要点实施方案》的通知
143	2018年11月6日	太政办〔2018〕170号	关于印发《太仓市突发公共事件医疗卫生救援应急预案》的通知
144	2018年11月6日	太政办〔2018〕171号	关于印发《太仓市突发公共卫生事件应急预案》的通知
145	2018年10月30日	太政办〔2018〕172号	关于印发《关于建立完善基层“互联网＋政务服务”体系的实施方案》的通知
146	2018年10月30日	太政办〔2018〕173号	关于成立太仓市基层“互联网＋政务服务”工作领导小组的通知
147	2018年11月5日	太政办〔2018〕174号	市政府办公室（研究室、应急办）关于调整领导班子成员分工的通知
148	2018年11月5日	太政办〔2018〕175号	关于印发《太仓市推进农村物流融合发展工作计划（2018—2020）》的通知
149	2018年11月5日	太政办〔2018〕176号	关于调整太仓市治理车辆超限超载工作领导小组的通知
150	2018年10月31日	太政办〔2018〕177号	关于印发《全市“331”整治火灾隐患专项行动巩固提升阶段工作方案》的通知
151	2018年11月8日	太政办〔2018〕178号	关于成立“太仓市荣誉市民”“太仓之友”评选领导小组的通知
152	2018年11月9日	太政办〔2018〕179号	关于2018年“太仓市荣誉市民”“太仓之友”评选工作的通知
153	2018年11月2日	太政办〔2018〕181号	关于切实做好秋粮收购工作的通知
154	2018年11月16日	太政办〔2018〕182号	关于印发《太仓市治理车辆超限超载联合执法实施方案》的通知
155	2018年11月19日	太政办〔2018〕183号	关于印发《太仓市“厕所开放联盟”工作实施方案》的通知
156	2018年11月21日	太政办〔2018〕185号	印发关于进一步推进太仓市“不见面审批”改革工作的通知
157	2018年11月21日	太政办〔2018〕187号	关于印发《太仓市农贸市场标准化管理规范与考核办法（试行）》《太仓市农贸市场标准化建设规范（试行）》的通知
158	2018年11月9日	太政办〔2018〕188号	关于转发全市推广测土配方肥实施意见的通知
159	2018年12月4日	太政办〔2018〕189号	关于印发《太仓市自然人娄城信用积分管理办法（试行）》的通知
160	2018年12月4日	太政办〔2018〕192号	关于转发《太仓市级环卫保洁专项资金管理办法（试行）》和《太仓市级垃圾处置专项资金管理办法（试行）》的通知
161	2018年11月14日	太政办〔2018〕193号	关于印发《太仓市道路交通突出问题整治“百日攻坚”行动实施方案》的通知
162	2018年12月14日	太政办〔2018〕194号	关于印发《太仓市削减煤炭消费总量专项行动目标责任考核办法（2018年）》的通知
163	2018年12月15日	太政办〔2018〕196号	关于公布2017年度太仓市工业企业资源集约利用综合评价结果的通知
164	2018年12月17日	太政办〔2018〕198号	关于印发《太仓市进一步优化电力接入营商环境实施办法（试行）》的通知
165	2018年12月21日	太政办〔2018〕199号	关于下达2018—2019年冬春水利河道疏浚整治计划任务的通知
166	2018年12月24日	太政办〔2018〕200号	关于开展太仓市2018年营商环境评价迎评工作的通知
167	2018年12月31日	太政办〔2018〕203号	关于成立太仓市整治非法金融活动专项行动工作领导小组的通知

（市委办、市政府办）

统计资料

太仓市国民经济和社会发展主要指标表

表 95

指标	单位	2014 年	2015 年	2016 年	2017 年	2018 年
年末户籍人口	万人	47.74	47.96	48.30	48.69	49.40
#非农业人口	万人	27.27	34.41	34.90	35.71	36.31
年末常住人口	万人	70.85	70.95	71.20	71.58	71.92
地区生产总值(当年价格)	亿元	1065.33	1100.08	1155.13	1240.96	1330.72
第一产业	亿元	35.24	37.21	36.76	36.04	34.98
第二产业	亿元	556.65	564.53	593.87	627.88	675.47
第三产业	亿元	473.44	498.34	534.50	577.04	620.27
农业总产值	亿元	66.30	70.13	69.48	68.79	66.97
工业总产值	亿元	2630.27	2655.58	2550.26	2647.52	2728.29
#规模以上工业总产值	亿元	2082.36	1993.08	2040.22	2201.96	2317.37
全社会固定资产投资	亿元	530.42	500.01	465.00	466.93	368.65
#房地产开发	亿元	71.74	64.23	97.73	128.67	160.72
财政收入(预算内)	亿元	244.15	250.57	335.69	399.88	486.36
#公共财政预算收入	亿元	106.47	114.54	127.71	140.86	155.06
财政支出(预算内)	亿元	138.60	144.77	229.67	278.10	340.39
#公共财政预算支出	亿元	97.63	109.07	115.84	126.51	132.59
金融机构存款余额	亿元	1172.26	1269.17	1395.72	1474.91	1528.11
住户存款余额	亿元	450.61	486.49	522.74	544.65	593.31
金融机构贷款余额	亿元	1068.03	1139.46	1245.68	1358.16	1486.92
外汇收入	亿美元	80.36	76.32	65.56	67.85	79.53
外汇支出	亿美元	80.25	80.01	78.23	80.76	91.41
城镇居民人均可支配收入	元	46377	50134	54099	58458	63076
农村居民人均可支配收入	元	23590	25643	27766	30026	32458
全社会客运量	万人次	2059	2245	2863.5	2847.3	2658
全社会旅客周转量	亿人公里	7.01	7.62	10.84	11.19	10.75
全社会货运量	万吨	1670	1618	1509.4	1665.2	1796
全社会货物周转量	亿吨公里	28.88	27.69	27.08	30.00	32.11
港口航线	条	168	177	183	191	200
港口货物吞吐量	万吨	15721	20397	23204	24903	22884
港口集装箱吞吐量	万标箱	306	371	408.1	451.2	507.1
全社会用电量	亿千瓦小时	90.05	90.97	96.93	104.99	107.24
#工业用电量	亿千瓦小时	77.08	77.05	81.30	86.96	86.84
社会消费品零售总额	亿元	239.04	262.58	287.31	310.15	338.44
进出口总额	亿美元	138.00	127.71	109.64	129.68	145.70
#出口总额	亿美元	60.79	63.11	54.30	60.85	67.31
注册外资	亿美元	5.70	6.64	6.23	9.16	9.72

续表 95

指标	单位	2014 年	2015 年	2016 年	2017 年	2018 年
实际利用外资	亿美元	3.96	5.01	5.61	4.80	4.85
高等院校数	个	1	1	1	1	1
高等院校在校学生数	人	4795	4953	5299	5325	5727
普通中学数	个	18	19	19	19	19
普通中学在校学生数	人	19867	20260	21057	22176	23467
小学数	个	37	37	38	38	39
小学在校学生数	人	40127	42357	44241	46488	48875
医疗卫生机构数	个	227	238	247	255	268
# 医院、卫生院	个	29	29	31	33	32
医疗卫生机构床位数	张	3577	3730	3853	4096	4070
# 医院、卫生院	张	3183	3312	3301	3422	3396
医疗卫生机构人员数	人	4868	5092	5325	5640	6041
# 卫生技术人员	人	4143	4303	4520	4547	4789

说明：1. 2014 年起，“农民人均纯收入”调整为“农村居民人均可支配收入”
2. 2015 年起，“城乡居民年末储蓄存款余额”调整为“住户存款余额”

（市统计局）

2018 年太仓市实有人口统计表

表 96　　单位：人

镇（区）	派出所	户籍人口	暂住人口	实有人口
城厢镇	城西派出所	43615	51129	94744
	城中派出所	37110	18901	56011
	金仓湖派出所	7953	5635	13588
科教新城	科教新城派出所	18992	14232	33224
沙溪镇	沙溪派出所	69331	67240	136571
	岳王派出所	12820	14043	26863
浏河镇	浏河派出所	49388	49868	99256
	边防派出所	0	7	7
双凤镇	双凤派出所	31985	46141	78126
璜泾镇	璜泾派出所	44536	38932	83468
浮桥镇	港区派出所	25032	48325	73357
	金浪派出所	22368	16580	38948
	浏家港派出所	24049	35241	59290
娄东街道	开发区派出所	71639	41927	113566
	板桥派出所	19799	45297	65096
	陆渡派出所	15353	39636	54989
合计		493970	533134	1027104

（市公安局）

2018年太仓市户籍人口及其变动情况统计表

表97

单位：人

派出所	年末总户数（户）	年末总人口									本年度人口变动									
		合计	城镇人口	乡村人口	性别		年龄				出生			死亡			迁入		迁出	
					男	女	0~17岁	18~34岁	35~59岁	60岁及以上	合计	男	女	合计	男	女	省内迁入	省外迁入	迁往省内	迁往省外
合计	158011	493970	363147	130823	238431	255539	64790	87527	187506	154147	3516	1830	1686	4092	2099	1993	3010	6008	299	756
城中派出所	13137	37110	37110	0	18064	19046	8281	8301	14149	6379	441	227	214	153	93	60	314	348	26	71
城西派出所	14898	43615	43615	0	21065	22550	6923	8550	17065	11077	377	199	178	274	132	142	503	752	20	81
经济开发区派出所	24034	71639	71639	0	35194	36445	18365	17792	27473	8009	922	477	445	165	96	69	993	1800	83	233
浏河派出所	15907	49388	33046	16342	23936	25452	5052	8335	19263	16738	279	145	134	469	249	220	476	1195	53	82
沙溪派出所	20900	69331	32867	36464	33255	36076	6734	10866	26367	25364	340	171	169	657	327	330	180	440	19	47
科教新城派出所	6139	18992	18992	0	9102	9890	3429	4163	7169	4231	239	112	127	119	60	59	222	408	27	23
陆渡派出所	4576	15353	12749	2604	7374	7979	2170	2557	5959	4667	130	66	64	133	66	67	81	281	5	36
双凤派出所	9510	31985	14464	17521	15423	16562	2721	5149	12704	11411	169	90	79	308	152	156	50	159	10	25
港区派出所	7857	25032	23362	1670	11978	13054	2343	3579	8963	10147	131	74	57	234	116	118	68	324	7	40
璜泾派出所	14159	44536	24650	19886	21372	23164	2871	6322	16460	18883	165	92	73	532	259	273	25	82	9	29
板桥派出所	5905	19799	14044	5755	9458	10341	1768	2845	7440	7746	106	56	50	201	91	110	36	63	9	20
金浪派出所	6917	22368	14110	8258	10725	11643	1283	2898	7846	10341	79	45	34	281	152	129	18	32	7	15
浏家港派出所	7593	24049	13156	10893	11555	12494	1607	3417	8974	10051	68	38	30	316	171	145	29	95	17	29
岳王派出所	3939	12820	4171	8649	6133	6687	764	1701	4689	5666	43	22	21	159	85	74	12	19	2	17
金仓湖派出所	2540	7953	5172	2781	3797	4156	479	1052	2985	3437	27	16	11	91	50	41	3	10	5	8

（市公安局）

2018年太仓市户籍人口姓氏统计表

表98 单位：人

姓氏	人数	姓氏	人数	姓氏	人数	姓氏	人数	姓氏	人数	姓氏	人数
王	36436	张	31454	陈	24574	陆	24081	顾	23868	周	18958
朱	17226	徐	16854	李	15988	杨	15118	吴	13812	沈	13191
黄	9264	钱	8230	刘	8014	孙	7415	高	6100	曹	5939
赵	5884	金	5533	龚	5519	马	4905	冯	4468	胡	4465
唐	4198	倪	3868	许	3747	何	3740	蔡	3512	施	3432
蒋	3382	严	3380	潘	3355	毛	3180	丁	3009	姚	2982
夏	2900	陶	2843	浦	2837	范	2702	俞	2665	邵	2609
薛	2522	苏	2462	袁	2358	戴	2348	叶	1965	宋	1898
郑	1865	谢	1855	汪	1849	闵	1840	盛	1830	闻	1820
方	1633	董	1587	姜	1584	肖	1579	郁	1576	杜	1562
韩	1561	凌	1506	汤	1480	季	1427	吕	1373	费	1371
罗	1334	郭	1327	邹	1323	林	1260	秦	1226	程	1182
瞿	1179	殷	1156	包	1120	梁	1076	管	1023	石	1013
邱	1006	奚	918	章	876	邢	874	江	823	侯	814
彭	806	史	793	庄	774	崔	772	田	768	魏	768
屠	762	曾	754	万	751	时	712	任	708	洪	670
尹	647	余	643	单	631	霍	610	熊	598	谭	594
邓	588	葛	568	孟	549	项	542	支	530	卢	523
华	498	傅	488	梅	487	吉	462	于	454	孔	452
居	446	沙	429	戈	426	薄	411	仇	411	庞	408
景	407	全	399	樊	392	虞	380	柏	358	贾	356
仲	351	钟	349	祝	346	武	340	成	338	颜	331
童	326	查	322	缪	310	付	304	翟	292	韦	292
宣	275	尤	275	翁	272	柳	257	邬	257	宗	252
茅	240	褚	237	屈	230	耿	228	戚	227	须	227
纪	222	鲍	221	狄	221	谈	216	段	211	卞	210
诸	208	展	206	乔	200	滕	197	廖	189	嵇	187
欧	185	左	178	常	171	柴	169	焦	169	偶	167
阮	167	雷	166	鲁	166	祁	158	骆	152	白	150
向	149	闫	149	桂	143	卫	140	郝	137	楼	136
席	135	郏	134	印	133	荣	129	柯	128	申	125
贺	123	后	121	岳	120	阚	120	齐	119	代	117
莫	117	穆	115	归	110	毕	107	房	107	郎	106
卜	104	濮	103	裴	102	牛	97	康	96	计	95
聂	95	温	95	乐	93	茹	91	文	90	储	89
杭	89	艾	88	桑	88	易	87	政	87	伍	86
路	83	强	83	安	82	欧阳	80	谷	78	苗	78
龙	75	涂	74	应	74	尚	73	黎	71	詹	71
宫	70	商	69	束	69	解	67	喻	66	舒	65
占	65	车	62	窦	61	池	58	甘	57	关	56
辛	56	赖	55	臧	53	钮	52	司	52	丰	51

续表 98

姓氏	人数	姓氏	人数	姓氏	人数	姓氏	人数	姓氏	人数	姓氏	人数
靳	51	糜	51	牟	50	胥	48	符	47	冷	47
平	45	花	44	冉	43	刁	42	游	42	甄	42
沐	42	封	40	宁	40	匡	39	芮	39	古	38
惠	38	饶	38	雍	38	栾	38	晏	38	简	37
覃	37	贝	36	步	36	祖	36	崇	35	候	35
鞠	35	曲	35	佘	35	树	34	娄	33	智	32
裘	32	凡	31	干	30	和	30	兰	30	芦	29
卓	29	边	28	迟	28	丛	28	阳	28	荀	28
巩	27	衡	27	苟	26	滑	26	伏	25	过	25
厉	25	米	25	蒲	25	寿	25	鱼	25	明	24
侍	24	仝	24	仓	23	井	23	班	22	巫	22
萧	22	燕	22	於	22	敖	21	麻	21	鲜	21
邝	21	郃	21	官	20	皮	20	朴	20	乘	19
端木	19	敬	19	权	19	征	18	岑	18	鹿	17
巴	16	禹	16	蒯	16	郜	16	茆	16	荆	15
练	15	师	15	云	15	阙	15	承	14	东	14
皇甫	14	姬	14	栗	14	廉	14	上官	14	远	14
宓	14	晋	13	冒	13	漆	13	索	13	阎	13
羊	13	业	13	鄢	13	初	12	楚	12	党	12
戎	12	隋	12	位	12	相	12	佟	12	笪	12
皋	11	贡	11	寇	11	别	10	巢	10	那	10
伊	10	谌	10	雒	10	还	9	冀	9	矫	9
满	9	密	9	慕	9	帅	9	修	9	尧	9
原	9	郦	9	淡	8	道	8	都	8	端	8
赫	8	宦	8	英	8	蓝	8	连	8	渠	8
义	8	布	7	鄂	7	盖	7	公	7	海	7
呼	7	户	7	怀	7	开	7	隆	7	蒙	7
年	7	腾	7	苑	7	郗	7	莳	7	晁	7
博	6	昌	6	从	6	豆	6	府	6	汲	6
经	6	门	6	山	6	释	6	疏	6	司马	6
危	6	咸	6	仰	6	乙	6	诸葛	6	壮	6
蒿	6	蔺	6	杲	6	眭	6	訾	6	把	5
慈	5	勾	5	回	5	靖	5	南	5	普	5
青	5	圣	5	粟	5	檀	5	藤	5	尉	5
犹	5	招	5	佐	5	贲	5	竺	5	保	4
达	4	辜	4	化	4	旷	4	况	4	母	4
农	4	韶	4	水	4	斯	4	宛	4	吾	4
习	4	幸	4	玉	4	战	4	芈	4	谯	4
郇	4	庹	4	恽	4	闾	4	迮	4	琚	4
筱	4	暨	4	闭	3	操	3	多	3	凤	3
甫	3	及	3	粱	3	麦	3	盘	3	羌	3
卿	3	容	3	慎	3	生	3	仕	3	司徒	3
宿	3	锁	3	潭	3	帖	3	庭	3	同	3

续表 98

姓氏	人数	姓氏	人数	姓氏	人数	姓氏	人数	姓氏	人数	姓氏	人数
蔚	3	沃	3	忻	3	要	3	夷	3	阴	3
有	3	湛	3	郄	3	鄷	3	递	3	宥	3
逯	3	缑	3	璩	3	柘	3	昝	3	洑	2
昂	2	宾	2	补	2	藏	2	潮	2	揣	2
传	2	但	2	第	2	逢	2	奉	2	辅	2
敢	2	国	2	哈	2	槐	2	建	2	揭	2
亢	2	库	2	令	2	睦	2	藕	2	仁	2
汝	2	伞	2	善	2	神	2	绳	2	随	2
天	2	脱	2	望	2	伟	2	未	2	乌	2
西	2	校	2	刑	2	鸦	2	移	2	裔	2
英	2	宇	2	元	2	掌	2	纵	2	乜	2
亓	2	郅	2	菅	2	呙	2	庚	2	戢	2
扈	2	皎	2	綦	2	佡	1	奥	1	拜	1
宝	1	暴	1	卑	1	簿	1	刀	1	迪	1
独	1	藩	1	扶	1	浮	1	福	1	副	1
富	1	弓	1	果	1	赫连	1	呼延	1	环	1
桓	1	皇	1	火	1	记	1	夹	1	将	1
降	1	缴	1	教	1	接	1	菊	1	巨	1
坎	1	来	1	历	1	灵	1	令狐	1	禄	1
伦	1	庙	1	牧	1	泥	1	尼	1	祈	1
岂	1	潜	1	欠	1	钦	1	庆	1	秋	1
丘	1	闰	1	润	1	撒	1	闪	1	陕	1
申屠	1	是	1	税	1	四	1	台	1	桃	1
徒	1	拓	1	问	1	瓮	1	毋	1	夏侯	1
杏	1	轩	1	玄	1	寻	1	亚	1	岩	1
言	1	扬	1	也	1	依	1	衣	1	益	1
音	1	影	1	勇	1	由	1	油	1	雨	1
员	1	渣	1	真	1	职	1	种	1	竹	1
夭	1	佴	1	俸	1	隗	1	邸	1	郓	1
茳	1	泮	1	骞	1	逄	1	骈	1	瑭	1
璋	1	昕	1	睢	1	颉	1	羿	1	隽	1

（市公安局）

2018 年太仓市暂住人口（在册）姓氏统计表

表 99　　　　单位：人

姓氏	人数	姓氏	人数	姓氏	人数	姓氏	人数	姓氏	人数	姓氏	人数
王	40290	张	38958	李	36290	刘	26178	陈	22803	杨	16539
周	11796	赵	10800	朱	10570	吴	10545	徐	9873	孙	9224
黄	8720	胡	7813	马	6010	郭	5386	高	5268	何	4897
汪	4589	丁	4502	郑	4333	宋	3947	余	3912	许	3806
曹	3772	夏	3757	唐	3690	程	3566	彭	3548	罗	3522
韩	3388	沈	3341	潘	3170	谢	3139	袁	3123	冯	2990

续表 99

姓氏	人数	姓氏	人数	姓氏	人数	姓氏	人数	姓氏	人数	姓氏	人数
邓	2863	蒋	2723	田	2714	林	2714	魏	2674	董	2665
蔡	2622	梁	2444	杜	2425	任	2400	陆	2389	姚	2388
肖	2335	吕	2234	顾	2183	叶	2164	范	2116	姜	2111
方	2091	金	2039	熊	1974	卢	1935	曾	1904	石	1890
苏	1852	于	1804	孟	1727	付	1719	贾	1717	崔	1650
陶	1647	秦	1645	江	1620	邹	1520	邵	1512	葛	1457
钱	1420	薛	1402	谭	1382	汤	1373	戴	1371	尹	1348
鲍	1324	邱	1292	闫	1237	廖	1227	侯	1225	严	1195
史	1186	万	1184	段	1181	毛	1122	雷	1105	钟	1090
占	1068	施	1068	孔	1052	龚	1043	代	1010	倪	947
殷	918	向	918	白	917	常	876	武	874	洪	873
贺	867	文	822	耿	807	盛	802	樊	799	章	794
童	790	屈	786	牛	781	邢	776	鲁	769	翟	768
梅	740	郝	732	龙	727	左	703	韦	699	乔	693
单	679	颜	659	尚	652	季	651	时	639	项	629
康	607	岳	606	齐	600	焦	599	聂	585	欧	548
毕	547	庄	537	纪	532	安	527	庞	524	易	518
黎	506	管	502	俞	492	路	482	伍	471	冉	469
祝	468	卞	465	吉	451	谷	449	霍	441	申	441
凌	437	涂	434	苗	429	詹	420	温	414	柳	413
裴	408	商	399	包	397	成	396	莫	395	华	391
阮	384	骆	363	舒	362	房	362	尤	359	戚	359
喻	359	缪	358	甘	355	关	338	褚	337	解	334
柯	329	靳	328	覃	327	司	318	柴	315	祁	310
仲	304	候	303	费	301	党	298	辛	298	游	294
兰	285	蒲	284	赖	283	翁	281	傅	274	饶	274
卜	271	瞿	262	卫	261	娄	259	窦	256	束	255
沙	250	滕	248	宗	246	佘	245	桂	245	柏	242
宁	234	郁	230	臧	228	桑	227	晏	225	穆	223
仇	219	席	209	艾	208	凡	207	查	205	牟	205
景	203	简	202	车	201	豆	200	闵	196	荣	196
花	195	惠	193	燕	189	阳	188	郎	187	刁	185
卓	179	姬	175	苟	174	巩	173	符	169	支	169
嵇	167	储	165	冷	164	南	161	麻	157	虞	153
应	153	谈	151	宫	150	曲	146	伏	146	闻	145
阿	140	封	136	师	135	匡	130	禹	127	仝	126
屠	126	明	122	雍	122	米	118	连	117	古	116
胥	116	贡	114	乐	113	侍	111	沐	110	邬	109
甄	108	位	107	奚	105	戈	105	帅	104	皮	104
芦	103	楚	102	权	102	池	101	阚	98	蒯	96
郜	95	浦	94	强	93	祖	92	岑	92	计	90
全	90	敖	90	原	88	居	88	於	87	蒙	86

续表 99

姓氏	人数	姓氏	人数	姓氏	人数	姓氏	人数	姓氏	人数	姓氏	人数
栾	86	普	85	相	84	栗	83	边	83	印	82
蓝	81	和	80	晁	79	年	79	茆	78	班	78
苑	77	寇	77	谌	77	宣	75	伊	75	杭	75
鞠	73	井	73	漆	73	远	72	丰	71	郤	71
海	70	芮	70	汝	70	狄	69	蔺	69	荆	69
况	68	衡	67	诸	67	戎	66	官	65	廉	65
来	64	冀	64	厉	63	展	61	尧	61	钮	61
轩	61	巫	60	平	60	佟	59	荀	58	母	58
凤	57	从	57	阙	55	鹿	55	练	53	薄	53
敬	53	智	52	隋	51	门	50	满	49	木	48
迟	48	阎	48	宛	48	鄢	48	圣	48	皇	47
化	46	巴	45	訾	44	辜	44	邸	44	呼	44
庹	42	纵	42	种	42	茅	42	缑	41	冒	41
濮	40	崇	40	慕	40	尉	40	裘	39	仓	39
鲜	38	赫	38	晋	38	丛	37	岩	37	朴	35
卿	35	水	35	茹	35	隆	34	云	34	粟	34
腾	34	卯	34	幸	33	渠	33	羊	32	银	32
索	32	元	32	习	32	操	31	别	31	由	31
巨	31	名	30	郗	30	户	29	农	28	蒿	28
贲	28	但	28	娜	28	仰	27	国	27	刀	27
鄂	27	靖	27	楼	26	隗	26	刑	26	上	26
危	25	逯	25	揭	25	盖	25	随	24	禄	24
茶	24	滑	24	玉	24	郇	24	盘	23	亢	23
过	23	都	23	宇	23	未	22	疏	22	乙	22
咸	22	邝	22	慈	22	奉	22	藏	21	雒	21
昌	21	勒	21	谯	21	把	21	扶	21	字	21
绳	21	沃	21	冶	20	昝	20	麦	20	战	20
开	19	后	19	贯	19	琚	19	第	19	亓	19
步	19	寻	18	檀	18	勾	18	干	18	仵	17
丘	17	阴	17	青	17	望	16	那	16	东	16
旷	16	畅	16	亚	16	笪	16	介	16	山	16
修	16	保	16	湛	16	承	15	台	15	汲	15
苌	15	萧	15	鱼	15	俄	15	吝	15	怀	15
初	15	郏	15	公	15	征	14	富	14	信	14
经	14	营	14	陟	14	杲	14	郦	14	衣	14
欠	14	劳	14	要	14	梁	14	续	14	密	14
须	13	寿	13	闾	13	虎	13	闪	13	先	13
俸	13	柘	13	贝	13	荔	13	潭	13	义	13
税	13	皋	12	竹	12	生	12	瓮	12	蹇	12
仁	12	令	12	依	12	斯	12	钦	12	拜	12
掌	12	尼	12	巢	12	员	11	籍	11	钞	11
的	11	英	11	黑	11	庆	11	底	11	扈	11

续表 99

姓氏	人数	姓氏	人数	姓氏	人数	姓氏	人数	姓氏	人数	姓氏	人数
宿	11	一	11	各	11	产	11	暴	11	糜	11
宾	11	顿	10	利	10	宦	10	綦	10	荚	10
眭	10	薛	10	玄	10	扬	9	贠	9	張	9
么	9	竺	9	库	9	颛	9	克	9	招	9
归	9	历	9	宝	9	鳖	8	植	8	矫	8
郧	8	澹	8	侣	8	铁	8	奈	8	刚	8
寥	8	加	8	力	8	容	8	佐	8	洛	8
可	8	淡	8	帖	7	裔	7	朋	7	雪	7
念	7	同	7	建	7	羌	7	排	7	将	7
負	7	乌	7	西	7	宏	7	三	7	才	7
买	7	多	7	达	7	蔚	6	剡	6	音	6
泰	6	小	6	哈	6	颉	6	自	6	药	6
留	6	毋	6	郅	6	能	6	甲	6	迮	6
校	6	宓	6	泮	6	果	6	端	6	松	6
完	6	郏	6	太	6	骈	6	还	6	问	6
仉	6	职	6	凃	5	闭	5	夷	5	主	5
苍	5	睢	5	寸	5	传	5	赛	5	拉	5
有	5	布	5	奕	5	陕	5	节	5	励	5
恒	5	璩	5	彤	5	真	5	钊	5	香	5
盈	5	脱	5	冼	5	闰	5	热	5	宥	5
郄	5	采	5	类	5	首	5	行	5	博	5
仪	5	堵	5	双	5	瓦	5	仙	5	乜	5
稽	5	杞	5	弓	4	犹	4	槐	4	约	4
僧	4	锁	4	桓	4	逄	4	环	4	格	4
喇	4	伞	4	禚	4	资	4	弋	4	恽	4
测	4	踪	4	土	4	地	4	沭	4	羿	4
墨	4	邴	4	炊	4	卡	4	静	4	你	4
汉	4	忻	4	额	4	庾	4	广	4	浮	4
昂	4	朵	4	庭	4	板	4	拥	4	阵	4
慎	4	帕	4	油	4	塞	3	宰	3	光	3
弥	3	衷	3	扭	3	图	3	无	3	说	3
傳	3	夹	3	庚	3	戢	3	业	3	伯	3
理	3	角	3	棘	3	淦	3	壬	3	千	3
奂	3	朗	3	暨	3	日	3	菅	3	卲	3
庙	3	藤	3	乃	3	紫	3	迪	3	宜	3
隽	3	院	3	镐	3	树	3	及	3	潜	3
揣	3	早	3	运	3	尔	3	骞	3	核	3
雅	3	催	3	是	3	降	3	仕	3	姓	3
目	3	鉴	3	高	3	爨	3	菜	3	线	3
吕	3	寮	3	羹	3	四	3	侬	3	浩	3
吁	3	赤	3	呷	3	逞	3	岁	3	者	3
折	3	番	3	甯	3	接	3	美	3	滚	3

续表 99

姓氏	人数	姓氏	人数	姓氏	人数	姓氏	人数	姓氏	人数	姓氏	人数
黉	3	秋	3	彦	2	绍	2	稂	2	畔	2
少	2	恰	2	绪	2	盂	2	戌	2	鼓	2
佴	2	岗	2	厍	2	霞	2	堇	2	落	2
浪	2	阁	2	装	2	柒	2	疠	2	用	2
末	2	弗	2	弯	2	纳	2	慧	2	翼	2
茂	2	蜂	2	剧	2	黄	2	褥	2	刊	2
扎	2	增	2	圭	2	徒	2	邑	2	褚	2
奏	2	钏	2	起	2	二	2	甫	2	邛	2
乾	2	拱	2	巍	2	贵	2	波	2	偶	2
舀	2	爵	2	府	2	偏	2	啊	2	钭	2
补	2	丑	2	肇	2	觉	2	哏	2	肱	2
禤	2	回	2	橐	2	次	2	竟	2	柳	2
塔	2	镇	2	歹	2	某	2	曰	2	斐	2
篮	2	栢	2	春	2	傢	2	区	2	此	2
效	2	楊	2	枚	2	鳃	2	彩	2	侣	2
益	2	�	2	了	2	委	2	团	2	独	2
扁	2	馀	2	叩	2	叔	2	横	2	昊	2
缪	2	样	2	爱	2	牙	2	递	2	逄	2
舍	2	腊	2	群	2	震	2	昔	2	晚	2
郾	2	妮	2	拓	1	幽	1	宸	1	让	1
斑	1	扆	1	纠	1	德	1	俟	1	樊	1
汶	1	洑	1	吞	1	象	1	亲	1	兽	1
缐	1	润	1	碗	1	羽	1	翾	1	牧	1
邙	1	慰	1	梓	1	穉	1	呈	1	冻	1
颈	1	贤	1	闾	1	大	1	芬	1	喹	1
戚	1	考	1	裵	1	旬	1	诹	1	逨	1
怒	1	補	1	鑫	1	栩	1	颙	1	饔	1
鎖	1	究	1	耍	1	鲷	1	祭	1	永	1
垄	1	襄	1	蒌	1	察	1	肯	1	钎	1
务	1	棚	1	女	1	露	1	锦	1	兴	1
鈡	1	翅	1	砀	1	我	1	槽	1	曩	1
鸥	1	桌	1	鬲	1	倾	1	柄	1	非	1
杏	1	嘉	1	妥	1	娥	1	辕	1	偰	1
顶	1	长	1	曼	1	蔼	1	延	1	祈	1
禺	1	栋	1	尕	1	辙	1	亿	1	夺	1
朽	1	袭	1	整	1	争	1	沫	1	詈	1
埘	1	思	1	治	1	淤	1	言	1	陇	1
莒	1	句	1	情	1	他	1	赭	1	越	1
孱	1	鞭	1	聶	1	胜	1	姖	1	猴	1
蔓	1	凯	1	柬	1	养	1	彬	1	欢	1
外	1	下	1	料	1	簧	1	笈	1	甜	1
苗	1	蓬	1	专	1	俏	1	杜	1	需	1

续表 99

姓氏	人数	姓氏	人数	姓氏	人数	姓氏	人数	姓氏	人数	姓氏	人数
零	1	蠡	1	冲	1	乍	1	渣	1	喜	1
攸	1	道	1	物	1	绎	1	翠	1	蓄	1
勃	1	比	1	懂	1	蒋	1	茗	1	孝	1
潮	1	黟	1	秘	1	希	1	殳	1	萎	1
藿	1	悦	1	敢	1	汏	1	影	1	怡	1
叱	1	憨	1	本	1	如	1	淳	1	郤	1
更	1	培	1	佛	1	莘	1	浏	1	皱	1
芋	1	俱	1	政	1	妙	1	负	1	洋	1
钼	1	筒	1	曾	1	蔻	1	扣	1	奎	1
庸	1	郡	1	靳	1	鳓	1	融	1	正	1
灑	1	湾	1	穗	1	荊	1	口	1	且	1
弘	1	友	1	磨	1	允	1	辩	1	稷	1
猛	1	任	1	鉏	1	央	1	聪	1	晃	1
姑	1	嘎	1	辅	1	箫	1	梨	1	谬	1
摆	1	壮	1	皎	1	村	1	葶	1	驯	1
宴	1	赳	1	矣	1	夭	1	姗	1	蕺	1
吞	1	萨	1	世	1	卻	1	孪	1	呙	1
喀	1	肌	1	棣	1	进	1	蕾	1	馨	1
芳	1	猶	1	雀	1	董	1	鲧	1	膏	1
税	1	潐	1	然	1	倘	1	佑	1	豪	1
尾	1	辇	1	梦	1	替	1	雨	1	箭	1
弦	1	敌	1	翻	1	傕	1	酒	1	维	1
闾	1	弟	1	蟲	1	赏	1	忽	1	切	1
菊	1	法	1	求	1	陬	1	辉	1	工	1
供	1	殴	1	丹	1	媳	1	迤	1	霜	1
查	1	甚	1	涸	1	扯	1	睦	1	除	1
撇	1	厦	1	协	1	廷	1	茧	1	汗	1
民	1	恩	1	吾	1	天	1	蓟	1	陀	1
仆	1	洗	1	九	1	鲍	1	耩	1	呰	1
百	1	秧	1	蓁	1	敏	1	火	1	莊	1
芷	1	贞	1	期	1	勇	1	辈	1	撤	1
清	1	半	1	乘	1	度	1	褛	1	直	1
伙	1	萬	1	航	1	纽	1	拾	1	社	1
乞	1	绕	1	敦	1	赉	1	趙	1	则	1
盲	1	诈	1	旬	1	督	1	顽	1	嬲	1
录	1	固	1	赣	1	附	1	冬	1	具	1

（市公安局）

2018年“985工程”“211工程”在太仓录取本科学生名单（148人）

表100

序号	姓名	录取学校	录取专业
1	路熙琳	安徽大学	工商管理类
2	匡卢仁靓	安徽大学	数字媒体技术
3	陈荣杰	安徽大学	哲学类（龙河校区）
4	王若兰	安徽大学	哲学类（龙河校区）
5	张黄茜	北京科技大学	人文科学试验班
6	吴小米	北京理工大学	工科试验班（车辆类）
7	杨　澜	北京林业大学	工商管理类
8	李禧葳	北京林业大学	设计学类
9	阮心怡	北京外国语大学	经济与贸易类
10	杨惠焱	大连海事大学	财务管理
11	王梦秋	大连理工大学	工程力学
12	毛祎程	电子科技大学	工科试验班
13	狄培超	东北师范大学	教育学类
14	郁　宙	东华大学	计算机类
15	刘　海	东南大学	计算机科学与技术
16	方一之	东南大学	能源动力类
17	陆雯雯	东南大学	文科试验班类
18	刘一婧	东南大学	信息工程
19	朱振元	东南大学	信息工程
20	袁承孝	福州大学	资源循环科学与工程
21	王宇超	河海大学	电子信息工程
22	赵梦悦	河海大学	法学
23	陆轶伦	河海大学	计算机科学与技术
24	陆文昊	河海大学	通信工程
25	奚泽安	湖南大学	国际经济与贸易
26	狄欣嘉	湖南大学	化学
27	虞姚洁	华东理工大学	材料类
28	浦昊延	华中科技大学	软件工程
29	冯辰语	华中科技大学	自动化类
30	王　梦	华中农业大学	法学
31	刘　婕	华中农业大学	公共管理类
32	仇笑烨	华中师范大学	数学类
33	石天昊	吉林大学	材料类
34	王　畅	江南大学	法学类（法学、社会工作）
35	顾书勤	江南大学	工商管理类（会计学、工商管理）
36	王邵婕	江南大学	计算机科学与技术
37	叶心怡	江南大学	计算机科学与技术
38	程轶凡	江南大学	生物工程
39	费烨纯	江南大学	食品科学与工程
40	赵昕辰	江南大学	食品科学与工程

续表 100

序号	姓名	录取学校	录取专业
41	王羿夫	江南大学	通信工程
42	胡泽民	江南大学	土木工程
43	张兆伟	兰州大学	环境科学与工程类
44	徐雨雯	兰州大学	临床医学类
45	王天宇	兰州大学	马克思主义理论
46	姜宇恒	兰州大学	哲学
47	柴星星	辽宁大学	电子信息类
48	姚逸斐	南京大学	计算机类
49	陆柯成	南京大学	理科试验班
50	朱晨宇	南京大学	理科试验班类
51	夏施宇	南京航空航天大学	飞行技术
52	汤波祥	南京航空航天大学	管理科学与工程类
53	方　诚	南京航空航天大学	计算机科学与技术
54	詹亚婷	南京航空航天大学	经济与贸易类
55	丁怡婷	南京农业大学	会计学
56	陆肖燕	南京农业大学	食品科学与工程类
57	朱轶凡	南京农业大学	土地资源管理
58	王诗雨	南京农业大学	中药学
59	徐　玥	南京农业大学	自动化
60	毛怡睿	南京师范大学	测绘工程
61	孙　琮	南京师范大学	地理科学（师范）
62	叶沁馨	南京师范大学	翻译
63	须天成	南京师范大学	行政管理
64	虞梓樱	南京师范大学	化学（师范）
65	陈　龙	南京师范大学	计算机科学与技术
66	王欣怡	南京师范大学	美术学类
67	王靖宇	南京师范大学	软件工程
68	闫新雨	南京师范大学	生物科学类
69	张诗怡	南京师范大学	思想政治教育（师范）
70	陶怡婷	南京师范大学	英语（师范）
71	朱钰姣	南京师范大学	中国语言文学类
72	唐安琪	南开大学	环境科学与工程类
73	费　翼	厦门大学	法学类
74	陈　辰	山东大学	微电子科学与工程
75	花　蕊	上海大学	电气类
76	李嘉鸿	上海交通大学	电子信息类
77	马嘉琪	上海外国语大学	网络与新媒体
78	李铁凝	石河子大学	物理学（师范）
79	蒋龚祎	四川大学	经济学类
80	胡锦程	苏州大学	材料类
81	严逸舟	苏州大学	材料类
82	周　叶	苏州大学	材料类

续表 100

序号	姓名	录取学校	录取专业
83	张　达	苏州大学	城市管理
84	孙顾承	苏州大学	电气工程及其自动化
85	殷　乐	苏州大学	电子商务
86	龚　逸	苏州大学	电子信息类
87	杨佳凌	苏州大学	法学
88	周冰蟾	苏州大学	法学
89	顾千禧	苏州大学	化学类
90	刘栩莛	苏州大学	化学类
91	许坤明	苏州大学	化学类
92	金昊阳	苏州大学	机械类
93	毛　婕	苏州大学	机械类
94	翟言宇	苏州大学	机械类
95	王骞玥	苏州大学	教育技术学（师范）
96	王雨禾	苏州大学	金融学
97	张心怡	苏州大学	历史学（师范）
98	张邵懿	苏州大学	临床医学
99	顾徐雨	苏州大学	临床医学（儿科医学）
100	龚芷琳	苏州大学	旅游管理
101	赵娟娟	苏州大学	人力资源管理
102	周程程	苏州大学	日语
103	顾佳红	苏州大学	数学类
104	戴俊伟	苏州大学	体育教育（师范）
105	吕　茉	苏州大学	新闻传播学类
106	王琬琪	苏州大学	新闻传播学类
107	岳世杰	苏州大学	信息管理与信息系统
108	余媛媛	苏州大学	药学
109	张筱嘉	苏州大学	药学
110	沈思怡	苏州大学	中国语言文学类
111	夏　琳	苏州大学	中国语言文学类
112	郭牧虹	武汉大学	物理学类
113	金哲皓	武汉理工大学	安全工程
114	徐　琰	西安电子科技大学	测控技术与仪器
115	陈　卓	西安电子科技大学	电子信息工程
116	孙　震	西安电子科技大学	探测制导与控制技术
117	邵延毅	西安交通大学	工科试验班（机类）
118	鲍缘业	西北工业大学	材料科学与工程
119	袁奇恩东	西北工业大学	电子信息类
120	周李炳	西北工业大学	飞行器控制与信息工程
121	夏亦业	西北工业大学	航空航天工程
122	崇舒乐	西北工业大学	建筑学
123	顾俊逸	西北工业大学	微电子科学与工程
124	刘雅妮	西北农林科技大学	工商管理类

续表 100

序号	姓名	录取学校	录取专业
125	岳雨晨	云南大学	经济学类
126	王伊楠	中国传媒大学	俄语
127	杜淑姚	中国传媒大学	数字媒体技术
128	王余东	中国传媒大学	信息与计算科学
129	谢子毅	中国地质大学（武汉）	海洋工程与技术
130	张子菁	中国地质大学（武汉）	旅游管理
131	邓兆辉	中国海洋大学	法学
132	张忆芊	中国海洋大学	食品科学与工程类（鱼山校区）
133	李茂涛	中国矿业大学	材料类（材料科学与工程）
134	钱　凡	中国矿业大学	材料类（材料科学与工程）
135	黄云辰	中国矿业大学	电气类
136	陆思远	中国矿业大学	电气类
137	黄子怡	中国矿业大学	公共管理类
138	赵　烜	中国矿业大学	土木类
139	朱怡杰	中国矿业大学	物理学类
140	张若妍	中国农业大学	园艺
141	熊　婷	中国药科大学	经济管理试验班
142	杨浩然	中国药科大学	经济管理试验班
143	徐怡轩	中国药科大学	药学（基础药学理科基地）
144	李顾然	中国药科大学	药学类
145	桑　铃	中国药科大学	药学类
146	陈玉莲	中国药科大学	中药学类
147	徐清羽	中山大学	汉语言文学（珠海校区）
148	周梓烨	中山大学	土木工程（珠海校区）

（市教育局）

2018 年太仓市百岁老人名单

表 101

序号	姓名	性别	出生年月	家庭住址
1	业惠兰	女	1916 年 2 月 12 日	城厢镇东区社区
2	杜月贞	女	1918 年 10 月 23 日	城厢镇康乐社区
3	李　萍	女	1918 年 2 月 12 日	城厢镇桃园社区
4	顾伊人	女	1919 年 2 月 6 日	城厢镇桃园社区
5	张小妹	女	1916 年 3 月 16 日	城厢镇万丰村
6	陈巧娣	女	1919 年 3 月 24 日	城厢镇万丰村
7	仇炳珍	女	1919 年 8 月 10 日	城厢镇县府社区
8	俞秀华	女	1918 年 12 月 27 日	城厢镇新毛管理区
9	戴招娣	女	1916 年 12 月 23 日	城厢镇永丰村
10	谢白妹	女	1919 年 12 月 21 日	城厢镇永丰村
11	王秀英	女	1915 年 2 月 23 日	城厢镇中区社区
12	陈素珍	女	1919 年 2 月 5 日	城厢镇中区社区

续表 101

序号	姓名	性别	出生年月	家庭住址
13	须积生	男	1919 年 7 月 19 日	浮桥镇方桥村
14	金月娣	女	1919 年 6 月 4 日	浮桥镇浮南社区
15	谢球弟	女	1919 年 5 月 4 日	浮桥镇浮桥村
16	王兆熊	男	1918 年 7 月 9 日	浮桥镇浮桥社区
17	李国祥	男	1918 年 11 月 15 日	浮桥镇浮桥社区
18	陆瑞英	女	1916 年 2 月 29 日	浮桥镇和平花园社区
19	顾招娣	女	1919 年 4 月 12 日	浮桥镇建红社区
20	陆宝珍	女	1919 年 8 月 16 日	浮桥镇建红社区
21	唐永明	男	1917 年 11 月 26 日	浮桥镇九曲社区
22	周　桃	男	1919 年 3 月 12 日	浮桥镇九曲社区
23	闵秀娟	女	1919 年 5 月 7 日	浮桥镇六尺社区
24	王阿娣	女	1917 年 2 月 1 日	浮桥镇马北村
25	陆祖芳	女	1918 年 11 月 5 日	浮桥镇牌楼社区
26	徐聘华	男	1919 年 11 月 1 日	浮桥镇牌楼社区
27	顾思仁	男	1919 年 11 月 3 日	浮桥镇七丫村
28	王　庆	男	1918 年 7 月 20 日	浮桥镇茜泾村
29	金林娣	女	1919 年 4 月 25 日	浮桥镇茜泾村
30	毛桂英	女	1919 年 8 月 11 日	浮桥镇茜泾村
31	浦进成	男	1919 年 9 月 22 日	浮桥镇茜泾村
32	王云娣	女	1919 年 1 月 8 日	浮桥镇三市村
33	李福元	男	1919 年 5 月 12 日	浮桥镇新港花苑社区
34	王云娣	女	1919 年 10 月 28 日	浮桥镇新邵村
35	陆娟娣	女	1919 年 11 月 30 日	浮桥镇新邵村
36	王蕴玉	女	1918 年 3 月 7 日	璜泾镇鼎隆街
37	吴阿玉	女	1918 年 12 月 24 日	璜泾镇鹿河新明村
38	王耀妹	女	1918 年 12 月 28 日	璜泾镇鹿河新明村
39	徐阿娥	女	1918 年 1 月 29 日	璜泾镇孟河村
40	顾金奎	男	1919 年 10 月 24 日	璜泾镇荣文村
41	陆　爱	女	1917 年 2 月 12 日	璜泾镇孙桥村
42	季生元	男	1918 年 8 月 18 日	璜泾镇孙桥村
43	曹秀林	女	1919 年 7 月 11 日	璜泾镇王秀村
44	盛阿和	女	1918 年 5 月 4 日	璜泾镇新华村
45	戴新宝	女	1919 年 7 月 1 日	璜泾镇新华村
46	孙彩男	女	1916 年 8 月 20 日	璜泾镇新明村
47	王祖男	男	1916 年 10 月 1 日	璜泾镇雅鹿村
48	俞惠芬	女	1919 年 11 月 21 日	璜泾镇杨漕村
49	杨蕴玉	女	1919 年 10 月 19 日	璜泾镇银杏社区
50	陈阿金	男	1919 年 6 月 15 日	璜泾镇永乐村
51	施阿珍	女	1916 年 10 月 17 日	科教新城利民社区
52	姚阿凤	女	1919 年 4 月 17 日	科教新城南郊社区
53	黄玉珍	女	1918 年 2 月 5 日	浏河镇复兴社区
54	高月华	女	1912 年 10 月 9 日	浏河镇浏南村

续表 101

序号	姓名	性别	出生年月	家庭住址
55	杨仁林	男	1917 年 12 月 16 日	浏河镇浏南村
56	殷四娣	女	1919 年 12 月 28 日	浏河镇万安村
57	吴妹芸	女	1919 年 6 月 1 日	浏河镇新塘村
58	顾四娣	女	1916 年 12 月 26 日	浏河镇新闸村
59	夏长生	男	1919 年 8 月 21 日	浏河镇闸北村
60	潘素珍	女	1917 年 8 月 13 日	浏河镇闸北社区
61	叶相娥	女	1919 年 6 月 4 日	浏河镇张桥村
62	戴连娣	女	1918 年 12 月 5 日	娄东街道朝阳社区
63	杨　大	女	1917 年 7 月 11 日	娄东街道城北社区
64	陆杏宝	女	1918 年 12 月 28 日	娄东街道城北社区
65	徐阿大	女	1919 年 8 月 25 日	娄东街道城北社区
66	朱阿贵	女	1917 年 2 月 6 日	娄东街道东城社区
67	王杏生	女	1917 年 2 月 3 日	娄东街道花北村
68	何瑞娥	女	1918 年 8 月 15 日	娄东街道花北村
69	李瑞宝	女	1915 年 11 月 28 日	娄东街道陆渡村
70	吴凤娣	女	1918 年 11 月 27 日	娄东街道陆渡村
71	徐锦康	男	1917 年 3 月 6 日	娄东街道太平社区
72	谢银宝	女	1919 年 5 月 15 日	娄东街道太平社区
73	龚云娣	女	1918 年 9 月 20 日	娄东街道香花桥
74	黄云芳	女	1919 年 1 月 11 日	娄东街道香花桥
75	钱金大	女	1919 年 3 月 19 日	娄东街道小桥村
76	周秀珍	女	1919 年 4 月 12 日	娄东街道小桥村
77	赵月娣	女	1918 年 7 月 6 日	娄东街道岳南村
78	陆金娣	女	1916 年 2 月 26 日	娄东街道珠江社区
79	王杏金	女	1917 年 1 月 25 日	沙溪镇半泾村
80	高凤英	女	1918 年 9 月 14 日	沙溪镇半泾村
81	杨杏娣	女	1918 年 9 月 13 日	沙溪镇凡山村
82	曹桂生	男	1919 年 9 月 6 日	沙溪镇虹桥村
83	徐苏娣	女	1919 年 2 月 4 日	沙溪镇利泰社区
84	袁杏华	女	1918 年 6 月 10 日	沙溪镇泥桥村
85	吴三囡	女	1919 年 3 月 23 日	沙溪镇渠泾村
86	薛如娣	女	1917 年 5 月 30 日	沙溪镇胜利村
87	张桂金	女	1919 年 3 月 1 日	沙溪镇松南村
88	陈桂宝	女	1919 年 10 月 16 日	沙溪镇松南村
89	肖德媛	女	1917 年 12 月 14 日	沙溪镇塘桥村
90	单小妹	女	1914 年 10 月 10 日	沙溪镇涂松村
91	杨阿大	女	1919 年 7 月 12 日	沙溪镇涂松村
92	陈佩英	女	1917 年 11 月 12 日	沙溪镇西市社区
93	师毓球	女	1918 年 8 月 1 日	沙溪镇新北社区
94	王凤英	女	1919 年 8 月 22 日	沙溪镇新建村
95	余汉栋	男	1917 年 5 月 26 日	沙溪镇岳王社区
96	陆桂娣	女	1917 年 9 月 27 日	沙溪镇岳星村

续表 101

序号	姓名	性别	出生年月	家庭住址
97	何瑞英	女	1919 年 3 月 20 日	沙溪镇岳镇村
98	王妹生	女	1916 年 11 月 27 日	沙溪镇中荷村
99	叶金球	女	1919 年 3 月 16 日	沙溪镇庄西村
100	戴阿杜	女	1918 年 1 月 10 日	双凤镇
101	沈小妹	女	1918 年 12 月 5 日	双凤镇
102	王熟宝	女	1916 年 1 月 7 日	双凤镇勤力村
103	顾翠和	女	1912 年 8 月 22 日	双凤镇庆丰村

（市民政局）

2018 年媒体报道题录一览表（部分）

表 102

序号	日期	新闻标题	报道媒体
1	1 月 10 日	2017 年太仓港船舶货运量破 2.5 亿吨　较上年增 15.5%	人民网
2	1 月 11 日	海上丝绸之路与陆上丝绸之路交汇太仓	光明日报
3	1 月 11 日	江苏太仓：冬日鱼塘“精灵”舞翩翩	荔枝网
4	1 月 12 日	太仓电网调度负荷创冬季新高	苏州日报
5	1 月 15 日	“智慧国税”让执法行为更规范	苏州日报
6	1 月 16 日	西北工业大学签约落户太仓　双方将共建长三角研究院与太仓校区	苏州电视台
7	1 月 16 日	沙溪古镇“登陆”央视	苏州日报
8	1 月 17 日	西北工业大学签约落户太仓	新浪网
9	1 月 18 日	西北工业大学签约落户太仓　探索联合办学模式	腾讯网
10	1 月 18 日	西北工业大学签约落户太仓　共建长三角研究院与太仓校区	凤凰网
11	1 月 19 日	太仓正式启动村居巡察	苏州日报
12	1 月 19 日	太仓港综保区完成首批货物通关放行	苏州日报
13	1 月 21 日	江苏太仓与西北工业大学签约　共建长三角研究院与太仓校区	光明日报
14	1 月 23 日	太仓港消费品进口量全省第一	苏州日报
15	1 月 24 日	“皇家粮仓地”做亮“太仓大米”	苏州日报
16	1 月 25 日	2018 年竞走团体世锦赛 5 月将在江苏太仓举行	中国新闻网
17	1 月 25 日	江苏太仓元代遗址最新考古成果首次亮相	中新网视频
18	1 月 25 日	太仓樊村泾遗址　为海上丝路添新证	人民日报
19	1 月 26 日	世界竞走团体锦标赛 5 月竞逐太仓	新华日报
20	1 月 29 日	太仓港开辟越南胡志明航线	苏州日报
21	2 月 7 日	西北工业大学长三角研究院落户太仓	荔枝网
22	2 月 11 日	时隔 6 年　国产胶原蛋白再进欧盟	苏州日报
23	2 月 18 日	江苏太仓：年味儿拌进寻常日子	光明日报
24	2 月 28 日	上好新年廉政第一课	苏州日报
25	2 月 28 日	“为他们定格幸福瞬间，很有成就感！”	苏州日报
26	2 月 28 日	5 天，集装箱直达天津港	苏州日报
27	3 月 2 日	太仓港—天津港　集装箱班轮首航	新华日报
28	3 月 2 日	太仓新型工业化产业基地示范全国	苏州日报
29	3 月 4 日	江苏太仓：福利工厂成残疾人就业好去处	中国青年报

续表 102

序号	日期	新闻标题	报道媒体
30	3月5日	科技部长为太仓点赞	苏州日报
31	3月5日	五个突出 高质量建设“两地两城”	苏州日报
32	3月7日	亩均税收“冠军”登上领奖台	苏州日报
33	3月9日	外国人来华工作许可全程无缝办结	苏州日报
34	3月9日	太仓机制化监督 区镇党内政治生态	新华日报
35	3月16日	太仓8亿余元城乡播“绿”	苏州日报
36	3月16日	太仓完成首轮村（居）专项巡察	新华日报
37	3月19日	江苏太仓“星级合作社”助力特色种养	经济日报
38	3月21日	一德企获千万元“大红包”	苏州日报
39	3月21日	天境湖电竞小镇迎来重磅赛事	苏州日报
40	3月23日	太仓市公安局：“互联网+”助推监督质效	新华网
41	3月23日	太仓港区域化党建联盟组织《厉害了，我的国》红色观影主题党日活动	新华报业网
42	3月23日	太仓城厢镇“四个+”管三资	新华日报
43	3月23日	“乐享太仓”助推旅游走进春天	新华日报
44	3月23日	2018年中国·太仓旅游文化节暨江海河三鲜美食节开幕	中国日报网
45	3月23日	太仓旅游美食节开幕啦！	现代快报
46	3月24日	2018年中国·太仓旅游文化节暨江海河三鲜美食节拉开帷幕	人民日报海外版
47	3月24日	荔直播探秘太仓樊村泾元代遗址 600多年青瓷见证海上丝路商贸繁华	江苏卫视
48	3月26日	44.94亿元投向民生领域	苏州日报
49	3月26日	太仓市政府与西交利物浦大学签署合作框架协议	光明网
50	3月29日	舍弗勒全球首个P2混合动力模块太仓投产	苏州日报
51	3月30日	江苏太仓元代遗址入围全国十大考古新发现终评	扬子晚报
52	3月30日	抱团提档“一村一品”体系	苏州日报
53	3月30日	太仓要办新大学 西交利物浦来合作	新华日报
54	3月30日	太仓以“微体检”强化派驻监督	新华日报
55	4月10日	转作风提效能释放发展活力	苏州日报
56	4月11日	智能制造驱动双千亿目标落地	苏州日报
57	4月12日	早谋划早行动，太仓探索智能制造新路径	新华日报
58	4月13日	“太仓论坛”——2018年中德智能制造解决方案大会举行	中国新闻网
59	4月14日	跨区域“握手”，工业互联网成中德智能制造合作纵深点	科技日报
60	4月14日	中德智能制造解决方案大会永久落户太仓	荔枝网
61	4月14日	助推我国制造业迈向全球价值链中高端	国际在线
62	4月16日	点燃高质量发展“智造”引擎	苏州日报
63	4月17日	2018年中德智能制造解决方案大会在太仓举行 寻找先进制造“中国方案”	中国日报网
64	4月19日	40万吨“巨无霸”靠泊太仓港	苏州日报
65	4月21日	强镇扩权释放沙溪活力	苏州日报
66	4月23日	寻找中国美丽猪场活动在太仓举行	苏州日报
67	4月24日	太仓市在深圳举办招商投资说明会	央广网
68	4月24日	江苏太仓在深圳招商签25个项目揽资134亿元	中国新闻网
69	4月24日	签约25个项目，总投资134亿！太仓在深圳举办招商投资说明会	搜狐网
70	4月24日	太仓市赴深圳举办招商投资说明会	深圳新闻网
71	4月25日	太仓市赴深圳举办招商投资说明会	网易网

续表 102

序号	日期	新闻标题	报道媒体
72	4月25日	太仓来深举办招商投资说明会 签约总投资超130亿元	大公网
73	4月25日	寻找中国美丽猪场活动在太仓启动	中国江苏网
74	4月25日	苏州太仓：仓廪实而知礼节 核心价值观引领乡风文明	中国文明网
75	4月26日	太仓（深圳）招商会成功举行	人民日报海外版
76	4月26日	太仓赴深引资135亿 多家港企签约投资	文汇快讯
77	4月26日	江苏太仓市招商投资说明会在深圳举行	中国商务新闻网
78	4月27日	“江苏造”！全球最大矿砂船明日太仓首航	交汇点
79	4月27日	啃下“硬骨头”求解乡村振兴	新华日报
80	4月27日	“江苏造”全球最大矿砂轮将于28日首航，边检开启绿色通道护航“海上巨无霸”	扬子晚报网
81	4月28日	太仓“娄东答人”受热捧	新华日报
82	4月28日	打好“三张牌” 精致浏河让人眼前一亮	苏州日报
83	5月3日	太仓建临沪科创产业高地 基础设施建设迫在眉睫	21世纪经济报道
84	5月3日	建设两地两城“融入上海”	苏州日报
85	5月3日	太仓：融入上海协同发展	解放日报
86	5月4日	年吞吐力预增200万标箱	苏州日报
87	5月4日	“融入上海 协同发展”，太仓要建设“临沪科创产业高地”！	荔枝网
88	5月4日	太仓竞走团体世锦赛中国军团期待续写辉煌	新华社
89	5月5日	打造“一城一区一中心”格局	苏州日报
90	5月5日	竞走团体世锦赛太仓开幕	苏州日报
91	5月5日	世界竞走锦标赛太仓举行	新华日报
92	5月5日	世界竞走团体锦标赛在太仓揭幕，中国队26人竞逐	搜狐体育
93	5月6日	力压对手 世界竞走团体锦标赛中国队居金牌榜榜首	新华社
94	5月6日	世界竞走团体锦标赛：中国队6金收官位居榜首	中国新闻网
95	5月6日	竞走世锦赛在太仓举行 梁瑞破女子50公里竞走世界纪录	扬子晚报
96	5月7日	太仓土地利用管理获国务院通报表彰	苏州日报
97	5月7日	协同发展筑造创新“沪太路”	苏州日报
98	5月8日	背靠上海科创中心，太仓如何建设临沪科创产业高地？	上观新闻
99	5月9日	苏州太仓打造系列文明品牌“一村一品”根植乡风文明	中国文明网
100	5月9日	“一张图”服务企业 太仓创新创业推进月启动	苏州电视台
101	5月10日	“一张图”服务企业 太仓创新创业推进月启动	中国江苏网
102	5月10日	太仓双创综合服务平台正式上线	苏州日报
103	5月10日	聚焦营商环境 集众智汇良策	苏州日报
104	5月10日	《一站到底》走进太仓 不忘初心守海疆 军民融合促和谐	央视网
105	5月10日	太仓市第七届创新创业推进月活动盛大启动	中国网
106	5月10日	太仓市打造临沪科创产业高地	江苏经济报
107	5月10日	太仓“科创月”：专家共议临沪科创产业高地建设	中国新闻周刊网
108	5月11日	太仓创新创业推进月 紧盯人才需求	新华日报
109	5月11日	太仓市：绘制“施工图”吹响派驻监督“号角”	新华网
110	5月15日	以思想大解放引领“两地两城”建设	苏州日报
111	5月16日	太仓港集装箱吞吐量创新高	中国江苏网
112	5月18日	信息化建设让太仓沙溪综合执法更高效	新华网

续表 102

序号	日期	新闻标题	报道媒体
113	5 月 18 日	太仓严管基层“微权力”	新华日报
114	5 月 21 日	三个“一窗受理”领跑“放管服”改革	苏州日报
115	5 月 22 日	携手构建嘉昆太协同创新核心圈	苏州日报
116	5 月 23 日	太仓高新区设立产业投资基金 政产投合作撬动优势资本	江南时报
117	5 月 23 日	太仓港开发区开展以“保护长江母亲河”为主题的党日活动	新华日报
118	5 月 25 日	太仓非遗“亮相”上海浦东机场　让传统文化“活”起来	中国新闻网
119	5 月 25 日	太仓非遗文化亮相上海　展露独有魅力	新浪新闻
120	5 月 25 日	太仓非遗“亮相”上海浦东机场　让传统文化“活”起来	环球旅游网
121	5 月 27 日	打造高质量现代田园城市样板	苏州日报
122	5 月 28 日	中国青年报江苏太仓在德国“设擂招贤”	中国青年报
123	5 月 29 日	全球选才助发展	苏州日报
124	5 月 30 日	转段“高质量”提纯“金太仓”	苏州日报
125	5 月 31 日	“太仓日”走进法兰克福	苏州日报
126	5 月 31 日	太仓矢志打造“中德合作典范城市”	新华日报
127	6 月 4 日	精准服务乡村发展	苏州日报
128	6 月 7 日	“331”专项整治全覆盖无盲区	苏州日报
129	6 月 13 日	无人机上场 高层违建现原形	苏州日报
130	6 月 14 日	太仓治水：活水去“黑”，标本兼治	姑苏晚报
131	6 月 20 日	沪太合作加速融入长三角一体化	苏州日报
132	6 月 20 日	产业合作持续加码　沪太合作加速融入长三角一体化	中国江苏网
133	6 月 22 日	太仓璜泾镇举办企业家创新联盟会	新华日报
134	6 月 25 日	解放思想　高质量建设“两地两城”	苏州日报
135	6 月 29 日	太仓港位列全球第 15 名	苏州日报
136	6 月 29 日	增强“造血”能力 太仓玉屏帮扶见成效	新华日报
137	7 月 2 日	太仓电网负荷创今年新高	苏州日报
138	7 月 3 日	探测长三角一体化的“太仓力量”	苏州日报
139	7 月 6 日	“聚贤纳才”筑造人才梦工厂	苏州日报
140	7 月 8 日	“散乱污”企业聚集区变身绿色公园	苏州日报
141	7 月 8 日	打造沙溪古镇文化新地标	苏州日报
142	7 月 11 日	“创赢太仓”全球创业大赛总决赛开幕	凤凰网
143	7 月 12 日	文旅融合展示“丝路精神”	苏州日报
144	7 月 13 日	拜师授徒培育乡村振兴“生力军”	苏州日报
145	7 月 15 日	太仓受邀参加中德经济技术论坛	苏州日报
146	7 月 26 日	太仓跨境电商业务量增长迅猛	苏州日报
147	7 月 27 日	太仓浏河举行军事题材摄影作品展	新华日报
148	7 月 27 日	太仓真心真情以家护苗	江苏法制报
149	7 月 30 日	沪太共享优质医疗资源	苏州日报
150	7 月 30 日	精准监督守护群众“钱袋子”	苏州日报
151	7 月 30 日	傅政华：今年年底前将实现全国县乡村公共法律服务全覆盖	中新网
152	7 月 31 日	现代学徒制教育研修班太仓开课	江南时报
153	7 月 31 日	“太仓模式”让公共法律服务搭上“便民直通车”	央广网
154	7 月 31 日	“太仓模式”让公共法律服务搭上“便民直通车”	凤凰网

续表 102

序号	日期	新闻标题	报道媒体
155	7月31日	“太仓模式”让公共法律服务搭上“便民直通车”	中国新闻网
156	7月31日	全国村居法律顾问覆盖率超八成	光明日报
157	7月31日	全国公共法律服务平台建设 深入推进三大平台一体融合发展	澎湃新闻
158	7月31日	体验江苏太仓“无人律所”:年轻律师成平台主力,需抢单、怕差评	南方都市报
159	8月1日	全国公共法律服务平台建设现场推进会召开	新华日报
160	8月1日	太仓无人律所24小时“不打烊”	新华日报
161	8月1日	太仓无人律所24小时“不打烊”	中国江苏网
162	8月1日	司法部加快推进公共法律服务平台建设	人民网
163	8月2日	无人律所、机器人齐登场！太仓服务百姓变出新花样	法制网
164	8月2日	西交利物浦大学举办“西浦创业家学院(太仓校区)”启动暨合作企业签约仪式	中国日报网
165	8月2日	西浦创业家学院探索未来大学育人新模式	中青在线
166	8月3日	“黄金水道”提升“黄金效益”	苏州日报
167	8月3日	西浦创业家学院启动	新华日报
168	8月6日	他们在用“真金白银”看好中国	经济半小时
169	8月6日	“合纵连横”推进全域旅游发展	苏州日报
170	8月8日	太仓:鏖战高温 服务政府重点工程	苏州日报
171	8月8日	破壁垒苏企重返欧盟市场	苏州日报
172	8月10日	太仓浏河百姓舞台“舞”出文明新气象	新华日报
173	8月10日	太仓港区开展“党章学习月”系列活动	新华日报
174	8月13日	太仓开设“无人律所”全国律师可上线抢单	上海法治报
175	8月13日	太仓检察院法治微电影获全国殊荣	法制网
176	8月14日	“一村一品”助推璜泾乡村振兴	苏州日报
177	8月15日	苏州太仓深耕“文化惠民”品牌 带动百姓文化生活全面升级	中国文明网
178	8月15日	太仓三项措施规范小贷公司经营行为	江南时报
179	8月15日	江苏太仓举办“源圆两岸交流汇”活动	中青在线
180	8月17日	太仓科教新城网格化 推进“331”行动	新华日报
181	8月17日	太仓永乐村入选“全国民主法治示范村”	新华日报
182	8月20日	太仓科创园入围省重点服务机构	苏州日报
183	8月21日	童话般的世界！向日葵花海醉游人	新华社
184	8月21日	足不出户享医疗服务 太仓全面推行“家庭病床”业务	名城苏州网
185	8月24日	锻造基层文化税务品牌	苏州日报
186	8月24日	江苏太仓检察院 法治微电影获全国殊荣	民主与法制时报
187	8月25日	“全国著名诗人沙溪行”太仓启动	中国江苏网
188	8月29日	2018年第13届太仓啤酒节开幕	苏州日报
189	8月31日	太仓港区打造“绿动港城”志愿品牌	新华日报
190	9月4日	太仓试运行首个“三型一化”供电营业厅	苏州日报
191	9月4日	内贸航线成太仓港增长主引擎	苏州日报
192	9月4日	深度融入长三角一体化	苏州日报
193	9月5日	太仓的加减法	中央电视台
194	9月10日	15个项目精准服务特殊人群	苏州日报
195	9月17日	现代农业人才“试验田”为啥重启?	苏州日报

续表 102

序号	日期	新闻标题	报道媒体
196	9 月 19 日	花车开进大上海	苏州日报
197	9 月 19 日	打造“六位一体”建设格局	苏州日报
198	9 月 21 日	太仓阿尔卑斯度假小镇开工	苏州日报
199	9 月 21 日	太仓大做人才文章发力创新发展	新华日报
200	9 月 21 日	太仓双凤发布“党建红镇”行动计划	新华日报
201	9 月 22 日	太仓港“胃口”越长越大	苏州日报
202	9 月 25 日	前 8 月“沪太通”增幅达 95.6%	苏州日报
203	9 月 25 日	太仓日报探索县市媒体融合的路径解析	人民网
204	9 月 26 日	烘干 1 吨粮食仅需 70 千瓦时	苏州日报
205	9 月 26 日	解放思想再出发　高质量建设“两地两城”	苏州日报
206	9 月 26 日	对德合作发展历程赢得热烈掌声	苏州日报
207	9 月 27 日	思想引擎驱动高质量发展	苏州日报
208	10 月 10 日	锚定民生坐标　建设“活力浮桥”	苏州日报
209	10 月 10 日	沪太签署省际公交对接战略协议区域互联互通助力太仓融入长三角一体化发展	中国江苏网
210	10 月 10 日	2018 年沪太协同发展推介会举行　35 个项目签约达 162.5 亿	东方头条
211	10 月 11 日	沪太签署省际公交对接协议	新华日报
212	10 月 11 日	2018 年沪太协同发展推介会　全方位系统化推进融合发展	凤凰网
213	10 月 11 日	全方位系统化推进融合发展　2018 年沪太协同发展推介会举行	人民网
214	10 月 11 日	2018 年沪太协同发展推介会召开　沪太产业项目签约投资额达 162.5 亿元	中新网
215	10 月 13 日	推进“发展型”幸福社区建设	苏州日报
216	10 月 16 日	太仓港经开区举办“微型勤廉党课”	新华日报
217	10 月 16 日	38 个项目集中签约开工开业 2018 年太仓金秋经贸月开幕	苏州电视台
218	10 月 17 日	38 个项目集中签约开工开业	苏州日报
219	10 月 18 日	江苏太仓：早稻开镰收割	中国经济新闻网
220	10 月 17 日	太仓港前三季度集装箱吞吐量稳居全省第一	苏州都市网
221	10 月 18 日	中德“隐形冠军”企业共聚太仓，问道智能制造	中国新闻网
222	10 月 18 日	中国“德企之乡”：太仓集聚了 300 多家德企　近 50 家是“隐形冠军”	荔枝网
223	10 月 19 日	中德专家论道“智能制造”	苏州日报
224	10 月 19 日	沙溪人民医院 新院投用	苏州日报
225	10 月 19 日	“桥牌之乡”太仓举办全国团体邀请赛	新华日报
226	10 月 19 日	中德嘉宾“论道太仓”探寻合作发展方向	中国新闻周刊
227	10 月 19 日	2018 年德国经济界访华团组走进太仓 探寻中德合作发展方向	中国日报网
228	10 月 19 日	2018 年德国经济界访华团组走进太仓　太仓集聚 300 多家德企近 50 家是“隐形冠军”	江苏卫视
229	10 月 22 日	太仓企业首获中国标准创新贡献奖	苏州日报
230	10 月 23 日	全球集装箱港口排名升至 31 位	苏州日报
231	10 月 23 日	“我们看好太仓”	中国江苏网
232	10 月 24 日	苏州摘得两项世卫组织奖项	苏州日报
233	10 月 26 日	太仓沙溪“331”专项整治出实效	新华日报
234	10 月 26 日	海峡两岸大学生电子竞技大赛在太仓落幕	新华网
235	10 月 29 日	网购保税进口清单前 9 月 7.6 万票	苏州日报

续表 102

序号	日期	新闻标题	报道媒体
236	11月2日	中德专家学者太仓"论剑"智能制造	苏州日报
237	11月6日	浦东、嘉兴、太仓三地政协书画联展开展	澎湃新闻
238	11月6日	中外专家论道"智能制造"2018年智能科技与产业国际合作论坛太仓分论坛举行	名城苏州网
239	11月6日	2018年智能科技与产业国际合作论坛太仓分论坛举行	苏州电视台
240	11月6日	论道+实践！今天高通、百度、库卡高管都来到了江苏主论坛	荔枝网
241	11月6日	未来3年"江苏智造"！将为"中国智造"做出新贡献	荔枝网
242	11月6日	太仓举办智能科技与产业国际合作分论坛 中德智造合作共赢	光明网
243	11月7日	2018年智能科技与产业国际合作论坛太仓分论坛举行	新华日报
244	11月7日	2018年智能科技与产业国际合作论坛太仓分论坛举行	中国江苏网
245	11月7日	聚焦智能制造 江苏太仓打造对德合作升级版	中新网
246	11月9日	太仓浏河打响"江海情"党建品牌	新华日报
247	11月9日	太仓沙溪"行动支部"助力"331"整治	新华日报
248	11月12日	"靶向治疗"提升基层组织力	苏州日报
249	11月12日	不拘一格、不遗余力："东方大港"渐成"人才金港"	新华网
250	11月14日	太仓港打造长江第一大港	新华日报
251	11月15日	江尾海头崛起第一大港	苏州日报
252	11月16日	共抓大保护开展环境大整治 不搞大开发实现环保大提升	苏州日报
253	11月19日	拆除违规彩钢板商铺 还古镇整洁有序	苏州日报
254	11月19日	太仓深入推进教育领域专项治理 师德考核负面清单规范教学	苏州日报
255	11月21日	太仓计划三年内实现电动汽车充电站城乡全覆盖	苏州日报
256	11月21日	太仓：高效集约利用岸线 为生态长江"留白"	苏州电视台
257	11月21日	2018年"上海交通大学太仓日"搭建产学研合作新高地	苏州都市网
258	11月21日	江苏太仓：小城大梦想 蝶变展芳华	中国新闻周刊
259	11月22日	太仓电信打造首个"物联网智慧小区"	人民邮电报
260	11月23日	太仓中德合作"新征程·再出发"活动启动	苏州日报
261	11月23日	太仓高新区：开放创新铺就进阶之路	苏州日报
262	11月26日	打造千亿级新材料产业	苏州日报
263	11月26日	太仓举办区域推进学生发展指导展示活动 探索领航学生成长新模式	光明网
264	11月26日	太仓实现中国最具幸福感城市县级市榜首"三连冠"	苏州电视台
265	11月27日	苏州三县市全国最"幸福"	苏州日报
266	11月27日	南京太仓昆山江阴张家港入选"2018中国最具幸福感城市"	扬子晚报
267	11月27日	太仓登中国最具幸福感城市县级市榜首	人民网
268	11月27日	"人民评议员"制度的太仓检察实践	法制网
269	11月27日	克恩—里伯斯（中国）企业大学在太仓揭牌	中国江苏网
270	11月27日	太仓实现中国最具幸福感城市县级市榜首"三连冠"!	荔枝网
271	11月28日	太仓开展"书香润福彩"主题阅读活动	姑苏晚报
272	11月29日	聚焦"两地两城" 建设幸福太仓	苏州日报
273	11月30日	"幸福之城"谋划未来发展之路	苏州日报
274	11月30日	太仓举办"改革开放再出发·幸福太仓新征程"专家咨询会	中国江苏网
275	12月6日	一口炒锅炒出亿元企业	苏州日报
276	12月6日	打造长三角大背景下的同心圆	光明日报

续表 102

序号	日期	新闻标题	报道媒体
277	12 月 7 日	水质一变差 就责任倒查	苏州日报
278	12 月 10 日	江苏太仓贵州玉屏走出教育“组团式”扶贫新路	央广网
279	12 月 11 日	江苏太仓：巨轮出江	新华网
280	12 月 11 日	江苏太仓大打“古镇牌”打造旅游新名片	中国产业经济信息网
281	12 月 12 日	打造生物医药资源汇聚强磁场	苏州日报
282	12 月 12 日	“党建体检”建强组织体系	中国组织人事报
283	12 月 13 日	贵州玉屏成立专项课题调研组，深入与江苏太仓产业发展	人民网
284	12 月 14 日	生态美景入画来	光明日报
285	12 月 14 日	江苏打造秀美水乡	人民日报海外版
286	12 月 18 日	深度融入长三角一体化，太仓首提打造江苏进入上海重要枢纽节点城市	新华报业网
287	12 月 24 日	500 万标箱！江苏太仓港集装箱年吞吐量迈上新台阶	新华报业网
288	12 月 24 日	太仓港集装箱年吞吐量突破 500 万标箱	荔枝网

（市委宣传部）

太仓市部分机构全称、简称对照表

表 103

全称	简称	全称	简称
中共太仓市委员会	市委	太仓市自然资源和规划局	市资源规划局
太仓市人大常务委员会	市人大	太仓市发展和改革委员会	市发改委
太仓市人民政府	市政府	太仓市工业和信息化局	市工信局
政协太仓市委员会	市政协	太仓市科学技术局	市科技局
中共太仓市委办公室	市委办	太仓市人力资源和社会保障局	市人社局
太仓市人大常委会办公室	市人大办	太仓市交通运输局	市交通运输局
太仓市人民政府办公室	市政府办	太仓市文体广电和旅游局	市文体广旅局
太仓市政协办公室	市政协办	太仓市卫生健康委员会	市卫健委
中共太仓市纪律检查委员会	市纪委	太仓市环境保护局	市环保局
太仓市监察委员会	市监委	太仓市住房和城乡建设局	市住建局
太仓市人民法院	市法院	太仓市城市管理（行政执法）局	市城管局
太仓市人民检察院	市检察院	太仓市安全生产监督管理局	市安监局
太仓市人民武装部	市人武部	太仓市综合治理办公室	市综治办
中共太仓市委组织部	市委组织部	太仓市广播电视总台	市广电总台
中共太仓市委宣传部	市委宣传部	太仓市农业农村局	市农业农村局
中共太仓市委统一战线工作部	市委统战部	太仓市政府国有资产监督管理办公室	市国资办
中共太仓市委政法委员会	市委政法委	太仓市地方金融监督管理局	市金融监管局
太仓市机构编制委员会办公室	市编办	太仓市退役军人事务局	市退役军人事务局
太仓市精神文明建设指导委员会办公室	市文明办	太仓市应急管理局	市应急管理局
中共太仓市委老干部局	市委老干部局	太仓市医疗保障局	市医保局
中共太仓市委党校	市委党校	太仓市口岸管理委员会	市口岸委
太仓市档案馆	市档案馆	江苏省苏盐连锁有限公司太仓分公司	苏盐太仓分公司
太仓市史志办公室	市史志办	太仓市烟草专卖局	市烟草局

续表 103

全称	简称	全称	简称
中国国民党革命委员会太仓市委员会	民革太仓市委	国网江苏省电力有限公司太仓市供电分公司	市供电公司
中国民主同盟苏州市委太仓支部	民盟太仓支部	中国电信股份有限公司太仓分公司	太仓电信
中国民主建国会太仓市委员会	民建太仓市委	中国联合网络通信有限公司太仓市分公司	太仓联通
中国民主促进会太仓市基层委员会	民进太仓市基层委员会	中国移动通信集团江苏有限公司太仓分公司	太仓移动
中国农工民主党太仓市总支部委员会	农工党太仓总支	太仓市关心下一代工作委员会	市关工委
九三学社太仓市支社委员会	九三学社太仓市支社	太仓市红十字会	市红十字会
太仓市工商业联合会	市工商联	苏州市住房公积金管理中心太仓分中心	公积金太仓分中心
太仓市总工会	市总工会	中国邮政集团公司江苏省太仓市分公司	太仓邮政
中国共产主义青年团太仓市委员会	团市委	太仓市水务集团有限公司	市水务集团
太仓市妇女联合会	市妇联	中国人民银行太仓市支行	人行太仓市支行
太仓市科学技术协会	市科协	中国银行业监督管理委员会苏州监管分局太仓办事处	银监太仓办
太仓市归侨侨眷联合会	市侨联	中国工商银行股份有限公司太仓支行	工行太仓支行
太仓市文学艺术界联合会	市文联	中国农业银行股份有限公司太仓分行	农行太仓分行
太仓市残疾人联合会	市残联	中国银行股份有限公司太仓分行	中行太仓分行
太仓市哲学社会科学界联合会	市社科联	中国建设银行股份有限公司太仓分行	建行太仓分行
太仓市人民政府法制办公室	市法制办	中国农业发展银行太仓市支行	农发行太仓市支行
太仓市民族宗教事务局	市民宗局	交通银行股份有限公司太仓支行	交行太仓支行
太仓市机关事务中心	市机关事务中心	中信银行股份有限公司太仓支行	中信银行太仓支行
太仓市服务业发展办公室	市服务办	中国光大银行股份有限公司太仓支行	光大银行太仓支行
太仓市政府外事办公室	市外事办	华夏银行股份有限公司太仓支行	华夏银行太仓支行
太仓市供销合作总社	市供销总社	招商银行股份有限公司太仓支行	招行太仓支行
太仓市市场监督管理局	市市场监管局	中国民生银行股份有限公司太仓支行	民生银行太仓支行
太仓港经济技术开发区	港区	兴业银行股份有限公司太仓支行	兴业银行太仓支行
太仓高新技术产业开发区	高新区	江苏银行股份有限公司太仓支行	江苏银行太仓支行
太仓市娄东街道办事处	娄东街道办	江苏太仓农村商业银行股份有限公司	太仓农商行
太仓市上市办公室	市上市办	中国邮政储蓄银行股份有限公司太仓市支行	邮储银行太仓市支行
太仓市重点项目办公室	市重点办	苏州银行股份有限公司太仓支行	苏州银行太仓支行
太仓市金融合作管理办公室	市金融办	太仓民生村镇银行股份有限公司	太仓民生村镇银行
太仓市行政审批局	市行政审批局	恒丰银行股份有限公司太仓支行	恒丰银行太仓支行
江苏省太仓市税务局	市税务局	东吴证券股份有限公司太仓分公司	东吴证券太仓分公司
中国人寿保险股份有限公司太仓支公司	中国人寿太仓支公司	中国人民财产保险股份有限公司太仓中心支公司	人保财险太仓中心支公司
中国太平洋财产保险股份有限公司太仓中心支公司	太平洋财险太仓中心支公司	中国平安财产保险股份有限公司太仓支公司	平安财保太仓支公司
中国太平洋人寿保险股份有限公司太仓支公司	太平洋人寿太仓支公司	中国平安人寿保险股份有限公司太仓支公司	平安人寿太仓支公司

（市史志办）

索　引

说　明

一、本索引依照国家标准《索引编制规则(总则)》GB/T 22466—2008的相关规则编制。

二、本索引以类目、分目、副分目、子目和随文图片、图表等标题为对象,大部分选用关键词。设“主题索引”“随文图片索引”和“图表索引”3个分目,内容按标题首字的汉语拼音字母顺序排列,同音字按声调排列,声调相同则按下一字的音序排列,依次类推。

三、主题词后的数字表示所在页码,数字后的字母a、b、c分别表示版面的第1栏、第2栏、第3栏。类目标题用小标宋表示,分目、副分目标题用黑体表示,子目标题用楷体表示,条目用宋体表示。

四、为便于读者检索,在太仓的企事业单位和在太仓发生的事件、活动名称,除易产生歧义外,均省略“太仓”二字。

主题索引

C

D

X

Y

随文图片索引

A

C

D

F

T

W

X

Y

Z

图表索引

A

B

C

D

《太仓年鉴（2019）》审稿人、撰稿人、卷首摄影人员名单

（按姓氏笔画排列）

审稿人名单

万芬奇	王　昕	王文华	王文军	王生强	王永伟	王伟刚	王志坚
王建平	王建宏	王洪斌	王晓芸	王雪春	毛义明	毛华乾	邓　逾
左　明	叶林军	司　明	司武宏	吕　寅	朱　丽	朱　慧	朱凤兰
朱李乐	朱晓峰	刘　菊	刘　颖	刘利民	刘晓军	汤文英	许正明
严　浩	严国强	苏静妍	李　峰	李云汉	李永川	杨　俭	杨建新
杨晓峰	杨喜良	时永建	吴　明	吴　艳	吴　赟	吴向阳	吴忠良
吴保军	邱根生	何　飚	何永林	邹洪凯	沈　诚	沈　玲	沈　炯
沈玉其	沈向东	沈李江	沈建青	沈虹建	宋　蔚	张　忠	张　敏
张　渊	张　皓	张　翼	张庆红	张英姿	张国梁	张治虎	张振新
陆　江	陆　群	陆文卫	陆晓红	陈永忠	陈洲洋	陈娟娟	陈鸿鸽
林伟东	金　玮	金　明	金志强	周　燕	周文军	周建平	周洪海
郑　珑	郑国昌	赵　勇	赵　震	赵建中	赵剑毅	赵麒森	胡　尧
蒋　华	姚　铿	姚巍峰	秦　川	秦　文	袁　骏	袁志强	夏永华
夏远峰	顾　仁	顾宇靖	顾建新	顾泉山	顾振清	顾莺燕	顾鸿飞
顾熙虹	顾潇军	钱　晓	徐洪明	徐意龙	殷　勤	高　洁	高菊平
唐生枝	浦卫纲	陶乐平	黄　海	黄世忠	黄浩忠	龚　迪	龚志浩
龚金明	盛小玲	董伟年	董启海	童　刚	楼晓舟	楼浩平	廖洪军
潘红忠							

撰稿人名单

丁雅秀	王　业	王　欢	王　怀	王　莉	王　晶	王　溢	王　静
王仕杰	王丽琴	王林志	王春鹰	王俊龙	王美洁	王艳新	王晓晨
王海燕	王维峰	王超慧	王慧敏	王薇一	毛　俊	毛　胜	方云青
邓建红	叶　奕	史　玲	包丽诗	冯　放	冯　谡	邢友来	邢莉萍
朱　奕	朱为民	朱亦鸣	朱承飞	朱雪斐	仲　娟	任春艳	邬大为
刘　源	刘天成	刘金凤	刘宗凡	刘祎晨	汤　华	许文华	孙　晔
孙广振	孙丽芳	孙振亮	孙瑛杰	苏青青	杜凌明	杜静花	李　娜
李　益	李　睿	李沈歆	李晓红	杨　玲	杨小丽	杨子轩	杨丽燕
杨香珍	肖　洋	时海炜	吴　静	何　逸	狄　明	邹雨婷	邹晓春
冷浩杰	闵　靓	沈佳乐	沈晨宇	沈敏亚	沈颖颖	沈熙峰	宋秋沙
张　觅	张　琦	张　超	张　燕	张　懿	张文贝	张孝东	张芸芳
张苓苓	张怡亮	张建明	张晓冬	张曼娜	张媛媛	张瑜佳	陆佳斌
陆剑峰	陈　怡	陈　虹	陈　健	陈　雯	陈婧雯	陈德宇	武　超
范晓冰	范媛媛	林岑晔	郁　珽	罗文达	金　钰	金庆苏	周　婷
郑珊珊	赵　洁	赵艳燕	赵理平	洪澄澄	姚秋红	贾　蕊	夏家辉
顾　俊	顾　燕	顾婷婷	顾慧玉	钱　健	钱姚健	倪香萍	徐　芳
徐　垠	徐　洁	徐　蓉	徐莉莉	奚艳萍	高　威	高金玉	席雅琴
唐晓平	陶陵夏	黄　凯	黄建锋	曹　简	曹春英	曹俊锋	曹前程
龚　岚	龚益峰	龚锦芳	蒋喜桔	程依依	鲁　云	曾　英	曾亚萍
谭华舟	熊晓峰	缪　斌	颜礼宏	潘　坚			

卷首摄影人员名单

王思诗	计海新	朱振新	任雪英	纪昌盛	杨　希	杨忠明	初爱民
陆　骏	陆文忠	陆怀鹏	姚建平	夏坤桃	倪伟中	徐　静	戴周华